经济金融系列教材
JINGJI JINRONG XILIE JIAOCAI

宏观经济分析

MACROECONOMIC ANALYSIS

主　编　杜金富　朱尔茜　段琪斐

副主编　叶　翔　张初晴　陈海林

中国金融出版社

责任编辑：张　铁
责任校对：孙　蕊
责任印制：丁淮宾

图书在版编目（CIP）数据

宏观经济分析/杜金富，朱尔茜，段琪斐主编 . —北京：中国金融出版社，2024.5
经济金融系列教材
ISBN 978 - 7 - 5220 - 2360 - 1

Ⅰ. ①宏…　　Ⅱ. ①杜…②朱…③段…　　Ⅲ. ①宏观经济学—高等学校—教材
Ⅳ. ①F015

中国国家版本馆 CIP 数据核字（2024）第 055198 号

宏观经济分析
HONGGUAN JINGJI FENXI
出版
发行　**中国金融出版社**
社址　北京市丰台区益泽路 2 号
市场开发部　（010）66024766，63805472，63439533（传真）
网 上 书 店　www.cfph.cn
　　　　　　（010）66024766，63372837（传真）
读者服务部　（010）66070833，62568380
邮编　100071
经销　新华书店
印刷　保利达印务有限公司
尺寸　185 毫米×260 毫米
印张　39.5
字数　816 千
版次　2024 年 5 月第 1 版
印次　2024 年 5 月第 1 次印刷
定价　98.00 元
ISBN 978 - 7 - 5220 - 2360 - 1
如出现印装错误本社负责调换　联系电话（010）63263947

经济金融系列教材编委会

总　序

随着经济金融全球化的深入发展，对人才的需求越来越大，对人才素质的要求越来越高。尽快培养一支高素质的人才队伍，适应新的国际发展和竞争的要求，是高校当前主要的任务。专业人才培养，本科教育是关键，为此，北京语言大学商学院组织有关专家学者编写了一套大学经济金融专业基础教材。

本套教材涵盖政治经济学、宏观经济学、微观经济学、财政学、会计学、金融学、统计学、计量经济学等经济基础理论教材和经济金融专业教材。全套教材由相关领域的专家学者编写而成，具有以下特点：一是按照教育部本科教学要求，满足经济金融专业学生本科学习需要，全面介绍基础知识，并根据经济金融最新发展，对有关知识进行了拓展和扩充，使学生在熟悉和掌握经济金融基本理论知识的同时，了解本专业最新理论和发展动态；二是教材知识难度适中，适合本科教学使用，并且具有针对性，主要解决学生打牢基础知识的问题；三是理论与实践相结合，国内发展现状与国际发展现状相结合，既介绍最新经济金融理论，又介绍实务部门最新业务发展，使学生熟悉和了解本专业最新理论和实践动态；四是基础理论知识定性与定量相结合，关注数学和计量模型在本专业的应用成果，重点介绍数理经济模型和计量理论知识，使学生掌握最新的定性分析工具和方法，能够做到分析问题时定性与定量相结合；五是语言通俗易懂，教材由浅入深地介绍基本理论知识和各种数理模型以及相关研究分析方法，学生易学易懂。

本套教材从国内外经典教材和相关专业最新研究成果获得许多有益经验和参考。我们将在相关高校教材的基础上，进一步形成具有特色的教材体系。本套教材适合经济金融专业本科生学习使用，相信对相关岗位在职人员的学习也会有很大的帮助。

本套教材如有不足之处，恳请各位专家、学者和学习使用者批评指正。

杜金富

2019 年 5 月

前　言

以中国式现代化推进强国建设、民族复兴，是当代中国的历史使命。进入新发展阶段、贯彻新发展理念、构建新发展格局、推进高质量发展，中国的宏观经济运行正以前所未有的结构性特征、时代性规律展开全新图景，迫切需要加以科学的认识和研判。宏观经济分析是经济学范畴中的一个重要分支，通过分析一个国家或地区经济的总体发展情况，明确短期经济运行中存在的问题，并对经济运行的未来态势作出判断，从而通过制定有度有效的宏观经济政策，实现经济增长、物价稳定、充分就业、国际收支平衡以及经济金融稳定的目标。

对政府来说，宏观经济分析可以提供对未来经济发展趋势的预测，进而为政府制定有针对性的经济政策提供参考。对企业来说，宏观经济分析能够帮助企业更加准确地判断行业竞争和未来大势，从而更好地把握市场机遇、形成更加有效的经营策略。对个人来说，宏观经济分析有助于自上而下地把握个人就业、投资、消费等决策的整体环境和市场背景，作出科学和正确的决策。总之，宏观经济分析对于政府、企业、个人而言都具有十分重要的意义。

我们在广泛吸收借鉴国内外优秀教材教辅的基础上博采众长、自成一家，编写了本教材，希望能为新时代宏观经济分析理论和实践提供有益借鉴。鉴于宏观经济分析涉及宏观经济变量之间的理论逻辑、宏观经济变量具体数值之间的勾稽关系的核算逻辑以及宏观经济变量在经济运行中的现实逻辑，全书共分为三篇，形成一个从理论到实践的完整逻辑链条。第一篇为宏观经济分析基本理论，包括宏观经济学流派、经济增长理论、通货膨胀理论、就业与失业理论、国际收支理论、金融稳定理论和中国宏观经济理论分析；第二篇为宏观经济核算理论与方法，包括对经济增长、政府财政、货币、资金流量、价格、就业与失业、国际收支和金融稳定的核算与分析；第三篇为中国宏观经济运行分析，按照第一篇和第二篇的理论方法，分别做对应的实践探讨。本书的总体思路和基本框架由杜金富提出，经编写组集体讨论确定后分工编写。本书由杜金富、朱尔茜、段琪斐担任主编，叶翔、张初晴、陈海林担任副主编。具体分工如下：第一章、第十三章、第十四章由杜金富编写；第四章、第九章、第十六章、第二十三章由朱尔茜编写；第十一章、第十八章、第十九章、第二十章、第二十一章由段琪斐编写；第二章、第三章、第六章、第七章、第八章、第十七章、第二十四章由叶翔编写；第十章、第十二章由陈海林编写；第十五章、第二十二章由张初晴编写；第五章由刘刚编写。在编写过程中，我们参考了大量的教材著作、译著、期刊文献，在此谨向所有参考文献的作者、编者和译者表示感谢。

由于编者水平、精力、时间有限，书中难免存在错误或不妥之处，敬请读者指正。

编　者
2023 年 4 月

目　录

第一篇　宏观经济分析基本理论

第三篇　中国宏观经济运行分析

第一篇

宏观经济分析基本理论

第一章
绪　论

本书研究宏观经济总体变量的理论分析、核算分析和运行分析。在介绍宏观经济分析内容之前，需要明确宏观经济分析的含义，了解宏观经济分析的框架，清楚宏观经济分析使用的方法，以期对宏观经济分析有一个总的概念。

第一节　宏观经济分析的概念

宏观经济分析的目的是分析宏观经济总体变量形成的条件和因素，为宏观调控提供支持。要了解宏观经济分析的含义，首先需要了解宏观经济、宏观经济管理的含义。

一、宏观经济的含义

宏观经济是与微观经济相对应的。由于研究宏观经济的角度不同，对宏观经济的定义会有些差别。这里我们从宏观经济学、宏观运行和宏观经济核算三个角度对宏观经济给出不同的定义。

（一）宏观经济与宏观经济学

宏观经济学与微观经济学一起构成经济学。宏观经济学与微观经济学的主要区别包括：一是研究的对象不同。微观经济学研究的是单个经济单位的经济活动及其变量；宏观经济学研究的是整个国民经济活动及其总体变量。二是研究的假设条件和问题不同。微观经济学是在假定资源充分利用为常态的状态下研究资源如何配置问题；宏观经济学是在假定有效需求或供给不足为常态的状况下研究资源的利用问题。三是研究的重点和目标不同。微观经济学研究分析的重点是市场价格，以实现共同利益最大化为目标；宏观经济学研究分析的重点是GNP 的增长、物价的变化、就业与失业情况、国际收支、金融稳定等总量，以实现全社会经济福利最大化为主要目标。

当然，宏观经济学与微观经济学又互为基础、互为前提、互相补充、互相渗透，例如，新凯恩斯学派对价格和工资黏性的解释就是以微观经济学为基础的。

宏观经济学是从总量上研究一国经济运行机制的理论。从经济学的角度定义宏观经济学，它是以实现全社会经济福利最大化为主要目标、研究全社会的资源利用的经济学。

（二）宏观经济与宏观经济运行

宏观经济运行既可以从社会再生产各环节来描述，如生产、分配、消费和积累四个阶段的循环过程，也可以从部门间经济运行来描述，如住户部门、非金融公司、金融公司、为住户服务的非营利机构、政府和国外部门间的交易。

宏观经济运行是从宏观经济循环过程和部门间交易角度对宏观经济活动的描述。了解宏观经济运行既是宏观核算的基础，也是宏观经济运行分析的主要内容。

（三）宏观经济与宏观经济核算

如同机构单位核算一样，宏观经济核算包括核算主体及其经济活动。宏观经济核算主体就是经济总体，它是由在机构单位的基础上形成的机构部门所构成的。机构部门因经济目的、功能和行为方式不同而划分为非金融公司部门、金融公司部门、一般政府部门、为住户服务的非营利机构部门和住户部门。经济活动包括生产、分配、消费和投资等活动。宏观经济核算就是采用一定的核算规则对机构部门的经济活动形成的流量和存量的核算。

宏观经济核算是对宏观经济各机构部门经济活动及其结果的核算。

二、宏观经济管理的含义

如前所述，宏观经济分析的目的是为宏观调控提供支持。这意味着市场机制是不完善的，需要政府调控宏观经济。宏观经济表现为经济总体的总量变动。总量又是由一系列变量构成的。哪些总量的变量是主要的，达到什么程度，用什么工具进行调控，这就是宏观经济管理或宏观经济政策。

（一）宏观经济政策目标

宏观经济政策目标通常包括经济持续均衡增长、充分就业、物价稳定和国际收支平衡。2008 年国际金融危机后，国际货币基金组织和巴塞尔委员会制定的文件中强调要加强"宏观审慎监管""宏观审慎管理"和制定"宏观审慎政策"，防范和化解系统性金融风险，保持金融体系的安全性和稳定性。因此，金融稳定也成为宏观经济政策的又一个目标。需要指出的是，尽管一些主要国家为了维护金融稳定而制定和实施了宏观审慎政策（它不是短期政策），但把金融稳定作为宏观管理的一个目标，并未取得共识。从丰富和更新知识的角度，我们把它作为一个管理目标。

1. 经济持续均衡增长

宏观经济政策制定和研究首先关注一国的经济增长。因为经济产出的最终目标是向人们提供所需要的物品和服务，对于一国经济而言，还有什么能比为居民提供更多的住房、食品、教育和娱乐更为重要呢？更多的物品和劳务的供给则来源于经济增长。经济增长是指在一个特定时期内经济社会所生产的人均产量和人均收入的持续增长，通常用一定时期内实际国内生产总值年增长率来衡量。适度的经济增长不仅能够增强一国的经济和政治实力，而且能提高国民生活水平以及改善国民的福利。

2. 充分就业

充分就业的重要性表现为：它与经济的增长、生活的改善以及社会福利的提高都有着密切的联系。充分就业意味着经济资源的合理利用，从而有利于促进经济增长、改善生活水平、提高社会福利。因此，各国政府一般都把充分就业作为宏观经济政策目标之一。充分就业在广义上是指一切生产要素（包括劳动）都有机会以自己愿意的报酬参加生产的状态。但测量各种经济资源的就业程度非常困难，因此西方经济学家通常以失业率的高低作为衡量充分就业与否的尺度。在所有宏观经济指标中，失业率最直接地被人所感知。失业率是指失业者人数占劳动力人数的比例。其中，劳动力是指一定年龄范围内有劳动能力且愿意工作的人，而失业者是指劳动力中那些想工作但尚未找到工作的人。目前，大部分经济学家认为4%～6%的失业率是正常的和自然的，此时社会经济就处于充分就业状态。

3. 价格稳定

在市场经济条件下，价格的变化常常反映了社会供需方面的状况。同时，它本身又会导致一系列的后果，如引起币值的变化、对外贸易的变化、收入与财产的重新分配等。严重的价格上涨导致通货膨胀还会引发社会稳定问题。因此，价格稳定也是各国宏观经济政策目标之一。价格稳定是指价格总水平的稳定，不是指每种商品的价格固定不变，而是指价格水平的相对稳定，即不出现通货膨胀。

由于各种商品价格变化的繁杂和统计上的困难，一般用价格指数来表示一般价格水平的变化。价格指数有消费者价格指数（CPI）、生产者价格指数（PPI）、国内生产总值平减指数（GDP Deflator）三种。关于判断价格稳定目标是否实现，首先遇到的难题是采用什么指标来反映价格水平的变动幅度。其次，还需进一步确定物价水平稳定的标准，即确定价格指数在什么范围内变动才能称得上"物价水平稳定"。大部分国家已把一般的、轻微的通货膨胀视为基本正常的经济现象，大都认为物价上升率控制在2%～4%以内就基本上算实现了物价水平的稳定。

4. 国际收支平衡

在开放经济条件下，一国的宏观经济政策在努力维持高经济增长率、高就业率和低通货膨胀率，即内部均衡的同时，还必须保持国际收支的平衡，即外部均衡的长期稳定。一国的国际收支状况，不仅反映出这个国家的对外交往状况，而且反映出该国的经济稳定情况。当一国国际收支处于失衡状态时，其必然会对国内经济形成冲击，从而影响该国国内的就业水平、价格水平及经济增长。一般用贸易差额、经常项目差额和总差额与GDP之比来反映一国的国际收支的平衡状况。

5. 金融稳定

金融稳定是相对金融不稳定而言的。金融不稳定的根源在于金融存在脆弱性会引发系统性金融风险，而发生系统风险与发生金融危机和经济危机相关联。最近几十年爆发的金融危机表明，仅仅依靠传统的宏观经济政策和微观审慎监管，很难维持金融体系的长期稳定，也很难确保宏观经济的持续均衡。这就需要在传统的宏观政策的基础上，制定宏观审慎政策，以维护金融稳定。

在上述五个目标的实现过程中，常常会产生一定的摩擦。在通常情况下，经济持续均衡增长和充分就业目标的调整方向是一致的。但这两项目标与价格稳定之间却常常出现矛盾。从各国经济发展的历史经验看，当经济增长水平较高并且失业率较低时，价格水平常常出现上涨现象。在一定时期内若以物价稳定为目标，往往要以经济增长损失或某种程度的失业率为代价，著名的菲利普斯曲线描述了失业与价格稳定之间的这种替代关系。内部均衡与外部均衡目标之间也存在矛盾，不易同时实现。例如，在开放经济条件下，政策当局采取扩张总需求以促进经济增长和增加就业的政策，可能导致对进口商品的需求和支出过多，于是会恶化国际收支经常账户的状况。金融稳定的目标与经济增长和充分就业的目标短期可能存在矛盾。金融稳定就是要熨平金融和经济的波动，达到长期均衡。

（二）宏观经济政策工具

宏观经济政策工具是用来实现上述政策目标的手段和措施。常用的宏观经济政策工具有需求管理政策、供给管理政策和国际经济政策等。

1. 需求管理政策

需求管理是指通过调节总需求来达到一定政策目标的政策工具。需求管理的内容包括财政政策、货币政策和宏观审慎政策。

（1）财政政策。财政政策是指政府通过变动政府支出、税收和借债水平来影响总需求，进而促进就业水平的提高，减少经济波动，防止通货膨胀，实现经济稳定增长的政策。财政政策工具主要由政府支出、税收和公债组成。变动政府支出是指改变政府对商品与劳务的购买支出和转移支付。例如，经济萧条时，政府扩大对商品和劳务的购买，以及多搞些公共建设可以扩大私人企业的产品销路，还可以增加消费，刺激总需求。改善所得税结构，使高收入者增加些税收负担，使低收入者减少些税收负担，同样可以起到促进社会总需求提高的作用。政府变动借债同样具有调节社会总需求的作用。

（2）货币政策。货币政策是指政府货币当局（中央银行）通过银行体系变动货币供给量和利率等中介指标来调节总需求、影响宏观经济运行的政策。例如，在经济萧条时增加货币供给，降低利率，刺激私人投资，进而刺激消费，使生产和就业增加。反之，在经济过热、通货膨胀率过高时，可紧缩货币供应量以提高利率，抑制投资和消费，使生产和就业减少或增长慢一些。前者是膨胀性货币政策，后者是紧缩性货币政策。

（3）宏观审慎政策。宏观审慎政策是相对微观审慎监管而言的，它是指将金融系统视为一个整体，运用宏观审慎工具，对金融系统的整体风险进行识别、监测和采取措施，特别是进行逆周期调节，防范系统性风险的累积和集中，维护金融稳定的宏观政策。

2. 供给管理政策

供给管理政策是指通过调节总供给来达到一定政策目标的政策工具。供给管理政策的内容包括收入政策、人力政策、经济增长政策等。

（1）收入政策。收入政策是指通过控制工资与物价来制止通货膨胀的政策，因为其控制的重点是工资，故又称为收入政策。根据成本推进型通货膨胀理论，通货膨胀是由于成本增加，特别是由于工资成本的增加而引起的。因此，要制止通货膨胀就必须控制工资增长率。有时，政府为了不让工会提出增加工资的要求，也采取管制物价的措施。但对物价的限制与对工资增长率的限制相比，前者是次要的，后者是主要的。

（2）人力政策。由经济结构变化等原因造成的失业，被称为结构性失业，其特点是失业与职位空缺并存，失业者或没有适当技术，或居住地点不当，因而无法填补现有的职位空缺。政府的人力投资（人力政策）被认为可解决失业与职业空缺并存的矛盾，因为这将使不适应雇主要求的工人和失业者有机会重受训练，或迁移到适宜他们就业的地点。所以，人力政策也可称为就业政策，是一种旨在改善劳动力市场结构，以减少失业的政策。其中主要包括人力资本投资、完善劳动市场、协助工人进行流动等。

（3）经济增长政策。从长期来看，影响总供给的最重要因素还是经济潜力或生产能力。因此，提高经济潜力或生产能力的政策即经济增长政策就是供给管理政策的重要内容。促进经济增长的政策是多方面的，其中主要包括增加劳动力的数量和质量、资本积累、技术进步、计划化与平衡增长等。

3. 国际经济政策

在开放经济条件下，一国经济不仅影响其他各国，而且也受其他各国的影响。因此，要实现内部均衡与外部均衡，不仅需要财政政策、货币政策这些国内政策，还需要国际经济政策。国际经济政策是国家为达到一定的政策目标而对国际经济关系进行调节的指导原则和措施，它包括对外贸易政策、汇率政策、对外投资政策等。

（1）对外贸易政策。对外贸易政策是指一国政府在其社会经济发展战略的总目标下，运用经济、法律和行政手段，对对外贸易活动进行有组织的管理和调节的行为。对外贸易政策的目标主要包括：保护本国的市场；扩大本国产品的出口市场；促进本国产业结构改善；积累资本或资金；维护本国的对外经济、政治关系等。对外贸易政策的内容主要由对外贸易总政策、国别对外贸易政策和进出口贸易的具体政策三个层次组成。其中，对外贸易总政策是指各国从国民经济的总体结构和长远目标出发，在一段长时期内实行的基本政策；国别对外贸易政策是指根据对外贸易总政策和不同时期与各国或地区的政治经济关系，对个别国家或地区所实行的贸易政策；进出口贸易的具体政策是指各国根据对外贸易总政策和每个时期进出口商品的规模与国际市场状况，对主要进出口商品采取的具体政策和措施。

对外贸易政策的类型可分为自由贸易政策、保护贸易政策和管理贸易政策三种。自由贸易政策的主要内容是国家取消对进出口贸易和服务贸易等的限制和障碍，取消对本国进出口商品和服务贸易等的各种特权和优待，使商品自由进出口，服务贸易自由经营，在国内外市场上自由竞争。保护贸易政策的主要内容是国家广泛利用各种限制进口和控制经营领域与范围的措施，保护本国产品和服务在本国市场上免受外国商品和服务的竞争，并对本国出口商品和服务贸易给予优待和补贴。管理贸易政策的主要内容是国家对内制定各种对外经济贸易法规和条例，加强对本国进出口贸易有秩序发展的管理，对外通过协商签订各种对外经济贸易协定，以协调和发展缔约国之间的经济贸易关系。

对外贸易政策工具可以分为关税和非关税壁垒两类。关税是指对通过一国海关的货物所征收的税。关税可以起到限制进口，保护国内市场的作用，还可以增加本国的财政收入。但一国在运用关税时，也会引起其他国家的报复，从而不利于本国产品的出口。非关税壁垒是指用关税以外的其他保护贸易政策工具来限制进口，它主要包括进口限额、出口补贴、进口特许、进口商品的技术性壁垒、进口配额、自愿出口限制、国产化程度要求等。

（2）汇率政策。作为一国最重要的对外经济政策，汇率政策不仅对对外贸易和国际收支调节具有关键性作用，而且对国内经济也有重要影响。汇率政策包括两方面的内容：一是汇率制度的选择，二是汇率水平的决定。汇率制度是指一国货币当局对本国汇率变动的基本方式所做的一系列安排和规定。按照汇率波动的幅度，可将汇率制度分为固定汇率制和浮动汇率制两大类。汇率水平的确定是一国汇率政策的核心。尽管汇率制度的选择制约着汇率水平的调整，但汇率政策对经济的影响都是通过汇率水平的调整来实现的。作为连接国内外商品市场和金融市场的纽带，一方面，汇率的变动决定于一系列的经济因素；另一方面，汇率的变动又会对其他各种经济因素产生广泛的影响。在制定汇率政策、确定汇率调整的方向和幅度时，各国政府在实践中主要考虑的是汇率在国际收支调整中的作用，并适当兼顾汇率对其他经济要素的影响。更进一步地，在对国际收支的调整中，汇率波动对资本账户收支的影响是间接的，因此汇率政策的制定主要依据的是汇率变动对经常账户收支的影响。再进一步来看，汇率波动在影响进出口收支的同时也会影响国内物价，而国内物价对进出口收支的影响及汇率波动的影响又是相反的，因此汇率政策所要管理的并不是名义汇率，而是实际汇率。

（3）对外投资政策。对外投资政策分为鼓励性政策和限制性政策两类。鼓励性政策一般包括信息与技术支持、直接金融援助与财政优惠和投资担保等。限制性政策则主要是限制对外投资的流量。对发达国家来说，鼓励对外投资主要采用以下手段：第一，通过国家的对外经济援助和其他政治、经济，甚至军事手段，为私人对外投资开辟道路。第二，利用纳税优惠政策鼓励和支持私人对外投资。第三，对私人对外投资实行担保和保险。第四，制定保护海外私人投资利益的法律。第五，利用各种渠道对私人对外投资提供资金上的支持。

三、宏观经济分析的含义

宏观经济分析是指运用相应的方法，对宏观经济主要变量或系列指标（经济增长、物价、就业、国际收支、金融稳定五个方面的指标）进行理论分析、核算分析和运行分析。宏观经济分析运用的分析方法视分析的内容而定，相关内容我们在第三节详细介绍。宏观经济分析的视角——理论分析、核算分析和运行分析三者之间的逻辑关系，我们在接下来的第二节进行介绍。

第二节　宏观经济分析的框架

如前所述，宏观经济分析是指运用相应的方法，对宏观经济五组变量进行理论分析、核算分析和运行分析。那么理论分析、核算分析和运行分析具体含义是什么、它们之间有什么样的逻辑关系，每项分析包括哪些内容，这就是本节介绍的主要内容。

一、宏观经济理论分析、核算分析和运行分析的具体含义及其相互关系

宏观经济理论分析是对宏观经济运行及预测所进行的理论支撑的分析。一国是依据一定的经济理论来制定宏观经济政策和进行宏观经济调控的。宏观经济理论分析就是分析制定宏观经济政策所依据的经济理论是否符合实际，是否需要完善或修正。

宏观经济核算分析这里是指按照国际准则所做的核算与分析。各国可以依据不同的理论制定不同的政策，但其核算的结果必须要与其他国家具有可比性，为此联合国等制定了《国民账户体系》（SNA），国际货币基金组织制定了《货币与金融统计手册与编制指南》、国际劳工组织发布了《关于经济活动人口、就业、失业及不充分就业统计的决议》、国际劳工组织发布了《消费者价格指数手册：理论与实践》、国际货币基金组织制定了《金融稳健指标编制指南》等。这里的宏观经济核算是指按国际核算准则进行的核算，这里的分析也是指在国际准则下进行的宏观经济分析。

宏观经济运行分析这里是指具体一国（我国）的宏观经济运行分析，包括核算分析及预测等。我国国民经济核算总体遵循 SNA 准则，但也有不一致的地方。根据我国宏观经济政策，遵循国际核算准则，结合我国宏观经济运行实际情况，进行形势分析，就是宏观经济运行分析。

总的来说，宏观经济分析是以一定的理论为支撑，以国际准则为标准，对一国宏观经济

实际运行主要指标进行的分析。

二、宏观经济理论分析

下文从三个方面分析宏观经济理论，包括西方学派理论、西方宏观经济相关理论以及中国宏观经济理论。

（一）西方学派理论分析

西方学派理论包括古典学派理论、凯恩斯学派理论、新古典宏观经济学派理论和新凯恩斯主义经济学理论等。西方学派理论分析的重点是政府要不要干预市场。

古典学派的基本假定是劳动力市场中的工资弹性和商品市场中的价格弹性。以这个假设条件为前提，他们认为：自由放任的资本主义市场能够保证经济总是处于充分就业状态，非均衡的失业现象只是由于对市场的不恰当干预造成的。

凯恩斯学派认为：货币工资是刚性的，有效需求不足，政府应干预市场。

以理性假说为核心的新古典宏观经济学派企图证明凯恩斯主义的需求管理政策无效，而将注意力集中在供给方面。

新凯恩斯主义经济学主张政府对经济进行一定程度的干预。

西方学派理论分析的内容将在第二章详细介绍。

（二）西方宏观经济相关理论分析

西方宏观经济相关理论分析主要有经济增长理论分析、通货膨胀理论分析、就业与失业理论分析、国际收支理论分析、金融稳定理论分析。西方宏观经济相关理论分析主要分析影响（或决定）宏观经济变量的主要因素，并据此提出政策主张。

（三）中国宏观经济理论分析

中国宏观经济理论分析主要介绍中国宏观经济理论已有的主要研究成果，并提出需进一步研究的主要问题。

宏观经济理论分析的内容将在第一篇详细介绍。

三、宏观经济核算分析

宏观经济核算分析包括宏观经济账户分析和重要经济变量核算分析两个方面。它们是按照国际准则所做的核算与分析。

（一）宏观经济账户分析

宏观经济账户分析包括实际部门账户分析、政府财政账户分析、国际收支账户分析、货币账户分析、资金流量账户分析等。

1. 实际部门账户分析

实际部门账户分析主要是指国内生产总值的核算及其总量之间关系的分析、实际部门账户与对外经常账户之间关系的分析、实际部门资金缺口和融资之间关系的分析等。

2. 政府财政账户分析

政府财政账户分析主要分析政府财政收入、财政支出、财政收支平衡等内容。

3. 国际收支账户分析

国际收支账户分析主要是指经常账户的分析、资本和金融账户的分析以及国际储备和融资的分析。

4. 货币账户分析

货币账户分析主要分析货币市场供求以及影响货币供求的各种因素。

5. 资金流量账户分析

资金流量账户分析主要从资金层面分析其在部门间的流动。

（二）重要经济变量核算分析

重要经济变量核算分析是对宏观经济账户分析的补充，是按照国际准则进行的核算分析。重要经济变量核算分析主要包括价格的核算分析、失业与就业的核算分析、金融稳定的核算分析等。

1. 价格的核算分析

价格的核算分析应包括在实际部门账户分析中，为了集中研究物价核算分析问题，我们把它单列出来进行核算与分析。

2. 失业与就业的核算分析

失业与就业的核算分析也应包括在实际部门账户分析中，单独作为一章。除以 SNA 为基础外，重点介绍国际劳工组织（ILO）的统计学家会议（LCLS）关于这方面的核算与分析的建议。

3. 金融稳定的核算分析

金融稳定的核算分析主要介绍国际货币基金组织（IMF）的《金融稳健指标编制指南》对金融稳定指标体系的核算与分析。

宏观经济核算分析的内容将在第二篇详细介绍。

四、宏观经济运行分析

为了反映我国宏观经济运行情况，有关部门制定了一系列指标体系，并定期核算与公布，如 GDP 的增长速度、物价的变动情况、失业与就业情况、国际收支情况和金融稳定情况等。这些指标核算和公布的时间并不相同，指标之间的关系也较为复杂。如何根据公布的指标数据进行分析与预测，是本部分介绍的内容。

我们认为，中国宏观经济运行分析也应该围绕宏观经济政策五个方面的目标展开，具体包括 GDP 增长情况、物价的变化情况、就业与失业情况、国际收支情况、金融稳定情况等。

中国宏观经济运行分析的内容将在第三篇详细介绍。

第三节　宏观经济分析的方法

宏观经济分析根据不同的研究内容和目的而使用不同的分析方法。这些分析方法包括规范分析与实证分析，均衡分析与非均衡分析，静态分析、动态分析与比较静态分析，存量分析与流量分析，经济数学分析，宏观经济模型分析。

一、规范分析与实证分析

规范分析是针对规范经济学而使用的分析方法。规范经济学是对经济政策或经济情况进行价值判断的理论。规范分析是对经济事物或经济情况进行价值判断的分析方法。它的特点是回答"应该是什么"的问题，本身没有客观标准。

实证分析是针对实证经济学而使用的分析方法。实证经济学是研究经济事物如何运行的理论。实证分析是根据事实加以验证的陈述方法。它回答"是什么"的问题，有其客观标准。

二、均衡分析与非均衡分析

均衡分析方法又分为局部均衡分析和一般均衡分析两种分析方法。局部均衡分析是假定某一变量只取决于本身各相关变量而不受其他因素影响的情况下该变量如何实现平衡的分析方法。例如，分析单独的商品市场、货币市场和劳动力市场的均衡是如何决定收入的，就是采用局部均衡分析的方法。一般均衡分析是研究某一变量在各种条件和因素作用下，如何实现平衡的方法。例如，研究商品市场、货币市场和劳动力市场同时达到均衡的国民收入，就是使用这种分析方法。

非均衡分析是对不平衡的经济现象及其变化的原因进行的分析。如通货膨胀、经济周期等。

三、静态分析、动态分析与比较静态分析

静态分析是抽掉时间因素和具体变动过程，静止孤立地考察某些经济事物的分析方法。它一般用于横截面分析和短期分析等。

动态分析是对经济变动的实际过程进行分析的方法，一般用于纵向分析和长期分析。

比较静态分析是对经济现象中有关变量进行的比较分析。如货币供应量的增长等。

四、存量分析与流量分析

存量分析是对某一时点上已有经济变量数值及其对其他经济变量的影响进行的分析。如

对货币供应量、外汇储备等所进行的分析。

流量分析是对一定时期内有关经济变量影响进行的分析。如对 GDP、财政收入与支出、社会商品销售额、投资额等进行的分析。

五、经济数学分析

经济数学分析包括数理经济分析、统计经济分析和计量经济分析。

数理经济分析是运用几何、微积分等数学工具，以经济学为基础，研究、论证和表述经济理论的方法。

统计经济分析是运用统计的技术，以统计资料为手段，对统计变量的数值进行求解，并验证经济理论真伪的方法。

计量经济分析结合数学、经济学和统计学，以统计资料为手段，用数量统计方法来研究经济问题。其基本步骤和程序包括建立模型，估计参数，验证理论，使用模型进行预测、结构分析和政策评价。

六、宏观经济模型分析

宏观经济模型是用来描述所研究的相关经济变量之间理论结构的一种规范化的简明方法。宏观经济模型可以用语言文字、几何图形、数学符号等来表述。

宏观经济模型（数学模型）

定义方程式　　$L = L1 + L2$

行为方程式　　$L1 = L1（y）$

$$L2 = L2（i）$$

宏观经济模型的构成包括定义、假设、假说、预测等。

（1）定义是指对所分析的变量（可测量的变量，如价格、成交量等，这些变量既包括内生变量，又包括外生变量）规定出明确的含义。定义是构成经济模型的基本元素。

（2）假设是指某一理论所适用的条件。它是建立经济模型的前提条件。

（3）假说是指在一定假设条件下利用定义去说明变量之间的关系，即未经证明的理论，通常是对某些现象的经验性概括或总结。假说是建立经济模型的核心和关键。

（4）预测是指根据假说提出对经济现象未来发展的看法。预测是经济模型的应用和检验。

本章小结

1. 宏观经济学是从总量上研究一国经济运行机制的理论。

2. 宏观经济运行是从宏观经济循环过程和部门间交易角度对宏观经济活动的描述。

3. 宏观经济核算是对宏观经济各机构部门经济活动及其结果的核算。

4. 宏观经济政策目标包括经济持续均衡增长、充分就业、价格稳定、国际收支平衡和金融稳定。

5. 宏观经济政策工具是用来实现一定政策目标的手段和措施。常用的宏观经济政策工具包括需求管理政策、供给管理政策和国际经济政策等。

6. 宏观经济分析是指运用相应的方法，对宏观经济主要变量或系列指标（经济增长、物价、就业、国际收支、金融稳定五个方面的指标）进行理论分析、核算分析和运行分析。

7. 宏观经济理论分析是对宏观经济运行结果及其预测所进行的理论支撑的分析。

8. 宏观经济核算分析这里是指按照国际准则所做的核算与分析。

9. 宏观经济运行分析这里是指具体一国（我国）的宏观经济运行分析，包括核算分析及预测等。

10. 宏观经济分析根据不同的研究内容和目的而使用不同的分析方法。这些分析方法包括规范分析与实证分析，均衡分析与非均衡分析，静态分析、动态分析与比较静态分析，存量分析与流量分析，经济数学分析，宏观经济模型分析等。

本章重要概念

宏观经济　宏观经济运行　宏观经济管理　宏观经济理论分析　宏观经济核算分析

宏观经济运行分析　规范分析　实证分析　均衡分析　非均衡分析　静态分析

动态分析　比较静态分析　存量分析　流量分析　经济数学分析　宏观经济模型分析

本章复习思考题

一、判断题

1. 宏观经济总量是微观数量的加总。　　　　　　　　　　　　　　　　　　（　　）

2. 了解宏观经济运行是核算宏观经济的基础，而宏观经济核算又是宏观经济运行分析的基础。　　　　　　　　　　　　　　　　　　　　　　　　　　　　　（　　）

3. 宏观经济政策目标通常包括经济持续均衡增长、充分就业、价格稳定和国际收支平衡。　　　　　　　　　　　　　　　　　　　　　　　　　　　　　　　　（　　）

4. 常用的宏观经济政策工具包括需求管理政策、供给管理政策和国际经济政策等。
　　　　　　　　　　　　　　　　　　　　　　　　　　　　　　　　　　（　　）

5. 宏观审慎政策是短期经济政策。　　　　　　　　　　　　　　　　　　　（　　）

6. 宏观经济分析可以从不同角度对宏观经济总量变动进行分析。　　　　　　（　　）

7. 宏观经济核算国际标准可以使宏观经济指标在不同国家间进行比较。　　　（　　）

8. 宏观经济运行分析是短期经济形势分析。　　　　　　　　　　　　　　　（　　）

9. 宏观经济分析中的理论分析、核算分析和运行分析并未有严格的界限，只是分析的角度不同。 （   ）

10. 宏观经济分析视不同的研究内容和目的而使用不同的分析方法。 （   ）

二、单选题

1. 宏观经济学研究的是（   ）。

A. 整个国民经济活动及其总体变量　　B. 单个经济单位的经济活动及其变量

C. 宏观经济政策　　D. 宏观经济模型

2. 宏观经济核算是（   ）。

A. 对宏观经济各机构部门经济活动及其结果的核算

B. 对宏观经济循环过程和部门间交易的核算

C. 对宏观调控的核算

D. 对流量和存量的核算

三、简答题

1. 简述宏观经济分析的概念。

2. 简述宏观经济分析的框架。

3. 简述宏观经济分析的方法。

四、思考题

1. 如何理解宏观经济分析中理论分析、核算分析、运行分析之间的关系？

2. 如何完善我国宏观经济分析的框架？

第二章
宏观经济学流派分析

经济学家对社会经济基本问题或某一时期重要经济问题持有的立场、观点和政策主张不同，从而形成了不同经济学流派。本章主要介绍西方宏观经济学流派，重点介绍这些流派关于政府干预市场的观点及政策主张。采用不同的标准把经济学家分为不同的流派，这种人为的划分可能会掩盖经济学家的重要观点和主张，这是需要特别注意的。宏观经济学派分为主流经济学派和非主流经济学派。主流经济学派主要有古典学派、凯恩斯学派、货币主义学派、供给学派、新古典宏观经济学派、新凯恩斯主义经济学派等。非主流学派主要有制度经济学、新制度经济学、公共选择理论、奥地利学派等。本章主要介绍主流经济学派，包括古典学派分析、凯恩斯学派分析、货币主义学派分析、新古典宏观经济学派分析、新凯恩斯学派分析。

第一节　古典学派的分析

古典学派或古典经济学是指凯恩斯 1936 年出版《就业、利息和货币通论》（以下简称《通论》）以前的思想体系，认为自由放任的资本主义市场能够保证经济总是处于充分就业状态。这一学派的经济学家认为，在资本主义制度下，非均衡的失业现象只是由于对市场进行不恰当的干预，从而造成劳动力市场的实际工资过高的结果。如果取消这些干预，市场就会自动而迅速地恢复均衡。古典经济学家是如何得出这一结论的？他们是在假设的情况下，通过模型解释一个经济体系的实际产出（Y）、实际工资（W/P）、名义工资（W）、价格水平（P）和实际利率（r）等水平的决定因素。在考察实际部门和货币部门的行为时，需要考虑以下三个因素：（1）就业和产出决定的古典理论；（2）萨伊的市场定律；（3）货币数量论。

一、基本假设

1. 理性人假设，即所有的经济行为人（厂商和家庭）都是理性的，他们的目标是最大化他们的利润或效用。

2. 完全竞争假设，即所有市场都是完全竞争的，因此经济行为人在一组给定的完全灵活的价格基础上决定买卖多少。

3. 完全信息假设，即所有经济行为人进行交易前都拥有市场情况和价格的完全信息。

4. 市场出清假设，即在具有完全弹性的价格自动调节下，各种市场总可以实现需求量与供给量相等，既不存在持续过剩也不存在持续短缺。

5. 经济行为人有稳定的预期。

二、就业和产出的决定

古典模型是短期生产函数。可以表示为如下形式：

$$Y = AF(K, N) \tag{2-1}$$

式中，Y 为一定时期的实际产出；K 为一定时期的资本投入；N 为一定时期的劳动力投入量；A 为总要素产出率指数；F 为 K 和 N 投入与实际产出的函数关系。

这里 A 体现为自主的增长要素，这一要素抓住了技术进步的影响以及提高一个经济体系对其生产要素全部利用的所有因素。式（2-1）表明，在给定的资本存量、技术和投入的组合中，总产出将取决于受雇的劳动力数量。

古典经济学的劳动力市场模型可用如下方程组来表示：

$$N^D = N^D(W/P) \tag{2-2}$$

$$N^S = N^S(W/P) \tag{2-3}$$

$$N^D = N^S \tag{2-4}$$

式中，$N^D = N^D(W/P)$ 是劳动力需求函数，表示企业对劳动力的需求量 N^D 取决于实际工资水平（W/P）。这里的 W 和 P 分别代表货币工资（名义工资）和一般价格水平。在其他情况不变的条件下，实际工资的上升意味着企业劳动力成本的上升。因此，企业对劳动力的需求量与实际工资的变动呈反方向变化。

$N^S = N^S(W/P)$ 是劳动力的供给函数，表示工人对劳动量的供给 LS 也取决于实际工资水平。在其他情况不变的条件下，实际工资的上升意味着工人劳动收入的增加。因此，工人对劳动量的供给随着实际工资的上升而上升。

上述公式表明，在古典经济学中，劳动力的供求必须一致，劳动力市场必须出清，这也假定货币工资必须具有弹性，即为了劳动力市场达到供求一致，货币工资必须能够自由地进行调整。

对古典劳动市场模型的求解，即可得到均衡的实际工资和就业水平。采用图形的方法可以更加清楚地看到古典劳动市场模型中的就业决定过程。如图 2-1 所示，横轴 N 代表劳动力需求量或劳动力供给量，纵轴（W/P）代表实际工资。劳动力需求函数和劳动力供给函数分别表示为向右下方倾斜的劳动力需求曲线 N^D 和向右上方倾斜的劳动力供给曲线 N^S。劳

动力市场均衡条件即货币工资弹性假定意味着实际就业量和工资水平将由劳动力需求曲线和劳动力供给曲线的交点决定。

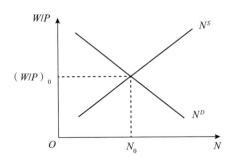

图2-1 古典模型：就业决定

实际的均衡就业量 N_0 就是充分就业量。假定某些因素的影响使企业对劳动力的需求量减少，于是劳动力的需求曲线开始向左移动。尽管劳动力需求曲线下降造成了就业下降，但下降后的就业量在性质上却与原来的就业量完全一致：它是由劳动力需求曲线和劳动力供给曲线的交点决定的。如果认为这里的就业减少就是失业的结果，那么也是工人自己"自愿"的结果，因而是所谓的"自愿性失业"。

在古典经济学的劳动力市场模型中，出现非自愿性失业的唯一可能原因是实际工资高于均衡水平。这种过高的实际工资可能是政府干预，也可能是工会的垄断导致的，是市场机制被破坏的结果。当实际工资过高时，工人对劳动力市场的供给将大于企业对劳动力的需求，于是一部分工人愿意在现行（或者极低）的工资水平下工作但不能就业。图2-2描绘了这种非自愿性失业情况。在图2-2中，实际工资位于 $(W/P)_1$ 水平上，在该工资水平上，劳动力供给量为 N_1，劳动力需求量为 N_2，这样，一个数量为 $(N_1 - N_2)$ 的工人都会想工作却不能如愿以偿。于是出现了非自愿性失业。

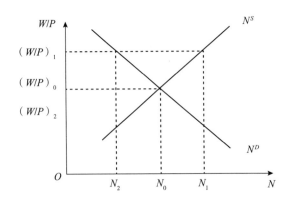

图2-2 劳动力市场的非自愿性失业情况

如果劳动力市场未受到不恰当的干预，失业将是一种暂时现象。在货币工资弹性的假定下，劳动力供给大于劳动力需求会引起货币工资的及时向下调整，使非自愿性失业得以减少甚至消除。

三、萨伊定律

经济学家让-巴蒂斯特·萨伊在其《政治经济学概论》中提出，因为生产行为同时造就了收入和购买力，所以，就不可能出现总需求不足而引发的充分就业的不能实现。"供给创造自己的需求"，是萨伊定律的本质概括。

萨伊定律最初产生于实物经济交换中，但在货币交换中也同样适用。也就是说，如果萨伊定律适用于货币经济，那就意味着不管产出水平如何，市场总是有保证的。

萨伊定律可分为弱形式和强形式两种。弱形式的萨伊定律意味着每种生产和供给行为必然涉及对产出的等量需求。但这种形式的萨伊定律不能保证产出和就业保持一致。它仅表明：无论即将出现什么水平的总产出，都能找到市场。

强形式的萨伊定律认为，在市场经济体系中，竞争会产生一种达到充分就业的趋势。这就意味着总供给与总需求相等，不会出现因为总需求不足而阻止充分就业。要了解古典经济学家的这些观点，我们需要了解他们对投资、储蓄和利率的有关观点。

古典的利率决定理论对保证不会出现总需求不足的现象发挥着关键性作用。假设一个由企业和家庭组成的经济体系，我们可列出如下方程式，表明总支出（E）在均衡点必定等于总产出（Y）：

$$E = C(r) + I(r) = Y \qquad (2-5)$$

总产出包括来自企业的投资（I）和来自家庭的消费（C）。对商品的计划需求（E）是对消费品的计划需求和对投资品的计划需求的总和。在古典模型中，这两种商品的需求都是利率（r）的函数。由于家庭并不自动支出他们的全部收入，我们可以把式（2-5）改写为

$$Y - C(r) = S(r) \qquad (2-6)$$

合并后可得

$$S(r) = I(r) \qquad (2-7)$$

式（2-7）表明，储蓄（S）也是利率的函数，它与利率呈正向变化（$\frac{\Delta S}{\Delta r} > 0$）；而投资支出与利率呈反向变化，那么居民的消费必然与利率呈反方向变动（$\frac{\Delta C}{\Delta r} < 0$）；投资与利率呈反方向变动（$\frac{\Delta I}{\Delta r} < 0$），并表示在资本市场上对可贷资金的需求。企业的投资支出只有在支出的预期收益率大于甚至等于购买资本货物的资金成本时才是合理的。因此投资是利率的减函数。

在古典经济模型中，投资、储蓄和利率的关系见图2-3。

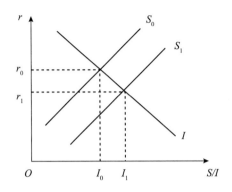

图2-3 投资、储蓄和利率的关系

在图2-3中，纵轴表示利率，横轴表示储蓄和投资流量。投资和储蓄两股力量共同决定着实际利率，而利率的变动是维持可贷资金供求平衡的均衡力量，它确保了总需求永远不会不足。其中，利率的弹性起着重要作用。

假如家庭突然决定储蓄更多，如图2-3所示，储蓄函数从S_0右移至S_1，最初的可贷资金供给的增加导致利率从r_0下降到r_1，这会促使投资的增加（$I_1 - I_0$）恰好抵消了$-\Delta C$的消费支出的减少，总支出仍然维持在原来的水平上。

四、货币数量论

古典宏观经济学理论的特点是区分了实际变量和名义变量。这一古典两分法使我们得以在忽视名义变量的同时，考察经济体系中实际变量的行为。在古典经济模型中，货币数量与实际变量的决定无关。长期的货币中性是古典经济模型的重要特征。

20世纪30年代之前，占据主导地位的宏观经济理论是货币数量论。在货币数量论中，最具有影响力的两种形式：一是马歇尔和庇古的货币数量论，被称为剑桥的现金余额法；二是与欧文·费雪相关的费雪方程式。

剑桥的货币数量论用公式表示为

$$M_d = kPY \tag{2-8}$$

式中，M_d为货币需求；k是国民收入（PY）中行为人（企业和家庭）希望持有的部分。剑桥的货币数量论假定k是不变的。为了解释价格水平，需要引入货币供给。假设货币供给M是外生变量，其货币均衡条件是

$$M = M_d \tag{2-9}$$

将上述公式代入，则

$$M = kPY \tag{2-10}$$

古典经济学中 Y 是由生产函数和竞争的劳动力市场在充分就业水平上预先决定的，k 和 Y 是不变的，所以 M 决定 P。当 $M > M_d$ 时，P 就会上升；当 $M < M_d$ 时，P 就会下降。

货币数量论的第二种形式就是采用收入形式的费雪方程式，即

$$MV = PY \tag{2-11}$$

式中，V 为货币流通的速度，表示在构成名义 GDP 的最终交易中单位货币被使用的平均次数。V 可以被定义为 k 的倒数，因为决定行为人交易频率的制度因素变化十分缓慢，V 也假定是不变的。我们将上述方程式变形为

$$P = \frac{MV}{Y} \tag{2-12}$$

由于 V 和 Y 是常数，容易看出 P 决定于 M，而且 $\Delta M = \Delta P$。

五、古典学派主要观点总结

一是劳动力市场模型表明：实际就业量由劳动力需求曲线和劳动力供给曲线的交点决定，因而均衡就业量就是充分就业量；劳动力需求曲线和劳动力供给曲线移动会造成波动，特别是短期中劳动力需求曲线左移会造成就业减少，但这是均衡的波动，就业减少是工人根据工资下降而自动调整劳动力供给的结果，与非自愿无关；造成非自愿性失业的唯一原因是存在一个过高的实际工资，而这是对市场进行干预的结果；减少和消除非自愿性失业的办法是降低实际工资，使其恢复到均衡点的水平。

二是萨伊定律表明：供给创造需求；弱形式的萨伊定律指出，产出与市场相一致，但不能保证产出与就业相一致；强形式的萨伊定律认为，竞争会使总供给与总需求相一致，不会出现因为总需求不足而阻止充分就业。古典利率理论通过解释储蓄、投资与利率的关系（储蓄是利率的正函数，投资是利率的减函数，利率具有充分弹性，均衡利率就是总收入的决定点）来说明强形式的萨伊定律同样适用于货币经济并保证均衡的收入，也保证充分就业。

三是古典货币数量论分为现金余额法和收入形式的费雪方程式。在这两种方法中，都假定收入、持有的货币额或货币流通速度不变，剩下的就是货币与价格之间的关系，即货币供给决定价格水平。

第二节　凯恩斯学派的分析

凯恩斯学派既包括凯恩斯在《通论》中提出的经济学说，也包括凯恩斯理论追随者提出的经济理论和政策主张。本节所介绍的凯恩斯学派只包括凯恩斯《通论》中的理论和新

古典综合学派，前者我们称为传统凯恩斯主义。

一、传统凯恩斯主义

与古典学派相对应，我们主要介绍传统凯恩斯主义的以下相关内容：劳动力市场的分析、商品市场和货币市场的分析、有效需求不足和非自愿性失业以及传统凯恩斯主义与货币数量论。

（一）劳动力市场的分析：工资的刚性使非自愿性失业存在

在古典模型中，劳动力需求和劳动力供给是实际工资的函数。凯恩斯学派也完全认同这一关系，区别在于凯恩斯认为，在劳动力市场上货币工资的弹性不再是对称的：它在"向上"的方向上是具有弹性的，但在"向下"的方向上是刚性的。这就是工资向下的刚性假定。凯恩斯的劳动力市场模型如下：

$$N^S = N^S(W/P) \qquad (2-13)$$

$$N^D = N^D(W/P)' \qquad (2-14)$$

$$N = N^S = N^D \ 即(W/P) = (W/P)' \qquad (2-15)$$

$$N^D < N^S \ 即(W/P) > (W/P)' \qquad (2-16)$$

与古典模型相比，凯恩斯劳动力市场模型的独到之处在于式（2-15）和式（2-16）。这两个方程给出了就业量的两种情况。由于凯恩斯主义假定名义工资在"向下"方向上是刚性的，只有在"向上"方向上才有弹性，故在劳动力市场中实际工资只存在两种可能：或者等于均衡工资，或者大于均衡工资。由于货币工资可以向上调整，实际工资不能稳定在低于均衡工资的水平上。如果实际工资低于均衡水平，劳动力市场出现需求大于供给，竞争会造成实际工资上升。当实际工资等于劳动市场均衡工资时，实际就业量既等于劳动力需求量，也等于劳动力供给量，这就是式（2-15）所表示的充分就业的情况；而当实际工资大于均衡工资时，劳动力需求量小于劳动力供给量，实际就业量由较小的劳动力需求量决定，这就是式（2-16）所表示的低于充分就业的情况。凯恩斯劳动力市场模型如图 2-4 所示。实际就业量由较小的劳动力需求量决定，即等于 N_2。这样就得到低于充分就业的均衡。

（二）商品市场和货币市场的分析：有效需求不足

从前面的讨论中可以看到传统凯恩斯主义通过引进货币工资刚性的假定解释了非自愿性失业的存在。但这不是传统凯恩斯主义的独创，古典学派早有同样的观点。但在货币工资具有弹性的情形下，是否也存在非自愿性失业呢？对此，传统凯恩斯主义通过有效需求不足加以解释。

当我们单独考察劳动力市场时，货币工资的弹性导致了充分就业，但这种分析没有考虑产品市场的需求情况，显然是不全面的。

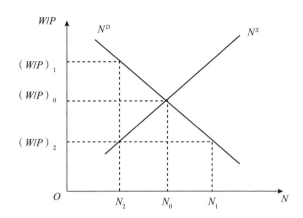

图 2 - 4　凯恩斯劳动力市场模型

为了说明产品需求对劳动力就业的影响，列举如下两个例子。

首先，假定劳动力市场已经达到充分就业状态。这个充分就业状态维持下去的前提是，充分就业量所生产的产量能够有需求使供需平衡。如果对产品的需求小于充分就业的产量，企业因产品卖不出去而会削减产量和就业量。这样有效需求不足使就业状态陷入低于充分就业的困境。

其次，假定劳动力市场已经存在非自愿性失业，这些非自愿性失业会由于货币工资下调而得到消除吗？答案是不一定的。货币工资的下调意味着工人工资收入的下降，工人会减少消费，进而使需求不足，失业状态更加严重。

在传统凯恩斯模型中，需求被定义为当商品市场和货币市场处于均衡时的总产量或者国民收入。这样我们需先分别分析商品市场均衡和货币市场均衡，然后再分析这两个市场的均衡。

1. 商品市场均衡：IS 分析

传统凯恩斯的商品市场模型是

$$I = I(r) \tag{2-17}$$

$$S = S(y) \tag{2-18}$$

$$I = S \tag{2-19}$$

这里投资是利率的减函数，储蓄是收入的正函数，商品市场均衡条件是投资等于储蓄。这个模型与古典模型的主要区别是：储蓄现在不再取决于利率，而是取决于收入。因此

$$I(r) = S(y) \tag{2-20}$$

满足式（2-20）的收入 Y 即为使商品市场达到均衡的收入水平，可称为商品市场均衡的收入。商品市场均衡收入并不是唯一的，它的大小还取决于利率 r 的大小。

商品市场均衡收入随利率变化而变化的情况如图 2-5 所示。

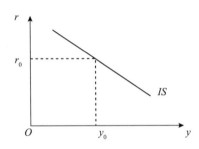

图 2-5　商品市场的均衡

IS 曲线上的任何一点均表示商品市场达到均衡时的收入，也就是说，曲线上任何一点所表示的组合 (y, r) 中，y 都是商品市场的均衡收入。在这些 y（以及相应的 r）上总存在着 $I = S$；在 IS 曲线上包含着无数的点，商品市场的均衡收入不再是唯一的；IS 曲线向右下方倾斜，表明商品市场的均衡收入与利率呈反方向变化。

2. 货币市场均衡：LM 分析

满足 IS 曲线的收入 y 只是商品市场的均衡收入，它不一定同时使货币市场达到均衡。货币市场需达到均衡，必须满足货币需求等于货币供给的条件。在简单的凯恩斯主义模型中，货币供给通常是"外生"的，即它是由政府决定的政策变量。货币需求的动机有两个：一是"交易需求"动机，即为了应付日常的交易需要；二是"投资需求"动机，即为了应付将来更加有利的债券购买等。前者与收入有关，是收入的增函数；后者与利率有关，是利率的减函数。

货币市场的模型为

$$M_S = M_0 \tag{2-21}$$

$$M_D = M_1(y) + M_2(r) \tag{2-22}$$

$$M_D = M_S \tag{2-23}$$

$$M_0 = M_1(y) + M_2(r) \tag{2-24}$$

满足式（2-24）的收入 y 即为使货币市场达到均衡的收入。货币市场的均衡收入也不是唯一的。它的大小取决于利率 r 的大小。

货币市场均衡收入随利率变化而变化的情况如图 2-6 所示。

如图 2-6 所示，LM 曲线由水平、向右上方倾斜和垂直三个部分构成。从右上方倾斜的中间部分开始，对于任意一个给定的利率水平，有一个使货币市场达到均衡的收入水平与之相对应。利率上升，则投机需求下降。由于总的货币需求等于货币供给，而货币供给又为常量，故投机需求的下降意味着交易需求的增加；再根据交易需求函数，又意味着收入的上升。这就是说，利率上升导致货币市场均衡收入增加，利率下降导致货币市场均衡收入减少。

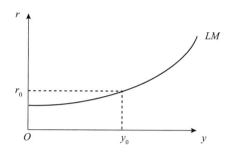

图 2 - 6　货币市场的均衡

　　LM 曲线并不是始终向右上倾斜的，在向上倾斜一段后，它最终会达到一个垂直阶段。这是因为在利率提高到一定程度之后，投资需求将缩减到零。如果继续让利率上升，投资需求不会再减少，全部货币需求均为交易需求。货币需求等于货币供给，根据交易需求函数，固定不变的交易需求意味着固定不变的收入，从而 LM 曲线呈垂直状态。

　　另外，LM 曲线在向右上方倾斜前，先有一个水平阶段。为了说明这个问题，可以反过来考虑：在保持货币市场均衡的条件下，利率是如何随着收入的变化而变化的。但利率通常有一个最低水平，它无论如何不会低于这个水平，否则没有必要借钱出去。当利率处于最低水平时，收入再下降也不能使利率下降。因此，LM 曲线在最低利率水平上呈现水平形状。

　　3. 商品市场和货币市场同时均衡：IS - LM 分析

　　与 IS 曲线上任意一点相对应的收入是使市场达到均衡的收入，但不一定也是使货币市场达到均衡时的收入；与 LM 曲线上任何一点相对应的收入是使货币市场达到均衡时的收入，但不一定也是使商品市场达到均衡时的收入。为了同时使商品市场和货币市场均衡，必须把 IS 曲线和 LM 曲线综合起来，构建一个统一的 IS - LM 模型（如图 2 - 7 所示）。两个市场同时均衡的条件是：

$$I = S \qquad\qquad (2 - 25)$$

$$M_S = M_D \qquad\qquad (2 - 26)$$

　　图 2 - 7 所示的 IS 曲线与 LM 曲线的交点所决定的收入称为一般均衡收入。当然，它只是商品市场和货币市场的均衡收入，并不同时代表劳动力市场的均衡收入。

　　（三）有效需求不足和非自愿性失业

　　上述 IS - LM 模型和劳动力市场模型可以说明：一方面，经济中的充分就业量是由劳动力市场和生产函数决定的，劳动力需求曲线和供给曲线的交点决定了充分就业量，这个充分就业量再根据生产函数决定了充分就业产量；另一方面，对产品的需求则由商品市场和货币市场决定，即由 IS 曲线和 LM 曲线的交点决定。只有当由 IS - LM 交点决定的商品需求量恰好等于劳动力市场供求曲线决定的充分就业产量时，才能最终实现充分就业。显然，没有任何理由可以这样断定。相反，常见的情况是需求小于充分就业的产量（如图 2 - 8 所示）。

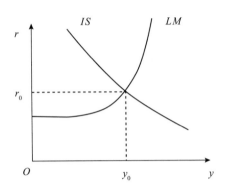

图 2 - 7 商品市场和货币市场的均衡

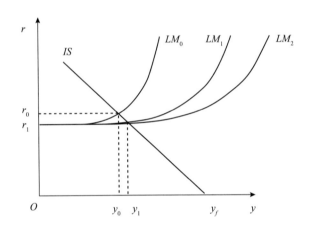

图 2 - 8 有效需求不足和失业

由劳动力市场和生产函数决定的充分就业量为 y_f，而有效需求量一开始由 IS - LM 曲线决定为 y_0，y_0 小于 y_f；于是实际产量将由较小的需求决定，即为 y_0。在这种情况下，即使商品市场和货币市场是均衡的，但劳动力市场却是失衡的。一个小于充分就业产量水平的实际产量显然意味着非自愿性失业的存在。

那么在货币工资和价格存在弹性的情况下，能否通过自动调整达到扩大需求从而消除非自愿性失业呢？传统凯恩斯的论证逻辑是：劳动力市场存在失业将引起货币工资下降，货币工资下降引起物价水平下降，物价水平下降影响货币供给增加，货币供给增加使利率下降，最终影响投资和收入，从而使 LM 曲线向右移，增加有效需求。

但这种有效需求的增加，也未必能恢复劳动力市场的均衡。因为投资的低利率弹性使 IS 曲线陡峭，流动性陷阱使 LM 曲线平缓。虽然失业在货币工资和物价弹性的作用下，使 LM 曲线向右移动，但由于投资的低利率弹性和流动性陷阱的存在，劳动市场的均衡难以恢复。

（四）传统凯恩斯主义与货币数量论

在古典模型中，货币冲击对经济没有实际影响，货币是中性的。实际产出是由竞争的劳动力市场和萨伊定律的综合影响预先决定的，货币数量的任何变动只能影响一般价格。传统凯恩斯主义不再假定实际产出在充分就业水平上被预先决定。如果总供给曲线具有完全弹性，那么由货币数量增长引发的有效需求的变化将导致产出和就业的增加而不影响价格水平，直至经济实现充分就业。然而，在通常情况下，有效需求的增加将部分用在就业量上，部分用在提高价格水平上。凯恩斯模型表明货币数量的变化与有效需求的变化之间的关系是间接的，通过它对利率、投资和乘数规模的影响发挥作用。还应注意到，一旦凯恩斯引入流动性偏好的理论，货币需求函数曲线就可能不可预期地移动，引起货币流通速度变化，这意味着 M 的变化可能被 V 的反方向变化所抵消。在方程 $MV = PY$ 中，V、P 或 Y 的变化是明显的。货币中性不再有保障。

二、新古典综合学派

传统凯恩斯主义主要从有效需求不足来解释失业问题，它忽视了经济的供给方面以及一般价格水平的决定。从 20 世纪 40 年代起，西方经济学家开始致力于把局限于需求分析的传统凯恩斯主义的 IS – LM 结构发展成为一个包括供给分析在内的更加综合的总供给—总需求模型，即完整的凯恩斯主义模型。从这个模型可以清楚地看出商品市场、货币市场和劳动市场相互影响的关系，这就是新古典综合学派。

完整的凯恩斯主义模型可以用图 2 – 9 来表示。

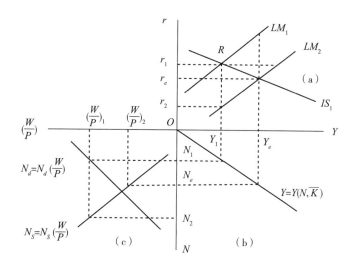

图 2 – 9　完整的凯恩斯主义模型

在图 2 – 9 中，图（a）的 IS 曲线和 LM 曲线分别表示商品市场曲线和货币市场曲线的均衡条件，由这两条曲线可以求出一条总需求曲线；图（b）是一条生产函数曲线，由它可以求出一条对劳动力的需求曲线；图（c）是劳动力市场的供求曲线；由图（b）和图（c）可以求出一条总供给曲线，这条曲线表示，在现有技术和实际工资水平下企业计划（或愿意）提供的总供给水平。当实际工资为（W/P）e 时，充分就业的产出水平为 Ye，相应的就业量是 Ne，但产品生产和货币市场的均衡决定的实际产出是 Y_1，均衡的就业量是 N_1，非自愿性失业量为 $Ne - N_1$。这时产品市场和货币市场是均衡的，但劳动力市场是非均衡的。

在存在非自愿性失业时，经济能够走向充分就业，对此，新古典综合学派的解释是庇古效应和凯恩斯效应。

传统凯恩斯主义模型认为价格水平的变化会通过影响货币的供给来影响利率进而影响投资和有效需求。我们把它称为凯恩斯效应或者利率效应。新古典综合学派引入庇古效应或称实际余额效应，即价格水平的变化会影响财富的实际价值，通过影响财富的实际价值来影响储蓄和消费，进而影响有效需求。例如，随着价格水平下降，一些名义价值虽已固定的财富（如货币、储蓄存款和债券等）的实际价值提高了（财富的实际价值定义为财富的名义价值与价格水平的比率）。这使财富的所有者不那么急于增加其财富数量。于是他们把现有收入的一小部分用于储蓄，而其余用来消费。这就意味着在现有收入水平下，储蓄量减少了，即储蓄函数曲线向下方移动。或者换个说法，现在对每一个收入水平来说，消费量都增加了，即消费函数曲线向上方移动（如图 2 - 10 所示）。

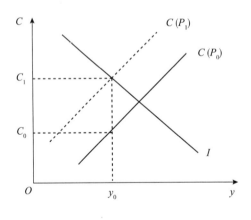

图 2 - 10　庇古效应

我们分析庇古效应与 IS 曲线的变化。如图 2 - 11 所示，假定开始时，商品市场的均衡轨迹由曲线 IS_0 给出。根据 IS_0，对于任意给定的一个收入水平，如 y_0，都有一个相应的利率水平，如 r_0。若价格水平下降，通过庇古效应而增加消费数量，减少储蓄数量，投资数量也会减少。根据投资函数，投资减少，利率必须提高。在 IS - LM 模型中，价格水平的下降使 IS 曲线向右边或者向上移动，反之则相反。

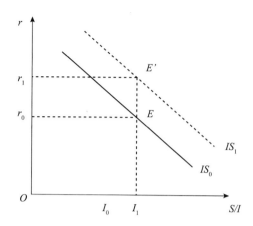

图 2 - 11　庇古效应和 *IS* 曲线

价格水平下降可以通过庇古效应向右移动 IS 曲线，这就导致了一个重要的结果，即投资的低利率弹性和庇古效应将不再能够阻止充分就业的实现。

如图 2 - 12 所示，初始价格水平为 P_0，相应的 IS 曲线和 LM 曲线分别为 IS（P_0）和 LM（P_0），它们的交点 E 决定了总需求量为 y_0，充分就业量为 $y^* = y_n$，表示为 y^*。$y_0 < y^*$，即初始总需求量要小于充分就业的产量。

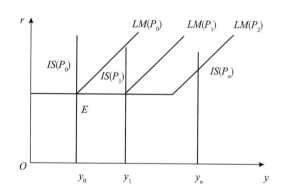

图 2 - 12　新古典综合学派模型的利率效应

现在来看价格水平下降的结果，在传统凯恩斯主义模型中，价格水平的下降通过利率效应将使 LM 曲线向右移动，但由于假定 IS 曲线是完全垂直的（即投资对利率完全无弹性），且与 LM 曲线的完全水平部分相交（即存在着流动性陷阱），故此时 LM 曲线的右移对总需求量没有任何影响。例如，当价格水平下降到 P_1 从而使 LM 曲线右移到 LM（P_1）后，它与 IS 曲线的交点仍然为 E，相应的总需求量仍然为原来的 y_0。

在新古典综合学派的模型中，除了具有利率效应外，还具有庇古效应。价格水平下降除了通过利率效应使 LM 曲线右移到 LM（P_1）之外，还会通过庇古效应使 IS 曲线向右移动到

IS (P_1)。IS (P_1) 和 LM (P_1) 的交点为 E'，决定的总需求量为 y_1，与初始的情况相比，总需求量现在已经有所增加。当然，新的总需求量 y_1 仍然小于充分就业需求量 y^*，因此非自愿性失业仍然存在。但在货币工资弹性的假定下，非自愿性失业的存在又会引起货币工资的下降，从而又会造成上述同样的调整过程，最后保证了充分就业的结果。

在传统凯恩斯主义理论中，对商品市场和货币市场的讨论是与劳动力市场的讨论分开进行的，而且没有明确考虑价格水平的影响。在新古典综合学派理论中，商品市场和货币市场构成经济的总需求方面，而劳动力市场构成经济的总供给。因此，三个市场的综合分析又称为总需求—总供给分析。

一是总需求曲线。在新古典综合学派的模型中，总需求曲线或者总需求函数表示的是总需求量与一般价格水平之间的关系，即二者负相关。

总需求（即有效需求）是使商品市场和货币市场同时达到均衡的收入，即 IS 曲线与 LM 曲线交点相对应的收入。因此，价格水平变化对总需求的影响就是它对 IS 曲线与 LM 曲线交点的影响。

价格水平下降，一方面通过利率效应向右移动 LM 曲线，另一方面又通过庇古效应向右移动 IS 曲线，这就意味着总需求曲线是向右下方倾斜的。

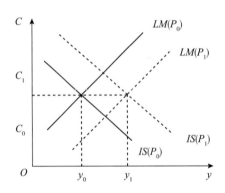

图 2 - 13　总需求曲线的推导

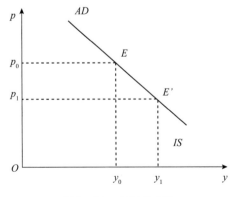

图 2 - 14　总需求曲线

二是总供给曲线。总供给曲线或者总供给函数是总供给量与一般价格水平的关系，即总供给量与一般价格水平正相关。

实际工资与价格成反比，实际工资的变化影响到劳动力市场的供给和需求，从而影响到就业量。劳动力供给与实际工资呈同方向变化。价格水平通过影响实际工资、劳动力市场供求关系以及就业量最终影响供给量。

上述过程可得到总供给曲线，如图 2-15 所示。P_0 是当货币工资给定时恰好等于均衡工资的价格水平。曲线 AS 由两部分组成：在充分就业量 y_0 以下，曲线向右上方倾斜；而在 P_0 以上曲线垂直。

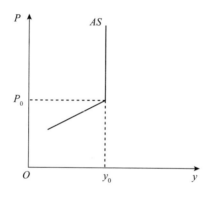

图 2-15　总供给曲线

三是就业水平和价格水平的决定。将新古典综合学派的总供给曲线和总需求曲线结合起来即可得到关于产量、就业量和价格水平决定的理论（如图 2-16 所示）。

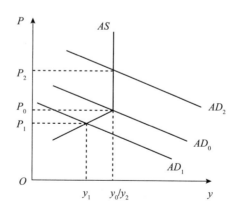

图 2-16　产量、就业量和价格水平的决定

由于总供给曲线 AS 的特殊形状，它与总需求曲线的交点分为不同的情况来讨论：（1）充分就业的均衡，即 AD_0 与 AS 的交点决定的 y_0 为充分就业的产量；（2）低于充分就业

的均衡，即 AD_1 与 AS 的交点决定的产量 y_1，它为低于充分就业的产量；（3）价格水平过高，即 AD_2 与 AS 的交点决定的 y_0，代表了充分就业的产量，但价格过高。

这一模型的政策含义是，可以通过对总需求的有效管理来维持价格稳定的充分就业状态。

第三节　货币主义学派分析

货币主义学派诞生于凯恩斯主义盛行的 20 世纪 50 年代，并在 20 世纪 60 年代至 70 年代达到顶峰。货币主义学派高举反凯恩斯主义的旗帜而出现，倡导所谓的"货币主义反革命"，在与凯恩斯学派的"对战"中提出了大量理论和实证研究成果。货币主义学派的核心是强调货币及货币政策在宏观经济运行中的决定作用。它的很多观点至今仍得到一些货币当局的重视，成为它们制定并实施货币政策的理论依据。

一般认为，货币主义学派发展过程中有三项重要成果：一是对传统货币数量论进行了重新阐释，提出了圣路易斯方程。二是对菲利普斯曲线进行了修正，提出了附加预期的菲利普斯曲线。三是提出了国际收支分析和汇率决定的货币方法。鉴于第三项成果将在第六章阐述，这里我们重点介绍前两项成果，并在此基础上综述货币主义学派的政策主张。

一、货币主义学派的货币数量论

（一）弗里德曼的货币需求总量函数

在货币主义学派的研究中，货币数量论居于核心地位，但货币数量论并非起源于货币主义学派。如本章第一节所述，古典经济学派的学者便提出了著名的剑桥方程式和费雪方程式，认为货币数量的变化最终导致价格水平的变化，奠定了货币数量论的基本内涵。此后，以 1956 年美国经济学家米尔顿·弗里德曼发表的著名论文《货币数量说的重新表述》为标志，货币主义学者对传统货币数量论进行了新的表述，并为此开展了大量的实证研究。

在弗里德曼看来，货币数量论不仅是传统上关于产出、物价水平和货币收入关系的理论，更应该首先是货币需求的理论，即货币需求受哪些因素影响的理论。弗里德曼将货币视为一种资产，从资产持有的角度进一步分析了货币需求。他认为有三类因素对人们的名义货币需求（M_d）产生重大影响：一是总财富。一方面，人们持有货币的需求以其总财富量为限；另一方面，总财富的结构也会影响人们持有货币的需求。弗里德曼以名义恒久收入（Y）来表征总财富量；以来自人力财富的收入与来自非人力财富的收入之比（ω）来表征总财富结构对货币需求的影响。二是持有货币资产的机会成本，即持有其他资产的收益率，包括：实物资产的收益率，即一般价格水平（P）和人们对未来物价变动的预期$\left(\frac{1}{P} \times \frac{dP}{dt}\right)$；债券资产的收益率（$r_b$）；股票资产的收益率（$r_e$）等。三是货币持有者的偏好，如风险偏好、消费偏好等。针对第三个因素弗里德曼未进一步展开，仅以混合变量 u 来统一代表这些因素。

在此基础上，弗里德曼提出了著名的货币需求总量函数：

$$M_d = f\left(P, r_b, r_e, \frac{1}{P} \times \frac{dP}{dt}; \omega; Y; u\right) \tag{2-27}$$

由于表示价格（P）和名义恒久收入（Y）的货币单位变动时，名义货币需求（M_d）必然发生同比例的变化，即 M_d 对 P 和 Y 是一次齐次的，可用数学式表达如下：

$$f\left(\lambda P, r_b, r_e, \frac{1}{P} \times \frac{dP}{dt}; \omega; \lambda Y; u\right) = \lambda f\left(P, r_b, r_e, \frac{1}{P} \times \frac{dP}{dt}; \omega; Y; u\right) = \lambda M_d \tag{2-28}$$

如果令 $\lambda = \frac{1}{P}$，则式（2-28）可写为

$$\frac{M_d}{P} = f\left(r_b, r_e, \frac{1}{P} \times \frac{dP}{dt}; \omega; \frac{Y}{P}; u\right) \tag{2-29}$$

如果令 $\lambda = \frac{1}{Y}$，则式（2-28）可写为

$$M_d = f\left(\frac{P}{Y}, r_b, r_e, \frac{1}{P} \times \frac{dP}{dt}; \omega; u\right) \times Y \tag{2-30}$$

再令 y 为实际恒久收入，即 $Y = Py$；并令 g 代表 $\frac{P}{Y}$，r_b，r_e，$\frac{1}{P} \times \frac{dP}{dt}$；$\omega$；$u$ 等一系列因素，则式（2-30）可写为

$$M_d = f(g) \times Py \tag{2-31}$$

式（2-29）和式（2-31）是弗里德曼货币需求总量函数的两个重要变形。式（2-29）是实际货币需求的函数表达，说明实际货币需求与货币名义价值无关；式（2-31）与剑桥方程式在形式上非常接近，但以函数 $f(g)$ 代替剑桥方程式中的常数 k，说明名义货币需求与名义恒久收入（Py）的关系既不是绝对稳定的常量（k），也不是不稳定、不可捉摸的函数关系，而是由含有限几个明确且可预测变量的、相对稳定的函数 $f(g)$ 来界定的。函数 $f(g)$ 的稳定性决定了货币需求总量函数的稳定性。

在此基础上，弗里德曼进一步提出，根据货币市场均衡的条件 $M_s = M_d$，由于 $f(g)$ 是相对稳定的，货币供给（Ms）对名义恒久收入（Py）的影响就凸显出来。他认为，在货币市场均衡且货币需求函数稳定的情况下，货币供给的变化是解释名义收入变化的最重要因素，观察到的经济波动大都可以归因于货币管理当局带来的货币供给波动。

（二） 对新货币数量说的实证分析

运用经济数据对理论模型进行大量的实证检验和分析，是货币主义学派区别于其他经济学派的特点之一。弗里德曼提出货币需求总量函数后，货币主义学者主要从以下四个方面进行实证分析和经验研究，以检验和印证新货币数量学说。

1. 验证货币供给和通货膨胀的关系

检验新货币数量学说的一条最直接的途径是考察货币供给与一般价格水平之间的关系。如果两者相关性强，新货币数量学说就能得到实证支撑；反之，新货币数量学说就难以成立。大量实证研究表明，短期内，货币供给变化与通货膨胀相关性不显著；但在长期中，两者高度相关。

2. 检验货币供给和总收入的关系

如上所述，检验新货币数量学说的另一条途径是考察货币供给和总收入之间的关系。大量实证研究表明，短期内货币供给的变化常伴随后续国民收入的波动，但两者是否构成因果关系以及货币供给变化是否构成国民收入波动的原因，这个问题至今仍争论不休。而在长期，货币供给变化与国民收入波动的相关性并不明显。

3. 货币流通速度的稳定性

不论是剑桥方程式中的 k、费雪方程式中的 V，还是货币需求总量函数中的 $f(g)$，货币流通速度都是货币数量学说的核心概念。货币流通速度的稳定性是新货币数量学说成立的重要条件。比如，在剑桥方程式 $M = kPY$ 中，如果 k 不稳定，新增的 M 就可能被 k 吸收，从而不会影响 P 和 Y，即陷入了流动性陷阱。因此，检验货币流通速度的稳定性，一直是货币主义学者孜孜不倦的追求。在这方面，最著名的实证分析文献是弗里德曼和迈泽尔曼于 1963 年发表的"美国货币流通速度的相对稳定性和投资乘数：1897—1958年"。该文提出与凯恩斯的分析相反的结论，即相对于支出乘数，货币流通速度更加稳定。自然，该文也受到当时占主流的凯恩斯主义学者的强烈反对。20 世纪 80 年代后，随着美国等西方国家纷纷放松金融管制，金融创新大量涌现，货币流通速度的稳定性无论在理论层面还是实证层面都受到更多的质疑。为此，货币主义学者逐步转入对货币定义并给货币分层的研究。

4. 检验财政政策和货币政策的相对有效性

凯恩斯主义和货币主义之争，在政策层面最终往往落脚于财政政策和货币政策哪个更有效。凯恩斯主义学者认为，由于存在"流动性陷阱"且货币流通速度不稳定，货币政策作用有效。货币主义学者则认为，货币供给对经济活动有重大影响，因此货币政策在对经济周期性波动的解释中居主要地位。

1968 年，美国圣路易斯联邦储备银行的经济学家设计了一个回归方程来检验财政政策和货币政策的相对重要性，这就是著名的"圣路易斯方程"，如式（2-32）所示：

$$\Delta Y_t = \alpha + \sum_{i=0}^{3} \beta_i \Delta M_{t-i} + \sum_{i=0}^{3} \gamma_i \Delta E_{t-i} + \sum_{i=0}^{3} \lambda_i \Delta R_{t-i} + e_t \qquad (2-32)$$

式中，Y 是名义产出，M 表征货币政策，E 反映政府支出，R 反映政府税收，α、β、γ 是参数，e 是残差。回归结果显示，β 在统计上是显著的，α、γ 则相对不显著。也就是说，"圣路易斯方程"显示，在影响名义产出的因素中，货币政策居主导地位，财政政策则无关紧要。自然，该方程及其结论受到凯恩斯主义学者的强烈反对。

二、附加预期的菲利普斯曲线

（一）菲利普斯曲线的提出

1958 年，英国经济学家菲利普斯（Phillips）通过考察英国 1861—1957 年的数据发现，名义工资增长率与失业率之间存在稳定的替代关系，即失业率越高，名义工资增长率就越低；反之，失业率越低，名义工资增长率就越高。考虑到物价和名义工资往往同向变动，之后的学者用通货膨胀率代替名义工资增长率，形成标准型菲利普斯曲线。在以失业率为横轴，通胀率为纵轴的坐标轴中，标准型菲利普斯曲线是一条从左上向右下倾斜的曲线（未必是直线，只当两者呈线性关系时才是直线），如图 2 – 17 所示。

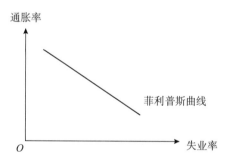

图 2 – 17 标准型菲利普斯曲线示意图

令 u 表示失业率，π 表示通胀率，则标准型菲利普斯曲线可用方程式表示为

$$\pi_t = f(u_t)，且函数 f 为单调递减函数，即 f' < 0 \qquad (2-33)$$

凯恩斯主义学派根据标准型菲利普斯曲线提出，政府的经济政策需要在通胀和失业之间权衡取舍，使两者负面效应之和最小。同时，凯恩斯学派还利用菲利普斯曲线推导出总供给曲线，弥补了凯恩斯 $IS-LM$ 模型只描述总需求变化，而将总供给设定为外生变量的缺憾。但随后，货币主义学派便指出了标准型菲利普斯曲线的缺陷，并对其进行了修正。

（二）附加预期的菲利普斯曲线的含义

进入 20 世纪 70 年代后，标准型菲利普斯曲线所描述的失业率与通胀率的替代关系在经济实践中遇到挫折。特别是在 1973 年和 1979 年两次石油危机中，高通胀和高失业相伴而行，使标准型菲利普斯曲线开始受到学界质疑。

在这样的背景下，弗里德曼和费尔普斯从理论上验证了标准型菲利普斯曲线的缺陷，提出了修正的菲利普斯曲线，被称为附加预期的菲利普斯曲线。其中的修正有两个方面：一是引入自然失业率 u^*，二是引入预期的通胀率 π^e。附加预期的菲利普斯曲线表述为

$$\pi_t = f(u_t - u^*) + \pi^e, 且 f' < 0, f(0) = 0 \tag{2-34}$$

则有：当 $u_t = u^*$ 时，$\pi_t = \pi^e$

当 $u_t > u^*$ 时，$\pi_t < \pi^e$

当 $u_t < u^*$ 时，$\pi_t > \pi^e$

当失业率等于自然失业率（即充分就业）时，实际通胀率等于预期通胀率，此时经济处于稳定状态；当失业率大于自然失业率（非充分就业）时，实际通胀率小于预期通胀率，此时人们会调低自己的通胀预期，使失业率回到自然失业率；当失业率小于自然失业率时，实际通胀率大于预期通胀率，此时人们会提高自己的通胀预期，使失业率回到自然失业率。这一动态调整过程如图 2－18 所示。

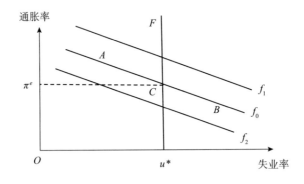

图 2－18　短期菲利普斯曲线和长期菲利普斯曲线

如图 2－18 所示，假设初始时刻的标准菲利普斯曲线为 f_0。当经济处于 C 点时，其对应的通胀率等于预期通胀率，且失业率等于自然失业率，经济处于均衡状态；当经济位于 A 点时，其对应的失业率小于自然失业率，预期通胀率低于实际通胀率，人们在下一期调高自己的预期通胀率，使下一期的标准菲利普斯曲线上移至 f_1 位置，最终使失业率回到自然失业率，实现经济均衡；同理，当经济位于 B 点时，其对应的失业率大于自然失业率，预期通胀率高于实际通胀率，人们在下一期调低自己的预期通胀率，使下一期的标准菲利普斯曲线下移至 f_2 位置，最终使失业率回到自然失业率，实现经济均衡。最终，我们发现，从长期看，经济均衡的点始终位于失业率等于自然失业率的垂直线 F 上。

因此，图 2－18 中 f_0、f_1、f_2 线被称为短期的菲利普斯曲线（未必是直线，只当通胀率与失业率呈线性关系时才是直线），它们与标准型菲利普斯线形态一致，表示通胀率和失业率的替代关系在短期内仍然成立；垂直线 F 被称为长期菲利普斯曲线，表示在长期均衡状

态下，通胀率与失业率的替换关系消失。

（三） 附加预期的菲利普斯曲线的主要政策观点

弗里德曼和费尔普斯从理论上验证标准型菲利普斯曲线的缺陷，提出了附加预期的菲利普斯曲线后，结合经济实践，分别从相近但各异的角度提出了自己的政策观点。

弗里德曼在其 1968 年发表的论文《货币政策的作用》中提出，标准型菲利普斯曲线的根本缺陷在于没有区分名义工资和实际工资。当货币当局采取扩张性货币政策希望增加就业率（降低失业率）时，尽管短期内名义工资的上涨会使更多人愿意提供劳动（失业率下降），当紧随而来的物价上涨会使他们发现实际工资并没有增加甚至下降时，人们提供更多劳动的意愿就会下降，最后仍是回到预期通胀率等于实际通胀率、失业率等于自然失业率的长期均衡状况。即在通胀和失业之间，存在着暂时的替代关系，但不存在永久的替代关系。因此，弗里德曼强调，除非在很短时期内，否则货币政策不能盯住失业率目标。

与弗里德曼关注长期菲利普斯曲线，得出长期看货币政策对增加就业无效的观点不同，费尔普斯则更关注短期菲利普斯曲线，希望通过引入各种工资和价格黏性，更合理地论证通胀率和失业率的短期替代关系。例如，1967 年费尔普斯发表的题为"菲利普斯曲线、通货膨胀预期和跨时最优失业"的论文构建了一个以附加预期的菲利普斯曲线为假设条件的动态宏观经济模型，讨论在给定初始通货膨胀预期的条件下，财政当局如何选择各期的劳动力利用率，确定最优失业和通货膨胀路径，以使社会福利最大化。

三、货币主义学派的主要政策主张

凯恩斯学派特别是早期凯恩斯主义学者重视通过调节支出来实现经济均衡，忽视货币的力量和货币政策的作用，从而将宏观经济政策实践推到了一个危险的极端。货币主义以反凯恩斯主义的面目出现，通过对早期货币数量论的修正和改进，"重新发现了货币"，认为货币的力量是强大的，甚至将货币作为决定总需求的唯一重要因素。同时，不同于凯恩斯主义对相机抉择政策充满乐观和自信，货币主义学派对政府调节经济的做法持审慎态度，他们更相信市场经济的内在稳定性和价格机制的自动调节功能。综合来看，货币主义学派的政策主张主要包括以下三个方面。

一是相信市场这只"看不见的手"，主张自由放任，不主张政府干预市场。需要注意的是，主张自由放任是货币学派在政治哲学上的信念，而并非其经济理论和政策实践。哲学信念上信奉自由反对干预，与实践中重视货币的作用、运用货币政策熨平经济波动，两者并不矛盾。

二是重视并强调抑制通胀。与失业相比，货币主义学派更厌恶通胀。货币主义学者认为，短期内，由于货币幻觉等因素，货币政策可暂时影响产出和就业，但在长期，市场的力量最终会使失业回到自然失业率水平。即对自然失业率的任何偏离都会被市场迅速纠正，因此失业不是政策制定者需要高度关注的问题，而通胀才是严重的社会弊病。

三是重视乃至信奉货币规则，尤其是以货币总量为工具和目标的货币规则。货币主义学派最突出的特征，就是对货币规则的信奉。但应注意的是，这里说的是货币规则，而非货币政策。货币主义学派重视货币政策的作用，但认为货币当局制定和执行货币政策应遵循一定的规则，而不能相机抉择。货币学派在检讨大萧条时期美联储政策的错误后得出的结论是，应该用立法手段制定一个关于货币政策的规则，让货币当局依规则行事。同时，货币主义学派主张这一货币政策规则应以货币总量为工具和目标，而非利率、物价等货币当局难以施加直接控制的变量，避免造成调控职能分散或者留给货币当局更多回旋的余地。

第四节　新古典宏观经济学派的分析

新古典宏观经济学派是西方经济学的一个分支，形成于 20 世纪 70 年代。它在凯恩斯主义和货币主义争论不休的时代悄然兴起，且在思想倾向和政策主张上与货币主义更为接近，以至于一开始被凯恩斯主义者称为"货币主义 II"。

新古典宏观经济学派又被称为"理性预期学派"，这一名称高度概括了该学派的思想和主要贡献，在其盛行年代，人们甚至把"理性预期革命"和"凯恩斯革命"相提并论。现在看来，新古典宏观经济学派继承古典学派自由放任的思想，运用瓦尔拉斯一般均衡分析的方法研究宏观经济学。其最大的贡献在于将宏观经济学的研究范式从传统 $IS - LM$（商品市场和货币市场均衡）和 $AS - AD$（总供给和总需求均衡）框架转变为理性预期等假设下构建最优化微观基础模型的研究范式上，引领了宏观经济学新的研究方向。

以下，我们将重点介绍新古典宏观经济学派的两个核心假设：理性预期和市场持续地迅速出清假设，以及这两个核心假设下构建的总供给模型，最后概述新古典宏观经济学派的主要政策主张。

一、新古典宏观经济学派的核心假设

在微观经济学领域被广泛运用的"经济人假设"，即经济主体的行为总是在既定约束下寻求自身利益最大化的假设被新古典综合学派引入宏观经济学研究，形成了新古典宏观经济学派关于理性预期和市场持续地迅速出清两个核心假设。

（一）理性预期假设

理性预期假设可以从广义和狭义两个方面来理解。广义上说，理性预期假设是"经济人假设"在宏观经济研究中的具体体现，即假设经济主体在进行经济决策前会利用一切可获得的相关信息来推测未来的经济状况，以增加决策的期望收益。同时，如果信息是有成本的，理性预期假设还意味着经济主体搜集信息的行为也是一个受约束的最优决策问题，即搜集信息的边际成本应不大于获得信息带来的边际期望获益。这就是理性预期假设的广义理解。

理性预期假设的狭义理解是该假设在模型中的具体设定。在新古典宏观经济模型中，理性预期假设大都遵循最早将理性预期假设引入宏观经济模型、被人们称为"理性预期革命之父"的约翰·穆思的设定，即假设经济主体预期的主观概率分布趋近于理论模型预测的客观概率分布。

令 I 表示经济主体可获得的信息的集合，t 为时期，x 为需预测的变量，则狭义的理性预期假设可表示为

$$x_t^e = E(x_t \mid I_{t-1}) \qquad (2-35)$$

即对变量 x 第 t 期的理性预期 x_t^e 等于在当前信息集合 I_{t-1} 下对变量 x 第 t 期真实值 x_t 的条件期望 $E(x_t \mid I_{t-1})$。

上述理性预期假设的狭义理解可能有些抽象，下面以通胀率及其预期为例来具体说明。

$$P_t^e = P_t + \varphi_t \qquad (2-36)$$

式中，P_t^e 为时间 t 到 $t+1$ 的预期通胀率；P_t 为时间 t 到 $t+1$ 的实际的通胀率；φ_t 为随机误差项，其平均值为零。

根据狭义的理性预期假设，随机误差项 φ_t 应满足：（1）实际上为零平均值的随机项；（2）与以前时期造成的误差无关系，即预测误差在时间上序列不相关；（3）与任何其他预期方法相比，误差取得最低方差。换言之，理性预期是最精确的和效率最高的预期形成的方式。

（二）市场持续地迅速出清假设

"市场出清"有静态和动态两层含义。静态含义是指市场处于均衡状态，此时市场供给等于市场需求。动态含义是指市场通过价格机制达成均衡状态的过程和能力。该假设中的"市场出清"主要指动态含义，具体涉及两个问题：（1）价格机制能否发挥应有的作用，会不会出现价格机制"失灵"的情况？（2）调整过程需要多长时间？

新古典宏观经济学派对这两个问题作出了极端乐观的假设，从而形成了"市场持续地迅速出清"假设。一是价格机制可以发挥应用，不存在"失灵"的情况；二是调整过程瞬间完成，花费的时间为零。即在多个时点上，所有观察到的结果都被看成是"市场出清"的，并且是经济主体对价格变化的最灵敏反应。

市场持续地迅速出清构成新古典宏观经济学派最关键性的假定之一，因为其暗指价格自由地及时调整以适应出清市场，所以这个假定引起极大争论。

二、新古典宏观经济学派的总供给模型

新古典宏观经济学派在理性预期和市场持续地迅速出清假设下，从劳动力供给角度研究

了产出和价格的关系，构建了自己的总供给模型。

为构建总供给模型，新古典宏观经济学派在理性预期和市场持续地迅速出清假设下，对总供给提出两个具体假设：（1）工人和企业所采取的理性决定反映各自的最优化行为；（2）工人的劳动力供给和企业的产量供给都取决于相对价格。

在上述假设条件下，新古典宏观经济学派首先对劳动力市场的供给进行了研究。他们认为，在任何时期内，工人都必须决定在工作和闲暇两者之间要分配多少时间，工人有正常的或预期的平均实际工资的概念。如果当前实际工资超过正常实际工资，工人就有激励在当期更多地工作（接受更少的闲暇），预料将来接受更多的闲暇（工作更少些）。反之，如果当前实际工资低于平均工资，即工人将有激励当期接受更多的闲暇（更少工作），预料将来更多地工作（接受更少的闲暇）。这种用当期闲暇代替将来闲暇（或反过来）的行为被叫做"时期替代"。在"时期替代"模型中，就业变动用工人的"自愿"选择加以解释。

此后，新古典宏观经济学派对商品市场和厂商的供给决策进行了研究。他们假定在某个厂商知道自己的产品当前市场价格上涨时，他必须对价格变动作出反应：（1）对他的产品需求的实际移位。在这种情况下，这个厂商有理性地响应他的产品价格的上升（相对于其他产品价格）而增加其产量；（2）仅为遍及一切市场的需求的名义增加，引起不需要供给响应的普遍的物价上涨。厂商面临的是"信号精选问题"，即他们必须分清相对价格变动和绝对价格变动。实际上，一般价格水平的变异性越大，生产者要选取正确信号就会越困难，而对任何已知的价格变动的供给响应可能越难。

综合以上对劳动力和产品供给的多经济主体最优化行为的分析可以推导出"意外供给函数"：

$$Y - Y_N = \varphi(P - P^t) \qquad (2-37)$$

式中，产量（Y）背离自然产出水平（Y_N）反映的是实际价格水平（P）与其预期值（P^t）的离差，即反映未预期到（意外的）价格水平的上升。这一新古典宏观经济学派的供给模型表明，实际产出会对预期之外的价格变动作出反应（如图 2-19 所示）。

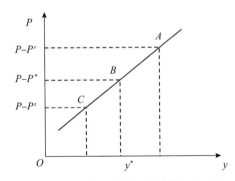

图 2-19 新古典宏观经济学派的总供给曲线

三、新古典宏观经济学派的政策主张

在理性预期、市场持续地迅速出清假设下，新古典宏观经济学派认为，传统凯恩斯主义与计量经济学相结合的、曾在短期预测和政策模拟方面取得一定成功的宏观经济计量模型，已滞后于宏观经济政策的发展变化，通过这些模型估计出来的参数并不稳定，以这些模型来指导经济政策实践往往会导致偏差和误导。这就是著名的"卢卡斯批判"，它释放出强烈的信号：传统政策分析理论无可救药，国家干预的政策理论需改弦易辙。总体来说，新古典宏观经济学派的主要政策主张包括以下三个方面。

（一）宣告总需求政策无效

新古典宏观经济学派认为，理性经济主体形成预期时将考虑任何已知的信息，包括现有的货币规则，因此货币当局实行有计划的货币政策，即使在短期内也无力影响产量和就业量，即货币具有超级中性，只有未被预期的货币政策才会影响实际产出。

既然试图"欺骗"经济主体的货币政策无法提高实际产出，只能导致预期混乱和价格水平波动，那么使用可预期的固定规则来稳定人们对价格水平的预期就是最优的。因此，新古典宏观经济学派支持货币主义学派关于实施固定、单一的政策规则，而不是相机抉择的政策规则的政策主张。

（二）否定降低通胀率对产量和就业的影响（如产量下降、失业增加）

新古典宏观经济学派认为，宣布的货币增长率的降低将使理性的经济主体立即修改他们的往下降方向的通货膨胀的预期。如果货币供应量真的按照其宣布的递减速度来增长，那么宣布的货币紧缩将引起通货膨胀率下降，而不会引起产量和就业的下降。因此，货币当局可以宣布较低的货币供给增长率，以达到降低公众通货膨胀预期的目的。而且，货币当局宣布的降低货币供给增长率的政策应有足够的可信度，这样才能使通货膨胀预期下降到足以防止产量和就业下降的水平。

（三）微观经济政策对增加总供给起作用

凯恩斯主义者主张为了增加产量和就业，政府当局需要增加对产品和劳动力的有效需求（如通过增加公共部门的支出）。与此相反，新古典宏观经济学派则建议政府当局应实行指向增加总供给（刺激产出和就业）的微观经济政策。

总之，以理性预期假说为核心的新古典宏观经济学派试图证明凯恩斯主义的需求管理政策无效，而将注意力集中于供给方面。

第五节　新凯恩斯学派分析

20世纪80年代，在新古典宏观经济学派风头正劲时，西方经济学出现了一个新的学

派，这就是以美国经济学家格里高利·曼昆和约瑟夫·斯蒂格利茨等为代表的新凯恩斯学派，又称新凯恩斯主义或新凯恩斯主义经济学。

新凯恩斯学派接受以下命题：经济中的产量和就业量等是经常发生波动的，经济由失衡走向均衡的自动调整过程是缓慢的；这种波动是非均衡波动，特别是产品市场中存在的普遍生产过剩和劳动力市场的非自愿性失业可以造成非均衡波动；经济体系本身的不完全性（而非经济主体的预期错误）是名义总需求的冲击产生实际效应的原因；政府应对经济进行干预，以弥补市场机制本身的不足；货币在短期是非中性的，在长期是中性的。

新凯恩斯学派继承了凯恩斯主义的传统，但与凯恩斯主义不同的是：他们力图从微观层面上，即从工资、价格和利率黏性上去寻找劳动力市场、商品市场和资本市场不能出清以及经济波动的原因。

一、新凯恩斯学派的基本假设

（一）价格和工资黏性

价格和工资黏性是指价格和工资不能随劳动力市场和商品市场的供求变动而及时、迅速地调整和出清。新凯恩斯学派认为，现实中各类市场是垄断型的或垄断竞争型的，供给方有控制价格和工资水平的能力。面对供给或需求的冲击，价格和工资的调整是缓慢的，至少需要一个过程。因此，无论是商品市场还是劳动力市场，常常处于非完全出清状态，宏观经济的波动通常是非均衡的，而不是均衡的。

（二）不完全性

这里的"不完全性"是指市场和信息的不完全。新凯恩斯学派假定市场是不完全竞争型的。在这种市场上，单个企业面临的需求曲线是向右下方倾斜的，对其产品价格有一定控制力。因此，当需求发生变化时，它们的反应往往是进行数量调整，而不是进行价格调整。

（三）理性预期

新凯恩斯学派并不完全反对新古典宏观经济学派理性预期假说。与其不同的是，新凯恩斯学派认为，短期内形成的预期是适应性预期而不是理性预期；并且由于市场不完全和信息不对称，经济行为人的理性预期受到约束和限制。

（四）最大化原则

新凯恩斯学派力图把他们的模型建立在消费者效用最大化和生产者利润最大化的基础上，并且可以从中得出凯恩斯主义经济学的理论结论和政策建议。他们在解释黏性工资和黏性价格时着力从个人利益最大化行为出发。

二、新凯恩斯学派的基本特点

新凯恩斯学派的特点主要表现在它与新古典宏观经济学派和凯恩斯主义的联系与区别等

方面。

（一）　新凯恩斯学派与新古典宏观经济学派

新凯恩斯学派是在批评新古典宏观经济学派缺陷的基础上形成的，特别是批评新古典宏观经济学派的两个基本假设，即市场出清和理性预期的非真实性。若这两个假设存在非真实性，则凯恩斯主义的政策无效的结论也就不能成立。

新凯恩斯学派认为，新古典宏观经济学派对价格的理性预期将导致工资和价格同时变化，从而抵消价格变化对总供给的影响的说法，至少在短期内是有问题的，现实情况使企业和家庭短期内难以达到"理性"。在这个时期内，只要总供给曲线不是垂直的，即使价格是有弹性的，总需求与总供给相等，可能出现低于充分就业的情况，通过增加政府支出移动总需求曲线，可以增加产出水平。

新凯恩斯学派对新古典宏观经济学派批评主要集中在第二个方面，即否定市场出清的假定，即否定劳动力市场出清的假定和否定商品市场出清的假定。从商品市场分析，当价格高于均衡价格时，产出由较小的需求一方决定，达到需求约束型均衡，与需求约束型均衡相联系的是"凯恩斯型失业"。当价格低于均衡价格时，产出由较小的供给一方决定，这时达到供给约束型均衡，与供给约束型均衡相联系的是"古典型失业"。

新凯恩斯学派并不完全反对新古典宏观经济学派理性预期假说，与其不同的是，短期内形成的预期是适应性预期而不是理性预期，并且由于市场不完全和信息不对称，经济行为人的理性预期受到约束和限制。

（二）　新凯恩斯学派与凯恩斯主义

新凯恩斯学派继承了凯恩斯主义的传统：接受凯恩斯主义的"失业和非市场出清是经济的常态"的判断，认为货币在经济中的作用是非中性的，重视短期分析，强调市场不完全性，赞成政府干预经济活动。

但新凯恩斯学派力图吸收新古典宏观经济学派等其他学派有用的成果来弥补凯恩斯主义的缺陷。这主要表现为：重视长期问题的分析、承认理性预期假说、着重从微观层面解释失业和经济波动等宏观经济现象。

（三）　新凯恩斯学派的特点

曼昆和罗默在他们选编的两卷本《新凯恩斯主义经济学》（1991年）中回答了"什么是新凯恩斯主义经济学"。他们认为，对以下两个有关经济波动的理论回答，可以帮助我们界定"什么是新凯恩斯主义"：一是此理论违反古典二分法吗？即货币是非中性的吗？二是此理论是否认为经济中的实际市场不完全性是理解经济波动的关键？

主流学派中只有新凯恩斯学派对两个问题给予肯定回答。货币非中性源于黏性价格，而市场的不完全性解释了价格的这种黏性行为。因此，正是"名义和实际的不完整性的相互作用"，将新凯恩斯学派与其他经济学派区别开来。

在新凯恩斯学派产生之前，凯恩斯主义往往把经济的波动（产量和就业量的波动）仅仅归因于名义工资和价格的刚性，并且这种名义工资和价格的刚性只是假定，并没有进一步解释。而新凯恩斯学派的新颖之处在于：它不只是假定工资和价格的刚性，而是试图给予这种刚性以合理的解释，特别是从微观的角度——在单个经济体具有"理性"预期并追求最大化行为的基础上，来解释工资—价格刚性。更具体地说，新凯恩斯学派首先对工资和价格刚性（缓慢调整、黏性等）进行解释，其次解释非自愿性失业、普遍的生产过剩的可能性以及政府在总需求管理政策中的作用。

三、新凯恩斯学派的主要理论

新凯恩斯学派理论的新颖之处是解释了工资和价格刚性。当某些因素阻止名义价格水平对名义需求变动作出反应时，名义刚性便产生了；当某些因素阻止实际工资进行调整或存在一类工资（价格）黏住另一类工资（价格）的现象时，实际刚性便产生了。在新凯恩斯学派内部，不同的人强调市场不完全性及其宏观经济效应的不同方面和不同原因，尚未形成一个完整的理论体系。许多理论观点虽然不同，但可以彼此补充。

（一）名义刚性

名义刚性是指价格水平和工资水平不能随着名义需求进行及时调整的现象，它又可分为名义工资刚性和名义价格刚性。

1. 名义工资刚性

名义工资刚性是指名义工资不能随着名义需求的变化而调整的现象。

在传统的凯恩斯模型中，因为货币工资不可调整（下调的刚性），于是阻碍价格水平跌落到均衡值。由于新古典宏观经济模型引入理性预期和市场出清假说，市场上任何已经预见的货币扰动项会使名义工资和价格迅速跌到它们新的均衡值。新凯恩斯学派认为，由于劳动力市场存在不完全性，工资不是由即期市场决定的，长期工资合同对企业和工人都有益处：（1）工资谈判需要付出代价；（2）谈判存在破裂的可能，停工仍然要付出代价；（3）当发生负的需求冲击时，对一个企业来说，一下子把工资水平调整到"最终"平衡点并不是很好的策略，如果其他企业不采取同样的做法，可能引发劳动力流失。在这种情况下，频繁调整工资会提高交易成本，因此长期工资合同具有其合理性。长期工资与经济的变动特别是与需求的冲击并不一致，上述改变工资的成本足以解释抵制货币工资消减的原因。与之对比，工资同步设定制度似乎需要政府一定程度的积极参与。

2. 名义价格刚性

在出现名义需求扰动时，如果某些因素使名义价格变动的比例小于名义需求变动的比例，就出现了名义价格刚性。不完全市场使名义价格刚性出现的可能性比较大。新凯恩斯学派在这方面的理论主要有菜单成本论、长期合同论或交错调整论、弯折的需求曲线等。这里我们只介绍菜单成本论。

按照菜单成本理论，价格在短期内不能立即调整的原因之一是存在调整价格的成本，如印刷新的报价单并送到客户手里，在货架上贴上新的标价签，以及餐馆的新菜单等，这些成本称为菜单成本。它的存在使企业不能每时每刻地灵活调整价格，因而产生了名义价格刚性。

（二）实际刚性

实际刚性是指当实际需求发生变化时，经济行为人缺乏动机去改变实际工作和价格，而是改变产出以适应需求变化的现象。它又可分为实际工资刚性和实际价格刚性。

1. 实际工资刚性

新凯恩斯学派对实际工资刚性的解释主要有两种理论：效率工资论和"局内人—局外人"论。（1）效率工资论认为，由于工人的劳动效率依赖于企业支付其实际工资，如果消减工资损害了生产效率，引起单位产品的劳动力成本上升，那么为了保持效率，企业宁愿支付高于市场出清的实际工资，而不愿意选择降低工资。（2）"局内人—局外人"论也试图解释在非自愿性失业存在的情况下，为什么实际工资刚性持续存在。所谓"局内人"是指在职雇员，而"局外人"是指那些失业工人。在效率工资模型中，是企业决定了工资高于市场出清水平；而在"局内人—局外人"模型中，重点转移到"局内人"的权力上，认为他们至少部分决定工资和就业量。这些"局内人"的权力来源于员工变动成本，包括招募和辞退成本、对新员工的培训成本以及"局内人"与新员工合作或压制他们能力所带来的成本等。

2. 实际价格刚性

新凯恩斯学派认为，实际价格刚性在解释名义价格刚性和名义冲击的非中性时，是非常重要的。新凯恩斯学派实际价格刚性理论主要有厂商信誉论、需求非对称论、投入产出表理论等。这里我们只介绍厂商信誉论。

厂商信誉论认为，在不完全竞争的市场上，价格选择效应和激励效应引诱厂商实行优质高价的定价策略，从而导致实际价格刚性。优质高价的信念使价格具有选择效应，同时也产生一种对厂商维护自己信誉的激励效应。在这种情况下，厂商采取优质高价的定价策略是适当的。当经济发生衰退时，厂商也不会降价，只是减少产量。由于产量减少，成本上升，实际成本比较高，这时实际价格刚性产生。

本章小结

1. 经济学家对社会经济基本问题或某一时期重要经济问题持有的立场、观点和政策主张不同，从而形成了不同的经济学流派。

2. 古典学派或古典经济学是指凯恩斯 1936 年出版《就业、利息和货币通论》以前的思想体系，认为自由放任的资本主义市场能够保证经济总是处于充分就业状态。

3. 古典学派的主要观点包括：第一，劳动力市场模型表明实际就业量由劳动力需求曲线和劳动力供给曲线的交点决定，因而均衡就业量就是充分就业量；造成非自愿性失业的唯一原因是存在一个过高的实际工资，而这是对市场进行干预的结果；减少和消除非自愿性失业的办法是降低实际工资，使其恢复到均衡点的水平。第二，萨伊定律表明供给创造需求；弱形式的萨伊定律指出，产出与市场相一致，但不能保证产出与就业相一致；强形式的萨伊定律认为，竞争会使总供给与总需求相一致，不会出现因为总需求不足而阻止充分就业。古典利率理论通过解释储蓄、投资与利率的关系来说明强形式的萨伊定律同样适用于货币经济并保证均衡的收入，也保证充分就业。第三，古典货币数量论分为现金余额法和收入形式的费雪方程式。在这两种方法中，都假定收入、持有的货币额或货币流通速度不变，剩下的就是货币与价格之间的关系，即货币供给决定价格水平。

4. 传统凯恩斯学派通过对劳动力市场的分析得出工资的刚性使非自愿性失业存在的观点；通过对商品市场和货币市场的分析得出有效需求不足的观点。两者综合得出非自愿性失业是由于有效需求不足的结论。

5. 传统的凯恩斯学派认为货币中性不再有保障。

6. 从20世纪40年代起，西方经济学家开始致力于把局限于需求分析的传统凯恩斯主义的 $IS - LM$ 结构发展成为一个包括供给分析在内的更加综合的总供给—总需求模型，即完整的凯恩斯主义模型，这就是新古典综合学派。

7. 在存在非自愿性失业时，经济能够走向充分就业，对此，新古典综合学派的解释是庇古效应和凯恩斯效应。

8. 总供给—总需求分析模型政策含义是：可以通过对总需求的有效管理来维持价格稳定的充分就业状态。

9. 货币主义学派的货币需求总量函数以函数 $f(g)$ 代替剑桥方程式中的常数 k，说明名义货币需求与名义恒久收入（Py）的关系既不是绝对稳定的常量（k），也不是不稳定、不可捉摸的函数关系，而是由含有限几个明确且可预测变量的、相对稳定的函数 $f(g)$ 来界定的。

10. 货币主义学派认为，在货币市场均衡且货币需求函数稳定的情况下，货币供给的变化是解释名义收入变化的最重要因素，观察到的经济波动大都可以归因于货币当局带来的货币供给波动。

11. 弗里德曼和费尔普斯通过引入自然失业率和预期通胀率，提出附带预期的菲利普斯曲线。以此说明通胀率和失业率的替代关系只在短期内成立；长期来看，通胀率与失业率的替换关系消失。

12. 货币主义学派通过对早期货币数量论的修正和改进，"重新发现了货币"，认为货币力量是强大的，甚至将货币作为决定总需求的唯一重要因素。同时，不同于凯恩斯主义充满乐观和自信的相机抉择政策，货币主义学派对政府调节经济的做法持审慎态度，他们更相信市场经济的内在稳定性和价格机制的自动调节功能。

13. 货币主义学派最突出的特征是对货币规则的信奉。他们认为货币当局制定和执行货币政策应遵循一定的规则，不能相机抉择，即应该用立法手段制定一个关于货币政策的规则，让货币当局依规则行事。同时，货币主义学派主张这一货币政策规则应以货币总量为工具和目标，而非利率、物价等货币当局难以施加直接控制的变量，避免造成调控职能分散或留给货币当局更多回旋余地。

14. 新古典宏观经济学派最大的贡献在于将宏观经济学的研究范式从传统 $IS-LM$（商品市场和货币市场均衡）和 $AS-AD$（总供给和总需求均衡）框架转变为理性预期假设下构建微观基础的研究范式上，引领了宏观经济学新的研究方向。

15. 在微观经济学领域被广泛运用的"经济人假设"，即经济主体的行为总是在既定约束下寻求自身利益最大化的假设被新古典综合学派引入宏观经济学研究，形成了新古典宏观经济学派关于理性预期和市场持续地迅速出清两个核心假设。

16. 新古典宏观经济学派的供给模型表明，实际产出会对预期之外的价格变动作出反应。

17. 新古典宏观经济学派导出以下三个主要政策含义：宣告总需求政策无效，否定降低通胀率对产量和就业的影响，微观经济政策对增加总供给起作用。

18. 新古典宏观经济学派认为，因为理性的经济主体形成预期时将考虑任何已知的信息，包括现有的货币规则，所以货币当局实行有计划的货币政策，即使在短期内也无力影响产量和就业量，即货币具有超级中性。

19. 新古典宏观经济学派认为，货币当局可以宣布较低的货币供给增长率，以达到降低公众通胀预期的目的。而且货币当局宣布的降低货币供给增长率的政策应有足够的可信度，这样才能使通胀预期下降到足以防止产量和就业下降的水平。

20. 新凯恩斯学派接受以下命题：经济中的产量和就业量等是经常发生波动的，经济由失衡走向均衡的自动调整过程是缓慢的；这种波动是非均衡波动，特别是产品市场存在普遍生产过剩和劳动力市场的非冲击可以造成非均衡的波动；经济体系本身的不完全性是名义总需求冲击实际效应的原因；政府应对经济进行干预，以弥补市场机制本身的不足；货币在短期是非中性的，在长期是中性的。

21. 新凯恩斯学派继承了凯恩斯主义的传统，但与凯恩斯主义不同的是：他们力图从微观层面上，即从工资、价格和利率黏性上去寻找劳动力市场、商品市场和资本市场不能出清以及经济波动的原因。

本章重要概念

古典学派　萨伊定律　货币数量论　传统凯恩斯主义　新古典综合学派　庇古效应
凯恩斯效应　货币主义学派　货币需求总量函数　附带预期的菲利普斯曲线
理性预期假设　市场持续地迅速出清　新古典宏观经济学派　意外供给函数
新凯恩斯学派　工资和价格黏性

本章复习思考题

一、判断题

1. 古典学派认为自由市场能保证充分就业（不存在非自愿性失业），不主张政府干预经济。　　　　　　　　　　　　　　　　　　　　　　　　　　　　　　　（　　）

2. 古典学派认为货币是中性的，是指货币供给的多少不但影响价格而且影响产出。
　　　　　　　　　　　　　　　　　　　　　　　　　　　　　　　　　　　（　　）

3. 传统凯恩斯主义认为工资刚性导致非自愿性失业。　　　　　　　　　（　　）

4. 传统凯恩斯主义的商品市场的平衡公式［储蓄（I）＝投资（S）］与古典学派的公式是一样的。　　　　　　　　　　　　　　　　　　　　　　　　　　　　　（　　）

5. 新古典综合学派的总供给曲线不包括生产函数曲线。　　　　　　　　（　　）

6. 新古典宏观经济学派的总供给特性假定是以微观经济为基础的。　　　（　　）

7. 新古典宏观经济学派认为货币超中性，政府没有必要干预经济。　　　（　　）

8. 新凯恩斯学派与凯恩斯主义在工资刚性上的区别在于解释不同。　　　（　　）

9. 新凯恩斯学派肯定了货币的非中性和市场不完全性是经济变动的原因。（　　）

10. 新凯恩斯学派主张政府干预经济。　　　　　　　　　　　　　　　　（　　）

11. 货币主义学派强调货币政策的作用，认为应该相机抉择使用最优货币政策。（　　）

12. 货币主义学派认为通胀率与失业率的替代关系在短期存在，在长期则不存在。
　　　　　　　　　　　　　　　　　　　　　　　　　　　　　　　　　　　（　　）

二、单选题

1. 古典学派认为不存在非自愿性失业的主要前提假设是（　　　）。

A. 理性预期　　　　　　　　B. 稳定的预期

C. 完全市场（竞争和信息市场）和市场出清

2. 在萨伊定律中，经济中不会出现总需求不足现象的关键是（　　　）。

A. 总收入等于总支出　　　B. 储蓄等于收入　　　C. 储蓄和投资的利率弹性

3. 在古典货币数量论的两个模型中，货币供给的多少决定价格的上涨或下降，是假定（　　　）。

A. 收入不变　　　　　　　B. 持有的货币额不变

C. 收入/持有的货币额或货币流通速度不变

4. 古典经济学派与凯恩斯主义的投资（I）=储蓄（S）的不同在于（　　）。

A. 投资函数　　　　　　　B. 储蓄函数　　　　　　　C. 两个函数曲线方向不同

5. 庇古效应为（　　）。

A. 价格水平的变化会通过影响货币的供给来影响利率进而影响投资和有效需求

B. 价格水平的变化会影响财富的实际价值，通过影响财富的实际价值来影响储蓄和消费，进而影响有效需求

C. 价格水平的变化会通过影响货币的需求来影响利率进而影响投资和有效需求

6. 理性预期学派的政策结论为（　　）。

A. 货币政策在短期是非中性的，长期是中性的

B. 货币紧缩政策不会使产量和就业下降

C. 建议政府当局应实行指向增加总供给（刺激产出和就业）的微观经济政策

7. 新凯恩斯学派与新古典宏观经济学派假设区别在于（　　）。

A. 理性预期　　　　　　　B. 市场完全竞争　　　　　　　C. 市场的不完全性

8. 新凯恩斯学派与凯恩斯主义在解释经济波动原因时的区别在于（　　）。

A. 工资和价格存在刚性　　B. 理性预期

C. 从微观经济方面对工资和价格进行解释

三、简答题

1. 简述古典学派的主要观点。

2. 简述凯恩斯主义的主要观点。

3. 简述新古典宏观经济学派的主要观点。

4. 简述新凯恩斯学派与凯恩斯主义和新古典宏观经济学派的关系。

5. 简述货币主义学派在货币政策制定和实施方面的主要观点。

四、思考题

1. 谈谈你对本章介绍的西方经济学五种流派的看法。

2. 结合各西方经济学流派对市场和政府在经济中作用的看法，谈谈改革开放之初我国提出"简政放权"以及 20 世纪 90 年代中后期提出"加强宏观调控"都有什么时代意义？

第三章
经济增长理论分析

经济增长是指 GDP 和人均 GDP 的增加，它是宏观经济管理的主要目标之一。经济增长理论也是宏观经济理论的重要组成部分，主要研究经济增长理论演变、经济增长的源泉、经济增长的进程和经济增长的路径等。经济增长理论探讨的重点是如何保持经济持续、稳定增长。本章首先介绍经济增长理论的演变及主要内容，以对经济增长理论有一个总的概念，然后重点介绍经济增长理论的三个主要模型：哈罗德—多马经济增长理论模型、新古典经济增长理论模型和新经济增长理论模型。

第一节　经济增长理论的演变及主要内容

经济增长理论的演变是从纵向上介绍对影响经济增长相关因素研究的演进过程；经济增长的主要内容是从横向上介绍经济增长的源泉、进程及路径等与经济增长相关的内容。

一、经济增长理论的演变

经济增长理论已有 200 多年的发展历史，经济学家从不同的研究视角将其归纳为不同的演进过程。这里以拉姆齐 1928 年的经典论文为分水岭，之前的经济增长理论称为古典经济增长理论，之后的经济增长理论称为现代经济增长理论。现代经济增长理论又划分为哈罗德—多马模型、新古典经济增长模型和新经济增长理论模型。

（一）古典经济增长理论

古典经济增长理论包括的范围理论界并未达成共识。这里简要介绍亚当·斯密、马尔萨斯、李嘉图和马克思的古典经济增长理论。

亚当·斯密认为分工是促进经济增长的重要因素，人均国民收入是反映一国经济状况的主要指标。在如何提高人均国民收入问题上，斯密认为应该从两方面入手：一方面是提高劳动生产率，在这一点上分工起着重要作用；另一方面是增加劳动人口，资本积累可以实现生产性劳动人口的增加。斯密主张的经济增长理论中，强调土地资源、劳动力、资本和分工等因素对经济增长的作用，其中土地资源由于其特殊性，无法在短期内增加或减少，因此可以看作固定因素。相对可变的劳动力、资本和分工这三个要素在很大程度上决定了经济增长。

马尔萨斯的增长理论是建立在他的人口原理基础上的。他的人口原理是，生活资料按算术级数增加，而人口按几何级数增加，因此，生活资料的增长赶不上人口的增长是自然的、永恒的规律。人口的增长与产出不同步，以人均产出表示的经济会受到人口增长的限制。如果技术进步或者新的资源的发现导致人口增长，这又会导致人均收入水平降低。马尔萨斯认为，从长期来看，人均收入水平大致是不变的，技术进步并不能带来生活水平的提高。这就是所谓的"马尔萨斯陷阱"。

李嘉图从收入分配的视角，提出增加资本积累，他认为人均产出增加时，伴随而来的是人口的增加。如果没有资本积累的保障，经济是无法实现不断增长的，而资本积累的程度和速度的决定因素是利润，工资和地租又是影响利润的关键因素。工资是生产者用于维护自己和家庭正常生活的收入总额，在货币不贬值的情况下，从长期看是稳定不变的。而土地价格由供需决定，因此土地价格的增长速度与经济增长快慢呈反向关系。他认为不合理的收入分配制度不利于经济增长。

马克思继承了英国古典经济学注重国民财富增长过程研究的传统，阐明了资本积累的规律和一般趋势，揭示了资本主义扩大再生产即经济增长必须有两条基本途径：一是增加资本积累，即增加生产要素的投入量；二是提高生产要素产出率。与此相适应，经济增长也可以通过外延和内涵两种扩大再生产方式来实现。从社会经济总体的角度出发，马克思强调全社会扩大再生产要顺利进行就必须保持各部门的动态平衡。因此，马克思以两大部类划分为基础提出了著名的社会扩大再生产公式。

（二）哈罗德—多马经济增长理论模型

1940 年前后，英国经济学家哈罗德和美国经济学家多马分别提出了基本相同的经济增长模型，即哈罗德—多马模型。这个模型主要表明资本是决定经济增长的唯一要素。哈罗德—多马模型在第二次世界大战之后产生了巨大影响，主要用于研究受战争影响国家的经济恢复和发展问题，在一些国家虽然有充足的劳动力资源，但完全没有资本是不可行的，劳动力资源不能代替资本在经济中发挥作用，该模型揭示了投资、储蓄和经济增长的关系。虽然该模型作出保持资本—产出比例不变的前提假设，但他们同时承认这一假设与事实不符。

有关哈罗德—多马理论模型的详细内容将在第二节介绍。

（三）新古典经济增长理论

与把投资资本作为经济增长决定因素的哈罗德—多马模型不同，索洛在 1956—1957 年的几篇文章中阐述了他的经济增长思想。他认为长期来看技术进步才是经济增长的源泉，而不是储蓄或投资。他在一篇论文中计算出 20 世纪上半叶美国工人的人均产出增长率中有87% 要归于技术进步。此后，经济学家纷纷通过经济增长的实证分析证实了索洛的观点，发现除了从经济增长率中剥离出资本和劳动力的作用外，还有一部分无法用投入要素来解释，因此，将其归为一个外生因子，也就是技术进步。在索洛观点的基础上，斯旺、萨缪尔森和托宾等对模型进行了补充和扩展，由此形成了新古典经济增长理论模型。这个模型的主要命题是：第一，产出增长在长期是一个稳定的函数，与投资和储蓄占 GDP 的比例无关，只与劳动力增长率有关，劳动力增长率越高，产出就相应地越多。第二，储蓄—投资比率正向地决定人均收入水平，而人口增长与其呈反向关系，人口众多的国家往往人均收入水平较低，从而经济发展较慢。第三，在一定的条件下，人均资本较少的贫穷国家由于具有发展起点低、发展空间巨大的特点，其经济增长速度比人均资本多的富裕国家要快，这会导致全世界经济发展水平趋同。新古典经济增长理论的简洁性以及较强的解释力使其成为西方经济界普遍接受的理论基础。

但这个模型也存在一定的缺陷：一是假设市场是自由的，能够自发地实现充分就业，使经济均衡增长，这一过于理想化的假设与现实情况不符，导致模型无法应用于现实；二是虽然不断强调技术进步是经济增长的内在因素，但又以难以量化研究为由，将其作为外生变量而排除在研究领域之外。

有关新古典经济增长理论的详细内容将在第三节介绍。

（四）新经济增长理论

1986 年以来，阿罗、罗默、卢卡斯和巴罗等不断对之前的经济增长理论进行深刻地思考，在完全竞争假设条件下，研究是什么决定长期经济增长率，这些学者对于长期经济增长率的见解被概括为新经济增长理论。该理论认为，知识积累不仅是经济增长的源泉，而且是经济增长的结果，二者相互作用、相互影响。目前新经济增长理论没有一个被大多数经济学家共同接受的理论模型，但这并不影响其发挥对经济发展的作用。这里介绍其中一些理论模型的主要思想。

阿罗在 1962 年提出"干中学"的模型，该模型认为技术进步会伴随着投资的产生而出现，一个企业的投资会产生技术进步并提高生产率，这种效应不会封闭存在，最终会导致整个社会所有企业的生产率提高，由此形成经济增长。

罗默同样认为，知识是独立因素，它的作用不仅在于使自身的收益递增，而且能够增加劳动和资本等要素的收益，从而实现经济不断增长。

舒尔茨把资本细分为物质资本和人力资本，他认为提高一般人力资源质量就能够产生知识效应和非知识效应，促进经济增长。此外，人力资本能够产生递增效应，因此，可以抵消一些资本和劳动要素边际收益减少的效应。

卢卡斯吸收了人力资本的思想，但他区分了生产中的一般知识和人力资本，同时将人力资本细划分为社会共有的一般知识形式的人力资本，以及体现劳动者技能的个体化人力资本，他认为只有专业化的人力资本积累才能实现产出的增长。

诺思提出，有效率的经济组织是经济增长的关键，经济增长是由制度和创新决定的。他认为资本、劳动、技术、教育和技能培训、自然资源、经济结构变迁、企业家、制度都是经济增长不可或缺的条件。诺思认为制度最基本的功能是降低交易费用，它运用现代产权理论解释制度变迁对经济增长产生重要影响。

二、经济增长理论分析的主要内容

如果说前面我们是从纵向上介绍经济增长理论的演变，接下来我们从横向上介绍经济增长理论的主要内容。它一般包括决定经济增长因素的经济增长模式、划分经济增长进程的经济增长阶段、解释经济增长轨迹的经济增长路径等。

（一）经济增长模式

经济增长模式主要分析经济增长的决定因素，其中有代表性的观点有资本决定论、技术决定论、人力资本论、分工—专业化理论、结构效应理论、制度决定理论等。

1. 资本决定论

资本决定论认为，生产投入要素由自然条件、劳动力和物质资本构成。其中，自然资源供给状况会影响经济增长，但不能对经济增长起决定作用；劳动力供给在发展中国家相当充裕，不会对经济增长形成约束；只有物质资本才是启动经济增长的必要条件。因此，物质资本的形成及其多寡就成为经济增长的决定因素。这一观点的理论表述是哈罗德—多马模型等。

2. 技术决定论

技术决定论认为，生产投入要素因其价格的相对变动而具有相对替代性，资本—劳动比例的变化会引起资本—产出的比例变化，其中技术进步起了关键性作用。这一观点的典型代表是索洛模型。

3. 人力资本论

人力资本论强调在经济增长中人的因素的重要作用，认为只有人力资本才能促进经济增长。这一观点的代表是美国经济学家舒尔茨。他把资本分为物质资本和人力资本，认为通过教育、卫生等方面的投资，把一般的人力资源转变为具有较高质量（包括体力、智力、技能等）的人力资本后，能够产生知识效益和非知识效益，促进经济增长；并且人力资本能够产生递增效益，又可扭转资本和劳动要素边际收益递减的趋势，保持经济持续增长。卢卡斯建立了以人力资本为核心的增长模型。

4. 分工—专业化理论

分工—专业化理论认为，分工是经济增长的源泉。这一观点的代表人物有贝克尔和默菲、杨小凯和博兰德。杨小凯认为，斯密只考察了分工的一种形式，还存在其他分工形式，其中最重要的分工形式是生产迂回程度的增加，即经济中出现新的中间产品，初始投入与最终产出之间的链条加长。因此，分工表现为新的行业的出现及迂回程度的加强，意味着分工经济是一种专业化经济。贝克尔和默菲、杨小凯和博兰德分别从不同方面提出将分工、专业化程度和结构内生化的经济增长模型，从数量化的模型分析说明分工和专业化程度及结构对经济增长的决定作用。

5. 结构效应理论

结构效应理论认为经济增长是生产结构转变的一个方面，而结构的转变通常是在非均衡的条件下发生的。因此，劳动和资本从生产率较低的部门向生产率较高的部门转移能够加速经济的增长，亦即结构效应是经济增长的一个源泉。这一理论的代表人物有帕西内蒂、罗斯托、罗宾逊、赛尔昆、库兹涅茨和钱纳里等结构主义经济学家。他们通过搜集数据建立模型，表明经济增长必然带来社会结构的转变，而且起着决定性作用。

6. 制度决定理论

制度决定理论认为以往的经济学分析忽略了交易费用的存在，没有意识到用于降低交易费用的制度安排及其创新才是经济增长的决定因素。其典型代表是以诺思为首的新制度经济学家，他们提出，对经济增长起决定作用的是制度因素及其创新，而在制度因素中产权制度的作用最为重要，导致制度变化的诱因和动力是产权的界定与变化。由于国家在制度创新中具有不可替代的作用，政府通过推行制度上的创新使产权结构更有效率是实现经济增长的有效途径。

通过上面的经济增长模式分析可知，自然资源、资本、人力、知识、技术、分工、结构、制度等因素在长期增长中起重要作用，但在模式实证过程中没有很好的办法将所有影响经济增长的因素全部量化。

（二）经济增长阶段

经济增长阶段理论主要是分析经济增长的历史进程，该理论的代表为罗斯托的经济增长阶段论。罗斯托把经济增长过程划分为六个阶段：传统社会阶段、为起飞创造前提阶段、起飞阶段、成熟阶段、大规模提高消费阶段、追求生活质量阶段。

1. 传统社会阶段

传统社会阶段的特征为：农业是国民经济的主体，自给自足的自然经济占统治地位，人们除了追求自身需要的满足之外，缺少经济扩张的动机和行为；没有或缺乏现代科学技术，经济增长受到资源瓶颈和投入要素边际生产率递减的经常性约束，经济发展停滞；社会结构滞后、僵化，没有变革，无法保持经济持续增长；人们的思想观念滞后、消极，缺乏进取心，安于现状，经济发展毫无生机与活力。总之，传统社会最重要的特征就是没有持续的经济增长，社会经济发展异常缓慢。

2. 为起飞创造前提阶段

为起飞创造前提阶段是从传统社会阶段到起飞的过渡阶段。在这一阶段，近代科学知识开始在工业和农业革命中发挥作用，生产力水平提高，剩余产品增多，储蓄欲望提高。金融机构开始发展，为资本循环和积累创造条件。在经济上，重视农业革命，既要提供粮食，更要把一部分收入用于积累。在政治上，建立了政府运作体系和法律制度体系。

3. 起飞阶段

起飞阶段是指经济持续增长、进入现代社会阶段，起飞阶段的标志是工业化、技术的不断创新和广泛应用。罗斯托认为，进入起飞阶段必须具备一定的条件：工业是经济的主体，并具有较好的农业基础和较完备的基础设施；资本积累率、生产性投资率、生产增长率达到一定程度；建立能够带动整个经济增长的主导部门；国家统一，有谋求经济和社会现代化的目标，以及有强有力的政府进行领导和管理；形成全社会的创业精神和涌现出一大批勇于创新、富有冒险精神的企业家。起飞阶段突破了传统社会阶段长期缓慢发展的格局，是经济增长中的剧变过程，具有特殊的意义。

4. 成熟阶段

成熟阶段是指现代技术有效应用于整个经济领域阶段。在成熟阶段，投资稳定增长；科学技术迅速发展并得到应用；经济结构发生了根本性变化，农业份额大幅度下降，工商业和服务业快速发展；就业人数增加。成熟阶段使起飞阶段的经济增长得以巩固并在新的基础上稳定发展，为经济增长提供巨大的选择自由。

5. 大规模高消费阶段

大规模高消费阶段是指人们的消费水平普遍提高阶段。在这个阶段，人们已不满足于普通的衣食住行方面的消费，而开始大规模消费电视机、电冰箱、洗衣机、汽车等高档耐用消费品，整个社会已进入发达的工业时代。

6. 追求生活质量阶段

追求生活质量阶段是罗斯托描述的经济增长的最高阶段，其特征是人们追求更高质量的消费和享受。追求生活质量阶段，要求有充足和完善的教育、文化、医疗、保健等设施，有更多更好的服务行业和娱乐、旅游条件，收入再分配和福利开支进一步均等化，以及消除环境污染、保持生态平衡等。

（三）经济增长路径

经济增长路径是指经济增长是直线运动还是曲线运动，经济增长是平衡增长还是不平衡增长等经济增长沿着何种轨道前进。

关于经济增长的周期问题，西方经济学做了许多分析，他们对经济增长中存在总体经济活动的扩张和收缩交替反复出现的过程及存在经济周期基本没有异议，但对经济周期的研究各抒己见。根据经济周期的时间长短，经济周期的类型分为基钦周期（40个月左右的小周期）、朱格拉周期（9~10年的中周期）、库兹涅茨周期（15~25年的长周期）、康德拉季耶夫周期（50~60年的长周期）。对于形成周期的原因，西方经济学家做了种种解释，如太阳黑点、战争、政治事件等外生因素论，创新理论、货币原因说、资本边际效率、循环性变动等内生因素论。其中较有影响的是卡尔多用储蓄和投资的关系解释经济周期的模型，认为储蓄和投资随着收入水平的变动而变动，资本存量的变动是经济周期的原因；萨缪尔森用乘数和加速数的相互作用解释经济周期的原因，认为一定量的投资引起收入的相应变动，收入变动引起投资的相应变动，这种相互关系是经济周期的原因。

关于经济增长中的均衡与非均衡问题，则有两种截然相反的判断。均衡增长论以市场完善、价格灵活、信息畅通为设定前提，认为经济运行的内在机制能够使供给与需求、收入与支出、进口与出口达到均衡状态，实现国民生产总值的增长率与生产要素投入的增长率在数量上一致，从而达到最优增长。尽管在均衡增长过程中，由于受外在因素的扰动，宏观经济变量会发生某种程度的偏离，但会收敛于均衡点，即表现为恒长均速的增长。均衡增长论是西方经济理论中的主流思想。

非均衡增长理论认为，市场完善、价格灵活、信息畅通等假设前提并不存在，在经济运行中，宏观经济变量总是表现为一种不对称的运动，或者总需求过盛，总供给不足；或者有效需求不足，总供给过剩，从而实际的国民生产总值的增长率与生产要素投入的增长率不能相等。尽管在经济运行中会出现某种状态的均衡，但非均衡是常态。经济增长不能消除这种非均衡，而且正是通过非均衡增长过程达到一个新的非均衡点。

从经济增长是一个长期动态过程考虑，生产要素的投入是不断增加的，生产要素作为变量，存在着复杂的联结关系。这种联结的关系主要取决于三个因素：一是经济结构内部各产业部门权重的变化，新兴产业和传统产业的兴衰，主导产业部门的更迭等引起的国民经济结构的不断变动；二是由市场需求和市场竞争引起的技术的不断进步；三是由投资的预期利润率、借贷利率、资本品价格等引起的投资的不断变动。上述因素决定的各生产要素联结关系的不断变化，必然使经济是非均衡增长的。在开放经济条件下，这种非均衡增长则因国际经济关系的掺入得到进一步强化。显然，现实经济增长是一种非均衡经济增长，包含波动的增长。

第二节　哈罗德—多马模型

20 世纪 30 年代中期，凯恩斯基于发达国家的情况，提出以增加投资扩大总需求的理论。一般认为，凯恩斯理论适用于发展中国家，因为发展中国家的主要问题不是需求问题，而是生产不足。在 20 世纪 40 年代末期，哈罗德和多马分别根据凯恩斯的思想提出了他们自己的增长模型，即要使经济增长多、产出增加，必须增加生产中所使用的资本品。这个模型对发展中国家产生了很大影响。

一、模型的前提假设

哈罗德—多马模型是以严格的假设为前提条件的，这些假设主要包括以下几个：

（1）整个社会只生产一种产品，这种产品既可以作为消费品，也可以作为资本品；

（2）生产中只使用两种生产要素——劳动与资本，且这两种生产要素为固定技术函数（它们在生产中的比率是固定的），不能互相替代；

（3）规模收益不变，即生产规模扩大时，不存在收益递增或递减的情况；

（4）劳动力按不变的、由外部因素决定的速度增长；

（5）社会的储蓄率及储蓄与收入的比率不变；

（6）技术水平不变。

二、基本方程

在上述假设条件下，用 G 表示经济增长率，Y 表示产出，ΔY 表示产出的增量，则有

$$G = \frac{\Delta Y}{Y} \qquad (3-1)$$

用 V 表示资本产出比率，即 $V = \frac{K}{Y}$，则一个经济体的资本存量 K 和总产出 Y 之间存在如下关系：

因为
$$V = \frac{K}{Y} \qquad (3-2)$$

所以
$$K = VY \qquad (3-3)$$

根据模型的假定，资本与劳动的比例是固定不变的，从而资本—产出比率也是不变的，即 V 是一个常数。随着社会资本的增长，产出按原有比例增长。由 ΔK 表示资本存量的增量，用 ΔY 表示产出的增量，则有

$$\Delta K = V\Delta Y \qquad (3-4)$$

资本存量的增量就是经济中的投资（I），即

$$\Delta K = I = V\Delta Y \qquad (3-5)$$

另外，在只包括家庭和企业的两部门经济中，经济达到均衡时要求投资（I）等于储蓄（S），即

$$I = S = V\Delta Y \qquad (3-6)$$

又由于经济中储蓄占收入的比率不变，用 s 表示经济中的储蓄率，则：$s = \frac{S}{Y}$。因此有

$$sY = V\Delta Y \qquad (3-7)$$

因此可以得到哈罗德—多马模型的基本公式为

$$G = \frac{\Delta Y}{Y} = \frac{s}{V} \tag{3-8}$$

式（3-7）表明，经济增长率与储蓄率 s 成正比，与资本—产出比率 V 成反比。

三、保证条件的分析

哈罗德和多马在提出经济增长方程式的同时，为了保证这个方程式得以实现，也就是保证经济长期均衡地增长，他们提出了三个增长概念：实际增长率、有保证的增长率和自然增长率。为了保证经济长期均衡地增长，这三个增长率必须相等。下面分别解释和分析这三个增长率。

（一）实际增长率（G_t）

G_t 是指在一定储蓄比例下由实际的资本变化量和经济实际产出变化量的比率 V 推导出的经济增长率，其公式为

$$G_t = \frac{s}{V} \tag{3-9}$$

（二）有保证的增长率（G_w）

G_w 是指与企业意愿中所需要的资本—产量比率 V_r 相适应的经济增长率，即能满足投资等于储蓄的稳定的增长率，其公式为

$$G_w = \frac{S_d}{V_r} \tag{3-10}$$

式中，S_d 为合意的储蓄率；V_r 为企业意愿中所需要的资本—产量比率。

这一公式表明，当既定的合意储蓄率（符合居民等意愿储蓄需求）和合意资本—产量比率（符合企业意愿投资需求）所决定的增长率是有保证的增长率时，经济可以实现稳定增长，而这个增长率实现的条件也是企业家预期的投资需求恰好等于本期居民的意愿储蓄供应。

哈罗德和多马之所以认为均衡的增长率是有保证的增长率，是因为在这种增长率条件下，总需求等于总供给。但均衡增长率并不等于实际增长率。在实际生活中，储蓄不一定全部转化为投资，或总需求不一定等于总供给，因此 G_t 与 G_w 也不可能完全一致。

如果 $G_t > G_w$，那么社会总需求将超过扩大的生产水平，为了弥补生产水平的不足，下一年的投资必定要超过储蓄，一旦出现实际增长率偏高，则将对以后各年的收入变动产生连锁影响，即投资大于储蓄，实际增长率和均衡增长率的差距也必然越来越大。

如果 $G_t < G_w$，那么扩大了的生产水平就不能被充分利用，就会开工不足，于是投资和收入也将下降，这将对以后各年的收入变动产生连锁影响。

因此，均衡增长的途径被说成"刀刃的锋口"，均衡增长过程不易保持，只要实际增长率开始偏离均衡增长率，两者的差距以后将越来越大。

从政策方面来说，要维持长期的均衡增长，政府有必要采取适当的举措使实际增长和均衡增长保持一致。

在分析经济短期波动的原因时，若 $G_t = G_w$，说明实际投资等于合意投资，实际经济稳定增长；若 $G_t > G_w$，说明实际投资高于合意投资，导致经济扩张；若 $G_t < G_w$，说明实际投资低于合意储蓄率，引起经济收缩。

（三）自然增长率　（G_N）

G_N 是考虑长期中人口增长和技术变化因素时的经济增长率。G_N 就是人口变动和技术变动条件下的社会可能实现的增长率。其公式为

$$G_N = \frac{S_0}{V_r} \qquad\qquad (3-11)$$

式中，S_0 为一定制度下最适宜的储蓄率；V_r 为预期的资本—产出比率。

若 $G_w = G_N$，说明社会的所有劳动力和生产设备在既定的技术水平下得到充分利用；若 $G_w < G_N$，说明储蓄和投资的增长率低于人口和技术进步所允许的程度，出现长期繁荣趋势；或者说这时劳动力过多而造成工资低廉，经济可能出现长期兴奋的状态；若 $G_w > G_N$，说明储蓄和投资的增长率超过人口增长和技术进步所允许的程度，因此出现长期停滞状态，或者说这时劳动力不足使经济呈现长期停滞状态。

（四）$G_t = G_w = G_N$

把 G_t、G_w、G_N 三者结合起来考虑，从长远看，应当是 $G_t = G_w = G_N$。但西方有些经济学家不同意上述观点。他们认为一方面劳动力缺乏只会使生产"短期停滞"，从长期来看，技术创新是必然的趋势，技术创新将节省劳动力，劳动力显得过多，工资低廉，从而造成"长期兴奋"；另一方面，劳动力过剩，也只会产生"短期兴奋"，从长远来看，大量失业的存在会导致供应大于需求，从而造成"长期停滞"。

尽管西方经济学界对 G_w 与 G_N 不相等的后果有不同的看法，但 $G_w = G_N$ 仍被看成是长期均衡增长的条件。

（五）均衡增长路径的存在性问题和稳定性问题

哈罗德—多马模型要解决两个问题：第一个问题是经济沿着均衡增长途径增长的可能性是否存在问题；第二个问题是经济波动一旦偏离了均衡增长途径，其本身能否自动趋向于均衡途径，这个问题被称为稳定性问题。

1. 存在性问题

哈罗德认为，实现充分就业均衡增长的可能性是存在的，但储蓄比例、实际资本—产量比和劳动力增长率分别由各不相同的假设因素独立决定，因此，除非偶然的巧合，否则这种充分就业的均衡增长是不会出现的。

2. 稳定性问题

根据到达均衡增长的公式变形 $G_t \times V = G_w \times V_r = S$，经济活动一旦偏离均衡经济增长途径，即实际增长率与有保证的增长率之间一旦发生偏离，经济活动不但不能自我纠正，还会产生更大的偏离。具体分析如下：

若 $G_t > G_w$，那么 V 就会小于（或大于）V_r，企业的固定资产和存货就会小于（或大于）企业家所需要的数量，企业增加（或减少）订单，增加（或减少）投资，从而使实际产量水平进一步提高（或降低），最终使 G_t 与 G_w 之间出现更大的缺口，经济不是连续上升，就是连续下降，呈现剧烈波动状态。

四、对模型的评价

哈罗德—多马模型在现代经济增长研究中作出了开创性贡献：分析经济增长的驱动力量、经济动荡和周期性发展的原因。

哈罗德—多马模型发展了凯恩斯理论，把时间因素引入凯恩斯理论中，从而将其理论长期化和动态化。

哈罗德—多马模型说明经济增长过程中政府干预的必要性，并成为指导经济计划和政策制定的有效手段。

哈罗德—多马模型的局限性体现在：（1）过分强调经济增长的根本动力来自资本积累；（2）储蓄等于投资的假设不符合实际；（3）没有讨论技术进步的效应。

第三节 新古典增长模型

新古典增长模型是美国经济学家罗伯特·索洛等提出的增长模型，又称索洛增长模型、外生经济增长模型。这个模型基本假设和分析方法沿用了古典经济学的思路，既汲取了哈罗德—多马模型的优点，又摒弃了后者那些令人疑惑的假设条件。

索洛认为哈罗德—多马模型只不过是一种长期经济的"刀刃平衡"。其中，储蓄率、资本—产出比率和劳动力增长率是主要参数。这些参数若稍有偏离，其结果不是增加失业，就是导致通货膨胀。

索洛指出，G_w 和 G_N 之间存在脆弱的平衡关系，关键是由于模型假设劳动力不能取代资本，生产中的劳动力与资本比例是固定的。倘若放弃这种假设，G_w 和 G_N 之间的"刀刃平衡"也就随之消失。基于这一思路，索洛建立了一种没有固定生产比例假设的长期增长模型。

索洛模型说明在一个经济体中，资本存量的增长、劳动力的增长以及技术进步是如何影响经济增长的。

下面先介绍模型的假设和基本方程的推导，然后对模型参数进行分析，最后对模型进行评价。

一、模型的假设

新古典增长模型的假设主要包括以下几个：

（1）资本与劳动存在替代关系，因而资本—产出比率是可以变化的。

（2）储蓄全部转化为投资，即储蓄—投资转化率为1。

（3）规模收益不变，并且资本与劳动的边际生产率递减。

（4）市场是完全竞争的，价格机制起着主要调节作用，因而劳动和资本的边际生产率分别决定工资和利润。资本和劳动在任何时候都能得到充分利用。

（5）存在技术进步，但它是一个有着固定趋势的常数。技术进步是中性的，不改变资本和劳动的比率，即产出的规模不变。

（6）劳动按照一个不变的比率增长。

二、模型的基本方程

如前所述，假设生产函数关于劳动和技术是规模报酬不变的，可以通过产品的供求推导出模型的基本方程。

（一）产品的供给与生产函数

在索洛增长模型中，产品供给取决于生产函数，而生产函数表明产出取决于资本和劳动数量，即

$$Y(t) = f(K(t), AN(t)) \tag{3-12}$$

式中，$Y(t)$ 为产出；$K(t)$ 为资本存量；A 为知识或技术进步，根据模型假设，它是一个常数；$N(t)$ 为劳动数量；AN 为有效劳动；t 为时间；$f( )$ 为函数式。

假设生产规模收益不变，即

$$zY = zf(K, AN) = f(zK, zAN) \tag{3-13}$$

设 $z = 1/N$，代入式（3-13）可得

$$\frac{Y}{N} = f\left(\frac{K}{N}, A\right) \tag{3-14}$$

若定义 $y = Y/N$ 为每人的产出；$k = K/N$ 为每人的资本存量，则

$$y = f(k, A) \tag{3-15}$$

由于 A 为常数，式（3-15）可进一步简化为

$$y = f(k) \tag{3-16}$$

即人均产出 y 决定于人均资本存量 $f(k)$。

（二）产品需求与消费函数

产品的需求主要来自消费和投资。以人均衡量，在封闭经济和均衡条件下，如果不考虑政府购买，则人均产出和收入全部用于人均消费和人均投资，即

$$y = c + i \qquad (3-17)$$

式中，人均产出 $y = Y/N$；人均消费 $c = C/N$；人均投资 $i = I/N$。

假设每年人们将其收入的一个固定比例 ε（ε 介于 0 和 1 之间）用于储蓄，即把 $(1-\varepsilon)$ 的比例用于消费，则人均消费函数和人均储蓄函数可以写成：

$$c = (1-\varepsilon)y \qquad (3-18)$$

$$s = \varepsilon y \qquad (3-19)$$

其中，定义人均储蓄 $s = S/N$。

根据国民收入恒等式 $S = I$ 可以写成：

$$s = \varepsilon y = i \qquad (3-20)$$

资本的存量增长将影响经济的增长，而影响资本存量的主要是投资和折旧。投资用于新工厂和新设备的支出，折旧是原有资本的磨损。在人均投资等于人均储蓄的情况下，如果把人均产出表示为人均资本存量的函数即 $y = f(k)$，将 $i = s$ 代入则变为

$$i = \varepsilon f(k) \qquad (3-21)$$

这表明资本存量由投资 i 决定，而既定的 k 可以得到相应的产出，这个产出的 ε 比例又是新的投资来源。

令每年折旧率为 δ，则投资和折旧对资本存量产生影响，资本存量等于投资或折旧后的余额，用公式表示为

$$\Delta k = i - \delta k \qquad (3-22)$$

也可与 $i = \varepsilon f(k)$ 结合起来写为

$$\Delta k = \varepsilon f(k) - \delta k \qquad (3-23)$$

现在考虑把技术进步的因素也纳入模型中。前面介绍生产函数 $Y = f(K, AN)$ 时，已经定义：A 表示知识或劳动的有效性，反映技术进步，AN 表示有效劳动。假设劳动力按 n 的比率增长，每单位劳动效率 A 按 g 的比率增长。

现在把它纳入人均资本存量的变动公式中，可写为

$$\Delta k = \varepsilon f(k) - (\delta + n + g)k \qquad (3-24)$$

也可以表示为

$$\varepsilon f(k) = \Delta k + (\delta + n + g)k \qquad (3-25)$$

式（3-25）表示人均产出中未被消费部分 $\varepsilon f(k)$ 被用于两个方面：一方面，$(\delta + n + g)k$ 是资本广化，让资本随着劳动力数量、技术进步的增长而增加；另一方面，Δk 是资本深化，

使每个劳动力配备的资本量增加。结合式（3 – 25）的推导，它也表明投资、折旧、储蓄、劳动力、技术进步是如何影响经济增长的。

三、模型静态平衡分析

$\Delta k = \varepsilon f(k) - \delta k$ 表明，资本存量越多，产量和投资量也越大。如果经济处于投资量等于折旧量的情况下，资本的存量水平就不会改变，产量水平也保持稳定不变，即 $\Delta k = 0$ 时，k 和 $f(k)$ 就一直是稳定的。这时的 k^* 就是稳定状态的资本水平。

根据公式 $\Delta k = \varepsilon f(k) - \delta k$ 可知，资本存量水平在稳定状态时：

$$\Delta k = 0 \tag{3 – 26}$$

$$0 = \delta k - \varepsilon f(k) \tag{3 – 27}$$

整理可得

$$\frac{k^*}{f(k^*)} = \frac{\varepsilon}{\delta} \tag{3 – 28}$$

这也是判断稳定状态和寻找稳定状态的人均资本水平的方法。

四、模型动态平衡分析

在模型动态平衡分析中，我们主要分析储蓄、人口、技术进步对资本存量变动进而对经济增长的影响。

（一）储蓄变动的影响分析

从前面静态分析可以发现，储蓄的提高使投资增加，资本存量随之增加，经济由原来的稳定状态向新的稳定状态过渡，直到在新的稳定状态下投资量等于折旧量，但新的资本存量和产出水平都大于原来的稳定状态的水平。

索洛增长模型提到的储蓄提高加快经济增长只是暂时的，增长到新的稳定状态就会停止。如果经济保持高储蓄率，则可以保持更多的资本存量和更高的产出水平，但不能永远保持高增长率。那么多高的储蓄率对社会福利来说是最好的呢？若决策者选择稳定的经济状态是为了使整个社会的每个人福利最大化，他们就会选择消费水平最高的稳定状态。

我们把消费水平最大化的稳定状态称为资本黄金规则水平。为此，我们需要找出稳定状态的人均消费，然后再说明何种状态提供了最大化的消费。

根据国民收入恒等式 $y = c + i$ 可得

$$c = y - i \tag{3 – 29}$$

再把相关的稳定值代入消费函数可得

$$c^* = f(k^*) - \delta k^* \tag{3 – 30}$$

这就是稳定状态下的人均消费值。

从上面的分析可以看出，黄金规则水平是确实存在的。在资本存量水平低于黄金规则水平时，资本存量增加引起的产出增加要大于折旧的增加，这时的消费是增加的。反之，在资本存量水平高于黄金规则水平时，资本存量的增加减少了消费，因为这时的产出增加要小于折旧的增加。

由此得出一个黄金规则水平的简单条件，即资本的边际产量等于折旧率，令 MP 表示资本的边际产量，即 $MP \cdot k = \delta$。

（二）人口变动的影响分析

因为 $k = K/N$，$y = Y/N$，所以劳动力数量的增加会降低人均资本存量，也会降低人均产出（收入）量。实际上人口的数量和劳动力的数量一直在增加。于是人均资本存量的变动是 $\Delta k = i - (\delta + n)k$，它表明投资、折旧和人口增长都会影响人均资本量，从而影响经济增长。

在储蓄等于投资的情况下，上述公式可以改写为

$$\Delta k = \varepsilon f(k) - (\delta + n)k \qquad (3-31)$$

在考虑人口增加因素后，经济也可达到稳定的状态，即投资对人均资本量的增加刚好与折旧加上人口增长造成的人均资本量的减少相抵时，就达到了这种稳定的状态。这意味着稳定状态下人均资本的储量为零，即 $\Delta k = 0 = \varepsilon f(k) - (\delta + n)k$，也就是

$$\Delta k = 0 = \varepsilon f(k^*) - (\delta + n)k^* \qquad (3-32)$$

由于假定 $i^* = \varepsilon f(k^*)$，整理后得出：

$$i^* = \delta k^* + nk^* \qquad (3-33)$$

这时的新投资既要弥补折旧的资本量的损失，也要提供新的稳定状态下的资本存量。

（三）技术进步的影响分析

如上所述，生产函数为

$$Y = f(K, AN) \qquad (3-34)$$

式中，A 为知识或劳动的有效性，反映技术的进步；AN 表示有效劳动的数量。

该生产函数表明，产出取决于资本存量和有效劳动的数量。如果假定劳动效率以某种不变的比率 g 增长，这种技术就是劳动扩大型，g 就是劳动扩大型技术进步的比率。由于劳动力数量按 n 的比率增长，单位劳动效率 A 按 g 的比率增长，所以有效劳动的数量按 $n + g$ 的比率增长。现在我们重新定义有关因素：$k = K/AN$ 代表有效劳动的人均资本，$y = Y/AN$ 代表有效劳动的人均产出，人均资本存量的变动表现为

$$\Delta k = \varepsilon f(k) - (\delta + n + g)k \qquad (3-35)$$

在技术进步的稳定状态下，有效劳动的人均资本量 k 不变，其产出也不变。但由于工人效率按 g 的比率增长，总产出按 $n + g$ 的比率增长。只有在达到稳定状态之前，高储蓄率才

能引起高增长，一旦达到稳定状态，人均产出只能取决于技术进步的比率。即根据索洛模型，只有技术进步能够解释生活水平的长期上升。

五、对模型的评价

索洛增长模型具有简洁性和较强的解释力，因此成为经济学界普遍接受的理论基础，对众多发展中国家有一定的参考价值。

这个模型的缺陷主要表现在两个方面：一方面是假设过于理想化，与现实情况不符，使模型无法应用于现实。如模型中假设总资本存量随着生产要素相对变化而灵活加以调节。事实上，现实中的物质资本并不具有这样的适应性。设备一旦购买，这一资本很难在短期内收回，或转化为其他形态；另外储蓄全部转化为投资的假设等也与现实不相符。另一方面，虽然强调技术进步是经济增长的内生因素，但又因技术进步很难量化而将其作为外生变量排除在研究范围之外。

第四节　新经济增长模型

如上节所述，新古典增长模型假设引出的结论并不符合现实。例如，当资本存量增加时，由于边际报酬递减，经济增长会减慢，最终经济增长将停止。而过去一百多年间，许多国家的人均产出保持了正增长率，增长率并没有下降的趋势。1986 年以来，阿罗、罗默、卢卡斯、巴罗等经济学家不断对之前的经济增长理论进行思考，在完全竞争条件下，是什么决定长期经济的增长率？这些学者对长期增长率的见解被概括为新经济增长理论或模型。

一、新经济增长理论的概念与模型

（一）概念

新经济增长理论是使用规模收益递增和内生技术进步来说明一国经济长期增长的研究成果的总称。

我们在介绍新古典经济模型时指出：新古典生产函数决定了在劳动供给不变时，资本的边际收益递减。这一结论与事实不符，这又促使经济学家以假定外生的技术进步弥补索洛模型的缺陷。但这种方法可以说明长期正的产出增长率，并不能说明正的增长的动力来源。增长模型不能解释经济的长期可持续增长，这就需要把技术进步等参数作为因变量纳入模型中，从而用这些模型的因变量，而不是外部参数决定长期经济的增长率，把技术进步等纳入模型作为内生变量，也就解释了规模收益是递增而不是递减。

新经济理论强调指出，经济增长不是由外部力量推动的，而是经济系统内部力量作用的产物。技术进步不是天上掉下来的"馅饼"，而是人力资本投资、研究开发、知识外溢、劳动分工和专业化、"干中学"和合理制度激励推动的结果。

目前，新经济理论处在发展和完善之中，新的文献、新的观点、新的方法不断涌现，尚未形成一个完整和规范的理论体系。

（二）新经济增长模型

到目前为止，新经济增长理论没有形成一个被大多数经济学家共同接受的理论模型，但这并不影响其发挥对经济发展的引导作用。也正因为如此，我们将介绍主要的新经济增长模型的内容，其公式推导等不再做介绍。

新经济增长理论分为完全竞争条件下的内生增长模型和垄断竞争条件下的内生增长模型。完全竞争条件下的内生增长模型出现较早，这类模型基本上代表了新经济增长理论的第一发展阶段的研究成果。垄断竞争条件下的内生增长模型出现于 20 世纪 90 年代，在垄断竞争假设下说明技术进步的产生和均衡增长率的决定。这类模型的出现标志着新经济增长理论进入第二个发展阶段。

根据各模型关于总量生产函数的不同规定，新经济增长模型分为两种基本类型：一种是外部条件下的内生增长模型；另一种是凸性增长模型。

二、外部条件下的内生增长模型

这类模型假定，总量生产函数呈现规模收益递增的特征，造成规模收益递增的原因在于技术的溢出效应。对单个企业来说，技术进步表现为外部经济，因此企业是价格的接受者，可以在完全竞争的假设下说明技术进步对经济增长的影响。

外部性条件下的内生增长模型主要有阿罗的"干中学"模型、罗默的知识溢出模型、卢卡斯的专业化人力资本积累增长模型等。

（一）阿罗的"干中学"模型

阿罗在《干中学的经济含义》一文中，提出的"干中学"模型是最早用技术外部性解释经济增长的模型，它是内生技术增长理论的思想源头。

阿罗的重要贡献在于提出了"干中学"的概念："干中学"是试验的产品，发生于解决问题的尝试中，因此它发生在解决问题的生产活动之中。重复大体相同问题的"干中学"受递减收益的约束，对任何既定的刺激存在一个均衡反应形式，学习者避免重复行为。因此，为了取得递增的绩效，刺激必须增加，而不是单调重复。经验具有递增的生产力，随着经验的积累，单位产品成本随生产总量增加而递减。

"干中学"模型将技术解释为产出总量或资本总量的函数，从而导出一个规模收益递增的生产函数。增长不仅是有形要素投入的结果，也是实践经验积累的结果。技术进步是投资的副产品，知识是公共产品，具有"外溢效应"。一个企业的知识投资不但提高了自身的生产率，还将提高全社会其他企业的生产率。因此，技术进步是经济系统的内生变量。由于存在技术溢出，不存在政府干预使增长率低于社会最优的增长率现象，显然，此模型已经部分内生化了技术进步。

阿罗"干中学"模型的技术溢出不够强，内生技术进步不足以推动经济持续增长，还必须要求人口以一定的比率增长，因而它还不是一个完全化的内生模型。

（二）罗默的知识溢出模型

罗默将阿罗模型向前推进了一步。在罗默的知识溢出模型中，知识或技术是私人企业进行意愿投资的产物，像物质资本投资一样。私人企业进行知识投资也将导致知识资本的边际收益递减。为了说明即使人口增长为零时知识积累也足以促进经济实现长期增长，罗默假定：知识生产的私人收益率递减；新知识的社会收益率递增；知识具有正的外部性；经济是完全竞争的，生产者是价格的接受者。

罗默证明，在上述假定下，知识溢出足以抵消固定生产要素存在引起知识资本边际产品递减的趋势，从而使知识投资的社会收益率保持不变或呈递增趋势。因此，知识积累的过程不会中断，经济能够实现长期增长。

（三）卢卡斯的专业化人力资本积累增长模型

卢卡斯的模型由两部分组成：两时期模式和两商品模式。两时期模式将资本区分为物质资本和人力资本，将劳动划分为原始劳动和专业化人力资本，认为专业化人力资本才是促进经济增长的真正动力。

由于两时期模式中的人力资本完全是在生产过程以外形成的，不能代表人力资本获得的全部情况，因此卢卡斯提出了建立第二个人力资本模型：两商品模式。他认为产出增长的决定性因素是生产某一种商品的特殊或专业化的人力资本。人力资本的获得主要通过学校教育和实践中的学习。两商品模式被用来进行两个企业或两个国家之间的商品比较。提出两个国家之间的经济增长率和收入水平差异主要产生于它们在生产商品时投入的人力资本的差异。

三、凸性增长模型

凸性增长模型是指在完全竞争条件下，在总量生产函数规模收益不变即凸性生产技术的假设下，说明经济实现内生增长的可能性。这类增长模型主要有 AK 模型、琼斯—真野惠里模型、雷贝洛模型等。下面简单介绍 AK 模型。

（一）AK 生产函数及其性质

AK 模型是最简单的凸性模型，它采取线性形式表示生产函数：

$$Y(t) = AK(t)$$

式中，Y 为产出，它随时间 t 而变化；A 为反映技术水平的正的常数，它反映一单位资本所生产的产出量；K 为资本存量，其不仅包括物质资本，还可以包括人力资本，且两者可完全替代。

生产函数的性质：

$$zY = A(zK)$$

（1）规模收益不变；（2）资本的边际产出不变，为常数 A。

假设 s 为储蓄率，并全部转化为投资，δ 为折旧率，则

$$sY = \Delta K + \delta K \tag{3 - 36}$$

$$\Delta K = sY - \delta K \tag{3 - 37}$$

$$Y = AK \tag{3 - 38}$$

则

$$\frac{\Delta Y}{Y} = \frac{\Delta K}{K} = sA - \delta \tag{3 - 39}$$

只要 $sA > \delta$，即使没有外生技术进步的假设，经济也会增长，储蓄和投资会引起长期经济增长，储蓄率（投资率）越高，增长率就越高。

（二）投入的变动

1. 劳动力的增长

$$\frac{\dot{N}(t)}{N(t)} = \frac{1}{N(t)} \times \frac{\mathrm{d}N(t)}{\mathrm{d}t} = n \tag{3 - 40}$$

式中，n 为劳动力增长率。

2. 知识的增长

$$\frac{\dot{A}(t)}{A(t)} = \frac{1}{A(t)} \times \frac{\mathrm{d}A(t)}{\mathrm{d}t} = g \tag{3 - 41}$$

式中，g 为技术水平增长率，是表示技术进步速度的外生参数。假定技术水平为固定的常数，则 $g = 0$。

3. 资本品的增长

$$\dot{K}(t) = \frac{\mathrm{d}K(t)}{\mathrm{d}t} = sY(t) - \delta K(t) \tag{3 - 42}$$

式中，s、δ 均为外生变量。

（三）增长路径的动态

类似索洛模型，有

$$\dot{K}(t) = sf(K(t)) - (n + \delta)K(t) \tag{3 - 43}$$

令 k 的增长率 $zk = \dfrac{\dot{k}}{k}$，则

$$zk = sA - (n + \delta) \qquad\qquad (3 - 44)$$

由于 k 以稳定的速度 zk 增长，k 不会收敛于某一个稳态值。因此 k 与其他变量的增长是发散的。

（四）对 AK 模型的评价

AK 模型揭示了放弃资本收益递减规律如何能够导致内生增长。该模型的明显缺陷有：过于简单，直接放弃资本收益递减规律似乎不符合人们的常识。如果将 k 理解为包括人力资本在内的广义资本，会有助于理解该生产函数。

四、对新经济增长理论的评价

新经济增长理论的重要突破是把技术进步内生化。新古典增长理论只考虑资本和劳动两种生产要素，而新经济增长理论同时考虑知识和技术第三种要素；强调劳动分工和专业化在经济增长中的重要作用；确认了政策对经济增长的重要影响。

新经济增长理论要么各成体系，要么把它们综合起来，仍然没有使我们对经济增长中技术进步有深刻的理解。对此，经济学家的批评主要有：新经济增长理论没有解决总量生产函数问题，没有在生产理论上取得突破。

新经济增长理论虽然比新古典增长理论前进了一步，但这种进步是有限的。

本章小结

1. 经济增长理论包括古典经济增长理论和现代经济增长理论，现代经济增长理论又划分为哈罗德—多马模型、新古典经济增长模型和新经济增长理论模型。

2. 经济增长理论的主要内容一般包括决定经济增长因素的模式、划分经济增长进程的经济增长阶段、解释经济增长轨迹的经济增长路径等。

3. 经济增长模式主要分析经济增长的决定因素。其中有代表性的观点包括资本决定论、技术决定论、人力资本论、分工—专业化理论、结构效益理论、制度决定理论等。

4. 经济增长阶段理论主要是分析经济增长的历史进程。该理论的代表为罗斯托的经济增长阶段论。罗斯托把经济增长的过程划分为六个阶段：传统社会阶段、为起飞创造前提阶段、起飞阶段、成熟阶段、大规模提高消费阶段、追求生活质量阶段。

5. 经济增长路径是指经济增长是直线运动还是曲线运动，经济增长是平衡增长还是不平衡增长等经济增长沿着何种轨道前进。

6. 哈罗德—多马增长模型表明，要使经济增长多、产出增加，必须增加生产中所使用的资本品。

7. 索洛模型说明在一个经济体中，资本存量的增长、劳动力的增长以及技术进步是如何影响经济增长的。

8. 新经济增长理论是使用规模收益递增和内生技术进步来说明一国经济长期增长的研究成果的总称。

本章重要概念

古典经济增长理论　现代经济增长理论　哈罗德—多马模型　新古典经济增长模型
新经济增长理论模型　经济增长模式　资本决定论　技术决定论　人力资本论
分工—专业化理论　结构效益理论　制度决定理论　经济增长阶段　经济增长路径
实际增长率　有保证的增长率　自然增长率　黄金规则水平　资本广化　资本深化
"干中学"模型　知识溢出模型　人力资本积累增长模型　凸性增长模型　*AK*模型

本章复习思考题

一、判断题

1. 一般认为现代经济增长理论包括新经济理论体系。　　　　　　　　　　（　　）

2. 哈罗德—多马模型强调资本和劳动力在经济增长中的作用。　　　　　　（　　）

3. 新古典增长模型是反映储蓄、资本—产出与经济增长的关系的模型。　　（　　）

4. 新古典增长模型假定劳动和资本的关系是不固定的。　　　　　　　　　（　　）

5. 在新古典增长模型中，如果 $G_t > G_w$，那么实际增长率和均衡增长率的差距也必然越来越小。　　　　　　　　　　　　　　　　　　　　　　　　　　　　　　　（　　）

6. 索洛增长模型证明储蓄提高永远都会加快经济增长。　　　　　　　　　（　　）

7. 索洛增长模型在考虑人口增加因素后，经济达到稳定状态条件是人均资本的储量为零。　　　　　　　　　　　　　　　　　　　　　　　　　　　　　　　　　　（　　）

8. 根据索洛模型，只有技术进步能够解释生活水平的长期上升。　　　　　（　　）

9. 新经济增长理论已经形成了完整的理论体系。　　　　　　　　　　　　（　　）

10. 新经济增长理论研究了制度对经济增长的影响。　　　　　　　　　　　（　　）

二、多选题

1. 经济增长理论的主要内容一般包括（　　　）。

A. 决定经济增长因素的模式　　　　B. 划分经济增长进程的经济增长阶段

C. 解释经济增长轨迹的经济增长路径　　D. 增加生产中所使用的资本品

2. 新经济增长理论一般使用（　　　）来说明一国经济长期增长。

A. 规模收益递增　　　　　　　　　B. 内生技术进步

C. 人民储蓄水平的提高　　　　　　D. 人口增长

三、简答题

1. 简述几位有代表性的古典经济学家经济增长理论的主要观点。

2. 简述哈罗德—多马模型反映影响经济增长的主要因素。

3. 简述新古典经济增长模型反映影响经济增长的主要因素。

4. 简述新经济增长理论的主要内容。

四、思考题

1. 如何加快技术进步以促进经济增长？

2. 我国深化改革与促进经济增长的关系如何？

第四章
通货膨胀理论分析

自 20 世纪 30 年代经济危机以来，西方主要国家都出现了通货膨胀，特别是 60 年代末以后，绝大部分工业化国家都出现了物价上涨 10% 以上的严重通货膨胀，以及通货膨胀与衰退并发的滞胀，对社会经济产生了一系列影响。严峻的现实要求经济学家说明通货膨胀的原因及其治理办法。西方经济学家的不断研究和探索形成了一系列通货膨胀理论。本章将对通货膨胀理论的发展和演变、通货膨胀的成因理论、通货膨胀的效应及治理进行讨论。

第一节　通货膨胀理论的发展和演进

在梳理通货膨胀理论发展和演进之前，明确通货膨胀的定义及其计量是要务。理论界对于什么是通货膨胀及其判定方法还没有统一的结论，具体的讨论如下。

一、通货膨胀的定义

对于通货膨胀，目前还没有形成被普遍接受或令人满意的定义。在文献中，西方经济学家试图从一般现象、成因、条件、趋势等多方面对通货膨胀的含义加以解释。下面介绍三种具有代表性的通货膨胀定义。

（一）莱德勒和帕金的定义

在对通货膨胀定义中，较有影响并试图从一般现象角度（外部标志）对通货膨胀加以定义的是英国著名经济学家莱德勒（Laidler）和帕金（Parkin）。他们认为通货膨胀是物价持续上涨的过程，或就其相同意义而言，是货币币值持续下降的过程，主要包括三种核心思想。

一是该定义表明通货膨胀不是一般价格水平的一时或短期上涨。不能把商业周期中复苏阶段的物价上涨看做是通货膨胀，因为萧条时期的物价下跌会将它抵消。只有物价不可逆地上涨时，才能毫无保留地说这就是通货膨胀。

二是该定义强调的通货膨胀是指一般价格水平，即所有价格的加权平均值的上涨，单个商品的价格上涨不算通货膨胀。

三是最好不把每年低于1%的一般价格水平上涨称为通货膨胀。物价水平上涨多少才能称得上"通货膨胀"，这取决于人们对通货膨胀的敏感程度，这显然是一个主观判断。

（二）布朗芬布伦纳和霍兹曼的定义

美国经济学家布朗芬布伦纳（Bronfenbrenner）和霍兹曼（Holzman）则从现象和原因的角度对通货膨胀予以界定——通货膨胀是"太多的货币追逐太少的货物"，是货币存量或收入（总收入或人均收入）的增长；是附加有多种特征或状态（如未增加就业和实际产量）的物价水平上涨或是用官方汇价来表示的货币对外价值的下降。

这个定义实际上包含形成通货膨胀的四个方面的原因：

第一，通货膨胀是一种"太多的货币追逐太少的商品"的普遍超额需求状况。这是把通货膨胀归因为商品市场上存在的超额需求。

第二，把通货膨胀说成是货币供给变动的结果。

第三，通货膨胀是带有附加特征或条件的物价水平上涨：它不会使就业和实际产量增加；它由货币方面的原因引起；它由扣除了间接税和补贴的价格度量；而且它是不可逆转的。这是以外部标志为根据的通货膨胀定义的扩大形式，它要求一般物价上涨具有某些特征。

第四，通货膨胀是由外汇汇率或黄金价格度量的，或者是由黄金超额需求或者官方汇率计算的外汇超额需求表示的货币对外价值的下跌，强调一般价格水平的对外上涨，用汇率变动度量通货膨胀。在一定条件下，这是适合开放经济的一种方法。

（三）赫尔穆特·弗里希的定义

奥地利维也纳理工大学经济学系教授赫尔穆特·弗里希（Helmut Frisch）对各类通货膨胀的定义进行了归纳和总结，并依据不同标准对通货膨胀做了分类，认为依据市场机制的作用，可分为放开的或抑制的通货膨胀；依据物价上涨的速度可分为爬行的、温和的、奔腾的和超速的通货膨胀；依据预期结果可分为预判到的和未预判到的通货膨胀；依据通货膨胀的原因，可分为成本推进的和需求拉动型的通货膨胀。具体可从以下三点进行讨论：

第一，如果通货膨胀放开，从根本上说，市场经济就会不断发挥决定价格的功能。任何超额需求（商品缺口或要素缺口）都会引起价格上涨和货币工资提高。抑制的通货膨胀出现在政府实施防止物价和货币工资上升管制的时候，结果为超额需求不是减少而是被抑制。如果撤去管制，则必须对付一般价格水平上涨和货币工资提高。

第二，以观察的一般价格水平增长率来划分通货膨胀，当物价上涨不超过2%~3%时说不上通货膨胀。预期的通货膨胀过程可以称为爬行的通货膨胀；物价上涨率较高的通货膨胀过程可以称作温和的通货膨胀；进一步加速的物价上涨可以称作奔腾的通货膨胀。当然我们并不能在温和与奔腾之间划出明确的界限。物价上涨率特别高，通常也伴随加速的通货膨胀过程，可以视为恶性通货膨胀。

第三，预期成为划分通货膨胀的标准，强调预期的通货膨胀和非预期的通货膨胀的区别是新通货膨胀理论和传统通货膨胀理论的重大差别。这个分类在决定通货膨胀效应时十分重要。只有非预期的通货膨胀才会产生实际效应，即只有非预期的通货膨胀才影响产量和就业。

第四，需求拉动和成本推进的通货膨胀之间的差别取决于通货膨胀发生的原因。前者被认为是由超额总需求引起的，后者被认为是总供给函数移动的结果。在实践中辨别这两类通货膨胀还是有难度的。

二、通货膨胀中的"通货"及其计量

在诸多实用的通货膨胀的定义中，大多都涉及通货和一般价格水平两个方面。下面先讨论通货的一般定义，然后再讨论它的计量。

通货一般是指市场流通中的货币，在取消金本位制并代之以信用货币制度下，它是指作为货币符号的纸币和辅币。随着信用工具的发展，不仅纸币具有货币的职能，活期存款、定期存款、短期债券等也具有不同程度的货币职能。在这种情况下，国际货币基金组织（IMF）用广义货币来定义具有不同程度职能的货币，并分层次进行计量。其中：通货（纸币和辅币）为 M_0，也称为狭义货币；M_0 + 活期存款为 M_1；M_1 + 定期存款为 M_2。各国根据自己的国情分别确定相应的货币层次，如墨西哥等已将货币层次划分到 M_4。广义货币的划分本身就具有主观性，其他全新工具或全新资产也可能具有一定程度的货币性，如何把这部分全新工具纳入计量范围？IMF 把这部分工具加入到广义货币，用流动性总量来加以界定并进行计量。

由于研究的目的不同，使用货币的口径也不完全一样，有的用广义货币，例如用 M_2 增长速度与经济增长速度进行比较，判断货币是否超发；也有的将全部金融资产总额（或流动性总量）与 GDP 值进行比较，来判断货币是否超发。无论使用何种口径，都需要明确不同口径的界定范围。关于货币量的计量将在第十二章详细介绍。

三、一般价格水平的含义及其计量

既然通货膨胀表现为货币贬值或一般价格水平持续上涨，那么有两种方法可以用来测量通货膨胀：一是测量货币贬值程度，二是测量一般价格水平的涨幅。西方经济学界更多采用第二种方法。

从理论上讲，物价是商品和服务价值的货币表现，即货币发挥价值尺度职能的表现，也是商品和服务价值与货币价值对比的表现。实际上，其还受供求关系及其他因素的影响。那么物价发生变化，究竟是商品和服务价值变化的结果，还是货币价值变化的结果呢？一般来说，短期内，单个商品特别是计量的样本商品和服务的价值变化不大。如果变化较大则主要来源于货币方面。这样就可以用测量一般价格水平的方法来测量通货膨胀的程度。

一般价格水平不是计算单一商品或服务的价格，而是综合计量几种商品和服务的平均价格。计算一般价格水平就是测度综合物价的变动情况，这涉及比较报告期商品和服务的价格与被比较期（基期）商品和服务的价格，以及所比较的商品和服务的结构，即某类比较商品和服务占所有商品和服务的比重。若权重采用基期的权重则为拉氏价格指数，若权重采用报告期的权重则为帕氏价格指数，即

$$拉氏价格指数 = \sum \frac{报告期商品价格 \times 基期该商品权重}{基期商品价格 \times 基期该商品权重}$$

$$帕氏价格指数 = \sum \frac{报告期商品价格 \times 报告期该商品权重}{基期商品价格 \times 报告期该商品权重}$$

实际中一般采用 GDP 平减指数、消费者价格指数、生产者价格指数来测度通货膨胀。这一部分内容将在第十四章详细介绍。

四、通货膨胀理论的流派与变迁

对通货膨胀理论的发展和演进的分析，如同对通货膨胀的定义一样，至今没有达成共识。有的认为通货膨胀是纸币制度下产生的经济现象，在金属本位制下，不会出现通货膨胀。多数经济学家把通货膨胀理论分为传统通货膨胀理论和现代通货膨胀理论，两者的主要区别是：传统通货膨胀理论主要是解释价格水平的变化，并没有引入预期理论的讨论；而现代通货膨胀理论则注重通货膨胀过程本身的研究，并视通货膨胀预期为通货膨胀过程的核心。

（一）传统通货膨胀理论

传统通货膨胀理论包括古典和新古典通货膨胀理论、需求拉动型通货膨胀理论、成本推进型通货膨胀理论、供求混合推动型通货膨胀理论、结构性通货膨胀理论。

1. 古典和新古典通货膨胀理论

古典和新古典宏观经济理论认为工资和价格具有弹性，它们迅速调整可以保证资源和生产能力充分利用，总需求变化最终影响物价。因此，它们都用早期货币数量理论说明通货膨胀。二者的不同之处在于：前者认为货币不完全是中性的，货币供给在被物价完全吸收以前，也会对实际变量产生一些影响；而后者则根据实际部门决定相对价格、货币部门决定一般价格的两分法，得出了货币完全中性的理论。这些理论因为不能用总需求解释经济波动，所以在大萧条时期被凯恩斯理论替代。

2. 需求拉动型通货膨胀理论

凯恩斯依靠价格刚性或有效需求不足的假定，阐明了总需求对实际产量的影响。凯恩斯提出了由产品市场上存在总供给和总需求缺口引发通货膨胀的崭新模型。他证明在产品价格

可变和工资黏性的假定下，产品超额需求一定会使价格高于成本而导致通货膨胀；由于通货膨胀的再分配功能，以及工人与企业家之间的边际消费倾向不同，超额需求将随着物价的上涨而消失。之后，美国经济学家威廉·杰克·鲍莫尔（William Jack Baumol）对凯恩斯的通货膨胀理论进行了补充和发展，一方面认为充分就业之前也可能发生通货膨胀，另一方面对滞胀也进行了一定程度的解释，从而拓展了需求拉动型通货膨胀理论。

3. 成本推进型通货膨胀理论

20世纪50年代后期西方国家生产已经出现过剩，但通货膨胀仍然发生，从需求方面无法给出令人信服的解释，而从成本和利润两个角度或许可以对通货膨胀加以解释。如从成本角度看，工资率变动的通货膨胀是指，当工会与企业谈判所获得的工资的增长率高于生产的产品的增长率时，工资上涨推动产品价格上涨引发通货膨胀。利润推动的通货膨胀是指垄断企业利用市场的地位提高产品的价格引发通货膨胀。然而，成本推进要有需求作为前提；轮番上涨的工资和物价又难分谁先谁后；通货膨胀是指一般价格水平的持续上涨，而单独的成本推动只引起相对价格的一次上升，因此成本推进型通货膨胀理论也受到一些质疑。不过统计数据表明，成本在推进平均物价水平上涨方面仍是一个重要因素。

4. 供求混合推动型通货膨胀理论

经济学家认为，单独从需求和供给方面对通货膨胀的解释都是不全面的，实际上很难真正作出这种区分。他们提出了混合通货膨胀的理论，认为现实经济社会中的通货膨胀往往是需求和成本共同作用的结果。在解决对策上，他们认为要采取综合的宏观调控措施进行应对，防止经济陷入滞胀境地，一方面控制货币的增长速度，另一方面又要增加短缺物资的供应，调节供给。

5. 结构性通货膨胀理论

结构性通货膨胀理论认为，一国的通货膨胀与该国的经济结构有关。由于同行业人往往渴望得到相同的工资，当生产率低的部门工资要求和生产率高的部门一样时，产品成本增加，引发通货膨胀。

（二）现代通货膨胀理论

19世纪70年代，在前期过度放松的政策和石油危机的打击下，资本主义国家陷入了滞胀危机。传统的凯恩斯主义对此无法进行有效解释，现代通货膨胀理论应运而生。它包括现代货币主义学派通货膨胀理论、奥地利学派通货膨胀理论、理性预期学派通货膨胀理论、其他学派的通货膨胀理论。

1. 现代货币主义学派通货膨胀理论

现代货币主义学派的代表人物弗里德曼有一句名言："通货膨胀无论在何时何地都是一种货币现象。"弗里德曼认为过多的货币供给是通货膨胀发生的根本原因。弗里德曼在分析通货膨胀时引入了预期通货膨胀率，提出了自然失业率假说。弗里德曼认为，短期内通货膨胀和失业率存在替代关系，但长期来看通货膨胀率和失业率不存在替代关系。针对经济中出现的滞胀，他认为存在通货膨胀是由于货币的扩张速度大于产出的增长速度。在治理通货膨胀的方法上，弗里德曼主张实行单一的货币规则，贯彻实施一项固定明确的通货政策，稳定民众的预期。同时，在这项政策中附加自动调整条款，这使政府可以依据通货膨胀率的变动对公众预期使用条款进行调整。弗里德曼提出要治理通货膨胀，就要对货币制度进行改革，保证价格稳定，并且同意以法律的形式来规定货币增长率。

2. 奥地利学派通货膨胀理论

以哈耶克为代表的奥地利学派同样看到了货币在通胀中的作用。与货币学派不同，奥地利学派从微观角度对通货膨胀进行解释。他们认为，货币在进行扩张时不是同时进入所有行业，而是从一个行业向另一个行业不断蔓延的过程；并且认为资产价格上升是通货膨胀发生的重要环节，而农产品价格的普遍上涨，则意味着通胀的全面发生。奥地利学派还认为，只要货币垄断者不放弃垄断权，就无法利用市场机制来约束通货膨胀，因为政府可以通过通货膨胀的分散效应减轻债务，并且提高税收。

3. 理性预期学派通货膨胀理论

理性预期学派将理性预期引入通货膨胀的分析之中，与货币学派的适应性预期不同，理性预期学派认为菲利普斯曲线在短期和长期都不存在，通货膨胀和失业率之间没有替代关系，不能通过增加失业率来降低通货膨胀率。理性预期学派也认为货币的供应是通货膨胀的核心，认为只要政府一次性宣布减少货币供给，通货膨胀会马上消失。然而这一理论无法在现实中得到验证。理性预期学派的观点在理论上无可挑剔，但由于现实中信息成本的存在、经济个体知识的缺陷、货币政策传导的复杂性等多方面的原因，对现实的通货膨胀的解释和应对差强人意。

4. 其他学派的通货膨胀理论

现代凯恩斯学派的通货膨胀理论和货币学派通货膨胀理论大同小异，他们认为经济衰退是通货膨胀治理的必然结果，人们只能在失业和通货膨胀中作出权衡，选择治理通货膨胀的路径。他们也认可货币主义和理性预期学派的"在长期中，失业率和通货膨胀率不能相互替代，扩张性的货币政策只会提高物价水平"的观点。也有人认为，通货膨胀发生的根本原因就在于实施的财政政策，治理通货膨胀最有效的方法则是放弃实施扩张性财政政策。

除此之外，还有学者认为通货膨胀率和政治选择有关，现任官员连任往往面临较高的通胀率，这主要是由于政府官员为了连任而采取刺激的财政政策，同时有学者发现产出在选举后面常有一个较低周期，左翼政府往往和通货膨胀联系在一起，右翼政府往往和通货紧缩联系在一起，这样的特征在两党制国家尤为明显。

第二节 通货膨胀成因理论

上一节从通货膨胀的定义和计量角度介绍了传统和现代通货膨胀理论的分类，本节重点从通货膨胀的成因角度介绍需求拉动型通货膨胀理论、成本推进型通货膨胀理论、供求混合推动型通货膨胀理论和预期通货膨胀理论。

一、需求拉动型通货膨胀理论

需求拉动型通货膨胀理论是经济学中流传较早、较为重要的理论。它强调通货膨胀是由总需求过度增长引起的。即太多的货币追逐太少的货物，因为物品与劳务的需求超过按现行价格可得到的供给，一般物价水平便上涨。换言之，当消费者、企业主、政府的总开支超过可得到的总供给时，需求拉动型通货膨胀就会发生。依据美国经济学家威廉·杰克·鲍莫尔（William Jack Baumol）的分析，可用图 4-1 描述需求拉动型通货膨胀理论。

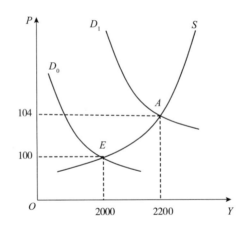

图 4-1 需求拉动型通货膨胀

开始的情况是，总需求曲线（D_0）与总供给曲线（S）相交于 E 点，经济处于均衡状态。真实国民生产总值（Y）是 2000 美元，价格指数（P）为 100。现在假定消费者或政府决定花费更多，或者企业决定投资更多，总需求增加，总需求曲线由 D_0 移动到 D_1，总供给曲线不变，如图 4-1 所示。新的均衡位于 A 点上，而在这个 A 点上的产出和价格都高于 E 点的水平，即产出由 2000 美元上升到 2200 美元，价格水平由 100 上升到 104。这就是需求拉动通货膨胀（物价上涨）的过程。伴随真实产量上升出现的通货膨胀的程度取决于总供给曲线的斜率。

鲍莫尔认为，把开始的均衡点 E 与后来的均衡点 A 相比较，显然表现出 200 美元的产出增长是以价格水平增长4%为代价而"获得"的。所以，存在较高产量（因而是较少失业）与较高价格之间的交替。鲍莫尔强调，滞胀时期往往是总需求迅速扩大的必然结果。这种情况之所以发生，是因为价格调整比实际产量调整出现更加迟缓，当价格和产量两者都适应于均衡时，滞胀就发生了。

　　值得注意的是，总需求变动引起一般价格水平变化的具体情形视总供给曲线形态的不同而不同。当总供给曲线是一条水平直线时，总需求曲线的移动只会影响经济均衡时的产量，而不会影响一般价格水平；当总供给曲线是一条垂直于横轴的直线时，总需求曲线的移动只会影响一般价格水平，而不会影响经济均衡时的产量；只有当总供给曲线介于这两者之间，即如图4－1所示是一条自左下向右上倾斜的曲线时，总需求曲线的移动才既影响一般价格水平，又影响经济均衡时的产量。这三种情况便是凯恩斯所概括的，当总产量和就业量增加时，物价水平是否会随着货币数量的增加（从而总的有效需求增加）而上升，必须视有无多余的生产设备、失业人员和未被充分利用的其他生产资源而定。

　　一是当有未被充分利用的生产设备、资源和失业现象存在时，因货币数量增加而增加的有效需求只能使就业量和产出量同比例增加，而不会影响物价。即对应总供给曲线是一条水平直线的情形。

　　二是当未被利用的生产设备、资源逐渐减少和就业量逐渐增加时，物价会随着有效需求的增加而逐渐上涨（因货币工资既定，随着就业水平的上升，劳动边际生产力则递减，而只有物价提高，才有利于维持新的较高就业水平），但物价上涨的速度小于货币数量的增长率。即对应总供给曲线是一条自左下向右上倾斜曲线的情形。

　　三是当达到充分就业后，物价就会随货币数量的增加同比例上涨，而经济产出不变，始终保持在充分就业时的产出水平，又称潜在产出水平。即对应总供给曲线是一条垂直于横轴直线的情形。

　　总之，在凯恩斯看来，有效需求的增加一部分将用在增加总产量和就业量，另一部分可能促使物价水平上涨。而只有在达到充分就业的条件下，总需求增加才会引起通货膨胀。凯恩斯表示："假设当有效需求再增加时，已无增加产量之作用，仅使成本单位随有效需求做同比例上涨，此种情况可称之为真正的通货膨胀。到这点为止，货币膨胀之效果，只是程度问题。在该点以前，我们找不出一点可以划一条清楚界线，宣称现在已到通货膨胀之境。"然而，事实已证明，尽管西方国家政府不断利用财政金融手段来扩大总需求，刺激生产，但经济仍然是开工不足，生产停滞。国外有的经济学家也不得不承认，"我们会有经济衰退，没有充分就业，而同时通货膨胀却依然如故。"可见，凯恩斯所谓的"到了充分就业产量水平，这时才发生通货膨胀"，是非常不真实的。至于通货膨胀与失业之间的交替，这本是菲利普斯曲线所描述的一种关系。但经过对菲利普斯曲线的长期争论以及资本主义经济情况的证明，许多经济学家认为菲利普斯曲线已经名存实亡了。因为主要资本主义国家的物价和失业往往都是一起上升，其间并无什么"交替关系"。

二、成本推进型通货膨胀理论

20世纪50年代后期以来，西方国家盛行成本推进型通货膨胀理论。这一理论认为，通货膨胀、物价上涨根源在于供给或成本方面。即使没有出现对商品和服务的过度需求，只因生产成本增加，也会推高物价导致通货膨胀。该理论认为，导致成本推进型通货膨胀的主要原因有两个：一个原因是工会施加压力使工人的货币工资提高，从而增加生产成本；另一个原因是垄断或寡头垄断部门的企业为获取超额利润而制定较高的商品价格。因此，又可以对成本推进型通货膨胀做进一步细分：如果已增加的生产成本是由增加的工资引起的，而这种工资的增加又是由于工会施加给生产者的，那么就可把这样引起的物价上涨叫做工资推进型通货膨胀；如果物价上涨是由生产者要求增加自身利润而推动的，这就叫做利润推进型通货膨胀。也有学者认为，成本推进型、工资推进型和利润推进型通货膨胀都涉及同样的情况，即操纵的价格上涨，而各种不同的术语只是描述了物价上涨的动力。

工资推进型通货膨胀理论认为，物价上涨的原因在于工资率的提高超过了劳动生产率的增长。他们还认为，工资提高引起成本增加，导致物价上涨，而物价上涨后，工人又要求提高工资，因而再度引起物价上涨，如此循环往复，就造成了工资—物价两者螺旋上升。按照传统西方经济学的观点，如果工人的工资率完全取决于市场竞争，那么工资推进型通货膨胀不可能发生，因为工资率的升降只是反映劳动力供求的变化，而后者又取决于最终产品需求的变化。但如果有相当多的劳动者组织起来，通过工会提出增长工资的诉求，就可能使货币工资的提高超过劳动生产率的增长，从而造成工资推进型通货膨胀。同时，因为有工会组织的部门的工资与没有工会组织的部门的工资密切联系，只要前者的工资提高，迟早会使后者的工资也提高并逐渐蔓延贯穿到整个经济体系，最终在整个经济体系产生了相当程度的工资推进型通货膨胀。

利润推进型通货膨胀理论认为，就像工会可以促使工资提高一样，寡头垄断企业和垄断企业为了追求更大利润，也可以把商品价格提高到足以抵消任何增加的成本。当然，正如工会的存在是产生工资推进型通货膨胀的先决条件一样，存在不完全竞争市场是产生利润推进型通货膨胀的先决条件。凡是买者卖者竞争决定的商品价格，如农产品和原料，卖方就不可能对他要出售的商品价格有很大作为。但许多商品并未通过这种市场出售。这些商品的卖者"操纵着"价格。在充满所谓"操纵价格"的经济中，至少就有这种可能性：这些商品价格会快于成本的增加而呈上升趋势，以力图获取更大利润。当普遍存在价格操纵后，就可能发生利润推进型通货膨胀。

成本推进型通货膨胀理论可用图4-2描述。假设工资提高促使价格上涨，则会引起总供给曲线向上移动（由 S_0 移到 S_1）。这就意味着只有按高于从前的价格水平（104），任何特定的产出水平（如 2200 美元）才能被生产出来。

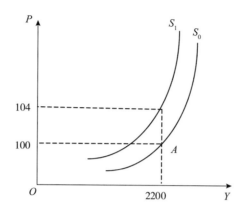

图 4-2 成本推进型通货膨胀

三、供求混合推动型通货膨胀

除了需求拉动型和成本推进型的通货膨胀理论外，西方经济学家还提出了另外一种理论，认为物价上涨的根源，究竟在于需求拉动型还是在于成本推进型，就像鸡与蛋孰先孰后一样，是分不清楚的。这些经济学家认为，按所选择的基期，工资增长或可以被解释为自发的工资推进，或可以被解释为对先前的一般价格水平上升的一种调整。比如，当货币工资的增长快于劳动生产率的增长时，人们就说是工资成本推进通货膨胀；但在需求拉动型通货膨胀中，货币工资比劳动生产率增长得更为迅速。这些经济学家认为，不能用"名义支出的增加超过实际国民生产总值的增长"作为区分需求拉动型和成本推进型通货膨胀的标准，因为在任何类型通货膨胀中它都适用。因此，他们反对把通货膨胀原因区分为需求拉动型或成本推进型这种两分法，认为通货膨胀往往是需求和供给混合推动的，实际通货膨胀过程中往往同时包括这两个方面的因素，即"拉中有推，推中有拉"。这种观点被称为供求混合推动型通货膨胀理论。

供求混合推动型通货膨胀理论认为："短期通货膨胀率是由支配中的货币需求水平和收入议价组织的力量等因素共同决定的。"而"从长远来看，随着经济发展到充分就业水平，由劳动生产率增长与成本固定难下降的不等价分配引起的内部压力将导致物价持续上涨。"实际通货膨胀率取决于货币需求和成本所构成的制度结构的相互影响。需求拉动型通货膨胀理论的倡议者只专注于第一个方面，而成本推进型通货膨胀理论的鼓吹者则专注于第二个方面，两者都不够全面。如果存在过度的货币总需求，物价就将上涨；但假如过度的货币总需求不存在，物价也可能上涨。因此，如果充分就业和稳定物价是政策的首要目标，那么在最一般情况下，就必须既注意资源的平衡，又注意改变议价组织的某些干扰。

　　供求混合推动型通货膨胀理论认为通货膨胀既可能起源于需求增加，也可能起源于成本提高，而之后的进展过程往往难以完全排除另一方面的因素。一方面，通货膨胀过程可能从一般的过度需求开始。只要出现过度需求，即使没有任何一种成本推进力量在活动，通货膨胀也会继续存在。过度需求将提高物价，而物价提高又转而提高工资率。假如这样，工资率提高便不是成本推进的结果。不过并不排除这样一种可能性：成本推进力量也会发生作用去引起工资率的更大提高。另一方面，通货膨胀过程也可能从成本提高开始（如果工资率自发上升），但假如不存在需求和货币收入水平的增加，这种类型的通货膨胀将不会长久持续下去。因为在没有需求和货币收入水平增加时，工资上升意味着失业的增加和产出的下降，在这些情况下，产出继续下降和失业的不断增长，最后将会使成本推进型通货膨胀中止。

　　因此，关键在于总需求和货币收入水平对供给上升变动的反应。如果把上升的货币工资作为总供给上升变动的原因，那么可以设想当企业为适应较高工资率而提高商品价格时，货币收入水平也按照较高价格同比例上升来维持产量和就业不变，从而实际需求不变。只有当货币供给充分扩大，且利率没有上升（否则会降低实际投资需求）时，才有可能产生扩大总需求的结果。或者说，只有当利率和其他因素的影响没有使实际需求下降，即这些影响没有阻止货币需求和货币收入的上升同物价、工资的上升成比例变动时，才有可能出现实际需求不变的情况。西方经济学家进一步认为，货币总需求上升同工资上升可能并不一致，因此有可能出现产量和就业下降，而物价上涨也较轻的情况。他们断言，连续的成本推进确实能迫使工资和物价上涨，但这是以降低就业和产量为代价的。即纯粹的成本推进型本质上不可能产生持续的通货膨胀过程。

　　此外，供求混合推动型通货膨胀理论还认为，成本推进型或需求拉动型通货膨胀的概念还存在其他缺陷，即它是静态的。尽管它们可以说明由于需求曲线或供给曲线的移位而发生一般价格水平的一次性增长，但必须假定需求曲线和供给曲线都持续地向上移位，否则这种静态模型便只适合于说明需求或成本引起一般价格水平的一次性增长，而不适宜对持续的物价上涨进行动态分析。

四、预期通货膨胀理论

　　预期通货膨胀理论主要是通过对通货膨胀预期心理作用的分析来解释通货膨胀的发生。这一理论认为，在完全竞争条件下，如果人们普遍预期一年后价格将高于现在的价格，他们就会在出售和购买商品时将预期价格上涨的因素考虑进去，从而引起当期价格水平的提高，直至达到预期价格。

　　（一）预期的含义及其要素构成

　　尽管前文已经就预期学派的理论做了介绍，这里还要介绍预期、预报或预测以及计划或打算这几个术语的含义，这对理解预期通货膨胀理论是有帮助的。

预期是关于未知的未来事件的一种判断。经济预期涉及的自然是经济事件。它同预报或预测只有细微的差别。预报可以看做是更为精确的预期，它是显示化和格式化（绝大多数是定量）的预期形式。预报和预期都涉及做经济预测的经济行为人无法控制的未来事件。相反，计划除了包括预报和预期外，还包括经济主体能够控制的工具变量。

因此，关于预期的构成，必须区分三种要素：一是作为某种信息加工者的个人，二是信息或观察资料本身，三是严格意义上的预期本身。三种要素的关系如图4－3所示。

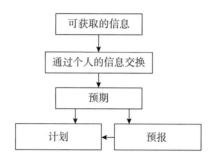

图4－3　构成预期的三种要素之间的关系

个人在这个关系组合中充当信息加工者的角色。连续预期可视作一个不断接收和加工信息的过程和结果。这种活动的目的或者是为了形成关于经济变量未来值的预期（或预报），或者是为了修改现有的预期。预期的精确度依次取决于可获得的信息和加工信息的模型。只要行为人具备经济体系如何运行最起码的信息，他就一定能根据信息密集度较小的模型形成他的预期。在这种场合下，适应性预期模型是非常适用的，变量的未来值同记载下来的过去值在这种模型中被联系起来。然而，如果能够获得更多的信息的话，适应性预期模型就不适用了，因为它会"浪费"额外的信息。这个观念是理性预期概念的核心，在理性预期过程中，对于某个经济变量的预期是在一个协调一致的经济模型框架中形成的。如果一个变量的预期在中长期能与经济理论模型预期一致，那么该预期就被称作理性预期。

（二）适应性预期

在预期形成过程中有两个问题需要解决：一是当变量的预期水准偏离实际水准时，个别行为人用什么方法校正他的预期误差？二是对未来通货膨胀的预期用什么方法同过去的观察数据联系起来？

第一个问题假设预期存在，所关注的只是他们对实际观察资料的调整。更深刻、更根本的是第二个问题。因为预期本身无法直接观察到，必须将其同过去的观察资料联系起来。考虑到这样两个问题，可用两种形式展开适应性预测模型：

$$\pi_t^* - \pi_{t-1}^* = \theta(\pi_{t-1} - \pi_{t-1}^*) \quad 0 < \theta < 1 \tag{4-1}$$

式中，t为时间；π^*为预期的通货膨胀率；π为实际通货膨胀率；θ为调整参数。

这个方程表明，预期通货膨胀率的变动（即 $\pi_t^* - \pi_{t-1}^*$ 的差额）与预期误差成正比。我们把预测误差定义为实际通货膨胀率同上期通货膨胀率之间的差。如果现期的通货膨胀率被准确地预测到，那么预期的下一期通货膨胀率就会保持不变，如果现期的通货膨胀率大于或小于预期的通货膨胀率，那么下期的预期通货膨胀率就会向上或者向下修正一个预期误差 $(\pi_{t-1} - \pi_{t-1}^*)$ 成 θ 比例的量。这个公式表达了经济行为人向其失误学习的能力，实际上可以根据学习的心理模型得到解释。按照心理学的理论，可以把同经验有关的行为的改变称为"学习"。通过式（4-1）的变换，可以得到适应性预期模型的另一种形式：

$$\pi_t^* = \theta\pi_{t-1} + (1-\theta)\,\pi_{t-1}^* \qquad (4-2)$$

式中，时间 t 的预期通货膨胀率，是在时间 $t-1$ 的实际通货膨胀率和预期通货膨胀率的加权平均数，调整参数 θ 和 $(1-\theta)$ 为权数。

适应性预期模型的第二种描述方式，试图说明预期是如何形成的。无法直接观察的预期通货膨胀同可观察的过去的通货膨胀率是有联系的。适应性预期模型表示（心理上的）预期变量可以解释为过去通货膨胀率的加权平均数。

通过代换，可以看出模型的第一种形式隐含着：

$$\pi_t^* = \theta\,\pi_{t-1} + \theta(1-\theta)\,\pi_{t-2} + \theta(1-\theta)^2\,\pi_{t-3} + \cdots \qquad (4-3)$$

当 π 趋于无穷时，式（4-3）可转化为

$$\pi_t^* = \theta\sum_{i=1}^{\infty}(1-\theta)^{i-1}\,\pi_{t-i} \qquad (4-4)$$

在式（4-4）中，在时间 t，不可观察的预期通货膨胀率由 θ、$\theta(1-\theta)$、$\theta(1-\theta)^2$ 等加权系数以及已知的过去通货膨胀率 π_{t-1}、π_{t-2} 等变量决定。这个加权系数可以看做一种"记忆"。如果 θ 接近于 0，诸权数就会缓慢递减，从而经济行为人（或者整个社会）就具有"长"记忆；相反，如果 θ 接近于 1，诸权数就会急速减小，从而经济行为人就具有"短"记忆。

这个加权系统相当于元素递减的几何级数：$1, (1-\theta), (1-\theta)^2, (1-\theta)^3, \cdots\cdots$，它包含着：

$$\sum_{i=1}^{\infty}(1-\theta)^{i-1} = \frac{1}{1-(1-\theta)} = \frac{1}{\theta} \qquad (4-5)$$

因此，式（4-4）可变为

$$\pi_t^* = \theta\sum_{i=1}^{\infty}(1-\theta)^{i-1}\,\pi_{t-i} = \sum_{i=1}^{\infty}\omega\,\pi_{t-i} \qquad (4-6)$$

式中权数的和等于 1，即

$$\sum_{i=1}^{\infty}\omega_i = 1 \qquad (4-7)$$

以上分析可以用一个例子加以说明，表 4-1 列出了两个加权系统：长记忆（$\theta = 0.1$）

和短记忆（$\theta = 0.9$）。权重表示过去的通货膨胀率对现在预期通货膨胀率的形成的影响。例如，在长记忆的情况下，得自较久远的过去的观察资料所发生的影响一定是逐渐降低的，换句话说，得自较久远的过去信息，对未来的预期的形成具有显著的影响。相反，在短记忆的情况下，实际上只有得自最近的过去的信息才显得重要，而得自较久远的过去的观察资料都只有很小的影响。

表 4 - 1 在两种不同的加权系统下加在通货膨胀率前面的权数

时期 t	长记忆（$\theta = 0.1$）	短记忆（$\theta = 0.9$）
1	0.1	0.9
2	0.09	0.09
3	0.081	0.09
4	0.0729	0.009
5	0.0656	0.0009
6	0.0590	0.0009
	余类推	余类推

（三）理性预期

上面介绍的适应性预期看起来好像是很有道理的行为假设，但却招致下面的反对意见。

一是适应性预期存在着预期值与实际观察值会出现背离的可能性，这种可能性对加速或减速的通货膨胀来说尤其重要。

二是如果经济行为人除了掌握被预测的一系列过去的观察值外，还掌握别的信息（如其他经济变量的观察资料），那么运用适应性预期就会使该经济行为人浪费掉这部分信息。在这种情况下，人们自然会应用经济理论来加工这部分信息，然后利用这部分信息形成预期。

最早是 J. F. 马思（Muth）在 1961 年提出以理性预期代替适应性预期。马思认为预期是得到未来事件的预报，所以预期在本质上与相关的经济理论的预报相同。理性预期实际上是假定公众的预期能以适当的方式依赖于经济理论告诉他们应该依赖的东西。从存在的相关经济理论中推得的预测是合理的。当预期与从相关的经济理论中推得的预测一致时，这种预期就是理性预期。

在一个具有内生变量、外生变量和前定变量（由外部给定的变量）的经济模型中，我们可以更加精确地阐明理性预期的概念。理性预期是对内生变量做无偏差估计（由模型推导），在估计过程中，所有关于外生变量和前定变量的信息都是已知的，并被应用于预报。如果指定 π_t^* 和 π_t 表示预期的和实际的通货膨胀率，I_{t-1} 表示在 $t-1$ 结束时可能获得的信息的情况，那么理性预期的存在就会隐含着下面两个假定：

$$E(\pi_t / I_{t-1}) = \pi_t^* \tag{4-8}$$

$$\pi_t - \pi_t^* = \pi_t - E(\pi_t / I_{t-1}) = \varepsilon_t \qquad (4-9)$$

式中，ε_t 是期望值 $E(\varepsilon_t) = 0$ 的随机变量，表达式 $E(\pi_t / I_{t-1})$ 应该读作 "(π_t / I_{t-1}) 的 E"；E 是预期算子，不是一个数。

假定式（4-8）所说的是，理性预期的通货膨胀率取决于预测前在时期 $t-1$ 可能获得的有关信息 I_{t-1} 的量。取决于其他事件（在这里是取决于一组经济信息）的预期称作条件预期。显然，经济模型自身就是一部分有关的信息。

用经济计量学的术语来表示，理性预期就是一种简化型预测，要预测的内生变量是所有外生变量、前定变量和随机变量 ε_t 的函数。预测的值就是从简化型方程求的数学的期望值。

假定式（4-9）所说的是，理性预期并不具备完美无缺的预见能力。相反，它允许有随机误差 ε_t，这同作为理性预期基础的那些假设是相容的。但估计误差 $\pi_t - E(\pi_t / I_{t-1})$ 中不可包括有规则误差的成分；在统计理论中，理性预期得出的是对内生变量未来值的无偏差估计。

因此，理性预期模型依赖以下假设：一是所有经济行为人都知道"真实"模型及其参数；更准确地说，他们都知道简化模型的正确设定。二是他们都知道简化型方程的概率分布以及外生变量变化所依据的原则（如他们知道经济政策制定者的反应函数）。三是他们在协调一致的经济模型框架中加工所有的信息以及获得预测的值。

引入理性预期后，预期通货膨胀理论认为，菲利普斯曲线在短期和长期都不存在，通货膨胀和失业率之间没有替代关系，不能通过增加失业率来降低通货膨胀率。理性预期通货膨胀理论也承认货币供应是通货膨胀的核心，提出消灭通货膨胀的方法是政府一次性宣布减少货币供给。但是，如同上述理性预期模型所依赖的严格的假设条件在现实中难以满足一样，由于实践中信息成本存在、经济个体知识的缺陷、货币政策传导的复杂性等多方面的原因，理性预期的通货膨胀理论对现实世界的解释及其提出的应对措施都差强人意。

第三节　通货膨胀的经济效应及治理

一、通货膨胀的经济效应

通货膨胀的效应包括收入分配效应、产出效应以及通货膨胀与经济增长的关系等。

（一）通货膨胀的收入分配效应

通货膨胀有利于利润收入者，不利于工资收入者；有利于债务人，不利于债权人；有利于政府（获取通货膨胀税，即通货膨胀率与实际基础货币的乘积），不利于公众。通货膨胀的影响包括：降低那些固定货币收入的人们的实际收入，使长期储蓄的收入下降，影响税收，导致国民收入在国际间的再分配和使国民收入大量流往国外等。

（二）通货膨胀的产出效应

由于通货膨胀中物价水平上升快于货币工资上升，从而实现利润增加，产量和就业增加。但通货膨胀刺激生产、增加产量和就业应具备的条件包括：社会上有闲置的资源；所有的通货膨胀是未被预期的；通货膨胀是温和的；短期起作用，长期不起作用。

（三）通货膨胀与经济增长的关系

关于通货膨胀与经济增长的关系，主要有三种观点：一是促进论。这种观点认为，通货膨胀能够促进经济增长。一方面，发展中国家税制不全，税收来源有限，可以通过通货膨胀增加财政收入，增加财政资金，并把这些资金运用于生产；另一方面，通货膨胀能够产生一种有利于高收入阶层而不利于低收入阶层的收入再分配效应。由于高收入阶层的边际储蓄倾向高于低收入阶层，因此可以借助通货膨胀来增加高收入阶层的储蓄，增加投资，解决发展中国家资本金不足的问题，刺激经济增长。此外，通过通货膨胀降低实际工资，增加利润，既能够刺激资本家投资的积极性，又能转化为再投资的利润。二是促退论。这一理论认为通货膨胀不利于经济增长。一方面，这一理论认为通货膨胀破坏了正常的经济秩序，尤其是破坏了价格作为社会供求关系指示器的作用，使资源配置和资金使用失衡，引起资源浪费和经济效率低下。另一方面，通货膨胀导致投机活动和助长囤积心理，使社会资金不是用于生产而是用于投机，这降低了储蓄率。此外，通货膨胀时期物价上涨与工资增加的不对称性易引起社会动乱，降低经济效率；同时，政府应对通货膨胀的政策会降低经济效率，也进一步加重经济混乱。三是中性论。这一理论认为，在短期内，由于政府政策所引起的通货膨胀也许会影响产量，但从长远来看，通货膨胀对产量和经济增长没有影响。

二、通货膨胀的治理

通货膨胀的成因不同，治理政策措施也就不会完全一样，一般包括紧缩性需求管理、收入政策和收入指数化政策。

（一）紧缩性需求管理

紧缩性需求管理主要是指紧缩性货币政策和财政政策。

1. 货币政策

西方国家的货币政策或金融政策是指政府（通过中央银行）所采取的影响信贷成本（利率）和货币供应量等的措施，目的在于影响总需求（消费支出、投资支出和政府支出），并促使总需求更接近于维持充分就业和物价稳定的水平。

对中央银行来说，主要有三个可利用的货币政策工具：法定准备金率、公开市场操作、再贴现率。此外还有道义劝告等。

西方经济学家和政府一般都认为，当经济出现总需求过度，以致造成需求拉动型通货膨胀时，为了抑制这种通货膨胀，中央银行可以在公开市场上出售政府债券等，这会影响商业银行准备金数量，进而缩减货币供应量。但由于商业银行有其自己的意愿，这个工具的运用便只具有间接的而非直接强制的影响。而且公开市场业务活动也会因金融市场上其他民间债券的增加而减轻影响力。中央银行也可以提高贴现率以影响商业银行支付给客户的利率。这样就势必带来信贷紧缩和利率上升，从而使借贷利率提高而减少资金融通的规模。但贴现率并非良好的政策工具，因为贴现率的调整不可能直接影响商业银行的经营决策，从而主动影响整个经济形势。中央银行还可以提高商业银行法定准备金率，以缩小商业银行的贷款规模，从而减少货币供应量。但因改变法定存款准备金可能对银行系统有破坏性的影响，也需要审慎运用。此外，为了减少信贷的供给，中央银行可以向商业银行进行道义劝告，用口头和书面的要求对它们施加压力，但因其非强制性，道义劝告远不如其他措施有效。

总之，在西方经济学家看来，如果发生需求拉动型通货膨胀，那么中央银行就应实施抽紧银根的政策，降低信贷供给的可能性，并提高利率。

对于提高利率，通常的看法是，如果利率高于投资的预期报酬，工商业者就不愿意借钱了。所以，用提高利率来抽紧银根的政策对投资支出会有巨大的冲击。但是，有些西方学者认为，借款利率不是影响投资率的主要因素。他们的研究表明，厂房和设备的投资涉及预期收益估计的不确定性（这种预期收益是和资产的潜在物质寿命有关的短期盈利相结合的）。这种不确定性属于市场波动的正常值范围内的利率变动，导致预期利润波动幅度较小。同时，资产的预期寿命越长，其收益率就越难确定，这使决定投资率的市场利率变得越来越重要。因此，利率对住宅建筑的投资率似乎比对厂房和设备的投资率更重要。

按照凯恩斯主义的理论，利率本是作为货币政策的重要工具。货币供应的变动对货物和服务的支出水平的任何影响是通过较低利率对企业投资支出或个人的消费支出所给予的刺激而起作用的。它对支出的全部影响取决于相对的利率弹性的强度。在经济衰退时期，由于流动性陷阱的存在，货币流动性的利率弹性极低，货币供应量的增加不会对利率产生影响，因而不会影响投资支出。特别是在通货膨胀的情况下，提高利率会导致整个经济过度收缩。此后有的经济学家提出了信贷供给可能性的观点。

信贷供给可能性的观点为：一是银行实际是配给信贷，因而贷款利率并不完全相同，因为银行贷款的意愿并不仅取决于银行准备按通常贷款利率发放贷款；二是信贷供给可能性取决于借款人的地位、信用道德和财富。按照信贷供给可能性的观点，银行和其他贷款机构可以依据它们对于信贷市场紧缩的一般观察来提高或降低他们的信贷标准。当紧缩时期，他们可以用信贷标准的变更而不是用利率的提高来终止信贷需求，即使银行和资金贷出机构采用信贷配给措施，对于那些愿意支付更高利率的顾客也不给予贷款。所以货币政策的作用过程决定于银行和其他贷款机构的信贷供给可能的数量。利率水平可能不反映货币当局施加的信贷紧缩的大小。

至于货币对资产价值的影响，美国经济学家鲁萨早在20世纪50年代就曾给予了分析。鲁萨效应表明，利率变动对信贷需求不产生影响，而是对信贷供给的意愿起作用。因此货币政策的直接效力是影响贷款者，而不是影响借款者。依据鲁萨效应，西方经济学家认为，较高的利率使贷款者相信更多获取政府债券比贷款给私人更好，就某些金融机构如商业银行而言，政府债券被当做防备存款锐减的第二线"准备金"，因此，较高利率造成债券价格下跌就会使银行感到流动性及贷款能力均在降低，因而为恢复其原有流动性和准备金水平，银行就必然更不愿意对私人方面扩大贷款。这就是所谓的资产结构效应。其他金融机构都将政府债券作为它们获利资产的一个较重要部分。由于这些金融机构被认为厌恶风险，所以政府债券收益稍有小变动，如稍微提高利率，就能说服他们改变私债而转投公债，这就是所谓的资本固定收益效应。这种效应更强调可贷资金市场供给方面的重要性，原则上使有效的货币政策成为可能。有些经济学家认为，货币活动的中心不在于货币供给的概念，而在利率的结构，因为限制货币供给不足以抑制信贷膨胀。而为了抑制通货膨胀这个目的，利率结构就必须使商业银行系统以外的信贷供给可能性减小。

以上所说的货币政策都是以利率、货币供应量和信贷流量以及商业银行存款法定准备金等为政策工具，针对经济形势的变化，相机抉择运用的，即所谓相机抉择的货币政策。但是以弗里德曼为代表的货币主义的兴起，对传统的货币政策的有效性予以否定，主张单一规则的货币政策替代相机抉择的货币政策，即国家需要根据本国经济发展的具体情况，实行有计划的、不变的货币供应量增长的货币政策。但到了20世纪80年代，货币主义已经逐渐失去了影响力。

2. 财政政策

现代西方经济学中的财政政策，一般是指政府开支和税收增减变动的规定。它是凯恩斯经济学的产物。凯恩斯主义者认为，货币政策用来影响信贷成本和信贷供给可能性，而财政政策则是直接影响收入水平。虽然两种政策对总需求的三个组成部分都有影响，可是货币政策对总需求的投资部分具有较大的冲击力，而财政政策则是主要影响消费和政府支出。增加个人所得税会使消费者的可支配收入减少，从而降低他们的开支；反之，减少个人所得税，情况则相反。但增加或减少公司所得税，投资支出则不会受到太大影响，因为投资的决定因素有很多，如一般政治经济前景的预期等。然而，政府预算大小及其结构对整个经济的影响则是最大的。如果经济遭受大量失业和总需求出现严重不足，那么政府预算就将规定有计划的赤字支出，以便刺激经济，减少失业。因为政府的支出增加如伴随税收的提高，则会减少消费者支出，这一增一减对总支出水平影响轻微。所以，为了提高总需求以达到合意的水平，有时赤字预算支出可能是必要的。如果经济遭受由过度总需求引起的高度通货膨胀，那么政府支出就应少于收入，实行预算盈余政策。

尽管西方经济学家也承认，政府财政赤字造成了通货膨胀，但他们认为，政府开支和可能的通货膨胀之间的联系是基于部分支出的非生产性。例如，花费在军火武器的支出创造了货币收入，但同时并未增加可供这些收入去购买的货物流量。当需求过度、就业较高时，特别是当政府更多使用全国经济中的一部分生产资源时，要想降低政府支出就不那么容易了。根据西方经济学家的观点，不可能根据预算平衡理论，通过税收来提高政府收入弥补其支出，因为税收的部分财政收入是社会潜在的储蓄。既然假定政府的边际支出倾向为1（即每增加1美元财政收入就多支出1美元），平衡预算的扩大就将引起通货膨胀。当需求普遍过度、出现通货膨胀缺口时，固然可以利用增加所得税或改变所得税结构的方式加以填补，控制需求冲击以稳定物价，但实际上并非如此简单。因为调整税率受到许多方面的限制，除了行政和政治因素的影响外，还有边际税率达到最高水平的限制，而且运用营业税还是消费税作为政策工具也存在争议。

（二）收入政策

在如何应对通货膨胀问题上，西方经济学家除了主张货币政策和财政政策的实施外，有的主张由政府对物价和工资实施管制政策，其中最积极主张的是以管制工资为主要内容的"收入政策"。这种政策的目的就是力图既能控制通货膨胀又不引起相应失业上升。

按照以往的观点，西方经济学家认为，为了控制通货膨胀，必须压低总需求，由此引起失业并进而抑制工资和物价上涨。所以，实施财政政策和货币政策就能间接对工资和物价产生影响。以管制工资为其主要内容的"收入政策"是从"工资推进型通货膨胀"的理论出发的。西方经济学家认为，由于工资过度提高，货币政策和财政政策的作用被破坏了，实施收入政策是必要的。有的经济学家已经证明，货币供应增长率与货币工资之间存在重大关系。在充分就业时，如果政府的意图是降低通货膨胀率，那么降低货币供应增长同降低工资率增长一样，有着相同的效果。货币供应或货币工资每个方面都必须按照期望的通货膨胀率加以缩减。降低货币供应，但允许工资像以前那样继续下去，这将导致通货膨胀率较少降低和失业率日益上升。经济学家认为，财政政策、货币政策和工资收入政策必须合理地结合实行。

西方国家实行的收入政策主要包括：一是工资—物价指导线或指路标；二是对于某种具体的工资或物价形势，由政府进行"权威性劝说"或施加压力来扭转局势；三是实行工资—物价管制；四是以税收为基础的收入政策，即政府以税收作为惩罚或奖励手段来限制工资增长。

对于实行工资—物价管制的收入政策，西方经济学家一直是争论不休的。反对者的意见主要有：一是管制工资物价势必削弱市场供求规律和价值规律的作用；二是工资物价管制造成了经济上无效率和不公平；三是从长期看，这种管制不能发挥长久的作用。

（三）　收入指数化政策

收入政策对抑制通货膨胀并未起到有效作用，于是有些西方经济学家特别是弗里德曼便提出了一种收入指数化方案，以代替强制性收入政策。弗里德曼主张，应把工资、政府债券收益和其他收入等同生活费用与消费者价格指数紧密联系起来。他认为，实行这种办法可以抵消价格波动的影响，使通货膨胀不至于带来痛苦，甚至可能医治它。因为如果广泛利用价格伸缩条款，就不会独自提高或降低某些价格的变动率；实施伸缩条款，也会减少政府从通货膨胀中获得的收入，意味着政府制造通货膨胀的动机将会减少。更重要的是，伸缩条款会使雇主和雇员根据自己行业的条件来议价，而不必猜测一般物价会发生什么变化。而且一切收入都实行指数化，既能够消除通货膨胀过程中带来的不公平，也可以剥夺各级政府得到的利益和许多债务者所占的便宜。这就能在通货膨胀持续期间消除较多的既得利益权。

但也有很多经济学家认为，以收入指数化作为公共政策将是一种"自暴自弃的纲领"；实行指数化将被指责搞永久性通货膨胀；而且"人们学会同通货膨胀共处，将会使事情变得更坏"，迅猛的通货膨胀使价格指数变得不可靠。因为在许多国家实际通货膨胀率和预期通货膨胀率之间的差距不断加大，广泛指数化会导致通货膨胀加速。另外，指数编制的调整需要时间，因此工资的及时调整会受到制约。

本章小结

1. 对于通货膨胀，目前还没有形成被普遍接受或令人满意的定义。在文献中，西方经济学家试图从一般现象、成因、条件、趋势等多方面对通货膨胀的含义加以解释。英国著名经济学家莱德勒和帕金认为通货膨胀是物价持续上涨的过程，或就其相同意义而言，是货币币值持续下降的过程。

2. 在诸多实用的通货膨胀的定义中，大多涉及通货和一般价格水平两个方面。国际货币基金组织用广义货币来定义具有不同程度职能的货币，并分层次进行计量。由于研究的目的不同，使用货币的口径也不完全一样，有的用广义货币，例如用 M_2 增长速度与经济增长速度进行比较，判断货币是否超发；也有的将全部金融资产总额（或流动性总量）与 GDP 进行比较，判断货币是否超发。

3. 既然通货膨胀表现为货币贬值或一般价格水平持续上涨，那么有两种方法可以用来测量通货膨胀：一是测量货币贬值程度，二是测量一般价格水平的涨幅。西方经济学界更多采用第二种方法。

4. 一般价格水平不是计算单一商品或服务的价格，而是综合计量几种商品和服务的平均价格。计算一般价格水平就是测度综合物价的变动情况，这就涉及比较报告期商品和服务的价格与被比较期（基期）商品和服务的价格，以及所比较的商品和服务的结构，即某类比较商品和服务占所有商品和服务的比重。若权重采用基期的权重则为拉氏价格指数，若权

重采用报告期的权重则为帕氏价格指数，即

$$拉氏价格指数 = \sum \frac{报告期商品价格 \times 基期该商品权重}{基期商品价格 \times 基期该商品权重}$$

$$帕氏价格指数 = \sum \frac{报告期商品价格 \times 报告期该商品权重}{基期商品价格 \times 报告期该商品权重}$$

实际中一般采用 GDP 平减指数、消费者价格指数、生产者价格指数来测度通货膨胀。

5. 对通货膨胀理论的发展和演进的分析，至今没有达成共识。多数经济学家把通货膨胀理论分为传统通货膨胀理论和现代通货膨胀理论。

6. 传统通货膨胀理论包括古典和新古典通货膨胀理论、需求拉动型通货膨胀理论和成本推进型通货膨胀理论、供求混合推动型通货膨胀理论、结构性通货膨胀理论。

7. 现代通货膨胀理论包括现代货币主义学派通货膨胀理论、奥地利学派通货膨胀理论、理性预期学派通货膨胀理论和其他学派的通货膨胀理论。

8. 需求拉动型通货膨胀理论是经济学中流传较早的、较为重要的理论。它强调通货膨胀是由总需求过度增长引起的，即太多的货币追逐太少的货物，因为物品与劳务的需求超过按现行价格可得到的供给，所以一般价格水平上涨。换言之，当消费者、企业主、政府的总开支超过可得到的总供给时，需求拉动型通货膨胀就会发生。

9. 成本推进型通货膨胀理论认为，通货膨胀、价格上涨根源在于供给或成本方面，即使没有出现对物品和服务的过度需求，只因生产成本增加，价格也会被推进上涨。

10. 供求混合推动型通货膨胀理论认为，短期通货膨胀率是由支配中的货币需求水平和收入议价组织的力量等因素共同决定的。而从长远来看，随着经济发展到充分就业水平，由劳动生产率增长与成本固定难下降的不等价分配引起的内部压力将导致价格持续上涨。实际通货膨胀率取决于货币需求和成本所构成的制度结构的相互影响。

11. 预期通货膨胀理论主要是通过对通货膨胀预期心理作用的分析来解释通货膨胀的发生。这一理论认为，在完全竞争条件下，如果人们普遍预期一年后价格将高于现在的价格，他们就会在出售和购买商品时将预期价格上涨的因素考虑进去，从而引起现行价格水平的提高，直至达到预期价格。

12. 通货膨胀的经济效应包括收入分配效应、产出效应以及通货膨胀与经济增长的关系等。

13. 通货膨胀的成因不同，治理政策措施也就不会完全一样，一般包括紧缩性需求管理、收入政策和收入指数化政策。

本章重要概念

通货膨胀　爬行的通货膨胀　温和的通货膨胀　奔腾的通货膨胀　恶性通货膨胀
传统通货膨胀理论　现代通货膨胀理论　结构性通货膨胀　需求拉动型通货膨胀

成本推进型通货膨胀　供求混合推动型通货膨胀　理性预期学派通货膨胀理论

紧缩性需求管理　资产结构效应　收入政策　收入指数化政策

本章复习思考题

一、判断题

1. 通货膨胀中的通货仅指 M_0。　　　　　　　　　　　　　　　　（　　）

2. 通货膨胀意味着货币贬值。　　　　　　　　　　　　　　　　　（　　）

3. 古典和新古典通货膨胀理论用总需求解释经济波动。　　　　　（　　）

4. 需求拉动型通货膨胀理论证明在产品价格可变和工资黏性的假定下，产品超额需求一定会使价格高于成本而导致通货膨胀。　　　　　　　　　　　　（　　）

5. 成本推进型通货膨胀理论只包括成本上升引起的通货膨胀，不包括利润增长因素，因为成本上升，利润一定下降。　　　　　　　　　　　　　　　　（　　）

6. 结构性通货膨胀理论认为工资上涨引起通货膨胀。　　　　　　（　　）

7. 适应性预期与理性预期都依赖于观察到的过去的信息。　　　　（　　）

8. 通货膨胀对于产出短期不起作用而长期起作用。　　　　　　　（　　）

9. 中央银行的公开市场业务操作对市场的影响是间接的。　　　　（　　）

10. 以管制工资为其主要内容的收入政策是从工资推进型通货膨胀理论出发的。（　　）

二、单选题

1. 货币贬值即单位货币的购买力（　　　）。

A. 不变　　　　　　　B. 上升　　　　　　　C. 下降　　　　　　　D. 均衡

2. 以下四种情况，属于通货膨胀的是（　　　）。

A. 价格总水平的上升持续了一个星期之后又下降了

B. 价格总水平上升而且持续了一定时期

C. 一种物品或几种物品的价格水平上升而且持续了一定时期

D. 价格总水平下降而且持续一定时期

3. 下列选项中可以被称为温和的通货膨胀的是（　　　）。

A. 通货膨胀率在 10% 以上，并且有加剧的趋势

B. 通货膨胀以每年 5% 的速度增长

C. 在数年之内，通货膨胀率一直保持在 2% ~ 3% 的水平

D. 通货膨胀率每月都在 50% 以上

4. 由于工资提高而引起的通货膨胀属于（　　　）。

A. 需求拉动型通货膨胀　　　　　　　B. 成本推进型通货膨胀

C. 供求混合推动型通货膨胀　　　　　D. 结构性通货膨胀

三、简答题

1. 简述通货膨胀的概念。

2. 简述通货膨胀发生的原因。

3. 简述治理通货膨胀的一般措施。

四、思考题

1. 为了判断通货膨胀产生的原因需要搜集哪些资料？

2. 为什么说有预期的价格水平上升不是通货膨胀？

3. 根据对通货膨胀产生原因的判断，应采取哪些组合措施治理通货膨胀？

第五章
就业与失业理论分析

充分就业是宏观经济政策的目标之一，就业与失业理论也是宏观经济理论的组成部分。前面两章都涉及劳动力市场的就业与失业问题，但只是将其作为影响宏观经济增长的变量之一来进行讨论的。鉴于就业与失业理论的重要性，本章专门对其进行讨论。就业与失业对劳动力（者）来说是一个问题的两个方面，要么是业，要么是失业。虽然二者的关系是相互影响的，但从理论分析的角度出发，我们将分别从就业和失业两个角度进行理论分析，并重点分析影响就业与失业的因素，以及应采取什么政策来应对。

第一节　就业理论分析

就业理论分析主要包括就业理论的演变分析和就业影响因素分析两个方面，前者是就业理论的纵向分析，后者是就业理论的横向分析。

一、就业的相关理论

就业理论主要包括古典学派的就业理论、凯恩斯的就业理论、发展经济学的就业理论、新古典综合派的就业理论、新自由主义的就业理论等内容。

（一）古典学派的就业理论

古典学派的就业理论盛行于20世纪前，发展于资本主义上升时期，主要是指凯恩斯以前的就业理论，代表人物有萨伊、马歇尔、庇古等。

古典学派的就业理论以萨伊定律为基石。萨伊定律可简要概括为"供给会自行创造需求"，其含义是：一种产品生产出来，与它价值相当的其他产品就有了销路，即创造了需求，一种商品需要由另一种商品来购买，货币只是两者的交换媒介。萨伊定律主要说明，经济一般不会发生任何生产过剩的危机，更不可能出现就业不足。

萨伊就业理论的核心有三：依靠价格机制自发调节，以实现充分就业；失业是暂时的，因为它能自动恢复均衡；政府不要干预经济。马歇尔在《经济学原理》中分析了资本主义失业现象后，提出了只要劳动力市场是自由竞争的，没有人为因素，就可以通过工资的自由涨跌和劳动力供需的自发调节来达到充分就业。马歇尔提倡自由放任的就业原则，反对政府对劳动力市场的干预。庇古在《论失业问题》中提出了"自愿性失业"和"摩擦性失业"的就业理论。自愿性失业是指由于立法、社会习俗、集体议价、对情况变化的反应缓慢、固执己见等原因，劳动力不愿接受现行工资或不愿意降低已得到的工资而造成的失业。摩擦性失业是指由于劳动力市场机制不完善引起的摩擦所造成的失业。例如消费者爱好变化使原有工作不断消失和新工作不断出现所产生的失业，信息传递不畅通所引起的失业、季节性工种转换引起的失业、劳动力流动性不足等原因造成的失业，都被列入摩擦性失业。古典学派认为摩擦性失业是临时性失业。

古典学派的就业理论认为，如果劳动力市场是均衡的，劳动力需求等于劳动力供给，劳动力市场将在现行工资水平上出清，从而不存在失业。因此，按照这种观点，任何失业都是由于工资偏离了市场出清水平而造成的。

如图 5 - 1 所示，横轴 L 代表劳动力，纵轴（W/P）代表实际工资。劳动力需求函数向右下方倾斜，劳动供给函数向右上方倾斜。劳动力需求曲线和劳动力供给曲线的交点决定劳动市场均衡条件下的就业量与实际工资水平。

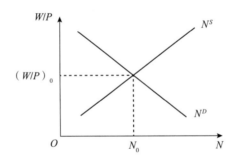

图 5 - 1　古典模型：就业决定

从图 5 - 1 中可以发现，如果劳动力的实际工资处在（W/P）$_0$ 时，劳动力市场的供求正好相等，就业数量为 N_0，不存在失业。如果劳动力的工资高于均衡工资水平，劳动力供给大于劳动需求，经济中就会存在失业。当失业人口出现时，只要劳动力市场遵循一般市场机制的运行规则，实际工资水平就会下降，回落到（W/P）$_0$ 水平，失业消失。

在古典经济学的劳动力市场模型中，出现持续性失业，一定是劳动工资的下降遇到了市场力量以外的其他力量障碍，可能是由于政府干预，也可能是工会的垄断，总之是市场机制被破坏的结果。此时，实际工资过高，工人对劳动市场的供给将大于企业对劳动的需求，于是一部分工人愿意在现行的工资水平上工作但却不能够就业。

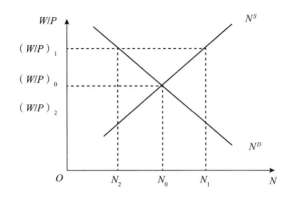

图 5 - 2 劳动力市场的非自愿性失业情况

图 5 - 2 描绘了这种非自愿性失业情况。在图 5 - 2 中，实际工资位于 $(W/P)_1$ 水平上，在该工资水平上，劳动力供给量为 N_1，劳动力需求量为 N_2，这样，一个数量为 $(N_1 - N_2)$ 的工人都会想工作却不能如愿以偿，于是便出现了非自愿性失业。

因此，古典学派的就业理论主张，政府及其他机构应该放弃对经济运行和劳动力市场的干涉，由市场机制自由发挥调节作用，促进劳动力市场均衡，避免产生非自愿性失业。

（二）凯恩斯的就业理论

1929—1933 年，资本主义国家出现了普遍性的经济大萧条，失业人数急剧增加。西方经济大萧条从根本上动摇了古典就业理论奉行的市场自动调节而达到均衡的观点。凯恩斯在《就业、利息和货币通论》中指出了资本主义无法依靠市场自发调节来消除经济危机，充分就业均衡难以实现，进而提出一些政府干预政策。

在古典劳动力市场模型中，劳动力需求和劳动力供给是实际工资的函数。凯恩斯学派也完全认同这一关系，区别就在于凯恩斯认为，在劳动力市场上货币工资的弹性不再是对称的：它在"向上"的方向上是具有弹性的，但在"向下"的方向是刚性的。这就是所谓的工资向下的刚性假定。

由于凯恩斯主义假定名义工资在"向下"的方向上是刚性的，只有在"向上"方向上才有弹性，故在劳动力市场中决定实际工资只存在两种可能：或者等于均衡工资，或者大于均衡工资。由于货币工资可以向上调整，实际工资不能稳定在低于均衡工资的水平上。如果实际工资低于均衡水平，劳动力市场出现需求大于供给的状况，竞争会造成实际工资的上升。当实际工资等于劳动力市场均衡工资时，实际就业量既等于劳动力需求量，也等于劳动力供给量；而当实际工资大于均衡工资时，劳动力需求量小于劳动力供给量，实际就业量由较小的劳动力需求量决定。凯恩斯劳动力市场模型如图 5 - 3 所示。实际就业量由较少的劳动力需求量决定，即等于 N_2。这样就得到低于充分就业的均衡。

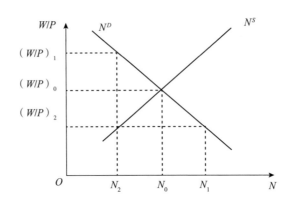

图 5 - 3　凯恩斯劳动力市场模型

1. 凯恩斯的充分就业理论

充分就业是凯恩斯就业理论的基本概念。除了自愿性失业和摩擦性失业外，还存在非自愿性失业。凯恩斯给非自愿性失业下的定义是："当工资品价格相比货币工资有所提高时，如果愿意按现行工资工作的劳动力总供给和现行工资下的劳动力总需求都大于现有的就业量，那么，就存在非自愿性失业。"简言之，非自愿性失业是指工人消费的商品的价格比货币工资有所提高时，愿意接受现行工资但仍无业可就的人所形成的失业。如果这种状态继续存在，就说明社会尚未实现充分就业。这是庇古等没有发现的失业类型。古典经济学认为，摩擦性失业和自愿性失业两个范畴包含了全部失业。

凯恩斯在 20 世纪 30 年代的大萧条中深感失业问题的严重性和危险性，于是提出了充分就业的主张。充分就业并不意味着完全没有失业，即失业率为零，也不意味着有劳动能力的人都能就业。凯恩斯将没有非自愿性失业存在的状况称为充分就业，摩擦性失业与自愿性失业与充分就业不矛盾。根据这一解释，只要消除了非自愿性失业，就算是实现了充分就业，即只存在摩擦性失业和自愿性失业时，就是充分就业。

2. 凯恩斯的有效需求原理

凯恩斯就业理论的基础是有效需求原理，按照凯恩斯的说法，资本主义未能实现充分就业的原因在于有效需求不足。有效需求是指总需求和总供给达到均衡时的总需求。加上定语"有效"二字，是为了表明只有同总供给相等的总需求对决定实际就业量是有效的。社会的就业量水平主要取决于有效需求水平。凯恩斯认为，短期内，总供给曲线一般不可能有大的变动，总就业量的变化取决于总需求的变化。当有效需求不足时就会引起失业。有效需求不足表现为商品市场的供过于求和劳动市场的失业。总就业决定于总需求，社会总需求增加，总就业人数增加；社会总需求减少，总就业人数减少。

一国出现失业是社会内需不足的表现，诸如民众对消费持谨慎态度、国内外投资者对投资持观望态度。这种内需不振反映在劳动市场就是失业。在不能赚钱的情况下，任何资本家都不会轻易扩大生产规模，就业岗位自然随之缩减。要使资本家愿意投资并扩大生产，必须使他们获得较好的利润。在此情形下，资本家可能会扩大生产规模，就业机会可能会随之增加。如果所有资本家都积极扩充生产，社会失业就会降到最低程度。当然，有多少资本家选择扩大生产，或者说生产规模扩大到怎样的水平，取决于社会总需求的旺盛程度与持续时间。如果一国社会总需求不旺盛或持续时间较短，资本家可能面临制成品滞销的困境，产品积压造成了资金压力与融资成本上升，迫使资本家大量解雇工人。失业就成为工人必然和无奈的选择。这时，失业是一种非自愿性失业。

3. 有效需求不足的三大成因

第一，边际消费倾向递减规律。当民众的收入发生变化时，增加的消费与增加的收入之比称为边际消费倾向。事实上，影响家庭消费的因素较多，收入是决定性因素。随着民众就业和收入的增加，消费也会增加，但消费增加远不如收入增加得多，在增加的收入中，用于消费的部分所占比例缩小。这就是边际消费倾向递减规律，也是造成消费需求不足的原因。

第二，资本边际效率递减规律。它是指这项资产的未来收益预期与其供给价格或重置成本的比例。由于资产收益是预期收益，在未来资产收益同其供给价格进行比较时，必须首先将未来收益折成现值。从长远看，资本预期利润率是下降的。因为随着生产规模扩大，对机器、设备等资本的需求更多，引起资本供给价格上升，使投资成本增加，因此预期收益率就会下降；另外，随着生产规模扩大，生产产品数量增加，导致市场产品供给增加，产品价格会下降，企业利润减少，引起投资预期收益率下降。资本边际效率递减是投资需求不足的原因之一。如果资本家预期投资利润率小于市场利率时，资本家就会放弃投资而选择储蓄。如果预期利润率大于市场利率，资本家才愿意投资。

第三，流动偏好规律。货币是一种流动性很强的资产，使用灵活方便，因此人们愿意持有货币。持有货币的动机有三：一是交易动机，是指个人和企业为了应付正常开支而需要货币。因为收支时间不同步，企业从购买原料到生产出产品，取得销售收入需要时间，供应商从进货到销售也需要时间，他们都需要流动资金应付开支，所以需要持有货币。二是谨慎动机，是指个人和企业为了应付疾病、失业、事故等意外支出而需要持有现金。三是投机动机，以货币形式保有资产以等待各种条件的变化，再将货币转向更有利的投机。对未来债券市场价格变化的预测决定了投机性货币数量需求的大小。由于股票和债券等有价证券的市场价格瞬息万变，看涨者会用货币买进证券；而看跌者则会储存货币，以便等到证券下跌后再买进，等上涨后再卖出谋利。

4. 凯恩斯的国家干预理论

凯恩斯解决就业问题的政策建议包括：第一，抛弃传统自由放任政策，扩大政府职能，将私人垄断资本主义变为国家垄断资本主义。他反对保持预算平衡，放弃健全财政，通过发行公债、实行财政赤字，以增加有效需求，应对经济危机并保持充分就业。第二，提倡奢侈性消费。一国倾向于奢侈性消费，这个国家的生产和文化发展程度一定高。第三，执行扩大消费和增加投资的政策。前者取决于边际消费倾向，后者取决于资本边际效率和货币利率。第四，扩大出口，限制进口。扩大对外商品输出和资本输出，能扩大有效需求，为国内滞销商品和过剩资本寻求出路，从而带来较多的就业机会和增加国民收入。

（三）发展经济学的就业理论

20世纪50年代以后，以威廉·刘易斯（William Lewis）、费景汉（John C. H. Fei）、古斯塔夫·拉尼斯（Gustav Ranis）和迈克尔·托达罗（Michael P. Todaro）为主要代表的发展经济学家着重探讨了二元经济结构发展模式下的就业问题。其中最具代表性是刘易斯于1954年提出的二元经济结构下的劳动力转移模式。二元结构是指发展中国家的经济由两个不同的经济部门组成：一是相对落后的传统农业部门，二是相对先进的现代工业部门。

刘易斯于1954年在《曼彻斯特学报》上发表的《劳动力无限供给条件下的经济发展》论文中提出了关于传统农业的剩余劳动力理论。他认为，和西方现代经济不同，传统农业里存在经常性的劳动力过剩，这些过剩人口获得生存工资，却不增加农业产出。由于这些剩余劳动力的存在，工业劳动力供给具备无限弹性，即存在所谓的"劳动力的无限供给"。在这种情况下，工业的扩张可以是无成本的，而政府也可以通过兴建公共工程让农村剩余劳动力得到就业，并促进经济发展。

刘易斯的理论经由拉尼斯和费景汉进一步发展为二元经济结构理论。按照这一理论，一个发展中经济需经历两个大的阶段，第一个阶段存在剩余劳动力，城乡市场不统一，即形成二元结构；第二个阶段剩余劳动力被工业部门完全吸收，城乡结构统一，社会进入现代经济阶段。两个阶段之间的转折点一般被称为刘易斯转折点。

刘易斯最初将剩余劳动力定义为边际产出为零的劳动力，移除这些劳动力不会引起农业部门产量的下降。

图5-4的上半部分反映的是农业生产函数 $Q = F(L)$，横轴代表农业劳动力人数，纵

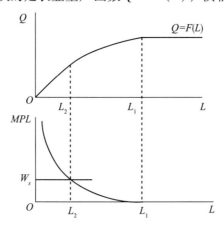

图5-4 剩余劳动力

轴代表农业产量；下半部分反映的是劳动力的边际产出，横轴代表农业劳动力人数，纵轴代表农业部门的边际产出 MPL。

在农业生产函数中，在达到 L_1 点前，劳动力增加，产量增加；但在 L_1 点之后，劳动力增加并不能带来产量的增加。反映在下半部分中，边际产出在 L_1 点前随着劳动力的增加而下降，到 L_1 点时边际产出为 0。此时，超出 L_1 以外的劳动力就是剩余劳动力。

如果农业劳动力市场是完备的，当农业劳动力的边际产出为 0 时，农业劳动者的工资应当为 0，即剩余劳动力得不到任何报酬，按照马尔萨斯原理，他们将被消灭掉。由此，刘易斯提出了制度工资的概念。

制度工资是指让一个劳动力得以存活的工资，也称为生存工资。在图 5−4 中，用 W_s 表示这个工资。农业劳动力边际产出等于 W_s 时对应的劳动力数量为 L_2，超过 L_2 后的所有劳动力边际产出均小于 W_s，即他们的付出小于所得到的回报。在 L_2-L_1 的阶段，边际产出为正，此时被称为隐蔽性失业。

刘易斯创立剩余劳动力这一概念的主要目的是想说明，发展中国家早期存在巨大的未加利用的人力资源，对这些人力资源的利用可以促进一个国家的经济增长。他的思想的核心是工业劳动力的无限供给。我们利用图 5−5 来说明他的这一思想。图 5−5 中横轴代表工业部门和农业部门的全部劳动力数量，O_u 是工业部门劳动力的原点，O_r 是农业部门劳动力的原点，横轴上的任意一点代表劳动力在工业部门和农业部门之间的分配。比如，对于 L_1 而言，O_uL_1 代表在工业部门工作的劳动力人数，而 O_rL_1 代表在农业部门工作的劳动力人数。

图 5−5 的特殊之处在于其由上下两部分组成，上半部代表工业部门，下半部代表农业部门。农业部门的图实际上是图 5−4 上半部倒转过来。假设起始时刻经济完全是农业社会，则 O_rL_2 可以称为有效劳动力，L_2L_1 是隐蔽性失业劳动力，而 L_1O_u 就是剩余劳动力。根据刘易斯的假设，社会存在制度工资 W_s，在图 5−5 中，它等于 L_2 点处劳动力的边际产出，高于 L_2O_u 这部分劳动力的边际产出。

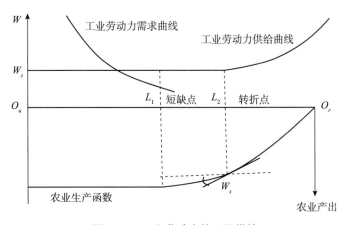

图 5−5　工业劳动力的无限供给

在此基础上来考察工业的情况。在图 5-5 的上半部中，工业部门的劳动力需求曲线和常规的需求曲线没有差别，但劳动力供给曲线是一段水平线和向上倾斜的曲线的结合。下面就讨论这条供给曲线是如何形成的。首先，如果工业部门吸纳的劳动力低于 O_uL_1，那么只要工业部门付比 W_s 多一点儿的工资，这些劳动力就会全部愿意转移到工业部门中，因为他们在农业部门中的边际产出是 0。因此，O_uL_1 线段上的工业部门劳动力供给曲线是一条完全弹性的水平线。当这部分劳动力都转移到工业部门后，工业部门如果再从农业部门中吸收劳动力，农业部门总产出会下降，劳动力边际产出会上升。因此，我们把 L_1 称为"短缺点"。但是，工业部门的劳动力供给曲线在这点之后还是一条水平线，直到 L_2 这一点，因为这部分劳动力在农业部门的边际产出小于 W_s。如果工业部门要继续吸收 L_2O_r 中的劳动力，工资就必须上升，因为劳动力在农业部门的边际产出大于 W_s，而工业部门工资水平至少要达到农业部门中的边际产出才能继续吸引劳动力。这样就得到了图 5-5 中所显示的工业劳动力供给曲线。

我们可以把 L_2 称为转折点。在达到转折点之前，农业部门除了劳动力减少外没有任何变化；但是达到转折点之后，农业部门的收入不再是制度工资，农业部门收入和工业部门收入同步增加，整个国家经济起飞，所以转折点也被称为起飞点。起飞点之前的经济是较落后的传统经济，之后的经济是较发达的现代经济。但在现实中可能不存在截然的起飞点；更多的情况是，一个国家的一部分尚处于传统经济，另一部分处于现代经济，此时这个国家就形成二元经济。

因此，城市工业部门的工资水平取决于传统农业部门的收入，在略高于农村生存收入的不变工资水平上，农村劳动力源源不断地流向城市工业部门。由于发展中国家一般都是农业国，拥有丰富的劳动力，只要现代工业部门扩大生产规模，它就可以按照现行不变的工资水平获得所需的劳动力。随着农村中低生产率的剩余劳动力全部转移到城市工业部门，农村劳动力的边际产出会由于劳动力减少而提高，农业劳动者收入与工业劳动者收入相等。

发展经济学关于扩大就业的政策主张主要包括：一是尽量消除城乡就业机会不均等，减小城乡收入差距。二是发展农村经济，繁荣农村工业。适度发展教育事业，避免教育资源投入不足而导致失业或人力资本闲置，提高资本增长对就业的扩散效应，增加就业机会。

（四）新古典综合派的就业理论

新古典综合派又称为后凯恩斯学派。凯恩斯在《通论》中提出的不同于新古典经济学的经济理论和方法体系为西方主要国家的经济学家接受后，为了学习、运用和推广凯恩斯提出的新理论、新方法，凯恩斯主义的追随者对凯恩斯的理论进行了大量的注释、补充和改进。到了 20 世纪 50 年代至 60 年代，各主要资本主义国家的经济相继陷入"滞胀"的困境，这些经济学家逐渐形成了两个大的主要的分支或流派，其中对西方经济学影响最大的一派就是新古典综合派。

新古典综合派最重要的奠基者是美国的保罗·萨缪尔森（Paul A. Samuelson）和阿尔文·汉森（Alvin Hansen）。其他主要代表人物有詹姆斯·托宾（James Tobin）、约翰·希克斯（John R. Hicks）、阿瑟·奥肯（Arthur Okun）、沃尔特·海勒（Waler Heller）、罗伯特·索洛（Robert M. Solow）等。新古典综合派在经济理论上最显著的特征是，在宏观方面接受凯恩斯的经济理论，在微观方面采用传统的新古典经济学理论。该学派把凯恩斯宏观经济学所主张的总需求引起的收入效应与传统的微观经济学所主张的价格变动引起的替代效应结合起来；同时把凯恩斯强调的短期分析与古典学派强调的长期分析结合起来；还把传统的对市场自行调节的机制与凯恩斯所主张的政府干预机制结合起来，把新古典经济学强调的货币政策与凯恩斯所强调的财政政策结合起来；甚至把非均衡分析的方法与一般均衡分析的方法结合起来了。

该学派的就业理论包括：第一，资本主义经济增长是短期的、波动的、不稳定的，必须交替实行收缩与扩张政策，这样才有可能保持经济稳定增长。在经济衰退时采取扩张政策，增加货币供给量，降低利率，刺激社会总需求，以消灭失业；在经济膨胀时采取紧缩政策，减少货币供给量，提高利率，抑制社会总需求，以抑制通胀。第二，市场结构理论。托宾在《通货膨胀与失业》中指出，大公司和工会经济权利的集中助长了通货膨胀，换言之，对物价和工资率的操纵促成了物价和工资交替上升的可能和现实。在存在失业时，工资水平不下降是工会操纵工资率的结果，而工资增长推动物价上涨又是大公司操纵物价的结果，所以即使在失业人数与职位空缺数目相等时，平均工资也会增长，物价也会上涨。第三，结构性失业理论。该理论认为劳动力市场结构与社会对劳动力的需求不相适应会造成失业，表现为失业和"空位"并存。结构性失业可视为摩擦性失业的极端情况，各种职业培训就是为了解决这一问题，帮助失业者重新匹配到"空位"。

（五）新自由主义的就业理论

凯恩斯主义经济学说在20世纪60年代末期以后遇到了滞胀的挑战。此时，与凯恩斯主义经济学说相对立的各种学说，在批评凯恩斯主义经济学说的情况下，出现了恢复古典经济自由主义思潮的倾向。其中最具影响力的是新自由主义，主要包括以弗里德曼为主要代表的现代货币主义学派，以罗伯特·卢卡斯为主要代表的理性预期学派以及以罗伯特·蒙代尔等为代表的供给学派。

1. 现代货币主义学派

以弗里德曼为主要代表的现代货币主义学派在就业理论方面提出了自然失业率假说。自然失业率是指在没有货币因素干扰下，让劳动力市场和商品市场自发发生作用，在工资有伸缩性的条件下，劳动力市场达到均衡状态而形成的失业率，即与零通胀率或稳定低通胀率相适应的失业率。现代货币主义学派认为自然失业率主要受当时技术水平、风俗习惯、资源禀赋等非政策因素的影响，即使政府强行扩大总需求，将实际失业率降至自然失业率之下，不久后劳动力市场也会回归自然失业率。

现代货币主义学派反对凯恩斯学者提出的相机抉择的货币政策和财政政策，强调扩大货币供应量只能使物价上涨，而不能使失业率保持在自然失业率水平。这是因为，假设初始状态下社会失业率处于自然失业率水平，工人感受到货币供应增加对物价产生的冲击，进而要求提高工资以应对物价上涨。如果工人名义货币工资增长率低于实际物价上涨率，雇主愿意雇用更多工人以增加产量，失业率随之下降并低于自然失业率水平。但工人会提出进一步提高货币工资的要求，使名义货币工资进一步上涨，这样一来，雇主会因工资上升而减少产量、解雇工人，从而使失业率又回到原来的自然失业率水平上。即政府扩大货币供应量并不能将失业率长期保持在自然失业率水平下，而只能引起物价同比例上涨。

为了降低失业率，现代货币主义学派提出了一些积极措施，主张减少政府干预，以便更有效地发挥市场调节作用，开辟新的就业领域。政府要建立自由市场经济运行规则，而非直接参与市场运行。这些措施包括：一是主张实行浮动汇率制。它有助于维持国际贸易和国际收支均衡，能减轻国际收支失衡对国内经济的不利影响。这有利于实现经济稳定增长，发展不受限制的多边贸易和扩大就业。二是改善劳动力市场，提高工人的流动性，调整失业补贴和社会福利措施，减少工会对工资率和就业条件的干预。反对最低工资法，认为颁布这些法令形式上是帮助了低收入者，实际上损害了其利益。因为要求颁布最低工资法令的压力来自工会，其意图是提高最低工资，使会员免受竞争危害，但这会使雇主由于成本过高而减少雇用工人，从而增加失业。现代货币主义学派认为工会是一种阻碍就业扩大的垄断力量，对工资率的任何外在干预，如政府、工会或雇主联合会的干预都会妨碍劳动力和雇主双方的自由谈判，从而影响就业率。三是加强失业人员的培训，建立高效率的职业介绍所，为失业者及时获得就业岗位信息创造条件。

2. 理性预期学派

20 世纪 70 年代，西方各国陷入了严重的通货膨胀、大量失业和经济停滞的困境，第二次世界大战后流行多年的凯恩斯主义的经济理论和政策发生了危机。与凯恩斯主义相对立的现代货币主义学派的经济理论和政策主张在改变滞胀局面时，也没有出现人们所期望的效果。在这种形势下，一些年轻的经济学家从现代货币主义学派中分离出来，形成了一个新的经济学流派，这就是理性预期学派，代表人物有罗伯特·卢卡斯、托马斯·萨金特（Thomas J. Sargent）、尼尔·华莱士（Neil Wallace）、罗伯特·巴罗（Robert J. Barro）等。

理性预期学派将理性预期概念引入就业问题的分析过程中，提出经济活动主体会充分利用一切可以得到的信息，从而准确地预期到经济政策产生的影响。因此，他们提出政策无效性命题，认为过多的政府干预只能引起经济混乱。唯一能保持经济繁荣的做法是尽量减少政府对经济生活的干预，充分发挥市场机制的调节作用。

该学派的就业理论有两点：第一，市场持续出清假设。它是指市场供需基本相等，不存在超额供给。无论是在产品市场还是在劳动力市场，产品价格和货币工资将适应供求迅速调整，具有充分的弹性。追求效用最大化的工人愿意提供的劳动力，恰好等于旨在追求利润最大化的资本家愿意购买的劳动力。如果劳动力市场出现供给过剩，就会导致失业和工资下降，资本家愿意雇用更多工人，使市场达到均衡。因而，目前失业者都能在低于现行工资率的情况下实现就业。事实上，由于正式或非正式契约的存在，以及其他垄断或非垄断因素的存在，价格、工资都未必能得到及时调整，因为价格和工资都有向下刚性。

第二，自然率假设。产出表现为具有稳定的增长率，它被称为自然率，取决于技术革新、劳动力供给增长、投资率和制度安排等因素，与需求量无关。在劳动力市场，与自然率相对应的是自然失业率，它是市场达到均衡、实现充分就业时的失业率。在任何时期，工人都要在就业和闲暇之间分配时间，这取决于两者的成本。如果当前实际工资超过正常实际工资，工人就有兴趣多工作，预料将来接受更多闲暇；如果当前实际工资低于平均数，工人就选择更多闲暇，预料将来接受更多工作。执行货币政策对产量和就业水平不会产生影响。价格和工资能够适应市场供求状况及时调整，市场机制的内在作用能使经济趋于充分就业。如果政府执行凯恩斯主义的需求管理政策，则可能引起通胀。理性预期学派并不认为自然失业率是固定的，它可能随着客观条件的变化而变化。因为劳动者能否就业、是否愿意就业与很多因素有关。因此，只要政府能拿出改善劳动力供给的政策，就可以降低自然失业率。

该学派的就业政策是，政府对劳动力市场人为干预或控制无助于解决失业，明智的选择是减少政府的不当干预。只要经济增长与稳定，劳动力市场失业人数就会减少，根本不需要政府控制与干涉就业，市场经济自发调节是应对失业的有效方式。

3. 供给学派

供给学派是 20 世纪 70 年代后期在美国兴起的又一个与凯恩斯主义相对立的经济学流派，其主要代表人物有罗伯特·蒙代尔、阿瑟·拉弗（Arthur Laffer）、乔治·吉尔德（Geodge Gilder）等。该学派强调经济的供给方面，认为需求会自动适应供给的变化。

供给学派认为美国经济的根本问题在于供给不足，而供给不足是由边际税率引起的。高边际税率降低人们工作的积极性，从而减少劳动供给，也促使劳动需求减少；高边际税率会降低纳税后的投资收益，从而阻碍投资，影响人们投资的积极性，进而减少社会就业量。因此，他们反对凯恩斯主义的需求管理政策，主张实行供给管理，通过减税、削减政府开支、控制货币发行量、减少政府的限制性规章以消除滞胀，刺激供给增长。

供给学派的经济学家从理论上考察了税率与劳动供求以及与资本形成之间的关系，建立了所谓的劳动和资本"楔子"模型，试图说明改变税率对于劳动需求函数和资本形成的影响：假设雇用每个工人的平均成本费用越高，就业机会就越少。那么高税率，特别是高工资税实际上提高了雇主雇用工人的成本。这样就会减少就业机会。因为税收是支付给政府的，当税率提高时，雇用工人的实际总成本比支付给工人的实际工资更高。这种状况被供给学派的经济学家称为税收"楔子",而在这里则被称为劳动"楔子"。

在图5-6中,在没有税收"楔子"打入的均衡点E,雇用劳动的雇主成本与工人实际得到的工资收入是相等的。当工资税开始增加时,不仅雇用工人的成本增加了,而且由于工人也支付了类似的税收,工人得到的实际工资也降低了。可见,税收"楔子"导致企业主对劳动力需求数量的减少,以及劳动力市场上劳动力供给的减少。如图5-6所示,当"楔子"增大到Y_2时,在每个工人的雇用成本和工人得到的实际工资之间的"偏离"增长。例如,在Q_1雇用一个工人的成本是Y_2,而支付给这个工人的实际工资却是Y_1。相反,如果税收减少,市场的力量会从相反的方向作用于劳动的供给与需求。如果拔掉了政府税收这根"楔子",就能使劳动的供给趋向等于劳动的需求,达到Q_2。并且,当公共服务等领域的某些工作通过转移支付的形式得到津贴补助时,雇主的劳动成本小于工人所得到的工资,这会刺激企业主提供更多的就业机会,因此就有可能使就业量达到Q_3。

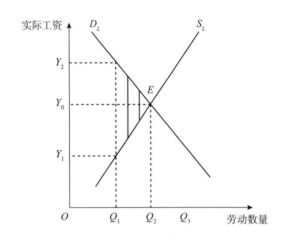

图5-6　劳动、资本"楔子"模型

供给学派的经济学家认为,一个类似于劳动"楔子"模型中的税收"楔子"存在于资本的供给与需求之间。同样,税收"楔子"使资本的供给成本和需求成本不断上升,从而严重挫伤了储蓄者和投资者的积极性,导致资本的供给不足和投资引诱的削弱,这就是美国经济停滞的根本原因。同时,该学派并不完全否认政府干预,强调要尽量减少政府不必要干预,实现适当政府干预与充分的市场调节相结合。

供给学派关于促进就业的政策主张主要有以下三个:

第一,减税政策。减少税收刺激生产是供应学派的理论精髓。凯恩斯主义和供给学派都致力于刺激生产,但区别在于凯恩斯主义主张发行国债,加强国家干预,以政府为主体进行投资;而供给学派主张降低边际税率,把利润留给企业,以企业为主体进行投资。如果降低税率,则工人愿意加班劳动,可增加产量和就业量。一方面要减少个人所得税,降低边际税率。因为富人储蓄能力大于穷人,多给富人减税可增加储蓄和投资。特别是中小企业所有者的供给弹性大，降低个税能提高其积极性，从而增加产量和就业。另一方面，要取消劳动收入和非劳动收入的税率差别，主要是减免资本收益税，鼓励民众投资。减税幅度要大，如此才能刺激储蓄和投资的积极性，从而增加供给。供给学派的减税思想引发了争论，具体体现在减税对经济的传导机制、要素供给效应、产出与税收增长效应、赤字效应、通胀治理效应、分配效应六个方面，显示了学界和政策制定者在减税刺激经济增长方面的分歧。

第二，削减政府支出。该学派反对实行强化政府干预、扩张公共开支或实施失业救济的就业政策。因为政府支出会排挤私人生产性支出，抑制生产，导致出现财政赤字。政府应压缩支出，特别是政府的社会福利支出。在政府解决就业的作用方面，他们反对政府执行公共部门扩张创造就业机会的政策。

第三，减少政府对企业的限制。该学派主张企业自由经营，生产才能取得最佳效果，政府不适当的管理和限制，会阻碍企业经营的主动性和创造性，并可能影响生产增长。该学派强调企业创新对于生产发展的意义，因为它重视供给量的增加，但更关注质的改善。政府同样需要消除对劳动力市场的错误刺激和破坏。降低公司所得税比降低个税更能增加就业，因为这样能使单位成本不变而公司收入增加，从而增加对劳动力的需求。

二、影响就业的因素分析

（一）就业的含义

就业是指达到法定劳动年龄，有劳动意愿和劳动能力的人，实现了劳动者与生产资料的充分结合，创造出社会物质财富或精神财富，并取得报酬或收入的社会经济行为。第十三届国际劳工统计学家大会规定，就业人员被界定为在参照期内从事任何一种工作以获取薪酬或利润的人员，或在此期间因生病、休假以及产业争议等理由而暂时离开就业岗位的人员。

这其中隐含着三个要求：一是劳动者必须达到法定劳动年龄。童工劳动是指年龄在14岁以下的少年儿童所从事的劳动，属于非法劳动行为，不属于就业范畴。二是劳动者参与的必须是某种形式的社会劳动。三是劳动者参与的必须是有报酬或有收入的劳动，而不是公益劳动。

国际上将法定劳动年龄以上，符合以下条件的人称为就业者：第一，劳动者在就业状态，在规定时间内从事有酬劳动；第二，有就业岗位但因故暂时脱岗；第三，雇主或个体经营者，或协助家庭经营企业或农场而不领取报酬的家庭成员，在规定时间内从事正常工时三分之一以上者；第四，已办理离休、退休、退职手续，再次就业者。

就业人数比率是指就业人数占劳动力总数的比重。

就业人数比率 = 就业人数／（就业人数 + 失业人数）×100%

（二）影响就业的因素

影响就业的因素主要有人口、科技进步、经济因素、就业制度因素、国家宏观政策因素等。

1. 人口

（1）人口数量影响就业者供应量。一国总人口数量直接影响劳动力数量。劳动人口源于总人口，是总人口的主体，人口迁移是以劳动人口的流动为主的。总人口数量的变化必然引起劳动人口数量和劳动力规模的变化。总人口数量同劳动人口数量、劳动人口质量呈正相关关系。总人口数量增加，劳动人口数量也随之增加。

（2）人口构成影响就业结构合理性。人口的性别结构是指人口性别分布及其相关关系，其变动也制约着劳动人口的数量与结构。一般来说，人口自然生殖规律决定了男女性别人口比例趋于平衡，劳动市场男女劳动人口数量应基本相等。但受到社会文化因素的影响，女性劳动力市场参与度一度低于男性，从而使两性劳动人口的性别结构失衡。如果人口性别结构出现失衡，则将导致劳动者性别结构不合理，进而影响社会就业结构。

（3）人口年龄结构。人口年龄结构是指人口年龄的分布状态。研究人口年龄结构必须注意年龄结构的平衡性。老龄化问题对就业有重要影响：一方面老龄化减少了劳动市场中劳动力的供给，可能导致劳动力短缺；另一方面，老年人储蓄减少，削弱了社会总投资。同时，消费能力和倾向通常随着年龄增长而降低，因此，人口年龄结构也会从需求侧影响经济增长，进而影响就业。

2. 科技进步

（1）科技进步影响就业数量和结构。对就业量来说，科技进步可能是一把"双刃剑"，对此需要展开具体分析。一方面，科技进步直接提高劳动生产率，从短期和局部来看，科技进步会起到排斥劳动的作用，从而减少就业量。另一方面，从长远和全局来看，科技进步会不断创造出新的行业和职业，从而产生新的就业领域和增加新的就业岗位。

不同类型的技术进步对就业有不同的影响：一种是技术密集型生产方式有可能带来就业摧毁效应，使更多的劳动者面临失业；另一种是劳动密集型技术可能创造出更多的就业岗位。这两种技术类型和生产方式各有利弊。就技术密集型生产方式而言，它总是伴随着资本密集型生产方式出现，因为先进技术设备需要更多资金投入，等量资本投入这两类技术类型和生产方式中，带来的就业扩张效果完全不同，劳动密集型生产方式的就业岗位催生数量可能是技术密集型或资本密集型的数倍。如果将1000万元的资金投入技术密集型生产方式中，只能购买两台车床，吸纳十余名工人就业；如果将这笔资金投入劳动密集型生产方式中，诸如兴办一个玩具厂或编织厂，就有可能为百余名甚至更多的工人提供就业岗位。可见，技术选择的就业扩张效果相差悬殊。

（2）科学技术发展改变了社会产业结构和就业结构。社会分工的精细化是建立在技术创新与进步基础上的，而技术创新必将催生出新的产业部门和职业门类。因为要解决复杂的科技问题，许多专业化的技能逐渐独立出来，成为生产中的新要素，也成为许多劳动者借以取得收入的新机会。围绕先进机器、设备和生产工艺的使用、维护和改良所产生的许多专业化技能和知识，相互依赖与促进，拓宽了劳动者的就业领域。

（3）技术革命提升劳动力质量。科技进步和劳动力质量是相互促进的。随着科技进步的不断发展，高素质科技人才的数量和质量也随之提高；反过来说，科技进步依靠劳动力资源的支撑，需要大量从事科学研究和应用研究的科技人才，以及足够数量的具有技术技能的劳动者，这些科技人才是技术进步的前提。如果劳动力素质低下，可能制约引进和消化高技术含量的产业。经济发展依靠粗放经营和外延扩大，对集约型经济增长方式的实现有直接的制约后果。要实现经济的集约型增长，必须优化产业结构，从低层次向高层次产业转化，实现这种转化就要依靠具有技术能力的劳动力，因为科技应用于生产的进程不断加快，应用范围越来越广。大量科技人才的存在又推动着科技进步，并有效消除结构性失业和技术性失业，从根本上提升就业质量。

3. 经济因素

提高经济增长的速度和效益，以及增加就业机会是解决就业问题的基本保证。因此，经济因素是影响劳动就业的决定性因素。

（1）经济体制转型影响就业。在计划经济体制下，就业完全是政府的责任，政府成为拓展和解决就业的唯一主体。这种经济体制和就业政策使劳动者对政府产生了较强的就业依赖思想，不愿主动开拓和创造就业机会；同时，劳动者普遍怀着国家职工的就业心态和优越感从事劳动。因为企业是国家的企业，职工是国家的职工，没有人能让职工离开企业，即使职工工作积极性不高甚至出工不出力也不会因此丧失就业岗位，从而造成整个社会的劳动积极性和工作效率低下。这种情形必然要削弱微观经济组织的经济效益和整个社会的经济增长，进而限制了经济增长提供就业岗位的数量，使就业矛盾突出。

随着市场经济体制的建立与逐步完善，政府不再是就业唯一的责任主体，而是劳动力市场制度的供给者和市场行为的监管者。政府是从宏观层面调节和促进就业，而不是直接干预微观经济组织的经营与用工行为。企业不完全都是国家的企业，工人也不完全是国家的工人。劳动力市场的用工主体从此走向多元化，不再是国家一元化用工体制，政府肩负的就业责任被多方主体所分担，或者说，多元用工主体共同开拓就业渠道和创造就业机会，有利于整个社会就业容量的扩张。市场经济使劳动者就业心态发生了颠覆性变化，多数人不再拥有国家职工的优越感，劳动领域逐步淡化了从业人员的身份界限。这一变化深刻影响着劳动者的劳动态度和行为，过去那种消极怠工的劳动态度将逐渐随着用工体制的转型而改变，因为当企业支付的实际工资高于工人的实际劳动生产率时，工人就将失业。失业机制既惩戒怠工行为，又刺激工人提高技术水平，两者都将使微观经济组织的经济效益得以提高，从而使整个社会的经济增长率上升并创造出更多的就业岗位。可见，经济体制转型从多个层面影响就业。

（2）经济发展水平影响就业。在自然资源既定的条件下，影响就业的社会经济因素主要有社会经济形式与结构、人口数量及素质、产业结构等。经济形式和经营方式是解决社会就业的前提条件。必须按生产力发展的客观条件实行多种经济形式。影响就业的直接因素是人口，主要表现为人口数量变化影响劳动者供给量，人口素质影响就业结构的合理性。必须加强人口管理战略研究，提高人口素质，优化人口和劳动年龄人口结构，提高人口和劳动年龄人口素质，努力实现人口的均衡发展和适度的生育水平。在社会化大生产中，劳动者与生产资料结合的自然形式和就业容量取决于社会各产业所提供的就业岗位总量。

（3）经济结构影响劳动者的就业结构。一方面，经济结构中的产业结构会影响就业结构。产业结构不断调整与升级推动着就业结构高级化，影响就业容量和就业的产业结构。经济增长必然促使产业结构变化，而这又影响着就业结构和社会就业容量。此时，就业结构的变化满足"配第—克拉克定理"，即随着经济发展水平和收入水平的提高，劳动力将从第一产业转移到第二产业；伴随收入水平的进一步提高，劳动力又转向第三产业。产业之间劳动力的流动取决于收入水平的变化。另一方面，经济结构中的所有制结构也与就业有紧密关联。比如，改革开放以来，我国所有制结构经历了从单一结构到多元结构的转变，民营经济已成为国民经济增长和吸纳就业的生力军。民营经济不仅提供了大量的就业岗位，而且在某种意义上减少了政府投资，提升了政府公共财政能力，使政府更有财力投资于社会保障和国民教育，这又在更高层次上改善了就业。不仅如此，民间资本有了更宽的投资渠道，民间资本经营和致富的机会增加，产生了良好的示范效应，而更多的民营企业诞生又将增加就业岗位，提升就业率。

4. 就业制度因素

一国的就业制度对就业的影响不可低估。这些制度主要包括一国的就业方针、政策，用工制度的内容与形式，以及工资制度与政策等。就业制度是随着经济发展和社会变迁而不断变化的，从来就没有一成不变的就业制度。为了促进就业问题的解决，需适合生产力发展要求和国情，高度重视就业问题，实施就业优先战略，完善就业宏观调控，建立健全更加积极的、充分的、科学的就业方针政策。同时完善各项用工制度和工资制度，积极促进就业。

5. 国家宏观政策因素

政府能否制定或及时调整促进就业的各项宏观政策，如财政政策、货币政策、收入政策、技术政策和产业政策等，对就业影响巨大。这里主要以财政政策和货币政策为例，说明政府的宏观经济政策对就业的影响。

第一，财政政策。财政政策是指国家根据一定时期政治、经济、社会发展的任务而规定的财政工作的指导原则，通过财政支出与税收政策的变动来影响和调节总需求进而影响就业和国民收入的政策。当国民经济疲软时，总需求小于总供给，有效需求不足导致企业开工不足，市场存在着较高的失业率，政府可以通过扩大政府购买、增加政府转移支付、降低边际税率等扩张性财政政策措施，刺激消费与投资，增加社会总需求，提高就业水平。虽然扩张性政策有利于扩大就业，但可能面对预算赤字增加和通胀风险。

第二，货币政策。货币政策是指通过中央银行变动货币供给量，影响利率和国民收入，进而影响就业水平的政策措施。货币政策的工具主要有公开市场业务、再贴现率、法定准备金率以及道义劝告等。当国民经济疲软时，社会总需求小于总供给，生产能力闲置，失业率较高，政府可能会实行扩张性货币政策以调节就业量。

第二节　失业理论分析

一、失业的含义

失业是指达到就业年龄、具备工作能力并谋求工作但未得到就业机会的状态。对于就业年龄，不同国家往往有不同的规定。

失业有广义和狭义之分。广义的失业是指生产资料和劳动者分离的一种状态。在这种状态下，劳动者的生产潜能和主观能动性无法发挥，不仅浪费社会资源，而且对社会经济发展造成负面影响。狭义的失业是指有劳动能力的处于法定劳动年龄阶段的并有就业愿望的劳动者失去或没有得到有报酬的工作岗位的社会现象。

二、失业的类型

（一）摩擦性失业

摩擦性失业（Frictional Unemployment）是指因季节性或技术性原因而引起的失业，即经济在调整过程中，或者由于资源配置比例失调等，难以避免地因等待转业而造成的短期、局部性失业。摩擦性失业量的大小取决于劳动力流动性的大小、寻找工作所需要的时间和成本、就业信息渠道是否畅通等因素。劳动力流动量越大、越频繁，寻找工作所需要的时间和成本就越大，就业信息渠道越不畅通则摩擦性失业量越大；反之则相反。

（二）结构性失业

结构性失业（Structural Unemployment）是指劳动力的供给与需求不匹配造成的失业。其特点是既有失业，又有职位空缺。结构性失业产生的主要原因是劳动力在各个部门之间的转移和流动需要成本。转移成本高低取决于两方面因素：一是不同产业部门之间的差异程度，二是劳动者的初始人力资本及培训机制。

（三）周期性失业

周期性失业（Cyclical Unemployment）又称为总需求不足的失业，是指由于整体经济的支出和产出水平下降，即总需求不足引起的短期失业，它一般出现在经济周期的萧条阶段。可以用紧缩性缺口来说明这种失业产生的原因。紧缩性缺口是指实际总需求小于充分就业的总需求之间的差额。

（四）自然失业

自然失业（Natural Unemployment）又被称为充分就业，是指在现有工作条件和工资水平下，所有愿意工作的人都能工作时的失业量。自然失业率是一个不会造成通货膨胀的失业率（Non-accelerating Inflation Rate of Unemployment，NAIRU），即劳动力市场处于供求稳定状态的失业率。在实际生活中，由于劳动力市场信息不对称、劳动者工作转换等，自然失业总是存在的。

三、西方失业理论分析

西方对失业问题的研究起步较早，可以追溯到古典经济学家。而失业理论真正开始和形成于 20 世纪 30 年代的经济危机时期。目前，西方很多经济学派已经形成了相对完善、自成体系的失业理论。鉴于失业与就业是硬币的两面，这里将在上文综述西方就业理论的基础上，着重叙述各学派有关失业问题的重要观点。

（一）古典经济学的失业理论

古典经济学认为，资本主义制度可以通过市场机制的自动调节解决各种矛盾，因此经济社会中不存在失业，而是充分就业。18 世纪末、19 世纪初法国经济学家萨伊提出了著名的"萨伊定律"，成为传统失业理论的基石。他认为"供给会自行创造需求"，于是经济一般不会发生任何生产过剩的危机，更不可能出现就业不足。

继萨伊之后，庇古在《论失业问题》中提出了"自愿性失业"和"摩擦性失业"的失业理论，他认为在完全竞争的条件下，如果工资可以随劳动力供求变化而自由涨落，那么通过市场价格机制的自发调节作用，一切可供使用的劳动力资源都将被用于生产，实现充分就业。也就是说，只要工人愿意按现行工资率受雇于雇主，都会有工作可做，不会存在非自愿性失业。

（二）凯恩斯学派的失业理论

凯恩斯完全接受了古典经济学关于"摩擦性失业"和"自愿性失业"的理论，但他认为除了这种"自愿性失业"和"摩擦性失业"外，还存在着大量的"非自愿性失业"，并认为产生"非自愿性失业"的主要原因是社会有效需求不足。在凯恩斯看来，仅靠市场自发的力量不能达到供给与需求的均衡状态，从而不能形成足以消灭非自愿性失业和实现充分就业的有效需求。凯恩斯正是用他的"有效需求不足论"来否定萨伊定律及依据萨伊定律建立起来的传统失业理论，并论证了"非自愿性失业"长期存在的可能性。凯恩斯关于减少"非自愿性失业"的主要政策建议是刺激消费、扩大有效需求、鼓励投资、增加就业等。

（三）货币学派的失业理论

货币学派的失业理论可以简单归结为自然失业率假说，即在没有货币因素干扰的情况下，存在一个仅靠劳动市场和商品市场自发供求力量发挥作用便处于均衡状态的失业率。正如弗里德曼所言：在任何时候，都存在着与实际工资率结构相适应的某种均衡失业水平，这种均衡失业水平就是自然失业率。弗里德曼认为，自然失业率在现代社会中会始终存在，但并不是一个固定不变的量。弗里德曼还以他的自然失业率假说为基础否认了菲利普斯曲线关系，即失业与通货膨胀交替关系的正确性。弗里德曼关于治理失业的对策建议是发挥市场自发调节作用以解决失业问题，反对最低工资率的规定和工会对工资率的干预。

（四）发展经济学派的失业理论

发展经济学派是旨在研究和解决发展中国家经济问题和经济发展的经济学流派，其代表人物是刘易斯、费景汉、拉尼斯、托达罗等。刘易斯等认为，传统农业部门的劳动生产率很低，边际劳动生产率为零或甚至为负数，这里有大量的非公开性失业；而现代工业部门的劳动生产率相对较高，但从业人数较少，其相对较高的工资水平吸引传统农业部门的劳动力。刘易斯等强调现代工业部门资本积累的重要性。他们认为，加快现代工业部门的资本积累，能够增强其吸纳传统农业部门劳动力的能力，最终解决二元结构失业问题。托达罗在刘易斯等二元结构发展模式的基础上，探讨了劳动力转换下的失业问题。托达罗强调了收入预期在农村人口转移中的重要作用。与刘易斯等不同，托达罗看到了解决发展中国家失业的艰巨性和困难性。他断定，发展中国家城市中的失业和乡村中的过剩劳动力或非公开性失业会长期存在。

（五）梅多斯的技术失业理论

梅多斯认为，生产自动化的发展必然减少对劳动的需求，这说明生产自动化是失业产生的部分原因。他还在《增长的极限》一书中提出了"零度增长"的概念，认为要解决失业问题，有必要放弃经济增长。布鲁克斯对此进行了具体分析，他认为技术进步不仅节约劳动，而且节约能源和原材料。与劳动力价格相比，能源和原材料的价格更高。如果把节约的物质资料用于其他方面，会创造出更多的产值和就业岗位。英国经济学家进一步认为，技术进步减少的主要是非熟练工人和半熟练工人，但熟练工人和职员的人数会增加。

第三节 失业的影响及其治理分析

一、失业的影响分析

失业会对经济、社会、人力资本产生影响，以下从这三个方面进行分析。

（一）对经济的影响

从个人方面来看，对失业者和家庭来说，失业意味着个人收入减少、经济拮据和生活水平下降。从整个经济来看，失业带来最大的损失是总产出减少。

阿瑟·奥肯研究了失业对总产出的影响，提出反映失业率与实际产出增长率之间反向变动关系的经验统计规律——奥肯定律。用公式表示为

$$\frac{Y - Y^*}{Y^*} = -\alpha(u - u^*) \tag{5-1}$$

式中，Y 为实际产出，Y^* 为潜在产出，$(Y - Y^*)/Y^*$ 为产出或 GDP 缺口，u 为实际失业率，u^* 为自然失业率，α 为大于 0 的参数。式（5-1）说明，实际失业率每高于自然失业率 1 个百分点，实际产出将低于潜在产出 α 个百分点。

式（5-1）也可以写成：$g - g^* = -\alpha(u - u^*)$

式中，g 为实际产出增长率，g^* 为潜在产出增长率。

奥肯运用美国 20 世纪 50 年代的经验数据进行测算，得出 α 值约为 2，即失业率每增加 1%，实际产出增长率将下降 2%。

此外，失业将引起个人收入波动，进而通过预期影响其消费倾向和投资倾向。由于个人无法充分预见未来并做好准备，当工人家庭的收入水平持续稳定变化时，其家庭支出仍然处于完全稳定的状态；但个人失业的时候，预期将导致其支出倾向和行为习惯出现急剧变化，甚至在重新就业后也难以恢复。个人的改变将扩展到社会，进而影响总消费和投资，最终制约经济增长。

（二）对社会的影响

1. 导致高犯罪率

高失业率常常导致高犯罪率。失业不仅使失业者及其家庭的收入水平和消费水平下降，而且给人的心理造成巨大的创伤，带来一系列社会问题。一个失业者长期找不到工作就会在就业人员当中失去影响力，会悲观失望，可能会失去自尊和自信，甚至失去对生活的信念。

2. 伤害人的信念与斗志

当连续几周或几个月没有工作而被确定为失业时，失业的人的勤奋个性将受到永久性伤害。由于缺少实践机会，工人的技能会逐步生疏、退化，在某些情况下，工作技能的退化是一个非常严重的问题。关键的一点是，失业的人失去了有规律性工作的习惯，他们的自尊心和自信心也会受挫。这样当出现新的工作机会时，曾经一度失业的人会发现自己已经不能胜任新的工作了。对失业者来说，失去工作的最可怕的压力来自失业对一个人的信念和斗志的打击。如果某一时期的被迫空闲能让人进行休养和恢复精力，那么这将是短暂失业有利的一面，但被迫空闲是不能让人得到休息和恢复精力的，因为失业需要找工作，而找工作的过程比工作本身更让人劳累。

（三） 对人力资本的影响

人力资本是人受到教育和获得技能的价值。失业对人力资本的影响是双方面的。一方面，失业者已有人力资本得不到运用；另一方面，失业者无法通过工作增加自己的人力资本，长期的失业会大大降低人力资本的价值。

二、失业的治理

失业的治理政策主要包括扩大就业需求的政策和调节改善就业供给的政策。

（一） 扩大就业需求的政策

一是运用货币、财政等宏观经济政策，促进经济增长，从而不断扩大就业需求。二是制定产业政策，优化产业结构，发展优势产业和新兴产业，保持长期竞争力，不断促进就业结构转变。三是加强教育和技能培训，提升人力资本，带动就业结构优化升级。四是完善创业与创新机制，鼓励创业与创新。五是实施拉动就业的优惠政策，鼓励企业雇用失业人员。六是扩大政府公共支出，增加公共部门或公共工程的就业机会。

（二） 调节改善就业供给的政策

一是建立健全市场化的劳动力市场体系。二是完善就业服务政策，包括就业信息服务、就业指导、就业培训和职业中介机构等方面的政策。三是建立失业保障体系，帮助劳动者渡过难关，并且从失业保障扩展为就业援助。四是提高全民教育水平，改革教育体制，培养不同类型的人。五是完善劳动用工制度和工资薪酬制度等。六是扶持特殊群体就业。七是优化劳动时间安排，提高劳动生产率。如适当缩减周工作天数和日工作小时数，在提高劳动生产率的同时，既直接增加就业容量，又利用闲暇促进消费并间接提升就业需求。

本章小结

1. 就业理论分析主要包括就业理论的演变分析和就业影响因素分析两个方面。

2. 就业理论主要包括古典学派的就业理论、凯恩斯的就业理论、发展经济学的就业理论、新古典综合派的就业理论、新自由主义的就业理论等。

3. 古典学派的就业理论以萨伊定律为基石。萨伊就业理论的核心有三：一是依靠价格机制自发调节，以实现充分就业；二是失业是暂时的，因为它能自动恢复均衡；三是政府不要干预经济。

4. 凯恩斯将没有非自愿性失业存在的状况称为充分就业。凯恩斯就业理论的基础是有效需求原理，按照凯恩斯的说法，资本主义未能实现充分就业的原因在于有效需求不足。

5. 发展经济学提出失业是因为存在城乡二元结构，扩大就业的政策主张主要包括尽量消除城乡就业机会不均等、发展农村经济。

6. 新古典综合派最重要的奠基者是美国的保罗·萨缪尔森和阿尔文·汉森。他们提出的结构性失业理论认为劳动力市场结构与社会对劳动力的需求不相适应会造成失业，表现为失业和"空位"并存。结构性失业可视为摩擦性失业的极端情况，各种职业培训就是为了解决这一问题，帮助失业者重新匹配到"空位"。

7. 现代货币主义学派提出了一些积极措施，主张减少政府干预，以便更有效地发挥市场调节作用，开辟新就业领域。

8. 就业是指达到法定劳动年龄，有劳动意愿和劳动能力的人，实现了劳动者与生产资料的充分结合，创造出社会物质财富或精神财富，并取得报酬或收入的社会经济行为。

9. 影响就业的因素主要包括人口、科技进步、经济因素、就业制度因素、国家宏观政策因素等。

10. 失业是指达到就业年龄、具备工作能力并谋求工作但未得到就业机会的状态。

11. 失业会对经济、社会、人力资本产生影响。

12. 失业的治理政策主要是扩大就业需求的政策和调节改善就业供给的政策。

本章重要概念

就业　失业　自愿性失业　摩擦性失业　非自愿性失业　二元结构　刘易斯转折点
剩余劳动力　制度工资　结构性失业　自然失业率　周期性失业　自然失业
梅多斯的技术失业　奥肯定律　配第—克拉克定理

本章复习思考题

一、判断题

1. 在古典经济学看来，如果没有市场之外的力量，失业不可能持续存在。　　（　　）

2. 凯恩斯认为只要消除了非自愿性失业，就算是实现了充分就业。　　　　（　　）

3. 刘易斯将剩余劳动力定义为边际产出为零的劳动力，移除这些劳动力，不会引起工业产量的下降。　　　　　　　　　　　　　　　　　　　　　　　　　（　　）

4. 结构性失业理论与摩擦性失业不相关。　　　　　　　　　　　　　　　（　　）

5. 自然失业率是指与货币不相关的失业率。　　　　　　　　　　　　　　（　　）

6. 理性预期学派认为，政府对劳动力市场人为干预或控制无助于解决失业。（　　）

7. 供给学派对促进就业的政策主张主要包括减税政策、削减政府支出、减少政府对企业的限制。　　　　　　　　　　　　　　　　　　　　　　　　　　　　（　　）

8. 人口年龄结构会从需求侧影响经济增长，进而影响就业。　　　　　　　（　　）

9. 梅多斯认为，生产自动化的发展必然减少对劳动的需求。　　　　　　　（　　）

10. 经济结构影响就业结构。　　　　　　　　　　　　　　　　　　　　（　　）

二、多选题

1. 影响就业的因素主要有（　　　）。

A. 人口　　　　　　B. 科技进步　　　　C. 经济因素　　　　D. 就业制度因素

E. 国家宏观政策因素

2. 失业的类型有（　　　）。

A. 摩擦性失业　　　B. 周期性失业　　　C. 结构性失业　　　D. 自然失业

3. 失业的影响主要包括（　　　）。

A. 经济影响　　　　B. 社会影响　　　　C. 人力资本损失　　D. 文化氛围

三、简答题

1. 简述就业理论分析的主要内容。

2. 简析影响就业的主要因素。

3. 简析失业的主要类型。

4. 简述治理失业的主要政策。

四、思考题

1. 谈谈科技创新对就业的影响。

2. 谈谈政府在就业方面的作用。

第六章
国际收支理论分析

前文对经济总量的分析主要涉及封闭经济的内部均衡问题，与当前各经济体或多或少都具有开放经济形态的现实不符。为此本章介绍开放经济的相关内容。

开放经济最本质的特征是存在与外部的经济往来。国际收支是记录和度量这种经济往来的重要概念。国际收支理论是开放经济理论体系中最基础和重要的组成部分之一，也是开放经济下政府部门调节内外部均衡、实现宏观经济稳定的重要理论依据。本章首先介绍国际收支的基本概念和国际收支理论发展演进的脉络；其次逐一介绍主流的国际收支模型——弹性分析模型、乘数分析模型、吸收分析模型、货币分析模型、结构分析模型；最后在介绍蒙代尔—弗莱明模型的基础上，阐述影响开放经济内外部均衡的因素和政策搭配。

第一节　国际收支理论及其演进

国际收支理论是指研究国际收支失衡及其调节的理论。

一、国际收支理论的萌芽与初创时期

一般认为，最早对国际收支理论进行系统研究的是英国经济学家大卫·休谟（David Hume）。1752年，大卫·休谟在《论贸易平衡》一书中，以自由贸易和黄金货币在国际间自由输出入为假设前提，以古典货币数量论为理论依据，提出"价格—铸币流动机制"（Price-Specie Flow Mechanism），认为在金本位制下国际收支失衡存在自动调节机制，因此倡导放任自由，反对政府干预。

价格—铸币流动机制认为，一个国家发生贸易收支顺差会使本国的货币供应量增加，进而引起国内商品价格上涨。国内商品价格的上涨将使国内消费者增加购买国外商品、减少购买国内商品，这就使该国铸币流向国外，抵减该国贸易顺差规模，直至达到新的均衡。该机制否定了重商主义认为只要维持贸易顺差，一国就能不断维持金银财富累积的论断，也消除了各国对逆差将导致永久性财富损失的恐惧，开创了国际收支调节研究的先河。

以价格—铸币流动机制为代表的古典国际收支理论统治了很长时间，直到 20 世纪初仍被西方经济学家奉为国际收支理论的圣典，实践中它也确实比较成功地解释了金本位制下国际间贸易往来比较平稳、国际收支差额不大的现实。

二、国际收支理论的形成和发展时期

20 世纪 30 年代国际金本位制瓦解，价格—铸币流动机制随之崩溃。20 世纪 30 年代至 70 年代，国际收支理论研究也进入了一个新旧论争、百花齐放的繁荣发展时期，涌现出国际收支的弹性分析理论、吸收分析理论、货币分析理论、结构分析理论等诸多流派，这一时期成为国际收支理论形成发展的重要时期。

1929—1933 年，资本主义国家普遍爆发经济危机。在危机中，主张自由竞争、自动调节、自由放任的经济学说逐渐没落，主张政府干预的凯恩斯经济学派抬头。在此背景下，部分经济学家根据新形势，运用凯恩斯主义经济思想对价格—铸币流动机制进行了修正和调整。如英国经济学家约翰·穆勒（Metzler）在《国际贸易理论》一书中提出的"价格和利率调节机制"。该机制认为，当一国国际收支逆差时，该国货币外流，导致本国国内货币存量相对减少，国内利率上升；而利率上升使该国金融资产的收益率上升，对该国金融资产的相对需求增加，使货币外流减少。同时，国内利率上升也会减少国内消费需求，使进口减少、出口增加，改善逆差水平。两者的综合作用都会改善该国逆差，使其国际收支趋于新的平衡。

此后，随着国际金本位制度全面崩溃，各国为调节本国贸易收支失衡，竞相实施以邻为壑的本币贬值政策，汇率成为影响国际收支的主要"武器"，物价和利率都不再是调节国际收支失衡的主要因素。在此背景下，英国剑桥大学经济学家琼·罗宾逊夫人（Joan Robinson）在其 1937 年出版的《就业理论论文集》的"外汇篇"中，正式系统地提出了国际收支的弹性分析理论。该理论仍认为贸易收支失衡存在自动调节过程，汇率变动成为贸易收支调节的主导力量。在罗宾逊夫人之后又有多位经济学家对国际收支的弹性分析理论进行了补充和完善，使其日益成熟。时至今日，当一国考虑采用汇率贬值来提高出口竞争力、改善贸易收支失衡时，弹性分析理论都是重要的分析工具。

20 世纪 30 年代至 50 年代，随着凯恩斯主义逐步在经济学领域占据主导地位，国际收支理论越来越多地受到凯恩斯主义影响。20 世纪 30 年代至 40 年代，国际收支理论的发展变革大多衍生于凯恩斯经济理论或运用了凯恩斯学派的分析方法，被学界统称为"凯恩斯主义的国际收支理论"。其典型代表是英国经济学家梅茨勒（Metzler）、马克卢普（Machlup）、哈罗德（Harrod）等提出的外贸乘数理论（Foreign Trade Multiplier Theory）和美国经济学家亚历山大（Alexander）创立的吸收分析理论（Absorption Approach to the Balance of Payments）。前者重点分析汇率和价格不变条件下收入变动对国际收支的影响，阐明了对外贸易通过进口需求收入弹性以及对外贸易对国民收入扩大（紧缩）的倍增（倍减）作用与一国国内经济的有机联系。后者以凯恩斯国民收入方程式为依据，明确将一国对外贸易与其国民收入活动相联系，鲜明地体现了凯恩斯主义宏观分析方法，标志着凯恩斯主义的国际收支理论进入了成熟发展阶段。

20 世纪 60 年代，随着资本主义经济逐渐陷入凯恩斯主义难以很好解释的滞胀局面，以弗里德曼为代表的货币主义学说兴起并逐步取代了凯恩斯主义的地位。凯恩斯主义国际收支理论的全盛时代宣告结束，货币主义成为继凯恩斯主义后又一个国际收支理论的学说渊源。其典型代表是美国经济学家约翰逊（Johnson）、蒙代尔等创立的国际收支货币分析理论（Monetary Approach to the Balance of Payments）。该理论不以国际收支的某个具体项目（如贸易收支）为研究对象，不追求局部均衡，而是将研究范围由经常项目扩展到资本项目，强调国际收支的整体均衡。同时，与凯恩斯主义国际收支理论主要从实体经济和流量角度考察国际收支问题不同，货币分析理论把国际收支问题看做一种货币现象，认为国际收支失衡的根源在于货币存量失衡。随着货币主义学派不断发展壮大，国际收支的货币分析法影响越来越大，理论模型也在应用中不断得到发展和完善。

20 世纪 70 年代，各国的国际收支普遍发生困难。由于国际收支货币分析理论的政策核心是紧缩国内需求，以牺牲国内经济增长来换取国际收支平衡，实践中往往因过度削减预算或货币供给而导致国内经济萎缩和社会动荡。为此，源于发展经济学的国际收支结构分析理论应运而生（Structural Approach to the Balance of Payments）。该理论明确认为发展中国家与发达国家之间、发展中国家彼此之间经济结构均不尽相同，国际收支失衡的原因也多种多样，反对用同一套国际收支失衡调节方法去应对所有结构性问题。该理论的倡导者和支持者主要是发展经济学者，如英国经济学家斯蒂芬（Stephen）、基利克（Killick）等，在发展中国家国际收支问题研究中产生了普遍的较大影响。

三、国际收支理论的发展方向

凯恩斯主义、货币主义和发展经济学构成了当代国际收支理论的三大主要学说渊源，但在此后特别是 21 世纪以来的全球化浪潮中，在各国丰富多彩的对外经济活动与政策实践面前，主流国际收支理论或多或少地呈现出自身的局限性。

同时，在"卢卡斯批判"的影响下，宏观经济学研究沿着重塑宏观经济学的微观基础、从静态研究转向动态研究的方向前行，主流国际收支理论也相应发展变化：一是对不同国家各种不同性质的国际收支问题进行深入具体的研究，详细总结各类国家在不同时期、不同经济条件下国际收支失衡的原因以及调节国际收支的经验，以实证推动理论发展。二是在拉姆齐—卡斯—库普曼斯（Ramsey - Cass - Koopmans）等新古典经济增长模型带动下，微观基础和跨时期方法被大量运用到国际收支问题的研究中，对传统国际收支理论从框架到分析方法进行修正和拓展。三是试图综合主流国际收支理论，形成集各理论所长、比较全面的理论构架。如利用 IS – LM – BP 模型在一般均衡框架下对各种国际收支理论进行综合，构建综合的模型框架。

第二节 国际收支理论的模型分析

上一节介绍了国际收支理论的基本概念，梳理并阐述了国际收支理论的整体发展脉络，本节对当前主要的国际收支理论模型进行分析，以加深对主要国际收支理论的理解。

一、新古典学派的国际收支模型：弹性分析模型

国际收支的弹性分析模型主要由琼·罗宾逊夫人在微观经济学和局部均衡分析法的基础上发展创立。该模型着重分析汇率变动调节贸易收支的条件及其影响。

（一）模型的基本概念和假设条件

1. 弹性概念

众所周知，价格变化会影响商品的需求和供给。通常我们定义：商品需求量变动与价格变动的比为该商品需求对价格的弹性，简称需求弹性；商品供给量变动与价格变动之比为该商品供给对价格的弹性，简称供给弹性。

以 E 代表需求弹性，S 代表供给弹性；Q 表示数量，P 表示价格；e 代表直接标价法表示的汇率；下标 m、x 分别代表进口商品和出口商品。于是进出口商品的需求和供给对价格的弹性如下：

（1）进口商品的需求对价格的弹性（E_m）

$$E_m = -\frac{\dfrac{\mathrm{d}Q_m}{Q_m}}{\dfrac{\mathrm{d}(eP_m)}{eP_m}} = -\frac{\dfrac{\mathrm{d}Q_m}{Q_m}}{\left(\dfrac{\mathrm{d}e}{e} + \dfrac{\mathrm{d}P_m}{P_m}\right)} \qquad (6-1)$$

（2）出口商品的需求对价格的弹性（E_x）

$$E_x = \frac{\dfrac{\mathrm{d}Q_x}{Q_x}}{\dfrac{\mathrm{d}P_x}{P_x}} \qquad (6-2)$$

（3）进口商品的供给对价格的弹性（S_m）

$$S_m = \frac{\dfrac{\mathrm{d}Q_m}{Q_m}}{\dfrac{\mathrm{d}P_m}{P_m}} \qquad (6-3)$$

（4）出口商品的供给对价格的弹性（S_x）

$$S_x = -\frac{\dfrac{\mathrm{d}Q_x}{Q_x}}{\dfrac{\mathrm{d}(eP_x)}{eP_x}} = -\frac{\dfrac{\mathrm{d}Q_x}{Q_x}}{\left(\dfrac{\mathrm{d}e}{e} + \dfrac{\mathrm{d}P_x}{P_x}\right)} \qquad (6-4)$$

无论是需求对价格的弹性还是供给对价格的弹性，数值越大，则弹性越高，反映该商品的需求（供给）受价格波动的影响越大。

2. 基本假设条件

弹性分析模型建立于以下基本假设之上：

（1）假定一国的收入、其他商品价格、消费偏好等其他因素保持不变，只考虑汇率变化引起的进出口商品相对价格的变化及由此对贸易收支的影响。

（2）没有资本国际流动，即国际收支主要表现为由商品进出口引起的贸易收支的变化。

（3）进出口商品的供给对价格的弹性趋于无限大，即贸易收支变化并不影响进出口商品的供给价格，进出口商品价格变化率趋于零。

（4）初始贸易收支处于均衡状态。

（二）模型推导和主要结论

1. 货币贬值对贸易收支的影响

国际收支的弹性分析模型要解决的核心问题是汇率调整对贸易收支的影响。弹性分析模型认为：

对于本国出口而言，当本币贬值（$e\downarrow$）时，由于假设本国进口、出口商品的供给对价格的弹性无限大，则出口商品的本币价格（P_x）不变，而以外币表示的本国出口商品的价格则下降（$eP_x\downarrow$），且下降的幅度恰好等于货币贬值的幅度。以外币表示的出口商品价格下降必然使本国商品的出口量增加（$Q_x\uparrow$），但只有当出口量增加的幅度大于以外币表示的出口商品价格的下降幅度时，出口总金额才会增加，而这取决于外国对本国出口商品的需求对价格的弹性（E_x）。

对于本国进口而言，当本币贬值（$e\downarrow$）时，由于假设本国进口、出口商品的供给对价格的弹性无限大，则进口商品的外币价格（eP_m）不变，而以本币表示的进口商品价格上升（$P_m\uparrow$）、进口量下降（$Q_m\downarrow$）。同理，只有当进口量的下降幅度大于以本币表示的进口商品价格上升的幅度时，进口总金额才会减少，而这又取决于本国对进口商品的需求对价格的弹性（E_m）。

综上可得，在进口、出口商品供给对价格的弹性无限大的假设条件下，货币贬值对贸易收支的作用决定于进口、出口商品的需求对价格的弹性：当 $E_x + E_m > 1$ 时，本币贬值将改善本国贸易收支；当 $E_x + E_m = 1$ 时，本币贬值不影响本国贸易收支；当 $E_x + E_m < 1$ 时，本币贬值会使贸易收支恶化。

因此，在进口、出口商品供给对价格的弹性无限大的假设条件下，通过本币贬值来改善本国贸易收支的前提条件是本国进口、出口商品需求对价格的弹性之和大于1。这就是著名的马歇尔—勒纳条件（Marshall-Lener Condition）。

在此基础上，琼·罗宾逊夫人放弃马歇尔—勒纳条件中关于"进口、出口商品供给对价格的弹性无限大"的假设条件，那么本币贬值后，进口、出口商品以供给方货币表示的价格就不会保持不变，即出口商品的本币价格和进口商品的外币价格将因本币贬值而分别上升和下降。此时，进口、出口商品的数量便不会单纯取决于进口、出口商品的需求对价格的弹性，而是分别由进口商品的供给对价格的弹性与进口商品的需求对价格的弹性、出口商品的供给对价格的弹性和出口商品的需求对价格的弹性共同决定。此时，本币贬值能够改善本国贸易收支的前提条件扩展为

$$P_x Q_x \frac{S_x(E_x - 1)}{S_x + E_x} + P_m Q_m \frac{E_m(S_m + 1)}{S_m + E_m} > 0 \qquad (6-5)$$

这一扩展后的马歇尔—勒纳条件被称为"马歇尔—勒纳—罗宾逊条件"。后者是前者的一般形态，前者是后者在特定假设条件下的特例。

2. 货币贬值对贸易收支影响的时滞效应

货币贬值对贸易收支的影响存在时滞效应。弹性分析模型认为，满足"马歇尔—勒纳—罗宾逊条件"，本币贬值最终将改善本国贸易收支。但在具体时间表现上，本币贬值之后一段时期内，贸易收支首先会进一步恶化；经过一段时间之后，贸易收支才会改善。这一时滞效应被称为"J曲线效应"（J-curve Effect），如图6-1所示。

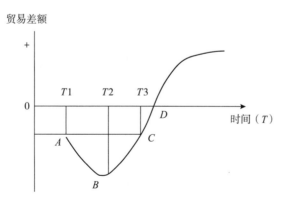

图6-1 货币贬值的J曲线效应

弹性分析模型进一步解释了之所以存在J曲线效应，是因为如下几个时滞因素：（1）认识时滞，即本币贬值后，本国出口商品价格降低的信息并不能立即传递给进口商，而是需要一个时间过程；（2）决策时滞，即进出口商在掌握了进出口商品价格变动的信息之后，需要时间进行分析和决策；（3）生产时滞，即面对增加的出口需求，本国出口部门组织资源

到生产出产品需要一个时间过程；（4）取代时滞，即以前的合同不能取消，进出口商都需要一定的时间来处理以前的存货；（5）交货时滞，即出口商将商品生产出来后，出口商品运输到买方手中，需要一个过程。

3. 货币贬值对贸易条件的影响

货币贬值不仅影响贸易收支状况，还会对贸易条件产生影响。弹性分析模型认为，本币贬值能否改善本国贸易条件，需视进出口商品的供给对价格的弹性之乘积与进出口商品的需求对价格的弹性之乘积的大小而定。具体来说：

当 $E_m E_x > S_m S_x$ 时，本币贬值可使本国的贸易条件改善；当 $E_m E_x = S_m S_x$ 时，本币汇率变动不影响本国的贸易条件；当 $E_m E_x < S_m S_x$ 时，本币贬值会使本国的贸易条件恶化。

（三）模型的主要局限

通常来说，模型的假设条件越严苛，模型分析的局限性也就越大。弹性分析模型同样如此。它的局限性主要表现在：

（1）弹性分析模型假设一国的收入、其他商品价格、消费偏好等其他因素保持不变，只考虑汇率变动对贸易收支的影响，这属于局部均衡分析方法。事实上，对贸易收支产生影响的因素是极其复杂的，单纯只考虑汇率因素显然不够全面。

（2）弹性分析模型单纯从进出口商品市场出发来考察国际收支问题，忽视了资本国际流动对国际收支的影响。这在资本国际流动规模越来越大的当代经济中，其局限性是显而易见的。

（3）早期弹性分析模型（马歇尔—勒纳条件）假定进出口商品的供给对价格的弹性无限大，这在多数情况下是不成立的。

二、凯恩斯主义的国际收支模型

凯恩斯主义的国际收支模型主要是乘数分析模型和吸收分析模型。它们的共同特点是基于凯恩斯的国民收入恒等式去揭示收入与国际收支的关系，进而探讨国际收支失衡的调节。

（一）乘数分析模型

1. 模型的基本概念和假设条件

乘数分析模型假设：（1）商品价格和货币汇率不变；（2）经济在非充分就业情况下运行，即产出能够对需求变动作出反应；（3）货币供给非内生，即货币供给被动地对货币需求变动作出调整；（4）没有资本的国际流动。

在上述假设下，根据凯恩斯的国民收入恒等式：

$$Y = C + I + G + X - M \qquad (6-6)$$

式中，Y 表示国民收入，C 表示消费，I 表示投资，G 表示政府消费，X 表示出口，M 表示进口；其中，I、G、X 为外生变量，C 和 M 是内生变量且满足线性关系，即 $C = C(Y) =$

$C_0 + cY$，$M = M(Y) = M_0 + mY$。C_0、M_0 分别为初始消费和初始进口，c 和 m 分别为边际消费倾向和边际进口倾向，两者均介于 0 和 1 之间。则式（6 - 6）可变为

$$Y = \frac{1}{1 - c + m}(C_0 + I + G + X - m_0) \qquad (6 - 7)$$

式（6 - 7）中的系数 $\frac{1}{1 - c + m}$ 即开放经济中乘数。

2. 模型的推导和主要结论

假设没有国际资本流动，因此可以贸易收支近似代表整个国际收支状况。用 TB 表示本国贸易收支差额，结合式（6 - 6）和式（6 - 7），则

$$TB = X - M(Y) = X - (M_0 + mY) = X - M_0 - \frac{m}{1 - c + m}(C_0 + I + G + X - M_0)$$
$$\qquad (6 - 8)$$

在式（6 - 8）中对 I、G、X 求偏导，得

$$\frac{d(TB)}{dI} = \frac{dX}{dI} - \frac{m}{1 - c + m}\left(\frac{dG}{dI} + 1 + \frac{dX}{dI}\right) \qquad (6 - 9)$$

$$\frac{d(TB)}{dG} = \frac{dX}{dG} - \frac{m}{1 - c + m}\left(\frac{dI}{dG} + 1 + \frac{dX}{dG}\right) \qquad (6 - 10)$$

$$\frac{d(TB)}{dX} = 1 - \frac{m}{1 - c + m}\left(\frac{dI}{dX} + 1 + \frac{dG}{dX}\right) \qquad (6 - 11)$$

乘数分析模型认为：

（1）国际收支失衡可通过需求管理政策进行调节。当本国的国际收支逆差时，即 $TB < 0$ 时，政府可以通过紧缩需求的政策，如减少投资和政府支出，以此降低国民收入、压缩进口支出来改善国际收支；当本国的国际收支顺差时，即 $TB > 0$ 时，政府可以通过扩张需求的政策，如扩大投资和政府支出，以此提高国民收入、增加进口支出来减少国际收支盈余。

（2）通过需求管理政策调节国际收支的效率，取决于边际进口倾向的大小。

$$m = \frac{\Delta M}{\Delta Y} = \frac{M}{Y} \times \left(\frac{\dfrac{\Delta M}{M}}{\dfrac{\Delta Y}{Y}}\right) \qquad (6 - 12)$$

因此，m 的大小又进一步取决于进口额占国民收入的比重和进口需求的收入弹性。当该国进口活跃且进口需求的收入弹性高时，运用需求管理政策调节本国国际收支效率高。

（3）投资、政府支出和出口是需求管理政策调节国际收支的主要抓手。根据式（6 - 9）、式（6 - 10）和式（6 - 11），乘数 $0 < \dfrac{1}{1 - c + m} < 1$，因此单独改变其中一项，对国际收支的调解作用是衰减的。

以单独改变出口为例，此时投资和政府支出不变，即 $dI = dG = 0$，则式（6 - 11）变为

$$0 < \frac{\mathrm{d}(TB)}{\mathrm{d}X} = \frac{1 - c}{1 - c + m} < 1 \qquad (6 - 13)$$

这说明出口增加 1 单位，国际收支增加少于 1 单位，乘数调节效应是衰减的。

3. 模型的主要局限

乘数分析模型阐述了国际收支与本国国民收入之间的关系，为政府采用需求管理政策调节国际收支失衡问题提供了理论依据。同时，基于国民收入恒等式将贸易因素引入乘数，探讨了各国经济通过进出口渠道相互影响的原理，对世界经济周期的同步问题做了初步说明。

其局限性主要表现在：（1）没有考虑货币数量和价格因素，即没有考虑进出口的变化可能带来的货币数量变化，以及在充分就业状态下由此引发的物价变化，这些变化对需求管理政策的调节效果具有一定的抵消作用。（2）没有考虑资本的国际流动，因此对于国际收支的分析仍不全面。

（二）吸收分析模型

吸收分析模型仍从凯恩斯的国民收入恒等式入手，着重考察总收入与总支出对国际收支的影响，并在此基础上提出了国际收支调节政策。

1. 模型表达式和基本政策主张

国民收入恒等式（6-6）可变形为

$$X - M = Y - (C + I + G) \qquad (6 - 14)$$

令 $A = C + I + G$，定义 A 为国内吸收；又 $TB = X - M$，则式（6-14）可写为

$$TB = Y - A \qquad (6 - 15)$$

式（6-15）便是吸收分析模型的基本表达式，其经济含义有两点：

（1）国际收支状况取决于本国国民收入（Y）与国内吸收（A）的比较。如本国国民收入大于国内吸收，则该国国际收支出现顺差；反之，如本国国民收入小于国内吸收，则该国国际收支出现逆差。

（2）本国国际收支失衡最终要通过改变国民收入或国内吸收来调节。即当国际收支出现逆差时，采取增加国民收入或者减少国内吸收的政策；当国际收支出现顺差时，采取减少国民收入或者增加国内吸收的政策。

因此，吸收分析模型主张的国际收支调节政策就是改变国民收入和国内吸收的政策，即支出增减型政策和支出转换型政策。国际收支逆差表明一国的总需求超过总供给，即国内吸收超过国民收入，此时，应当运用紧缩性政策来减少对进口商品的过度需求，以纠正国际收支逆差；但紧缩性政策在减少进口需求时，也会减少对非进口商品的需求并降低总收入，因此，还必须运用支出转换政策（如汇率政策）来消除紧缩性政策的不利影响，在进口需求减少的同时能增加国民收入。这样才能既实现外部均衡，又实现内部均衡。

2. 货币贬值对国际收支影响的分析

吸收分析模型特别重视从宏观经济的整体角度去考察贬值对国际收支的影响。它根据国内吸收的定义，将国内吸收的变化量表示为

$$\Delta A = \alpha \times \Delta Y + \Delta D \qquad (6-16)$$

式中，α 是边际吸收倾向；$\alpha \times \Delta Y$ 是国民收入变化引致的国内吸收的变化；ΔD 是所有非收入因素引起的国内吸收的变化。由此，可以得出：

$$\Delta(TB) = \Delta Y - (\alpha \Delta Y + \Delta D) = (1 - \alpha)\Delta Y - \Delta D \qquad (6-17)$$

吸收分析模型分析了本币贬值对国际收支差额的影响。首先，模型定义" $(1 - \alpha)\Delta Y$ "代表本币贬值的收入效应，指本币贬值通过改变国民收入（ΔY）来影响国际收支；定义 ΔD 为本币贬值的直接效应。模型认为，只有当货币贬值的收入效应大于货币贬值的直接效应时，货币贬值才能改善国际收支状况。具体来说：

（1）货币贬值要起到改善本国国际收支的作用，要求本国有闲置资源存在。只有当存在闲置资源时，贬值后闲置资源流入出口品生产部门，出口才能扩大，国际收支状况才能改善。

（2）出口的扩大会引起国民收入和国内吸收同时增加，此时只有当边际吸收倾向 α 小于1，即吸收的增长小于收入的增长，贬值才能最终改善国际收支状况。

3. 模型的主要特点和局限

吸收分析模型是从总收入和总吸收的相对关系去考察国际收支失衡的原因并提出相应调节政策的，而非从价格关系出发去考察国际收支失衡，这是它与弹性分析模型的重大区别。同时，吸收分析模型建立在宏观经济学的基础上，采用的是一般均衡分析方法；而弹性分析模型建立在微观经济学的基础上，采用的是局部均衡分析方法。

吸收分析模型与弹性分析模型同样关注货币贬值对国际收支的影响。吸收分析模型从贬值对国民收入和国内吸收的影响来考察货币贬值对国际收支的影响；而弹性分析模型是从价格与需求的微观关系去考察贬值对国际收支的影响。同时，吸收分析模型的政策主张有强烈的政策搭配取向，强调综合运用支出增减型政策和支出转换型政策（汇率政策）调节国际收支。

吸收分析模型的主要局限性包括：（1）在贬值分析中，没有考虑相对价格变动在调整过程中的影响。（2）没有考虑到在充分就业状态下，贬值引起的资源利用效率提高对收入及国际收支的影响。（3）未考虑国际资本流动这一重要因素。但总体而言，吸收分析模型吸纳了弹性分析模型的合理成分，并在其基础上前进一大步，成为弹性分析模型和货币分析模型之间承上启下的重要分析模型。

三、货币主义的国际收支模型：货币分析模型

该模型将封闭经济条件下的货币主义原理引入开放经济中，从货币的角度对国际收支问

题进行分析。

（一）模型的假设条件和基本表达式

1. 模型的假设条件

（1）在充分就业状态下，一国实际货币需求是收入和利率等变量的稳定函数；

（2）从长期来看，货币需求稳定，货币供给变动不影响实物产量，即货币中性；

（3）贸易品的价格由世界市场决定，长期来看，一国价格水平和利率水平接近世界市场水平；

（4）实施固定汇率制，国际收支失衡主要靠外汇储备变化来调节。

2. 模型的基本表达式和含义

以 M_s 表示名义货币供应量，M_d 表示名义货币需求量；P_d 表示本国物价水平，P_f 表示外国价格水平；y 表示国民收入，i 表示本国利率水平，e 表示汇率水平；D 表示来自国内的基础货币，即本国中央银行的国内信贷或支持货币供给的国内资产；R 表示来自国外的基础货币，它通过国际收支盈余来获得，以外汇储备来代表；m 表示货币乘数。根据上述假设条件，则有

$$M_d = M_s \qquad (6-18)$$

即从长期均衡看，名义货币供应量和名义货币需求量是相等的。

$$M_d = P_d \times f(y,i) = e \times P_f \times f(y,i) \qquad (6-19)$$

即一国实际货币需求是国民收入和利率的稳定函数 $f(y,i)$。

$$M_s = m \times (D + R) \qquad (6-20)$$

为简化表示，假定货币乘数 $m=1$，则由式（6-18）、式（6-19）和式（6-20）可得：

$$\Delta R = \Delta M_d - \Delta D \qquad (6-21)$$

式（6-21）就是货币分析模型的基本表示式，其经济含义来自货币分析模型的核心思想，即认为国际收支不平衡是由货币市场的不平衡引起的，是货币问题而非商品问题，主张从货币角度去分析国际收支失衡的原因并提出相应的政策主张。

（二）模型的基本结论和政策主张

1. 模型的基本结论

（1）国际收支是一种货币现象，国际收支的不平衡是由货币市场的不平衡引起的。具体来说，如果人们对货币的需求量（M_d）大于来自国内中央银行的货币供给量（D，假定货币乘数 $m=1$），则对货币的超额需求将由国外流入的货币（ΔR）来弥补，此时便形成国际收支顺差；反之，如果人们对货币的需求量（M_d）小于来自国内中央银行的货币供给量（D，假定货币乘数 $m=1$），则过剩的国内货币供给就会流向国外（ΔR），从而形成国际收支逆差。

（2）国际收支问题实际上反映的是实际货币余额（货币存量）对名义货币供应量的调

整过程。当国内名义货币供应量与实际经济变量（国民收入、产量等）所决定的实际货币余额需求相一致时，国际收支才能处于平衡状态。

（3）汇率波动通过价格影响实际货币余额，进而影响国际收支。在实现充分就业时，汇率波动意味着贬值国的国内价格上涨，升值国的国内价格下跌。而价格变化又影响实际货币余额，贬值国的实际货币余额减少，升值国的实际货币余额增加。实际货币余额变化将通过国际收支差额逐渐消失，即贬值国将发生国际收支盈余来弥补短缺的实际货币额；升值国会发生国际收支赤字来消化过多的实际现金余额，从而使国际收支恢复均衡。

2. 模型的主要政策主张

（1）所有的国际收支不平衡在本质上都是货币性的，因此，国际收支不平衡问题都可以通过国内货币政策来解决。

（2）一国国际收支逆差的根源在于国内信贷扩张过大，故对策是实行紧缩性货币政策，使货币增长与经济增长相匹配。

（3）为平衡国际收支而采取的贬值、进口限额、关税、外汇管制等贸易和金融干预措施只有在发挥改变货币需求的作用时，才能改善国际收支状况。如果在施加这些限制的同时，国内信贷也在膨胀，则国际收支不一定会得到改善，甚至还会恶化。

（三）模型的主要局限

总体而言，货币分析模型改变了凯恩斯主义国际收支模型只注重实体经济因素，忽视货币因素对国际收支影响的倾向，重新唤起了人们在国际收支分析中对货币因素的重视。这是货币分析模型的主要贡献所在。货币分析模型的主要局限在于：

（1）模型的假设条件较为严苛。货币分析模型假设货币需求是国民收入和利率的稳定函数，这一假设较为严格。同时，货币分析模型假定货币供应对实物产量和收入没有影响，这一假设不是很切合实际。

（2）与弹性分析模型和吸收分析模型不同程度都认为符合一定条件的货币贬值对经济具有扩张性作用不同的是，货币分析模型认为货币贬值对经济只有紧缩性作用。因为货币贬值会减少对实际货币余额的需求，而实际货币余额的需求减少意味着消费、投资、收入下降，从而对经济产生紧缩性影响。这一观点无法解释众多国家将货币贬值作为刺激经济增长手段的实践经验。

（3）货币分析模型的政策主张是必须采取紧缩性货币政策来改善国际收支状况。而紧缩性货币政策往往是以牺牲国内的实际消费、投资、收入和经济增长为代价的。因此，货币分析模型政策主张受到了许多发展中国家经济学家的批评。

四、发展经济学派的国际收支模型：结构分析模型

货币分析模型的政策主张受到了许多发展中国家经济学者的批评。正是在这种批评中，

发展经济学派的结构分析模型得以诞生和发展。

（一）模型的产生和发展

在货币分析模型盛行的 20 世纪 70 年代，时任国际货币基金组织（IMF）研究部主任的波拉克（J. Polak）将货币分析模型的主要观点和政策主张纳入 IMF"国际收支调节规划"中，成为 IMF"国际收支调节规划"的理论基础。当成员国发生国际收支困难而向 IMF 借款时，该国须按 IMF"国际收支调节规划"要求制定相应的调节政策。货币分析模型的政策主张是紧缩需求，以牺牲经济增长来换取国际收支均衡，这使很多成员国在执行了 IMF"国际收支调节规划"后，经济普遍受到压制，有的甚至因过度削减财政预算和货币供应而导致国内经济社会动荡。

在此背景下，国际收支的结构分析模型首先作为 IMF"国际收支调节规划"的对立面而初步形成。该理论明确反对 IMF 以货币分析模型为理论基础的一揽子调节方案，认为发展中国家与发达国家之间、发展中国家之间存在着各种各样的经济结构，国际收支逆差的原因也多种多样，将一个固定方案"一刀切"地套在任何一个国家身上，会出现根本性错误。

在此基础上，结构分析模型针对性提出，国际收支失衡并不一定由国内货币市场失衡引起。结构分析模型认为，货币分析模型乃至之前凯恩斯主义的国际收支模型都是从需求角度去考察国际收支问题，忽略了经济增长的供给层面，而供给层面的问题往往是由各国不同的经济结构决定的。于是结构分析模型的理论渊源便同发展经济学密切相关，赞成该学说的经济学家大多来自发展经济学派。

（二）模型的基本观点和政策主张

结构分析模型认为，国际收支逆差特别是长期性国际收支逆差，既可能由长期的过度需求引起，也可以由长期性供给不足引起。长期性供给不足往往是由经济结构问题引起的。这些经济结构问题包括：

（1）经济结构老化。即一国的产业结构不再适应世界市场的新变化，如科技进步或产业革命，使该国原来在国际市场上具有竞争力的产品失去优势等，由此造成该国出口供给不足或进口替代品减少，最终导致该国国际收支持续逆差。

（2）经济结构单一。经济结构单一的国家往往出口单一品种的商品，其价格和销售量受国际市场波动和竞争商品的影响较大，国际收支的收入端便呈现不稳定现象。同时，经济结构单一的国家往往在很多方面长期依赖进口，如以农业种植为主的国家往往依赖进口大量的工业品和能源，其进口替代的选择几乎为零，国际收支的支出端缺乏弹性，难以缩减支出来改善国际收支状况。

（3）经济结构落后。即主要生产较落后的低端产品，进口先进的高端产品。由于低端产品需求对收入的弹性低，而对价格的弹性高，高端产品需求对收入的弹性高，而对价格的弹性低，当该国出口低端产品而进口高端产品时，外国经济和国民收入增长难以使其出口增长，而本国经济和国民收入增长却能使其进口大增，从而出现收入性逆差；本国出口商品价格上涨会使其出口明显萎缩，而进口商品价格上涨却难以有效抑制进口，出现支出性逆差。

结构分析模型认为，国际收支的结构性不平衡既是长期以来经济增长速度放缓和经济发展阶段落后引起的，反过来又成为制约经济发展和结构优化的瓶颈。即经济增长结构优化需要一定数量的投资和资本、货物进口，而国际收支的结构性失衡和外汇短缺却制约着这种进口，从而使经济增长和结构优化变得困难，由此形成恶性循环。如上所述，国际收支结构性失衡的根本原因在于经济结构老化、单一或落后，因此支出增减型政策和支出转换型政策（汇率政策）不能从根本上解决问题，有时甚至十分有害。

为此，结构分析模型提出，国际收支调节政策的重点应放在改善经济结构和加速经济发展方面。主要政策措施包括增加投资、改善生产要素和资源流动性、提升生产效率、吸引外资等。

（三）　对结构分析模型的简要评述

结构分析模型突破西方特定背景下提出的国际收支理论框架，针对广大发展中国家由于经济结构不合理引起的国际收支问题提出了系统的观点和政策主张，是一次有意义的尝试，对发展中国家解决实际国际收支问题产生了重要影响。结构分析模型关于研究国际收支问题不仅应考察需求方面，还应考察供给层面的观点，对国际收支理论的发展具有重要的启发作用，20世纪90年代以后国际收支理论的新发展中，很多模型都体现了这一思想。

另外，结构分析模型也受到很多批评。批评者认为，结构分析模型缺乏完整的理论体系支撑；结构分析模型的理论观点和政策建议之间也缺乏严密的针对性，结构性问题造成的对外贸易失衡和所提出的政策建议之间并不一定是对症下药。更为尖刻的批评则指出，结构分析模型讨论的实际上是经济发展问题，而不是国际收支问题。此外，针对结构分析模型对IMF"国际收支调节规划"的反驳，一些批评者认为，要求以提供暂时性资金融通为主的IMF向经济结构落后的国家提供长期性国际收支贷款，同时又不施予必要的约束和要求，犹如把资金填入一个无底洞，既不利于有关国家经济的均衡发展，又违背了IMF本身的性质和宪章，同时也是IMF在客观上无力做到的。

第三节　国际收支平衡的影响因素分析

上文对主要的国际收支理论模型进行了介绍。这些模型的时代背景、假设条件、基本表达、主要观点和政策主张不尽相同，它们各具优点和局限性，因此，无论从哪个模型出发来讨论影响一国国际收支平衡的因素都较为片面。本节首先针对各主要国际收支模型的异同做一个总体性比较，然后将这些模型综合在 IS – LM – BP 均衡模型的框架下，在此基础上探讨国际收支平衡的影响因素。

一、主要国际收支模型的总体比较

前文逐一介绍了古典经济学派的"价格—铸币流动机制"、新古典经济学派的弹性分析模型、凯恩斯主义学派的乘数分析模型和吸收分析模型、货币主义学派的货币分析模型、发展经济学派的结构分析模型。其中，古典经济学派的"价格—铸币流动机制"从黄金的流入流出影响一国货币供应量和一般价格水平的角度出发，阐述了金本位制下贸易差额自动恢复平衡的机制，它可作为货币分析模型在金本位制下的特例而并入货币分析模型的大框架。结构分析模型主要关注经济落后的发展中国家的国际收支问题，且主要从供给角度而非需求角度去考察问题，它与弹性分析模型、吸收分析模型、货币分析模型观点重合的地方不多，甚至不是在同一个层面探讨问题，因此，它与其他三个模型更多的是互补关系而无替代关系。

以下我们主要对弹性分析模型、吸收分析模型、货币分析模型进行比较。

（1）从分析角度和方法看，弹性分析模型和吸收分析模型注重中短期均衡条件分析，主要采用流量分析方法，这种分析适合对外经济往来以国际贸易为主、国际资本流动尚未形成规模的情况。而货币分析模型则注重长期均衡条件分析，主要运用存量分析方法，这与货币分析模型提出时国际资本流动迅速增加并逐渐占据了对外经济往来主导地位的经济背景相对应。

（2）从分析对象看，弹性分析模型以微观经济学为基础，着重解释非充分就业条件下贸易收支失衡的原因；吸收分析模型以凯恩斯主义宏观经济学为基础，着重分析经常项目失衡的原因，且既考虑了非充分就业的情况，也考虑了充分就业的情况；货币分析模型以货币数量论为基础，力图解释充分就业条件下整个国际收支失衡的问题。因此，弹性分析模型实际上是对商品市场的微观经济分析，忽略了价格总水平变化的影响；吸收分析模型是对商品市场的宏观经济分析，在短期忽略价格总水平变化的影响，在长期则重视价格总水平的作用；货币分析模型是对货币市场的宏观经济分析，特别强调价格总水平变化的影响。因此从分析对象和侧重点看，三个模型之间也比较互补。

（3）从政策主张看，弹性分析模型强调不仅要使用支出增减型政策工具，还要使用支出转换型政策工具，即突出汇率政策的作用，认为它是纠正国际收支失衡最直接有效的工具，因此，该模型在分析货币贬值能否使国际收支恢复均衡方面有一定意义。吸收分析模型侧重于对商品市场的均衡分析，倡导使用总需求管理政策来增加总收入并控制总吸收，从而改善国际收支。该模型提出，在充分就业条件下，如果希望货币贬值能改善国际收支状况，需要有支出减少政策的配合，否则就没有资源用于供给更多出口和进口替代品的生产。货币分析模型认为国际收支不平衡本质上是一种货币现象，其根本原因在于国内货币供求之间的存量不均衡，因此这一问题可由货币当局实施货币政策来解决。该模型提出，当国际收支发生逆差时，在采取货币贬值等政策措施时要注意国内信贷的紧缩。货币分析模型注重的是长期均衡问题，因此它认为包括货币贬值在内的所有国际收支调节政策的作用都是暂时的。

综上所述，弹性分析模型、吸收分析模型和货币分析模型尽管出发点不同，结论和政策主张也不相同，但它们之间的区别只是对同一经济过程描述的方法不同以及强调的重点不同而已，彼此的关系总体上是相互补充，而非相互替代的。从过程来看，这些模型的更迭是一个"扬弃"的过程，即新模型吸收发扬了旧模型的合理成分，同时摒弃了旧模型不合理或逐步不符合时代背景的成分，因此它们之间也没有完全非此即彼的替代关系。

这些主流国际收支模型都只是从某个角度、某个层面或某个侧面对国际收支问题进行分析，各有其合理性以及片面性和局限性；同时，这些模型之间又有相互补充的一面，因此，很多学者一直试图把这些模型综合起来，形成统一的国际收支模型。其中，开放经济下的蒙代尔—弗莱明模型（Mundell-Fleming Model，又称 IS－LM－BP 模型）是得到学界认可的一个综合模型，因此，该模型是探讨开放经济条件下内外部均衡的经典模型。下文将介绍这一模型，并在此基础上讨论影响国际收支的因素。

二、开放经济下的蒙代尔—弗莱明模型

蒙代尔—弗莱明模型是分析开放经济内外部均衡的经典模型，它由罗伯特·蒙代尔和 J. 马库斯·弗莱明于 20 世纪 60 年代提出。该模型在封闭经济 IS－LM 模型基础上引入衡量国际收支平衡的 BP 曲线，构成了涉及商品市场（IS 曲线）、货币市场（LM 曲线）和国际收支（BP 曲线）三个市场共同均衡的模型，因此又直观地将其称为 IS－LM－BP 模型。

开放经济的一般均衡就是商品市场、货币市场和国际收支的同时均衡。根据这一原则，我们逐一讨论开放经济下商品市场、货币市场和国际收支的均衡曲线：IS 曲线、LM 曲线和 BP 曲线。

（一）开放经济下商品市场的一般均衡：IS 曲线

1. 假设条件

（1）短期内一国经济产区由需求端决定，且该国只生产一种商品，用于国内消费和出口。

（2）暂不考虑货币因素。

（3）暂不考虑国际资本流动以及服务贸易、经常转移等项目，即国际收支只表现为进出口贸易差额。

2. 模型推导

在上述假设下，与吸收分析模型的推导过程相近，根据凯恩斯的国民收入恒等式：$Y = C + I + G + X - M$，令国内吸收 $A = C + I + G$，贸易差额 $TB = X - M$，则有 $Y - A = TB$；令国

内窖藏[①] $H = Y - A$，就得到开放经济商品市场均衡的条件：$H = TB$，即一国国内窖藏要等于其贸易差额，商品市场才能实现均衡。其中，Y 表示国民收入；C 表示消费，它是国民收入的线性函数，即 $C = C(Y) = C_0 + cY$；I 表示投资，它是利率的线性函数，即 $I = I(i) = I_0 - bi$；G 表示政府消费，它为常量，即 $G = G_0$；X 表示出口，它是汇率 e 的函数，即 $X = X(e)$；M 表示进口，它是国民收入的线性函数，即 $M = M(Y) = M_0 + mY$。C_0、M_0 分别分别为初始消费和初始进口，c 和 m 分别为边际消费倾向和边际进口倾向，b 为投资的利率弹性，三者均介于 0 和 1 之间。国内窖藏 H 可写为

$$H = Y - A = Y - (C_0 + cY + I_0 - bi + G_0) = -(C_0 + I_0 + G_o) + (1 - c)Y + bi \tag{6-22}$$

由于 C_0、I_0、G_0 均为常量，可令 $\bar{A} = C_0 + I_0 + G_0$，$s = 1 - c$

则国内窖藏 H 可进一步改写为

$$H = -\bar{A} + sY + bi \tag{6-23}$$

式中，$\bar{A}$ 表示国内吸收常量，s 表示边际消费倾向。

另外，贸易差额 TB 可写为

$$TB = X(e) - (M_0 + mY) = (X(e) - M_0) - mY \tag{6-24}$$

由于 M_0 为常量，可令 $\overline{TB}(e) = X(e) - M_0$，则贸易差额 TB 可进一步改写为

$$TB = \overline{TB}(e) - mY \tag{6-25}$$

式中，$\overline{TB}$ 表示自主性贸易余额。

因此可以得到开放经济下商品市场的一般均衡曲线（IS 曲线），其表达式为

$$Y(i) = \frac{1}{s + m}(\bar{A} + \overline{TB}) - \frac{b}{s + m}i \tag{6-26}$$

以利率（i）为纵轴，国民收入（Y）为横轴，IS 曲线如图 6-2 所示，是一条以 $\frac{1}{s+m}$

$(\bar{A} + \overline{TB})$ 为截距，$-\frac{b}{s+m}$ 为斜率的线性曲线。

（二）开放经济下货币市场的一般均衡：LM 曲线

1. 假设条件

（1）名义货币供应量为常量 M_0，令 P 表示价格水平，则实际货币供应量 $M_s = \frac{M_0}{P}$。

（2）实际货币需求 M_d 包括交易需求 L_1 和投机需求 L_2。其中，交易需求是国民收入 Y 的线性函数，即 $L_1 = kY$；投机需求是利率 i 的线性函数，即 $L_2 = -hi$；k 和 h 为大于零的系数。

---

① 当国内吸收小于国民收入时，就会有收入的一部分以货币资产的形式储存起来，称为国内窖藏。

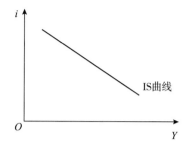

图 6 - 2　开放经济下商品市场的一般均衡曲线

2. 模型推导

在上述假设条件下，货币市场均衡的条件 $M_d = M_s$ 可改写为

$M_d = L_1 + L_2 = kY - hi = \dfrac{M_0}{P} = M_s$，变形整理得到：

$$Y = \frac{M_0}{kP} + \frac{h}{k}i \qquad\qquad (6 - 27)$$

式（6 - 27）即 LM 曲线的表达式，它在以利率（i）为纵轴、国民收入（Y）为横轴的

坐标轴中表示为一条以 $\dfrac{M_0}{kP}$ 为截距，$\dfrac{h}{k}$ 为斜率的线性曲线。

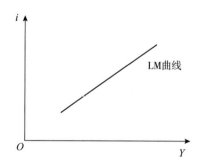

图 6 - 3　开放经济下货币市场的一般均衡曲线

（三）开放经济下国际收支均衡：BP 曲线

1. 假设条件

（1）国际收支差额（BP）由贸易差额（TB）和资本流动（K）构成；

（2）名义汇率等于实际汇率，且不存在汇率预期；

（3）即使在长期，购买力平价也不存在；

（4）投资者风险中性；

（5）在浮动汇率制下，汇率完全依据国际收支状况调整。

2. 模型推导

在上述假设条件下，根据式（6-25）可以得到，贸易差额（TB）是汇率（e）和国民收入（Y）的函数，表示为

$$TB = TB(e,Y) = \overline{TB}(e) - mY = X(e) - M_0 - mY \qquad (6-28)$$

同时，国际资本流动（K）是本国利率（i）和全球平均利率（i^*）相对值的函数，即

$$K = K(i,i^*) \qquad (6-29)$$

根据假设条件，国际收支（BP）由贸易差额（TB）和资本流动（K）两部分构成，即 $BP(e,Y,i) = TB + K = X(e) - M_0 - mY + K(i,i^*)$。

当国际收支平衡，即 $BP = 0$ 时，上式变为：

$$Y = \frac{1}{m}(X(e) - M_0 + K(i,i^*)) \qquad (6-30)$$

式（6-30）即 BP 曲线的表达式。根据国际资本流动的不同状态，BP 曲线有三种形态：

（1）当国际资本完全不流动时，即 $K = K(i,i^*) = 0$，式（6-30）变为

$$Y = \frac{1}{m}(X(e) - M_0) \qquad (6-31)$$

即国际资本流动为零时，在 Y 和 i 构成的坐标轴上，BP 曲线与 i 无关，是一条垂直于收入轴（Y 轴）的曲线，如图 6-4 中的 BP_1 线所示。其中，BP_1 线右边的点表示贸易收支逆差；BP_1 线左边的点表示贸易收支顺差。在满足马歇尔—勒纳条件等要求下，汇率变化也会使 BP_1 线位置发生变化：当汇率增大时，出口增加，自主性贸易余额改善，从而需要增加收入以提高进口来平衡贸易收支，故 BP_1 线将右移；反之，BP_1 线左移。

（2）当国际资本完全流动时（即各国金融市场完全一体化，资本流动极为迅速且无成本和障碍），本国利率（i）将与全球平均利率（i^*）相等，否则利率之间微小的差异都会带来新的资本流动，打破原有的国际收支平衡，即 $i = i^*$。另外，国际资本完全流动意味着一国可随时以全球平均利率 i^* 借入或贷出任何数量资金来冲抵贸易差额，即完全的资本流动将使贸易差额 $TB = 0$。于是式（6-31）变为

$$Y = \frac{1}{m}K(i^*) \qquad (6-32)$$

即国际资本完全流动时，在 Y 和 i 坐标轴上，BP 曲线与 Y 无关，是垂直于利率轴且等于 i^* 的曲线，如图 6-4 中的 BP_2 线所示。其中，BP_2 线以上的点表示本国利率 i 大于全球平均利率 i^*，资金流入，本国国际收支呈盈余状态；反之，BP_2 线以下的点表示国际收支呈赤字状态。

（3）国际资本不完全流动时，根据式（6-30），在 Y 轴和 i 轴构成的坐标轴上，BP 曲线是一条介于国际资本不流动和完全流动之间的、正斜率的曲线，如图 6-4 中的 BP_3 线所示。因为国际资本不完全流动，即资金流出、流入会受到信息、交易成本等因素限制，本国

利率与全球平均利率的差异只会带来一定数量的资金流动，而不能完全冲抵贸易差额。随着一国国民收入（Y）增加，进口也增加，使贸易收支出现赤字；为此，该国需提高本国利率以吸引资本流入来维持国际收支平衡；反之则相反。因此，BP 曲线的斜率为正，即国民收入与本国利率同向变化。图 6 - 4 中 BP₃ 线左上方的点表示经济处于国际收支盈余状态；右下方的点表示国际收支处于赤字状态。此外，国际资本的流动性越强，BP 曲线越平缓（越接近国际资本完全流动时的状态）；反之，BP 曲线越陡峭（越接近国际资本不流动时的状态）。

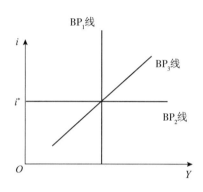

图 6 - 4　开放经济下国际收支均衡曲线

三、开放经济下内外部均衡和政策搭配

封闭经济下只需考虑经济增长、物价稳定等内部均衡目标，主要涉及国内商品市场和货币市场的均衡。在开放经济中，还必须同时考虑国际收支平衡等外部均衡目标。其中，内部均衡在前文中已有讨论，这里不再赘述。外部均衡主要是指国际收支平衡。根据复式簿记原则，国际收支平衡表的差额总是为零。因此，作为外部均衡目标的国际收支平衡是指确定与本国宏观经济相适应的、符合经济理性和可持续性的、合理的国际收支结构。

（一）内外部均衡的关系

国家经济的内部均衡与外部均衡往往是相互影响的。某一市场实现均衡的过程，既可能改善其他市场的均衡问题，也可能对其他市场均衡产生干扰或破坏。英国经济学家詹姆斯·米德（J. Meade）于 1951 年最早提出了内外部均衡的冲突问题，即著名的"米德冲突"。

米德冲突是指在汇率固定不变且不考虑国际资本流动的假设条件下，由于政府只能运用支出增减型政策来影响总需求，在其开放经济运行的特定区间，会出现内外部均衡难以兼顾的情形。例如，当国内经济处于增长衰退、失业增加的失衡状况时，政府可能采取扩张性财政政策、货币政策等增加总需求，但这会导致进口增加，进一步恶化原先国际收支逆差的失衡状况，产生内外部均衡冲突的状况。

理论和实践都证明，放宽米德冲突关于汇率固定不变且不考虑国际资本流动的假设条件，内外部均衡的冲突依然存在，且可能更加复杂。开放经济内外部均衡冲突的根源在于经济开放型本身。开放经济在获得国外商品、劳务、资金、资源等要素以增加本国福利的同时，不可避免地带来经济波动的跨国传递、国际资金投机性冲击、宏观政策国际协调等问题，这都可能对开放经济下实现内部均衡带来挑战。

另外，开放经济的内外部均衡冲突也说明，单纯运用封闭经济下行之有效的政策去实现开放经济的内外部均衡是较为困难的。因此，开放经济也相应有与封闭经济相比更丰富的政策调节工具，如汇率政策、外汇管制政策、国际信贷政策、储备运用政策等。

（二）内外部均衡调节的基本原理

开放经济下同时实现内外部均衡需要运用更多政策调节工具。在实践中，不同政策工具如何选择，彼此怎样配合，涉及开放经济下政策调节的基本原理。

1. 关于政策协调的丁伯根原则

丁伯根原则由荷兰经济学家丁伯根于1951年提出。该原则指出，要实现几种独立的政策目标，至少需要运用相互独立的几种有效政策工具。对于开放经济而言，该原则具有鲜明意义，即单纯运用支出增减型政策工具，通过调节总需求的途径力图同时实现内外部均衡是难以实现的，需要寻找新的政策工具并进行合理配合。

2. 政策指派原则和有效市场分类原则

丁伯根原则假定经济调控当局能够集中控制各种政策工具，且各种政策工具对各政策目标的效力是均等的。这一假设在现实中并不完全成立。在很多情况下，不同政策工具实际掌握在不同决策部门手中，如货币政策主要由中央银行掌控、财政政策主要由财政部门掌控等，这些政策需要紧密协调配合才能发挥最大效力。同时，每种政策对不同目标的效力也是不同的。罗伯特·蒙代尔指出，如果能够将每种政策工具合理地指派给它能够发挥最大效力的政策目标，那么在分散决策的情况下仍可能实现最佳调控效果。这就是政策指派原则。

蒙代尔进一步就政策工具如何指派给最合理的目标提出了有效市场分类原则。该原则强调，每一目标应运用对这一目标具有相对最大影响力的政策工具。根据这一原则，蒙代尔区分了财政政策和货币政策在影响内外部均衡上的不同效果，提出以货币政策实现外部均衡目标、以财政政策实现内部均衡目标的指派方案。政策搭配方案如表6-1所示。

表6-1　　　　　　　　　　财政政策与货币政策的搭配

经济状况	财政政策	货币政策
失业且国际收支逆差	扩张	紧缩
通胀且国际收支逆差	紧缩	紧缩
通胀且国际收支顺差	紧缩	扩张
失业且国际收支顺差	扩张	扩张

3. 斯旺的政策搭配思想

斯旺（Swan）进一步研究了内外部均衡冲突，在假定不存在国际资本流动的情况下，提出了用支出增减型政策和支出转换型政策解决内外均衡冲突的思路，如表6-2所示。

表6-2　　　　　　　　　　支出增减型政策与支出转换型政策的搭配

经济状况	支出增减型政策	支出转换型政策
失业且国际收支逆差	扩张	贬值
通胀且国际收支逆差	紧缩	贬值
通胀且国际收支顺差	紧缩	升值
失业且国际收支顺差	扩张	升值

需要注意的是，无论是财政政策与货币政策搭配，还是支出增减型政策与支出转换型政策搭配，这些仅是政策搭配的两个范例。经济管理的具体实践远比理论复杂。例如，在考虑本国政策取向和搭配时，不仅要考虑本国经济调控需要，还要顾及外国可能作出的反应，这些都给国际收支的政策调节带来了更多的复杂性。

四、宏观调控政策对开放经济内外部均衡的影响

作为实现内外部均衡目标最主要的宏观调控政策，财政政策和货币政策在开放经济中的作用机制、政策效果都与封闭经济中的情况有很大不同。我们可以运用蒙代尔—弗莱明模型考察短期内财政政策和货币政策对开放经济内外部均衡的影响及其机制，运用总供给—总需求模型（AS - AD Model）考察财政政策和货币政策在中长期对开放经济内外部均衡的影响及其机制。其中，短期和中长期的区别在于短期内价格水平不变；政策效力指的是该政策对国民收入的影响效果。考虑到篇幅，下文以固定汇率制为例，叙述具体推导过程；而浮动汇率制只说结论，不再叙述具体推导过程。

（一）固定汇率制下财政政策和货币政策的效力

1. 在国际资本完全不流动的情况下

（1）假设实施扩张的货币政策，货币供应量增加，则短期内本国利率下降，国民收入提高；但国民收入提高将带动进口增加，国际收支状况恶化，资金流出，抵减扩张性货币政策的影响。在中长期，价格变化将抵消扩张性货币政策对利率和国民收入的影响，扩张性货币政策仅引起基础货币结构的变化，即此时货币政策无效。

（2）假设实施扩张的财政政策，政府投资增加，则短期内本国利率上升，国民收入提高。在中长期，价格变化将抵消扩张性财政政策的部分影响，最终国民收入和国际收支状况不变，扩张性财政政策仅引起本国利率比封闭经济下更大幅度的提高以及本国支出结构的变化，即此时财政政策仅在短期有效。

2. 在国际资本完全流动的情况下

（1）假设实施扩张的货币政策，货币供应量增加引起本国利率下降。在资金完全流动的情况下，本国利率的微小下降都会导致资金迅速流出，从而抵消扩张性货币政策的影响，即此时货币政策甚至在短期也是无效的。

（2）假设实施扩张的财政政策，政府投资增加引起本国利率上升。在资金完全流动的情况下，本国利率的微小上升都会导致国外资金迅速流入本国，本国利率将回到初始水平，但货币供应量增加了。投资和货币供应的双重提升将使国民收入有更大幅度的提高，带动进口增加，国际收支状况恶化，资金流出，直至达到新的平衡，即此时财政政策在短期有效。

3. 在国际资本不完全流动的情况下

在国际资本不完全流动的情况下，货币政策和财政政策的影响效力和机制介于国际资本不流动和完全流动之间。更接近哪种情况视国际资本流动性而不同。

总结来说，在固定汇率制下，由于政府有义务在国际市场上吞吐外汇以维持汇率，政府并不能实际控制货币供应量。因此，由国际收支不平衡导致国内货币供应量变化，并进而影响国民收入，是固定汇率制下宏观政策调节开放经济内外部均衡的一般机制。在此机制下，货币政策基本无效，财政政策可引发同向货币政策而在短期有效。

（二）浮动汇率制下财政政策和货币政策的效力

与固定汇率制不同，浮动汇率制下宏观政策调节开放经济内外部均衡的一般机制不是由国际收支不平衡引起国内货币供应量变化，而是由国际收支不平衡引起汇率变化，并最终影响国民收入。在这一机制下，财政政策基本无效，货币政策可引发同向货币政策而在短期有效。上文阐述的不同汇率制度的短期和中长期情况下货币政策和财政政策的效果见表6-3。

表6-3　　　不同汇率制度的短期和中长期情况下货币政策和财政政策的效果

宏观政策工具	汇率制度		
	固定汇率制	浮动汇率制	
货币政策	短期	无效	有效
	长期	无效	无效
财政政策	短期	有效	无效
	长期	无效	无效

（三）国际收支理论中的"三元悖论"

在国际资本完全流动的情况下，固定汇率制度下的货币政策是无效的，而浮动汇率制度下的货币政策是有效的。这一结论可进一步引申出国际收支理论中重要的"三元悖论"，或称"克鲁格曼三角"。即如果将资本自由流动、稳定的汇率制度、独立的货币政策作为三个独立的目标，那么任何政府只能选择其中的两个目标，而必然放弃另一个目标。例如，如果要同时实现资本自由流动和固定汇率制，则本国货币政策的独立性就无法保证；如果要在资本自由流动的情况下维护本国货币政策的独立性，就只能放弃固定汇率制而实现浮动汇率制；如果要在固定汇率制下维护本国货币政策的效果，就必须对国际资本流动进行管制。

本章小结

1. 国际收支理论是研究国际收支失衡及其调节的理论。与西方主要经济学流派的演进基本一致，国际收支理论也经历了古典学派的国际收支理论（价格—铸币流动机制）、新古典学派的国际收支理论（弹性分析模型）、凯恩斯主义的国际收支理论（乘数分析模型和吸收分析模型）、货币主义的国际收支理论（货币分析模型）和发展经济学派的国际收支理论（结构分析模型）的演进。

2. 自 21 世纪以来的全球化浪潮中，国际收支理论朝着以下三个方向继续演进和发展：一是对不同国家各种不同性质的国际收支问题进行深入具体的研究，以实证推动理论发展。二是将微观基础和跨时期方法运用到国际收支问题的研究中。三是试图综合主流国际收支理论，形成集各理论所长、比较全面的理论构架。

3. 国际收支的弹性分析法是 1937 年琼·罗宾逊夫人在马歇尔局部均衡分析的基础上提出来的，着重分析货币汇率变动对贸易收支和贸易条件的影响。国际收支的弹性分析模型指出"通过本币贬值来改善本国贸易收支的前提条件是本国进口、出口商品需求对价格的弹性之和大于 1"，这就是著名的马歇尔—勒纳条件。

4. 基于凯恩斯收入恒等式的乘数分析模型阐述了国际收支与本国国民收入之间的关系，为政府采用需求管理政策调节国际收支失衡问题提供了理论依据。

5. 吸收分析模型仍从凯恩斯的国民收入恒等式入手，着重考察总收入与总支出对国际收支的影响，并在此基础上提出了国际收支调节政策。该模型提出配合使用支出增减型政策和支出转换型政策来促进国际收支平衡。

6. 货币分析模型将封闭经济条件下的货币主义原理引入开放经济中，首次从货币的角度对国际收支问题进行分析。该模型提出，所有的国际收支不平衡在本质上都是货币性的。因此，国际收支不平衡问题都可以通过国内货币政策来解决。

7. 结构分析模型认为，货币分析模型乃至之前凯恩斯主义的国际收支模型都是从需求角度去考察国际收支问题，忽略了经济增长的供给层面，供给层面的问题往往是由各国不同的经济结构决定的。

8. 开放经济下的蒙代尔—弗莱明模型是对传统国际收支理论进行综合的尝试，是得到学界认可的一个综合模型，因此，该模型是探讨开放经济条件下内外部均衡的经典模型。该模型在封闭经济 IS－LM 模型基础上引入衡量国际收支平衡的 BP 曲线，构成涉及商品市场（IS 曲线）、货币市场（LM 曲线）和国际收支（BP 曲线）三个市场共同均衡的模型。

9. 在开放经济下，内部均衡和外部均衡既有一致的一面，又有冲突的一面。詹姆斯·

米德于 1951 年最早提出了内外部均衡的冲突问题，即著名的"米德冲突"。米德冲突的存在说明，单纯运用封闭经济下行之有效的政策去实现开放经济的内外部均衡是较为困难的。因此，开放经济应有与封闭经济相比更丰富的政策调节工具，并做好政策搭配和协调。

10. 开放经济下政策调节的基本原理包括丁伯根原则、政策指派原则和有效市场分类原则等，核心思想都是做好政策指派和搭配，以实现内外部均衡。

11. 运用蒙代尔—弗莱明模型考察短期内财政政策和货币政策对开放经济内外部均衡的影响及其机制可以发现，在固定汇率制下，短期内货币政策对提高国民收入无效，财政政策非常有效；在浮动汇率制下，短期内货币政策对提高国民收入非常有效，财政政策无效。

12. 运用总供给—总需求模型考察财政政策和货币政策在中长期对开放经济内外部均衡的影响及其机制可以发现，无论是固定汇率还是浮动汇率制，单纯运用货币政策或财政政策对提高国民收入均无效。

13. 国际收支理论中重要的"三元悖论"（也称"克鲁格曼三角"），是指如果将资本自由流动、稳定的汇率制度、独立的货币政策作为三个独立的目标，那么任何政府只能选择其中的两个目标，而必然放弃另一个目标。

本章重要概念

国际收支失衡　价格—铸币流动机制　弹性分析模型　乘数分析模型　吸收分析模型
货币分析模型　结构分析模型　蒙代尔—弗莱明模型　米德冲突　丁伯根原则
政策指派原则　有效市场分类原则　三元悖论

本章复习思考题

一、判断题

1. "居民"是一个经济概念。　　　　　　　　　　　　　　　　　　　　（　　）

2. 国际收支是一个流量的概念。　　　　　　　　　　　　　　　　　　（　　）

3. 判断一项经济交易是否应计入国际收支，关键是看交易双方的国籍。　（　　）

4. 外汇的范围既大于外币，又小于外币。　　　　　　　　　　　　　　（　　）

5. 国际收支是一个国家在一定时期内（通常为一年）全部对外经济往来的系统的货币记录。　　　　　　　　　　　　　　　　　　　　　　　　　　　　　（　　）

6. 国际收支理论是研究国际收支失衡及其调节的理论。　　　　　　　　（　　）

7. 国际收支失衡并非总量上的概念，而是结构上的概念。　　　　　　　（　　）

8. 汇率有表达方式，即直接标价法和间接标价法。　　　　　　　　　　（　　）

9. 有效汇率是一种加权平均汇率，它反映某种货币对其他货币的综合汇率水平。

（　　）

10. 在实践中，基本没有绝对固定的汇率制度，也没有完全排除干预、绝对浮动的汇率制度。　　　　　　　　　　　　　　　　　　　　　　　　　　（　　）

二、单选题

1. 以下哪个模型认为在金本位制下国际收支失衡存在自动调节机制，倡导自由放任，反对政府干预？（　　）

A. 弹性分析模型　　　　　　　　　B. 吸收分析模型

C. 价格—铸币流动机制　　　　　　D. 货币分析模型

2. 以下哪个模型认为国际收支不平衡问题都可通过国内货币政策来解决？（　　）

A. 弹性分析模型　　B. 吸收分析模型　　C. 乘数分析模型　　D. 货币分析模型

3. "三元悖论"不涉及以下哪个政策目标？（　　）

A. 资本自由流动　　　　　　　　　B. 独立的货币政策

C. 稳定的汇率制度　　　　　　　　D. 国际收支平衡

三、简答题

1. 国际收支平衡的含义是什么？国际收支失衡主要包括哪些结构性失衡类型？

2. 《中华人民共和国外汇管理条例》规定的外汇包括哪些？

3. 在弹性分析模型框架下探讨本币贬值在什么情况下能改善国际收支。

4. 分析弹性分析模型、吸收分析模型和货币分析模型的主要异同。

5. 简述 IS – LM – BP 模型中 BP 曲线的推导过程。

四、思考题

1. "三元悖论"提出，资本自由流动、稳定的汇率制度和独立的货币政策三者只能同时满足两个，这对我们当前扩大对外开放，放松资本管制有何启发和借鉴意义？

2. 试用 IS – LM – BP 模型分析经济开放程度不断提高对我国货币政策和财政政策效力的影响。

第七章
金融稳定理论分析

随着经济社会发展，金融在现代经济中的地位大大提升。金融创新层出不穷、金融深化程度不断提高，金融对经济的催化和促进作用日益显著。与此同时，由于金融体系跨区域、跨行业运行的特性，金融风险具有很高的传染性，局部风险可能引发系统性风险甚至国际危机。因此，金融稳定问题得到社会各界越来越多的关注，金融稳定理论成为宏观经济理论的重要组成部分。

本章首先介绍金融稳定理论产生的背景及其概念界定，包括定义、内涵和外延等，其次概述影响金融稳定的因素及其理论分析，最后就维护金融稳定的主要抓手——宏观审慎政策进行介绍。

第一节　金融稳定理论产生的背景及其概念界定

一、金融稳定理论产生的背景

金融稳定理论是随着经济的金融化程度不断提高，金融稳定对整个宏观经济发展的重要性不断增强而产生和发展起来的。在其发展过程中，历次金融危机产生的严重负面影响为金融稳定理论的发展提供了重要推动力；金融风险复杂化和不可预测性也为金融稳定理论的发展提供了重要实践素材。

（一）金融稳定促进宏观经济平稳健康发展

金融稳定对整个宏观经济平稳健康发展的重要性不言而喻。金融稳则经济稳，金融活则经济活，特别是在经济出现波动时，稳健的金融体系往往起着"弹簧阻尼"的作用，能够减弱波动的持续强度。作为宏观经济平稳运行的重要因素，金融稳定一直受到理论界和实务界的关注。

随着经济金融化程度不断提高，金融稳定与经济和金融周期的关联互动日益凸显。各类不确定性冲击特别是金融不稳定因素通过金融体系的放大传导机制可显著改变宏观经济的运行，这一规律已成为广泛共识。这不仅使以"金融与经济增长无关"为代表的传统经济周期理论深受诟病，更催生了以金融稳定为核心的"新经济学"理论萌芽和发展。在全球金融市场化程度持续深化、经济不确定性冲击加剧和发达经济体金融风险外溢成为常态的情况下，维护金融稳定已成为各国经济部门的重点工作。

（二）频发的金融危机引起各界对金融稳定的关注和研究

金融稳定可以促进宏观经济健康平稳发展。反之，金融不稳定乃至金融危机将显著危害经济发展，引发学界与实务界的广泛关注和深刻反思。

20 世纪 70 年代，随着布雷顿森林体系崩溃，很多国家采用了浮动汇率制，并逐步放开对资本流动的管制，拉开了经济金融全球化和自由化的大幕。汇率波动、跨境资本流动、金融创新、金融自由化等导致金融体系的不稳定性不断增强，突出表现为 20 世纪 90 年代以来金融危机频繁爆发，且危机的广度和深度不断加大，给各国经济和社会发展带来严重损害。在这样的背景下，学界对金融稳定理论的研究不断深化，各国政府也陆续把维护金融稳定工作上升到国家安全与发展的战略高度。可以说，金融危机的爆发以及学界和实务界对金融危机的研究直接推动了金融稳定理论的产生和发展，其中一些解释金融危机爆发原因的学说，如明斯基假说、道德风险和逆向选择、羊群效应等，都成为金融稳定理论的重要基石。

（三）金融风险复杂化为金融稳定理论发展提供了重要的实践素材

随着国际经济金融环境不断变化，不同时期的金融风险和金融危机往往具有不同的诱发激励和传导渠道。金融的本质决定了金融风险不可能完全消亡，各种错综复杂的原因决定了难以完全监测、预测和化解金融风险。作为金融风险积聚的产物，金融危机更是难以完全预测和防范。导致金融危机爆发的国内外因素更多、更复杂，可能是国家内部经济基本面失衡，可能是缺乏有效的监管使金融体系脆弱性加大，也可能是国外的冲击通过资产转移、资本流动等传导到国内。因此，金融风险的复杂化和难以预测性也为金融稳定理论的发展提供了重要的实践素材。

二、金融稳定的概念界定

尽管各国学界越来越重视对金融稳定问题的研究，但至今仍未能就金融稳定形成一个统一的概念界定。这里我们从定义、内涵、外延三个层面介绍金融稳定的概念。

（一）金融稳定的定义

国际上还没有一个统一的关于金融稳定的定义。各国学者主要从两个相异但内在联系紧密的角度去定义金融稳定：一是从金融稳定的状态特征去定义，二是从金融不稳定的状态特征去定义。

1. 从金融稳定的状态特征定义金融稳定

瑞典银行是全球第一个发布《金融稳定报告》的中央银行，它在全球首份《金融稳定报告》中将金融稳定定义为"支付体系的安全和高效运转"。欧洲央行认为，金融稳定是金融机构、金融市场和市场基础设施运行良好，能够抵御各种冲击且不会降低储蓄向投资转化效率的状态。[①] 德意志联邦银行认为，金融稳定是这样一种状态：即使在金融波动和深层结构转化过程中金融体系受到了影响，但金融体系也能使其资源配置、风险分散、便捷的支付和结算等经济功能的良好发挥维持正常。国际货币基金组织（IMF）认为，金融稳定性是指金融体系促进而不阻碍经济发展的表现，是一种能够缓解系统内生的或由非预期重大不利事件导致的金融失衡的状态。中国人民银行于 2005 年首次发布《中国金融稳定报告》，报告中将"金融稳定"定义为"金融体系处于能够有效发挥其关键功能的状态。在这种状态下，宏观经济健康运行，货币和财政政策稳健有效，金融生态环境不断改善，金融机构、金融市场和金融基础设施能够发挥资源配置、风险管理、支付结算等关键功能，而且在受到内外部因素冲击时，金融体系整体上仍然能够平稳运行。"

2. 从金融不稳定的状态特征定义金融稳定

长期以来，学界对金融稳定状态特征的概括存在分歧。相对而言，金融不稳定的状态特征似乎更容易被发现和描述，所以一些学者转而从金融不稳定的状态特征来定义金融稳定，认为金融稳定就是"不存在金融不稳定"的状态。

美联储认为，"金融不稳定"是指某些重要金融资产的价格严重偏离基本价值，金融市场运行和信贷发放行为出现严重扭曲，妨碍经济增长的情况。加拿大央行认为，"金融不稳定"是指金融市场的负面状况通过影响金融体系进而危害经济运行的状态。弗雷德里克·米什金（Frederic Mishkin）认为，"金融不稳定"是指各种复杂因素对经济造成一定的冲击，并阻碍信息传递，导致金融系统不能正常发挥其功能。海曼·明斯基（Hyman Minsky）认为，金融的不稳定状态是当金融系统的信息无法正常传递，或者金融系统无法正常地为生产性投资提供资金时的状态。国际清算银行（BIS）前总裁安浩德（Andrew Crockett）认为，金融不稳定表现为"资产价格的大幅波动"和"金融机构困顿"这两种典型情况对经济部门产生的负面影响。

（二）金融稳定概念的内涵

从上述定义可以看出，金融稳定是一个复杂多元、内涵丰富的系统性概念，涉及经济金融领域的方方面面。理解金融稳定的概念，应该把握好以下几个方面内涵：

一是金融稳定是系统性概念，超越传统金融监管和金融风险处置中探讨的单个机构或单个市场风险的概念，要求整个金融体系能够稳定运行并发挥核心功能。

二是金融稳定应从整体、全局的角度出发，强调金融体系的整体稳定及其关键功能的正常发挥，注重防止金融风险跨行业、跨市场、跨地区传染，核心是防范系统性风险。

---

① 向新民. 金融系统的脆弱性与稳定性研究 [M]. 北京：中国经济出版社，2005：212 – 215.

三是金融稳定是动态和相对的概念。可以说，金融稳定是一种相对稳定而非绝对稳定；同时金融稳定的状态和概念也处于不断变化的过程中，会随着金融的发展和金融工具的创新而发展变化。

四是维护金融稳定要处理好各种关系。处理好金融稳定与金融深化、金融创新的关系，处理好维护金融稳定和防范道德风险的关系，处理好维护金融稳定和提高金融效率的关系，等等。

五是维护金融稳定的出发点和落脚点在于服务实体经济，强调金融体系受到内外部冲击时不会损害实体经济运行。

（三）金融稳定概念的外延

把握好金融稳定概念的外延，就要注意金融稳定与金融风险、金融安全、消费者权益保护、金融健康等概念的区别，以进一步厘清金融稳定的概念边界。

一是金融稳定与金融风险概念的区别。金融风险的有效管控是实现金融稳定的基础，但对微观个体金融风险的有效管控也难以确保宏观的金融稳定。金融稳定要守住不发生系统性金融风险的底线，对应的是系统性金融风险的概念。

二是金融稳定与金融安全概念的区别。金融安全可以认为是主权维度上的更全面的金融稳定，是一个主权国家的金融体系处于并有能力维持金融稳定的状态。或者说，金融安全包含金融稳定；金融稳定是金融安全的最重要组成部分。比如，一个国家处于金融稳定状态，但可能遭受外国金融制裁或外国对本国金融信息系统的攻击，那么该国金融体系处于不安全的状态。

三是金融稳定与金融消费者权益保护概念的区别。金融消费者权益保护是金融稳定工作的重要内容。金融消费者的权益得不到保障，可能危及金融稳定，甚至危及社会稳定。因此，以存款保险制度为代表的金融消费者权益保护制度，成为国际社会特别是发达国家维护金融稳定的重要政策之一。当前，金融消费者权益保障的相关政策安排和制度法律往往都是各国金融稳定政策体系的重要组成部分。

四是金融稳定与金融健康概念的区别。金融健康是近年来在普惠金融领域出现的概念，它用于衡量个人、家庭、企业管理日常收支、准备未来发展、应对财务危机时掌控财务的能力。与身体健康一样，金融健康体现了经济主体在财务金融方面的良好状态。当经济个体金融亚健康或金融不健康成为普遍性问题时，宏观的金融稳定就可能受到冲击。

第二节　影响金融稳定的因素及其理论分析

一、影响金融稳定的因素

金融稳定是一个复杂的系统性概念，涉及经济金融领域的方方面面。自然，影响金融稳定的因素也是复杂多元的，这里将其分为金融因素、非金融的其他经济因素、非经济因素三类来进行介绍。

（一）金融因素

与其他两类因素相比，金融体系的内部因素是影响金融稳定的主要的、直接的因素，是造成金融不稳定的内因。影响金融稳定的金融因素主要包括金融创新、金融深化、金融基础设施的情况等。需要特别强调的是，这些因素与金融稳定的关系都具有两面性，也就是说，它们可能会造成金融不稳定，而如果施策得当则会促进金融稳定。

1. 金融创新

金融创新是丰富金融市场层次和产品，深化金融改革，促进经济金融发展的不竭动力，但也可能带来新的金融风险，造成金融不稳定。从历次金融危机看，过度的金融创新也是酿成危机的重要原因。

一方面，金融创新能够创造新的金融工具、金融技术、金融机构和金融市场，有利于进一步提高资金配置效率、更好地实现价格发现功能、不断满足金融消费者需求，从需求和供给端共同拉动经济增长。同时，金融创新也能有效改善对金融风险的管理，如各种金融衍生品可以对冲利率、汇率等风险，增强经济金融的稳健性等。

另一方面，金融创新是一把"双刃剑"。金融创新意味着金融活动进入新领域，可能产生新的风险；金融创新使金融产品设计日益复杂，拉长风险链条，加大监管难度；金融创新增强金融工具跨行业、跨区域特性，使金融风险的传染性增强；特别是一些以投机和监管套利为目的、脱离实体经济需求的金融创新，大大增强了金融市场的不稳定性，容易带来系统性金融风险。

因此，探讨金融创新对金融稳定的影响，关键在于把握好金融创新的"度"：一是金融创新要围绕服务实体经济这一条主线，二是把依法合规和稳健经营融入金融创新全过程，三是金融创新要与自身风险管理能力匹配。符合这些要求的适度的金融创新有利于金融稳定，反之可能造成金融不稳定。

2. 金融深化

金融深化是衡量一个经济体金融发展水平的概念，通常用金融资产的规模及其占比来衡量。金融深化主要包括金融机构的发展、金融市场的发展和金融结构的变化。

金融机构是金融活动主体，金融机构的发展和稳健经营直接关系金融稳定。正如海曼·明斯基所言，金融业这一特殊行业的特征决定了金融业具有内在的风险。在以间接融资为主的金融格局下，银行业金融机构的发展和稳健经营对金融稳定至关重要。在银行通过资产负债管理创造流动性的过程中，其资产负债的期限错配、币种错配等风险敞口都蕴含着可能导致金融不稳定的因素。在以直接融资为主的金融格局下，投资银行、证券公司等证券业金融机构的发展和稳健经营对金融稳定至关重要。证券业金融机构在经营过程中需要克服市场信息的不对称性，避免投机者频繁投机操作导致证券价格剧烈波动，从而对金融稳定带来冲击。此外，保险业金融机构通过收取保费的形式将各种金融风险转移到自己身上，它们的发展和稳健经营关系到能否有效防范和化解自身承担的各类风险，会对金融稳定产生重要影响。

金融市场的发展和风险防控是金融稳定的重要因素。货币市场上的金融工具通常是短期信用工具，看似风险较小，但也存在利率、汇率、通胀等金融市场共有的风险，需要稳健运行，防控好风险。资本市场上的金融工具往往都是中长期信用工具，容易受各种预期和投机行为的影响导致价格波动，同样需要防控好风险，避免风险传染形成系统性金融风险。

金融结构的变化和调整也是影响金融稳定的重要因素。金融结构决定了金融体系的稳定和效率。金融结构发生变化，金融体系的稳定性和效率往往也随之而变。一个经济体金融结构失衡不仅会导致其金融体系不稳定，甚至还会成为金融危机的罪魁祸首。

3. 金融基础设施

金融基础设施主要包括支付清算体系、金融法律法规体系、会计准则和标准、信用体系等。金融基础设施建设和运行情况是影响金融稳定的重要因素。支付清算体系是联系金融机构的桥梁，自然成为金融风险传染的重要渠道。国内金融机构、金融市场的风险暴露，都可能通过支付清算体系传染给其他金融机构；一个国家的金融风险暴露也会通过国际支付清算体系传染给其他国家。一个国家的金融法律法规体系是否健全，很大程度上决定了该国金融市场运行是否成熟完善。健全的金融法律法规体系能够保障金融市场运行稳健，在应对冲击时更具韧性。完善的社会信用体系有利于交易双方获取完全、有效的信息，减少信息不对称带来的交易风险，有利于促进金融稳定。

（二）非金融的其他经济因素

非金融的其他经济因素主要包括跨境资本流动、财政收支状况和政府的经济行为等。

1. 跨境资本流动

跨境资本流动带来的金融风险一直是一个棘手难题。20 世纪 80 年代以来，金融危机频繁爆发，虽然每次的表现形式有所不同，但都与跨境资本流动有密切关系。经验表明，跨境资本大幅流入或流出都会对经济体的金融稳定产生巨大冲击，在内外部各种因素作用下，还可能演化为经济危机，甚至社会危机、政治危机。

以更广阔的视角来看，不仅跨境资本流动对金融稳定有影响，整个国际收支的状况对金融稳定也有影响。长期持续的国际收支失衡，无论是顺差或逆差，都会带来持续且大额的跨境资本流入或流出，使外部失衡逐步传导为内部失衡，最终影响金融稳定。

2. 财政收支状况

财政收支状况对金融稳定的影响是复杂的。当有效需求不足时，政府采取扩张性财政政策，减税降费并扩大支出来拉动总需求，可能使产出增加，经济韧性增强，有利于金融稳定。但如果财政赤字过度，则可能增加经济和金融的脆弱性，甚至引发债务危机，乃至经济危机，不利于金融稳定。

3. 政府的经济行为

政府既是金融交易的主体，更是金融体系的监管者，政府的经济行为与金融稳定密切相关。这里所说的政府经济行为主要指对金融的监管。一方面，政府加强对金融的监管，如建立健全宏观审慎监管体系、加强微观审慎监管等，都有利于保障金融体系正常运作，维护金融稳定。另一方面，政府对金融的过度干预，则可能影响金融稳定。如在很多新兴市场经济体中都曾出现过的信贷配给现象，政府强制性地将信贷资金配给特定产业，而忽视了信贷集中度过高带来的金融风险，不利于金融稳定。

（三）非经济因素

影响金融稳定的非经济因素主要是政治、社会、制度等层面的因素。政治层面，国家政局是否稳定、有没有战争、是不是和平安定，这些天然对金融稳定具有重大影响。战争期间往往物价飞涨、货币贬值，甚至发生银行挤兑和破产，金融稳定更无从谈起。社会秩序是否安定团结，公众的预期是否合理，这些社会面因素也对金融稳定有所影响。此外，国家实行怎样的经济制度，是计划经济还是市场经济，配置资源是以市场为基础还是以计划为基础，这些都会对金融稳定产生有利或者不利的影响。

二、影响金融稳定机制的理论分析

影响金融稳定的因素复杂多样。这些因素怎样发生作用、传导机制如何？这就涉及影响金融稳定的机制理论。不同学者从不同的角度对这些因素影响金融稳定的机制进行了研究阐述，试图揭示金融不稳定的根源，由此形成了金融脆弱性、安全边际、债务—通货紧缩、信息不对称等理论解释。下面简要介绍这些研究成果。

（一）债务—通货紧缩理论

美国经济学家欧文·费雪（Irving Fisher）是最早对金融不稳定进行系统研究的学者。他以 20 世纪 30 年代西方资本主义经济大萧条为分析背景，于 1933 年提出债务—通货紧缩理论，将金融不稳定和经济周期联系起来，认为出现过度负债和通货紧缩现象是造成金融不稳定的根本原因。

费雪认为，在经济繁荣时期，企业为了追逐利润，往往会从银行大量举债扩大生产规模或从事资本投机活动。这时尽管企业的负债率较高，但会被繁荣期常伴随的货币扩张和通货膨胀冲淡，从而进一步刺激企业举债，企业逐步处于普遍过度负债的状态。当经济跌入萧条期，企业经营收入下降，当没有足够的"头寸"去清偿债务时，企业将抛售资产还债，乃至破产清算，社会失业增加，带来社会上的悲观情绪，人们将增加对货币的储藏，名义利率下降而实际利率上升，导致资金盈余者不愿意提供贷款而资金短缺者不愿意借入资金的现象，即产生货币紧缩。货币紧缩又进一步增加借款人的实际负债，企业需要抛售更多资产来偿还债务，从而陷入"抛售资产—偿还债务—货币紧缩—抛售资产"的恶性循环，最终影响金融稳定，甚至引发金融危机。

（二）金融脆弱性假说

金融脆弱性理论是在 20 世纪 70 年代至 80 年代西方金融危机频发的背景下，从金融危机的内因角度来解释金融不稳定的根源。作为金融脆弱性理论的主要代表人物，海曼·明斯基摒弃了此前从金融体系之外的其他经济因素角度解释金融不稳定原因的传统思维，从金融体系的内部因素，即基于货币本身的脆弱性和金融制度自身的缺陷等揭示金融不稳定的根源。1982 年，明斯基在《金融体系内在脆弱性假说》一书中，将美国经济学家托斯丹·凡勃伦（Thorstein Veblen）于 1904 年提出的金融体系内在脆弱性的论述系统化，在"资本主义繁荣与萧条长波理论"的基础上提出了"金融脆弱性假说"，认为金融脆弱性是金融体系内生的，不可避免。这就是著名的明斯基假说，它标志金融脆弱性理论的形成。

金融脆弱性是指金融制度和结构出现非均衡状态而导致风险积累，金融体系丧失部分或全部功能的状态。它有狭义和广义之分：狭义的金融脆弱性特指高负债经营的金融机构（如商业银行）的经营特性所决定的更易失败的本性，也称内在脆弱性，强调它是这些高负债经营的金融机构与生俱来的特性；广义的金融脆弱性则泛指整个金融体系处于一种高风险积聚的状态。

明斯基将借款的企业分为三类：一是抵补性借款企业，即每个借款周期内，这些企业的债务总额低于它的预期经营收入，这是风险最小的一类企业；二是投机性借款企业，在这些企业经营的最初几个借款周期，其债务总额大于预期收入，但之后的每个借款周期，债务总额低于预期收入；三是庞氏企业，即在借款周期内，这些企业的债务总额高于它的预期经营收入，依赖借新还旧或最终变卖资产来维持经营，这是风险最大的一类企业。在此基础上，明斯基分析认为，商业周期将诱使企业高负债经营，即经济处于上升周期时，低风险的抵补性企业的占比越来越小，而中高风险的投机性企业和庞氏企业的占比越来越大，金融体系内部风险积聚，脆弱性增强。当经济步入下行周期时，任何阻断资金流向借款企业的事件（如商业银行基于风险防控需要而"抽贷""断贷"）都会引发长链条违约和破产，并进一步扩散到整个金融体系，甚至引发金融危机。因此，明斯基假说认为，私人信用创造机构特别是商业银行和其他贷款人的经营特性，使它们不得不经历周期性危机和破产浪潮；而这又将被传导到金融体系的各个部分，最终导致危机的发生。

金融脆弱性理论认为，金融体系的脆弱性之所以是"内生"的，"代际遗忘"和"竞争压力"是两个重要原因。"代际遗忘"是指上次金融危机过去以后，"下一代人"就会忘记上次金融危机带来的恐慌和混乱，眼前的繁荣使人们对经济金融的预期更加高涨，借贷活跃、金融资产价格在人们过度乐观的预期下不断上涨，成为下一次金融危机的潜在诱因。

"竞争压力"是指金融机构为获得更多客户会想尽办法来提高自身的吸引力和竞争力，这时可能会作出一些不够审慎的高风险的决策，这为金融不稳定埋下了隐患。总而言之，金融机构将不具有流动性或流动性差的资产转化为流动性资产的经营特性，使它们天然具有资产负债数量和结构错配的风险，这些风险在经济波动中可能进一步凸显并危害金融体系的稳定，甚至酿成金融危机，这就是金融体系的内在脆弱性。

（三）安全边界说

在明斯基"金融脆弱性假说"的基础上，1997年，克瑞格（J. A. Kregel）从银行的角度分析金融脆弱性，提出"安全边界"的概念。对银行来说，"安全边界"就是其所发放的贷款的收益保障，包含在借款人支付给银行的贷款利息中；也可以理解为银行收取的一种风险报酬。

"安全边界说"认为，银行在作出放贷决策时，由于未来的信息很难把握并准确预测，银行便主要依据借款人过去的信用记录，而不是未来的预期来进行决策。即银行是以借款人本身的"信用风险"而非贷款项目的风险评价来确定"安全边界"。同样，借款人也是主要依据项目过去的盈利状况而非未来预期来进行投资决策。在经济繁荣期，借款人根据项目获利情况而不断追加投资、增加资金信贷需求；银行也看到借款人业绩和信用记录良好，对发放贷款持越来越乐观的态度，两者共同作用，就会导致银行发放贷款的"安全边界"降低，金融脆弱性增加。当"安全边界"降到最低时，一旦经济出现微小的偏离，就会出现债务的延期支付，从而产生一系列连锁反应，最终影响金融稳定。

（四）信息不对称理论

新古典经济学派对宏观经济的分析是建立在完全信息假设之上的。但20世纪初，经济学界就对此提出了异议，认为市场信息是不对称的，经济活动充满了不确定性。1921年，芝加哥学派的弗兰克·奈特（Frank Knight）在《风险、不确定性和利润》一书中指出，现实经济活动充满不确定性，一部分人会努力寻求更多、更可靠的信息和获利机会。新自由主义的主要代表人物哈耶克指出，虽然价格可以传递稀缺信息，但不能传达完全信息，每个人拥有的或者得到的信息都对其他人拥有相对信息的优势。

信息不对称理论认为，在市场上，交易双方中总有一方获取的信息比另一方多，即信息是不完全的，因此市场不会一直处于均衡状态，金融市场更是如此。金融市场有不同于实体经济的运行规律和表现方式，其中很重要的一点是预期是金融市场发展的重要因素，而预期和获取的信息密切相关。信息影响市场预期，进而影响各种金融资产的价格。信息不对称问题使金融市场效率降低，金融体系稳定性受到影响，容易导致金融不稳定。

一方面，信息不对称问题会导致羊群效应，容易放大金融体系遭受的微小冲击，影响金融稳定。另一方面，信息不对称问题容易导致道德风险和逆向选择，影响金融稳定。普遍认为，相对于贷款人，借款人对其贷款所投资的项目的风险拥有更多信息，容易产生借贷市场的逆向选择与道德风险。有些学者分析了借款人与贷款人在投资项目的质量以及借款人的努力程度上的信息不对称，并认为信息不对称会造成金融市场不完美，不完美的金融市场对实际经济会产生影响，恶化的资产负债表使经济经历了实质性的低投资、资源的错误配置，甚至可能是完全的投资崩溃。还有些学者认为，除了逆向选择和道德风险外，信息不对称问题还造成了搭便车、委托代理和监督、理性效仿和传染等问题。1996 年，弗雷德里克·米什金（Frederic Mishkin）认为，正是由于存在信息不对称导致的逆向选择和道德风险，以及存款者的囚徒困境可能引起的存款市场上的银行挤兑，银行等金融机构才具有内在的脆弱性。当金融系统面临冲击时，信息不对称的存在会使问题恶化，加大识别有效信息的难度，在某些情况下，较小的冲击就可能导致金融不稳定。

（五）外部性理论

外部性概念源于亨利·西吉维克和阿尔弗雷德·马歇尔。外部性分为正外部性和负外部性，前者指不参与经济活动却得到该经济活动的收益，后者指不参与经济活动却因该经济活动而遭受损失。

金融体系的负外部性是指：金融机构的破产倒闭会引起一系列连锁反应，使整个金融体系都受到牵连，破产金融机构之外的其他金融机构也会因此遭受损失。如在信息不完全的情况下，个别银行破产可能会使其他银行预期悲观，也使公众对整个银行业的信心下降，影响到整个银行业的运行，进而可能影响金融稳定。因此，金融体系的负外部性应该得到限制，这就需要政府力量的介入。只有政府及时对各方面的情况进行监督并向公众发布，才能有效避免单个金融机构给金融体系造成的负外部性。因此，外部性理论也为金融监管提供了有力的理论依据，并在许多国家的金融监管法规中体现出来。

（六）金融管制理论

为了避免金融体系的负外部性，需要引入金融管制。金融管制理论认为，一方面，管制解决了金融市场自身存在的失灵和缺陷等问题；另一方面，管制中的特殊利益与多元利益、寻租等也使原本就具有天生脆弱性的金融体系变得更加复杂和多元化，影响金融稳定。

第三节 维护金融稳定的主要抓手：宏观审慎

微观监管往往难以应对系统性金融风险，维护金融稳定，宏观审慎成为维护金融稳定的主要抓手已成为国际共识。本节将概述宏观审慎的定义、发展脉络以及国际组织关于宏观审慎政策框架的指引，并结合《巴塞尔协议Ⅲ》，就时变性和结构性这两大类宏观审慎工具进行介绍。

需要说明的是，上文提到金融稳定涉及方方面面，因此，宏观审慎也并非维护金融稳定的唯一政策工具，传统货币政策、存款保险制度、金融集团监管、金融基础设施建设等政策工具，在不同情况下都具有不同程度的维护金融稳定的作用。限于篇幅，这里只介绍维护金融稳定最重要的政策工具——宏观审慎政策。

一、宏观审慎概述

（一）宏观审慎的定义

"宏观审慎管理""宏观审慎监管""宏观审慎政策"等概念虽然分别从行为或政策的角度来定义宏观审慎，但都是"宏观审慎"这一基本概念的延伸，是从不同角度阐述"宏观审慎"的含义。这里可以将它们作为同一个概念来理解。

国际清算银行（BIS）的资料显示，"宏观审慎"概念可追溯到1979年库克委员会（巴塞尔委员会的前身）的一次会议和一份报告中，其将宏观审慎政策定义为"增强广义金融体系和支付机制的安全性和稳定性"的政策。

金融稳定理事会（FSB）、国际货币基金组织和国际清算银行在2011年发布的《宏观审慎政策和工具报告》对宏观审慎政策进行了明晰的界定，即宏观审慎政策是指以防范系统性金融风险为目标，以运用审慎工具为手段，而且以必要的治理架构为支撑的相关政策。

2016年，IMF、FSB和BIS联合发布《有效宏观审慎政策要素：国际经验与教训》，报告进一步明确宏观审慎的定义，即宏观审慎政策是指利用审慎工具来防范系统性风险，从而降低金融危机发生的频率及其影响程度。

（二）宏观审慎的总体发展脉络

一般认为，以1997年亚洲金融危机和2008年国际金融危机为分界点，宏观审慎的发展可以分为三个阶段。

早在20世纪70年代初，BIS就认识到单凭对单个金融机构的监管不足以维护金融稳定，于是便有了1979年在报告中首次提出的"宏观审慎"概念。BIS认为，国际银行业快速发展，监管应从关注"微观审慎"转变为"宏观审慎"。但在当时，"宏观审慎"只是一个初步概念，并没有具体内容和实质性运用，也未得到各国的重视。

1997年亚洲金融危机爆发，宏观审慎获得关注。1998年1月，IMF在《迈向一个健全的金融体系框架》的报告中首次提出将宏观审慎的理念运用于金融体系的监管。1999年，IMF和世界银行联合启动首次金融部门评估规划（FSAP），以评估各国金融体系的稳健性，其中包括经济增长、通货膨胀、利率等宏观审慎指标。但总体来说，在这个阶段，宏观审慎的研究和运用还未得到国际社会广泛和足够的重视。

2008年国际金融危机爆发，宏观审慎的重要性再次得到广泛关注。2009年初，BIS指出要用宏观审慎政策解决危机中大而不能倒、顺周期性、监管不足和标准不高等问题。2009年4月，二十国集团（G20）伦敦峰会发布的《强化合理监管，提高透明度》报告指出，作为微观审慎监管和市场化一体监管的重要补充，各国应加强宏观审慎监管。峰会同时宣布在原来金融稳定论坛的基础上成立金融稳定理事会，负责评估全球不同金融体系的风险。2010年，美国总统奥巴马签署《多德—弗兰克华尔街改革和消费者保护法案》，该法案的核心内容之一就是加强宏观审慎监管，维护金融体系稳定，并组建金融稳定监督委员会，负责识别和防范影响金融稳定的系统性风险。2011年，FSB、IMF、BIS联合发布《宏观审慎政策和工具报告》，对宏观审慎的概念进行了明晰的界定，初步确立了宏观审慎政策框架。2016年，IMF、FSB和BIS联合发布《有效宏观审慎政策要素：国际经验与教训》报告，对宏观审慎政策的内涵、目标、组织结构安排和政策工具等进行了系统的研究和分析，为各国建立和完善有效的宏观审慎政策框架提供了明确指引。

（三）《有效宏观审慎政策要素：国际经验与教训》的主要内容

1. 宏观审慎政策的定义

宏观审慎政策是指利用审慎工具防范系统性风险，从而降低金融危机发生的频率及其影响程度的制度安排。其中，系统性风险是指金融体系的部分或全部功能受到破坏所引发的大规模金融服务中断，以及由此对实体经济造成的严重负面冲击。《有效宏观审慎政策要素：国际经验与教训》认为，系统性风险有两个维度：一是时间维度，即金融风险随着时间不断积累最终导致金融体系的脆弱性增加；二是结构性维度，即在给定时点上，金融体系内金融机构和金融市场之间因相互关联产生风险。

2. 宏观审慎政策的目标

（1）通过建立并适时释放缓冲，提高金融体系应对冲击的能力；

（2）减缓资产价格和信贷之间的顺周期性反馈，控制杠杆率、债务和不稳定融资的过度增长，防止系统性风险不断累积；

（3）降低金融体系内部关联性可能带来的结构脆弱性，防范关键市场中重要金融机构大而不能倒的风险。

3. 宏观审慎政策的组织安排

（1）宏观审慎政策制定机构的治理架构和职责

宏观审慎政策框架的国别差异说明并没有一个"放之四海而皆准"的模式，但目前公认，应将宏观审慎管理职能明确赋予某一决策机构，以确定其政策目标和权力。

许多国家的经验表明，中央银行由于具备专业知识、采取政策措施的内在动力和独立性，可在宏观审慎政策制定中扮演重要角色，具体形式包括：由中央银行行长担任宏观审慎政策制定委员会主席，直接制定宏观审慎政策；或明确赋予央行向宏观审慎政策制定机构提出政策建议的权力；或确立中央银行在系统重要性金融机构监管中的主导地位。

（2）政策制定机构的职权

为确保政策有效实施，应明确赋予宏观审慎政策制定机构相应的职权，主要包括：从其他部门获取信息以弥补数据缺口的权力、影响监管政策实施和调整的权力、影响系统重要性金融机构认定的权力、建议调整监管范围的权力等。

权力在强度上可以分为三种：一是硬性权力，即宏观审慎政策制定机构能够直接运用宏观审慎政策工具或指导其他监管部门的权力。这一模式可以有效减少政策落地的阻力。二是半硬性权力，即宏观审慎政策制定机构可以对其他监管部门提出正式的政策建议，且监管部门须服从建议或作出不服从的解释。这样可在保持监管部门独立性的同时，提高宏观审慎政策建议被执行的概率。三是软权力，即宏观审慎政策制定机构可以提出政策建议、发出警示或表达观点。单独的软权力不足以构成有效宏观审慎政策框架，必须与其他权力配合使用。

4. 宏观审慎政策操作

（1）系统性风险分析与监测

对系统性风险的分析监测基于两个维度：从时间维度看，需要关注的问题包括信贷总量或资产价格过快增长可能引发的实体经济的脆弱性，包括实体经济中个别部门的脆弱性以及金融体系的期限、币种错配引发的系统性风险等。从结构性维度看，主要关注给定时点上不同类型金融机构与金融市场基础设施间的相互关联可能带来的风险，以及个别机构倒闭对金融体系的冲击。多数国家使用一系列指标对系统性风险进行综合分析和判断，宏观审慎压力测试也可以与早期预警指标一起为决策提供支持。

（2）宏观审慎政策工具

与风险相对应，宏观审慎政策工具也分为两个维度：

从时间维度看，可以要求金融机构在系统性风险积累时建立风险缓冲，在面临冲击时释放缓冲，主要工具包括动态拨备要求和逆周期资本缓冲（CCyB）等通用资本工具、针对特定行业的资本要求和风险敞口上限等资产侧工具，以及准备金要求、流动性覆盖比率、核心融资比率和存贷比上限等流动性工具。这些工具统称时变性宏观审慎政策工具。

从结构维度看，可以提高系统重要性金融机构的抗风险能力，降低金融体系的相互关联度，主要政策工具包括识别系统重要性银行和保险机构，并加强其损失吸收能力和可处置性；增强金融市场基础设施抗风险能力，制定恢复和处置计划等。这些工具统称结构性宏观审慎政策工具。

下文将结合《巴塞尔协议Ⅲ》对上述两类政策工具的主要代表——逆周期监管和系统重要性银行监管进行介绍。

二、时变性宏观审慎工具：逆周期监管

金融体系与生俱来具有内在的顺周期性。逆周期监管便是为缓解金融体系顺周期性而设计并实施的一系列监管措施，目的是有效防范化解系统性风险。巴塞尔委员会认为，从根本上消除金融体系的顺周期性是不可能的，因此，在缓解现有监管规则顺周期性的同时，应当

将逆周期监管的重点放在确保金融体系在经济上行时期积累足够的"缓冲"上，从而使其在经济下行时期有足够的资源用于吸收损失，使金融体系发挥"减震器"而不是"放大器"的作用。FSB 认为，逆周期监管应遵循两个原则，即限制经济收缩阶段金融危机成本的原则和控制经济扩张阶段风险累积的原则。

根据这些逆周期监管的思路和原则，《巴塞尔协议Ⅲ》提出了逆周期监管的整体框架，包括缓解最低资本要求的周期性波动、提取前瞻性的贷款损失准备金、提取高于最低资本要求的超额储备资本、设置与信贷超常增长挂钩的逆周期超额资本要求等相互联系的四个方面。

（一）　缓解最低资本要求的周期性波动

最低资本要求具有周期性特征。《巴塞尔协议Ⅰ》按照债务人身份将资产分为五类，分别给予不同的风险权重且在整个经济周期内保持不变，因此最低资本要求保持稳定。《巴塞尔协议Ⅱ》大幅提高了最低资本要求的风险敏感性：在内部评级法框架下信贷资产的风险权重取决于债务人和债项的评级，即在经济衰退时期，债务人财务状况恶化，同时抵押品贬值，导致债务人和债项的评级下调，最低资本要求提高，从而进一步加剧债务人财务状况的恶化；而在经济繁荣期，债务人财务状况良好，偿债能力提高，同时抵押品升值，导致债务人和债项的评级上调，最低资本要求降低，从而进一步提升债务人的财务状况。在市场风险内部模型法的框架下，最低资本要求也具有相同的周期性，如金融市场繁荣、市场流动性充裕、交易业务规模扩大、市场波动减少，风险价值及以此为基础的最低资本要求降低，从而进一步推动市场繁荣。

缓解最低资本要求的周期性波动是指运用相关监管工具，使整个经济周期中最低资本要求的波动保持相对稳定；或是在最低资本要求的波动超出预期时，采取相关措施缓解其周期性并在风险敏感度和资本要求稳定性之间建立新的平衡。较常用的技术方法包括：（1）引入调整因子对银行内部估计的违约概率进行调整；（2）建立时点评级违约概率和跨周期评级违约概率之间的转换标准，将银行违约概率模型的输出值转变成跨周期的估计值，从而获得不具有顺周期性的违约概率；（3）通过时间加权平均方法，降低违约概率模型输出值的波动性。

（二）　提取前瞻性的贷款损失准备金

前瞻性的贷款损失准备金又称前瞻性拨备，是指商业银行对风险进行前瞻性判断并提取的相应贷款损失准备金。它的基本思路是以丰补歉，即要求商业银行在经济繁荣时期多计提贷款损失准备金，提高对未来可能损失的吸收能力；而在经济萧条期可以少计提贷款损失准备金，从而增加银行利润并维持资本充足水平。通过这样的逆周期操作，可以避免经济萧条时的信贷紧缩进一步加剧经济萧条，减少传统银行拨备制度的顺周期性。

前瞻性贷款损失准备金与传统的贷款损失准备金有所不同。一方面，覆盖损失的范围不同。传统的贷款准备金主要反映历史事件所产生的风险，并据此提取准备金；而前瞻性贷款损失准备金的提取既要求根据历史事件考虑当前风险状况，又要前瞻性地预测未来风险的变化。也就是说，传统的贷款损失准备金只覆盖当前已发生的损失；而前瞻性贷款损失准备金既要覆盖当前损失，也要覆盖预期的未来损失。另一方面，具体操作机制也有不同。传统贷款损失准备金的提取和调整具有事后性和被动性，只在损失已发生后才进行提取或调整；而前瞻性贷款损失准备金的提取和调整具有事前性和主动性，在预期损失将发生时便主动进行提取或调整。

（三）提取高于最低资本要求的超额储备资本

为防止银行资本充足率快速下滑到最低资本要求下，触发严厉监管措施，导致银行急剧收缩信贷，进而对实体经济带来较大冲击，《巴塞尔协议Ⅲ》明确提出一个高于最低资本监管要求的超额资本要求，即超额储备资本，用于覆盖危机期间单家银行出现的重大损失，保证危机期间银行的资本充足率始终能达到最低资本监管要求。

如何提取这一超额储备资本，《巴塞尔协议Ⅲ》作出了明确规定，主要包括以下四个方面：

（1）超额储备资本必须由核心一级资本工具来满足，因为核心一级资本工具可以不受任何约束随时用来吸收损失。

（2）相对于最低资本要求而言，超额储备资本要求对商业银行的约束强度明显弱化。如果商业银行未达到超额储备资本要求，监管当局采取的措施往往更具灵活性，比如限制银行利润分配、股票回购和奖金发放，要求银行扩大内部资本留存、避免过度分红等，而不会采取约束银行资本扩张等严厉的监管措施，以避免对银行正常经营产生严重影响，使银行在达不到超额储备资本要求的情况下仍可以保持适度的信贷扩张，从而防止对实体经济产生较大冲击。

（3）根据历次金融危机期间商业银行损失的经验数据，《巴塞尔协议Ⅲ》将超额储备资本确定为风险加权资产的2.5%。

（4）确立与资本充足率水平挂钩的利润留存水平，以防止超额储备资本要求被虚置。核心一级资本充足率的最低要求为4.5%，加上2.5%的超额储备资本要求，得到商业银行核心一级资本充足率应达到7%。据此，《巴塞尔协议Ⅲ》将银行核心一级资本充足率分为"4.5%~5.125%""5.125%~5.75%""5.75%~6.375%""6.375%~7%""7%以上"五档，相应地对银行提出了100%、80%、60%、40%、0的利润留存比例要求。即商业银行资本充足率水平仅达到最低资本要求时，对利润分配的限制最强；资本充足率不仅达到最低资本要求，还达到超额储备资本要求时，利润分配受到的限制最小。当然，商业银行也可以不通过利润留存方式，而是从外部渠道来筹集所需的超额储备资本，以避免利润分配受到限制。但这应该纳入银行资本规划中，并征得监管部门的同意。

（四）　设置与信贷超常增长挂钩的逆周期超额资本要求

历史经验和大量实证分析表明，绝大多数银行体系在危机之前，都曾发生银行信贷超常增长的情况。为了保护银行体系免受信贷超常增长的潜在威胁，并帮助银行体系在面临压力的情况下能够继续为实体经济提供正常信贷支持，《巴塞尔协议Ⅲ》引入了与信贷超常增长挂钩的逆周期超额资本要求。逆周期超额资本要求建立在最低资本要求和超额储备资本要求的基础之上。当银行信贷超常增长时，除最低资本要求和超额储备资本要求之外，还应按照贷款增速偏离正常水平的程度来计提逆周期超额资本。逆周期超额资本要求在其上限内随贷款增速与正常水平的偏离度变化而变化。

《巴塞尔协议Ⅲ》明确了逆周期超额资本监管要求的具体操作办法，主要内容包括：

（1）建议采用宏观信贷指标（信贷/GDP）及其变化作为确定逆周期超额资本要求的基础标杆，同时允许各国监管部门考虑本国金融体系处在不同发展阶段的差异，采用符合本国实际的其他指标。需要注意的是，这里的信贷是宽口径的定义：从债务主体来说，它包括私人部门的所有负债（含从国外获取的资金）；从债权主体来说，它不仅包括银行信贷，还包括从非银行金融部门获取的信贷以及私人部门发行的债券等。

（2）规定单家银行的逆周期超额资本要求是其风险加权资产的 0～2.5%，在此区间内与贷款增速偏离正常水平的程度挂钩。实际工作中，通常会根据历史数据，运用统计计量方法先设定一个信贷增长的正常水平（或长期趋势），然后衡量当前信贷增速与这一正常水平的偏离程度，偏离程度越高表明信贷的超常增长越严重，所需计提的逆周期超额资本越高；反之则相反。

（3）与超额储备资本相似，逆周期超额资本也必须由核心一级资本工具来满足。而且当商业银行未达到逆周期超额资本要求时，监管部门也主要采取限制利润分配的方式来促使银行达到应有的资本水平。因此便形成了在考虑逆周期超额资本后，与资本充足率水平挂钩的利润留存水平。如前所述，银行核心一级资本充足率的最低要求为 4.5%，加上 2.5% 的超额储备资本要求，再加上最高为 2.5% 的逆周期超额资本，得到商业银行核心一级资本充足率最高应达到 9.5%。因此，《巴塞尔协议Ⅲ》将银行核心一级资本充足率分为"4.5%～5.75%""5.75%～7%""7%～8.25%""8.25%～9.5%""9.5%以上"五档，相应地对银行提出了 100%、80%、60%、40%、0 的利润留存比例要求。

（4）规定了跨境经营的银行集团逆周期超额资本计提方法。当一个银行集团存在跨境信贷风险暴露时，首先应该单独计算它在每个国家内的逆周期超额资本要求，然后以各个国家内信贷风险暴露的占比为权重，得到该银行集团层面的逆周期超额资本要求。因此，逆周期超额资本要求的国际合作也很重要，《巴塞尔协议Ⅲ》明确要求，各国金融监管部门关于逆周期超额资本要求的决策，应提前 12 个月宣布，并在国际清算银行网站上公布。

（5）关于逆周期超额资本的释放。及时释放已计提的逆周期超额资本至关重要，否则可能给正常信贷供给造成不利影响。尽管宏观信贷指标（信贷/GDP）是《巴塞尔协议Ⅲ》建议的确定逆周期超额资本要求的基础标杆，但从历史经验看，它却不是决定是否释放已计提逆周期超额资本的理想信号指标。《巴塞尔协议Ⅲ》建议各国金融监管部门应根据自身银行体系的损失状况、其他信贷渠道的可得性、资产价格和市场利差等指标进行综合判断，而不能单纯依靠宏观信贷指标；同时应加强决策的透明度，有效引导市场预期。

三、结构性宏观审慎工具：系统重要性银行监管

系统性风险具有跨空间特性，因此需要运用结构化工具来应对。结构化工具着力于防范风险在不同机构、不同市场之间传染，其主要思路是根据金融机构对系统性风险的贡献度采取相应的监管措施，弱化金融体系内在关联，防止风险集中和扩散。其中，重中之重就在于对系统重要性金融机构的监管。

根据 G20 领导人峰会要求，金融稳定理事会和巴塞尔委员会等国际组织积极推动系统重要性金融机构的监管，包括识别和评估系统重要性金融机构和构建对系统重要性金融机构的监管框架两个方面。

（一）系统重要性银行的识别和评估

根据金融稳定理事会的定义，系统重要性金融机构是指在金融体系中居于重要地位、承担关键功能，其破产和倒闭可能给金融体系和经济活动造成严重损害的金融机构。目前国际组织、学术界和国内外金融监管部门对系统重要性金融机构的评估对象主要集中于系统重要性银行，因此下文主要针对系统重要性银行展开讨论。

2011 年 11 月，巴塞尔委员会发布了《全球系统重要性银行：评估方法和损失吸收能力》，正式提出识别和评估全球系统重要性银行的方案，并公布了第一批全球系统重要性银行名单。之后评估方案和名单几经修订和更新。2021 年 11 月，金融稳定理事会发布了 2021 年版的全球系统重要性银行名单，共 30 家银行入围，其中包含中国银行、中国建设银行、中国工商银行和中国农业银行四家中国的商业银行。

识别与评估系统重要性银行主要有两类方法：

（1）指标法，即选取那些反映商业银行对金融体系稳定性影响的系统重要性指标，对这些指标赋值，再采取相应的加总方法形成对系统重要性的评估结果。如 2009 年金融稳定理事会、国际货币基金组织和国际清算银行围绕系统重要性的三大因素，即规模、关联度和可替代性，设计出一套衡量银行系统重要性的指标。该方法的优点在于能够利用已有的资产负债表数据和监管数据，数据可获得性好，同时能较全面地覆盖系统重要性的各个领域。但它的缺点也是明显的，即它往往只能反映静态的情况，难以反映动态趋势以及银行体系内外

部复杂的关联关系。

（2）模型法，即运用系统性风险计量模型来测度银行对系统性风险的影响程度，影响越大的银行，其系统重要性就越强。该方法的主要缺点在于模型的设计与客观经济环境的拟合度还有待提高、侧重于定量分析而未充分考虑定性因素等。

对照巴塞尔委员会提出的系统重要性银行理想评估方法的三条标准（准确性、透明度和可操作性），相对于模型法，指标法在透明度和可操作性方面明显占优。目前，国际社会达成广泛共识，相对于模型法，采用指标法识别和评估系统重要性银行更为可行，指标法在实践中得到更广泛的运用。

2013 年 6 月，巴塞尔委员会发布《全球系统重要性银行的评估方法和附加资本要求》，提出基于指标法并辅以各国的监管判断来确定单家银行的全球系统重要性。评估指标框架如表 7 - 1 所示，分为规模、关联度、可替代性、复杂性和跨经济体活跃度五个方面，共 12 个指标，并为每个指标赋予相应的权重。此外，巴塞尔委员会还设计了 11 个辅助指标，供各国金融监管部门进行监管判断时使用（见表 7 - 2）。

表 7 - 1　　　　　　　　　　　　　　全球系统重要性银行评估指标框架

指标类别	具体指标	权重
规模（20%）	调整后的表内外资产余额	20%
关联度（20%）	金融机构之间的资产	6.67%
	金融机构之间的负债	6.67%
	发行证券和其他融资工具	6.67%
可替代性（20%）	托管资产规模	6.67%
	支付清算规模	6.67%
	债券和股票市场承销规模	6.67%
复杂性（20%）	场外衍生品的名义价值	6.67%
	三级资产的规模	6.67%
	交易和可供出售资产的价值	6.67%
跨经济体活跃度（20%）	跨境债权	10%
	跨境债务	10%

表 7 - 2　　　　　　　　　　　　　　评估全球系统重要性银行的辅助指标

指标类别	辅助指标
规模	总负债
	净收入
	总收入
关联度	零售融资总额
	批发融资比率

续表

指标类别	辅助指标
可替代性	卖出回购总额
	买入返售总额
	场外衍生品正市值
	场外衍生品负市值
复杂性	境外分支机构和附属机构所在经济体的数目
跨经济体活跃度	境外业务净收入

此外，根据 2011 年 11 月 G20 领导人峰会关于进一步研究将全球系统重要性银行监管延伸至国内系统性重要银行的要求，巴塞尔委员会于 2012 年 10 月发布《国内系统重要性银行政策框架》，提出了各国制定本国系统重要性银行评估方法的基本原则，主要包括：

（1）各国金融监管部门应当制定评估本国国内系统重要性银行的方法。

（2）该方法应当反映银行破产、倒闭的负外部性或潜在影响，而非破产、倒闭的风险。

（3）应以本国经济为参照系来评估国内的系统重要性银行。

（4）在评估范围上，母国金融监管部门应当在集团并表层面评估银行的系统重要性；东道国金融监管部门在对外资银行子行进行评估时，应将该子行下设的分支机构纳入并表范围。

（5）在评估因素上，至少应考虑规模、关联度、可替代性和复杂性四大类因素，此外，各国金融监管部门可结合本国银行业实际设定其他考虑因素和具体评估指标。

（6）在评估频率上，各国金融监管部门应定期评估本国辖区内银行的系统重要性，确保评估结果能及时反映本国金融体系现状；具体时间间隔不得明显长于全球系统重要性银行的评估间隔。

（7）各国金融监管部门应定期公开披露国内系统重要性银行评估方法。

（二）加强对系统重要性银行的监管

如何加强对已认定的系统重要性银行的监管，是国际组织和各国金融监管部门关注的重点问题，也是国际金融危机后国际银行监管改革的重要内容。对全球系统重要性银行评估方法和监管政策的国际研究始于 2009 年巴塞尔委员会成立的宏观审慎监管工作组。该工作组研究认为，加强对系统重要性银行的监管应着眼于以下四个目标：

（1）减少系统重要性银行破产倒闭的可能性，相关措施包括提高资本和流动性的监管要求等。

（2）降低银行倒闭后的负外部性，相关措施包括限制业务范围、完善有问题机构的处置计划等。

（3）减少政府被迫救助时的公共资金投入和纳税人负担。

（4）防止系统重要性银行利用自身"太大而不能倒"地位进行不公平竞争，维护市场公平，相关措施包括实施附加资本要求等增加其运营成本，抵消"太大而不能倒"地位可能带来的优势。

2010年10月，金融稳定理事会发布了《降低系统重要性金融机构道德风险的政策建议和时间表》，提出了加强系统重要性金融机构监管的目标和政策框架，为国际社会加强全球系统重要性银行监管，乃至各国加强对本国系统重要性银行的监管提供了重要指导。

总体而言，目前各国主要围绕降低系统重要性银行倒闭风险和减少其倒闭产生的负外部性两个目标，从以下三个方面加强对系统重要性银行的监管。

（1）提高系统重要性银行对损失的吸收能力，降低其破产倒闭的可能性。实践中，主要通过附加资本要求等资本或债务监管工具来提高系统重要性银行对损失的吸收能力。附加资本要求是在《巴塞尔协议Ⅲ》确定的资本监管要求的基础上，对系统重要性银行提出的更高的资本要求，即对已评估认定的系统重要性银行按其得分高低进行分组，分别实施1%~3.5%的附加资本要求，系统重要性越强、组别越高的银行实施越高的附加资本要求（如表7-3所示）。附加资本要求将促使系统重要性银行将系统性风险成本内部化，使系统重要性银行破产倒闭的概率下降，从而增强金融体系的安全性，此外，附加资本要求还有助于抵消"太大而不能倒"地位带来的融资便利性和经营成本方面的优势，防范道德风险，有助于促进市场公平竞争。

表7-3　　　　　　　　　　全球系统重要性银行的附加资本要求

组别	附加资本要求
5	3.5%
4	2.5%
3	2%
2	1.5%
1	1%

（2）提高对系统重要性银行的监管强度。各国金融监管部门根据银行对系统性风险的影响，提出差异化监管要求，实施不同强度的监管，切实提高监管有效性。系统重要性越强、对系统性风险影响越大的银行，对其监管的强度应该越大。

2010年11月，金融稳定理事会发布《系统重要性金融机构监管强度与有效性建议》政策报告，围绕如何提高监管强度、确保监管有效性，从强化监管部门职责和独立性、建立健全风险识别和干预机制、提升监管标准并改进监管方法、建立更严格的监管有效性评估机制四个方面提出了32条建议，初步构建了提高对系统重要性银行监管强度的总体框架。此后，金融稳定理事会、巴塞尔委员会等国际组织和各国金融监管部门在此框架下开展了大量研究和实践工具，从风险管理、风险治理、风险文化等诸多方面进行了有益的探索。

（3）建立有效处置系统重要性银行的政策框架。提高系统重要性银行对损失的吸收能力及提高对系统重要性银行的监管强度两方面的措施主要是从降低系统重要性银行倒闭风险的目标出发，而构建有效处置系统重要性银行的政策框架是为了减少系统重要性银行破产倒闭时产生的负外部性，两者相辅相成，缺一不可。

2011年11月，金融稳定理事会发布《金融机构有效处置框架关键要素》，从完善处置制度和工具、制定有效的恢复和处置计划两个方面提出了对系统重要性金融机构的有效处置框架。

一是在处置制度和工具方面，要求各国指定专门机构负责有问题银行的处置，该机构应建立跨银行的处置机制，既包括银行尚可持续经营情况下的处置计划，也包括银行无法正常经营情况下的处置计划。同时还要完善相关处置工具箱，引入自救安排，建立股东和债权人按先后次序吸收损失的机制，尽量在不使用财政资金的情况下对问题银行进行有效处置。

二是在恢复和处置计划方面，专门机构应制定符合银行特点的恢复和处置计划，促使问题银行平稳有序退出市场，防止对金融稳定造成破坏性影响。

此外，加强系统重要性银行监管还需强化核心金融市场基础设施的稳健性。核心金融市场基础设施包括全球支付清算体系、托管体系等，它在全球金融市场上扮演越来越重要的角色。稳健的核心金融市场基础设施有助于降低系统重要性银行之间的相互关联性，避免单个市场参与者的问题传染到整个金融市场。

本章小结

1. 金融稳定对整个宏观经济平稳健康发展的重要性不言而喻。金融稳则经济稳，金融活则经济活，特别是在经济出现波动时，强大的金融体系往往起着"弹簧阻尼"的作用，能够减弱波动的持续强度。

2. 金融不稳定乃至金融危机将显著危害经济发展。20世纪90年代以来，频发的金融危机引起各界对金融稳定的关注和研究。

3. 金融的本质决定了金融风险不可能完全消亡，各种错综复杂的原因决定了难以完全监测、预测和化解金融风险。金融风险的复杂化和难以预测性为金融稳定理论的发展提供了重要的实践素材。

4. 各国学者主要从两个相异但内在联系紧密的角度去定义金融稳定：一是从金融稳定的状态特征去定义。如国际货币基金组织认为，金融稳定性是指金融体系促进而不阻碍经济发展的表现，是一种能够缓解系统内生的或由非预期重大不利事件导致的金融失衡的状态。二是从金融不稳定的状态特征去定义。如美联储认为，金融不稳定是指某些重要金融资产的价格严重偏离基本价值，金融市场运行和信贷发放行为出现严重扭曲，妨碍经济增长的情况。

5. 金融稳定是一个复杂多元、内涵丰富的系统性概念，涉及经济金融领域的方方面面。为此，既要准确把握其内涵，又要辨析与其他相近概念的区别，以厘清金融稳定的概念边界。

6. 影响金融稳定的因素包括金融因素、非金融的其他经济因素、非经济因素三类。

7. 金融体系的内部因素是影响金融稳定的主要、直接的因素，是造成金融不稳定的内因。这些因素包括金融创新、金融深化、金融基础设施的情况等，它们都具有两面性，也就是说，它们可能会造成金融不稳定，而如果施策得当则会促进金融稳定。

8. 非金融的其他经济因素主要包括跨境资本流动、财政收支状况和政府的经济行为等。非经济因素主要包括政治、社会、制度等。

9. 债务—通货紧缩理论将金融不稳定和经济周期联系起来，认为出现过度负债和通货紧缩现象是造成金融不稳定的根本原因。

10. 金融脆弱性是指金融制度和结构出现非均衡状态而导致风险积累，金融体系丧失部分或全部功能的状态。金融脆弱性理论认为，由于代际遗忘和竞争压力等原因，金融体系的脆弱性是内生的。

11. 安全边界说认为，银行在作出放贷决策时，主要依据借款人过去的信用记录，而不是未来预期进行决策。经济繁荣期，借款人信用良好，会导致银行发放贷款的安全边界降低，金融脆弱性加剧。当安全边界降到最低时，一旦经济出现微小的偏离，就会出现债务的延期支付，从而产生一系列连锁反应，最终影响金融稳定。

12. 信息不对称理论认为，金融市场存在信息不对称问题，会导致道德风险和逆向选择以及羊群效应，使金融市场资源配置效率降低，金融体系稳定性受到影响，容易导致金融不稳定。

13. 外部性理论认为，金融体系存在负外部性，即金融机构的破产倒闭会引起一系列连锁反应，使整个金融体系都受到牵连，破产金融机构之外的其他金融机构也会遭受额外的损失。因此，需要政府力量的介入，以限制金融体系的负外部性。外部性理论为金融监管提供了有力的理论依据。

14. 金融管制理论认为，一方面，管制解决了金融市场发展自身存在的失灵和缺陷等问题；另一方面，管制中的特殊利益与多元利益、寻租等也使原本就具有天生脆弱性的金融体系变得更加复杂和多元化，影响金融稳定。

15. 微观监管往往难以应对系统性金融风险，维护金融稳定。宏观审慎成为维护金融稳定的主要抓手已成为国际共识。但宏观审慎也并非维护金融稳定的唯一政策工具，传统货币政策、存款保险制度、金融集团监管等工具在不同情况下都具有不同程度的维护金融稳定的作用。

16. 2016 年，国际货币基金组织、金融稳定理事会、国际清算银行联合发布的《有效宏观审慎政策要素：国际经验与教训》提出，宏观审慎政策是指利用审慎工具来防范系统性风险，从而降低金融危机发生的频率及其影响程度。

17. 以 1997 年亚洲金融危机和 2008 年国际金融危机为分界点，宏观审慎的发展可以分为三个阶段。2008 年国际金融危机的爆发，使宏观审慎的重要性受到广泛关注，各界的研究奠定了当前各国宏观审慎政策的基础。

18. 2016 年，国际货币基金组织、金融稳定理事会和国际清算银行联合发布《有效宏观审慎政策要素：国际经验与教训》，对宏观审慎政策的内涵、目标、组织结构安排以及政策工具等进行了系统的研究和分析，为各国建立和完善有效的宏观审慎政策框架提供了明确的指引。

19. 宏观审慎政策工具也分为时间和结构两个维度。前者称为时变性宏观审慎政策工具，以逆周期监管为代表；后者称为结构性宏观审慎政策工具，以系统性重要金融机构的监管为代表。

20. 逆周期监管针对的是系统性风险的顺周期特性。它是为缓解金融体系顺周期性而设计并实施的一系列监管措施，目的是有效防范化解系统性风险。金融稳定理事会认为，逆周期监管政策应遵循两个原则，即限制经济收缩阶段金融危机成本的原则和控制经济扩张阶段风险累积的原则。

21. 《巴塞尔协议Ⅲ》提出了逆周期监管的整体框架，包括缓解最低资本要求的周期性波动、提取前瞻性的贷款损失准备金、提取高于最低资本要求的超额储备资本、设置与信贷超常增长挂钩的逆周期超额资本要求等相互联系的四个方面。

22. 结构性宏观审慎政策工具着力于防范风险在不同机构、不同市场之间传染，其主要思路是根据金融机构对系统性风险的贡献度采取相应的监管措施，弱化金融体系内在关联，防止风险集中和扩散。

23. 金融稳定理事会和巴塞尔委员会等国际组织积极推动系统重要性金融机构的监管，包括识别和评估系统重要性金融机构和构建对系统重要性金融机构的监管框架两个方面。

24. 根据金融稳定理事会的定义，系统重要性金融机构是指在金融体系中居于重要地位、承担关键功能，其破产和倒闭可能给金融体系和经济活动造成严重损害的金融机构。识别和评估系统重要性银行的方法有指标法和模型法两种。

25. 加强对系统重要性银行的监管应着眼于四个目标：一是减少系统重要性银行破产倒闭的可能性，相关措施包括提高资本和流动性的监管要求等；二是降低银行倒闭后的负外部性，相关措施包括限制业务范围、完善有问题机构的处置计划等；三是减少政府被迫救助时的公共资金投入和纳税人负担；四是防止系统重要性银行利用自身"太大而不能倒"地位进行不公平竞争，维护市场公平，相关措施包括实施附加资本要求等增加其运营成本，抵消"太大而不能倒"地位可能带来的优势。

26. 围绕降低系统重要性银行倒闭风险和减少其倒闭产生的负外部性这两个目标，从以下几个方面加强对系统重要性银行的监管：一是提高系统重要性银行对损失的吸收能力，降低其破产倒闭的可能性。二是提高对系统重要性银行的监管强度，即各国金融监管部门应该根据银行对系统性风险的影响，提出差异化监管要求，实施不同强度的监管，切实提高监管有效性。三是建立有效处置系统重要性银行的政策框架。此外，加强系统重要性银行监管还需强化核心金融市场基础设施的稳健性。

本章重要概念

金融稳定　金融危机　金融风险　金融脆弱性　安全边界　信息不对称　外部性
金融管制　宏观审慎　宏观审慎政策　指数法　模型法　系统性风险　预警指标
时变工具　结构性工具　顺周期　逆周期　前瞻性贷款损失准备金　超额储备资本
逆周期超额资本　系统重要性金融机构

本章复习思考题

一、判断题

1. 在经济出现波动时，稳健的金融体系往往起着"弹簧阻尼"的作用，能够减弱波动的持续强度。　　　　　　　　　　　　　　　　　　　　　　（　　）

2. 在经济上行期，银行贷款的安全边界随之上升。　　　　　　　（　　）

3. 金融机构之间相互关联，是风险传染、系统性风险累积的重要原因，也是评估系统性风险的难点所在。　　　　　　　　　　　　　　　　　　　　（　　）

4. 很多金融体系外部的因素会影响金融脆弱性，因此，金融脆弱性是外生的。（　　）

5. 金融体系与生俱来具有内在的顺周期性。　　　　　　　　　　（　　）

6. 金融体系存在负外部性，因此加强金融监管是必要的。　　　　（　　）

7. 最低资本要求不具有周期性特征。　　　　　　　　　　　　　（　　）

8. 从维护金融稳定的角度看，金融管制越严越好。　　　　　　　（　　）

9. 各国金融监管部门可以制定评估本国国内系统重要性银行的方法。　（　　）

10. 构建有效处置系统重要性银行的政策框架，是为了减少系统重要性银行破产倒闭时产生的负外部性。　　　　　　　　　　　　　　　　　　　　（　　）

二、多选题

1. 影响金融稳定的主要因素有（　　　　）。

A. 金融因素　　　　　　　　　　B. 非金融的其他经济因素

C. 非经济因素　　　　　　　　　　D. 国际环境

2. 金融稳定理事会和巴塞尔委员会等国际组织积极推动系统重要性金融机构的监管，

包括（　　）。

    A. 识别和评估系统重要性金融机构　　B. 系统重要性银行监管

    C. 逆周期监管　　D. 构建对系统重要性金融机构的监管框架

三、简答题

1. 简述金融稳定的定义、内涵和外延。

2. 简述《有效宏观审慎政策要素：国际经验与教训》的主要内容。

3. 简述《巴塞尔协议Ⅲ》提出的逆周期监管的整体框架的主要内容。

4. 简述影响金融稳定的主要因素。

5. 简述金融稳定理事会和巴塞尔委员会等国际组织积极推动系统重要性金融机构的监管的主要内容。

四、思考题

1. 搜索并阅读相关材料，谈谈除了宏观审慎政策外，发达经济体还采用哪些政策工具维护金融稳定。

2. 假设你是一家大型商业银行的董事长，监管部门正在评估是否将你行列入国内系统重要性银行名单。请从自身的角色出发，谈谈成为系统重要性银行后，本行业务、风控、盈利、成本等方面将会受到哪些影响？你希望本行成为系统重要性银行吗？为什么？

第八章
中国宏观经济理论分析

前文着重从西方经济学的角度对宏观经济理论进行了回顾与分析。我们梳理了西方宏观经济学的主要流派，对其中经济增长、通货膨胀、就业与失业、国际收支、金融稳定等重要经济问题进行了理论分析，总结出近现代西方学界对宏观经济问题的主要观点和学术思想。

本章转入对中国宏观经济理论的学习。按照前文的分析框架，中国宏观经济理论主要包括基本经济制度理论、经济发展理论、通货膨胀理论、就业理论、对外开放理论和金融稳定理论六个方面。限于篇幅，我们难以面面俱到地详述每个方面的内容。因此，本章既突出重点，介绍该领域当前最新理论成果；又兼顾历史，介绍其发展脉络和历史沿革，以便拓展学习的深度和广度。

第一节　基本经济制度理论

基本经济制度理论是中国宏观经济理论的基础。新中国成立之后，中国实现了从新民主主义向社会主义的过渡，建立了社会主义经济制度。改革开放以来，在建设中国特色社会主义的实践中，基本经济制度理论逐步确定和完善。该理论体系主要包括所有制理论、收入分配制度理论和社会主义市场经济体制理论三个部分。

一、所有制理论

改革开放初期，经济学界围绕雇工、个体经济、私营经济、外资经济、股份制经济等非公有制所有制的性质定位问题开展了很多有价值的研究，从理论上推动了所有制结构多元化的发展。1993 年 11 月，党的十四届三中全会通过《中共中央关于建立社会主义市场经济体制若干问题的决定》，突破了之前将非公有制经济作为公有制经济"有益补充"的定位，提出"坚持以公有制为主体、多种经济成分共同发展的方针"。之后党的十五大明确提出，坚持公有制为主体、多种所有制经济共同发展，是我国社会主义初级阶段的一项基本经济制度。

进入 21 世纪，所有制理论在坚持公有制为主体、多种所有制经济共同发展这一基本经济制度的基础上不断发展。党的十六大首次提出"两个毫不动摇"的方针，即毫不动摇巩固和发展公有制经济，毫不动摇鼓励、支持、引导非公有制经济发展。之后，"两个毫不动摇"方针成为处理公有制经济和非公有制经济关系的基本理论和实践准则。党的十六届三中全会将混合所有制提升到公有制主要实现形式的高度，提出"大力发展国有资本、集体资本和非公有资本等参股的混合所有制经济，实现投资主体多元化，使股份制成为公有制的主要实现形式"。这一阶段经济学界的研究主要集中在公有制为主体的标准、实现公有制的形式、公有制经济的效率与公平、非公有制经济的贡献等方面。党的十七大首次提出平等保护"公有物权"和"私有物权"。党的二十大报告在坚持"两个毫不动摇"方针的同时，进一步提出"推动国有资本和国有企业做强做优做大""依法保护民营企业产权和企业家权益，促进民营经济发展壮大"。

二、收入分配制度理论

新中国成立以来，中国以马克思主义分配理论为依据，结合本国所有制结构，逐步建立起以生产资料公有制为基础的按劳分配制度。改革开放前，中国实行八级工资制，体现了多劳多得、少劳少得的按劳分配原则。

改革开放以后，中国学界继续探索构建适应社会主义初级阶段生产资料所有制结构的分配制度。1993 年 11 月，党的十四届三中全会提出"个人分配要坚持以按劳分配为主体、多种分配方式并存的制度"。党的十五大首次明确与"公有制为主体、多种所有制经济共同发展"的基本经济制度相对应的"按劳分配为主体、多种分配方式并存的制度"，并提出"把按劳分配和按生产要素分配结合起来"。1999 年 3 月，全国人民代表大会将"坚持按劳分配为主体、多种分配方式并存的分配制度"纳入宪法，成为中国特色社会主义的基本分配制度。

中国特色社会主义进入新时代以后，分配制度理论得以不断发展和完善。党的十八大报告将分配制度改革提升到实现共享发展和共同富裕的高度，并提出"居民收入增长和经济发展同步、劳动报酬增长和劳动生产率提高同步；提高居民收入在国民收入中的比重，提高劳动报酬在初次分配中的比重"。2019 年 10 月，党的十九届四中全会通过的《中共中央关于坚持和完善中国特色社会主义制度 推进国家治理体系和治理能力现代化若干重大问题的决定》将分配制度上升到基本经济制度的高度，并提出"坚持多劳多得，着重保护劳动所得，增加劳动者特别是一线劳动者劳动报酬，提高劳动报酬在初次分配中的比重。健全劳动、资本、土地、知识、技术、管理、数据等生产要素由市场评价贡献、按贡献决定报酬的机制"。党的二十大报告进一步强调"分配制度是促进共同富裕的基础性制度。坚持按劳分配为主体、多种分配方式并存，构建初次分配、再分配、第三次分配协调配套的制度体系。"

三、社会主义市场经济体制理论

在社会主义制度下发展市场经济，是中国宏观经济制度的鲜明特点。社会主义市场经济体制理论是基本经济制度理论的重要内容。

改革开放前，新中国实行高度集中的计划经济体制，束缚了生产力的发展。1978 年 12 月，党的十一届三中全会作出了把党和国家的中心工作转移到经济建设上来，实行改革开放的历史性决策。之后，中国在广大农村逐步实行包产到户，放开小商品和一部分农副土特产品的价格，允许个体经济存在和发展，积极利用外资，扩大国企生产经营自主权，这些改革开放措施使中国市场开始繁荣，市场机制的作用开始显现。在这期间，中国学界对引入市场机制进行经济体制改革的热烈探讨乃至尖锐的思想交锋都进一步推动了市场经济理论的发展。

1992 年春，邓小平在著名的南方谈话中明确提出，"计划多一点还是市场多一点，不是社会主义与资本主义的本质区别。计划经济不等于社会主义，资本主义也有计划；市场经济不等于资本主义，社会主义也有市场。计划和市场都是经济手段"。这一论断得到了广大干部群众以及许多经济学家的拥护和热烈响应。1992 年 10 月，党的十四大正式宣布："我国经济体制改革的目标是建立社会主义市场经济体制"，并明确提出"社会主义市场经济体制，就是要使市场在社会主义国家宏观调控下对资源配置起基础性作用"。1993 年 11 月，党的十四届三中全会通过的《中共中央关于建立社会主义市场经济体制若干问题的决定》进一步将党的十四大所确立的社会主义市场经济体制改革目标具体化，明确了社会主义市场经济体制的基本框架和内容，即"建立社会主义市场经济体制，就是要使市场在国家宏观调控下对资源配置起基础性作用。为了实现这个目标，必须坚持以公有制为主体、多种经济成分共同发展的方针，进一步转换国有企业经营机制，建立适应市场经济要求、产权清晰、权责明确、政企分开、管理科学的现代企业制度；建立全国统一开放的市场体系，实现城乡市场紧密结合，国内市场与国际市场相互衔接，促进资源的优化配置；转变政府管理经济的职能，建立以间接手段为主的完善的宏观调控体系，保证国民经济的健康运行；建立以按劳分配为主体，效率优先、兼顾公平的收入分配制度，鼓励一部分地区一部分人先富起来，走共同富裕的道路；建立多层次的社会保障制度，为城乡居民提供同我国国情相适应的社会保障，促进经济发展和社会稳定。这些主要环节是相互联系和相互制约的有机整体，构成社会主义市场经济体制的基本框架"。这标志着社会主义市场经济体制理论正式确立。

中国特色社会主义进入新时代以后，社会主义市场经济体制理论不断丰富发展。2013 年 11 月，党的十八届三中全会通过的《中共中央关于全面深化改革若干重大问题的决定》以"市场在资源配置中起决定性作用"的提法代替了沿用二十余年的"市场在资源配置中起基础性作用"的提法，明确提出"建设统一开放、竞争有序的市场体系，是使市场在资源配置中起决定性作用的基础"，进一步推动了社会主义市场经济体制理论的发展。2017 年 10 月，党的十九大进一步提出坚持社会主义市场经济改革方向，加快完善社会主义市场经济体制，着力构建市场机制有效、微观主体有活力、宏观调控有度的经济体制，同时明确经济体制改革必须以完善产权制度和要素市场化配置为重点。2022 年 10 月，党的二十大报告强调"坚持社会主义市场经济改革方向"，"构建高水平社会主义市场经济体制""要充分发挥市场在资源配置中的决定性作用，更好发挥政府作用""构建全国统一大市场，深化要素市场化改革，建设高标准市场体系"，大大丰富和发展了社会主义市场经济理论的内容。

第二节　经济发展理论

马克思主义经济学中的"经济增长"不等同于西方经济学中的"经济增长"。西方经济学中的"经济增长"主要是数量上的概念，一般是指经济体生产的产品和服务数量上的增加；或从价值形态来说，指经济体新创造的价值量的增加。马克思主义经济学所说的"经济增长"不仅是数量上的概念，还有质量上的意义，即要求在数量增加的基础上实现质量的改善。

中国宏观经济理论以马克思主义经济学为基本指导，其"经济增长"要求在经济产出总量增长的基础上实现经济结构改善、经济效率提高和社会进步，我们称之为"经济发展"。该理论体系主要包括经济发展战略理论、经济发展动力理论和宏观调控理论等内容。

一、经济发展战略理论

经济发展战略理论是一定时期国家经济如何发展的总体理论，包括经济发展方向、目标、路径选择等内容，它是经济发展的基本遵循。党的十一届三中全会开启了改革开放的历史大幕，也开启了中国经济腾飞和发展的历史征程。以此为契机，全社会逐步形成了"发展才是硬道理"的共识，并在长期经济发展探索的过程中逐步形成了"三步走""全面建设小康社会""科教兴国""分两阶段实现现代化""坚持新发展理念，构建新发展格局，推动高质量发展"等经济发展战略。

二、经济发展动力理论

改革开放以来，中国经济总体保持了持续高速发展的态势，创造了举世瞩目的"中国奇迹"。中国学界纷纷研究创造"中国奇迹"的驱动因素，尝试从资本、劳动、技术水平、资源禀赋、文化优势等因素来构建中国经济增长的理论框架，以期为经济进一步发展提供理论指导，我们将这些研究成果称为中国经济发展的动力理论。总体来看，该理论体系将

"中国奇迹"的主要驱动因素归结为以下几个方面。

（一）高储蓄率带来的资本要素的高积累

中国学界运用哈罗德—多马理论等现代经济增长模型研究验证了资本投入对中国经济增长的作用。普遍认为，高储蓄率一直是中国经济的一个显著特征，动员储蓄并集中进行投资是中国经济增长的重要特点，由此带来的资本要素的高积累成为驱动中国经济增长的重要因素之一。例如，武鹏实证分析了中国 1978—2010 年的省级面板数据，认为资本投入对中国经济增长的平均贡献率高达 92%，是该时期中国经济增长持续稳定的最主要来源。[①] 董敏杰和梁泳梅同样基于省级样本数据测算发现，1978—2010 年资本投入在中国经济增长的贡献份额高达 85.4%；特别在 1992 年后，资本投入对经济增长的贡献度呈上升趋势，2005 年后接近 90%。[②] 武剑的量化分析认为，改革开放以来，资本投入对总产出的推动作用超过其他要素总和，达 56.3%，未来 10~20 年，资本贡献度将超过 60%，成为我国经济持续增长的重要因素。[③]

（二）二元经济结构转换下的人口红利

中国学界运用"刘易斯—拉尼斯—费景汉"二元经济发展模型等阐明了二元经济结构转换下的人口红利是中国经济增长的重要动因。例如，陈宗胜和黎德福认为，"中国奇迹"是传统农业劳动力不断向非农业部门转移这一二元经济结构转换的结果，并测算出 1978—2004 年二元经济结构转换对中国经济增长的贡献达 17.83%。[④] 蔡昉等通过实证研究认为，二元经济结构转换过程中剩余劳动力带来了人口红利并促进了经济增长，1982—2000 年人口红利对中国人均 GDP 增长率的贡献为 26.8%。

（三）技术进步和人力资本提升

中国学界运用新古典经济增长模型和新经济增长模型研究技术进步、人力资本提升等内生因素对中国经济增长的贡献。普遍认为，技术进步和人力资本提升直接提高了我国的全要素生产率，从而成为资本投入和人口红利之外的重要增长驱动力。同时，相关研究还区分了国内科技投入和通过外商直接投资渠道引进国外科技对技术进步影响的差异。例如，陈继勇等基于省级数据的实证分析指出，各地区科技投入是推动技术进步的最主要因素。[⑤] 蔡昉和王德文认为，虽然 20 世纪 80 年代以来的经济增长中，传统要素投入的贡献大于人力资本和生产率的贡献，但从弹性系数来看，人力资本的增长贡献有巨大的潜力。教育投入的加大、教育体制的改革、教学质量的提高为经济增长提供了源泉。[⑥]

---

① 武鹏. 改革以来中国经济增长的动力转换 [J]. 中国工业经济, 2013 (2).

② 董敏杰, 梁泳梅. 1978—2010 年中国经济增长来源：一个非参数分解框架 [J]. 经济研究, 2013 (5).

③ 武剑. 储蓄投资和经济增长——中国资金供求的动态分析 [J]. 经济研究, 1999 (11).

④ 陈宗胜, 黎德福. 劳动力转移过程中的高储蓄、高投资和中国经济增长 [J]. 经济研究, 2005 (2).

⑤ 陈继勇, 盛杨怿. 外商直接投资的知识溢出与中国区域经济增长 [J]. 经济研究, 2008 (12).

⑥ 蔡昉, 王德文. 中国经济增长可持续性与劳动贡献 [J]. 经济研究, 1999 (10).

（四） 稳步推进改革带来的制度红利

改革开放以来，市场化改革解放了社会生产力，推动了中国经济发展。中国学界借鉴西方制度经济学，从市场化改革带来市场规模扩大、资源配置效率提升等制度红利层面研究论证"中国经济奇迹"的制度驱动力。例如，张明海利用 1952—1999 年的省级数据证明市场化改革提高了要素的替代弹性，然后根据 CES 生产函数增长模型，提出这一较高的要素替代弹性创造了较高的增长率和 GDP 水平。[①] 王文举和范合君运用 2001—2005 年省级面板数据测算表明，中国市场化改革对经济增长的贡献率达 14.2%。[②] 樊纲等考察了 1997—2007 年市场化改革对全要素生产率和经济增长的贡献，发现该期间市场化改革对经济增长的贡献达到年均 1.45%，对全要素生产率的贡献达 39.2%。[③]

此外，部分学者还认为，中国吃苦耐劳、勤俭持家等优秀传统文化、中国作为大国所具有的资源禀赋优势和经济韧性、企业家精神等也是推动中国经济增长的重要驱动力。

三、宏观调控理论

社会主义市场经济同样可能产生市场失灵的情况，因此需要政府实施宏观调控政策，熨平经济波动，促进供需再平衡。社会主义市场经济理论并不排斥政府宏观调控，反而强调建立健全与市场经济相适应的宏观调控体系，促进经济平稳快速发展。宏观调控理论作为经济发展理论的重要组成部分，在中国经济市场化改革进程中得到不断丰富和完善。

实际上，中国经济体制改革之初，便同步提出了宏观调控。1984 年 10 月党的十二届三中全会通过的《中共中央关于经济体制改革的决定》在全面部署经济体制改革各项工作的同时明确指出，越是搞活经济，越要重视宏观调节，越要善于在及时掌握经济动态的基础上综合运用价格、税收、信贷等经济杠杆，以利于调节社会供应总量和需求总量。学会掌握经济杠杆，并把领导经济工作的重点放到这一方面，应该成为各级经济部门特别是综合经济部门的重要任务。

党的十四大报告对社会主义市场经济体制下的市场与宏观调控的关系进行了深刻论述，在社会主义市场经济体制中，市场在社会主义国家宏观调控下对资源配置起基础性作用。既要强调市场对资源配置的基础性作用，又要加强和改善国家对经济的宏观调控，以克服市场自身的弱点并化解消极因素。之后召开的十四届三中全会进一步提出了宏观调控的四项主要任务，即保持经济总量的基本平衡，促进经济结构的优化，引导国民经济持续、快速、健康发展，推动社会全面进步。此后，中国在计划、财税、金融等领域相继迈出重大改革步伐，建立并不断健全与社会主义市场经济体制相适应的宏观调控体系。这一宏观调控体系在应对

---

① 张明海. 中国经济的增长和要素配置市场化：1978—1999 [J]. 世界经济文汇，2002 (3).
② 王文举，范合君. 我国市场化改革对经济增长贡献的实证分析 [J]. 中国工业经济，2007 (9).
③ 樊纲，王小鲁，马荣光. 中国市场化进程对经济增长的贡献 [J]. 经济研究，2011 (9).

20 世纪 90 年代初的通货膨胀、20 世纪 90 年代中后期的通货紧缩、21 世纪初的经济过热、2008 年的国际金融危机、2014 年以来的经济新常态和 2016 年以来的供给侧结构性改革的过程中成功熨平了经济波动，处置了危机，促进了经济的发展。

进入新时代，面对国内外发展的新形势、新任务、新挑战，特别是面对"三期叠加"时期的经济下行压力，党中央、国务院不断创新宏观调控思路和方式，先后创新实施区间调控、定向调控、相机调控等新举措；不断丰富"宏观调控工具箱"，做好政策储备；同时不断增强各领域宏观调控政策的协调性。党的十九大报告提出"创新和完善宏观调控，发挥国家发展规划的战略导向作用，健全财政、货币、产业、区域等经济政策的协调机制。"党的二十大报告更是将宏观调控上升到宏观经济治理体系的高度，强调"健全宏观经济治理体系，发挥国家发展规划的战略导向作用，加强财政政策和货币政策协调配合。"目前，宏观调控的主要手段有以下五个方面：一是制定发展战略和发展规划；二是实施财政政策和货币政策，并增强两者的协调性；三是就业优先政策；四是精准实施产业政策；五是强化宏观审慎监管，维护金融稳定。其中，关于保持物价稳定、促进就业、维护金融稳定方面的理论和政策，我们在下文进一步说明。

第三节　通货膨胀理论

物价一直是各国政府政策调节的主要目标之一。党的十四大以来，为尽快建立与社会主义市场经济体制相适应的宏观调控体系，中国在财税和金融体制改革方面迈出重大步伐，其中，中国人民银行在党中央、国务院领导下制定和执行货币政策，物价稳定成为货币政策调控的重要目标之一。20 世纪 90 年代以来，中国物价出现过几次较大的波动，特别是 1993—1997 年的通货膨胀和 1998 年至 21 世纪初的通货紧缩，理论界对导致这些波动的国内外因素进行了深入研究和分析，提出很多重要的对策建议，为中国宏观调控熨平波动作出了积极贡献。

1993 年和 1994 年中国经济增长率分别高达 13.4% 和 11.8%，物价水平也快速上扬，1993 年 CPI 涨幅为 14.7%，1994 年更高达 24.1%，通胀压力骤增。当时学者或从传统西方通货膨胀理论中的需求拉动、成本推进等因素的角度或结合中国经济转型的独特背景来探讨通货膨胀的原因，并针对不同原因提出治理通胀的政策建议。如针对传统需求拉动和成本推进的原因，学者提出了适度抑制总需求特别是投资需求的建议；针对转轨经济的原因，提出了针对不同所有制微观主体使用不同调控策略的"双轨调控"思路[①]；针对信用扩张和货币增长带来的通胀压力，建议加强金融调控等。在学者群策群力、献计献策下，政府采取了适

---

① 樊纲."软约束竞争"与中国近年的通货膨胀 [J]. 金融研究，1994 (9).

度从紧的宏观调控政策，包括实行适度从紧和量入为出的财政政策，控制货币供应量和信贷规模，控制固定资产投资规模，抑制消费基金过快增长等政策，1997 年在经济增长保持 8.8% 增速的情况下，物价涨幅从 1994 年的 24.1% 下降到 1997 年的 2.8%，实现了"软着陆"。

20 世纪 90 年代中后期，受亚洲金融危机影响，国内外需求出现萎缩，第一次大范围的产能过剩显现。从 1998 年 4 月起，CPI 连续 24 个月负值，PPI 从 1997 年 1 月至 2000 年 1 月一直处于负增长。针对这种情况，学者首先对是否出现了通货紧缩进行了研究。一些学者认为当时出现产能闲置和失业增加并非由于需求不足、银根紧缩，而是源于重复建设和企业改制减员[1]；有些学者认为只是出现了通货紧缩的苗头，因为仅物价持续下跌而未伴随货币供应量下降和经济衰退，不能视为通货紧缩；但多数学者认为中国已经出现了通货紧缩，因为中国在物价持续下跌的同时，经济增速逐年下降，已经出现了"增长型的衰退"。承认出现通货紧缩的学者中，有些认为这是短期性的、矫正性的；有些认为这是全面性的严重通货紧缩。对于通货紧缩的原因，很多学者将其归结为有效需求不足。对于需求收缩的原因，有些学者认为既有经济体制方面的原因，也有经济政策和经济结构方面的原因；有些学者认为是之前长期的高积累政策抑制了居民收入和消费水平的提高；还有学者结合亚洲金融危机以后的全球性紧缩背景，认为是外部需求不足导致国内通货紧缩。也有学者从供给侧而不是需求侧来寻找原因，认为应该把生产成本上升导致的企业亏损而不是有效需求不足作为分析通货紧缩的起点，其根本原因是企业经济效益下降。还有学者综合考虑供给侧和需求侧的原因，认为 20 世纪 90 年代末物价水平持续下降主要是由"信贷萎缩"和需求放缓引起的；而 21 世纪初的物价下降则不能归因于需求不足，而是生产率提高和成本下降导致的。[2] 在分析成因的基础上，理论界对通货紧缩的治理提出很多对策建议，帮助政府对宏观调控政策进行调整，即将调控目标从力求稳健转向积极宽松，财政支出持续增加，国债发行规模不断扩大，央行多次降低利率，这些举措改善了经济运行状况，经济增长从 1998 年的 7.8% 上升到 2003 年的 9.1%，CPI 也从 1998 年的 0.8% 提升至 2003 年的 1.2%，逐步走出了通货紧缩的阴影。

第四节　就业理论

就业是民生之本。坚持以人民为中心发展理念的中国宏观经济理论必然高度重视就业问

---

[1] 于祖尧. 断言"中国当前已经陷入通货紧缩的困境"没有根据 [J]. 中共沈阳市委党校学报，1999 (2).
[2] 樊纲. 通货紧缩、有效降价与经济波动：当前中国宏观经济若干特点的分析 [J]. 经济研究，2003 (7).

题，始终坚持经济发展的就业导向，实施就业优先战略和积极就业政策，千方百计稳定和扩大就业，实现更高质量和更充分就业。

一、中国就业理论的发展和演进

中国就业理论的发展始终坚持以人民为中心，围绕不同阶段社会劳动就业状况和国家促进就业的政策举措开展研究和探讨，具有鲜明的人民性和时代性。

改革开放以前，由于实践层面实施"统包统配""铁饭碗"的就业政策，基本不存在失业问题。因此，理论界普遍认为失业是资本主义制度下才有的产物，社会主义制度下不存在失业和促进就业的问题。

20世纪70年代末，"文化大革命"积累的就业问题和数百万知青回城叠加形成城镇失业高峰，使理论界开始意识到失业并非资本主义所特有，于是开始对计划经济时代的"铁饭碗""大锅饭"的就业制度进行反思，提出市场化就业的思想，例如，1980年赵履宽在《人民日报》发表文章，提出破除"铁饭碗""大锅饭"制度①，后来被认为是"打响劳动就业体制改革的第一枪"。

此后，伴随着就业市场化改革启动，理论界就劳动力是不是一种商品进行了长时间的争论。这一争论关系到就业市场化改革的理论基础问题。部分学者认为，劳动力不是也不能成为商品，社会主义不应该有劳动力市场；部分学者认为，作为生产要素之一，劳动力具有商品的属性和交换价值，它是一种商品，可以通过市场进行配置。随着社会主义市场经济体制改革的推进，争论的天平逐步向后者倾斜。到20世纪90年代初，多数学者认为在社会主义市场经济条件下，从资源配置的角度，必须承认劳动力是商品，承认存在并需要发展和培育劳动力市场。1993年《中共中央关于建立社会主义市场经济体制若干问题的决定》在中央文件中第一次对劳动力市场作出了规定，提出"改革劳动制度，逐步形成劳动力市场"，标志着我国劳动就业理论的一次重大突破。

20世纪90年代中期以来，我国市场化就业全面发展，理论界的研究探讨集中在现代企业制度的劳动用工和工资收入、劳动力特别是农民工群体的跨区域流动、劳动力结构对产业结构升级的影响等方面。在现代企业制度的劳动用工和工资收入方面，姚先国等认为，在我国，工资集体协商给一线职工带来的并不是如西方资本主义国家谈判后的工人收入会增加，而是一种负效应。② 都阳认为，要实现经济增长方式的转变和产业结构的升级，首先要有健康的市场和价格机制充分作用的环境，企业可对市场机制形成的价格信号作出正确的反应，

---

① 赵履宽. 我国当前劳动就业的几个问题［N］. 人民日报，1980－08－19.
② 姚先国，焦晓钰，张海峰，乐君杰. 工资集体协商制度的工资效应与员工异质性——对杭州市企业调查数据的分析［J］. 中国人口科学，2013（2）.

政府才能制定正确的产业政策、推进劳动力市场制度建设等。[①] 在劳动力特别是农民工群体的跨区域流动方面，张同权等认为，长三角、珠三角、环渤海区域的产业结构和人力资源结构存在差异，就业结构具有互补性。珠三角的技术工人可向长三角、环渤海区域流动；环渤海的知识型人才可向珠三角流动，高新技术人才可向长三角流动；长三角的知识型人才可向珠三角流动。[②] 在劳动力结构对产业结构升级的影响方面，田晓青认为，人口红利一度被视为中国经济增长的重要源泉，不论是否承认刘易斯拐点的来临，我国可转移的农村剩余劳动力都会随时间推移而减少，这就要求将人口红利变为人才红利。[③]

进入新时代，一方面，就业质量问题备受关注，并成为就业理论研究的重要方面。劳动者个体就业质量差异、所有制部门差异较大，性别差异较小，行业和职业对其形成的影响存在一定的相似性，中国就业质量总体水平仍有待提高[④]。另一方面，就业是最基本的民生，强化就业优先政策，健全就业促进机制，促进高质量充分就业成为增进民生福祉、提高人民生活品质的必然理论选择。党的二十大报告明确提出，"实施就业优先战略"，"强化就业优先政策，健全就业促进机制，促进高质量充分就业。健全就业公共服务体系，完善重点群体就业支持体系，加强困难群体就业兜底帮扶。统筹城乡就业政策体系，破除妨碍劳动力、人才流动的体制和政策弊端，消除影响平等就业的不合理限制和就业歧视，使人人都有通过勤奋劳动实现自身发展的机会。健全终身职业技能培训制度，推动解决结构性就业矛盾。完善促进创业带动就业的保障制度，支持和规范发展新就业形态。健全劳动法律法规，完善劳动关系协商协调机制，完善劳动者权益保障制度，加强灵活就业和新就业形态劳动者权益保障。"

二、中国就业理论的特色内容

中国是一个传统农业大国，农业人口占据相当大的比例。这样的特殊国情和体制决定了中国的就业理论具有鲜明的特色内容，即围绕城镇化、"三农"问题等城乡一体化发展战略来探讨促进就业的政策措施，并以此研究以就业促进经济社会的全面发展。

关于城镇化进程中的就业理论。中国学界普遍认为，城镇化推动农村剩余劳动力转移，从而缩小城乡收入差距，并且可以促进要素聚集，带来规模收益，以此推动经济增长。[⑤] 城镇化必然带来劳动力的流动，农民工市民化因此成为研究的热点。农民工市民化应该体现以

---

① 都阳. 制造业企业对劳动力市场变化的反应：基于微观数据的观察 [J]. 经济研究, 2013 (1).
② 张同权, 高建丽. 区域一体化人力资源区域流动研究——基于三大经济区产业结构与人力资源结构耦合视角 [J]. 经济问题探索, 2013 (2).
③ 田晓青. 劳动经济理论与应用研究的最新进展 [J]. 中国劳动关系学院学报, 2014 (10).
④ 田晓青. 劳动经济理论与应用研究的最新进展 [J]. 中国劳动关系学院学报, 2014 (10).
⑤ 王诚, 李鑫. 中国特色社会主义经济理论的产生和发展——市场取向改革以来学术界相关理论探索 [J]. 经济研究, 2014 (6).

人为本、公平对待和一视同仁，其中户籍制度改革最为关键，因为它抑制了劳动力自由流动，会加大城乡收入差距[1]，还可能带来低收入的"代际传承"[2]。同时，很多学者还分别从需求方和供给方两个角度研究农民工市民化对经济增长的促进作用。例如，蔡昉认为农民工市民化对农民工来说可以稳定预期，从而增加人力资本积累，提高劳动参与率；对企业来说，可减缓工资快速上涨的压力，在提高资源配置效率的同时，为企业转型升级赢得时间[3]。

关于"三农"问题中的就业理论。对中国庞大的农村人口来说，仅靠城镇化一条路难以完全解决农村剩余劳动力的就业，还需要解决好农村建设和农业发展问题。党的十六届五中全会提出建设社会主义新农村，2007年中央一号文件明确提出"发展现代农业是社会主义新农村建设的首要任务"之后，有些学者研究强调在当前大规模非农就业、人口自然增长缓慢和农业生产结构转型三大历史变迁的交汇中，中国农业迎来前所未有的发展契机，农业本身或许便可成为解决"三农"问题的抓手[4]。有些学者认为"三农"问题的解决过程就是农业现代化得以建构、培育和提高的过程。有些学者认为新农村建设需要与城镇化尤其是农村城镇化紧密结合[5]。从总体来看，新农村建设有助于缩小城乡收入差距，减缓全国居民收入分配状况恶化的趋势[6]。

第五节　对外开放理论

对外开放是中国的基本国策，对外开放理论是中国宏观经济理论的重要组成部分。在不断深化对外开放的过程中，经济学界围绕对外贸易、引进外资、平衡国际收支等开展了大量研究，形成了丰硕的成果，为中国对外开放事业提供了重要的理论支持。

一、对外贸易理论

（一）改革开放以后至加入世界贸易组织之前中国学界的研究和探讨

改革开放以前，国内往往只把对外贸易作为弥补物资短缺或调节局部经济结构的手段。改革开放之后，尽管对外开放已成为基本国策，但理论界对于怎么认识对外贸易的作用、开展怎样的对外贸易以及应该匹配怎样的管理体制等问题仍经历了一段从争论到统一认识再到

---

① 万海远，李实. 户籍歧视对城乡收入差距的影响［J］. 经济研究，2013（9）.
② 孙三百，等. 劳动力自由迁移为何如此重要？——基于代际收入流动的视角［J］. 经济研究，2012（5）.
③ 蔡昉. 避免"中等收入陷阱"：寻寻中国未来的增长源泉［M］. 北京：社会科学文献出版社，2012.
④ 黄宗智，彭玉生. 三大历史性变迁的交汇与中国小规模农业的前景［J］. 中国社会科学，2007（4）.
⑤ 程必定. 中国的两类"三农"问题及新农村建设的一种思路［J］. 中国农村经济，2011（8）.
⑥ 王震. 新农村建设的收入再分配效应［J］. 经济研究，2010（6）：17–27.

产生争论的螺旋式上升过程。

对于怎么认识对外贸易的作用，改革开放之初，仍存在既支持扩大贸易又畏惧国际贸易分工的思想，而一些学者则相应地予以纠正。例如，袁文祺和王健民认为对外贸易有利于提高劳动生产率，发挥促进国民经济发展的作用，主张重新认识和评价对外贸易在我国国民经济发展中的作用和地位。[①] 何新浩则详细分析了对外贸易的作用，认为发展对外贸易有以下好处：一是可以与其他国家互通有无；二是通过参与国际分工，充分利用本国最具优势的资源禀赋，实现社会劳动的节约和经济效率的提升；三是可加速社会扩大再生产；四是可以引进外国的先进科技来推动经济发展；五是可通过外贸为国内经济发展创造良好外部环境。[②] 随着对外开放的深入推进和中国经济的腾飞，对外贸易作为促进我国经济增长的"三驾马车"之一，其积极作用已成为学界共识。

对于开展怎样的对外贸易，即外贸发展战略问题，学者也做了很多研究与思考。由于进口替代战略和出口替代战略都曾在发展中国家取得成功，最早的争论即中国应该以哪个战略为主来发展对外贸易。一些学者主张以进口替代战略为主，如刘昌黎从八个方面论证了中国应当长期实行进口替代战略。[③] 一些学者则支持以出口替代战略为主，如黄方毅指出，带有进口倾向的战略尽管有助于建立相对完整的独立工业体系，但也可能会造成进口剧增而出口缩减的局面，有可能导致外汇短缺甚至演变为债务危机，因此应尽快推动对外经济战略从进口替代向出口替代转变。[④] 还有些学者提出应该实行融合进口和出口基本因素的平衡发展战略。此外，在对外贸易发展的不同阶段，理论界还提出了一些结合中国国情和时代特色的对外贸易发展战略，如大经贸战略、市场多元化战略、科技兴贸战略、国际大循环战略、国际竞争力战略等。[⑤]

对于应该匹配怎样的外贸管理体制等问题，学者也纷纷建言献策，如郑拓彬撰文指出传统外贸体制的弊端——外贸部门独家垄断经营不利于调动各方积极性、工业企业缺乏经营自主权难以及时响应国际市场需求、政企不分、外贸活动手续繁琐效率低下等。[⑥] 在学界的研究和推动下，从党的十一届三中全会后到 20 世纪末，中国外贸管理体制改进取得很大进展，逐步从早期高度集中、以行政管理为主的国家垄断外贸体制转向市场经济下的外贸体制，初步建立了与社会主义市场经济体制相适应的外贸体制，极大地推动了中国对外贸易的发展。

（二）加入世界贸易组织后中国学界的研究和探讨

2001 年 11 月，世界贸易组织第四届部长级会议通过了中国加入世界贸易组织的法律文

---

① 袁文祺，王健民. 重新认识和评价对外贸易在我国国民经济发展中的作用和地位 [J]. 国际贸易，1982（1）.
② 何新浩. 正确发挥对外贸易的作用，加速我国经济的发展 [J]. 国际贸易，1982（2）.
③ 刘昌黎. 进口替代是我国赶超世界工业大国的长期战略 [J]. 经济研究，1987（8）.
④ 黄方毅. 当前我国引进和对外经济贸易的制约因素和改进设想 [J]. 经济研究，1985（2）.
⑤ 魏雅卿. 外贸战略演变的理论分析 [J]. 经济学动态，2001（7）.
⑥ 郑拓彬. 我国对外贸易体制改革问题 [J]. 经济研究，1984（11）.

件。加入世界贸易组织后，2004 年中国对外贸易总额就突破 1 万亿美元，三年后的 2007 年即突破 2 万亿美元，反观 1978 年中国货物进出口总额仅为 206 亿美元。加入世界贸易组织对中国对外贸易乃至经济增长的影响极其深远，也推动了对外贸易理论研究的新发展。这阶段中国对外贸易理论研究主要集中在转变对外贸易发展方式、积极发展服务贸易、防范和应对贸易摩擦等方面。

在转变对外贸易发展方式方面，很多学者认为中国对外贸易的增长粗放、国际竞争力不强，需要转变外贸增长方式。例如，简新华和张皓指出，中国外贸的国际竞争力主要基于要素成本低廉和持续技术引进，这种以数量扩张、劳动密集和低价竞争为特征的外贸增长方式会导致贸易摩擦不断、外贸顺差过大、资源消耗过多、环境压力加剧、经济效益低下等问题，迫切要求转变外贸增长方式。[①] 王受文认为，我国参与国际分工的领域主要集中在劳动密集型、低附加值的环节，都处于国际产业链和价值链的低端，缺乏自主知识产权和自主品牌，对外贸易大而不强。[②] 有些学者透过 2008 年国际金融危机带给中国的冲击，进一步强调后危机时代中国外贸面临更大转型压力，需要转变外贸发展方式。如张燕生指出，后危机时代，中国对外贸易发展面临低成本竞争优势转型、加工贸易生产体系转型、模仿创新模式转型、外贸增长方式转型、东亚内贸易格局战略性调整、外贸激励机制转型六种压力。[③] 还有些学者透过外贸发展方式的转变去分析背后潜藏的经济发展方式转变的要求。如裴长洪等认为，转变外贸发展方式不能仅局限于优化出口商品结构和提高出口产品附加值，还意味着要转变国民收益分配方式和格局、转变竞争方式、转变市场开拓方式以及转变资源利用方式。[④]

在积极发展服务贸易方面，学者建议应抓住服务全球化的契机进一步促进中国对外贸易发展。如江小涓提出，随着现代服务业成为许多国家新的经济增长点，服务贸易在国际贸易中的比重不断提升，也为中国利用服务贸易促进自身发展提供了契机。[⑤] 党的十八大以来，中国服务进出口总额增长很快，2014—2021 年连续八年居世界第二服务贸易大国地位。伴随服务贸易的发展，学者对中国服务贸易的结构及其优化进行了深入研究。如赵景峰和陈策通过实证分析发现，在中国服务贸易的行业中，竞争力较强的是旅游、运输等传统劳动密集型部门，而包括金融、保险、计算机与信息和咨询等在内的资本、技术和知识密集型现代服务业部门供给不足，难以满足国内外市场需求。[⑥] 盛斌和马盈盈从贸易增加值的角度对中国

① 简新华，张皓. 论中国外贸增长方式的转变 [J]. 中国工业经济，2007 (8).
② 王受文. 转变贸易发展方式，推动对外贸易稳定平衡发展 [J]. 国际贸易，2007 (7).
③ 张燕生. 后危机时代：中国转变外贸增长方式最重要 [J]. 国际经济评论，2010 (1).
④ 裴长洪，彭磊，郑文. 转变外贸发展方式的经验与理论分析：中国应对国际金融危机冲击的一种总结 [J]. 中国社会科学，2011 (1).
⑤ 江小涓. 服务全球化的发展趋势和理论分析 [J]. 经济研究，2008 (2).
⑥ 赵景峰，陈策. 中国服务贸易：总量和结构分析 [J]. 世界经济，2006 (8).

服务贸易出口结构以及国际竞争力进行了测算，发现 2000—2014 年中国服务贸易的出口结构出现明显优化，知识密集型服务在中国服务增加值出口总额中的占比大幅增加，但仍然低于世界平均水平。[1]

在防范和应对贸易摩擦方面，由于贸易摩擦随着中国经济的增长和出口规模的扩大不断增加，一些学者跟踪分析贸易摩擦的特点和发展趋势，如毛燕琼指出，加入世界贸易组织十年来，贸易摩擦形式日趋多样化和复杂化，贸易救济措施的热点正在从反倾销转向反补贴、保障措施和特别保障措施；贸易摩擦从微观层面的具体商品开始转变为针对整个产业，甚至涉及人民币汇率、市场开放、知识产权保护等宏观经济层面；贸易摩擦的强度和影响程度明显上升；贸易摩擦日趋政治化；除了发达国家之外，发展中国家与中国之间的贸易摩擦也在增加。[2] 一些学者总结了中国加入世界贸易组织十年来贸易摩擦大量增加的原因，大体上将其归结为三个方面：一是贸易规模快速上升本身难免导致贸易摩擦增多；二是一些国家贸易保护主义抬头；三是中国制造业仍集中在中低端产品，导致外贸出口不得不以量、以价取胜，从而增加贸易摩擦。为此，理论界提出了积极利用多边贸易体制和区域性争端解决机制；树立合作式国际贸易摩擦解决机制新理念，积极探索平等协商、互利共赢的合作式争端解决方式；建设应对贸易摩擦的工作机制和社会服务体系；建立健全贸易摩擦预警机制、产业安全预警机制和产业损害调查规则；规范企业出口竞争秩序，指导和帮助企业进行反倾销应诉等建议。这些学术探讨有力地推动了相关领域的实践和政策出台。党的二十大报告提出，"推动货物贸易优化升级，创新服务贸易发展机制，发展数字贸易，加快建设贸易强国。"

二、吸引外资理论

改革开放以来，中国吸引的外资一直稳步增长。吸引外资，既弥补了国内资金不足，又引进了先进技术和管理经验，扩大了出口创汇，对中国经济增长、产业升级、外贸扩张和就业增加都发挥了积极作用。在此过程中，理论界对吸引外资问题进行了大量研究，为中国更好地吸引和利用外资提供了重要理论支持。

（一）对引进外资的必要性和可行性的研究

改革开放之初，社会上对吸引外资的必要性及其可能的影响仍存疑虑，理论界对引进外资的必要性和可行性进行了研究，力图从思想上正本清源，以推动引进外资工作顺利进行。蒋建平引用了马克思和恩格斯在《共产党宣言》中的相关表述以及列宁关于利用外资的思

---

① 盛斌，马盈盈. 中国服务贸易出口结构和国际竞争力分析：基于贸易增加值的视角［J］. 东南大学学报（哲学社会科学版），2018（1）.
② 毛燕琼. 加入 WTO 十年国际对华贸易摩擦回顾与展望［J］. 世界经济研究，2011（11）.

182

想，探讨了社会主义中国引进外资与帝国主义对旧中国投资的本质区别。[①] 更多学者研究了日本、东欧国家、东南亚及拉美地区的发展中国家在引进外资方面的成功经验，以此说明吸引外资是世界各国发展经济的普遍手段，并论证引进外资的必要性和重要意义。

（二）　对外资对中国经济影响的研究

随着引进外资工作逐步走上轨道，理论界转向对吸引外资特别是外商直接投资对中国经济影响的研究上。例如，桑秀国通过构建一个基于新经济增长理论的模型并对中国数据进行实证计量后发现，外商直接投资与中国经济增长呈正相关关系，而且外商直接投资主要是通过促进技术进步的方式来促进中国经济增长，长期看尤其如此。[②] 张帆和郑京平研究了跨国公司对经济效率和经济结构的影响，认为跨国公司主要投资资本和技术密集型行业，这有利于中国产业结构从劳动密集型部门向技术和人力资本密集型部门调整，总体上讲有助于中国经济结构向具有更高的资源配置效率转化。[③] 江小涓指出，总体看外商直接投资促进了中国出口商品结构的提升，有利于中国产业结构的优化，提高了中国工业制成品及高技术产品的出口竞争力。[④]

（三）　对引资规模适度性的研究

20 世纪 90 年代以来，随着中国吸引外资数量和规模日益增大，外资企业的一些问题逐步显现，理论界就当前外资规模是否适当、有无必要继续扩大外资引进等问题进行了讨论。例如，王曦建立了经济增长框架下的最佳外资规模模型并进行测算，认为现有外资规模偏大，应适当压缩引资规模。[⑤] 江小涓认为，由于基础设施建设融资金额巨大、国企改革需要新机制、国内技术进步的步伐还需加快等原因，继续利用外资仍不可或缺。应当进一步加强对外商投资方式的引导，鼓励外资将技术水平更高、增值含量更大的加工制造环节和研发机构引进到中国，提高外资利用的质量。[⑥] 学术讨论一定程度推动了政策调整，从 20 世纪 90 年代中期开始，中国利用外资的策略开始从重视外资数量和规模转向更加注重外资的质量和水平。

（四）　对构建准入前国民待遇和负面清单管理相结合的外资管理体制等的研究

进入新时代，吸引外资也在发生新的变化。国际金融危机使发达国家积极推动"再工业化"和"产业回流"，越来越多的发展中国家凭借劳动力成本低廉优势承接国际产业转移。美欧等发达经济体推动的以投资自由化为导向、准入前国民待遇和负面清单管理相结合

①　蒋建平. 社会主义中国引进外资与帝国主义对旧中国投资的本质区别 [J]. 东岳论丛, 1982 (5).

②　桑秀国. 利用外资与经济增长——一个基于新经济增长理论的模型及对中国数据的验证 [J]. 管理世界, 2002 (9).

③　张帆, 郑京平. 跨国公司对中国经济结构和效率的影响 [J]. 经济研究, 1999 (1).

④　江小涓. 中国的外资经济——对增长、结构升级和竞争力的贡献 [M]. 北京: 中国人民大学出版社, 2002.

⑤　王曦. 论我国外商直接投资的规模管理 [J]. 经济研究, 1998 (5).

⑥　江小涓. 利用外资与经济增长方式转变 [J]. 管理世界, 1999 (2).

的国际投资新规则被越来越多的国家所接受。针对国际投资环境和投资规则的变化，理论界对如何统一投资制度以营造更公正透明的投资环境、如何构建准入前国民待遇和负面清单管理相结合的外资管理体制、如何规范外资管理和强化事中与事后监管等问题进行了深入研究，并进一步推进了相关领域的实践和政策出台。党的二十大报告提出，要"合理缩减外资准入负面清单，依法保护外商投资权益，营造市场化、法治化、国际化一流营商环境。"

三、平衡国际收支理论

（一）对经常账户长期顺差但顺差规模总体下降、经常账户失衡逐步缓解的研究

1982 年以来，中国仅有 5 年出现过经常账户逆差，且均发生在 1994 年之前。1994 年以来，中国出现了长达 28 年的经常账户顺差。如果排除 2019—2021 年疫情导致外贸订单激增而使经常账户顺差逐年加大的特殊情况（2019 年、2020 年、2021 年经常账户顺差分别为 1775 亿美元、2989 亿美元、3173 亿美元），中国经常账户顺差在 2008 年达到 4206 亿美元的历史性峰值后，出现趋势性下降，下降到 2018 年的 491 亿美元，经常账户失衡呈现逐步缓解的趋势。理论界认为这可能与中国人均收入达到一定水平后，对服务品的消费需求快速增强有关。初次收入分项呈现两个特点：一是中国雇员报酬多数为正，这说明中国公民在海外的劳务总收入大多时候高于外国公民在中国的劳务总收入；二是中国投资收益细项长期为负，说明中国在海外的投资收益持续低于外国在中国的投资收益。二次收入分项主要反映中国与全球其他经济体之间的转移支付。2013 年之前，中国的二次收入分项一直为正，2014 年以后则有正有负，这说明随着中国综合国力的增强，中国接受外部援助下降，而对外援助上升。

中国学界对不同阶段经常账户收支特点进行了理论研究。例如，张曙光和张斌对货物贸易与服务贸易收支差异的原因进行了分析，认为中国制造业在改革开放中的快速推进和服务业发展滞后形成鲜明对比，导致资源配置在这两个部门间发生了扭曲。[①] 林毅夫分析了中国经常账户长期顺差的原因，他认为发展中国家经济发展过程中经常出现的"潮涌"现象是中国经常账户长期顺差的内生性原因，即投资潮涌造成国内产能过剩，为了消化过剩的产能，企业会努力开拓国外市场，从而导致经常账户顺差。[②] 张明从账户结构、人民币汇率、国内吸收三个角度分析了中国经常账户失衡缓解的原因：一是货物贸易顺差逐步回落与服务贸易逆差扩大、初次收入逆差和二次收入逆差持续共同作用；二是人民币实际有效汇率升值降低了中国出口商品的竞争力，并提高了中国企业与居民对外国商品的购买力，从而导致经常账户顺差下降；三是与近年中国国内储蓄投资缺口收窄有关。[③] 郑黎黎认为，经常账户顺

---

① 张曙光，张斌. 外汇储备持续积累的经济后果 [J]. 经济研究，2007（4）.
② 林毅夫，等. "潮涌现象"与产能过剩的形成机制 [J]. 经济研究，2010（10）.
③ 张明. 改革开放四十年中国国际收支演变历程、发展趋势与政策涵义 [J]. 国际经济评论，2018（6）.

差开始下降的原因有内在的结构性原因和外在的周期性原因两方面。其中，内因包括国内产业升级和中低端制造业向越南、缅甸转移带来的出口放缓，以及国内人均收入显著提高和消费升级带来的对国外高品质产品和服务需求激增导致的进口增加等；外因是全球经济周期和大宗商品价格波动对中国经常账户差额的周期性影响。[①]

（二） 对非储备性质金融账户长期顺差但存在由顺差转为逆差的趋势的研究

在 1982—2021 年的 40 年间，中国有 12 年出现过非储备性质金融账户逆差，多数年份呈顺差态势。但 2012—2021 年的 10 年中，有 6 年非储备性质金融账户为逆差状态。

从结构上看，非储备性质金融账户分为直接投资、证券投资和其他投资三个分项，其中直接投资分项基本为顺差状态（仅在 2016 年出现过逆差），理论界普遍认为这得益于改革开放以来中国积极吸引外资特别是外商直接投资。证券投资分项波动较平稳，其出现顺差的年数多于出现逆差的年数，普遍认为这得益于合格境内机构投资者（QDII）、合格境外机构投资者（QFII）、人民币合格境外机构投资者（RQFII）以及沪深港通、债券通、理财通等金融市场互联互通渠道的发展。其他投资分项逐年波动幅度大，且出现逆差年数多于出现顺差年数，特别是 2007—2021 年的 15 年间，其他投资有 10 年呈逆差状态。一般认为，由于其他投资分项主要反映跨境企业与金融机构借贷，其逆差表明中国对外贷款规模超过了外国对中国的贷款规模。

中国学界对不同时期非储备性质金融账户收支特点进行了理论研究。郑黎黎对直接投资顺差连续多年上升，于 2011 年见顶回落并于 2016 年出现逆差的原因进行了分析，她认为，中国人均国民收入在 2011 年达到 5060 美元，根据国际投资发展周期理论，中国处于外商直接投资流入规模仍大、对外投资较快增长、直接投资顺差收窄的第三阶段向对外直接投资逐渐超过吸引的外商直接投资、直接投资出现逆差的第四阶段过渡时期，因此会出现直接投资顺差减少乃至出现逆差的情况。[②] 岳柳汐从资本管制的角度解释了我国非储备性质金融账户长期顺差的原因，他认为，顺差产生的原因除了要看资本流入方面，还要考察资本流出方面，由于中国对资本流出实行长期较严格的管制，资本流出与流入不成比例，这是中国非储备性质金融账户长期顺差的重要原因之一。[③] 余永定和覃东海认为，尽管中国有大量外商直接投资流入，但实际上却是净资本输出国，资本输出量即为经常账户顺差，这是因为流入中国的外商直接投资以出口导向型为主，必然会带来经常账户和资本与金融账户顺差，因此中国的双顺差是中国长期推行外商直接投资优惠政策，特别是加工贸易产业优惠政策的结果。[④]

---

① 郑黎黎. 我国国际收支状况演变分析 ［J］. 中国金融，2018 (22).
② 郑黎黎. 我国国际收支状况演变分析 ［J］. 中国金融，2018 (22).
③ 岳柳汐. 我国国际收支失衡的影响因素分析 ［J］. 齐鲁学刊，2015 (2).
④ 余永定，覃东海. 中国的双顺差：性质、根源和解决办法 ［J］. 经济研究，2006 (3).

（三） 对中国外汇储备的规模适度性、 币种结构、 储备运营等问题的研究

根据国际收支平衡表，国际储备项是一个平衡项目，它等于经常账户余额、非储备性质金融账户余额及误差与遗漏项余额之和。外汇储备是中国国际储备的主体。如上文所述，在经常账户、储备性质金融账户持续"双顺差"时期，中国外汇储备余额持续快速攀升，最高接近 4 万亿美元。2014 年以来，在内外部环境影响下，非储备性质金融账户出现了 5 年的逆差，2020 年更是达到了 5383 亿元的逆差高点，与之相伴，中国外汇储备也从 2014 年历史高点回落，2018 年以来较为稳定地保持在 3.2 万亿美元左右。充足的外汇储备使我国支付进口、外债等相关警戒指标处于安全范围内，增强了中国应对外部冲击的能力。

中国学界对外汇储备的规模适度性、币种结构、储备运营等问题进行了研究。例如，高丰和于永达认为，考虑到外汇储备维护国家金融安全和稳定的需要，当前中国外汇储备的规模是适度的。[1] 罗素梅和周光友对中国最优外汇储备规模和适度区间进行了实证计量，结果显示当时中国最优外汇储备规模（最小规模）约为 16669 亿美元，理论规模（最大规模）约为 23580 亿美元，即当时中国外汇储备规模过大，超额储备约为 7147 亿美元。[2] 杨君轩和阮青松构建了多目标模型研究三种不同情境下我国外汇储备最优规模和结构，研究发现，在规模方面，中国外汇储备规模确实存在"规模超配"的问题，超额总量在 1.3 万亿~2 万亿美元之间；在结构方面，中国外汇储备应以债券和美元资产为主，债券和美元资产比例应保持在 60%~70% 之间[3]。

第六节　金融稳定理论

随着中国改革开放和社会主义市场经济建设深入推进，金融稳定对建设中国特色社会主义至关重要，金融稳定理论也成为中国宏观经济理论的重要组成部分。党的二十大报告明确提出，要"强化金融稳定保障体系""守住不发生系统性风险底线"。把习近平新时代中国特色社会主义思想贯彻落实到金融工作的各方面、全过程，其中很重要的一点就是要管控好金融风险，维护好金融稳定。上文曾对国外金融稳定理论进行了介绍。相对而言，中国学界对金融稳定的研究和探讨相对较晚。总体来看，中国金融稳定理论主要分为以下几个方面。

---

[1] 高丰，于永达. 中国外汇储备对经济的影响及适度规模分析 [J]. 金融与经济，2003 (6).
[2] 罗素梅，周光友. 外汇储备功能动态演变与最优规模 [J]. 管理科学学报，2020 (8).
[3] 杨君轩，阮青松. 多目标需求视角下的外汇储备资产配置策略优化 [J]. 同济大学学报，2020 (7).

一、金融稳定的概念、内涵及辨析

（一）金融稳定的概念

对于金融稳定，国内外学者还没有一个完全统一的定义。中国金融监管部门和学界普遍将"金融稳定"定义为金融体系在内外部冲击下平稳运行并实现其核心功能的一种状态。例如，中国金融稳定的主管部门——中国人民银行于 2005 年首次发布《中国金融稳定报告》，报告中将"金融稳定"定义为"金融体系处于能够有效发挥其关键功能的状态。在这种状态下，宏观经济健康运行，货币政策和财政政策稳健有效。金融生态环境不断改善，金融机构、金融市场和金融基础设施能够发挥资源配置、风险管理、支付结算等关键功能，而且在受到内外部因素冲击时，金融体系整体上仍然能够平稳运行。"根据 2022 年 4 月中国人民银行发布的《中华人民共和国金融稳定法（草案征求意见稿）》，维护金融稳定的目标是"保障金融机构、金融市场和金融基础设施持续发挥关键功能，不断提高金融体系抵御风险和服务实体经济的能力，防止单体局面风险演化为系统性全局性风险，守住不发生系统性金融风险的底线。"也就是说，草案中"金融稳定"的定义是"金融机构、金融市场和金融基础设施持续发挥关键功能，金融体系抵御风险和服务实体经济的能力不断提升，不发生系统性金融风险的状态。"

（二）金融稳定概念的内涵

综合各方面的研究，金融稳定概念的内涵包括以下内容：

（1）金融稳定是系统性概念，超越传统金融监管和金融风险处置中探讨的单个机构或市场的概念，要求整个金融体系能够稳定运行并发挥核心功能。

（2）出发点和落脚点在于服务实体经济，强调金融体系受到内外部冲击时不会损害实体经济运行。

（3）处理好改革、发展和稳定的关系。

（4）处理好局部和全局的关系，强调金融体系的整体稳定及其关键功能的正常发挥，注重防止金融风险跨行业、跨市场、跨地区传染，核心是防范系统性风险。

（5）处理好维护金融稳定和防范道德风险的关系。金融稳定并不追求金融机构的"零倒闭"，而是要建立一个能使经营不善的金融机构被淘汰出局的机制，加强市场约束，防范道德风险。

（6）处理好维护金融稳定和提高金融效率的关系。既要通过审慎监管降低金融体系的风险，又要避免出现监管过度使市场主体承担过高成本、抑制金融创新、阻碍金融效率提高的状况。

（7）动态评估金融稳定。金融体系相对稳定的时候，也要重视潜在风险，建立健全金融风险预警机制和金融安全网，及时处理风险苗头。

（8）全面考察影响金融稳定的各个层面。不仅强调金融机构和金融市场的稳定，而且关注宏观经济、金融基础设施和金融生态环境对金融稳定的影响。

（三）金融稳定与相近概念的辨析

金融稳定与金融风险、金融安全、金融消费者权益保护、金融健康等概念有一定的关联，需要进一步厘清其概念边界。

1. 金融稳定与金融风险

金融风险的有效管控是实现金融稳定的基础，但对微观个体金融风险的有效管控难以确保宏观的金融稳定。金融稳定要守住不发生系统性金融风险的底线。

2. 金融稳定与金融安全

金融安全可以认为是主权维度上的更全面的金融稳定，是一个主权国家的金融体系处于并有能力维持金融稳定的状态。或者说，金融安全包含金融稳定，金融稳定是金融安全的最重要组成部分。比如，一个国家处于金融稳定状态，但其可能遭受外国金融制裁或面临本国金融信息系统被攻击，那么该国的金融是不够安全的。

3. 金融稳定与金融消费者权益保护

金融消费者权益保护是金融稳定工作的重要内容。金融消费者的权益得不到保障，可能危及金融稳定，甚至危及社会稳定。为此，以存款保险制度为代表的消费者保护制度成为国际社会特别是发达国家最基础的保障政策之一。金融消费者权益保障的相关政策安排和制度法律往往也是金融稳定政策体系的重要组成部分。

4. 金融稳定与金融健康

"金融健康"是近年才引入中国的概念，它用于衡量个人、家庭、企业管理日常收支、准备未来发展、应对财务危机时掌控财务的能力。与身体健康一样，金融健康体现了经济主体在财务金融方面的良好状态。当经济主体金融亚健康或金融不健康成为普遍性问题时，宏观的金融稳定就可能受到冲击。

二、维护金融稳定的框架体系

维护金融稳定涉及经济金融工作的方方面面，需要协调处理多方面的关系，是一个系统性工程。结合中国具体实践，维护金融稳定的框架体系主要包括以下三个方面的内容。

（一）监测并分析金融风险，评估判断金融稳定形势，提出预警信息和处置预案

只有加强对金融风险的监测分析，密切跟踪宏观经济环境、金融市场、金融机构、金融基础设施和金融生态环境中的不稳定因素，才能掌握可能冲击金融稳定的风险因素及其变动情况。在此基础上，评估判断宏观经济环境、金融机构、金融市场、金融基础设施和金融生态环境对金融稳定的影响，及时提出预警信息和处置预案。这是维护金融稳定最重要的基础性工作，如金融稳定理事会定期对各国金融体系的脆弱性进行评估；中国人民银行自2005

年以来每年发布《中国金融稳定报告》等。

（二）根据评估和判断的结果，采取预防、救助和危机处置措施

根据评估和判断的结果，在金融运行处于稳定状态时，充分关注潜在风险，采取积极预防措施；在金融运行接近不稳定的临界状态时，积极采取救助措施，如对有系统性影响、财务状况基本健康、运营正常但出现流动性困境的金融机构提供流动性支持，并通过重组和改革，转换机制，促使这些机构健康运行；在金融运行已处于不稳定状态时，积极迅速采取危机处置措施，对严重资不抵债、无法持续经营的金融机构，按照市场化方式进行清算、关闭或重组，强化市场约束，切实保护投资者利益，维护经济和社会稳定。

（三）推动金融相关改革，建立健全金融稳定的责任分工和统筹协调机制

金融稳定并不能只局限于救助和处置问题金融机构，而要针对金融体系的薄弱环节，及时推动经济体制、金融机构、金融市场、金融基础设施和金融生态环境方面的改革，通过改革建立起维护金融稳定的长效机制。同时，金融稳定工作涉及面广、牵扯利益深，需要通过改革建立健全维护金融稳定的责任分工和统筹协调机制。

三、维护金融稳定的政策工具箱

金融稳定涉及面广，因此从广义角度看，几乎所有的金融管理政策都可以算是维护金融稳定的工具。如货币供应量、利率、汇率等传统货币政策工具，金融机构准入、资本监管、流动性监管、合规监管等微观审慎管理工具，支付体系、金融法治、消费者权益保护等金融基础设施和生态环境建设等，都是维护金融稳定政策工具箱的一部分。本书结合中国维护金融稳定相关工作的具体实践，从狭义和更具针对性的角度，介绍以下三个主要的政策工具，即宏观审慎监管、存款保险制度和金融集团监管。

（一）宏观审慎监管

如前所述，单纯防控微观金融个体的风险并不意味着不会发生系统性金融风险。也就是说，仅靠对微观个体的监管不一定能够实现金融稳定，于是国际学术界提出了宏观审慎监管的概念。1998 年 1 月，国际货币基金组织发表《建立稳健金融体系》报告，提出："持续有效的金融监管包括微观审慎和宏观审慎两个方面。"金融稳定理事会、国际货币基金组织和国际清算银行在 2011 年发布的《宏观审慎政策和工具报告》对宏观审慎政策进行了明晰的界定，即宏观审慎政策是指以防范系统性金融风险为目标，以运用审慎工具为手段，以及以必要的治理架构为支撑的相关政策。2008 年国际金融危机后，国际社会从"逆周期、防传染"的视角，重新检视和强化金融监管安排，完善分析框架和监管工具，强化宏观审慎监管在某种意义上已成为全球性共识。

一般认为，中国实施宏观审慎监管始于 2011 年中国银监会引入超额储备资本这一逆周期监管工具。其背景一是 2008 年国际金融危机后各国对金融监管的研究探讨和改革实践，

二是 2010 年中国实施稳健货币政策，商业银行为规避贷款规模限制，纷纷推出银信合作、信贷资产转让等影子银行业务，导致金融系统蕴含巨大风险隐患。2021 年 12 月 31 日，中国人民银行发布《宏观审慎政策指引（试行）》，标志着中国宏观审慎监管的政策框架正式确立。

从理论研究和监管实践看，中国宏观审慎监管主要包括逆周期监管和系统重要性金融机构监管两个方面。

1. 逆周期监管

逆周期监管针对系统性风险的顺周期特性，是为缓解金融体系顺周期性而设计并实施一系列监管措施，目的是有效防范化解系统性风险。

2008 年国际金融危机后，巴塞尔委员会先后于 2010 年 12 月和 2017 年 12 月发布了《增强银行和银行体系稳健性的全球监管框架》和《后危机改革的最终方案》两份《巴塞尔协议Ⅲ》框架文本，提出了逆周期监管的整体框架，强调了宏观审慎监管理念，形成了宏观审慎和微观审慎相结合的全新金融监管框架。

2011 年，为逐步与《巴塞尔协议Ⅲ》要求接轨，中国银监会发布了《中国银行业实施新监管标准指导意见》，并于 2013 年开始实施。该指导意见中引入了超额储备资本这一逆周期监管工具，且监管要求与《巴塞尔协议Ⅲ》保持一致，规定"留存缓冲资本"为风险加权资产的 2.5%。2020 年 9 月，中国人民银行、中国银保监会联合发布《关于建立逆周期资本缓冲机制的通知》，建立相当于逆周期超额资本监管要求的逆周期资本缓冲机制，包括具体计提方式、覆盖范围和评估机制等。但与《巴塞尔协议Ⅲ》关于逆周期超额资本为风险资产的 0~2.5% 的规定不同，我国根据自身系统性金融风险评估状况和新型冠状病毒疫情防控的需要，将逆周期资本缓冲比率初始设定为零。

2. 系统重要性金融机构监管

全球系统重要性金融机构规模大、复杂性高、与其他金融机构关联性强，在金融体系中提供关键的金融服务，对整个金融体系高效运行有着重要影响。在 2008 年国际金融危机中，西方国家通过提供担保、直接注资、购买问题资产等方式救助大型银行集团，付出了高昂的公共成本，不但增加了财政负担，还导致"太大而不能倒"的道德风险。2008 年国际金融危机后，如何解决"太大而不能倒"问题成为国际金融监管改革的重要议题。

中国对加强系统重要性银行的监管进行了积极探索。在对系统性重要银行的评估认定方面，2020 年 12 月，中国人民银行、中国银保监会联合发布《系统重要性银行评估办法》，明确了我国系统重要性银行评估认定的基本规则：第一，评估目的是识别认定我国系统重要性银行，并据此进行差异化监管，切实维护我国金融稳定。第二，评估方法是采用定量评估指标计算参评银行的系统重要性得分，再结合其他定量和定性信息作出监管判断。第三，评估流程为首先确定参评银行范围，收集参评银行数据，进行测算后提出初步名单，然后结合监管判断进行调整，报请有关部门审核确定后对外发布。第四，评估频率为每年评估并发布名单。2021 年 10 月，中国人民银行、中国银保监会发布我国系统重要性银行名单，按系统重要性得分由低到高分为五组，共 19 家银行，包括 6 家国有商业银行、9 家股份制商业银行和 4 家城市商业银行（见表 8－1）。

表 8－1 2021 年我国系统重要性银行

组别	该组银行
5	—
4	工商银行、中国银行、建设银行、农业银行
3	交通银行、招商银行、兴业银行
2	浦发银行、中信银行、民生银行、邮储银行
1	平安银行、光大银行、华夏银行、广发银行、宁波银行、上海银行、江苏银行、北京银行

在对系统重要性银行的监管方面，一是建立健全监管框架。2021 年 10 月，中国人民银行和中国银保监会借鉴国际金融监管的实践经验，并充分考虑我国银行业实际情况，联合发布了《系统重要性银行附加监管规定（试行）》，明确了国内系统重要性银行附加的监管要求，构建了我国系统重要性银行的监管框架。该规定共 22 条，明确对系统重要性银行实施包括附加资本要求、附加杠杆率等在内的附加监管指标要求，并明确规定系统重要性银行要制定集团层面的恢复和处置计划，提交中国人民银行牵头的危机管理小组审查。此外，还明确了包括信息报送与披露、风险数据加总和风险报告、公司治理等其他审慎监管要求。二是加强我国全球系统重要性银行总损失吸收能力建设，保障其具有充足的损失吸收和资本重组能力，以提高中国全球系统重要性银行服务实体经济和抵御风险能力，增强中国金融体系的稳定性和健康性。2021 年 10 月，中国人民银行、中国银保监会和财政部发布《全球系统重要性银行总损失吸收能力管理办法》，对我国全球系统重要性银行提出了损失吸收能力监管要求，构建了全面的损失吸收能力监管框架。2022 年 4 月，中国人民银行、中国银保监会发布《关于全球系统重要性银行发行总损失吸收能力非资本债券有关事项的通知》，在中国正式推出总损失吸收能力非资本债券这一创新型工具，进一步拓宽了中国全球系统重要性银行的总损失吸收能力补充渠道，也丰富了债券市场产品序列，具有重要的积极意义。

（二）存款保险制度

存款保险制度是防止挤兑、促进银行体系稳定运行的一项基础性制度安排，是现代金融安全网的重要组成部分。在多年深入调查研究和广泛征求意见的基础上，2015 年，《存款保险条例》正式实施，标志着中国正式建立起存款保险制度。

中国存款保险制度旨在加强对存款人的保护，推动形成市场化的风险防范和处置框架，建立维护金融稳定运行的长效机制，促进金融改革和银行业健康发展，目前这方面的作用正在逐步显现。在中国政府对包商银行等高风险中小银行风险处置的过程中，存款保险的很多功能得到有效发挥。随着风险差别费率、早期纠正、风险处置等核心机制逐步发挥作用，未来对存款类金融机构的市场约束更强，有助于及时防范和化解金融风险，进一步提升金融安全网的整体效能，助推金融业稳健发展。

（三）金融集团监管

金融集团由通过股权相连的法人实体组成，这些实体主要从事金融业务，且业务范围涉及银行、证券、保险三大金融子行业中的至少两个，这种跨（金融）行业经营的特性，使金融集团具有与一般金融机构所不同的风险特性——既面临集团内各金融子行业条线上的风险，又在整个集团层面上面临一些金融集团所特有的风险。这些风险特性要求监管部门加强对金融集团的监管，防范金融集团风险跨行业、跨区域传染，引发系统性金融风险。

目前，中国金融体系仍总体保持"分业经营、分业监管"的基本格局。但随着混业经营趋势凸显和金融集团的形成与发展，中国金融监管部门也在积极探索适应金融集团的监管模式。

2003 年，中国银监会、中国证监会和中国保监会召开了第一次监管联席会议，讨论通过《在金融监管方面分工合作的备忘录》，其中特别提出对金融集团监管的分工和协调机制。该备忘录规定，对金融集团控股公司（母公司）的监管实施主监管制度，即根据其主营业务性质来确定相应的主监管部门；同时，对金融集团子公司及其内设机构和业务的监管，仍按金融分业监管原则来实施。此外，备忘录还明确了各监管部门之间信息共享和相应工作联系机制。监管联席会议制度作为对金融集团监管的初步探索，具有非常重要的意义，但也存在金融集团主营业务认定困难、缺乏常设协调机构等问题。

2017 年 11 月，为加强金融监管协调，补齐监管短板，国务院设立金融稳定发展委员会，办公室设在中国人民银行。2018 年 3 月，根据国务院机构改革方案，原银监会和原保监会合并成立中国银行保险监督管理委员会，依法依规对全国银行业和保险业实行统一监督管理，维护银行业和保险业合法、稳健运行。这些监管机构的改革和监管职能的整合，在探索金融集团监管方面迈出重要一步。

2020 年 9 月，中国人民银行发布《金融控股公司监督管理试行办法》，同年 11 月正式实施。《金融控股公司监督管理试行办法》分为 7 章，共 56 条，从公司的设立和许可、公司治理、并表管理、风险管理、监管分工与协作等方面对金融集团的监管作出具体规定。根据该办法，由中国人民银行负责对金融控股公司实施并表监管和相关穿透监管，监控、评估、防范和化解金融控股公司整体层面的资本充足、关联交易、流动性等风险，维护金融体系整体稳定，并建立针对金融控股公司的统一监管信息平台和统计、报告制度，以及与中国银保监会、中国证监会等监管部门的信息共享机制。

2023 年 10 月 12 日发布的《中共中央办公厅　国务院办公厅关于调整中国人民银行职责机构编制的通知》中明确，将央行对金融控股公司等金融集团的日常监管职责划入国家金融监督管理总局，这也从另一个维度体现了功能监管理念。此次变革不是对原有监管架构的修修补补，而是着眼全局、整体推进，体现了系统性、整体性、重构性的变革，有望推动监管标准统一、监管效率提升。

本章小结

1. 中国宏观经济理论的主要内容包括基本经济制度理论、经济发展理论、通货膨胀理论、就业理论、对外开放理论和金融稳定理论。

2. 基本经济制度理论包括所有制理论、收入分配制度理论和社会主义市场经济体制理论等内容。

3. 所有制理论在坚持公有制为主体、多种所有制经济共同发展这一基本经济制度的基础上不断发展。党的二十大报告在坚持"毫不动摇巩固和发展公有制经济，毫不动摇地鼓励、支持、引导非公有制经济发展"方针的同时，进一步提出"推动国有资本和国有企业做强做优做大""依法保护民营企业产权和企业家权益，促进民营经济发展壮大"。

4. 基本分配制度是坚持按劳分配为主体、多种分配方式并存的分配制度。党的二十大报告进一步强调"分配制度是促进共同富裕的基础性制度。坚持按劳分配为主体、多种分配方式并存，构建初次分配、再分配、第三次分配协调配套的制度体系。"

5. 建立社会主义市场经济体制就是要使市场在社会主义国家宏观调控下对资源配置起决定性作用。党的二十大报告强调"构建高水平社会主义市场经济体制""要充分发挥市场在资源配置中的决定性作用，更好发挥政府作用"。

6. 中国经济发展理论包括经济发展战略理论、经济发展动力理论和宏观调控理论等内容。

7. 经济发展战略理论是一定时期国家经济如何发展的总体理论，包括经济发展方向、目标、路径选择等内容，它是经济发展的基本遵循。

8. 进入新时代，中国实施"坚持新发展理念，构建新发展格局，推动高质量发展"的发展战略。

9. 中国经济发展动力理论将"中国奇迹"的主要驱动因素归结为以下几个方面：一是高储蓄率所带来的资本要素的高积累，二是二元经济结构转换下的人口红利，三是技术进步和人力资本提升，四是稳步推进改革带来的制度红利。

10. 社会主义市场经济的宏观调控理论是中国宏观经济发展理论的重要组成部分。目前中国宏观调控主要手段有以下五个方面：一是制定发展战略和发展规划；二是实施财政政策和货币政策，并增强两者的协调性；三是就业优先政策；四是精准实施产业政策；五是强化宏观审慎监管，维护金融稳定。

11. 在治理20世纪90年代初的通货膨胀和90年代末期的通货紧缩等问题的过程中，理论界对导致这些波动的国内外因素进行了深入研究和分析，提出很多重要的对策建议，推动了中国通货膨胀理论的发展。

12. 就业是民生之本。坚持以人民为中心发展理念的中国宏观经济理论必然高度重视就业问题。中国就业理论的发展始终坚持以人民为中心，围绕不同阶段社会劳动就业状况和国家促进就业的政策举措开展研究和探讨，具有鲜明的人民性和时代性。

13. 中国是一个传统农业大国，农业人口占据相当大的比例。这样的特殊国情和体制决定了中国的就业理论具有鲜明的特色内容，即围绕城镇化、"三农"问题等城乡一体化发展战略来探讨促进就业的政策措施，并以此研究以就业促进经济社会的全面发展。

14. 对外开放是中国的基本国策，对外开放理论是中国宏观理论的重要组成部分。中国对外开放理论主要包括对外贸易理论、引进外资理论和平衡国际收支理论等。

15. 加入世界贸易组织前，中国对外贸易理论着重研究怎么认识对外贸易的作用、开展怎样的对外贸易以及应该匹配怎样的对外贸易管理体制等问题。

16. 加入世界贸易组织后，中国对外贸易理论着重研究转变对外贸易发展方式、积极发展服务贸易、防范和应对贸易摩擦等问题。党的二十大报告提出，"推动货物贸易优化升级，创新服务贸易发展机制，发展数字贸易，加快建设贸易强国"。

17. 改革开放之初，社会上对吸引外资的必要性及其可能的影响仍存疑虑，引进外资理论主要对引进外资的必要性和可行性进行了研究；随着引进外资工作逐步走上轨道，引进外资理论转向对吸引外资特别是外商直接投资对中国经济影响的研究上。20 世纪 90 年代以来，随着中国吸引外资数量和规模日益扩大，引进外资理论就当前外资规模是否适当、有无必要继续扩大外资引进等问题进行了讨论。

18. 进入新时代，针对国际投资环境和投资规则的变化，引进外资理论就如何统一投资制度营造更公正透明的投资环境、如何构建准入前国民待遇和负面清单管理相结合的外资管理体制、如何规范外资管理强化事中和事后监管等问题进行了深入研究，并进一步推进了相关领域的实践和政策出台。党的二十大报告提出，要"合理缩减外资准入负面清单，依法保护外商投资权益，营造市场化、法治化、国际化一流营商环境"。

19. 国际收支平衡表主要包括经常项目、资本和金融账户，因此，中国对外贸易和吸引外资方面的发展必然引起国际收支状况的变化。自 1982 年中国政府开始发布国际收支数据以来，国际收支经历了逆差、顺差交替到长期经常账户、资本账户双顺差再到当前国际收支基本保持平衡的过程，国际收支抗风险能力不断增强。

20. 中国学界结合不同阶段账户特点，对经常账户收支、非储备性质金融账户收支以及外汇储备的规模适度性、币种结构、储备运营等问题进行了深入研究，在促进国际收支平衡的同时，也大大推动了中国平衡国际收支理论的发展。

21. 随着中国改革开放和社会主义市场经济建设深入推进，金融稳定与发展对建设中国特色社会主义至关重要，金融稳定理论也成为中国宏观经济理论的重要组成部分。党的二十大报告明确提出，要"强化金融稳定保障体系""守住不发生系统性风险底线"。

22. 中国人民银行于 2005 年首次发布《中国金融稳定报告》，报告中将"金融稳定"定义为"金融体系处于能够有效发挥其关键功能的状态。在这种状态下，宏观经济健康运行，货币政策和财政政策稳健有效。金融生态环境不断改善，金融机构、金融市场和金融基础设施能够发挥资源配置、风险管理、支付结算等关键功能，而且在受到内外部因素冲击时，金融体系整体上仍然能够平稳运行。"

23. 金融稳定概念的内涵包括：一是金融稳定是系统性概念；二是出发点和落脚点在于服务实体经济；三是强调处理好改革、发展和稳定的关系；四是处理好局部和全局的关系，核心是防范系统性风险；五是处理好维护金融稳定和防范道德风险的关系；六是处理好维护金融稳定和提高金融效率的关系；七是要动态评估金融稳定；八是全面考察影响金融稳定的各个层面。

24. 金融稳定与金融风险、金融安全、金融消费者权益保护、金融健康等概念有一定的关联，需要进一步厘清其概念边界。

25. 结合中国具体实践，维护金融稳定的框架体系主要包括以下几个方面内容：一是监测并分析金融风险，评估判断金融稳定形势，提出预警信息和处置预案；二是根据评估和判断的结果，采取预防、救助和危机处置措施；三是推动金融相关改革，建立健全金融稳定的责任分工和统筹协调机制。

26. 中国维护金融稳定的主要政策工具包括宏观审慎监管、存款保险制度和金融集团监管等。

本章重要概念

基本经济制度　经济发展　通货膨胀　就业　失业　对外开放　金融稳定　所有制
收入分配　社会主义市场经济体制　按劳分配　新发展理念　新发展格局　高质量发展
经济发展动力　宏观调控　城镇化　城乡一体化　对外贸易　引进外资平衡国际收支
金融风险　金融安全　金融消费者权益保护　金融健康　宏观审慎监管　存款保险制度
金融集团监管

本章复习思考题

一、判断题

1. 经济发展战略理论是一定时期国家经济如何发展的总体理论，包括经济发展方向、目标、路径选择等内容。　　　　　　　　　　　　　　　　　　　　（　　）

2. 中国就业理论的发展始终坚持以人民为中心，具有鲜明的人民性和时代性。（　　）

3. 中国对外开放理论主要包括对外贸易理论、引进外资理论和平衡国际收支理论。

（　　）

4. "两个毫不动摇"方针是指"毫不动摇巩固和发展公有制经济，毫不动摇鼓励、支持、引导非公有制经济发展"。　　　　　　　　　　　　　　　　　（　　）

5. 基本分配制度是坚持按劳分配为主体、多种分配方式并存的分配制度。　（　　）

6. 坚持以人民为中心发展理念的中国宏观经济理论高度重视就业问题。　（　　）

7. 防控好每个金融机构的风险，自然就能实现金融稳定。　　　　　　　（　　）

8. 金融稳定定义为金融体系处于能够有效发挥其关键功能的状态。　　　（　　）

9. 维护金融稳定的出发点和落脚点在于服务实体经济。　　　　　　　　（　　）

10. 金融稳定和金融安全是联系紧密又有差异的概念。　　　　　　　　（　　）

二、单选题

1. 国际收支平衡表主要包括（　　　）。

A. 经常项目、资本和金融账户　　　　　B. 非储备性质金融账户

C. 国际收支账户　　　　　　　　　　　D. 顺差和逆差

2. 各国政府政策调节的主要目标之一是（　　　）。

A. 货币政策　　　B. 财政政策　　　C. 物价水平　　　D. 经济增长

3. 以下属于中国的基本国策的是（　　　）。

A. 计划生育　　　B. 对外开放　　　C. 金融稳定　　　D. 绿色发展

三、简答题

1. 简述基本经济制度理论的主要内容。

2. 简述经济发展动力理论的基本内容。

3. 简述中国就业理论的人民性。

4. 试进一步查找资料，简述理论界对中国外汇储备最适度规模的探讨。

5. 简述金融稳定与金融风险、金融安全、金融消费者权益保护、金融健康概念的区别和联系。

四、思考题

1. 结合你所了解或感兴趣的产业，谈谈如何贯彻落实"坚持新发展理念，构建新发展格局，推动高质量发展"的发展战略。

2. 试论长期国际收支双顺差可能给国内经济增长、物价、就业、金融稳定带来的影响。

第二篇

宏观经济核算理论和方法

第九章
宏观经济核算分析概述

各国或地区情况不同，宏观管理的政策目标不同，核算的方法也不尽相同，要对各国或地区宏观经济进行比较分析，需要制定国际核算标准。联合国等国际机构发布了《国民账户体系》（SNA），为各国或地区国民经济核算提供了国际准则。国际劳工组织（ILO）、国际货币基金组织针对物价、失业、金融稳定核算制定了更为详细的核算准则。核算是分析的基础。本章主要介绍《国民账户体系》的国民经济核算分析及与宏观经济核算分析的关系。

第一节　宏观经济核算分析的概念

宏观经济又称国民经济，对国民经济进行分析，称为宏观经济分析；对宏观经济进行核算，称为国民经济核算。当然，二者还是有区别的，我们在第四节将详细讨论。我们先从主要共同点谈起，把国民经济核算分析等同于宏观经济核算分析。国民经济核算分析是对一国经济运行及结果所进行的定量描述和分析。要弄清楚国民经济核算分析的概念，需要把握国民经济、国民经济运行和国民经济核算分析三个方面的内涵。

一、国民经济

经济按不同标志可以进行多种分类，如按经济活动的地域划分，可分为国际经济与国内经济；按经济活动的单体和整体划分，可分为微观经济与宏观经济等。

国际经济是指世界各国的经济活动。国内经济是指一个国家的经济活动。由于世界经济联系不断加强，研究一个国家的经济活动不可能不研究与其相关的其他国家的经济活动。

微观经济是指单个经济单位的经济活动。单个经济单位通常包括单个家庭、单个企业、单个金融机构、单个国家和单个市场。单个经济单位的经济活动是指单个家庭收入的取得和支配，单个企业的资源的筹措和使用，单个金融机构资金的筹措和使用，以及某一级的财政收支、单个国家与某国的进出口和融资、单个市场的供给和需求等。

国民经济是整体经济。所谓整体，从从事经济活动的主体来理解，包括上述从事各种经济活动的微观经济单位，我们可以将林林总总的微观经济单位分门别类后形成国民经济部门。宏观经济就是各单位、各部门经济活动的总和。从从事经济活动的内容来理解，宏观经济又包括上述各经济单位和部门从事的形形色色的经济活动即生产经营活动、商品交易活动、金融交易活动、消费活动、投资活动、收支分配活动、进出口贸易活动等的总和。这些活动互为因果，相互衔接，不断循环，形成了国民经济的运行或社会再生产过程。从这个角度来说，国民经济就是社会再生产各环节的总和。

国民经济是指一个国家或经济整体社会经济活动的总称，即经济各部门及这些单位部门活动内容的综合，是一个国家的整体经济。

二、国民经济运行

国民经济活动包括活动的主体即各部门及其活动，也包括活动的客体即活动的内容。下面我们就从经济部门（经济活动主体）的运行和社会再生产环节（经济活动客体）运行两方面来解释国民经济运行。

（一）经济部门的运行

经济单位林林总总，要对经济单位进行核算，需要对它们进行分类，即把经济目标、功能和行为相同的机构单位归入一个部门，即机构部门。机构部门可分为住户部门（这里包括为住户服务的非营利机构）、非金融企业部门、金融企业部门、政府部门和国外部门。我们依次从两个部门到五个部门来描述国民经济的运行。

首先，我们描述两个部门的经济运行。假定整个经济社会由住户部门和非金融企业部门构成。住户部门向非金融企业部门提供劳动、资本、土地和自然资源等生产要素，非金融企业部门用这些生产要素生产各种产品及提供各种服务。在商品经济条件下，住户部门向非金融企业部门提供生产要素，非金融企业部门为了换取这些要素向住户进行支付，这些支付构成了住户部门的收入；住户部门购买非金融企业的各种产品和服务，也必须进行支付，这些支付构成了住户部门的消费支出。两部门循环模式如图9-1所示。

非金融企业部门向住户部门支付生产要素报酬

| 住户部门 | 非金融企业部门 |

住户部门向非金融企业部门购买产品和服务

图9-1 两部门循环模式

其次，我们描述三部门经济运行。在上述两部门经济运行中，假设住户部门取得收入100亿元并未全部用于消费，而只消费了90亿元，剩余10亿元用于储蓄。住户部门少消费

10 亿元，非金融企业部门出售的产品和服务减少 10 亿元。为使这 10 亿元转化为投资，第三个部门——金融企业部门出现了。金融企业部门通过中介服务，或者提供金融市场服务，直接由非金融企业部门向住户部门发行证券，非金融企业部门筹集资金用于投资；或者住户部门将 10 亿元存入金融企业部门，金融企业部门再贷给非金融企业部门，非金融企业部门用于投资。三部门经济循环模式如图 9 - 2 所示。

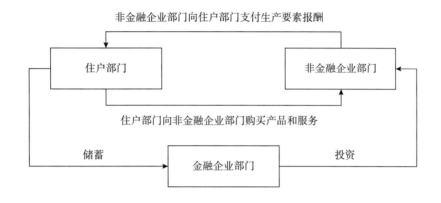

图 9 - 2 三部门经济循环模式

再次，我们描述四部门经济运行。在上述三部门经济运行中，可加入政府部门。因为经济运行需要政府发挥职能作用，如建立有效的法律框架，维护社会安全等。政府部门履行职能需要通过税收等手段筹集资金，以满足政府履职所必要的支出。四部门经济循环模式如图 9 - 3 所示。

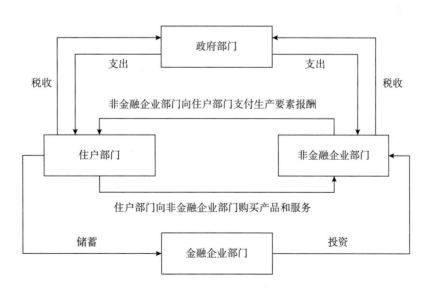

图 9 - 3 四部门经济循环模式

最后，我们描述五部门经济运行。五部门经济运行是在四部门经济运行的基础上，加上与国外的经济联系。国内各部门在实物与资金两方面与国外产生经济联系。例如，非金融企业部门需要从国外购进原材料用于生产，产成品也可能需要运往国外销售；资金方面也涉及与国外部门的借入或贷出。

（二）社会再生产环节的运行

由于研究问题的角度不同，对社会再生产环节运行会有不同的描述。一般国民经济的循环流程是从产品（货物和服务）的生产开始的，产品经过流通交换环节，最终用于消费或投资。生产者出售产品取得的收入用于人工成本支出、物质资料支出、资本的利息支出和缴税支出之外，形成净利润。我们把这个环节称为分配环节。这些价值分配后，最终还是止于使用。这四个环节之间的关系如图9－4所示。

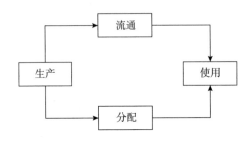

图9－4 社会再生产四个环节的关系

从运行形态上区分，我们把"生产—流通—使用"这一过程称为国民经济的"实物运行"。在这一过程中，社会产品的使用价值与价值运行相伴而行，方向相反。我们把"生产—分配—使用"这一过程称为国民经济的"价值运行"。在这一过程中，社会产品和价值已经与使用价值分离。两种运行在脱离生产过程之时相分离，又在使用环节相汇合。

我们在描述国民经济运行四环节的分配环节时已经指出，分配环节是将生产过程中形成的价值在劳动力、资本所有者、政府等部门之间进行分配。为了更详细地描述国民经济运行情况，我们还可以细化分配环节，如政府及金融企业部门在社会再生产分配环节的作用。这里我们仅列举金融企业部门在社会再生产分配环节中的作用。我们在描述三部门经济运行时指出，当经济主体的收入并未完全用于消费时，就出现了融资这一环节。虽然融资仍然属于社会再生产的分配环节，但为了更详细地描述国民经济的运行情况，我们把它作为分配环节的补充环节独立出来。这样国民经济循环关系如图9－5所示。

依此类推，将对外经济往来引入国民经济循环。国民经济的循环关系如图9－6所示。

我们在描述国民经济运行四环节时指出，各经济部门在经济活动中的活动内容各有侧重，比如非金融企业部门主要从事生产，住户部门主要从事消费，政府部门主要从事再分配等。

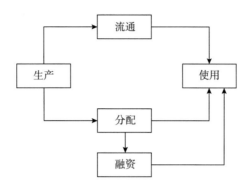

图9-5　国民经济的循环关系

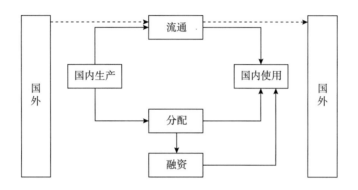

图9-6　国民经济的循环关系

《国民账户体系2008》从国民经济核算角度，将国民经济运行分为生产、分配、消费、积累四个阶段。生产是指将劳动、资本、货物和服务作为投入生产货物和服务的活动，是创造价值的过程，也是国民经济运行的首要环节；分配是指将生产创造的价值以各种收入形式分配给有关的参与者；消费是为了满足人民的生活需要而对货物和服务的使用过程；积累则是增加资产的过程。这四个阶段周而复始，形成国民经济循环过程。

三、国民经济核算分析

国民经济核算分析是指按照一定的核算规则对一国经济运行及其结果进行的定量描述和分析。

（一）国民经济核算分析的对象是一国经济运行总体情况

国民经济范围的基本定义：国民经济是由该国经济领土上的常住单位的活动组成的。

一国的经济领土是指由该国政府控制或管理的地理领土。如果一个机构单位在一国经济领土上拥有一定的活动场所（住宅、厂房或其他建筑物），从事一定规模的经济活动，并超过一定的时期（一般以一年为标准），就可以认为该单位在这个国家具有经济利益中心，是该国的一个常住单位，又称居民。只有常住单位的经济活动才是该国国民经济的组成部分。

（二）国民经济核算分析的基本内容是国民经济运行及其结果

国民经济既是机构部门经济活动的总和，又是经济活动各环节的总和。

首先，可以对国民经济各部门的经济活动进行核算分析，如核算分析非金融企业部门的生产活动，核算分析住户部门的收入和支出，核算分析政府部门的财政收支，核算分析金融企业部门的资金融入和融出，核算分析国外部门的进出口收支等。也可以根据需要核算分析某类国民经济机构部门，如核算分析政府部门的财政收支，可以扩大到广义政府，即在狭义政府的基础上，再加上非市场非营利机构部门，还可以扩大到公共部门，即在广义政府机构部门的基础上再加上公共公司。

其次，可以对国民经济运行各环节进行核算分析，如核算分析生产、分配、消费、积累等。也可以在各环节的基础上进行划分，如核算分析社会人口、资源环境、价格、投入产出等。

再次，既可以核算分析机构部门经济活动，又可以核算分析经济活动的各环节，并把二者结合起来，如产业的核算分析等。

最后，可以根据需要核算分析其他经济活动。除核算分析正规经济之外，还可以核算分析非正规经济等。

（三）国民经济核算分析是采用一定的核算方法对国民经济运行及其结果的描述和分析

国民经济核算分析描述和分析国民经济运行及其结果，这种描述和分析是通过数字来反映的。通过什么渠道获得资料，如何加工整理而成，就引出核算方法的问题。国民经济核算一般包括统计核算、会计核算和业务核算三种相互联系的核算方法。

统计核算需要设计统计指标，这些指标的数据或是通过全面调查，或是通过抽样调查等手段获取资料，然后经加工整理而成。统计指标的数据反映国民经济运行中的各经济部门或各经济活动的状况。

会计核算不仅指核算资料通过会计渠道获得，最主要的是指资料加工整理的方式，如采用复式记账互相勾稽的账户核算方式。国民经济核算体系就是国民经济账户体系，这实际是会计核算在国民经济核算中的运用。本书所指的国民经济核算就是国民经济账户体系的核算。

业务核算是适应各种业务管理而建立的技术核算。不同的业务有不同的业务技术核算。

随着技术的进步特别是计算机的运用，三种核算特别是统计核算和会计核算呈现混合甚至统一的趋势。

以上我们谈到的核算方法仅指获取渠道及整理方法。国民经济核算还涉及经济活动中交易的记录时间、记录方式、计价方法、数据整理加工等核算规则问题。

（四）　国民经济核算分析是对国民经济运行的定量描述和分析

国民经济核算是指通过数字定量描述国民经济运行及其结果。这里的数字大体分为绝对数和相对数。绝对数又分为流量和存量。流量是指一定时期的交易累计额，如 GDP 总额、投资总额、储蓄总额、消费总额等。存量是指在某一时点上的总存量，如某年末货币供应量，某时点上的财政余额等。流量是一个时期的数量，存量是一个时点的数量。相对数是两个绝对数的比较，如经济增长速度、价格指数等。这些相对数都是在这两类数量的基础上派生出来的。

第二节　宏观经济核算分析的基本框架

国民经济核算分析的目标是描述分析经济流量和存量。经济流量可以从不同的角度来理解。例如，一个人买了一块面包，这个流量的特征是谁（一个人），做了什么（买面包），和谁（面包房或超市），交换什么（硬币或纸币）。

现实要比上述情况复杂。在流量发生之前，卖者在他的店里已存有一定数量的面包。出售面包后，他的面包减少了但钱却多了。买者钱少了但买到了面包。同时还要考虑买卖两者在流量发生前和发生后的存量情况。这就又引出谁拥有什么？即存量变化如何描述的问题。除此之外，还要回答交易如何核算和记录的问题。总之，国民经济核算分析是对国民经济运行及其结果的系统描述和分析，这需要回答一些基本问题，具体见表 9-1。

表 9-1　　　　　　　　　　　国民经济核算分析需要回答的基本问题

序号	问题	回答
1	谁在做交易？	机构单位和机构部门
2	交易（和资产变化）是什么？	交易与其他流量（流量）
3	交易（和资产变化）存量是什么？	资产和负债（存量）
4	交易者与交易对象的其他方面？	产品和生产单位
5	交易和资产变化如何核算？	核算原则
6	机构部门流量和存量的整体核算？	国民账户体系

一、机构单位和机构部门

在交易中拥有资产和承担负债，能够独立从事经济活动和与其他实体进行交易的经济实体称为机构单位。机构单位是一个微观的概念，要实现对国民经济核算的要求，还需要对机构单位进行分类，把经济目标、功能和行为相同的机构单位归入一个部门，即机构部门。

机构单位分为常住单位与非常住单位或居民与非居民。常住单位是指在一国的经济领土内具有经济利益中心的机构单位。如果机构单位在一国经济领土上不具有经济利益中心，则为非常住单位。

常住单位一般分为非金融公司、金融公司、广义政府、住户、为住户服务的非营利机构五个部门。

非金融公司是指主要从事市场产品和非金融服务生产的机构单位。

金融公司是指主要从事包括金融中介在内的金融服务活动的机构单位。

广义政府是指除了履行政治义务和经济监管职能之外，主要基于非市场基础为个人或公共消费生产服务、对收入和财富进行再分配的机构单位。

住户是指由一个人或一群人组成的机构单位。经济中所有的自然人必须属于而且只能属于一个住户。住户的主要职能是提供劳动力，进行最终消费，充当企业主，生产市场产品和提供服务。

为住户服务的非营利机构是指主要从事面向住户或全社会的非市场服务生产的法人实体，其主要资源是志愿捐献。

在机构部门分类中，所有非常住单位放在一起组成一个部门，称为国外部门。对国外部门来说，不是记录它所有的经济流量和存量，而仅仅反映它与常住国机构单位的交易活动。

通过上述机构单位划分，部门一般归纳如下：非金融性公司、金融公司、广义政府、住户、为住户服务的非营利机构、国外。

二、交易与其他流量

（一）交易与其他流量的定义

机构单位承担着各种经济职能，包括生产、分配、消费、储蓄、投资等。机构单位从事大量的基本经济行为，这些行为可以归纳为各种经济流量，通过这些流量（工资、税收、固定资本形成等），创造、转换、交换、转移或清偿了经济价值。多数经济活动是按机构单位之间的相互协议发生的，我们称之为交易。还有些活动仅涉及一个机构单位，如自给性固定资本形成，我们称之为内部交易。

交易按有无货币参与分为货币交易与非货币交易，前者如产品买卖和缴税等，后者如由政府免费提供的教育服务等。

（二）交易与其他流量的主要类型

交易与其他流量按性质可以分为若干个类别。主要包括：

（1）产品和服务交易。它反映产品和服务的来源（国产或进口）与使用（中间消费、最终消费、资本形成或出口）。

（2）分配交易。它包括将生产创造的增加值分配给劳动力、资本、政府的交易，以及涉及收入和财富再分配的交易（如所得税、财产税和其他转移）。

（3）金融交易。它是指针对各种金融工具的金融资产净获得或者金融负债净发生。此类变化通常作为非金融交易的对应部分出现。纯粹的金融工具交易也属于金融交易，但或有资产和负债的交易不视为交易。

（4）其他积累项。它包括改变资产和负债的数量或价值但不属于前面几种类型的交易与其他流量。

三、资产和负债

资产和负债反映的是在一个特定时点上由一个单位或部门或经济总体所持有的资产和负债的存量。资产是所有权的归属，所有者可以通过持有它或使用它而获取经济利益。资产一般分为金融资产和非金融资产。金融资产与金融负债是相对应的。

四、产品和生产单位

产品是生产的成果。产品可用于交换和其他各种目的，可作为其他产品生产的投入，可作为最终消费品或投资品。机构单位可以生产不同的产品。这些产品生产过程依所消耗的材料和用品、所使用的生产设备和劳动力以及所采用的技术的不同而不同。为了更细致地研究产品的交易，我们需要对主要产品进行分类。为了详细研究生产和生产职能，有必要使用根据生产活动进行划分的生产单位的概念。一个单位除了其主要活动外，可能还包含次要活动，以主要生产活动划分的单位就是基层单位。

基层单位按其主要活动的相似性可以划分为不同的产业部门。基层单位还可以区分为市场生产者、为自己最终使用的生产者和非市场生产者。

五、核算原则

国民经济核算涉及如何根据期初存量和期间的流量核算出期末的存量，以及记账方法，记录时间，计价方法，加总、合并与轧差等核算基本问题。

1. 存量与流量

存量与流量的关系用公式表示为：期初存量 ± 期间总流量 ＝ 期末存量。

2. 记账方法

国民经济核算借鉴工商企业会计核算方式，以复式记账法为基础。每笔交易要根据所引起的资源流的不同性质同时记录两次，在两个地方予以核算加总，一次作为来源，另一次作为使用，两者在总额上相等。

3. 记录时间

在国民经济核算中，以权责发生制记录交易的时间，即以权益的形成或责任的发生为准，依据应收应付的原则记录交易。

4. 计价方法

国民经济核算基本计价原则是，尽可能按核算期的现行市场价格对有关的经济流量和存量进行估价。

5. 加总、合并与轧差

在国民经济核算中，需要对数据进行汇集，这就涉及加总、合并与轧差。加总是指对同一组机构单位，将它们彼此之间的资产与负债、所有流量与存量汇集起来，资产与负债不予抵销。合并是指同一组机构单位彼此之间的资产与负债互相抵销，只反映它们与外部的流量与存量。轧差只反映净额，这与总额反映是相对应的。某机构或部门可能在同一项目下，既有资产业务，又有负债业务。在国民经济核算中，对这些机构或部门的该项业务，既可取总额，也可取净额；取总额是双方同时核算反映，取净额是双方轧差核算反映。

六、国民账户体系

《国民账户体系》（SNA）采取账户的形式。这里的账户形式只是一个核算结构，真实的核算结果最终也可以采取报表的形式反映。核算的结构就是采取账户的形式，即对核算的内容分为不同的核算账户，如对生产、收入分配、收入使用各环节分别设置生产账户、收入分配账户和收入使用账户，分别核算生产、收入的分配和收入的使用。每个账户分为左方和右方，分别表示资源的使用和获得。每一个账户都有一个平衡项。全套账户序列或总的账户结构分为三类：经常账户、积累账户和资产负债账户。经常账户记录生产以及收入的分配和使用；积累账户记录资产和负债的变化及资产净值的变化，包括资本账户、金融账户、资产物量其他变化账户以及重估价账户；资产负债账户表述资产和负债以及资产净值的存量。所有国民账户构成了国民账户体系。

第三节　宏观经济核算体系

国民经济账户体系或宏观账户体系又称国民经济核算体系或宏观经济核算体系。它提供了国民经济核算和分析或宏观经济核算和分析的结构。

一、国民经济账户体系的概念

国民经济账户是借用会计账户形式说明国民经济核算结构的核算工具。要理解国民经济账户体系的内涵，我们首先从账户谈起。

（一）账户

账户通常指会计账户。经济主体活动的内容纷繁复杂，要想对这些活动内容进行识别和核算，首先需要对其进行科学、细致的分类，赋予不同的名称。这些分类核算的项目称为会计科目，如"库存现金""银行存款""固定资产"等，通过这些科目，可以明确地反映其记录和核算的项目，如"库存现金"记录核算现金情况，"银行存款"记录核算存款情况，"固定资产"记录核算固定资产。会计账户是对会计科目所反映的经济业务内容进行连续系统记录的一种工具。会计科目与账户之间既有联系又有区别。它们的共同之处在于两者的名称、内容和分类基本相同。两者的不同之处在于：会计科目没有结构，仅说明反映的经济内容，而账户具有一定的结构，能够反映特定内容的增减变动及其结果。

账户结构即账户由哪几个部分组成，每一部分反映什么内容。对于不同的记账方法，账户结构是不同的，即使是相同的记账方法，不同性质的账户结构也是不同的。但无论如何，经济业务发生，从数量上来分析，不外乎增加和减少两种情况。因此，账户的基本结构相应地分为两栏：一栏记录增加，另一栏记录减少。增减相抵后的差额为余额，分为期初余额和期末余额。期初余额、本期增加发生额、本期减少发生额和期末余额之间的关系可以用公式表示为

$$期末余额 = 期初余额 + 本期增加发生额 - 本期减少发生额$$

为便于表述，我们可以将分类账户简化为 T 形账户，如图 9 - 7 所示。在账户的左方记录增加发生额，右方则记录减少发生额，如图 9 - 8（a）所示；反之，在账户的右方记录增加发生额，左方则记录减少发生额，如图 9 - 8（b）所示。究竟哪一方记录增加发生额，哪一方记录减少发生额，取决于所采用的记账方法和账户所记录的经济内容。账户的余额方向一般与记录的增加发生额在同一个方向。

| 左方 | 账户名称 | 右方 |

图 9 - 7　账户示意图

复式记账法以"资产 = 负债 + 所有者权益"这一会计恒等式作为理论依据，对任何一笔经济业务都要在两个或两个以上相互关联的账户中以相等的金额予以记录。借贷记账法是以借贷为记账符号的一种复式记账法。采用借贷记账方法，每一个账户均设置"借方"与"贷方"两个相反的记账方向，一方反映账户的增加额，另一方反映账户的减少额。账户仍然分为左右两方，习惯上把左方称为借方，右方称为贷方，到底哪一方记录增加额，哪一方记录减少额，取决于账户的性质。账户的性质就是账户记录的主要内容，一般分为资产、负债及所有者权益、成本、损益类四种性质的账户。资产类账户的借方登记资产的增加额，贷方记录资产的减少额，余额一般在借方，表示余额的实有数（如图 9 - 9 所示）。

左方	账户名称	右方
期初余额增加额		减少额
本期增加发生额		本期减少发生额
期末余额		

（a）

左方	账户名称	右方
减少额		期初余额增加额
本期减少发生额		本期增加发生额
		期末余额

（b）

图 9 – 8　账户示意图

借方	资产类账户名称	贷方
期初余额 本期增加额		本期减少额
本期借方发生额		本期贷方发生额
期末余额		

图 9 – 9　复式记账的账户结构图——资产类

根据"资产 = 负债 + 所有者权益"这一会计恒等式，负债及所有者权益类账户的结构与资产类账户的结构正好相反，其贷方记录负债及所有者权益增加额，借方记录负债及所有者权益减少额，余额一般在贷方（如图 9 – 10 所示）。

借方	负债及所有者权益类账户名称	贷方
本期减少额		期初余额 本期增加额
本期借方发生额		本期贷方发生额
		期末余额

图 9 – 10　复式记账的账户结构图——负债及所有者权益类

成本类账户的结构与资产类账户相似，借方记录成本的增加，贷方记录成本的减少。如有余额，在借方反映。

损益类账户的结构与负债及所有者权益类账户相似，贷方登记增加额，借方登记减少额，这类账户通常无余额。

（二）国民经济账户

国民经济账户是记录国民经济活动主体的每一经济活动行为的账户。如前所述，国民经济既是经济运行环节活动的总和，也是机构部门经济活动的总和，这就需要分门别类地进行记录，需要设置相应的账户。每个账户与经济行为的某个特定方面相关。账户记录流量或存量，显示一个机构单位或一批单位所有的相应经济活动。一般地，账户记录的增加数量与减少数量未必相等，这就要引入一个平衡项。平衡项本身就是有关经济运行过程的有意义的测量指标。如果对经济总体计算平衡项，就会形成一系列重要的总量。

国民经济账户按经济活动的环节设置生产账户、收入分配账户和收入使用账户、资本账户、金融账户等，这里的经济活动环节与经济学意义的经济循环环节含义不同，如上所述，我们把它定义为经济行为的某个特定方面；记录机构单位和部门经济业务的存量，就要设置资产负债表，我们也把资产负债表视为账户；设置资产物量其他变化账户，记录不仅会导致资产负债的价值变化，而且会导致其物量变化的事件；按机构部门还设置非金融公司、金融公司、政府、住户、为住户服务的非营利机构和国外等机构部门账户。

国民经济账户是借用会计账户的形式来说明国民经济核算的结构，不一定就是发布结果时所使用的形式。国民经济账户是逻辑账户，是核算框架的分项，而会计账户是实际核算的分类工具。

国民经济账户和会计账户结构一样，也分为来源与使用两方，按照惯例，来源放在账户的右方，使用放在账户的左方，平衡项视账户性质而定。如生产账户左边记录中间消耗，右边记录总产出，二者的差额既是增加值，也是平衡项，记录在账户的左边。接下来我们介绍国民经济账户体系，还将对国民经济账户结构做详细介绍。

（三）国民经济账户体系

构成国民经济核算的各个账户的总和称为国民经济账户体系。如前所述，国民经济核算的核心是货物服务的生产，这些生产的货物服务既可能用于核算当期的消费，也可能积累起来留待以后使用。国民经济账户体系描述经济流量的途径是：划分经济体中不同机构单位，针对货物服务在生产和最终消费过程中从一个阶段到另一个阶段的相关交易来构造各个账户；描述经济存量的途径是构造资产负债表。

国民经济账户体系包括两部分内容：综合经济账户和核算体系的其他账户。综合经济账户包括机构部门账户以及经济总体的全系列账户。核算体系的其他账户包括供给使用表、金融交易和金融资产负债表等。机构部门账户主要有非金融公司账户、金融公司账户、广义政府账户、住户账户、为住户服务的非营利机构账户以及国外账户。经济总体的全系列账户主要有经常账户、积累账户和资产负债表。

经常账户记录生产以及收入的形成、分配和使用。除了第一个账户外，其他每个账户一开头都将上一个账户的平衡项记录在来源方。经常账户的最后一个平衡项是储蓄，它代表由国内或国外生产所产生的收入中没有被用于最终消费的部分。

积累账户记录资产和负债的变化以及资产净值。积累账户包括资本账户、金融账户、资产物量其他变化账户以及重估账户。积累账户显示两个资产负债账户之间的全部变化。

资产负债表描述资产和负债以及资产净值的存量。即使没有编制资产负债表，也有必要清晰地理解积累账户与资产负债表之间的理论关系，因为它关系到能否正确地理解积累账户。国民经济账户体系如图9-11所示。

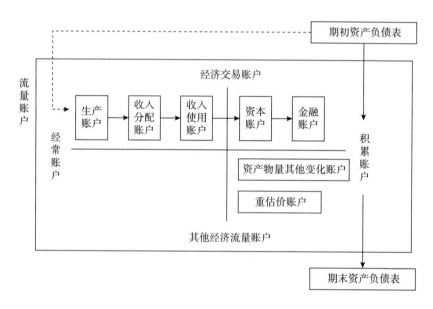

图9-11 国民经济账户体系的组成

在整个国民经济账户体系中，账户的结构是一致的。这种结构既适用于机构单位子部门、部门，也适用于经济总体。然而，有些账户可能与某些部门无关。类似地，并不是所有交易都与每个部门有关，如果有关，它们就构成某些部门的来源及其他部门的使用。

二、经常账户

经常账户包括生产账户、收入分配账户和收入使用账户。

（一）生产账户

生产账户（见表9-2）是国民经济综合账户体系的第一个账户，其来源方记录各机构部门或经济总体在一定核算期内生产的总产出，使用方记录各机构部门或经济总体在生产过程中所消耗掉的货物和服务（中间消耗）。总产出与中间消耗的差额即为增加值，它是生产账户的平衡项。生产账户并没有覆盖与生产过程相关的所有交易，仅覆盖了生产的成果（产出）和生产产出过程中所用掉的货物和服务（中间消耗）。中间消耗不包括固定资本折旧。后者作为一项单独的交易（固定资本折旧）来记录，折旧形成了平衡项总额和净额之间的差额。

产出要在基本价格和生产者价格之间作出估价方法的选择。不同的估价方法增加值所包含的产品税的程度是不同的。

所有机构部门都设有生产账户。但是，在机构部门的生产账户中，总产出与中间消耗只列出合计数，而没有按产品细分。

生产账户的平衡项是增加值。与经常账户的所有平衡项一样，增加值既可以是总额，也可以是净额。

表 9 – 2　　　　　　　　　　　　　　　　　　生产账户

使用	来源
	产出
中间消耗	
增加值	

（二）收入分配账户

收入分配和收入再分配过程非常重要，因此有必要区分收入分配的不同步骤，并在不同的账户中分别反映这些步骤。收入分配分为三个主要步骤：初次分配、再分配和实物收入再分配。

1. 收入初次分配账户

收入初次分配账户表述了增加值是如何分配给劳动力、资本和政府的。此外，必要时还会显示来自国外的流量和流向国外的流量。收入初次分配账户分解为两个子账户：收入形成账户、初始收入分配账户。

收入形成账户（见表 9 – 3）是生产账户的进一步延伸或者说细化，在收入形成账户中，记录了增加值如何分配给劳动力（雇员报酬）、资本和政府（生产和进口税减去生产和进口税补贴）。分配给资本的收入出现在该账户的平衡项中，即营业盈余或混合收入。

表 9 – 3　　　　　　　　　　　　　　　　　　收入形成账户

使用	来源
雇员报酬 生产和进口税与生产和进口补贴（－）	增加值
营业盈余 混合收入	

213

初始收入分配账户（见表9-4）表述收入初次分配的其余部分。它把营业盈余或混合收入作为来源。对于每个部门，该账户记录应收和应付的财产收入，对于住户部门还要记录应收的雇员报酬；对于政府部门还要记录应收的生产和进口税减去生产和进口税补贴。此类交易也可能出现在国外账户中。初始收入分配账户的平衡项是初始收入。

表9-4　　　　　　　　　　　　　　初始收入分配账户

使用	来源
财产收入	营业收入 混合收入 雇员报酬 生产和进口税与生产和进口税补贴（-） 财产收入
初始收入	

2. 收入再分配账户

收入再分配账户（见表9-5）是记录收入初次分配结束后，各部门通过转移完成收入再分配的账户，但政府和为住户服务的非营利机构的实物社会转移除外。以初始收入为起点，各部门一方面会支付各种经常转移，另一方面会获得经常转移。属于经常转移的项目主要包括向政府缴纳的所得税、社会保险计划的社会缴款和社会福利，以及其他各项经常转移。

经过收入再分配之后，形成各部门的可支配收入，作为收入再分配账户的平衡项。对住户部门来说，可支配收入是可以用作消费和储蓄的收入；对公司来说，可支配收入是支付所得税之后的未分配给权益所有者的收入。

表9-5　　　　　　　　　　　　　　初始再分配账户

使用	来源
	初始收入
经常转移 所得税和财产税等经常税 净社会缴款 实物社会转移以外的社会福利 其他经常转移	经常转移 所得税和财产税等经常税 净社会缴款 实物社会转移以外的社会福利 其他经常转移
可支配收入	

3. 实物收入再分配账户

在收入再分配的过程中，实物社会转移包括两部分内容：一是由政府和为住户服务的非营利机构提供的个人服务的非市场生产，二是由政府和为住户服务的非营利机构购买并免费或以非经济意义价格向住户转移的货物和服务。在实物再分配账户（见表9-6）中，实物社会转移的记录方式是：住户部门记录为来源、政府和为住户服务的非营利机构记录为使用，平衡项目是调整后可支配收入。

表9-6　　　　　　　　　　　　　实物收入再分配账户

使用	来源
实物社会转移	可支配收入 实物社会转移
调整后的可支配收入	

（三）　收入使用账户

收入使用账户有两种形式：可支配收入使用账户（见表9-7）和调整后可支配收入使用账户（见表9-8）。可支配收入使用账户把收入再分配的平衡项——可支配收入结转过来，记在来源方。调整后可支配收入使用账户则把实物收入再分配账户的平衡项——调整后可支配收入结转过来，记在来源方。对那些进行最终消费的部门（政府、为住户服务的非营利机构和住户）来说，这两个账户都反映了可支配收入或调整后的可支配收入是如何在最终消费和储蓄之间分配的。此外，对于住户和养老金而言，两个收入使用账户中还包括一个关于养老金权益的变化调整项。

表9-7　　　　　　　　　　　　　可支配收入使用账户

使用	来源
最终消费支出 养老金权益的变化调整	可支配收入 养老金权益的变化调整
储蓄	

表9-8　　　　　　　　　　　　　调整后可支配收入使用账户

使用	来源
实际最终消费 养老金权益的变化调整	调整后的可支配收入 养老金权益的变化调整
储蓄	

两个收入使用账户在来源方的区别取决于它们从上一个账户转过来的平衡项是什么。从使用方来看，二者的区别在于记录的是最终消费支出还是实际最终消费。可支配收入使用账户记录的是前者，调整后的可支配收入使用账户记录的是后者。

一个部门的最终消费支出包括围绕货物服务最终消费而发生的交易，该部门是这些消费支出的最终承担者。政府和为住户服务的非营利机构生产非市场货物和服务，记录在其生产账户中，中间消耗或雇员报酬记录为生产账户的使用。用这些非市场货物和服务产出的价值减去其以非经济意义价格出售产品得到的收入，结果就是这些生产者的最终消费支出。此外，这些单位最终消费支出也包括那些由政府和为住户服务的非营利机构购买的、不经任何改变而最终转移给住户的货物和服务。

住户的实际最终消费包括住户可实际用于个人消费的货物和服务，无论其支出最终由政府、为住户服务的非营利机构还是住户自己承担。政府和为住户服务的非营利机构的实际最终消费等于其消费支出减去实物社会转移，即集体消费。

从经济总体来看，可支配收入等于调整后的可支配收入，同时，最终消费支出等于实际最终消费。只有在考虑有关部门时，它们才存在差别。对每个部门来说，最终消费支出与实际最终消费的差别等于其提供或收到的实物社会转移。这个差异也等于可支配收入与调整后的可支配收入之间的差额。在两个收入使用账户中，记录在来源方的收入的差异等于记录在使用方的消费的差异，因此两个账户的储蓄额相等。

两个收入使用账户的平衡项是储蓄。储蓄是经常账户系列的终结。

三、积累账户和资产负债表

（一）积累账户

储蓄是经常账户的最后一个平衡项，因此其成为积累账户的起始项。积累账户包括两组账户，在储蓄和资本转移是资产净值变化的唯一来源的条件下，第一组积累账户记录与资产或负债以及资产净值的全部变化相对应的交易。它又分为资本账户与金融账户。区分这两个账户是为了显示在经济分析中很有用的一个平衡项，即净贷出或净借入。第二组积累账户记录由其他原因导致的资产、负债和资产净值的变化。

1. 资本账户

资本账户（见表9-9）记录与非金融资产获得有关的交易，以及涉及财富再分配的资本转移。账户右方记录净储蓄、应收资本转移以及应付资本转移，从而得到由储蓄和资本转移引起的资产净值变化。资本账户的使用方包括非金融资产投资的各种形式。固定资本消耗是固定资产的负变化，因此在账户左方以负号记录。在账户的同一方记录固定资本形成总额减固定资本消耗，相当于记录固定资本形成净额。资本账户的平衡项如果是正值，就称为净贷出，衡量一个单位或一个部门直接或间接地借给其他单位或部门的资金数额；如果是负值，就称为净借入，衡量一个单位或部门不得不从其他单位或部门借入的资金数额。

表9－9 资本账户

资产变化	负债和资产净值变化
	储蓄
固定资本形成总额	
固定资本消耗（－）	
存货变化	
贵重物品的获得减处置	
非生产资产的获得减处置	应收资本转移（－）
	应付资本转移（＋）
净贷出（＋）/净借入（－）	由储蓄和资本转移引起的资产净值变化

2. 金融账户

金融账户（见表9－10）按照金融工具类型记录金融交易。账户左方记录的交易反映金融资产的净获得，账户右方记录的交易反映负债的净发生，平衡项目还是净贷出或净借入，不过这里出现在账户的右方。原则上资本账户和金融账户计算的净贷出或净借入应当相等。但在实践中，实现这种恒等关系是编制国民经济账户时遇到的最棘手的问题之一。

表9－10 金融账户

资产变化	负债和资产净值变化
	净贷出（＋）/净借入（－）
金融资产净获得	金融负债净发生
货币黄金与特别提款权	货币黄金与特别提款权
通货与存款	通货与存款
债务性证券	债务性证券
贷款	贷款
股权与投资基金份额	股权与投资基金份额
保险、养老金和标准化担保计划	保险、养老金和标准化担保计划
金融衍生工具和雇员股票期权	金融衍生工具和雇员股票期权
其他应收/应付款	其他应收/应付款

3. 资产物量其他变化账户和重估价账户

资产物量其他变化账户记录各种异常事件的影响，这些事件不仅会导致资产和负债价值的变化，而且会导致资产和负债物量的变化。例如，战争和地震以及分类和结构的变化都会导致资产负债数量的变化。重估价账户记录核算期初或资产负债进入存量之时到资产负债退出存量之时或者到核算期末的时期内，资产和负债价格变化导致的资产或负债价值的变化。

（二）资产负债账户（资产负债表）

资产负债账户（见表9－11）是记录存量的账户，分为资产与负债和净值两方。记录的内容分为期初存量、交易和其他流量以及期末存量三个部分，平衡项为资产净值。

表 9－11 资产负债账户

资产存量及其变化	负债存量及其变化
期初存量 非金融资产 　生产资产 　非生产资产 金融资产/负债	期初存量 非金融资产 　生产资产 　非生产资产 金融资产/负债
	资产净值
交易和其他流量总额 非金融资产 　生产资产 　非生产资产 金融资产/负债	交易和其他流量总额 非金融资产 　生产资产 　非生产资产 金融资产/负债
	资产净值变化总额 　储蓄和资本转移 　资产物量其他变化 　名义持有损益
期末存量 非金融资产 　生产资产 　非生产资产 金融资产/负债	期末存量 非金融资产 　生产资产 　非生产资产 金融资产/负债
	资产净值

四、账户的综合表述和账户体系的其他部分

我们讨论前面介绍的账户的综合表述以及账户体系的其他部分，以期对账户体系有一个完整的概念。

（一）综合经济账户

现在我们可以把前面介绍的不同账户融合在一起，形成综合经济账户（见表 9－12 和表 9－13）。表 9－12 是整套经常账户的综合表述。该表是前面介绍的表 9－2、表 9－3、表 9－4、表 9－5 和表 9－7 的叠加。在表 9－12 中，交易和其他流量以及平衡项被放在表的中间，左边列示其使用，右边列示其来源。可根据需要对表的列进行整合和分解，这里简化只列出四列：经济总体（非金融公司、金融公司、政府、为住户服务的非营利机构和住户）的合计、国外、货物和服务、前三列的合计。最后一列没有什么经济意义，但它是保证表的完整性和

一致性的方式，因为每一行的左方合计与右方合计必须相等。

表 9 – 12　　　　　　　　　　　整套经常账户的综合表述

使用				交易和平衡项	来源			
经济总体	国外	货物和服务	合计		经济总体	国外	货物和服务	合计
				货物和服务进口 　货物进口 　服务进口 货物和服务出口 　货物出口 　服务出口 　　　　生产账户 总产出 　市场产出 　为自己最终使用的产出 　非市场产出 中间消耗 产品税 产品补贴（－）				
				总增加值/国内生产总值 固定资本消耗 净增加值/国内生产净值 对外货物和服务差额				
				收入形成账户 总增加值/国内生产总值 净增加值/国内生产净值 雇员报酬 生产税和进口税 　产品税 　其他生产税 补贴 　产品补贴 　其他生产补贴				
				营业盈余总额 混合收入总额 营业盈余中的固定资本消耗 混合收入中的固定资本消耗 营业盈余净额 混合收入净额				

使用				交易和平衡项	来源			
经济总体	国外	货物和服务	合计		经济总体	国外	货物和服务	合计
				初始收入分配账户 营业盈余总额 混合收入总额 营业盈余净额 混合收入净额 雇员报酬 生产税和进口税 补贴 财产收入				
				初始收入总额/国民总收入 初始收入净额/国民净收入				
				收入再分配账户 初始收入总额/国民总收入 初始收入净额/国民净收入 经常转移 所得税和财产税等经常税 净社会缴款 实物社会转移以外的社会福利 其他经常转移				
				可支配收入总额 可支配收入净额				
				可支配收入使用账户 可支配收入总额 可支配收入净额 最终消费支出 养老金权益变化				
				总储蓄 净储蓄 对外经常差额				

表9-13是整套积累账户和资产负债账户的综合表述，左边列示资产或资产的变化，右边列示负债或负债和资产净值的变化。

表 9 - 13   **整套积累账户和资产负债账户的综合表述**

资产变化				交易和平衡项	负债和资产净值变化			
经济总体	国外	货物和服务	合计		经济总体	国外	货物和服务	合计
				资本账户 净储蓄 对外经常差额 资本形成总额 资本形成净额 固定资本形成总额 固定资本消耗 按资产类型的固定资本消耗 存货变化 贵重物品获得减处置 非生产资产获得减处置 应收资本转移 应付资本转移（－）				
				由储蓄和资本转移引起的资产净值变化 净贷出（＋）/净借入（－）				
				金融账户 净贷出（＋）/净借入（－） 金融资产/负债净获得 　货币黄金与特别提款权 　通货和存款 　债务性证券 　贷款 　股票与投资基金份额 　保险、养老金和标准化担保计划 　金融衍生工具和雇员股票期权 　其他应收/应付款				
				其他流量 　资产物量其他变化账户 物量其他变化总计 　生产资产 　非生产资产 　金融资产/负债				

续表

资产变化				交易和平衡项	负债和资产净值变化			
经济总体	国外	货物和服务	合计		经济总体	国外	货物和服务	合计
				由资产物量其他变化引起的资产净值变化 　　　重估价账户 非金融资产 金融资产/负债				
				由名义持有损益引起的资产净值变化 中性持有损益 非金融资产 金融资产/负债				
				由中性持有损益引起的资产净值变化 实际持有损益 非金融资产 金融资产/负债				
				由实际持有损益引起的资产净值变化 　　负债存量及其变化 　　期初资产负债账户 非金融资产 金融资产/负债				
				资产净值				
				资产和负债变化总额 非金融资产 金融资产/负债				
				资产净值变化总额 储蓄和资本转移 资产物量其他变化 名义持有损益 　中性持有损益 　实际持有损益				
				期末资产负债账户 非金融资产 金融资产/负债				
				资产净值				

表9-12和表9-13共同构成综合经济账户。它提供了包括资产负债账户在内的经济总体账户的完整图像，对各主要经济关系及其主要总量进行了表述。另一种方法是图示法（见图9-12），它同样也是展示账户体系的方式。

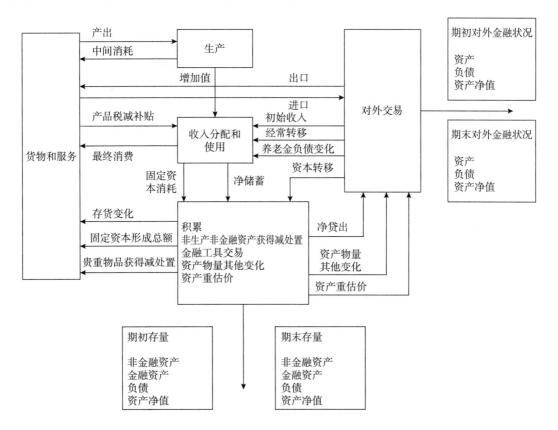

图9-12　经济总体的综合经济账户

（二）国外账户

国外账户记录常住机构单位与非常住机构单位之间发生的交易，以及有关的资产和负债的存量。

国外账户是从国外的角度设置的。国外的来源是该经济总体的使用，反之则相反。平衡项为正值，表示国外有盈余，而该经济总体则是赤字，平衡项目为负值则含义相反。

（三）货物和服务账户

在综合经济账户中，左右两方都列示了货物和服务。通过这两列记录机构部门账户中的各种货物和服务交易。机构部门账户的货物和服务的使用记录在右方的货物和服务列下；机构部门账户的货物和服务的来源记录在左方的货物和服务列下。在表的来源方，货物和服务纵列中显示各部门及国外记录为使用的对应部分：出口、中间消耗、最终消费、固定资本形成总额、存货变化以及贵重物品获得减处置。在表的使用方，货物和服务纵列显示各部门及国外记录为来源的对应部分：进口和产出。货物和服务账户非常重要，它是人们对 GDP 进行定义的基础。

（四）账户核算中的总量指标

账户核算体系中的总量指标，如增加值、收入、消费和储蓄等，都是为了反映经济总体的某类活动而测算的综合价值，它们是宏观经济分析使用的重要指标。

有些总量指标可以通过加总账户体系中的某些特定交易而直接得到，如最终消费、固定资本形成总额等。有些总量指标可以通过加总机构部门的平衡项而得到，如增加值、初始收入、可支配收入和消费等。表 9 – 14 概括了账户体系中的总量指标。

表 9 – 14　　　　　　　　　　账户体系中的主要总量指标

账户	平衡项	主要总量
经常账户		
生产账户		
生产账户	增加值	国内生产总值
收入分配账户		
收入初次分配账户		
收入形成账户	营业盈余	
	混合收入	
初始收入分配账户	初始收入	国民收入
业主收入账户	业主收入	
其他初始收入分配账户	初始收入	
收入再分配账户	可支配收入	国民可支配收入
实物收入再分配账户	调整后的可支配收入	
收入使用账户		
可支配收入使用账户	储蓄	国民储蓄
调整后可支配收入使用账户	储蓄	
积累账户		
资本账户	净贷出（＋）/净借入（－）	
金融账户	净贷出（＋）/净借入（－）	
资产其他变化账户		
资产物量其他变化账户		
重估价账户		
资产负债表		
期初资产负债表	资产净值	国民财富
资产和负债变化	资产净值变化	
期末资产负债表	资产净值	国民财富
资产净值变化的原因		
资本账户	由储蓄和资本转移引起的资产净值变化	
资产物量其他变化账户	由资产物量其他变化引起的资产净值变化	
重估价账户	由名义持有损益引起的资产净值变化	

（五）账户体系的其余部分

除上面介绍的主要部分外，账户体系还包括核心供给使用表及其他投入产出表、金融交易与金融资产和负债表、完整的资产负债表和资产负债账户、人口与劳动力投入表等。

第四节　宏观经济核算分析的内容

前面我们讨论宏观经济核算分析的概念、宏观经济核算分析的框架及宏观经济核算体系时，把国民经济核算分析等同于宏观经济核算分析。我们在讨论宏观经济核算分析的内容时，需要详细讨论二者的联系和区别。

一、国民经济核算分析的主要内容

国民账户体系是国民经济核算的结构，它既可以按机构部门分类，也可以按经济活动的环节设置，但它是主要围绕 GDP 核算这一主线而展开的。这些我们在上一节已经做了介绍。最能反映国民经济核算的主线的是"整套经常账户、积累账户和资产负债表的综合表述"（见表 9 – 12 和表 9 – 13）以及"账户体系中的主要总量指标"（见表 9 – 14）。在实际宏观经济核算分析中，包括实际部门的核算分析（按经济活动设置账户与分析）、财政账户与分析（以政府机构部门为主设置账户与分析）、国际收支账户与分析（以国外部门为主设置账户与分析）、货币账户与分析（以金融公司为主设置账户与分析）、资金流量账户与分析（对金融账户的分析）等。

（一）实际部门的核算分析

实际部门是生产、消费、投资等经济活动的主体。实际部门账户与分析的主要内容包括：一是明确分析宏观经济总量指标的含义，如总产出、增加值、消费、投资、净出口、国内生产总值（GDP）、国民收入、国民可支配收入、国民总储蓄等指标，并利用账户分析各种指标之间的关系。二是核算 GDP，分析影响 GDP 增长的因素。用生产法（GDP 为各单位增加值之和）、收入法（GDP 为雇员收入、企业盈余总额、生产税或生产补贴三项之和）、支出法（GDP 为消费、投资和进出口差额三项之和）分别核算 GDP。通过生产法核算 GDP 可以分析各部门对 GDP 的贡献度；通过收入法核算 GDP 可以分析雇员收入、企业盈余总额、生产税或生产补贴对 GDP 的影响及各项目本身的变化；通过支出法核算 GDP 可以分析消费、投资、进出口对 GDP 的影响及三项目本身的变化。通过 GDP 与上年相比，可以计算经济增长速度，经济是否稳定增长，是什么原因造成的。通过这部分分析，可以对上述问题勾画出一个轮廓。三是核算价格并进行分析。但这个价格核算建立在货币价值不变的基础上，其核算总的物价水平变化情况，分析物量变化和价格变化对总的物价的影响程度，它服务于 GDP 的核算。四是核算人口和劳动投入，并分析其对 GDP 的影响。通过上述核算与分析，我们对 GDP 变化情况有了大体的了解。

（二）财政账户与分析

财政账户与分析的主要内容包括：一是介绍财政核算框架，包括政府部门的定义、政府运营情况表、其他经济流量表、资产负债表、现金来源和使用表及广义政府财政概要等；二是财政收支平衡的分析，包括政府储蓄与投资缺口的计算与分析、财政失衡的衡量、赤字融资分析及财政政策可承受性分析；三是财政收入的分析，主要包括财政收入规模分析、税收弹性和税收增长率分析、税收制度的评价和税收努力的分析；四是财政支出的分析，主要包括财政支出结构的分析、财政支出政策的分析以及财政收支对宏观经济影响的分析。通过上述核算与分析，我们对财政收支状况、财政收支对宏观经济的影响、财政政策的适度及调整有了大体的了解。

（三）国际收支账户与分析

国际收支账户与分析的内容包括：一是介绍国际收支的概念框架，包括国际收支的概念、国际收支的账户项目构成（经常账户、资本和金融账户）和国际投资头寸等。国际收支概念框架即国际收支核算框架，既是国际收支账户分析的一部分，又是其分析的基础。二是国际收支平衡的分析。首先要明确对外经济是否平衡的判断指标，这就要区分对外经济活动中的自主决定项目和政策决定的交易项目，分别分析贸易差额、经常账户差额和总体差额，为下一步分析造成这种差额的原因打下基础。其次分析经常账户。分析经常账户差额同储蓄与投资的关系；分析贸易账户中贸易结构、贸易政策对贸易账户的影响；最后分析服务、收入和转移的变动及影响因素。三是储备与外债的分析。首先分析资本和金融账户与经常账户的关系，其次分析外国投资的结构（不包括借债）及变化因素，再次分析外债规模及影响因素，最后分析储备资产的适度性。通过国际收支账户的核算与分析，我们对国际收支是否平衡及影响因素等有了大体的了解。

（四）货币账户与分析

货币账户是主要反映金融机构金融资产和负债活动的账户。货币账户与分析的主要内容包括：一是介绍货币账户的核算框架，包括金融机构体系的分类、金融资产的分类、会计统计的原则、资产负债表、货币概览和金融概览的编制等。二是中央银行资产负债表和货币部门概览的编制与分析，包括中央银行资产负债表的特殊意义、构成及主要项目的分析等；货币部门概览的特殊意义、构成及主要项目的分析等。三是货币市场均衡的分析，包括货币概念、货币供给形成、货币需求（货币数量论）、货币供求状况的分析以及货币分析中的一些特殊问题等。

（五）资金流量账户与分析

资金流量账户是反映国民经济中各机构部门账户相互之间资金联系的综合账户。资金流量账户与分析的主要内容包括：一是介绍宏观经济账户之间的基本关系，包括整个经济缺口即储蓄与投资差额与实际部门账户、财政部门账户、货币部门账户、国际收支账户之间的关系，为建立资金流量账户框架打下基础。二是介绍资金流量框架，包括资金流量账户的特征、记账惯例、账户的框架等。三是资金流量分析，包括资金缺口的分析、部门融资的分析、非金融差额的分析、对外失衡的分析、财政失衡的分析等。

国民经济核算与分析的内容也可归纳为实物核算与分析（包括实际部门和国际收支账户与分析）和资金核算与分析（政府部门、货币部门、资金流动账户与分析）。

二、宏观经济核算分析的主要内容

宏观经济核算分析的是影响宏观经济总量的变化指标，包括经济增长、价格、就业与失业、国际收支、金融稳定的核算与分析。

（一）经济增长的核算与分析

经济增长的核算与分析的主要内容包括：核算本期 GDP 总额，并与比较期的总额对比，计算增长幅度；进行 GDP 结构影响分析（核算分析各部门对 GDP 的贡献度；核算分析雇员收入、企业盈余总额、生产税或生产补贴对 GDP 的影响及各项目本身的变化；核算分析消费、投资、进出口对 GDP 的影响及三项目本身的变化）；与总资金账户与分析（政府账户与分析、货币账户与分析、资金账户与分析）结合，核算分析 GDP 增长与总供给与总需求的关系，为保持经济稳定增长提出政策主张。

（二）价格的核算与分析

价格的核算与分析的主要目的是核算与分析通货膨胀状况。它与国民经济核算分析中的价格核算与分析不同：国民经济核算分析中的价格核算与分析假定货币价值已定，核算分析货物和服务的物量变化和价值变化对总的价格的影响；而宏观经济核算分析的价格核算与分析假定货物和服务的价值已定，核算与分析货币价值的变化导致价格总水平的变化，是对通货膨胀的核算与分析。通过价格反映通货膨胀的价格指数包括消费者价格指数（CPI）、生产者价格指数（PPI）、GDP 平减指数。通过对三个价格指数的核算，结合其他宏观经济变量的分析，分析影响价格变动的主要因素，判断价格变动的趋势，为稳定价格提出政策主张，这就是价格核算与分析的主要内容。

需要指出的是，分析影响价格变动的主要因素，离不开对总供给与总需求的分析，而总需求的分析又离不开对总资金账户（政府部门、货币部门、资金流动账户）的核算与分析。总资金账户核算的变量如货币供应量等虽然不是反映经济变化的最终变量，但它们是中间变量。这些中间变量也应纳入宏观核算分析的内容之中。

（三）就业与失业的核算与分析

就业与失业的核算与分析的主要内容包括：核算就业与失业率，结合其他宏观经济变量分析，分析影响就业与失业的主要因素；分析就业与失业率对整个宏观经济变量的影响，为实现充分就业提出政策主张。

（四）国际收支的核算与分析

国际收支的核算与分析的主要内容包括：核算国际收支项目，分析判断国际收支平衡情况；进行结构分析（分析经常项目和资本项目的变化及其影响因素）；结合其他宏观经济核算分析，分析影响国际收支平衡的主要因素及国际收支平衡情况对宏观经济的影响，为保持国际收支平衡提出政策主张。

（五）金融稳定的核算与分析

金融稳定的核算就是编制一整套金融稳健指标，为金融稳定分析提供数据支持。金融稳定分析就是对金融稳健指标所开展的宏观经济监督和分析。金融稳定的核算与分析的主要内容包括：（1）金融稳健指标的编制。首先确定金融稳健指标体系，金融稳健核算要反映宏观经济运行对金融系统产生的系统性风险，国际货币基金组织确定了40项指标，分为核心指标（12项）和鼓励类指标（28项），涉及存款机构部门、其他金融公司部门、非金融公司部门、住户部门、金融市场和房地产市场等部门和市场；其次确定编制方法，主要运用汇总和合并的方法；最后进行指标的编制，确定数据的收集渠道，对数据进行整理，编制金融稳健指标体系。（2）进行金融稳定分析。金融稳定分析的框架包括以下四个组成部分：①评估金融部门遭受冲击的风险；②利用稳健指标评估金融部门对冲击的脆弱性，评估非金融部门的状况，监测信用、流动性和市场风险导致的金融部门脆弱性，评估金融部门吸收损失的能力；③分析各种宏观金融的联系，以了解对宏观经济状况、债务可持续性产生的影响以及对金融部门中介能力的破坏；④监督宏观经济状况，以评估冲击对宏观经济发展和债务可持续性的影响。这个分析框架仍在完善中。

三、宏观经济核算分析与国民经济核算分析的关系

从前面分别介绍的国民经济核算分析和宏观经济核算分析的主要内容中可以发现，国民经济核算分析的重点是核算，分析是对核算的补充说明；宏观经济核算分析的重点是分析，核算是基础。宏观经济核算分析的覆盖面要比国民经济核算分析广些。无论是在研究还是实践中，二者都有着相同的趋势。宏观经济核算分析中一些比较成熟的成果也会纳入国民经济核算分析的内容之中。SNA自1953年发布以来，进行了三次系统性的修订（1968年、1993年、2008年），引入"国际收支统计"，延伸了不同的专题等，使其成为一国进行宏观核算和分析的必备工具。

本章小结

1. 宏观经济等同于国民经济。国民经济核算分析是按照一定的核算规则对一国经济运行及其结果情况所进行的定量描述和分析。

2. 国民经济核算分析是对国民经济运行及结果的系统的描述和分析。这个系统要回答下列基本问题：（1）谁在做交易？——机构单位和部门；（2）交易（和资产变化）是什么？——交易和其他流量（流量）；（3）交易（和资产变化的）存量是什么？——资产和负债（存量）；（4）交易者与交易对象的其他方面？——产品和生产单位；（5）交易和资产变化如何核算？——核算规则；（6）机构部门流量和存量的整体核算？——国民账户体系。这也是国民经济核算分析的框架。

3. 国民经济账户体系提供了国民经济核算和分析的结构。国民账户是记录国民经济活动主体的每一经济活动行为的账户。构成国民经济核算的各个账户的总和称为国民经济账户体系，它包括两部分内容：综合经济账户和核算体系的其他账户。综合经济账户包括机构部门账户以及经济总体的全系列账户。核算体系的其他账户包括供给使用表、金融交易与金融资产负债表等。机构部门账户主要有非金融公司账户、金融公司账户、广义政府账户、住户账户、为住户服务的非营利机构账户以及国外账户。经济总体的全系列账户主要有经常账户、积累账户和资产负债表。

4. 国民经济核算分析的主要内容包括实际部门账户与分析（按经济活动设置账户与分析）、财政账户与分析（以政府机构部门为主设置账户与分析）、国际收支账户与分析（以国外部门为主设置账户与分析）、货币账户与分析（以中央银行为主设置账户与分析）、资金流量账户与分析（金融账户与分析）。

5. 宏观经济核算分析的是影响宏观经济总量的变化指标。它包括经济的增长、价格、就业与失业、国际收支、金融稳定状态的核算与分析。

6. 国民经济核算分析的重点是核算，分析是对核算的补充说明；宏观经济核算分析的重点是分析，核算是基础。宏观经济核算分析的覆盖面要比国民经济核算分析广些。无论是在研究还是实践中，二者都有着相同的趋势。

本章重要概念

国民经济核算分析　宏观经济核算分析　国民经济核算框架　国民账户体系　经常账户　积累账户　实际部门账户　政府部门账户　国际收支账户　货币账户　资金流量账户　经济增长核算与分析　价格核算与分析　就业与失业核算与分析　金融稳定核算与分析

本章复习思考题

一、判断题

1. 宏观经济核算分析与国民经济核算分析没有实质区别。　　　　　　　（　　）

2. 宏观经济核算分析的所有变量都纳入了国民经济核算分析的范围内。（　　）

3. 国民经济账户体系提供了国民经济核算的结构。　　　　　　　　　（　　）

4. 国民经济账户只按机构部门设置。 （ ）

5. 国民经济账户体系只包括流量账户，不包括存量账户。 （ ）

6. 就业与失业的核算与国民经济账户体系存在着勾稽关系。 （ ）

7. 国民经济核算中的价格核算分析与宏观经济核算中的机构核算分析角度不同。 （ ）

8. 金融稳定指标主要来源于国民经济核算。 （ ）

9. 宏观经济核算分析的变量与宏观经济管理的目标变量紧密相连。 （ ）

二、单选题

1. 国民经济核算中机构部门一般包括（   ）。

A. 非金融性公司、金融性公司、广义政府、住户、为住户服务的非营利机构

B. 非金融性公司、金融性公司、广义政府、住户、非营利机构、国外

C. 非金融性公司、金融性公司、广义政府、住户、为住户服务的非营利机构、国外

D. 非金融性公司、金融性公司、货币部门、住户、为住户服务的非营利机构、国外

2. 全套账户序列或总的账户结构分为三类（   ）。

A. 经常账户、积累账户和生产账户

B. 资本账户、金融账户、资产物量其他变化账户

C. 经常账户、资本账户、金融账户

D. 经常账户、积累账户和资产负债账户

3. 国民经济核算原则涉及（   ）。

A. 流量与存量，记账方法，计价方法，记录时间，加总、合并和轧差

B. 记账方法，计价方法，记录时间，加总、合并和轧差

C. 记账方法，计价方法，记录时间

D. 流量与存量，记账方法，计价方法，记录时间

4. 国民经济核算分析的主要内容包括（   ）。

A. 实际部门账户与分析、财政账户与分析、国际收支账户与分析、价格账户与分析、资金流量账户与分析

B. 实际部门账户与分析、财政账户与分析、国际收支账户与分析、货币账户与分析、资金流量账户与分析

C. 实际部门账户与分析、财政账户与分析、国际收支账户与分析、价格账户与分析、就业失业账户与分析

D. 实际部门账户与分析、财政账户与分析、国际收支账户与分析、价格账户与分析、金融稳定账户与分析

5. 宏观经济核算分析的内容主要包括（   ）。

A. 经济增长的核算分析、价格的核算分析、就业与失业的核算分析、国际收支的核算

分析

B. 经济增长的核算分析、价格的核算分析、就业与失业的核算分析、财政收支的核算分析

C. 经济增长的核算分析、价格的核算分析、资金总量的核算分析、就业与失业的核算分析、国际收支的核算分析、金融稳定的核算分析

D. 经济增长的核算分析、价格的核算分析、就业与失业的核算分析、国际收支的核算分析、金融稳定的核算分析

三、简答题

1. 简述宏观经济核算分析的含义。

2. 简述国民经济核算分析框架的主要内容。

3. 简述国民账户体系的主要内容。

4. 简述宏观经济核算分析的主要内容。

四、思考题

1. 国民经济核算分析的框架如何与宏观经济核算分析建立勾稽关系？

2. 关于建立宏观经济核算分析框架，你有何想法？

第十章
经济增长核算分析

本章主要介绍经济增长核算分析的概念、GDP 的核算和 GDP 的增长核算分析等内容。

第一节　经济增长核算分析的概念

我们在第三章介绍了经济增长的理论分析。西方经济学家对影响经济增长的因素持有不同的理论见解。在现实中要对各经济体经济增长进行比较，首先就要进行经济增长的核算与分析。对经济增长进行分析之前，先要对经济增长进行核算，然后在核算的基础上进行相关分析。在介绍相关内容之前，需要明确经济增长、经济增长核算、经济增长核算分析等概念。

一、经济增长的含义

早期的经济学家没有将经济增长与经济发展这两个概念严格区别开来，例如刘易斯（Lewis）在其《经济增长理论》中提出，所谓发展就是指一个原来长期处于停止状态的国民经济，具有能够产生和支持每年 5% ~7% 的经济增长速度的能力。此后，因经济增长与许多社会问题如环境污染、资源与可持续发展等的协调问题逐渐凸显，经济发展的含义得到扩充。1980 年出版的《新大英百科全书》将经济增长与经济发展分别定义。我们需要从经济增长与经济发展的联系与区别中把握经济增长的含义。

（一）经济增长

西方经济学界普遍接受美国经济学家西蒙·库兹涅茨对经济增长的定义。他提出，"一个国家的经济增长可以定义为给居民提供种类日益繁多的经济产品的能力长期上升，这种不断增长的能力是建立在先进技术以及所需要的制度和思想意识的相应调整的基础上的。"

西蒙·库兹涅茨对经济增长的定义包含三层含义：一是经济增长表现为经济产品的增长，即经济产品提供品种和数量的增加。二是技术进步是实现经济增长的必要条件。只有依靠技术进步，经济增长才是可能的。三是经济增长的充分条件是制度与意识的相应调整。只有社会制度与意识形态适应经济增长的需要，技术进步才能发挥作用，经济增长才是可能的。

（二）经济发展

经济发展是指随着经济产品的增加而出现的社会、经济、政治结构的变化。这些变化主要包括：

一是投入结构的变化。生产上从简单的劳动转到复杂劳动，从落后的手工操作转到先进的机械化操作，从劳动密集型技术转到资本密集型和知识密集型技术；组织和管理方式从传统的小生产转到现代化大生产。

二是产出结构的变化。主要表现为产业结构的变化。在这个转化过程中，城市化与工业化同步进行，传统的城乡二元化结构逐渐瓦解。

三是产品构成的变化与质量的变化。经济增长更注重速度和产品的规模，而经济发展更注重质量问题，生产出来的产品和服务更加适应消费结构的变化，产品和服务质量不断提高，品种更加丰富。

四是居民生活水平和质量的变化。人均可支配收入持续增长，居民消费水平提高，消费结构和居住条件、受教育程度和医疗卫生环境等得到明显改善，文化生活内容更加丰富。

五是分配状况得到改善。收入和财产不平等状况持续得到缓解，贫困人口日趋减少等。

（三）经济增长与经济发展

经济发展与经济增长存在着密切的关系。经济发展包括经济增长，即经济发展包括经济增长和经济结构的变化两部分内容。二者的关系为：一是经济增长只是一国发展的手段，经济发展才是目的；二是经济增长是经济发展的动力和基础，经济发展是经济增长的结果；三是没有经济增长就没有经济发展，但有经济增长不一定有经济发展。

二、经济增长核算

（一）经济增长核算的含义

前面我们将经济增长定义为经济产品的增加。显然要对经济增长进行对比，使用物量指标是无法做到的，只能使用价值指标进行核算。即经济增长核算就是经济产品市场增加值的增量核算。

核算增量的基础是核算一国经济产品的价值。各国核算经济产品价值的方法不尽相同，联合国等国际机构制定了核算的基本框架，即《国民账户体系》（SNA）。核算一国的经济产品（货物和服务）的主要指标是国内生产总值（GDP）。这样经济增长可以表示为 GDP 的增长率或人均 GDP 的增长率。经济增长的核算就是核算 GDP 及其增长率。

（二）GDP 的含义

GDP 是指一国（地区）范围内的所有常住单位在一定时期内生产活动所生产的最终产

品和劳务的市场价值的总和。这个定义又涉及什么是常住单位、什么是生产、如何计价、什么是最终产品、如何确定核算期等问题。

1. 常住单位

GDP 核算的是常住单位的产品和劳务的价值。常住单位与非常住单位是相对而言的。常住单位有两个基本条件：一是活动在经济领土上，二是具有经济利益中心。

（1）经济领土

经济领土（Economic Territory）由一国政府控制或管理的、其公民及货物和资本可在其上自由流动的地理领土所组成。一国的经济边界并不严格等于其政治意义上的国境，但只有很小的差别。具体来看，一国的经济领土包括：

①领空、领海和位于国际水域的大陆架，该国对该大陆架应享有专属权利，或拥有在其上开采自然资源（如鱼类、矿产资源或石油）的管辖权。

②一国在国外所拥有的、经与所在国政府达成正式协议而明确划定的领土飞地。领土飞地可用于军事、外交或其他特殊目的。其他国家在该国境内建立的领土飞地则不属于该国的经济领土。

③位于国境内的自由贸易区、转运港口、保税仓库或工厂。尽管这些区域可能由外国单位所运营，或者货物与人员在这些区域与该国其他区域之间移动时要履行一些报关手续，但它们仍被视为受所在国政府的控制和监管，因此属于所在国的经济领土。

（2）经济利益中心

如果一个机构单位在一国的经济领土内的某个地点，比如住宅、生产场所或其他房屋，从事并拟继续从事相当规模的经济活动和交易，则称该机构单位在该国有一个经济利益中心（Center of Economic Interest）。

识别经济利益中心的一个方便的标准是机构单位在一国经济领土内活动的期限。一般地，如果一个机构单位在一国的经济领土内无限期或长期地（通常以一年为限）从事相当规模的经济活动，则认为该机构单位在该国具有经济利益中心。

（3）常住单位与非常住单位

如果一个机构单位在一国的经济领土内具有经济利益中心，则它为该国的常住单位（Resident Units）或居民；如果一个机构单位在一国的经济领土内没有经济利益中心（它在国外经营），则它为该国的非常住单位（Nonresident Units）或非居民。

2. 生产核算的范围

生产是指由投入到产出的过程，它分为经济生产和非经济生产。GDP 核算的是经济生产。

（1）经济生产与非经济生产

生产活动分为经济生产和非经济生产。经济生产是指在机构单位负责、控制和管理下，利用劳动、资本、货物和服务投入而生产产出的活动。非经济生产是指没有人类参与或管理的自然过程，比如自然水域中鱼类的无控制生长繁殖、野生果实的生长等。从原则上说，没有人类参与和管理的纯自然生产过程不是经济生产，不包括在经济生产范围之内。

经济生产也不包括人类非生产性活动。人类非生产性活动是指不能由他人替代完成的基本人类活动，如吃、喝、睡和锻炼等，因为这些个人的基本活动无法由他人代替进行，比如，付钱雇人进行锻炼不能使自己身体健康。而那些可以由他人或经济单位提供的活动，如洗衣、做饭、照看儿童、照顾老人等，属于经济生产的范畴。

（2）生产产出的成果

一般来说，经济生产是利用投入生产产出的活动。但对经济生产进行分析时，主要关注的是那些产出能够交付或提供给其他机构单位的经济生产。产出主要有两种类型：货物和服务。它们是生产的产品。

在 GDP 核算中，通常不需要对货物和服务作出明确区分，但在它们与其他数据集联系在一起时，就需要了解哪些产品属于货物，哪些产品属于服务。一些产业的产品是货物还是服务，有时很难作出明确的区分，例如，有些发动机制造商可能既生产发动机，也提供现有发动机的维修和保养服务。同样，一些服务业的产品可能具有货物的许多特征。我们把这些产业的产品称为知识载体产品。

①货物。货物通常是指通过市场交换转移所有权的有形生产成果。但有些货物可能从不交换，而另一些货物可能被买卖多次，货物的生产和交换是完全独立的两种活动。货物的生产可以与销售或转销售相分离。

②服务。服务的生产仅限于一个单位为其他单位服务而进行的活动。一个单位也可能从事自给性生产，但前提是该项服务可以由其他单位提供。提供服务生产活动，可以改变消费单位的状况，或促进产品或金融工具的交换。提供服务改变消费单位的状况包括：（i）改变消费品的状况，生产者提供运输、清洁、修理或其他改变货物的方式，直接作用于消费者所拥有的货物上；（ii）改变消费者的身体状况，生产者向消费者提供运输、食宿、医疗、手术、美容等服务；（iii）改变消费者的精神状况，生产者向消费者提供教育、信息、咨询、娱乐或类似的面对面服务。

如果一个机构单位为另外两个机构单位之间的货物、知识载体产品、某些服务或金融工具的所有权变更提供了便利，就产生了增值服务。增值服务与改变状况变化类似，不能脱离生产单独交易；当生产完成时，它们必定已经提供给消费者了。

③知识载体产品。知识载体产品是指那些以消费单位能够重复获取知识的方式提供、储存、交流和发布的信息、咨询和娱乐业的产出，从最广义的角度来看，包括生产一般或专业信息、新闻、咨询报告、电脑程序、电影、音乐等产业的产出。这些产业的产出可以确定所有权，它们经常存储于一个实物之中，而这些实物可以像普通货物一样进行交易。它们具有

货物的很多特征，即可以由一个单位生产并提供给另一个单位。

（3）GDP核算中的生产范围

从理论上说，GDP核算的生产范围应该与经济生产的范围一致。事实上，受核算手段等的影响，并不是所有符合上述经济生产一般定义的生产活动都能够包括在核算范围之内。因此，GDP核算的生产范围比经济意义的生产范围要窄。

按照一般定义，经济生产是指其产出可以供其他人或单位使用的活动。在市场经济中，将产出供其他人或单位使用，最典型的方式是通过市场销售，这样的生产是市场化生产。但整个经济生产不仅仅限于市场化生产，提供给其他单位使用还有其他方式，比如有些生产者可能免费或以无经济意义的价格向使用者提供产出，政府及非营利组织属于这种方式；还存在生产者自产自用的情况。如果无视这种非市场生产情况，GDP核算就无法全面度量经济总量。

3. GDP核算的价格

GDP计价的一般规则是采用市场价格，即货物和其他资产、服务、劳动或资本实际交换或能够交换现金的价值。按市场价格估价生产的产出，可以采用不止一套价格。根据对产品税及产品补贴、运输费用的不同处理，有基本价格、生产者价格和购买者价格。

基本价格等于生产者收取的单位产品的金额，减去该单位产品为生产或销售应付的产品税，加上应得的补贴，不包括生产者在发票上单独列出的运输费用。

生产者价格是生产者收取的单位产品的金额，减去开给购买者的发票上的增值税（VAT）或类似的可抵扣税，也不包括生产者在发票上单独列出的运输费用。

购买者价格是购买者为了在其要求的时间和地点提取单位产品而支付的价格，不包括增值税或类似的可抵扣税。与前两个概念不同，购买者价格包括运输费用。

SNA推荐的计价方法是基本价格，尤其是当有增值税时。如果不可能采用基本价格，可用生产者价格代替。购买者价格则主要用于计价中间消耗。

4. 最终产品

前面我们在介绍生产的产出成果时，已经介绍了生产产出成果的三种形式：货物、服务和知识载体产品。但这些产出的成果可能用作其他产品生产的投入，而不是用于最终消费，我们把它们称为中间产品；而把最终用于消费和投资的产出称为最终产品。在实际核算中，核算最终产出往往是先测算总产出，然后测算中间消耗即中间产品，二者之间的差额即为增加值。全社会增加值之和即为GDP。

5. 核算期

GDP的核算期通常为一年。

（三）GDP增长率

GDP增长率核算的公式为

$$G_r = \frac{G_t - G_{t-1}}{G_{t-1}} \tag{10-1}$$

需要说明的是，基期核算 GDP 总量的价格与报告期核算 GDP 总量的价格并不相同。要想进行比较，需要固定基期的价格，报告期 GDP 的核算价格也应与基期核算价格一致，即按不变价格计算 GDP 的增长速度。

有关 GDP 的核算我们在第二节还会详细介绍。

三、经济增长核算分析

经济增长核算分析是指在经济核算的基础上，对影响经济增长核算的因素及其影响程度所做的分析。

经济增长核算分析是在经济核算结果的基础上进行的分析，而经济核算的结果往往是一年之内的 GDP。即使是几年甚至更长时间的经济增长速度的分析，也是各个年份的 GDP 核算结果的比较。从这个角度来说，经济核算分析是以短期（一年）的 GDP 核算为基础的经济分析。

经济增长核算分析是对影响经济增长核算的因素及其影响程度所做的分析。主要分析部门、收入、支出、账户等对 GDP 的影响及其影响程度。

有关 GDP 增长核算分析的内容，我们在第三节还将详细介绍。

第二节　GDP 的核算

GDP 只是宏观核算中具有综合性的经济变量，它与其他宏观经济变量具有内在联系。弄清这些宏观经济变量的关系是核算 GDP 的基础，也是分析 GDP 增长的基础。

一、宏观经济变量及相互间的关系

（一）总产出

总产出是指一定时期内宏观经济各部门所生产的全部产品的价值总量。总产出是各种产品价值之和，其价值构成为：（1）社会资料转移价值 c，包括劳动手段转移价值 c_1（固定资产折旧）和劳动对象转移价值 c_2（中间消耗）；（2）活劳动新创造价值，包括必要劳动价值 v 和剩余劳动价值 m。总产出由全社会各部门、各企业的产出构成。但各部门、各企业之间存在着相互提供、相互消耗产品的技术经济联系，于是每一部门或企业的产出价值中通常都会包括其他部门或企业提供的而被自己消耗掉的生产资料的转移价值。因此，将各部门、各企业的产出综合为总产出时，其中就包括生产资料转移价值的大量重复计算。可见，总产出只是一个有关宏观经济生产过程的"总周转量"指标，它能够表明全社会生产活动的外在规模，也能够用于对宏观经济各部门间的技术经济联系进行投入产出分析，但它不能说明国民经济生产活动的最终成果和内在质量。从经济用途看，总产出的构成可以表示为

$$总产出 = 中间消耗 + 消费 + 投资 + 净出口 \tag{10 - 2}$$

（二）增加值

增加值是各部门、各企业生产账户中的平衡项，是衡量生产创造了多少价值的重要指标。增加值是生产过程中追加到投入的货物和服务上的价值，等于总产出扣减中间消耗之后的余额。将各部门、各企业的增加值汇总为社会总增加值时不存在生产资料转移价值的重复计算。总增加值的构成可以表示为

$$总增加值 = 总产出 - 中间消耗 = 消费 + 投资 + 净出口 \tag{10 - 3}$$

（三）消费

消费是指用于满足当前居民个人的物质和精神生活需要以及社会公众对安全、秩序等"公共物品"需要的购买支出，因此可以大致分为居民消费和政府消费。居民消费包括对各种耐用消费品（不包括住宅和贵重物品）、非耐用消费品和各种生活性服务的支出。政府消费是指由政府提供的各种社会公共服务，这些服务属于公共物品，其特点是通常只能以无偿的方式向全社会或部分公众提供。

$$消费 = 居民消费 + 政府消费 \tag{10 - 4}$$

（四）投资

投资是指增加或更换资本资产的支出。投资与消费的区别在于，消费是为了满足当前的需求，而投资是为了满足未来的需求。因此用于投资的资本物品不仅在当期，而且会在未来的投资期限内慢慢被消耗掉。资本物品在当期被消耗掉的价值称为折旧。总投资中用来补偿旧资本物品折旧的部分称为重置投资，它使原有的生产能力得以维持。总投资扣减重置投资的部分称为净投资，它将扩大原有的生产能力。从投资物品的性质看，投资可分为固定资产形成（包括住宅）、存货增加和贵重物品净获得。

$$投资 = 固定资产形成 + 存货增加 + 贵重物品净获得 \tag{10 - 5}$$

（五）净出口

净出口是指出口扣减进口后的差额。其中，出口指常住者对非常住者提供的全部货物和服务的总额，这些货物和服务属于本国的产出。进口则指常住者从非常住者获得的全部货物和服务的总额，这些货物和服务再分别转化为本国的投资、消费或中间消耗。因此，一国的总产出中应当包含出口，扣除进口，即净出口是总产出的组成部分。

$$净出口 = 出口 - 进口 \tag{10 - 6}$$

（六）GDP

在实际核算中，GDP 具体表现为国内总产出扣除全部中间消耗之后的余额，等于各部门增加值汇总后的总增加值。

$$GDP = 总增加值 = 消费 + 投资 + 净出口 \qquad (10-7)$$

（七）国民总收入

国民总收入（GNI）是一个反映收入初次分配状况的指标，表明本国常住单位由于提供各种生产要素而从国内和国外的生产活动中获得的全部原始收入等于国内生产总值加上来自国外的要素收入净额。

$$GNI = GDP + 来自国外的要素收入净额$$
$$= GDP + （来自国外的要素收入 - 付给国外的要素收入） \qquad (10-8)$$

（八）国民可支配收入

国民可支配收入（GNDI）主要反映收入再分配过程的最终结果，指所有常住单位在一定时期内通过初次分配和再分配最终得到、可以自主支配的全部收入。因此，在国民总收入的基础上，加上来自国外的经常转移收入，扣减对国外的经常转移支付后就是国民可支配收入。

$$GNDI = GNI + 来自国外的经常转移收入$$
$$- 对国外的经常转移支付 \qquad (10-9)$$
$$= GNI + 来自国外的经常转移净额$$

（九）国民总储蓄

国民总储蓄是指国民可支配收入中扣除消费支出后的剩余。该指标直接影响整个国民经济财富水平的变化，同时也是进行非金融投资重要的、自有的资金来源。在实际经济运行过程中，国民总储蓄与各部门的投资通常难以平衡，要么储蓄大于投资形成资金剩余，要么储蓄小于投资形成资金短缺。投资活动的资金余缺必须通过金融交易或资本转移进行调剂，从而形成本国与国外之间的各种资金流量。

$$国民总储蓄 = GNDI - 消费 \qquad (10-10)$$

二、GDP 的核算方法

对应于社会再生产过程中生产、分配和使用三个环节，GDP 也可以分别采用生产法、收入法和支出法三种不同的方法来测算。

（一）生产法

生产法的基本原理是：首先计算国民经济各部门的总产出；其次从总产出中扣除相应部门的中间消耗，得到各部门的增加值；最后汇总所有部门的增加值就是国内生产总值。计算公式如下：

$$GDP = \sum（该部门的总产出 - 该部门的中间消耗）= \sum 各部门的增加值$$

$$(10-11)$$

生产法消除了生产各环节之间的重复计算。从全社会看，部门增加值反映了各部门在国民经济中的地位以及对国民经济的贡献。

（二）收入法

收入法的基本原理是：首先从收入初次分配的角度计算国民经济各部门的增加值，然后汇总所有部门的增加值从而得到国内生产总值。计算公式如下：

$$GDP = \sum（该部门的劳动者报酬 + 固定资产折旧 + 生产税净额 + 营业盈余）$$

$$= \sum 各部门的增加值 \qquad (10-12)$$

收入法反映了增加值的价值构成。其中，劳动者报酬是雇员对生产单位提供劳动获得的工资和各种形式的报酬，固定资产折旧是生产中使用的房屋和机器设备等固定资产在核算期内磨损的价值，生产税净额是企业因从事生产活动向政府支付的税金（不包括所得税）与政府对企业的政策性亏损补贴的差额，营业盈余主要是企业从事经营活动所获得的经营利润。

（三）支出法

支出法的基本原理是：从全社会的角度入手，直接将各类产品（货物和服务）的最终使用额加总，再减去商品进口，得出国内生产总值。计算公式如下：

$$GDP =（居民消费 + 政府消费）+（固定资产形成 + 存货增加 + 贵重物品净获得）$$

$$+（出口 - 进口）$$

$$= 消费 + 投资 + 净出口$$

$$(10-13)$$

支出法从宏观经济整体的角度，反映核算期内一国最终需求的总规模和结构，消费和投资反映了国内需求部分，净出口则反映了国外需求部分。

在国内生产总值的三种计算方法中，生产法和收入法都是先测算国民经济各部门的增加值，将增加值加总得到国内生产总值；支出法是从经济整体的角度观察最终产品的去向，从全社会的角度计算国内生产总值。通过三种不同方法计算的国内生产总值在理论上应当一致，这称为三面等值原则。从货物与服务流量的运动过程看，三面等值原则也反映了社会最终产品的生产及初次分配结果与社会使用的一致性。但在实际操作过程中由于资料来源不同，不同计算方法得出的结果会出现差异，这种差异称为统计误差，统计误差在可接受的范围内允许存在。

第三节　GDP 的增长核算分析

本节主要介绍核算过程中主要宏观经济变量和账户之间的关系分析、实际部门资金缺口和融资分析、名义 GDP 与实际 GDP 的分析以及主要宏观经济变量对 GDP 贡献度的分析。

一、主要宏观经济变量和账户之间的关系分析

（一）国内吸收

国内吸收的定义为最终消费与总投资之和，也称国内需求，反映本国常住单位对各种消费品和投资品的有货币支付能力的需求总额。国内吸收与净出口，即国外需求共同构成了社会总需求。

$$国内吸收 = 消费 + 投资 \qquad (10 - 14)$$

（二）对外经常账户

对外经常账户是指国际收支平衡表中的经常账户，反映本国与国外的所有经常往来，其账户结构如表 10-1 所示。对外经常账户余额等于净出口加上来自国外的原始收入净额和来自国外的经常转移净额。根据借贷平衡的要求，国际收支平衡表与开放经济系统中的国外账户正好互为镜像，因此对外经常账户对应于国外账户中的经常账户。

表 10-1   对外经常账户

进口	出口
对国外支付的原始收入 对国外支付的经常转移 经常账户余额	来自国外的原始收入 来自国外的经常转移

$$对外经常账户余额 = 净出口 + 来自国外的原始收入净额 + 来自国外的经常转移净额$$
$$(10 - 15)$$

（三）总收入、国内吸收与对外经常账户余额的关系

根据国民可支配收入的定义可以推导出两个重要的会计恒等式：一是总收入和国内吸收与对外经常账户余额的关系，二是总储蓄和总投资与对外经常账户余额的关系。

$$国民可支配收入 = 消费 + 投资 + 净出口 + 来自国外的原始收入净额 +$$
$$来自国外的经常转移净额$$
$$= 国内吸收 + 对外经常账户余额$$
$$(10 - 16)$$

因此有：

$$国民可支配收入 - 国内吸收 = 对外经常账户余额 \qquad (10 - 17)$$

对外经常账户余额事后恒等于国民可支配收入与国内吸收之差。该恒等式为国际收支吸收论建立了基础。可以直观地看到，当一国的国内吸收大于产出时就会出现经常账户赤字。因此，为了减少经常账户赤字，一国必须提高产出或者减少国内吸收。提高产出（从而提高收入）短期内需要有闲置的生产能力，中期内需要适当的结构政策。减少国内吸收则可

以通过压缩最终消费和总投资实现。虽然式（10－17）对于设计调整计划有重要意义，但它只是一个会计恒等式，不能从理论上解释经常账户的行为。必须通过其他因素（如汇率、利率和外生冲击）解释经常账户的行为。

$$国民可支配收入 - 消费 = 投资 + 净出口 + 来自国外的原始收入净额 \qquad (10-18)$$
$$+ 来自国外的经常转移净额$$

$$国民总储蓄 = 投资 + 对外经常账户余额 \qquad (10-19)$$

因此有：

$$国民总储蓄 - 投资 = 对外经常账户余额 \qquad (10-20)$$

对外经常账户余额事后恒等于储蓄与投资之差。或者说经济的储蓄—投资余额与对外经常账户余额是对等的，而后者可以看作是对国外储蓄的利用。在封闭经济中，事后总储蓄必定等于总投资。但在开放经济中，总储蓄和总投资的差异是经常账户余额。如果一国投资超过储蓄，事后必定用国外储蓄来填补。因此从原则上讲，经常账户赤字的减少可以通过增加储蓄和削减投资实现。式（10－20）是式（10－18）的衍生，这些关系式是事后恒等式，并没有解释经济失衡的原因以及经济主体的行为或某种性质的失衡是好是坏。

二、实际部门资金缺口和融资的分析

这里实际部门是住户部门和非金融公司部门之和。与其他部门一样，预算限制将该部门的收入—支出差异与融资联系起来。因此，实际部门储蓄（Sr）是该部门可支配收入（GNDPr）与消费（Cr）之差，即

$$Sr = GNDPr - Cr \qquad (10-21)$$

该部门的内部吸收是：

$$Ar = Cr + Ir \qquad (10-22)$$

式中，Ir 是实际部门的总投资。于是：

$$GNDPr - Ar = Sr - Ir \qquad (10-23)$$

或

$$Fr = -(Sr - Ir) \qquad (10-24)$$

式中，$Fr = Ar - GNDPr = $资金缺口。

实际部门的资金缺口反映了超出收入的过度吸收。这个缺口必须由经济的其他部门来填补，包括国外部门。因此，我们需要分析确认填补缺口的方式，或者说利用储蓄的方式。实际部门的资金流入包括外国直接投资（FDIr）、实际部门国外净借贷（NFBr）、实际部门向金融性公司部门借贷。后者等于金融性公司部门向实际部门的净贷款（ΔNDCr）。实际部门的资金流出包括：实际部门借给金融性公司部门的资金，其形式为现金持有和存款的增加（ΔM2）；实际部门借给政府部门的资金，即政府向实际部门的借款（NB）。因此有：

$$Fr = FDIr + NFBr + \Delta NDCr - \Delta M2 - NB \quad (10-25)$$

根据式（10-24）有：

$$S - Ir + FDIr + NFBr + \Delta NDCr - \Delta M2 - NB = 0 \quad (10-26)$$

三、名义 GDP 与实际 GDP 的分析

在实际经济中，GDP 变动可能是因为所生产的货物和服务的数量变动，也可能是因为货物和服务的价格变动，或者二者同时变动。为区分价格变动和实物产出变化，我们引入名义 GDP 和实际 GDP 的概念。

名义 GDP 是用生产货物和服务的当期价格计算的全部最终产品的市场价值。实际 GDP 是以基期价格计算的全部最终产品的市场价值，用于衡量实际产出的增长。GDP 平减指数则用于测量相对于基期的当期平均价格水平。该指数在基期取值 100，其百分比变化测量经济中所有货物和服务的价格增长率。

名义 GDP、实际 GDP、GDP 平减指数的相互关系如下：

$$名义\,GDP = 实际\,GDP \times GDP\,平减指数/100 \quad (10-27)$$

或

$$实际\,GDP = （名义\,GDP/GDP\,平减指数）\times 100 \quad (10-28)$$

或

$$GDP\,平减指数 = （名义\,GDP/\,实际\,GDP）\times 100 \quad (10-29)$$

可用增长率表示为

$$(1+v) = (1+g) \times (1+p) \quad (10-30)$$

式中，v 表示名义 GDP 增长率；g 表示实际 GDP 增长率；p 表示用 GDP 平减指数测量的通货膨胀率。

四、主要宏观经济变量对 GDP 贡献度的分析

影响 GDP 的增长核算贡献度的因素可分为经济部门、产业、收入、支出等。经济部门分为非金融公司、金融公司、政府部门、住户部门、为住户部门服务的非营利机构等部门；产业分为第一、第二、第三产业；收入包括各部门的劳动者报酬、固定资产折旧、生产税净额和营业盈余；支出包括消费、投资和净出口。计算这些因素的贡献度就是计算这些因素增加值的增量与 GDP 的增量之比。例如，消费对 GDP 贡献度为

$$消费对\,GDP\,贡献度 = \frac{消费增加值的增量}{GDP\,的增量} \times 100\% \quad (10-31)$$

本章小结

1. 美国经济学家西蒙·库兹涅茨提出，"一个国家的经济增长可以定义为给居民提供种

类日益繁多的经济产品的能力长期上升，这种不断增长的能力是建立在先进技术以及所需要的制度和思想意识的相应调整的基础上的。"

2. 经济增长核算就是经济产品市场增加值的增量核算，就是核算 GDP 及其增长率。

3. GDP 是指一国（地区）范围内的所有常住单位在一定时期内生产活动所产生的最终产品和劳务价值的总和。

4. 经济增长核算分析是指在经济核算的基础上，对影响经济增长核算的因素及其影响程度所做的分析。

5. GDP 增长率核算的公式为 $G_r = \dfrac{G_t - G_{t-1}}{G_{t-1}}$。

6. GDP 也可以分别采用生产法、收入法和支出法三种不同的方法来测算。

7. GDP 的增长核算分析主要包括核算过程中主要宏观经济变量和账户之间关系的分析、实际部门的资金缺口和融资分析、名义 GDP 与实际 GDP 的分析以及主要宏观经济变量对 GDP 贡献度的分析。

本章重要概念

经济增长　经济发展　经济增长核算　经济增长核算分析　国内生产总值　基本价格
生产者价格　购买者价格　增加值　消费　投资　净进出口　国民总收入
国民可支配收入　国民总储蓄　生产法　收入法　支出法　国内吸收　贡献度

本章复习思考题

一、判断题

1. 经济发展不包含经济增长。　　　　　　　　　　　　　　　　　　（　　）

2. 计算经济增长的基础是核算一国一定时期（一年）的经济总量（GDP）。（　　）

3. 总产出一定大于 GDP。　　　　　　　　　　　　　　　　　　　　（　　）

4. 消费指住户部门的消费。　　　　　　　　　　　　　　　　　　　（　　）

5. 投资指固定资产的投资。　　　　　　　　　　　　　　　　　　　（　　）

6. 国民总收入一定大于 GDP。　　　　　　　　　　　　　　　　　　（　　）

7. 国民可支配收入为国民总收入和来自国外的经常转移净额之和。　　（　　）

8. 国民总储蓄为国民可支配收入与消费之差。　　　　　　　　　　　（　　）

9. GDP 为按现价计算的产品增加值之和。　　　　　　　　　　　　　（　　）

10. GDP 增长率是按可比价格计算的 GDP 的增长率。　　　　　　　　（　　）

二、单选题

1. GDP = 消费 + 投资 + 净出口，计算的方法为（　　　）。

A. 收入法　　　　B. 支出法　　　　C. 生产法　　　　D. 增加值法

2. GDP = ∑（该部门的总产出 – 该部门的中间消耗），计算的方法为（　　）。

A. 收入法　　　　B. 支出法　　　　C. 生产法　　　　D. 增加值法

3. GDP = ∑（该部门的劳动者报酬 + 固定资产折旧 + 生产税净额 + 营业盈余），计算的方法为（　　）。

A. 收入法　　　　B. 支出法　　　　C. 生产法　　　　D. 增加值法

4. 社会总需求由国内吸收和（　　）构成。

A. 储蓄　　　　B. 投资　　　　C. 净进出口额　　　D. 国民收入

5. 对外经常账户余额为净出口、来自国外的原始收入净额和（　　）之和。

A. 国民总储蓄　　　　　　　　B. 国民可支配收入

C. 来自国外的经常转移净额　　　D. 来自国外的资本转移净额

6. 国民可支配收入 – 国内吸收 =（　　）。

A. 对外经常账户余额　　　　　B. 国民总储蓄

C. 国民可支配收入　　　　　　D. 对外资本账户余额

7. 国民总储蓄 – 投资 =（　　）。

A. 对外经常账户余额　　　　　B. 消费

C. 国民可支配收入　　　　　　D. 投资

8. 某国按可比价格计算的 GDP 为 100 万亿元，比上年增加 5 万亿元，其增长率为（　　）。

A. 5%　　　　B. 5.26%　　　　C. 5.35%　　　　D. 5.3%

9. 某国 GDP 比上年增加 5 万亿元。其中，投资增加 1.5 万亿元，消费增加 2.5 万亿元，净进出口增加 1 万亿元。消费对 GDP 的贡献度为（　　）。

A. 30%　　　　B. 50%　　　　C. 20%　　　　D. 40%

三、简答题

1. 简述经济增长的含义。

2. 简述 GDP 增长核算的基本原理。

3. 简述经济增长核算分析的主要内容。

四、思考题

GDP 核算中为什么要区分经济生产和非经济生产？

第十一章
政府财政核算分析

　　这里的政府财政是指政府财政账户或部门。政府财政部门是宏观经济调控部门，介绍政府财政核算分析对于了解整个宏观经济分析内容很有必要。政府财政核算分析的内容主要包括政府财政的概念、政府财政核算框架和政府财政核算分析等。

第一节　政府财政的概念

　　国际货币基金组织《2014 年政府财政统计手册》对政府财政账户或部门给出两个主要概念：广义政府部门和公共部门。广义政府部门是指主要从事非市场性活动的所有居民机构单位；公共部门包括广义政府部门的所有单位和所有公共公司。

一、广义政府部门

　　广义政府包括所有政府单位和所有由政府单位控制并由政府单位提供融资的非市场非营利机构。

　　（一）政府单位

　　政府单位又称狭义政府，是将履行政府功能作为主要活动的机构单位。也就是说，它们对一定区域内的其他机构单位具有立法、司法和行政权力；它们承担向社会或各个住户按非市场性条件提供商品和服务的责任；它们进行转移支付，以便对收入和财富进行再分配；它们直接或间接地主要通过税收和来自其他部门的其他强制性转移来为其活动筹集资金。所有政府单位都是广义政府部门的一部分。

　　政府部门具体由履行政府功能的实体部门组成，即政府部门的分部门。政府部门的分部门通常包括财政部、教育部、司法部、劳动和社会保障部等多个部、委、办、厅实体。它们各自履行政府某些方面的功能和职责。不同国家政府设置的部、委、办、厅等实体不仅数量不同，而且每个部、委、办、厅所履行的政府功能和职责分工也不完全相同。

政府部门又分为不同的层次，它们也是政府部门的分部门，如中央政府、省（州）政府、市政府、县政府、乡镇政府等。不同国家的政府在处理不同层次政府间的关系，特别是处理分配关系上（财政体制）是不一样的。联邦制国家的政府与集权制国家的政府在处理分配关系上存在显著的差别。

（二）政府单位控制的非市场非营利机构

由政府单位控制的非市场非营利机构在法律上是非政府实体，但是它们实行政府政策，并且实际上是政府的一部分。政府可选择利用非营利机构来实行某些政府政策，因为非营利机构可以被看做超然的、客观的，并且不受政治压力的影响。例如，医疗卫生、安全、环境和教育领域的研究与开发以及标准的制定和维持，这些是非营利机构可以比政府机构更为有效的领域。

当一个政府单位有能力决定非市场非营利机构的一般政策或项目时，它就控制该非营利机构。一个政府单位可以通过任命非营利机构的管理官员，或通过财务手段决定非营利机构的一般政策或项目。由供应经费所提供的控制程度取决于这些资金的时间安排和附带的限制条件以及融资的数额。当一个非营利机构的营运资金的主要部分由一个政府单位提供时，它就是政府的一部分。

二、公共部门

公共部门包括广义政府部门和政府控制的实体。我们在前文已经对广义政府部门做了介绍。政府控制的实体又称为公共公司，主要从事商业活动。

第二节 政府财政核算框架

政府财政核算框架的核心是一套四份财务报表。可以将其中三份报表结合起来，以便说明因流量导致的存量的全部变化（见图11-1）。这些报表分别是政府运营情况表、其他经济流量表、资产负债表。此外，本框架还包括一个现金来源和使用表，以便提供有关流动性的关键信息。

一、政府运营情况表

（一）政府运营情况表的构成及分析指标

1. 政府运营情况表的组成项目

政府运营情况表反映了收入、费用和获得的非金融资产净额、获得的金融资产净额以及产生的负债净额等交易的详细情况。其中，收入定义为由交易造成的净值增加，费用定义为

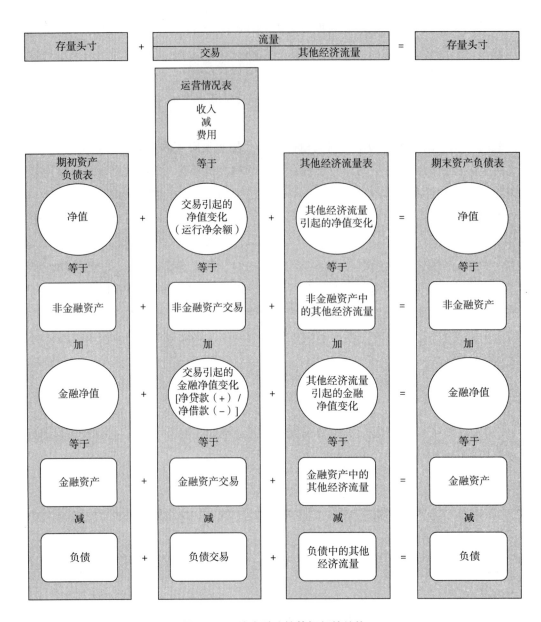

图 11 −1 政府财政核算框架的结构

由交易造成的净值下降。获得的非金融资产净额等于固定资本形成总额减固定资本消耗加库存变化和其他非金融资产的交易。获得的金融资产净额以及产生的负债净额是与收入、费用和获得的非金融资产净额相联系的。若收入大于费用及非金融资产净额为正数，则会产生金融资产净额，即净贷款；反之则会产生金融负债净额，即净借款。

政府运营情况表组成项目中的收入、费用、非金融资产交易以及金融资产和负债交易后文还要概要介绍。这里先主要介绍几个分析指标。

表 11 - 1   政府运营情况表

影响净值的交易
收入
税收
社会缴款
赠与
其他收入
费用
雇员报酬
商品和服务的使用
固定资本消耗
利息
补贴赠与
社会福利
其他费用
运营净/总余额
非金融资产交易
获得非金融资产净/总投资
固定资产
库存
贵重物品
非生产资产
净贷款/借款
金融资产和负债交易（融资）
获得的金融资产净额
国内
国外
产生的负债净额
国内
国外

2. 运营净/总余额

在政府运营情况表中能够得到两个重要的分析余额。收入减费用等于运营净余额。运营净余额减获得的非金融资产净额得到净贷款（＋）/净借款（－），它还等于金融资产交易减负债交易后的净值。如前所述，若运营净余额减获得的非金融资产净额为正数，就等于净贷款；反之，就等于净借款。它们之间存在着紧密的联系。

运营净余额是衡量政府运营可持续性的综合性指标。它与储蓄加应收资本转移净额这一国民核算概念可比。应注意的是，这里所定义的运营净余额（由交易引起的净值变化）不包括价格水平变化造成的收益和损失以及资产数量的其他变化。由交易造成的净值变化可以直接归因于政府政策，因为政府可以控制其交易。还有一部分净值变化却并非如此，因为政府不能直接控制它们。

此外，政府运营情况表还反映了运营总余额。它与运营净余额的不同之处在于，它不将固定资本消耗作为一项费用包括在内。在实践中，固定资本消耗可能难以衡量，并且可能得不到令人满意的估计数。如果是这样，对于分析而言，运营总余额可能比运营净余额更为可行。但运营净余额是更好的指标，因为它反映政府运作的全部当期成本。

3. 净贷款（＋）/净借款（－）

净贷款（＋）/净借款（－）是一个综合性指标。净贷款（政府贷款给其他部门）表明政府在多大程度上让经济中的其他部门利用其财务资源，净借款（政府向其他部门借款）表明政府在多大程度上利用其他部门产生的财务资源。因此，可以将它视为反映政府活动对经济其他部门影响，即对宏观经济影响的重要指标。

（二）收入

将增加广义政府部门净值的全部交易都划作收入。广义政府财政有三种主要收入来源渠道：税收、社会缴款和其他收入。对许多政府来说，还包括来自赠与的收入。应该指出，出售非金融资产不是收入，因为它不影响净值。相反，它只是将一种资产（非金融资产）转换成另一种资产（出售收入），改变了资产负债表的构成。

1. 税收

税收是广义政府部门得到的强制性转移。它们包括与提供服务的成本完全没有比例关系的收费，但不包括强制性的社会缴款、罚金和罚款。

2. 社会缴款

社会缴款包括社会保障计划收入和提供除退休福利外的其他福利的雇主社会保险计划的收入。社会保障缴款可以是强制性的，也可以是自愿的；可以由雇员、代表雇员的雇主、自营职业者缴纳，也可以由无业人员缴纳。强制性社会保障缴款与税收的不同之处在于，如果规定的事件如疾病发生，缴款使缴纳人和其他受益人有权获得某些社会福利；不是根据报酬、工资或雇员数量征收，而是将社会保障计划的强制性付款作为税收处理。此外，在政府财政统计体系中，对雇主退休计划的缴款不作为社会缴款处理。

3. 赠与

赠与是从其他政府或国际组织那里得到的非强制性转移。它们是对一国政府自有资源收入的一种补充，可以是现金也可以是实物。

4. 其他收入

其他收入是指除税收、社会缴款和赠与以外的所有其他收入，主要包括出售商品和服务的收入、利息和其他财产收入、除赠与外的其他现金或实物形式的自愿转移以及罚金和罚款。

（三）费用

所有减少广义政府部门净值的交易都划作费用。购买非金融资产不是费用，因为它不影响净值。相反，它通过将一种资产（非金融资产）转换为另一种资产或负债（对资产的支付）来改变资产负债表的构成。广义政府费用按经济分类主要包括雇员报酬、商品和服务的使用、固定资本消耗、利息、补贴、赠与、社会福利和其他费用。还可以根据职能对广义政府支出进行分类，一般分为：一般公共服务，国防，公共秩序和安全，经济事务，环境保护，住房和社区服务设施，医疗卫生，娱乐、文化和宗教，教育，社会保护。此外，还可对政府支出进行交叉分类，即经济分类和功能分类的交叉。这里我们重点介绍费用的经济分类。

1. 雇员报酬

雇员报酬是作为对所做工作的回报而支付给雇员的现金或实物报酬。除了工资和薪金，雇员报酬还包括广义政府单位代表其雇员进行的社会保险缴款，但不包括与自有账户资本形成有关的雇员报酬。

2. 商品和服务的使用

商品和服务的使用是广义政府部门为用于生产过程或再出售而购买的商品和服务的总额减去这些商品和服务存货后的净变化。为用于向住户进行实物转移或赠与而购置，但没有在生产过程中使用的商品和服务不包括在内。类似于雇员报酬，用于自有账户资本形成的任何商品和服务作为获得非金融资产处理。

3. 固定资本消耗

固定资本消耗是会计期内因物理损耗、正常淘汰和正常意外损坏而造成的固定资产存量价值下降，它属于非现金费用。由于估计这种费用存在困难，有时就会计算运营总余额以代替或补充运营净余额。

4. 利息

利息是债务人因使用另一单位的资金而产生的开支。有息金融工具可以划分为存款、非股票证券、贷款或应收/应付账款。

5. 补贴

补贴是政府单位根据企业生产活动的规模或企业生产、出售或进口的商品和服务的数量或价值，向企业支付的经常性转移。补贴包括向公共公司和其他企业的转移，旨在补偿经营损失。

6. 赠与

赠与是非强制性的，是支付给另一广义政府单位或国际组织的现金或实物。

7. 社会福利

社会福利是对住户的经常性转移，以便满足由疾病、失业、退休、住房或家庭环境等事件带来的需要。福利可以用现金或实物的形式支付。由广义政府单位生产的实物形式的社会福利的成本计入为生产这些商品和服务而产生的各项开支中，而不是包括在这一类别中。

8. 其他费用

其他费用包括没有划入其他类别的所有开支，主要包括：除利息以外的所有财产性支出，一个政府对另一个政府征收的税收、罚金和罚款，为住户服务的非营利机构的经常性转移，除资本赠与外的其他资本性转移以及非寿险的保险费和索赔。

（四）非金融资产交易

政府运营情况表的第二部分记录了改变政府持有的非金融资产的交易。这些资产分为固定资产、库存、贵重物品和非生产资产。

1. 固定资产

固定资产是在一年以上的时间里反复或连续用于生产过程的生产资产。固定资产交易可以指获得新资产、自己建造新资产、获得和处置现有资产以及对固定资产和非生产资产进行重大改良。可以通过购买、出售、易货交易或转移获得或处置资产。

2. 存货

存货是广义政府单位为了出售、用于生产或以后的其他用途而持有的商品存量。它们可以是战略性储备、原料和供应品、在制品、制成品或为再出售而持有的商品。从存货中提货按当期市场价格而不是按其获得价格计值。在获得存货时间与提货时间之间，存货价值的任何变化应反映为其他经济流量表中的持有收益，而不是收入（收益）或费用（损失）。

3. 贵重物品

贵重物品是生产资产，主要不是用于生产或消费，而是作为价值储藏持有。

4. 非生产资产

非生产资产是生产过程所需的资产，它们本身不是生产出来的，如土地、地下资产和某些无形资产。

（五）金融资产和负债交易

政府运营情况表的第三部分记录了金融交易，它们是改变政府持有的金融资产和负债的交易。金融资产主要是对其他机构单位的债权，因此，与其他机构单位的负债相对应。

金融资产交易可以按多种方式分类。为了便于表述，政府运营情况表仅根据债务人是居民（在表中以国内表示）还是非居民（在表中以国外表示）对金融资产进行分类，负债也是这样分类的。

在政府财政统计体系中，对金融交易还有其他两种分类。第一种分类是根据交易所涉及的金融工具的类别。这些类别包括货币黄金和特别提款权，通货和存款，贷款，债务证券，股权和投资基金份额，保险、养老金和标准化担保计划，金融衍生工具和雇员股票期权以及其他应收/应付账款。第二种分类是根据金融工具的对应方的部门，即根据相应的金融资产的当前持有者是金融公司、非金融公司、住户等对负债进行分类。

一般来说，可以按与金融资产交易分类相同的方式对负债交易进行分类。还有一种可以采用的分类是负债是否已经逾期并成为拖欠。通过在负债到期时反映负债的减少以及另一负债的相应增加，债务拖欠的积累可视作资金来源。

对金融资产的另一种可能的分类是，其获得或处置是出于公共政策的目的，还是出于流动性管理的目的。这种区分没有包括在政府运营情况表中，但却用于定义运营总余额。可以出于多种原因获得政策性资产，如培育新产业、援助境况欠佳的政府公司或帮助面临经济逆境的特定企业。这些交易可以采取多种形式，包括贷款、权益证券和债券。鉴于这些交易往往具有补贴成分，在一个单独的类别中确定这些交易，从而在某些分析中可以将其处理为与收入和费用具有类似特点的流量是有好处的。政策性金融资产以外的所有其他金融资产交易都被视作出于流动性管理的目的。也就是说，获得资产是为了赚取市场回报，同时，手头需要保持充足的资金以便为日常活动提供融资。

二、现金来源和使用表

现金来源和使用表（见表11-2）反映了下述活动产生或吸收的现金总量：经常性经营活动、非金融资产交易以及涉及金融资产通货和存款（现金）本身以外的金融资产和负债的交易。现金存量的净变化是从这三种来源得到的现金净额之和。

现金存量的净变化涉及金融资产通货和存款。货币由具有固定名义价值的纸币和硬币构成，由中央银行或政府发行或授权。存款是以存款凭证表示的，对吸收存款公司（包括中央银行）的负债（对应的是政府财政的资产）。

现金来源和使用表反映了采用收付实现制记录的交易。这实际上意味着只有在收到现金或进行现金支付时才记录交易。

分析运营情况表以及现金来源和使用表所列报金额之间的差异，可以得到对财政分析有用的其他信息。有几大类交易在表11-1中有记录，而在表11-2中没有记录。

未来将以现金结算的费用交易：在权责发生制的记录中，商品和服务的购买在商品所有权易手或服务提供时确认。相关的现金支付可能到下一个报告期才发生，在这种情况下，它在表11-2中出现的期间不同于在表11-1中出现的期间。列报金额上的这种差异所涉财政影响可能表明为了支付已发生的费用，未来对流动性的需求更大。

已经以现金结算但将在未来赚取的收入交易：在向购买方交付商品或提供服务而赚取收入之前，可能已经收到了现金收入。此外，可能已经获得税收和其他强制性收入，但可能尚未支付，将在未来结算。这种差异所涉财政影响可能表明未来对提供服务的需求更大，或需要评估征税工作的效率。

在未来期间以现金结算的资产和负债交易可能会给流动性管理带来财政影响，如零息债券或其他折扣债券的贴现摊提的利息。

有一些交易性质不属于现金交易。固定资本消耗、推算交易、易货贸易、其他实物交易以及债务免除和注销是非现金交易，因此在现金来源和使用表中没有记录。在这种情况下，两个表之间的差异将显示不以现金衡量的经济活动的规模。

表 11 −2 现金来源和使用表

经营活动的现金流量
收入现金流量
税收
社会缴款
赠与
其他收入
费用现金流量
雇员报酬
购买商品和服务
利息
补贴赠与
社会福利
其他支付
经营活动的现金净流入
非金融资产交易的现金流量
源于非金融资产投资的现金净流出
固定资产
库存
贵重物品
非生产资产
支出现金流量
现金盈余（＋）/现金赤字（−）
金融资产和负债交易（融资）的现金流量
获得的非现金金融资产净额
国内
国外
产生的负债净额
国内
国外
融资活动的现金净流入
现金存量净变化

三、其他经济流量表

其他经济流量表反映的不是由政府交易带来的，对政府净值产生影响的因素（见表 11-3），它们分为资产、负债和净值的价值或数量变化。该表的平衡项是"其他经济流量"带来的净值变化。

表 11-3 其他经济流量表

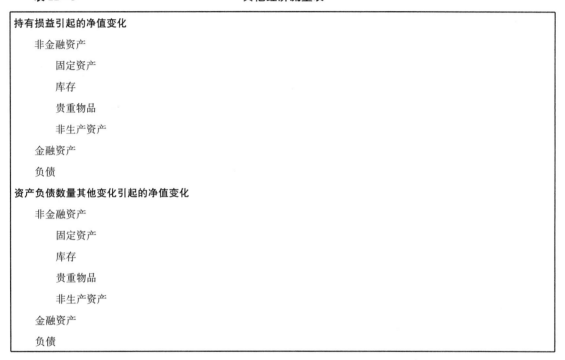

持有损益引起的净值变化
非金融资产
固定资产
库存
贵重物品
非生产资产
金融资产
负债
资产负债数量其他变化引起的净值变化
非金融资产
固定资产
库存
贵重物品
非生产资产
金融资产
负债

完全由价格影响造成的资产、负债和净值的价值变化被称为持有损益。它们可能来自总体价格水平的变化或相对价格的变化。汇率的变化也导致以外币计值的金融资产和负债的持有损益变化。

不是由交易造成的资产和负债的数量变化可能出自一系列原因。可以将它们描述为由特殊或未预料到的事件造成的、由正常事件造成的或由重新分类造成的数量变化三种情况。

1. 特殊或未预料到的事件造成的数量变化

特殊或未预料到的事件造成的数量变化包括地震、水灾、火灾、风灾、战争和其他灾难造成的损失，还包括债权人注销的坏账、无补偿没收、在建造完成前废弃的生产设施、未预见到的资产淘汰、未预见到的因污染造成的固定资产退化以及库存的异常损失。

2. 正常事件造成的数量变化

正常事件造成的数量变化包括发现地下资产、地下资产因开采而耗减、注册专利、因所涵盖的福利发生变化而造成的规定福利养老金计划负债的变化、指定一个建筑为历史古迹以及非培育生物资源的自然增长。

3. 重新分类造成的数量变化

重新分类造成的数量变化在下述情况下发生：当一部分广义政府单位开始以充分的独立性进行运作，从而将其划为准公司时；当广义政府单位由于其运作的改变或对其服务收取的价格改变而转变为公共公司时；或者当出现相反的情况时；当广义政府单位和公共公司进行重组或合并时。这些情况都将增加或减少广义政府部门的资产和负债。

四、资产负债表

表 11 – 4 是资产负债表，反映会计期末资产和负债的存量。它还包括净值，定义为总资产减总负债。净值的变化是评估财政活动可持续性的较好指标。

为政府的一些非金融资产标注市场价值可能十分困难，某些分析仅侧重于广义政府部门的金融资产，而不是总资产。金融净值（也反映于表 11 – 4 中）定义为总金融资产减总金融负债。

表 11 – 4　　　　　　　　　　　资产负债表

	期初余额	期末余额
净值		
非金融资产		
固定资产		
存货		
贵重物品		
非生产资产		
金融资产		
国内		
通货和存款		
债务证券		
贷款		
股权和投资基金份额		
保险、养老金和标准化担保计划		
金融衍生工具和雇员股票期权		
其他应收账款		
国外		
通货和存款		
债务证券		
贷款		

续表

	期初余额	期末余额
股权和投资基金份额		
保险、养老金和标准化担保计划		
金融衍生工具和雇员股票期权		
其他应收账款		
货币黄金和特别提款权（SDR）		
负债		
国内		
通货和存款		
债务证券		
贷款		
股权和投资基金份额（仅包括公共公司）		
保险、养老金和标准化担保计划		
金融衍生工具和雇员股票期权		
其他应付账款		
国外		
通货和存款		
债务证券		
贷款		
股权和投资基金份额（仅包括公共公司）		
保险、养老金和标准化担保计划		
金融衍生工具和雇员股票期权		
其他应付账款		
特别提款权（SDR）		

（一）政府的资产

广义政府部门资产负债表包括的资产是广义政府单位对其具有所有权的资产，并且广义政府单位可以通过在一段时期内持有或使用这些资产从中获得经济利益。不由广义政府单位拥有或控制的资产以及没有经济价值的资产不包括在内。

正如表11-4所反映的那样，资产的分类与资产交易的分类相同。资产要么是非金融资产，要么是金融资产。非金融资产进一步分为固定资产、存货、贵重物品或非生产资产。金融资产可以根据对应方是否是居民以及工具类别进行分类，还可以按对应方的部门进行分类。

（二）政府的负债

负债是向另一机构单位提供经济价值的义务。适用于金融资产的大多数分类也适用于负债。表 11 - 4 反映了首先按是否是居民，然后按工具类别进行的分类。

第三节　政府财政核算分析

政府财政核算分析的内容主要包括政府财政收支平衡分析、政府财政收入分析、政府财政支出分析。

一、政府财政收支平衡分析

政府财政收支平衡分析包括政府财政收支平衡状况分析、政府财政失衡的度量分析、赤字融资分析等内容。

（一）　政府财政收支平衡状况分析

政府财政收支平衡与否，可通过财政赤字（盈余）和政府储蓄投资缺口来分析。

1. 传统的财政赤字

就政府运营的现金流动而言，总收入总是与总支出相等的，政府的财政账户在此意义上总是平衡的。然而，出于分析和政策的目的，我们必须将注意力集中于政府的收入和赠与以及包括净贷款的政府支出。传统的财政赤字概念严格遵循这一原理，将财政赤字定义为总收入和总支出之差。

$$传统的财政赤字 = 总收入（包括赠与） - 总支出（包括净贷款）\qquad(11-1)$$

传统的财政赤字反映了政府超过收入和赠与的那部分支出和净贷款。弥补财政赤字的方法反映在融资方面，就是政府借款。传统财政赤字的概念对于财政分析非常重要，因为这一概念提供了政府全部金融头寸以及货币状况、国内需求和国际收支影响的综合面貌。尽管传统财政赤字这一概念常用，但其在衡量对总需求的影响，以及对资源在经济中的分配和收入分配的影响时存在若干缺陷。首先，同样的赤字水平可能会对宏观经济产生不同的影响。这种不同影响产生于财政税收和支出结构的不同。长期以来，人们普遍认为税收的变化与支出的变化对宏观经济总量的影响不尽相同。其次，针对某一给定的财政赤字所采取的不同融资方法对宏观经济产生明显的不同影响。

正因为政府财政赤字只给出了一个财政收支不平衡的概念，这个概念非常重要，但没有对不平衡的程度及其弥补等方面进行分析，而这些是我们进行宏观经济分析必须探究的问题。

2. 政府的储蓄—投资缺口

如同其他部门一样，政府部门也存在着储蓄与投资以及两者差额的融资。

政府部门的储蓄（S_g）与投资的缺口大致与总财政赤字相等，即

$$政府储蓄 - 政府投资 = 总财政差额 \qquad (11 - 2)$$

如果将政府部门的总收入（R_g）定义为政府的经常性收入和资本性收入之和，将政府总支出（E_g）定义为政府的经常性支出（C_g）和政府投资（I_g）的总和，则

$$政府部门储蓄 = 政府部门总收入 - 政府部门经常性支出 \qquad (11 - 3)$$

即

$$S_g = R_g - C_g \qquad (11 - 4)$$

还可以表述为

$$政府部门储蓄 - 政府部门投资 = 政府部门总收入 - 政府部门总支出 \qquad (11 - 5)$$

即

$$S_g - I_g = R_g - E_g \qquad (11 - 6)$$

政府部门出现资源缺口，一般通过下列途径解决：一是向国外借款，即获得净国外借款（NFB_g）；二是向国内银行系统借款（NDC_g）；三是向国内实体部门借款（NB）。如果我们将 F_g 定义为政府部门可获得的净融资额，则

$$净融资额 = 净国外借款 + 国内银行系统借款 + 国内实际部门借款 \qquad (11 - 7)$$

即

$$F_g = NFB_g + NDC_g + NB \qquad (11 - 8)$$

因为政府部门的资源缺口需完全弥补，所以

$$(S_g - I_g) + F_g = 0 \qquad (11 - 9)$$

（二）政府财政失衡的度量分析

前面我们已经指出，政府财政平衡与否可以用总赤字的概念来反映。但实际上它并不是衡量财政平衡的唯一方法。选用不同的赤字概念反映财政失衡的状况取决于政策选择的目的。

1. 选择不同赤字概念来度量财政失衡需要考虑的因素

应根据以下因素选择适当的赤字概念度量财政失衡状况。

（1）财政赤字的类型。依据财政失衡产生的原因及计算口径的不同，一般把财政失衡划分为结构性赤字与周期性赤字、软赤字与硬赤字等类型。结构性赤字是指发生在已给定的充分就业水平条件下的赤字，也称为充分性赤字。它假定经济已经在充分就业水平上运行，当经济中还存在未被动员的资源时，由政府财政政策决定增加赤字，直接引致总需求的增加，从而影响总供给与总需求的关系。周期性赤字是指由于经济周期的波动而自动产生和增减的赤字，体现经济运行对财政平衡的决定作用。以上两种赤字产生的原因不同，财政政策所起的作用不同，所采用的指标度量也不相同。软赤字是指经常性收入与经常性支出的差额；与此对应，硬赤字是经常性收入和债务收入与经常性支出和债务支出的差额。所谓软硬是相对可否动用债务来弥补赤字而言的。

（2）所涉及的范围。所涉及的范围是指针对广义政府，还是针对整个公共部门。如果我们要度量广义政府的赤字情况，就可以用相对较小的度量口径指标来反映；如果要度量整个公共部门的赤字情况，就要采用相应较大的口径度量指标。

（3）会计方法。会计方法是指采用权责发生制记账还是收付实现制记账。不同的记账方法所反映的赤字情况是不一样的。

（4）所有或有债务的情况。或有债务可能直接影响财政赤字的情况。例如，政府对一笔贷款提供担保，在贷款到期前，政府不知道这笔贷款是否违约，若违约政府就要全额赔偿。

2. 度量财政失衡的赤字概念

由于度量财政赤字考虑的因素不同，度量赤字的概念也就不一样，主要包括：

（1）财政赤字占 GDP 的比重。如果说总赤字额是一个绝对额，我们无法判断其程度的话，那么财政赤字占 GDP 的比重就是一个相对指标，通过该指标可以看到 GDP 中的债务负担。

（2）政府部门借款需求。这是用于度量整个公共部门赤字的一个传统概念。这一概念包括整个公共部门的金融资源的净债权，因此也是度量财政赤字最综合性的标准。我们可以将这一度量财政赤字的综合概念应用于政府的每一个层次上。中央政府的借款需求和广义政府的借款需求是公共部门借款需求的一部分。后者实际上可以通过适当地扣除各部门之间的转移，从广义政府和公共企业的借款需求中得出。

（3）经常性财政赤字（经常账户赤字）。它是政府财政经常性收入减去经常性支出的差额。这一概念通常被用来衡量政府的储蓄，也就是衡量政府储蓄对经济中总储蓄的贡献。这一概念可以列成如下等式：

$$经常性财政赤字 = 政府储蓄 = 经常性总收入 - 经常性总支出 \qquad (11-10)$$

然而，在实际进行财政分析时，上述概念的应用存在一定的局限。该概念取决于资本性以及经常性支出和收入的差别。资本性支出包括资本转移和购买生产中使用期限超过一年的资产，除此以外的支出皆被列为经常性支出。这种划分比较武断。更为重要的是，政府财政投资的公共项目都为经济的增长作出了贡献，因此，这一假设是否成立，值得怀疑。

（4）基本的或非利息赤字。它是从传统赤字中扣除利息支付的差额。它能够准确地衡量现行的可自行决定的预算政策所产生的影响，显示出政府近期的财政行为是如何影响其净债务的，因而它在评价政府赤字可承受性方面起着至关重要的作用。用公式表示为

$$基本财政赤字 = 传统的财政赤字 - 利息支付 \qquad (11-11)$$

（5）操作性赤字。它是传统的财政赤字减去通货膨胀而引起的那部分利息支付，或相当于基本财政赤字加利息支付的实际付款。通货膨胀降低了没有偿还的公共债务的实际价值，但它可以通过获得较高的名义利率得到补偿。这种价值通常被称为"货币性纠正"。在

通货膨胀时，把这部分利息加上，实际上是高估了财政赤字，因为这些利息除了实际支付部分体现在当年的赤字中外，其余部分是要分期支付的。操作性赤字这一概念则能解决这一问题。特别是在那些具有较高通货膨胀和较大公共债务的国家中，这一概念显得尤为重要，因为这一概念衡量了某一特定年份财政政策在多大程度上影响公共债务的实际存量。

在通货膨胀环境下，实际公共债务的概念能够比名义公共债务的概念更准确地提供关于财政政策可承受能力的信息。在高通货膨胀率的国家中，使用传统的财政赤字概念与操作性赤字概念所得的结果大不相同，而且从趋势上看，这一差别可能会越来越大。操作性赤字与传统的财政赤字的关系可以表示如下：

$$操作性赤字 = 传统的财政赤字 - 利息支付中的通货膨胀部分 \qquad (11-12)$$

或

$$操作性赤字 = 基本财政赤字 + 实际支付利息 \qquad (11-13)$$

（三）　赤字融资分析

前面我们已经指出，政府赤字通过三种途径融资：向国外借款或动用外汇储备；向国内银行系统借款；向国内实体部门借款。考虑到向国内银行系统借款中向中央银行借款与向其他银行借款对宏观经济影响的差异性，两者应分开，这样政府融资实际上有四种途径。

政府财政赤字的融资途径对宏观经济的影响可能存在差异：向国外借款或动用储备可能与汇率危机相关；向中央银行借款引起过度的货币创造可能与通货膨胀相关。因此，过度的国内借款与较高的实际利率相关，赤字和债务之间的强烈作用易引起公共债务爆炸性增长；过度的国外借款与债务有关。

（1）向国外借款。政府可以通过向国外非居民发行债券或动用外汇储备来融资。不过，使用外汇储备来融资存在一定的限度。如果实际部门预计该国将达到这一限度，就会出现资本外逃和加剧通货膨胀压力的汇率贬值。

利用国外借款和动用外汇储备来融资，在开始时可能会使汇率升值，从而损害对外贸易部门的竞争性。对许多发展中国家来说，以往过度借款和缺乏信誉严重地限制了当前融资来源。即使这些国家能从国外商业部门借到贷款，其利率可能还是会高得无法接受。

（2）向中央银行借款（赤字的货币化）。政府从中央银行借款相当于创造高能货币或基础货币。在当时的价格水平上，以超过需求的比例创造货币将增加过多的货币余额，并最终促使整个价格水平上升，这成为通货膨胀的主要来源。

（3）向中央银行以外的银行系统借款。与从中央银行借款不同，从存款货币银行借款不会自动导致创造高能货币。如果中央银行通过向存款货币银行提供附加储备来满足其对信贷的过度需求，那么这种借款将类似于从中央银行借款。然而，如果中央银行不去满足存款货币银行对信贷的过度需求，存款货币银行则将被迫减少向私人部门发放贷款，以满足政府信贷的过高需求，这种局面被称为挤出私人支出现象。这一现象主要是通过提高利率来实现的。

（4）非银行借款。财政赤字融资的一种非货币性方法是发行国内公共债券。非银行借款允许政府在短期内在不增加货币基数或不耗尽国际储备的情况下保持一种赤字的水平。因此，此方法通常被视为是防止通货膨胀和对外危机的一个有效方法。但其也存在一些问题：第一，通过发行证券对赤字进行融资虽然能够推迟通货膨胀的发生，但如果政府对其不加控制，其债务存量可能会在将来导致出现更高的通货膨胀率。第二，如同向银行借款，政府向公众直接借款能够将私人部门挤出去，从而对国内利率形成向上的压力。高实际利率不仅会损害经济增长，而且按此利率发行的公债还会增加今后的偿债成本，从而增加未来的财政赤字。如果实际利率超过经济增长率，偿债负担将会爆炸性地增长，从而使公债变得无法承受。

在那些高通货膨胀率的国家中，政府证券的价值消失得很快，而且购买这种证券的自愿性需求也非常有限。政府往往试图（直接或间接）强迫银行，甚至公众持有这种债权。但是这种强迫行为以及以往出现的没收行为将严重损害政府今后的信誉。在此情况下，政府必须耐心地经历一个重建信任和信誉的过程。在此过程中，政府需坚持实行持续不断的非通货膨胀性的宏观经济政策和保持金融稳定。

（5）支付拖欠。如果财政账户是按权责发生制编制的，则会产生另外一种赤字融资方式——支付拖欠。

二、政府财政收入分析

政府财政收入分析主要包括政府财政收入规模分析、税收弹性和税收增长趋势分析等。

（一）政府财政收入规模分析

1. 政府财政收入规模的含义

政府财政收入规模是指政府可以组织多少财政收入，也称政府财政收入的数量界限。一般认为，财政收入占国内生产总值的比率是衡量财政收入规模的指标。

在任何国家的任何时期，对于政府财政收入总存在一个客观的数量界限。如果超出这个数量界限，就会对社会经济产生不良影响。但政府组织的财政收入也不能太少，否则会影响政府履行其基本的财政职能。财政收入占 GDP 多大比重较为合理至今仍是一个需要探讨的问题。实证分析表明，财政收入规模随国家职能的转变而逐步扩大，财政与经济发展之间存在着相互促进、相互制约的关系。

2. 影响政府财政收入规模因素的分析

保证财政收入持续增长历来都是各国政府十分关注的问题，因为财政收入规模的大小反映了政府支配和使用财力的规模。但是财政收入规模的大小，不是或不仅仅是以政府的意志为转移的，而是会受到多种政治经济条件的制约和影响。这些条件包括：

（1）经济发展水平。经济发展水平反映了一个国家社会产品的丰富程度和经济效益的高低。一般来说，经济发展水平高、社会产品丰富，则该国的财政收入总额就大，占国内生产总值的比重也高。从世界各国的现实状况来看，发达国家的财政收入规模大都高于发展中国家，而在发展中国家，中等收入国家又大都高于低收入国家。依相对指标来衡量，发达国家财政收入占 GDP 的比例为 40%～50%，新兴市场经济国家为 20%～30%。

（2）生产技术水平。一般认为，生产技术水平是影响财政收入规模的另一个重要因素。它对财政收入规模的影响表现为：一是生产技术的提高，可使生产产品数量和质量都大大提高，从而能够提供更多的社会总产品，创造出更多的国民生产总值，使财政收入有更加丰裕的财源；二是生产技术水平的提高，可使生产率得到提高，生产技术更加先进，成本更低，物耗更少，生产利润更多，从而使人们的收入更高，企业的利润更多，财政收入规模自然也会扩大。

（3）收入分配政策和分配制度。政府的分配政策和分配制度也是影响财政收入规模的重要因素。经济决定财政，财政收入规模的大小归根结底受生产发展水平的制约。但在经济发展水平已定的条件下，还存在通过分配进行调节的可能性。所以在不同的国家和一个国家的不同时期，财政收入规模都是不同的。

（4）价格。价格因素对财政收入的影响是产品或劳务的价格上涨导致名义财政收入增加。具体地讲，一是价格上涨会相应扩大税基，使名义税收增加。在税率一定时，价格上涨，税基扩大，财政收入增加。二是名义收入的增加和税基的扩大，会引起税率的变化。在累进税制下，甚至原来不纳税的人也会因名义收入的增加而自动进入纳税人的行列，因而也使名义财政收入增加。

（5）财政政策。财政收入占 GDP 的比例还要受到财政政策的制约。在财政支出一定时，如果经济运行状况需要政府实施扩张性财政政策，则要求减税，降低财政收入占 GDP 的比例；或者说，这一比例的降低反映了财政政策的扩张性。同理，紧缩性财政政策要求提高这一比例；或者说，这一比例的提高反映了财政政策的紧缩性。

（二）税收弹性和税收增长趋势分析

税收是一国财政收入的主要来源。在评价税收体制的效率时，税收弹性和税收增长趋势是两个非常有用的概念。

1. 税收弹性

税收弹性是指在一定的税制下（即保持不变），源于某一税种的收入的相对变化同税基相对变化的比较。弹性为税制提供了内在的灵活性。税收弹性可以用公式表示如下：

$$税收弹性 = \frac{税收变化的百分比（在税制不变的情况下）}{税基变化的百分比} \qquad (11-14)$$

如果以国内生产总值代表税基，那么与国内生产总值相关的税收弹性为

$$税收弹性 = \frac{\Delta AT/AT}{\Delta GDP/GDP} \qquad (11-15)$$

式中，AT 代表从一个不变的税制中获得的税收；Δ 代表在某一时期内发生的变化。

当某一税制的弹性超过 1 时，我们可以说该税制是有弹性的，表明在不增加新的税种或提高税率（税收政策无任何变化）的情况下，税收增长率高于国内生产总值的增长率。在那些政府支出增长率倾向于高于国内生产总值增长率的国家中，应鼓励提高税收弹性。在下述几种情况下，与国内生产总值相关的税收体制会具有弹性，即当征税对象为新兴的经济部门；税率为累进式的，且是按价而非按具体数量征集；以及税收是即时征集的。最后一点在高通货膨胀时期尤为重要，在此情况下，估税和征税之间的过长时滞会减少税收的实际价值。

从经济增长的角度看，经济增长需持续维持社会和经济基础设施与维修支出的增长，因此，税收制度具有弹性至关重要。如果这些支出的增加没有相应的收入增加相伴随，那么就要过分地依赖来自国外（将增加外债负担）或国内的赤字融资。在税制具有弹性的情况下，通常不需进行频繁和预料之外的增税，这种增税将会产生不良影响，并降低对政府的信心。

我们不仅可以计算出整体税收的弹性，而且可以计算出某一种特定税收的弹性。例如，按价征税通常比按具体数量征税的弹性大；个人所得税也具有相对较高的弹性。

2. 税收增长趋势

税收增长趋势是征收税款的增加与国内生产总值的相对增长之比。其公式为

$$税收增长率 = \frac{\Delta T/T}{\Delta GDP/GDP} \qquad (11-16)$$

式中，ΔT 衡量某一时期内实际税收的变化。而在税收弹性公式中 ΔAT 衡量某一时期内对税制变化的预计影响加以调整后的税收变化，即排除所有自定性变化的影响。如果税制的变化有利于增加收入，那么税收增长趋势将大于弹性，因为实际税收将超过无税制变化时可能出现的数量。

三、政府财政支出分析

政府财政支出分析主要讨论政府财政支出结构、政府财政支出政策及政府财政支出对宏观经济的影响。

（一）政府财政支出结构分析

政府财政支出的主要种类包括工资和薪金、商品和劳务、补贴、社会保障支出和资本支出等。

1. 工资和薪金

政府针对行政机构的就业和工资的政策能够对政府的支出效率产生重要影响。对有技能的技术人员支付较低的工资以及不适当的薪金差别会瓦解人员的士气，并导致政府部门生产

率的下降。同样，普遍存在着将公共部门作为最终雇主的行为也会大幅度增加费用。许多国家近年来通过改革压缩工资费用支出。这些改革措施包括普查和清除行政机构工资单上的挂名雇员、消除空缺和临时性职位、冻结招工、暂停就业担保、自愿性退休计划、削减工资、工资封顶和冻结，以及难度最大的措施——解雇。有些国家还实行若干有利于高级雇员扩大工资级别差距的尝试。

2. 商品和劳务

大部分国家的经常性支出中相当大的一部分属于此类支出，它反映了政府运作的管理和行政费用。尽管通常可在此项目下节省大部分支出，但至关重要的一点是需保证削减商品和劳务不会妨碍有效地提供政府服务。商品和劳务的经常性支出中的一个重要组成部分是资本存量的运营和维修。缺乏运营支出（无论是供货还是人员费用）将导致政府的教育和卫生部门出现低效率。同样，缺乏维修支出将导致实物资本迅速恶化。实行偏重建造新设施，而任由现有基础设施恶化的政策不仅最终要付出极大的代价，而且是无效率的。在若干情况下，如果能够准确地衡量现有资产的折旧率，那么净投资就可能为负数。同样，在宏观经济调整规划中，还应避免"一刀切"地削减物资、供货和劳务，以避免对规划的有效性产生不良影响。

3. 补贴

补贴的定义是政府向生产商或消费者提供无须偿还的所有援助。补贴可以采取各种形式，包括：（1）对生产商和消费者的直接付款（现金赠款）；（2）以低于政府借款的利率发放由政府担保的贷款（信贷补贴）；（3）减少某些税收负债（税收补贴）；（4）以低于市场的价格提供商品和劳务（实物补贴）；（5）政府以高于市场的价格购买商品和劳务（采购补贴）；（6）通过可改变市场价格和市场进入的政府管理行为提供隐蔽性支付（管理补贴）；（7）维持定值过高的货币（汇率补贴）。

在许多转轨经济国家中，无论是公开的（直接的）还是隐蔽的（间接的），补贴都是政府预算的一个主要支出项目。如果政府预算将补贴完全列入支出项目内，那么这种补贴就是公开性补贴，反之则为隐蔽性补贴。隐蔽性补贴可以产生于下述几种情况：将价格定得低于或高于自由市场价格，如能源价格；或支持不现实的利率和定值过高的汇率。政府补贴相当大的一部分是隐蔽性的，因此，预算尚不能完全反映其范围和价值。补贴还能通过降低经济中的灵活性来影响资源的分配，并往往影响结构性改革的障碍。补贴产生扭曲的事例之一是将能源定在市场价格以下，从而导致浪费型能源消费。

4. 社会保障支出

在许多国家中，旨在保护社会中较贫困阶层的支出构成了预算支出中的一个重要部分，包括发给老人的退休金和失业者的失业保险。在中央计划下，公共企业直接或间接地负责提供社会保障支出中相当大的一部分。在转轨过程中，随着这些企业改革的深化和其社会责任的缩小或消失，政府有必要迅速地建立充分的社会保障网。

许多转轨经济国家已经开始着手建立社会安全保障网，其目的是减少经济改革给穷人带来的短期不良影响，如因减少对基本必需品的补贴而造成的价格上涨和因国有企业改革和行政机构改革而产生的失业。社会安全保障网应根据各国的情况而定，其中包括行政管理框架，以及正式和非正式的社会保障体系。

社会安全保障网的主要构成包括：对指定商品的补贴和现金补偿，其目的是保护国民在通货膨胀时期有能力购买基本的食品；社会保障安排，其中包括退休金、残疾保险和照顾儿童费用。这些安排应具备有效的指定目标和激励性的结构。失业救济和公共就业计划有助于消除低收入阶层失业而产生的不利影响。

5. 资本支出

增长导向型调整要求政府进行有效投资，并实行能够纠正相对要素和商品价格扭曲的政策。但至关重要的一点是，确保具有设计恰当的投资规划和经济上可行的项目，因为设计不当或效率不佳的项目的成本很高。应将投资的重点放在对市场起补充和支持的项目上，并非放在与市场决定的活动相竞争的投资上。教育、卫生、城市服务和农村基础设施是政府投资的重点领域。

（二）政府财政支出政策

政府财政支出是要追求效率与公平，但有效率的政府财政支出和无效率的政府财政支出的区别是什么？这里涉及三个重要的基本问题：规模、效率和组合。

1. 规模问题

政府财政支出应该是多少比较合适。在任何一个时点上，一国通过税收和借款为财政支出提供融资都有一定的局限性。任何超过这一局限性的努力都将形成反面的作用，并导致出现宏观经济和金融的失衡。衡量政府财政支出的水平或规模通常除了绝对数额外，一般用财政支出占同期国内生产总值的比率表示。这个比率又称为财政支出比率。近二三十年来，世界各国政府财政支出水平呈不断扩大的趋势。对此的解释主要有：

（1）政府活动扩张论。德国经济学家阿道夫·瓦格纳（Adolgh Wagner）最早关注财政支出规模不断扩大的现象并作出了理论解释。他通过对 19 世纪的欧洲国家和日本、美国的考察分析发现，这些国家的财政支出都呈现出不断增长的趋势。他认为，随着人均收入的提高，政府财政支出的相对规模也会随之提高，这就是财政支出的相对增长，后人把这一思想称为瓦格纳法则。

关于财政支出增长的原因，瓦格纳认为有两个方面：一方面是政治因素。由于社会不断变化产生新的矛盾和问题，使政府职能扩展或国家活动范围扩大，必然导致政府财政支出呈现出增长的趋势。另一方面是经济因素。随着工业化经济的发展，扩大的市场与市场主体之间的关系日益复杂，对政府保护和管理服务方面的需求扩大；对政府干预经济及从事直接生产经营活动的需求扩大；对具有极大外部性经济效益行业要求政府直接生产和经营的需求扩大；对政府提供教育、文化、卫生、福利服务方面的需求扩大等，所有这些必然导致财政支出的增长。

（2）梯度渐进增长理论。这一理论是英国经济学家皮考克（Peacock）和威斯曼（Wiseman）于 20 世纪 60 年代提出的。皮考克和威斯曼在瓦格纳分析的基础上，根据他们对 1890—1955 年英国财政支出增长情况的分析研究，提出了梯度渐进增长理论。

他们的理论分析建立在这样的假设前提上：政府喜欢多花钱，居民不愿意多纳税。政府的支出是由纳税人提供资金来源的，因此，政府在决定预算支出规模时，应该密切关注公民对于赋税承受能力的反应，公民所能容忍的税收水平是政府公共支出的约束条件。在正常条件下，经济增长，国民收入增加，政府以不变税率征得的税收会随之增加，政府支出也就随着 GDP 的上升而增加，从而出现财政支出渐进增长的趋势。但当社会发生外部冲突，如战争、自然灾害等，这种渐进增长过程就会被打破。为了处理突发事件，政府不得不大幅提高财政支出，税率也会被迫提高，而公众在紧急时期"租税容忍水平"也会提高，愿意接受更高的税收负担。在这种情况下，政府财政支出在渐进的过程中呈现急剧上升的状态。当战争等危急时期过去后，财政支出水平虽会下降，但政府不会轻易允许已经上升的"租税容忍水平"降到原来的水平，这样财政支出也不会回到原来的水平，从而使财政支出表现出一种进二退一的梯度渐进增长规律。

（3）经济发展阶段论。经济发展阶段论主要由美国著名财政学家 R. A. 马斯格雷夫（R. A. Musgrave）和经济史学家 W. W. 罗斯托（W. W. Rostow）提出。马斯格雷夫在其著作《经济发展和支出政策》《拉丁美洲工业化与发展所需的财政政策》《财政体制》、罗斯托在其著作《增长的政策与阶段》中从经济发展的各个阶段来解释财政支出增长的原因。

他们认为在经济发展的不同阶段导致财政支出增长的原因是不同的。在经济发展的早期阶段，社会对政府在社会基础设施，如运输系统、法律与秩序、环境卫生系统、健康与教育以及其他用于人力资本投资等方面的需求较旺盛，因而使政府投资在社会总投资额中所占比例较高；在经济发展中期阶段，政府投资只是作为私人投资的补充，并开始将注意力转移到解决社会贫富分化的收入分配问题上来，这使政府的转移性支出增加；在经济发展的成熟阶段，政府支出的重心将从基础设施投资支出转移到不断增加的对教育、保健和福利服务等项目的支出上，政府转移性支出明显上升并超过购买性支出。

（4）官僚行为增长论。按照公共选择理论的观点，官员是指负责执行通过政治制度作出的集体选择的代理人集体，也就是负责政府提供服务的部门。虽然官员制度通过建立一系列特定的限制和激励来影响官员的行为，但官员作为理性的经济人，他们有自身利益最大化的追求。美国经济学家尼斯克南（Niskanen）认为，官员与其他所有人一样，都是自我效用最大化者。官员的效用函数变量包括薪金、为他工作的职员人数和薪金、额外收入、权力或地位、公众声誉、现代化的办公设施、公费活动等。为了使效用最大化，官员会竭力追求机构最大化，因为机构规模越大，官员的权力就越大。因而同私人部门提供私用品相比，官僚机构在提供公用品的过程中表现出三方面的特点：①政府官僚机构在提供公用品的过程中缺乏竞争，导致公共部门的服务效率低下；②官僚机构不以利润最大化为追求目标，官僚行为的成本相对较高；③公用品通常无法定价，这使社会成员对公共部门的工作成效进行评价往往缺乏确切的依据。官僚机构以机构规模最大化为目标，再加上公共部门的上述三个特征，导致财政支出规模不断扩大，甚至财政支出规模的增长超出了公用品最优产出水平所需要的支出水平。

另外，官僚机构通常拥有提供公用品的垄断权，在很多情况下，官员独家掌握着特殊信息，这就使他们能够让政治家相信他们确定的产出水平的社会效益比较高，从而实现预算规模最大化的产出。这种官僚行为的交易成本很高，且拨款机构很难控制，这又使官僚机构想尽办法扩大预算规模，结果必然导致投入的滥用。

2. 效率问题

怎样才能有效地提供公共部门的产出？公共部门的产出可以是公路、教育服务或国防服务。有效地提供意味着以最低的成本实现既定的目标。这些成本不仅包括资金和管理性支出，而且包括公共支出和融资对实际部门所造成的反面作用。

3. 组合问题

什么是公共部门产出的组合？在公共支出总量受其融资能力限制的情况下，一国必须找出其公共产出的正确组合。其所选择的任何一种商品和劳务的组合都应反映该国国民的集体利益。

规模问题主要是宏观经济问题，而效率和组合问题则主要是微观问题。从短期看，许多发展中国家的融资能力有效地限制了这些国家的公共支出。在这些国家中，政府已实施了许多控制公共支出的机制，以应付收入下降或融资有限的局面。这些机制包括冻结政府支出，或将其限制在低于预算批准的水平上。这些措施尽管有效，但只是一种临时性的应急措施，并且会产生许多不良影响。冻结支出涉及大范围削减支出，因此会影响有效分配支出以及合理制定长期规划的进程。

规模和效率问题主要是正面的问题。分析家可以用一种相当客观的方式观察总支出的宏观经济效果。组合问题具有正面和规范两个方面的特征。我们可以提供对实现增长目标所需人力和实物资本组合的技术分析，但不能在没有价值判断的情况下比较教育和国防的相对优点或公共投资的地理分布。这些正面和规范性问题相互交织在一起，从而使公共支出评价成为一个极具争议的问题。

（三）政府财政支出对宏观经济的影响

公共支出能够影响总供应（或生产）和总需求（或支出）。在实物和人力资本方面的有效公共支出一般能够提高资本的收益，从而鼓励私人投资和促进经济增长。对供应的影响可能会比较快，能够消除若干关键性的基础设施瓶颈。不过，全部实现对公共投资的收益需要很长的时间，特别是在教育等领域。同时，公共部门与私人部门竞争有限的资源，而且公共支出（无论是资金源于税收还是源于借款）挤走了包括私人投资的私人支出。转轨经济国家通过税收或借款为其支出融资的能力往往有一定的局限性。从短期看，这类国家既无增加税收的行政能力，也无足以支持公共借款的发育完善的国内资本市场，而且会引发通货膨胀，因此从中央银行借款的代价很高。在此情况下，政府增加支持的尝试实际上通过促进通货膨胀的上升而加剧了其融资的难度，促使纳税人尽量延迟纳税，从而降低了税收收入的实际价值。

增加公共部门的借款将提高国内利率，增加投资和政府借款的成本，减少该国经济增长的潜力，并增加债务负担。除非政府能够有效地使用借入资源，创造出足以用来为今后偿还本息的税收收入所需要的产出和收入；否则，公共部门今后将不得不通过减少服务来对其债务负担进行融资。在国际资本流动的情况下，国内利率的提高会导致大量的资本流入、汇率升值和对外竞争力的下降。

本章小结

1. 国际货币基金组织《2014 年政府财政统计手册》关于政府财政账户或部门给出两个主要概念：广义政府部门和公共部门。广义政府包括所有政府单位和所有由政府单位控制并由政府单位提供融资的非市场非营利机构。公共部门包括广义政府部门的所有单位和所有公共公司。

2. 政府财政核算框架的核心是一套四份财务报表，包括：（1）政府运营情况表；（2）现金来源与使用表；（3）其他经济流量表；（4）资产负债表。

3. 政府财政核算分析的内容主要有政府财政收支平衡分析、政府财政收入分析、政府财政支出分析。

4. 政府财政收支平衡分析包括政府财政收支平衡状况分析、政府财政失衡的度量分析、赤字融资分析等内容。

5. 政府财政收入分析主要包括政府财政收入规模分析、税收弹性和税收增长趋势分析等内容。

6. 政府财政支出分析主要讨论政府财政支出结构、政府财政支出政策及政府财政支出对宏观经济的影响。

本章重要概念

广义政府部门　公共部门　政府单位　非市场非营利机构　公共公司　政府运营情况表

现金来源与使用表　其他经济流量表　资产负债表　传统的财政赤字

政府的储蓄—投资缺口　结构性赤字　周期性赤字　软赤字　硬赤字

经常性财政赤字　基本的或非利息赤字　操作性赤字

本章复习思考题

一、判断题

1. 广义政府包括政府单位和所有的非营利机构。　　　　　　　　　（　　）

2. 公共部门包括广义政府和所有的公司。　　　　　　　　　　　　（　　）

3. 运营净余额不包括价格水平变化造成的收益和损失以及资产数量的其他变化。

（　　）

4. 净贷款（政府贷款给其他部门）表明，政府在多大程度上让经济中的其他部门利用其财务资源。　　　　　　　　　　　　　　　　　　　　　　　（　　）

5. 出售非金融资产不是收入。　　　　　　　　　　　　　　　　　（　　）

6. 政府运营情况表与现金来源和使用表所采用的记账方法相同。　　（　　）

7. 传统的财政赤字反映了政府超过收入和赠与的那部分支出和净贷款。（　　）

8. 财政收入规模的大小完全由政府意愿决定。　　　　　　　　　　（　　）

9. 政府财政支出政策追求效率和公平。　　　　　　　　　　　　　（　　）

10. 政府支出会挤走包括私人投资的私人支出。　　　　　　　　　（　　）

二、单选题

1. 政府财政核算框架的核心是一套财务报表，主要包括（　　　　）。

A. 政府运营情况表、现金来源和使用表、其他经济流量表

B. 政府运营情况表、现金来源和使用表、资产负债表

C. 政府运营情况表、现金来源和使用表、政府财政概要

D. 政府运营情况表、现金来源和使用表、其他经济流量表、资产负债表

2. 政府运营情况表的构成项目包括（　　　　）。

A. 影响净值的交易、非金融资产交易、金融资产和负债交易

B. 收入、费用、非金融资产交易

C. 收入、费用、金融资产交易

D. 金融资产交易、非金融资产交易

3. 现金来源和使用表的主要构成项目包括（　　　　）。

A. 收入现金流量、费用现金流量、非金融资产交易现金流量

B. 收入现金流量、费用现金流量、金融资产和负债交易现金流量

C. 经营活动的现金流量、非金融资产交易现金流量、金融资产和负债交易现金流量

D. 非金融资产交易现金流量、金融资产交易现金流量、负债交易现金流量

4. 政府财政收入来源主要包括（　　）。

A. 税收、社会缴款、出售非金融资产收入、赠与

B. 税收、社会缴款、罚金和罚款、出售商品和服务收入

C. 税收、社会缴款、出售非金融资产收入、罚金与罚款

D. 税收、社会缴款、赠与、其他收入

5. 政府费用按经济分类主要包括（　　）。

A. 雇员报酬、商品和服务的使用、购买非金融资产、固定资本消耗、利息、赠与、社会福利、其他费用

B. 雇员报酬、商品和服务的使用、固定资本消耗、利息、补贴、赠与、社会福利、其他费用

C. 雇员报酬、商品和服务的使用、购买非金融资产、固定资本消耗、利息、补贴、社会福利、其他费用

D. 雇员报酬、商品和服务的使用、购买非金融资产、固定资本消耗、利息、补贴、赠与、其他费用

6. 政府其他经济流量表的项目主要包括（　　）。

A. 持有损益引起的净值变化、资产负债数量其他变化引起的净值变化

B. 资产的数量变化、负债的数量变化

C. 非金融资产引起的净值变化、金融资产引起的净值变化

D. 非金融资产数量的其他变化引起净值变化、金融资产数量的其他变化引起净值变化

7. 政府资产负债表中的非金融资产主要包括（　　）。

A. 固定资产、存货、贵重物品、非生产资产

B. 固定资产、存货、贵重物品、无形资产

C. 固定资产、存货、土地、培育性生物资源

D. 固定资产、存货、土地、无形资产

8. 弥补政府赤字通常的融资途径包括（　　）。

A. 向国外发行债券、动用外汇储备、国内发行债券、向中央银行借款、拖欠

B. 向国外借款、向中央银行借款、向中央银行以外的银行系统借款、向非银行借款、拖欠

C. 向国外发行债券、动用外汇储备、向国内个人发行债券、向中央银行借款

D. 向国外发行债券、动用外汇储备、向国内个人发行债券、向中央银行借款、拖欠

9. 财政总收入为 107 万亿元，财政总支出为 127 万亿元，利息支付为 7 万亿元，其传统的财政赤字为（　　）。

A. 20 万亿元　　　B. 27 万亿元　　　C. 13 万亿元　　　D. 25 万亿元

10. 财政总收入为 107 万亿元，财政总支出为 127 万亿元，利息支付为 7 万亿元，其基本财政赤字为（　　）。

A. 20 万亿元　　　B. 27 万亿元　　　C. 13 万亿元　　　D. 25 万亿元

三、简答题

1. 简述政府财政核算的财务报表体系及其报表之间的关系。

2. 简述政府财政收支平衡分析的主要内容。

3. 简述政府财政收入分析的主要内容。

4. 简述政府财政支出分析的主要内容。

四、思考题

1. 如何度量财政平衡？

2. 如何分析政府支出的公平和效率？

第十二章
货币核算分析

这里的货币指货币账户或货币部门。货币部门（特别是中央银行）是宏观调控部门，介绍货币部门核算分析对于了解整个宏观分析内容很有必要。货币部门的核算分析与金融公司的核算分析角度不同，它是从货币发行和创造的角度来核算分析的。从金融账户的角度研究资金的核算分析，我们在下一章进行介绍。货币核算分析的内容主要包括广义货币的概念、广义货币的创造与计量、货币核算与分析等。

第一节　广义货币的概念

在市场经济中，充当货币的工具很多，除现金外，还有银行存款、票据和其他有价证券，它们都在一定程度上执行货币的职能，这些金融工具就是金融资产。国际货币基金组织从三个方面定义广义货币：（1）纳入广义货币的金融资产；（2）货币持有部门；（3）货币发行部门。广义货币是特定部门发行的、由特定部门持有的具有充分的货币性的金融资产。

一、纳入广义货币的金融资产

哪些金融资产纳入广义货币，哪些金融资产不纳入广义货币，这涉及划分标准的问题，首先需要讨论货币的基本职能及特征，其次需要讨论广义货币组成部分的主要特征。

（一）货币的基本职能

国际货币基金组织《货币与金融统计手册及编制指南》（2016）对货币职能的表述为交易媒介、价值储藏、记账单位、延期支付的标准。

交易媒介指货币是在获得非金融资产（货物、商品、设备等）、服务和金融资产的时候无需以货易货而确保交易正常进行的工具。货币解决了以货易货中必须保证需求和时间巧合的难题，使售买行为分离，大大提高了交易的效率，降低了交易的成本。

价值储藏是指货币作为一般购买力，除了作为交易媒介外，也成了价值储藏的方式，即经济学家所说的"购买力的暂栖所"。

记账单位即价值标准或交易的单位，是指在交换过程中用货币表示商品、劳务和金融资产的价格，也就是表示金融资产和非金融资产的价值标准，这为价值对比和编制财务报表提供了途径。

延期支付的标准是指货币在长期合同交易中作为计价支付的单位。这样货币就把信用交易中的目前价值与未来价值联系起来。

在货币的四个基本职能中，前两个职能是主要的，也是定义广义货币时重点考虑的职能，后两个职能是次要的。

（二）广义货币组成部分的主要特征

前面我们已经介绍了货币的四个基本职能，但在现实经济中发挥货币职能或不同程度上发挥货币职能的金融资产种类较多。发挥多大程度货币职能的金融资产可纳入广义货币的范围就成了一个有争论的问题。这一问题的实质是讨论金融资产的货币性问题。

在讨论这一问题中，经济学家首先从实际经济生活中金融资产货币作用的充分性标准来描述，即讨论某种金融资产是否纳入广义货币，其法偿货币或普遍接受性、可转让性、可分性、期限性、盈利性就成为最基本的决定因素。法偿货币或普遍接受性，是指该金融资产是一国的法定货币，在国内交易中必须接受；可转让性，是指该金融资产能够直接用于第三方支付；可分性，是指该金融资产可以细分为各种面值，用于支付极为细小的交易；期限性，是指该金融资产规定的到期支付转让的时间，金融资产的期限越短，货币性越强；盈利性，是指该金融资产是生息资产，或虽不生息但持有它可以弥补因持有其他资产可能产生的利息损失。

二、货币持有部门

从货币持有部门讨论广义货币构成，是要解决哪些部门持有的金融资产可纳入广义货币总量。这主要是分析各部门持有的金融资产对宏观经济的影响。有的部门持有的金融资产易受货币政策的调节和影响，进而对宏观经济产生较大影响，这些部门持有的金融资产就纳入广义货币的范围，而有些部门持有的金融资产对宏观经济产生的影响较小甚至没有相关关系，这些部门持有的金融资产就不纳入广义货币范围之内。

虽然各国货币持有部门之间存在一些差异，但几乎所有国家的主要货币持有部门都一样。货币持有部门包括除存款性公司和中央政府之外的所有居民部门。也就是说，货币持有部门一般包括：（1）所有非金融性公司；（2）中央政府以外的其他政府单位；（3）住户和为住户提供服务的非营利性机构；（4）金融性公司部门中除存款性公司（中央银行和其他存款性公司）之外的所有机构单位。这些部门持有的货币性金融资产易受货币政策的影响，并且这种影响会进一步对宏观经济产生的影响。广义货币包括这些持有部门持有的货币，因此广义货币代表了消费能力或货币持有者潜在的购买力。

被排除在货币持有部门之外的机构单位包括：（1）中央政府。中央政府持有的存款等不包括在广义货币之内，这是因为至少对有些国家来说，中央政府的存款并不像货币持有部门那样易受货币政策的影响，而是由中央政府的融资约束、支出决定以及现金管理技术所决定的。即中央政府的存款受其发行债券、透支、税收等筹集资金以及这些资金的运用的共同影响，其对经济增长的影响是由相应的财政政策决定的。（2）存款性公司。存款性公司即中央银行和其他存款性公司，这些单位持有的货币不包括在广义货币之内，是因为存款性公司是货币发行部门，它可以不受任何约束地发行并持有这些货币，但这些货币在存款性公司手里并不对经济起任何实际作用，只有这些货币在货币持有部门手里才能真正起到货币的作用。（3）非居民。非居民持有的本国金融资产通常排除在广义货币之外。这是因为非居民持有的金融资产服务于国外贸易，而不服务于国内贸易。从原则上讲，非居民持有的存款不包括在广义货币内，但在国外的劳务人员在本国存款性公司持有的存款可以自由地被指定家庭成员或其他指定方用来在本国进行交易，在这种情况下，这些存款也应纳入广义货币。同样，跨国工人——在国内工作的邻国居民，可能在他们工作的国家拥有存款。如果这种存款在他们工作的国家而不是在他们居住的国家使用，就应将其归入工作地所在地国家的货币量，而不是作为对非居民的负债。

三、货币发行部门

讨论货币发行部门是要解决哪些部门发行的金融资产构成广义货币，哪些部门发行的金融资产不构成广义货币。有时当货币发行部门与国家已定义的货币发生矛盾时，以国家定义货币为准。比如国家定义企业发行的短期票据因其流动性强纳入了广义货币之内，那么在该国发行短期票据的企业事实上已成了货币发行部门。

多数国家将存款性公司划为货币发行部门。有的国家存款性公司是唯一的货币发行部门。这就是说，该国的中央银行发行的通货和其他存款性公司吸收的存款构成了该国的广义货币。

在有些国家，中央银行可能是通货的唯一发行机关，但在有些国家可能不是。例如，在一些国家，由财政部发行铸币，有的国家财政部也发行纸币。在这种情况下，事实上财政部发行的铸币或纸币已经构成了该国的广义货币，其已经成为货币发行部门。

其他存款性公司吸收的存款可被看做其发行的存款凭证，这样其他存款性公司也是货币发行部门。有些国家的公共非金融性公司，如邮政储蓄机构接受的其他负债也归入国家定义的广义货币总量中。这些机构也已成为广义货币的发行部门。

如前所述，一国流通中的外币已经纳入该国的广义货币之内，原则上，将发行外币的国家也看成非居民货币发行者。

综上所述，货币发行部门或发行者可能包括：（1）存款性公司；（2）中央政府；（3）非金融性公司；（4）非居民。被排除在货币发行部门之外的可能包括：（1）家庭；（2）不发行票据和债券的非金融性公司；（3）地方政府；（4）该国未把外币纳入广义货币的非居民。

第二节 广义货币的创造与计量

前面我们从定性方面讨论了广义货币的含义，接下来就要从定量方面讨论广义货币乃至流动性总量的创造与计量。

一、广义货币乃至流动性总量的创造

广义货币是由中央银行和其他存款性公司（商业银行）等（也有可能包括非金融公司）共同创造的：中央银行发行基础货币（通货＋存款准备金）、其他存款性公司（商业银行等）发行并创造存款货币（派生存款）；其他金融资产是在通货和存款货币的基础上，通过非金融公司等部门的资产业务创造出来的。

（一）基础货币的创造

基础货币是由中央银行创造的，包括通货（M_0）和除通货外的其他基础货币（主要是存款准备金）两个部分。

1. 通货的创造

通货即流通中的现金，包括纸币和铸币。通货一般由中央银行发行，即中央银行创造通货。中央银行发行的货币具有无限法偿权，是一国的法定货币，在交易中被普遍接受。

前面我们已经指出，中央银行和其他存款性公司持有货币不纳入广义货币之内，即中央银行和其他存款性公司持有的现金不属于通货的范围。但通货却是通过这两个机构单位的业务往来被创造出来的。从通货发行的过程看，它是其他存款性公司从中央银行提取并支付给客户投放到市场中去的。从我国的实际情况看，通货是由中央银行的发行库支付给商业银行的业务库，再由商业银行通过贷款或对客户进行支付而投放市场进入流通领域的。我们研究通货的创造重点应是通货创造的制度和机制。

从通货创造的制度和机制方面来看，通货首先是建立在中央银行制度的基础上，并通过中央银行与其他存款性公司的存贷关系而被创造出来的。在现代中央银行制度下，其他存款性公司一般都在中央银行开立存款账户，用以核算其他存款性公司上缴的存款准备金、存取的现金以及其他存款性公司间的资金清算。在实际操作中，提取和回缴现金是与存款的核算一起进行的。也就是说，其他存款性公司从中央银行提取现金，反映为其存款减少；反之，反映为存款增加。这也就是说，其他存款性公司要从中央银行提取现金，一定在中央银行账户有存款，否则它不可能提取现金，通货创造也就无从谈起。当然，其他存款性公司在中央银行账户没有存款也可以通过透支或向中央银行贷款等途径获得现金。其他存款性公司在中央银行的存款起到如此重要的作用，以至于下面的讨论中我们把它称为高能货币或基础货币。

通货从中央银行转移到其他存款性公司后，不构成广义货币的通货，还需要支付给客户投放到市场才能真正创造出货币。这中间需在银行和客户间建立信贷业务途径。与其他存款性公司在中央银行开立存款账户一样，客户在其他存款性公司也需要开立存款账户。当客户需要现金时，从其他存款性公司提取，反映其账户存款的减少。客户从其他存款性公司提取现金，才能真正创造出货币。

2. 基础货币

基础货币或货币基数是创造广义货币的基础。它流入银行体系后，通过货币乘数的作用使货币供应量成倍增长。

基础货币是中央银行的负债，广义货币是存款性公司的负债；前者大部分是其他存款性公司的资产，后者则全部是除存款性公司之外所有机构的资产。基础货币对现代信用货币的创造起到扩大倍数的基数作用。基础货币是中央银行的负债，这是基础货币的第一个特征。

广义货币无论是作为交换工具还是作为价值储藏手段，都必须具有相对稳定的购买力。而要保持货币购买力的稳定，关键是要保持货币供给的相对稳定。如果货币供给没有约束，货币购买力就不可能稳定。在完全的信用货币条件下，货币本身没有价值，因此必须借助经济之外的力量约束，这样才能保证货币供给的稳定。这种经济之外的力量可能来自政府的行政管理，也可能是由政府来维持的某种资产。这种资产就是基础货币。而其他存款性公司负债因为是它们相互间的负债，且这种负债没有约束，不构成基础货币。基础货币是其他存款性公司负债产生的基础和货币供给的制约力量，这是基础货币的第二个特征。

基础货币具有放大货币供应的特点。我们在前面介绍存款创造时已经指出，在基础货币的基础上其他存款性公司可以创造出超过其自身规模的数倍存款。基础货币被其他存款性公司运用，能创造出数倍于其自身数量的存款货币，这是基础货币的第三个特征。

基础货币是中央银行的负债，这种负债与一般其他存款性公司负债有着显著区别。前者是货币当局强制地提供给社会的。这种负债无论供给多少，社会都必须接受它。因此，中央银行不仅能减少它，而且也能增加它。我们知道，在现代信用货币的条件下，广义货币的绝大部分（约占80%以上）是存款货币，而存款货币的这一部分是中央银行所不能直接控制的。中央银行能够控制的是其他存款性公司在中央银行的存款，即基础货币。中央银行对基础货币的控制则是对广义货币控制的基础。基础货币为中央银行所直接控制，这是基础货币的第四个特征。

基础货币是中央银行为广义货币和信贷扩张提供支持的负债。基础货币因其变化而导致货币与信贷成倍增长，因此又被称为高能货币。基础货币是支持货币总量的资金基础，其本身并不是一种货币总量。从基础货币的定义我们会发现，它是针对广义货币总量扩张的基础而言的。正是因为基础货币资金的支持，货币信贷总量才会成倍增长。广义货币是对社会公众持有而言的，它不应包括中央银行和其他存款性公司所持有的货币。基础货币是对广义货币而言的，但基础货币却把计入广义货币的通货和一部分存款包括进来。这是因为这两部分货币量起着双重作用，它们既作为基础货币起着支撑广义货币扩张的作用，又是社会公众的资产，发挥交换工具和价值储藏手段的功能，本身就是货币总量的一部分。但基础货币至少包括两个未纳入广义货币的组成部分：其他存款性公司在中央银行的存款和其他存款性公司持有的国家货币。这两部分我们在研究广义货币概念时，从货币持有部门的角度已将其他存款性公司持有的金融资产排除在广义货币之外。但这两部分却是基础货币的主要组成部分。

各个国家对基础货币的定义不尽相同，就是在一个国家之内，根据基础货币的分析用途不同，也对基础货币作出不同的定义。基础货币的广义定义包括中央银行对金融性公司和国内其他部门的所有负债，但不包括中央政府持有的除货币以外的负债。关于中央政府持有的金融资产为什么不纳入广义货币内，我们在前面从货币持有部门的角度已经进行了论述。同样，这种解释也适用于基础货币。基础货币的狭义定义不包括中央银行对其他存款性公司、其他金融性公司和其他部门的某些负债。有较长时间提款限制的存款一般不包括在基础货币内。其他存款性公司持有的以下中央银行的负债不包括在基础货币之内：（1）不能用来满足准备金要求；（2）限制使用，专门用于其他目的。

基础货币通常包括中央银行对其他金融性公司、非金融性公司和其他居民部门的负债，一般包括三个部分：（1）流通中的货币；（2）其他存款性公司在中央银行的存款；（3）包括在广义货币中的中央银行负债。

基础货币的投放是由中央银行的信用活动完成的，中央银行资产和负债的变动导致基础货币的变动。基础货币的投放主要通过以下几个主要渠道实现：

（1）贴现及贷款。中央银行对商业银行的资产业务是中央银行进行基础货币投放的最主要渠道，其主要形式是中央银行票据再贴现和贷款。在再贴现中，中央银行增加了其资产负债表中以票据形式持有的资产，在再贷款中增加了对商业银行的债权，而无论哪种业务，都相应增加了其负债——商业银行在中央银行的准备金存款，从而使基础货币等额增加。若中央银行收回再贷款或减少对商业银行的票据再贴现，则会导致基础货币相应缩减。

（2）购买政府债券及财政借款。无论是中央银行直接对财政提供贷款或直接买入国债，还是通过公开市场业务使持有的国债资产增大，都是中央银行扩大了对财政的资产业务，并同时使财政金库存款相应增加。财政金库存款支出时，在中央银行的财政金库存款减少，商业银行的准备金存款相应增加。即中央银行对财政的资产业务成为商业银行存款准备金增加的来源，从而增加了基础货币的投放。

（3）购买外汇或黄金。中央银行通过收购金银、外汇增加外汇储备，形成中央银行的资产。如果向居民、企业直接收购，则要么通货投放增加，要么居民或企业在商业银行的存款增加，从而使商业银行在中央银行的存款准备金增加；如果直接向商业银行收购外汇、黄金，则会直接引起商业银行的准备金存款增加。以上各种情况都意味着基础货币的增加。相反，如果中央银行出售黄金、外汇而使此项资产减少，则会引起基础货币的相应减少。

（4）其他债权债务关系。其他债权债务关系是指中央银行资产负债表中的其他项目。这主要是指固定资产的增减变化以及中央银行在资金清算过程中应收应付款的增减变化。它们都会对基础货币量产生影响。

通过对上述情况的阐述可以看出，中央银行资产负债表中资产余额或负债余额增加会导致基础货币的增加；相反，表内的资产余额或负债余额减少会导致基础货币的减少。

3. 货币乘数

除基础货币外，决定广义货币量的另一个基本要素是货币乘数。

（1）货币乘数的定义。简单地说，货币乘数就是指货币扩张或收缩的倍数，反映广义货币量与基础货币的倍数关系。由于广义货币量是根据基础货币和货币乘数计算出来的，货币乘数只能从其他存款性公司存款派生过程中推导得出。如果说前面我们论述派生存款创造时，已经指出存款的乘数是相对原始存款而言的，那么货币乘数就是相对基础货币而言的，是基础货币扩张的倍数。货币乘数的计算公式是

$$k = \frac{M}{B} \tag{12-1}$$

式中，K 为货币乘数，M 为广义货币量，B 为基础货币。

（2）货币乘数的影响因素。后面我们将要介绍存款的创造过程。我们将假定三个条件：不存在超额准备金、现金不外流、定期存款和活期存款的比例不变。在现实经济生活中，这三个条件几乎是不存在的。对每一家其他存款性公司来说，为了保证其资产的流动性，在法定存款准备金之外，或多或少还要保留一点超额准备金，其他存款性公司发放贷款时，也不可能完全没有现金流出银行，客户取得贷款使用时，可能会将其中一部分以现金方式提走；在存在利率收益差异的情况下，出于生利的动机，客户也可能将部分活期存款转化为定期存款。上述三种情况属于贷款等资产运用创造派生存款过程中的货币漏出，从而影响派生存款的扩张倍数。因此，为了更准确地计算货币乘数，需要在派生存款乘数的基础上作相应的修正。

（3）广义货币与基础货币和货币乘数的关系。中央银行发行的通货是现金投放，而现金投放来自其他存款公司在中央银行的存款或来自其他存款性公司的贷款。从中央银行宏观调控的角度看，其他存款性公司在中央银行的存款是中央银行调控的工具之一，我们把它称为基础货币。存款的创造中乘数发挥作用。如果这个乘数是相对于整个基础货币而言的，我们则称之为货币乘数。这样广义货币的创造可概括为

$$广义货币 = 基础货币 \times 货币乘数 \qquad (12-2)$$

（二）存款货币的创造

存款货币的创造主要是指其他存款性公司创造的派生存款。

1. 派生存款创造的基本原理

为了说明存款的创造原理，我们把其他存款性公司的存款分为原始存款与派生存款两部分。原始存款是指其他存款性公司接受客户的现金所形成的存款或从中央银行贷款所形成的存款。这部分存款不会引起货币量的变化，仅仅是现金变成了银行存款，存款的增加正好抵消了流通中现金的减少。从理论上分析，原始存款是其他存款性公司从未使用它放贷的存款，是货币的表现形式。如果中央银行不增加基础货币供应量，则其他存款性公司的原始存款就难以增加。

派生存款是相对于原始存款而言的，是由其他存款性公司贷款等资产运用业务创造的存款。其他存款性公司面对众多客户，其存款总是有进有出的，有存有取、川流不息。在正常情况下，众多客户不会同时向银行提款。因此，其他存款性公司在获得存款后，除去按法定准备金率向中央银行缴存一部分准备金外，其余部分可用于发放贷款等资产运用。在现代货币制度下，其他存款性公司的贷款等资产运用业务又会形成新的存款，这些新的存款就是派生存款。

派生存款的创造原理是：其他存款性公司吸收客户的原始存款后，除按法定存款准备金要求保留部分法定准备金外，其余部分运用于贷款等，获得贷款的客户不用或很少提取现金，而将全部或大部分贷款存入自己的存款账户，这时就银行系统而言，在原始存款之外，又出现了一笔新存款。接受这笔新存款的银行除了保留部分法定准备金外，剩余部分又可以用来发放贷款等，取得贷款的客户将这部分收入再存入银行，又形成新的存款。上述过程依次持续下去，众多银行通过自己的资产业务对原始存款连续地运用，从而创造出数倍于原始存款的派生存款。

2. 派生存款创造的过程

如前所述，派生存款是其他存款性公司通过贷款等资产业务创造出来的。下面以商业银行甲和商业银行乙的资产负债表来说明派生存款货币创造的过程。

假定商业银行的法定存款准备金率为 10%，不保留超额准备金，也没有现金从商业银行体系中流失出去。银行甲的资产负债表如表 12-1 所示。

表 12-1　　　　　　　　　　　　**银行甲的资产负债表**　　　　　　　　　　单位：亿元

资产		负债	
存款准备金	10	存款	100
贷款	90		
合计	100	合计	100

银行甲向中央银行借款 10 亿元，则其资产负债表如表 12 - 2 所示。

表 12 - 2　　　　　　　　　　　银行甲的资产负债表　　　　　　　　单位：亿元

资产		负债	
存款准备金	20	存款	100
贷款	90	借款	10
合计	110	合计	110

这时，银行甲存款准备金超过 10% 的规定，产生了超过 9 亿元的超额准备金。银行甲要把这部分超额准备金贷放出去。此时，银行甲的资产负债表如表 12 - 3 所示。

表 12 - 3　　　　　　　　　　　银行甲的资产负债表　　　　　　　　单位：亿元

资产		负债	
存款准备金	11	存款	100
贷款	99	借款	10
合计	110	合计	110

银行甲贷款给某企业 9 亿元，该企业用于购买在另一商业银行（银行乙）开户的某企业的原材料。出售原材料的某企业把销货款存入银行乙。银行乙的资产负债表如表 12 - 4 所示。

表 12 - 4　　　　　　　　　　　银行乙的资产负债表　　　　　　　　单位：亿元

资产		负债	
存款准备金	15	存款	150
贷款	135		
合计	150	合计	150

由于银行乙吸收 9 亿元存款，则资产负债表如表 12 - 5 所示。

表 12 - 5　　　　　　　　　　　银行乙的资产负债表　　　　　　　　单位：亿元

资产		负债	
存款准备金	24	存款	159
贷款	135		
合计	159	合计	159

由于同样的原因，银行乙要把超额准备金 8.1 亿元贷放出去，则资产负债表如表 12 - 6 所示。

表 12 - 6　　　　　　　　　　　银行乙的资产负债表　　　　　　　　单位：亿元

资产		负债	
存款准备金	15.9	存款	159
贷款	143.1		
合计	159	合计	159

3. 存款创造基本模型

存款创造过程是一个逐步递减最终趋于零的等比数列，其和可用等比数列代数和表示为

$$S_n = \frac{a_1(1 - q^n)}{1 - q}$$

式中，a_1 为原始存款，S_n 为 n 项等比数列和，n 为项数。

当 $n \to \infty$ 时，q^n 必趋向于 0。

$$\therefore S_n = \frac{a_1}{1 - q}$$

$$又 \because q = 1 - r$$

$$\therefore S_n = \frac{a_1}{1 - (1 - r)} = \frac{a_1}{r}$$

上例的存款总额为

$$S_n = 10 \times \frac{1}{10\%} = 1000（亿元）$$

（三）流动性总量的创造

1. 流动性总量与金融资产

流动性总量包括广义货币（货币资产）和其他金融资产。货币资产主要是由存款性金融公司创造的。其他金融资产则不完全是由存款性金融公司创造的，但货币资产是其他金融资产创造的前提。货币资产与其他金融资产的划分主要是为了说明流动性总量的创造。货币资产的创造我们在前面已经做了介绍，下面我们介绍其他金融资产的创造。

2. 其他金融资产的创造

其他金融资产是如何被创造出来的呢？让我们用一个简单的融资体系来说明这个过程。在这个体系中，仅有两个经济单位：家庭和企业。假设这个融资体系是封闭的，没有与其他单位的交易往来。每个单位都持有一定的资产，这些资产是多年积累的结果。例如，家庭积累的家具、衣服、电器以及食物、住房等其他资产。企业拥有要销售的商品存货、机器设备、建筑以及各种形态占用的其他资产。

这两个单位的资金头寸以平衡表的形式给出（见表 12 - 7），这个平衡表是一个财务报表，反映某一时期家庭和企业的资产、负债和净值。资产表示家庭和企业积累的资金运用，负债和净值表示积累的资金来源，家庭和企业就是利用它们获得其现在持有的资产。净值账户反映了每一个经济单位一定时期积累的全部储蓄。平衡表总是平衡的，即总资产（累计的资金运用）必须等于总负债加净值（累计的资金来源）。

在这个例子中，家庭持有的总资产为 20000 元，包括现金、家具、衣服和电器等。因为家庭的财务报表必须平衡，所以总负债和净值相加也为 20000 元。而本例中这些都来源于净值（累计的储蓄）。企业持有的总资产为 100000 元，包括企业的机器设备、建筑物等。企

业当前唯一的资金来源是净值（企业的储蓄），价值也为 100000 元。

在表 12 - 7 所示的两张平衡表中，家庭和企业都没有任何未付的债务（负债）。每个单位都完全自我融资，因为每个单位都通过在当前收入范围内储蓄和支出，而不是通过借款获得资产。这就是内部融资即每个单位都利用自己当前的收入和累计的储蓄获得资产。就家庭而言，通过从每一时期的收入中拿出某些部分存起来，而不是将所有收入都支出在当前消费上。企业也不是将所有当前收入都花掉，而是在它的净值账户上保留一些当前收益。对大多数企业和家庭来说，内部产生的资金仍是获得资产最重要的资源。但家庭、企业完全靠内部融资，这在现代信用经济中是不多见的特例。

表 12 - 7　　　　　　　　　　简单的融资体系中各单位的平衡表

家庭平衡表		单位：元	
资产 （累计的资金运用）		负债与净值 （累计的资金来源）	
现金	13000	净值（累计的储蓄）	20000
家具	1000		
衣服	1500		
电器	4000		
其他资产	500		
总资产	20000	总负债与净值	20000
企业平衡表		单位：元	
资产 （累计的资金运用）		负债与净值 （累计的资金来源）	
商品库存	10000	净值	100000
机器设备	25000		
建筑	60000		
其他资产	5000		
总资产	100000	总负债与净值	100000

假设在这个融资体系中，企业希望购买新设备——钻机。然而由于通货膨胀和关键原材料的短缺，新钻机的成本迅速提高。内部资金来源已不足以支付购买设备的全部成本。这种情况下怎么办？企业有四种可能的选择：一是延期购买设备，直到积累足够的储蓄；二是出售一些现有资产以筹措所需的资金；三是借入全部或部分所需的资金；四是发行股票。

在这里，时间是一个决定性的要素，延期购买设备可能导致销售和利润的损失。一个竞争性公司可能急于提前扩大经营，抢占市场的份额。而且在通货膨胀环境下，将来购买钻机一定比现在购买花费更多。出售一些现有资产以筹措所需的资金虽然是可能的，但这需要花费时间，而且存在以低价销售而遭受损失的风险。借款有迅速筹措到资金的好处。如果企业对承担债务利息有疑虑，它可以发行股票，但是股票融资通常比借款更昂贵，而且需要更多的时间去安排。

如果企业决定借款，那么谁将贷给它所需要的资金呢？显然在两个经济单位的融资体系下，只有家庭来提供。企业从事外部融资，向家庭发行证券，表示一笔贷款。总之，任何经济单位希望增加其资产持有量，但是又缺乏必要的资源去这样做，那么，它可以通过发行金融债务来筹措追加资金。购买者便把发行债务的凭证视为金融资产。

假设企业决定发行一笔负债（债务凭证）借入 10000 元来支付新的钻机款。因为企业对发行的债务凭证承诺到期偿还并支付有吸引力的利息，所以家庭愿意取得它作为一笔金融资产。这笔资产是无形的，它仅仅到期偿还 10000 元并按期得到一定的利息。这笔贷款与金融资产的创造将影响这两个经济单位的平衡表。如表 12-8 所示，家庭用部分累积的现金购买企业的债务凭证，它的总资产未变化，但资产结构发生了变化，现金资产由 13000 元变为 3000 元，债权（借款凭证）增加 10000 元。这部分债权就是增加的金融资产，由于借款和获得生产性实际资产的联合作用，企业总资产和总负债增加。

表 12-8　　　　　　　　设备购买和金融资产发行后各单位的平衡表

家庭平衡表		单位：元	
资产 （累计的资金运用）		负债与净值 （累计的资金来源）	
现金	3000	净值（累计的储蓄）	20000
债权	10000		
家具	1000		
衣服	1500		
电器	4000		
其他资产	500		
总资产	20000	总负债与净值	20000
企业平衡表		单位：元	
资产 （累计的资金运用）		负债与净值 （累计的资金来源）	
商品库存	10000	负债	10000
机器设备	35000	净值	100000
建筑	60000		
其他资产	5000		
总资产	110000	总负债与净值	110000

综上所述，其他金融资产是以货币资产的存在为基础通过融资创造出来的。

二、广义货币和流动性总量的计量

（一）广义货币的构成

各种金融资产的流动性不同，即货币性不同，把它们计入广义货币总量就需要划分为不同的层次。一般来说，划分的层次是从高向低采取叠加的办法，如广义货币划分为三个层次：

$M_0 = $ 流通中货币（现钞 + 硬币）

$M_1 = M_0 + $ 可转让存款（活期存款）

$M_2 = M_1 + $ 其他存款（定期存款）

实际上，几乎所有国家中的 M_1 指的都是狭义货币总量，包括诸如国内货币中的现钞和可转让存款等所有交换工具，但 M_2、M_3 等的概念和覆盖范围在不同经济体中不尽相同。

（二）流动性总量

前面我们从金融资产的货币性、货币发行部门和货币持有部门定义了广义货币，但在实际操作过程中，对某些金融资产货币性强弱的判断较为困难，也可能并不完全准确，可能使一些具有一定流动性，但还不足以纳入广义货币的金融资产被排除在统计监测之外，在流动性大幅变动的时候，还会影响广义货币的准确性。这时就需要扩大货币监测的范围，因此，有些国家除了统计监测广义货币外，还统计监测流动性总量。流动性总量除了广义货币外，包括其他一些具有一定流动性的金融资产。

国际货币基金组织给出了流动性总量的构成要素，这为我们了解流动性总量提供了重要的资料，即

$$流动性总量 = 广义货币 + 其他金融资产 \qquad (12-3)$$

（三）货币计量方法

货币计量方法是指一国根据列入广义货币范围内的金融资产货币性的强弱所选择的计量货币总量的计算方法。各国由于经济和金融制度背景的差异，选择的计量方法也有所不同。下面对几种主要的货币计量方法进行介绍。

1. 叠加法

叠加法是一种有关货币总量计量的简单加总方法，其基本思路是以搭积木的方式将具有货币性的金融工具纳入不同的货币层次中，分别用 M_0（现金）、M_1（M_0 + 可转让存款）、M_2（M_1 + 其他存款）、M_3（M_2 + 其他金融资产）表示，处在该序列中的位置越低，其货币性越强，相反，处在该序列中的位置越高，其货币性越弱。

2. 加权汇总法

顾名思义，加权汇总法是一种有关货币总量计量的加权汇总方法。其基本思路是以相应金融工具的细分为基础，选择一定的方法对各种金融工具的货币性强弱进行测定，再以测定

的结果作为权数，对各种金融工具进行加权汇总，其实质是一种加权平均数形式的货币总量。显然，在该方法中对每类金融工具货币性强弱的判断是关键，但是判断货币性强弱的具体方法较多，且在理论与实践上尚难以达成共识。

3. 分解法

分解法是衡量货币总量的一种特殊方法。其核心是用理论和实证的分析方法，研究每一种金融工具的需求函数关系，进而可以得到每一种金融工具的数量。该方法的思想是建立在对前述两种方法进行批判的基础之上的。

第三节　货币核算与分析

货币核算与分析的内容包括货币核算框架概述、中央银行概览的编制与分析、其他存款性公司概览、存款性公司概览、金融性公司概览等。

一、货币核算框架概述

在所有机构部门中，金融性公司部门在货币核算中占据最重要的地位。货币核算是对金融性公司部门资产和负债的核算，并按照核算基本准则采取编制部门的资产负债表和概览的表述方式。

（一）货币核算的基本方法

货币核算的对象——金融性公司，是由不同的金融机构所构成的。按照金融性公司的特点将其分为相应的分部门和次部门，并编制不同分部门和次部门的资产负债表，再将各分部门的资产负债表合并成概览，这就是货币核算的基本方法。

1. 金融性公司的分类体系

金融性公司是一个由多层次的分类体系构成的整体。金融性公司通常分为三个层次。第一层次：金融性公司分为中央银行、其他存款性公司和其他金融性公司三个分部门。第二层次：金融性公司的每个分部门又分为若干个次部门。中央银行分部门一般又分为中央银行、货币委员会或独立的货币当局、特别基金和信托账户、发挥央行职能的独立机构、区域性中央银行的国家分行等次部门；其他存款性公司子部门包括除中央银行以外的存款吸收机构和货币市场基金，最主要的是商业银行，还包括储蓄银行（包括信托储蓄银行、储蓄与贷款协会）、离岸银行、旅行支票公司、信用合作社、货币市场基金等次部门；其他金融性公司分部门又分为非货币市场投资基金、保险公司、养老基金、保险公司和养老基金以外的其他金融中介、专属金融机构和贷款人、金融辅助机构等次部门。第三层次：金融性公司分部门下的次部门又分为若干个金融机构单位。

2. 货币核算汇并层次

货币核算的基本方法是在金融性公司分类的基础上对报表数据逐级汇总、合并和轧差。通常包括以下几个层次：第一层次是将单个金融单位的存量和流量数据汇总成为次部门资产负债表；第二层次是将分部门资产负债表的数据合并，编制中央银行、其他存款性公司和其他金融性公司概览；第三层次是编制存款性公司概览。

（二）部门资产负债表

部门资产负债表是在金融机构单位存量和流量的基础上汇总编制的，它也可分为次部门资产负债表、分部门资产负债表等。金融性公司分部门下的次部门资产负债表是货币核算汇总中的一个重要层次。

次部门资产负债表汇总的数据是最基础的数据。这些数据来自次部门所包括的机构单位的会计或业务记录。机构单位的金融业务反映为其资产或负债流量和存量的变化，这些变化表现出的数据是金融性公司部门最基层的核算单位的数据。在部门资产负债表的基础上可以编制三个层次的概览。

次部门资产负债表汇总的是同类金融机构单位的数据。分部门资产负债表汇总的是其中次部门的数据。次部门汇总的机构单位应该是在职能上相近的。比如我国的城市商业银行部门资产负债表，它汇总的是北京银行、天津银行、上海银行等全国城市商业银行的资产负债表。这些城市商业银行可能在业务范围上有些区别，但在服务城市金融、接受并创造存款等方面的职能上是相同的。

（三）概览

概览是把一个或多个金融性公司分部门的资产负债表数据合并的资产和负债的类别。概览可以看成是一种资产负债表。无论概览采取什么表述形式，其反映的内容都是金融性公司资产和负债的流量和存量。因为金融性公司的机构单位上报的也是资产负债表，部门资产负债表只是对机构单位资产负债表的汇总，而概览是对部门资产负债表的合并，其实质仍然是资产负债表。

概览是对资产负债表合并的层次。概览是在部门资产负债表的基础上合并而成的。如果我们把中央银行概览、其他存款性公司概览、其他金融性公司概览看成是第一合并层次，那存款性公司概览和金融性公司概览就是第二合并层次和第三合并层次。

概览包括金融性公司三个分部门的概览，即中央银行概览、其他存款性公司概览和其他金融性公司概览，并在此基础上形成两种更高层次的概览：存款性公司概览和金融性公司概览。

分部门概览的共同特征包括：（1）对国外资产以总量和净额表述，净国外资产的变化能够体现分部门与世界其他各国进行交易对国内经济直接造成的影响；（2）对中央政府的债权以净额和总量表述，对中央银行净债权的表述有利于分析金融性公司为中央政府运作提供的融资；（3）把对中央政府之外的国内其他部门的债权分解为：①对地方政府的债权；

②对公共非金融性公司的债权；③对其他非金融性公司的债权；④对其他居民部门的债权，包括住户和为住户服务的非营利性机构；（4）负债主要根据金融工具的种类进行细分，在中央银行概览和其他存款性公司概览中对广义货币组成部分及非广义货币负债都进行了进一步的划分；（5）对股权及投资基金份额既没有进行部门划分，也没有在合并过程中对冲，相反，它们作为单独的类别列示，这样可以全面说明每一分部门中机构单位的资本基础。

二、中央银行概览的编制与分析

中央银行概览的编制与分析是指在中央银行业务核算形成部门资产负债表的基础上，编制中央银行概览，并根据"基础货币＝净国外资产＋国内信贷－其他负债和资本"分析各项目对基础货币形成的影响。

（一）中央银行的业务与资产负债表

这里的中央银行业务是指中央银行履行发行的银行、银行的银行和政府的银行职能所从事的形成其资产和负债的业务，包括资产业务和负债业务。

1. 资产业务

中央银行的资产业务主要包括再贴现业务、再贷款业务、证券买卖业务、黄金外汇储备业务及其他资产业务。

（1）再贴现业务。它是指其他存款性公司通过贴现业务所持有的以尚未到期的商业票据向中央银行申请转让，中央银行据此以贴现方式向其他存款性公司融通资金的业务，它也是中央银行重要的货币政策工具之一。中央银行通过提高或降低再贴现利率或规定申请再贴现的资格等办法，影响其他存款性公司从中央银行获得再贴现贷款和超额准备，达到减少或增加货币供应量的目的。

（2）再贷款业务。它是指中央银行通过回购协议、再贷款等形式提供给其他存款性公司等机构的贷款业务。中央银行再贷款业务也是中央银行货币政策工具之一，其作用与再贴现基本相同。

（3）证券买卖业务。它是指中央银行在公开市场上通过回购等形式买进或卖出证券的业务。中央银行在公开市场上买进证券直接投放基础货币，而卖出证券直接回笼基础货币。中央银行在公开市场上买卖证券业务也是中央银行调控货币供应量的重要货币政策工具之一。

（4）黄金外汇储备业务。由于黄金和外汇是国家间进行清算的手段，各国都把它们作为储备资产，由中央银行保管和经营，这项业务对中央银行稳定币值和汇价、调控货币供应量具有重要意义。

（5）其他资产业务。如向财政借款、各种应收款等。

2. 负债业务

中央银行的负债业务主要由存款业务、货币发行业务、其他负债业务和资本业务构成。

（1）存款业务。中央银行存款包括其他存款性公司的存款、政府存款、其他金融性公司存款、非居民存款等。其他存款性公司的存款通常是基础货币的组成部分。

（2）货币发行业务。货币发行业务通常是指狭义的现金发行业务。发行现金包括流通中的货币及其他存款性公司持有的现金，通常也是基础货币的组成部分。

（3）其他负债业务。中央银行的其他负债业务包括发行证券、对非居民的债务及各种应付款等业务。

（4）资本业务。资本业务是指筹集、维护和补充自有资本金的业务，包括实收资本、留存收益、特别提款权分配等。

3. 中央银行部门资产负债表

中央银行部门资产负债表是对中央银行业务以报表形式的描述。中央银行部门资产负债表表式如表 12 - 9 所示。

表 12 - 9　　　　　　　　　　　中央银行部门资产负债表

资产	期初存量	交易	定值变化	其他数量变化	期末存量
货币黄金 特别提款权 外币（按货币种类）					
存款 　居民（按种类、部门和期限等） 　非居民（按种类和期限等） 贷款 　居民（按部门和期限等） 　非居民（按种类和期限等） 债务性证券 　居民（按种类和部门） 　非居民（按种类和期限等） 股权和投资基金份额 　居民（按种类和部门） 　非居民（按种类等） 保险、养老金和标准化担保计划 金融衍生工具 　居民（按种类和部门） 　非居民（按种类等） 其他应收账款 非金融资产					
总资产					

续表

负债与资本	期初存量	交易	定值变化	其他数量变化	期末存量
流通中货币					
存款					
居民（按种类、部门和期限等）					
非居民（按种类和期限等）					
贷款					
居民（按部门和期限等）					
非居民（按种类和期限等）					
债务性证券					
居民（按种类和部门）					
非居民（按种类和期限等）					
保险、养老金和标准化担保计划					
金融衍生工具					
居民（按种类和部门）					
非居民（按种类等）					
其他应付款项					
资本					
实收资本					
留存收益					
呆账准备					
其他准备					
其他					
总负债与资本					

（二）中央银行概览的编制

中央银行概览是根据记录中央银行业务的部门资产负债表编制的，是中央银行金融资产和负债的一种分析性报表，重点反映中央银行负债与净国外资产、对国内其他部门的债权等之间的关系。

中央银行概览框架如表 12 - 10 所示。

表 12 - 10　　　　　　　　　　　　中央银行概览框架

资产	负债与资本
净国外资产	基础货币
对非居民的债权	流通中的货币
减：对非居民的负债	对其他存款性公司的负债
国内信贷	可转让存款
对其他存款性公司的债权	其他存款
对中央政府的净债权	广义货币证券
对中央政府的债权	其他广义货币证券
减：对中央政府的负债	其他广义货币负债
对其他部门/次部门的债权	其他负债与资本
其他资产	

通过表 12-10 可以看出，中央银行概览是在中央银行部门资产负债表的基础上编制的，它比部门资产负债表更综合。

通过介绍中央银行概览项目能够解释清楚中央银行概览项目与部门资产负债项目的关系。

1. 资产

中央银行资产主要包括净国外资产、国内信贷、其他资产等。

（1）净国外资产。净国外资产是国外资产减去国外负债的差额。国外资产是中央银行持有的可随时被用于国际收支的储备资产，是中央银行对非居民的总债权，包括货币黄金、持有的特别提款权、在国际性金融机构的存款、对非居民的贷款等。

国外负债是中央银行对非居民的总债务，包括外国政府和外国中央银行的存款、其他非居民存款、向非居民发行的证券、在回购协议和货币掉期中产生的向非居民贷款、国际货币基金组织的存款和向国际货币基金组织的贷款。

（2）国内信贷。国内信贷等于对其他存款性公司的债权、对中央政府的净债权和对其他部门的债权之和。对其他存款性公司的债权是中央银行对其他存款性公司的融资，主要包括在债务性证券和贷款等资产项目中。对中央政府的净债权是中央银行对中央政府的债权与对中央政府债务的差额。对中央政府的债权包括持有中央政府的债务和贷款等债权，对中央政府的债务包括中央政府的存款等负债。对其他部门的债权包括对地方政府的债权、对非金融性公司的债权、对其他金融性公司的债权和对其他居民部门的债权。

（3）其他资产。其他资产包括其他金融资产和非金融资产。所有其他金融资产包括保险、养老金和标准化担保计划，金融衍生工具以及单独列出的其他应收账款等。非金融资产包括固定资产（场地、设备）、贵重物品和各种非金融资产。

2. 负债

中央银行负债主要由基础货币、其他负债与资本构成。

（1）基础货币（储备货币）。基础货币主要由流通中的货币和对其他存款性公司负债组成。

流通中的货币是中央银行发行的硬币和纸币，其中包括由其他存款性公司持有的现金。它一般只包括对居民的负债。对其他存款性公司的负债主要指其他存款性公司在中央银行的存款。有些对其他存款性公司的负债（如债券）可能不包括在基础货币之中。

基础货币除以上两项外，还包括可转让存款、其他存款、中央银行发行的广义货币证券等。有的国家把这些中央银行负债中的某些项目列入基础货币，有的国家未列入基础货币。其原则是，只要中央银行的某种负债构成了国家定义的广义货币，则该负债也是基础货币的组成部分。

（2）其他负债。其他负债包括取得的贷款，债务性证券，保险、养老金和标准化担保计划，金融衍生工具和其他应付账款等。

（3）资本。资本包括实收资本、留存收益、呆账准备、特别提款权分配和价值调整等项目。

（三）中央银行概览分析

中央银行是创造基础货币的部门，因此中央银行概览分析的重点是基础货币的构成及基础货币形成两个方面。

1. 基础货币构成的分析

重点分析其他存款性公司的存款所占比重及其变动的原因。其他存款性公司是创造存款的机构，它们在中央银行的存款与其存款扩张是呈反方向变动的。

2. 基础货币与国内信贷关系的分析

重点分析其他存款性公司和中央政府的国内信贷对基础货币形成的影响。

3. 基础货币与净国外资产关系的分析

重点分析基础货币的增幅与净国外资产的增幅变动情况，判断净国外资产对基础货币形成的影响。

4. 基础货币形成总量的分析

这是根据资产负债表的平衡关系，分析基础货币与其他资产负债项目的数量关系。具体计算公式为

$$基础货币 = 净国外资产 + 国内信贷 - 其他负债和资本$$

根据这一等式可以分析各项目对基础货币形成的影响。

三、其他存款性公司概览

其他存款性公司概览介绍的内容包括其他存款性公司的概念、其他存款性公司的业务及资产负债表和其他存款性公司概览的编制。

（一）其他存款性公司的概念

其他存款性公司是指除中央银行以外的所有存款性公司。其他存款性公司最早指商业银行，即接受活期存款并主要为工商企业和其他客户提供短期贷款并从事短期投资业务的金融机构。但随着商业银行的发展，它们早已不仅是融通短期性商业资金的银行，而是既发放短期贷款，也发放长期性投资贷款以及消费贷款。

随着金融管制的放松和金融创新，出现了一些新的金融机构，这些机构也从事与货币创造有关的金融业务。主要包括：（1）商人银行，其传统业务是承兑票据，但也从事一些商业银行业务；（2）离岸银行，其主要为非居民提供金融服务；（3）专业银行，即专门主要从事某项金融业务的金融机构，如储蓄银行、农业银行、进出口银行、信用合作社等；（4）主要从事金融活动的旅行支票公司；（5）包括货币市场基金在内的共同基金和投资基金。

从其他存款性公司的演变中我们可以看出，其最基本的特征是：在主要从事金融中介活

动中，具有包括存款及近似于存款的金融负债，并且这些金融负债包括在广义货币中。

（二）其他存款性公司的业务及资产负债表

1. 其他存款性公司的业务

其他存款性公司的业务一般分为负债业务、资产业务和中间业务三大类。

（1）负债业务。负债业务是指其他存款性公司组织资金来源业务，包括存款、借贷、发行证券和资本等方面。

（2）资产业务。其他存款性公司的资产业务是指资金运用业务，主要包括贷款、在中央银行存款和证券投资业务等。

（3）中间业务。中间业务是指代客办理金融业务并从中收取手续费，包括结算业务、信托业务、票据承兑业务、租赁业务等。

2. 其他存款性公司部门资产负债表

其他存款性公司部门资产负债表对其他存款性公司业务以报表的形式进行描述。其他存款性公司部门资产负债表如表 12 - 11 所示。

表 12 - 11　　　　　　　　其他存款性公司资产负债表

资产	期初存量	交易	定值变化	其他数量变化	期末存量
通货 　本币 　外币					
存款 　居民（按种类、部门和期限） 　非居民（按种类和期限）					
债务性证券 　居民（按种类、部门和期限） 　非居民（按种类和期限）					
贷款 　居民（按部门和期限） 　非居民（按种类和期限）					
股权和投资基金份额 　居民（按种类和部门） 　非居民（按种类）					
保险、养老金和标准化担保计划					
金融衍生工具 　居民（按种类和部门） 　非居民（按种类）					

续表

资产	期初存量	交易	定值变化	其他数量变化	期末存量
其他应收账款 　居民（按种类和部门） 　非居民（按种类）					
非金融资产					
总资产					

负债与资本	期初存量	交易	定值变化	其他数量变化	期末存量
存款 　居民（按种类、部门和期限） 　非居民（按种类和期限）					
债务性证券 　居民（按种类、部门和期限） 　非居民（按种类和期限）					
贷款 　居民（按部门和期限） 　非居民（按种类和期限）					
保险、养老金和标准化担保计划					
金融衍生工具和雇员股票期权 　居民（按种类和部门） 　非居民（按种类）					
其他应付账款（其他所有负债） 　居民（按种类和部门） 　非居民（按种类）					
资本 　实缴资本 　留存收益 　呆账准备金 　其他准备 　定值调整					
总负债与净值					

（三）其他存款性公司概览的编制

其他存款性公司概览是根据其他存款性公司部门资产负债表编制的反映其货币与信贷活动的分析性报表。其他存款性公司概览的框架如表 12 – 12 所示。

表 12 – 12	其他存款性公司概览的框架
资产	负债与资本
净国外资产 　对非居民的债权 　减：对非居民的负债 国内信贷 　对中央银行债权 　对中央政府净债权 　　　对中央政府债权 　减：对中央政府的负债 　对其他部门债权 其他资产	对中央银行的负债 纳入广义货币的存款 　可转让存款 　其他存款 纳入广义货币的债务性证券 纳入广义货币的其他负债 其他负债与资本

其他存款性公司概览的主要资产项目包括：

（1）净国外资产，是对非居民的债权减去对非居民负债的差额。

（2）对中央银行债权，是指其他存款性公司持有的现金、准备金存款和其他债权。

（3）对中央政府净债权，是指对中央政府的债权减去对中央政府的债务的差额。

（4）对其他部门债权，包括对其他金融性公司、地方政府、公共非金融性公司、其他非金融公司和其他居民部门的债权。

（5）其他资产，包括金融衍生工具、应收账款、非金融资产等。

其他存款性公司概览的主要负债项目包括：

（1）对中央银行的负债，包括向中央银行贷款、再贴现等。

（2）纳入广义货币的存款，包括可转让存款、其他存款、属于广义货币的证券。

（3）其他负债，包括不属于广义货币的存款、证券、贷款、其他应付款等。

（4）资本。

四、存款性公司概览

存款性公司概览介绍的主要内容包括存款性公司概览的内容、存款性公司概览的编制、存款性公司概览的分析框架。

（一）存款性公司概览的内容

存款性公司概览是合并中央银行概览和其他存款性公司概览并反映存款性公司货币与信贷活动的分析性报表，重点反映广义货币。存款性公司概览如表 12 – 13 所示。

表 12 – 13 存款性公司概览

资产	负债
国外净资产 国内信贷	广义货币负债 　　存款公司之外货币 　　可转让存款 　　其他存款 　　纳入广义货币的债务性证券 不纳入广义货币的存款 不纳入非广义货币的其他负债 其他项目

（二） 存款性公司概览的编制

存款性公司概览是中央银行概览与其他存款性公司概览的合并。

在存款性公司汇并过程中，对以下三个项目进行调整。

（1） 存款性公司之外的货币应是中央银行发行的货币与存款性公司持有的货币之差。

（2） 中央银行资产中的对其他存款性公司债权与其他存款性公司对中央银行负债冲销。

（3） 中央银行负债中的其他存款性公司存款与其他存款性公司资产中的在中央银行存款冲销。

编制存款性公司概览的重点是确定广义货币，可根据国家广义货币定义确定广义货币的范围及结构。有时根据部门资产负债表难以完成编制所要求的分类，还需要详细的补充报表。关于广义货币的结构，各个国家相应地划分了不同的货币层次，如广义货币分为 M_0（流通中现金）、M_1（狭义货币 = M_0 + 活期存款）、M_2（M_1 + 其他存款）等。

（三） 存款性公司概览的分析框架

存款性公司概览是根据以下会计等式编制的：

广义货币负债（BML） = 净国外资产（NFA） + 国内债权（DA） − 其他项目净额（OIN）（不属于广义货币的负债也纳入其他项目净额中）

国内债权（DA） − 其他项目净额（OIN） = 净国内债权（NDA）

则 BML = NFA + NDA

根据这个等式可以从外部因素（NFA）、内部因素（NDA）对货币影响及货币构成情况（BML）进行分析，具体如下：

（1） 广义货币（BML）的构成。即 M_0、M_1、M_2 所占比重及其变化分析。

（2） 净国外资产（NFA）对广义货币（BML）影响的分析。从上述等式可以分析 NFA 对 BML 的影响程度。净国外资产是由国外资产（FA）、储备资产（RA）、非储备性国外资产（NRA）之和减去净国外负债（NFL）而得。

我们还可以分析 NFA 中哪些主要项目的变化影响 BML。

（3）净国内债权（NDA）对广义货币（BML）的影响分析。从上述等式可以分析 NDA 对 BML 的影响。NDA 是由对中央政府的净债权（NCG）和对其他部门的债权（CORS）构成。即 NDA = NCG + CORS。

我们还可以进一步分析 NCG 和 CORS 对 BML 的影响。

（4）根据中央银行概览和存款性公司概览，中央银行基础货币、广义货币和货币乘数的关系是：广义货币 = 基础货币 × 货币乘数。

我们可以根据前面对基础货币、货币乘数影响因素的分析，并结合其他统计资料进一步分析基础货币及货币乘数变化的主要因素。这样可以对整个广义货币变化情况有一个总的了解，以便为制定和调整货币政策提供数据支持。

五、金融性公司概览

金融性公司概览介绍的主要内容包括其他金融性公司概览、金融性公司概览与分析。

金融性公司概览是由存款性公司概览与其他金融性公司概览合并而成。前文已经介绍了存款性公司概览的编制，接下来我们介绍其他金融性公司概览及金融性公司概览的编制。我们在讨论存款性公司概览编制时已经介绍了编制概览的基本原理，这里不再介绍其他金融性公司资产负债表及其部门资产负债表。

（一）其他金融性公司概览

其他金融性公司概览是根据其他金融性公司资产负债表编制的更综合的分析报表，主要内容如表 12 - 14 所示。

表 12 - 14　　　　　　　　其他金融性公司概览（OFCS）

资产	期初存量	交易	定值变化	其他数量变化	期末存量
国外净资产 　对非居民债权 　　外币 　　存款 　　债务性证券 　　贷款 　　金融衍生工具 　　其他 　减：对非居民负债 　　存款 　　债务性证券 　　贷款 　　金融衍生工具 　　其他					

续表

资产	期初存量	交易	定值变化	其他 数量变化	期末存量
对存款性公司债权					
货币					
其他债权					
对中央政府净债权					
对中央政府债权					
债务性证券					
其他债权					
减：对中央政府负债					
存款					
其他负债					
对其他部门债权					
地方政府					
公共非金融性公司					
其他非金融性公司					
其他居民部门					

负债	期初存量	交易	定值变化	其他 数量变化	期末存量
存款					
其中：存款性公司					
债务性证券					
其中：存款性公司					
贷款					
其中：存款性公司					
保险、养老金和标准化担保计划					
金融衍生工具					
其中：存款性公司					
股权和投资基金份额					
所有者出资					
留存利润					
一般和特殊准备金					
定值调整					
其他项目（净值）					
其他负债					
减：其他资产					
加：合并调整					

其他金融性公司概览的主要资产项目包括：

（1）国外净资产，是对非居民的债权减去对非居民负债的差额。

（2）对存款性公司债权，指其他金融性公司持有的现金、在存款性公司的存款和其他债权。

（3）对中央政府净债权，指对中央政府的债权减去对中央政府的债务的差额。

（4）对其他部门债权，包括对地方政府、公共非金融性公司、其他非金融公司和其他居民部门的债权。

其他金融性公司概览的负债项目主要按金融工具类别列示，包括存款，债务性证券，贷款，保险、养老金和标准化担保计划，金融衍生工具，股权和投资基金份额，以及其他项目（净值）。需要指出的是，其他金融性公司概览的负债方中"股权和投资基金份额"项是通过汇总而非合并得到。其他非金融性公司之间相互持有的股权并没有轧差。之所以不做合并是因为在负债方往往记录的是历史成本，而在资产方往往记录的是市场价格，因此无法合并。

其他金融性公司概览的资产方项目与其他存款性公司概览大致相同，主要区别在于列示"对存款性公司债权"；负债方项目与存款性公司概览差别较大，不显示广义货币的构成，并且单独列示"保险、养老金和标准化担保计划"项目以反映该类金融工具对其他金融性公司负债总量的贡献。

（二）金融性公司概览与分析

1. 金融性公司概览的内容

其他金融性公司概览与存款性公司概览合并便得到金融性公司概览，金融性公司概览在部门层次显示了所有金融机构的资产和负债，是货币统计中最高级的汇并层次，其主要内容如表 12 - 15 所示。

表 12 - 15　　　　　　　　　　　　金融性公司概览（FCS）

资产	期初存量	交易	定值变化	其他数量变化	期末存量
国外净资产					
对非居民债权					
减：对非居民负债					
国内债权					
对中央政府净债权					
对中央政府债权					
减：对中央政府负债					
对其他部门债权					
地方政府					
公共非金融性公司					
其他非金融性公司					
其他居民部门					

负债	期初存量	交易	定值变化	其他数量变化	期末存量
金融性公司以外的货币					
存款					
债务性证券					
贷款					
保险、养老金和标准化担保计划					
金融衍生工具及雇员股票期权					
股权和投资基金份额					
其他项目（净值）					
其他负债					
减：其他资产					
加：合并调整					

金融性公司概览是存款性公司概览与其他金融性公司概览的合并，其编制原则与存款性公司概览相同。

金融性公司概览在合并过程中，有以下几个方面的调整：

（1）存款性公司对其他金融性公司的债权与其他金融性公司对存款性公司的负债冲销。

（2）存款性公司对其他金融性公司的负债与其他金融性公司对存款性公司的债权冲销。

（3）金融性公司概览的负债方不显示广义货币的构成。

（4）金融性公司之外的货币等于存款性公司之外的货币与其他金融性公司持有的货币之差。

在金融性公司概览编制时，除了对非居民和中央政府的资产和负债以及"其他项目（净值）"以外，其他项目按总量原则编制。对非居民和中央政府的资产和负债在资产方采用净值反映，并在其下分别列示总资产和总负债。"其他项目（净值）"为一个综合项目，包括所有没有列示的负债项目，可以为正（净负债）也可以为负（净资产）。

金融性公司概览列示金融性公司的存款和债务性证券负债，而不管该负债是否包含在广义货币中。金融性公司概览中的负债部分与存款性公司概览也有所不同，其中保险、养老金和标准化担保计划在负债项目中单独列出。这种表述方式能够反映这种准备金在许多国家中对金融性公司部门负债总量的重大贡献，以及这种数据在分析整个部门活动中所起的作用。

2. 金融性公司概览分析

金融性公司概览全面反映了金融性公司部门对国内其他所有部门和非居民部门的债权和负债流量和存量，为分析金融性公司部门与其他部门的经济联系、评估金融性公司部门对实体经济的支持以及全社会的整体流动性状况提供了更广阔的视角。

从资产方看，有三个指标度量金融性公司的三个子部门相对于 GDP 的规模：中央银行资产占 GDP 的比重、其他存款性公司资产占 GDP 的比重、其他金融性公司资产占 GDP 的比重。通过这三个指标可以分析它们对经济的支持度。

此外，还有两个指标关注对私人部门的债权：其他存款性公司对私人部门贷款占 GDP 的比重、其他存款性公司和其他金融性公司对私人部门的贷款占 GDP 的比重。这两个指标都区分了对私人部门（住户、私人非金融性公司）和对公共部门（政府、公共非金融性公司）的金融支持，也关注了中央银行以外的金融中介发放的贷款，是衡量金融中介的主要活动——将储蓄转化为投资的指标。

从负债方看，金融性公司概览可以得出总流动性（也称流动负债）指标。

本章小结

1. 货币核算分析的内容主要包括广义货币的概念、广义货币的创造与计量、货币核算与分析等。

2. 广义货币是特定部门发行的、由特定部门持有的具有充分的货币性的金融资产。

3. 广义货币是由中央银行和其他存款性公司（商业银行）等（也有可能包括非金融公司）共同创造的：中央银行发行基础货币（通货＋存款准备金），其他存款性公司（商业银行等）发行并创造存款货币（派生存款）；其他金融资产是在通货和存款货币的基础上，通过非金融公司等部门的资产业务创造出来的。

4. 货币的计量方法是指一国依据列入广义货币范围内的金融资产货币性的强弱所选择的计量货币总量的计算方法。一般来说，划分的层次是从高向低采取叠加的办法。如广义货币划分为三个层次：$M_0 =$ 流通中货币（现钞＋硬币），$M_1 = M_0 +$ 可转让存款（活期存款），$M_2 = M_1 +$ 其他存款（定期存款）。流动性总量＝广义货币＋其他金融资产。

5. 货币核算与分析的内容包括货币核算框架概述、中央银行概览的编制与分析、其他存款性公司概览、存款性公司概览、金融性公司概览等。

6. 货币核算是对金融性公司部门资产和负债的核算，并按照核算基本准则采取编制部门资产负债表和概览的表述方式。

7. 概览是把一个或多个金融性公司分部门的资产负债表数据合并的资产和负债的类别，它分为中央银行概览、存款性公司概览和金融性公司概览三个主要类别。

8. 中央银行概览的编制与分析是指在中央银行业务核算形成部门资产负债表的基础上，编制中央银行概览，并根据"基础货币＝净国外资产＋ 国内信贷－其他负债和资本"分析各项目对基础货币形成的影响。

9. 其他存款性公司概览介绍的主要内容包括其他存款性公司的概念、其他存款性公司的业务及资产负债表、其他存款性公司概览的编制。

10. 存款性公司概览介绍的主要内容包括存款性公司概览的内容、存款性公司概览的编制、存款性公司概览的分析框架。

11. 金融性公司概览介绍的主要内容包括其他金融性公司概览、金融性公司概览与分析。

本章重要概念

广义货币　货币发行部门　货币持有部门　基础货币　货币乘数　流动性总量
部门资产负债表　中央银行概览　其他存款性公司概览　存款性公司概览
金融公司概览　净国外资产　国内信贷　国外资产　国外负债

本章复习思考题

一、判断题

1. 若非金融企业发行的短期票据纳入广义货币范围，则非金融企业也是货币发行部门。

（　　）

2. 中央银行的基础货币不包括在广义货币范围之内。（　　）

3. 中央政府的财政存款一般不纳入广义货币范围之内。（　　）

4. 货币的核算实质上是编制资产负债表和概览。（　　）

5. 基础货币＝净国外资产＋国内信贷－其他负债和资本。（　　）

6. 其他存款性公司概览是根据其他存款性公司部门资产负债表编制的反映其货币与信贷活动的分析性报表。（　　）

7. 广义货币＝基础货币×货币乘数。（　　）

8. 广义货币＝净国外资产＋净国内债权。（　　）

9. 净国外资产＝国外资产（FA）＋储备资产（RA）＋非储备性国外资产（NRA）－净国外负债（NFL）。（　　）

10. 从负债方看，金融性公司概览可以得出总流动性（也称流动负债）指标。（　　）

二、单选题

1. 下列不属于货币持有部门的是（　　）。

A. 非金融企业　　B. 中央银行　　C. 住户部门　　D. 地方政府

2. 下列不属于广义货币的金融资产是（　　）。

A. 现金　　　　　B. 可转让存款　　C. 定期存款　　D. 抵押贷款

3. 下列说法错误的是（　　）。

A. 货币的核算本质上是核算金融机构的资产负债

B. 货币核算的方法是对金融机构的报表数据逐级汇总、合并和轧差

C. 概览的本质是把金融机构的所有数据合并在一张报表中

D. 在中央银行概览中，基础货币等于净国外资产加上国内信贷减去其他负债和资本

三、简答题

1. 简述基础货币和存款货币创造的基本原理。

2. 如何分析中央银行概览？

3. 如何分析存款性公司概览？

4. 如何分析金融性公司概览？

四、思考题

1. 货币供应量是外生变量吗？

2. 如何调控流动性总量？

第十三章
资金流量核算分析

这里的资金流量核算分析是指资金流量账户分析。前文已经指出，宏观经济运行包含社会再生产——生产、分配、流通和使用的全过程，这个全过程是通过两种运动——使用价值运动（实物运动）和价值运动来实现的。从运行过程看，使用价值运动（实物运动）具体表现为由货物和服务组成的实际资源的流动，形成了经济流量中的实际流量；价值运动具体表现为货币资金的流动，形成了经济流量中的资金流量。国内生产总值账户是在经济总体层次上描述实际流量的运动状况，而资金流量运动则是通过资金流量账户来描述和反映的。利用资金流量账户所提供的一系列指标数据，不仅可以进行国民经济的初次分配与再分配分析、居民消费总量和结构分析、各机构部门融资情况分析等，而且可以对经济部门结构及各部门间的联系进行深入研究，从而为制定财政政策、货币政策以及对国民经济进行宏观调控和管理提供重要依据。

第一节　宏观经济账户之间的关系

资金流量核算是核算各经济部门的资金来源与运用，系统说明一个部门的储蓄和投资差额同其他部门的有关金融交易之间的联系。弄清宏观经济账户之间的关系是掌握资金流量核算内容的基础。

在一个开放经济体系中，国民经济由总体经济部门和国外部门组成。从支出角度看，国民收入的构成包括消费、投资、政府购买和净出口，用公式表示是：$Y = C + I + G + (X - M)$。式中，Y 表示国民收入，C 表示消费，I 表示投资，G 表示政府购买，$(X - M)$ 表示经常项目差额（净出口）。从收入角度看，国民收入构成的公式可写成：$Y = C + S + T + K_r$。式中，S 表示储蓄，T 表示政府净收入，K_r 表示本国居民对外国居民的转移净支付。将 $(C + I + G)$ 称为吸收，反映本国居民的支出，用 A 表示。

在开放经济下，国民收入构成的基本公式是

$$C + I + G + (X - M) = Y = C + S + T + K_r \qquad (13-1)$$

公式两边消去消费 C，并经过转化，可以得到开放经济条件下的储蓄—投资恒等式：$I = S + (T - G) + (M - X + K_r)$。这里，$S$ 代表私人部门（住户和企业）储蓄，$(T - G)$ 代表政府储蓄，$(M - X + K_r)$ 则可代表外国对本国的储蓄。该公式代表开放经济条件下国民经济中总储蓄（私人、政府和国外）和投资的恒等关系。

一、国内储蓄—投资差额与国际收支经常账户的关系

在总和的一级上，一个开放的经济由两个部门组成：国内经济部门（住户、非金融企业和政府）和国外部门。根据开放经济条件下的"储蓄 = 投资"恒等式，我们可以对国内储蓄—投资差额与国际收支经常账户的关系进行分析。

整个经济的储蓄—投资差额可以表示为 $S + (T - G) - I$。该储蓄—投资差额是通过对外融资实现的，表示为 $(X - M - K_r)$，这恰好是国际收支中的经常项目差额。

开放经济条件下的"储蓄 = 投资"恒等式变化为 $S + (T - G) - I = (X - M - K_r)$。即总体经济储蓄与投资差额等于国际收支中的经常账户差额。当国内储蓄 $S + (T + G)$ 小于投资 I 时，意味着国内存在着储蓄 — 投资缺口，国内经济部门需要从国外融通资金，长期上只有通过经常账户逆差实现；而当国内储蓄 $S + (T + G)$ 大于投资 I 时，意味着国内存在着储蓄—投资盈余，也必须通过经常账户顺差来调节。

二、私人部门、政府部门储蓄—投资差额与经常账户的关系

进一步地，我们可以将投资（I）分解为私人和政府部门两个组成部分 $(I_p + I_g)$，进而从整个经济的储蓄—投资基本差额得出私人部门、政府部门储蓄—投资差额与对外经常账户的关系。

这时，开放经济条件下的"储蓄 = 投资"恒等式变化为

$$S + (T - G) - (I_p + I_g) = (X - M - K_r) \tag{13-2}$$

这一关系还可以改写成：$(S - I_p) + (T - G - I_g) = (X - M - K_r)$。利用这种形式我们可以直观地得出，私人部门储蓄—投资缺口与政府部门储蓄—投资缺口之和恰好等于经常项目差额。这一等式具有十分重要的意义，因为它表明私人部门储蓄—投资缺口、政府部门总的财政状况和国际收支经常项目差额之间的重要联系，并分别强调了私人部门、公共部门在经济账户失衡中各自的作用。

1. 私人部门、政府部门储蓄—投资差额与经常账户逆差的关系

表 13-1 显示出私人部门和公共部门的三种不同结合方式以及由此产生的经常账户逆差。在第一种情况中，尽管国内私人部门存在储蓄—投资资金盈余，但政府部门存在着巨额财政赤字，导致整个国内经济部门存在储蓄—投资缺口，最终造成国际收支账户中的经常账户逆差。在第二种情况中，国内私人部门储蓄低于投资，政府部门也有财政赤字，即两者都

存在着储蓄—投资缺口，这必然会导致经常账户逆差。在第三种情况中，国内经济部门财政盈余和私人储蓄不足并存，而私人部门储蓄不足是经常账户逆差的主要原因。私人部门储蓄不足的原因既可能是国内过度消费，又可能是国内私人投资狂潮，这两者对政策的影响不同。其中，投资狂潮引起的经常账户逆差会随着投资收益的产生而得到缓解甚至消除，而国内过度消费引起的经常账户逆差则可能是长期性的。

表 13 - 1　　　　　　　私人部门、政府部门储蓄—投资差额与经常账户逆差的关系

项目	部门差额		经常账户逆差
	私人部门	公共部门	
(1)	$(S - I_p) > 0$	$(T - G - I_g) < 0$	$(X - M - K_r) < 0$，如果 $|(T - G - I_g)| > |(S - I_p)|$
(2)	$(S - I_p) < 0$	$(T - G - I_g) < 0$	$(X - M - K_r) < 0$
(3)	$(S - I_p) < 0$	$(T - G - I_g) > 0$	$(X - M - K_r) < 0$，如果 $|(S - I_p)| > |(T - G - I_g)|$

2. 私人部门、政府部门储蓄—投资差额与经常账户顺差的关系

表 13 - 2 显示出私人部门和公共部门的三种不同结合方式以及由此产生的经常账户顺差。第一种情况表明国内存在大量私人储蓄，私人部门储蓄远超过投资量，冲销大量财政赤字后还有盈余，经常账户差额往往表现为顺差。第二种情况是经常账户顺差既是因为政府财政盈余，也是因为私人部门储蓄大于投资。第三种情况表明经常账户顺差同财政盈余和私人储蓄不足并存。第一种情况在现实中的例子很多，如包括中国在内的许多东亚高储蓄国家大都存在着经常账户顺差，而后面两种情况在现实中并不多见。

表 13 - 2　　　　　　　私人部门、政府部门储蓄—投资差额与经常账户顺差的关系

项目	部门差额		经常账户顺差
	私人部门	公共部门	
(1)	$(S - I_p) > 0$	$(T - G - I_g) < 0$	$(X - M - K_r) > 0$，如果 $|(S - I_p)| > |(T - G - I_g)|$
(2)	$(S - I_p) > 0$	$(T - G - I_g) > 0$	$(X - M - K_r) > 0$
(3)	$(S - I_p) < 0$	$(T - G - I_g) > 0$	$(X - M - K_r) > 0$，如果 $|(T - G - I_g)| > |(S - I_p)|$

第二节　资金流量核算

资金流量核算是适应现代商品经济和金融市场的发展以及政府通过宏观政策手段实施经济管理的要求而发展起来的一种宏观经济分析工具，它以全社会的资金运动和收入分配流量

为对象，核算国民经济各部门的资金的来源和运用、流量和流向、结构和余缺的情况。通过资金流量核算，旨在较为完整地把握国民经济循环的内部结构和各经济部门的相互联系，深入研究其运行机制和内部规律性，以便为宏观经济管理和调控提供必要的依据。

一、资金流量的核算内容和环节

资金流量可通过资金流量账户进行核算。资金流量账户是一个反映宏观经济中各机构部门账户相互之间联系的综合账户。它以各经济主体——机构部门的资金收支活动为研究对象，系统说明了一个部门的储蓄和投资差额同其他部门的有关金融交易之间的联系，其主要研究内容包括：宏观经济各部门之间以及经济总体与国外之间，在不同环节上、以不同方式形成的各种资金收支；经济总体及各部门的资金来源、运用和结构情况；经济总体及各部门的储蓄、投资水平，资金余缺状况及其调剂方式。在资金流量核算中，金融交易核算是其最重要的组成部分，资金流量账户通过将金融交易与有关储蓄和资本形成的交易相互关联，从而将实体经济运行和金融运行联系起来。

资金流量账户的核算环节包括收入初次分配核算、收入再分配核算、收入使用核算、资本交易核算和金融交易核算，它完整地描述了宏观经济各部门的资金运动的整个过程。其中，收入初次分配核算是指生产最终成果的增加值（或国内生产总值）在生产领域进行的直接分配，或者说，是指国内生产总值在各种生产要素之间的分配，每项分配均与生产活动有关，主要表现为增加值在生产企业、居民和政府部门之间的分配；作为初次分配的后继过程，收入再分配核算是单方向的收入转移，不以交换为基础，一般包括强制性收入税或各种罚款、缴款，以及义务捐赠、救济等，再收入分配和支出一般属于经常转移性收支；收入使用核算是指对可支配收入的使用，即将可支配收入在消费和储蓄之间进行分配，部分机构部门（居民和政府）的可支配收入需要用于消费支出，余下的就是这些部门的储蓄，企业部门没有消费，其可支配收入就是其储蓄；资本积累交易核算是指各种非金融积累交易的核算，包括资本筹集和非金融投资两个方面，资本筹集旨在为各种积累活动提供资金来源，而非金融投资则是对筹集到的资金的一种运用；资本形成是非金融投资的主要部分；金融交易核算是对一定时期机构单位的金融资产、负债变化的核算。需要指出的是，资本交易核算和金融交易核算都是对引起资产负债变化的交易流量的核算。

上面我们从金融交易角度完整考察了不同环节的资金流量。这些资金流量可以归纳为两大类：一类与产品或资产的实际流量直接联系（一般具有相反的运动方向）的资金流量，包括最终消费支出、资本形成等；另一类则是与实物流量无关的纯粹的资金流量，包括收入初次分配、收入再分配、资本转移和资金融通。尽管不同环节的资金流量具有不同的特点，但它们又是紧密联系的，而正是由于这种联系才形成了完整的社会资金运动和国民经济循环过程。通过追踪考察各环节的资金流量，我们得以深入了解国民经济循环过程中错综复杂的内部关系，也即国民经济各部门之间以及常住单位和非常住单位之间在资金运动各环节上的流量关系。

资金流量运动从形式上还可以分为非金融交易和金融交易两个类型。非金融交易包括经常性交易和投资性交易。其中，经常性交易是从国民可支配总收入形成到储蓄形成的这一流程所包括的各种交易；投资性交易是储蓄转化为投资，形成各部门赤字或盈余的流程中所包括的各种交易。金融交易是调剂各部门资金余缺的流程中所包括的各种交易，与各种金融资产如通货、存款、债券等的增减变动有关，这类交易涉及金融资产所有权的转移、金融资产或负债的产生和消失。在资金流量核算中，金融交易是核算的主体部分，非金融交易是否包括或包括多少，可根据需求而定。下面我们将分别给出非金融交易和金融交易的核算流程。

表13-3给出的是各经济总体、合计和国外的非金融交易的基本流程。其中，我们按资金流量运动过程中的基本环节，将非金融交易的基本流程分为初次分配、再分配、使用和资本交易四个部分。其中，初次分配、再分配和使用属于经常性交易，资本交易即投资性交易。

表13-3 非金融交易的资金流程

项目	经济总体	合计	国外
初次分配	增加值 +初分配收入 -初分配支出 原始总收入	国内生产总值 +初分配收入 -初分配支出 国民总收入	进出口差额 +初分配收入 -初分配支出
再分配	+再分配收入 -再分配支出 可支配总收入	+再分配收入 -再分配支出 国民可支配总收入	+再分配收入 -再分配支出
使用	-最终消费支出 总储蓄	-最终消费支出 国民总储蓄	
资本交易	+应收资本转移 -应付资本转移 -资本形成总额 -其他非金融投资 部门净贷出	+应收资本转移 -应付资本转移 -资本形成总额 -其他非金融投资 本国净贷出	+应收资本转移 -应付资本转移 -资本和其他非生产资产的净获得 国外净贷出

金融交易涉及各种各样的金融工具，其流量、流向丰富多样。在现代经济条件下，金融交易和流量对整个国民经济的运行产生了日益重要的影响。金融交易与非金融交易是紧密联系、相互补充的两大类别。在国民经济核算中，将各种非金融交易所形成的收入累计数和支出累计数相抵（即将各种非金融交易所形成的收支差额累计起来），最后得到的就是资本交易中的净贷出（或净借入），而这些资金余缺最终必将通过金融交易得到弥补或调剂，换言

之，金融交易的差额最终平衡了所有非金融交易的差额。无论对经济总体、合计还是国外来说，都存在恒等式：净贷出（或净借入）＝净金融投资（净金融负债）。

二、资金流量核算的结构

资金流量的核算结构分为基本结构（经济交易主体和经济交易对象）和核算结构的模式（核算范围和层次）。

（一）资金流量账户的基本结构

为了完整反映社会资金的运动情况，我们需要将国民经济各部门（包括国外）的资金流量核算资料用科学的形式系统地组织起来，编制资金流量表。资金流量表包括两大构成，一是经济主体，二是交易对象。这两部分要在一个资金流量矩阵中反映出来。SNA 资金流量表一般采用"机构部门×交易项目"的矩阵结构，一般把机构部门列为主栏，把交易项目列为宾栏。资金流量表的主栏按国际惯例采用机构部门分类，按照机构单位的性质特征，一般可将经济主体划分为五个大的机构部门：金融性公司部门、非金融性公司部门、广义政府部门、住户部门和国外部门。每个部门下设资金来源和使用两项，来源项目记录各机构部门和经济总体的当期收入和形成的负债，使用项目记录国内各机构部门和所有机构部门的当期支出和形成的资产。下面，我们将给出一个标准式的资金流量表，见表 13－4。表中将全部资金流量按交易类型分别列出，并分别反映各类交易的来源方、运用方和平衡项。

表 13 –4　　　　　　　　　　　一个标准式的资金流量表

部门交易			合计		经济总体（国内经济部门）								国外部门	
					广义政府		金融性公司		非金融性公司		住户			
			U（资金运用）	R（资金来源）	U	R	U	R	U	R	U	R	U	R
非金融交易	初次分配		初次分配支出 原始总收入	国内生产总值 初次分配收入										
	再分配		再分配支出 可支配收入	原始收入 再分配收入										
	收入分配		最终消费支出 储蓄	可支配收入										
	资本交易		资本形成 其他非金融投资 净贷出（或净借出）	储蓄 资本转移净获得										
金融交易			金融资产净获得	金融负债净发生 净金融投资 （或负债）										

表 13 - 4 中，不同层次的资金流量或交易项目通过相应的核算平衡项彼此衔接起来。在被划分出来的资金流量的每一个环节或层次上都有一个平衡项，因为每一类交易的收支流量通常都是不平衡的。从经济分析的角度看，这些平衡项本身都是重要的指标；从交易流程的角度看，某个核算环节的平衡项依次又是下一个核算环节的来源方，而最后两个环节（资本交易和金融交易）的平衡项彼此相等，以此结束整个交易流程的核算。如果我们将相互连接的任何两个交易环节合并起来，就会减少其中的一个平衡项；如果整个资金核算流程都不划分环节，则所有的平衡项都会抵消，即全部交易的来源合计与运用合计永远是总量平衡的。

（二）资金流量核算结构的模式

资金流量核算以整个社会的资金运动情况作为研究对象，这里所谓的社会资金泛指经济总体及其各部门的资金。尽管资金流量核算在国际上已被广泛采用，但由于具体分析目的、研究方式、核算基础等方面的不同，资金流量核算又可以针对不同的资金运动范围和层次，采用不同的模式来组织进行。理论上说，资金流量账户的模式大体可以划分为三种，依其范围由窄到宽依次为：金融交易的资金流量账户、全部积累交易的资金流量账户以及积累交易和经常交易的综合资金流量账户。

1. 金融交易的资金流量账户

顾名思义，这种资金流量账户只考虑各种金融交易流量，不考虑非金融交易流量，编制出来的是一张纯粹的金融流量表。这种模式的资金流量账户通常由一些国家的中央银行独立编制，主要适用于那些国民经济管理基础比较薄弱且统计组织系统比较分散的国家。其优点是有关的基础统计资料相对完整，编制工作较为简单，实效性强，可以按季或按月编制。对于金融部门进行货币流量管理而言，这种模式的资金流量账户具有一定的作用；但从宏观经济核算角度看，它与其他核算之间的衔接、协调不够，没有适当反映金融交易与非金融交易之间的内在联系；此外，各国中央银行在实际中所采用的部门分类方法与国民经济核算差别较大，因此，在宏观经济核算中，通常不采用这种模式。

下面，我们介绍三种主要版本的金融交易资金流量核算。

（1）基本的资金流量核算

基本的资金流量核算是资金流量矩阵的变形，它包括更少的部门和金融资产类别，其所选择的部门通常是对金融分析来说最为重要而且可以得到数据的部门，其他部门放在其他类别中。基本的资金流量账户说明了一系列部门间的经济关系，包括各部门间流量和宏观经济目标之间的关系，而且我们还可以在资金流量框架内测试这些关系的一致性，因此，它有助于建立宏观经济模型并为金融规划提供框架。例如，利用基本的资金流量表，我们可以对可持续的国际收支状况、存款性公司对特定部门的充足的信贷、中央政府赤字的融资等经济指标之间的关系和一致性进行分析，并在此基础上建立宏观经济模型以及金融规划。

编制包括货币核算、政府财政数据和国际收支在内的宏观经济核算的国家可以建立基本的资金流量表，因此，统计资源有限的国家可以从中受益，在经济分析和政策决策过程中获得支持。在合并的框架内建立基本的资金流量矩阵对部门和交易数据还有限制，即每一部门以及每一金融资产类别的资源和使用总额必须相等，因此，基本的资金流量核算还可对原始数据的全面性和一致性提供一个有益的测试。

表 13 - 5 给出了一个基本的资金流量账户，该表是以资金流量表常见的来源与运用框架来实现的。其中，来源包括储蓄、资本转移和产生的负债净额，运用是资本累积和获取的金融资产的净额。

表 13 - 5 基本的资金流量表 Ⅰ

项目	中央银行		其他存款性公司		中央政府		其他国内部门		国外		合计	
交易	U	R	U	R	U	R	U	R	U	R	U	R
储蓄和资本转移				4		−38		264		−38		192
资本积累			−1		12		181				192	
净贷款（+）或借款（−）			5		−50		83		−38			
货币黄金和特别提款权	−1											
通货和存款		35	15	95	7	2	97		11	−2	130	130
非股票证券			53	53	32	74	114	48	26	50	225	225
贷款	36		95		45	94	68	123	10	37	254	254
其他			3	13	36		5	30		3	46	46
资源和使用总额	35	35	165	165	132	132	465	465	50	50	847	847

注：阴影部分是不适用的区间。R = 来源，等于每个部门的储蓄和资本转移加产生的金融负债净额。U = 运用，等于资本累积和获取的金融资产净额。

在表 13 - 5 中，单独列出的各部门可能具有反映部门间交易的详细信息的数据。例如，编制货币统计所需要的数据可提供中央银行和其他存款性公司的按部门分类的资产和负债存量数据，以及中央银行和其他存款性公司与世界其他地方的业务数据（国外资产和负债）；中央政府融资的数据至少在区分国内银行融资和国外融资的层次上提供了融资数据的来源；国际收支金融账户提供了关于金融资产类别的信息。在合并的框架内建立基本的资金流量账户，还可以对上面所提数据的全面性和一致性进行一定程度的检验，这主要应用了资金流量账户体系"平衡"的基本性质，它对部门和交易数据提出限制，每一部门和每一金融资产类别的资源和使用总额必须平衡。

另外，表 13 - 5 中的其他国内部门是一个剩余类别，具体包括非存款性金融公司，非金融性公司，除中央政府外的各级政府、住户以及为住户服务的非营利性机构等。其他国内部门的资本账户的资源和使用数据可以通过从整个经济的估计减去列出部门的资源和运用而计算得出；其他国内部门的金融账户的资源和使用只能反映出与列出部门和国外的交易，不能得出其他国内部门内部金融交易的数据。

在表 13-5 中，所列出的国内部门只包括中央银行、其他存款性公司和中央政府三个部门，而其他部门则相对比较庞大，这使基本的资金流量账户的有用性受到了限制，因此，应根据经济分析需要和编制成本对表 13-5 给出的基本的资金流量账户进行扩展，以开发列出更多部门的数据。表 13-6 就是表 13-5 中基本的资金流量账户扩展的一个例子。

表 13-6　　　　　　　　　　　　基本的资金流量账户 Ⅱ

项目	中央银行		其他存款性公司		其他金融性公司		中央政府		公共非金融性公司		其他国内部门		国外		合计	
交易	U	R	U	R	U	R	U	R	U	R	U	R	U	R	U	R
储蓄和资本转移				4				-38		31		233		-38		192
资本积累			-1				12		67		114				192	
净贷款（+）或借款（-）			-5				-50		-36		119		-38			
货币黄金和特别提款权	-1													1		
通货和存款		35	15	95	7		7	2	8		82		11	-2	130	130
非股票证券			53	53			32	74	11	3	103	48	26	50	225	225
贷款	36		95		52	16	45	94		36	32	93	10	37	270	270
股票和其他股权			3	13			36		2	16	8	15	2	3	51	51
保险技术准备金						36					36				36	36
金融衍生工具																
其他应收/应付账款									12	14	14	12			26	26
资源和使用总额	35	35	165	165	52	52	132	132	100	100	396	396	50	50	930	930

注：阴影部分是不适用的区间。R = 来源，等于每个部门的储蓄和资本转移加产生的金融负债净额。U = 运用，等于资本累积和获取的金融资产净额。

相对于表 13-5，表 13-6 在竖列中增加了其他金融性公司和公共非金融性公司两个列出部门，其中，其他金融性公司包括保险公司和养老基金；而在横行中增加了保险技术准备金、金融衍生工具和其他应收/应付账款三类交易。比较表 13-5 和表 13-6，可以发现有两个改进。首先，表 13-5 中划入其他部门的一些来源和运用可以在表 13-6 中新列出的部门中看到。例如，数量为 97 的通货和存款的使用在表 13-5 中被划入其他部门；而在表 13-6 中，其他金融性公司的使用是 7，公共非金融性公司的使用是 8，其他部门的使用为 82（97-7-8＝82），而这时的其他部门则由住户，为住户服务的非营利机构，除中央政府外的地方政府、金融辅助机构和其他非金融性公司构成。其次，扩展后得到的表 13-6 将许多新的交易纳入进来。例如，将保险公司和养老基金构成的其他金融性公司作为列出部门，可以使保险技术准备金作为这些部门的资源和剩余部门（主要是用户）的使用。此外，新列出的金融中介获得了数量为 52 的贷款（使用），其中一部分 16（52 + 32 - 68 = 16）在表 13 - 5 中没有说明，贷款总额从 254 增加到 270。

（2）合并的金融账户

对每一个部门和整个经济体来说，合并的金融账户与基本的资金流量账户一样，反映了产生的负债的净额（资源）和获得的金融资产的净额（使用）。但合并的金融账户涵盖所有的机构部门和金融资产类别，其所反映的资金流量情况比基本的资金流量账户要详细得多。具体而言，完整的金融账户将非金融性公司和住户的金融交易纳入其中，而在基本的资金流量账户中这两者都在剩余部门中，因此，合并的金融账户比基本的资金流量账户提供了更为重要的部门信息（见表 13 - 7）。

表 13 - 7   合并的金融账户形式的资金流量账户

项目	非金融性公司		金融性公司		广义政府		住户		为住户服务的非营利公司		整个经济体		国外		合计	
交易	U	R	U	R	U	R	U	R	U	R	U	R	U	R	U	R
净贷款/借款	-69		5		-50		148		4		38		-38			
获取的金融资产净额/产生的负债净额	71	140	237	232	120	170	181	33	32	28	641	603	50	88	691	691
货币黄金和特别提款权				-1								-1	1			
通货和存款	17		15		130	7	2	68		12	119	132	11	-2	130	130
非股票证券	18	6	53	53	26	64	29	12			138	123	5	20	143	143
金融衍生证券																
贷款	27	71	167		45	94	5	28		24	244	217	10	37	254	254
股票和其他股权	2	26	3	13	36			3		4	44	43	2	3	46	46
保险技术准备金				36				36			36	36			36	36
住户在人寿保险准备金和养老基金中的净股权				33				33			33	33			33	33
对债权余额预付的保险费和准备金				3				3			3	3			3	3
金融衍生产品																
其他应收/应付账款	7	37			6	10	40	5	8		61	52	21	30	82	82

注：阴影部分是不适用的区间。R = 来源，等于每个部门的储蓄和资本转移加产生的金融负债净额。U = 运用，等于资本累积和获取的金融资产净额。

虽然金融账户格式的资金流量账户与基本账户相比能为分析提供更丰富的材料，但是编制金融账户的成本也更高，因为收集非金融性公司和住户的金融数据一般必须通过调查。这往往会带来数据口径和一致性问题，这些必须根据部门和金融资产总量的矩阵限制来解决。具体而言，资金流量矩阵限制包含两个方面，一是各部门的资金余缺最终必将通过金融交易得到弥补或调剂，即净贷款/借款（金融投资净额），必然等于金融资产的获取减去产生的负债；二是每一金融资产类别的资源和使用总额必然相等。在表 13 - 7 中，由等式关系（$-69 = 71 - 140$，$5 = 237 - 232$，$-50 = 120 - 170$，$148 = 181 - 33$，$4 = 32 - 28$，$38 = 641 - 603$ 和 $-38 = 50 - 88$）可知，第一个限制得到了满足，即各部门的资金余缺通过金融交易得到了弥补或调剂；另外，由最右侧两列各交易的合计项可以明显看出表中每一金融资产类别的资源和使用都是相等的，第二个限制也是得到了满足。

（3）详细的资金流量矩阵

虽然金融资金流量账户提供了大量的有关各部门的详细情况，但它只是两维的，只反映各部门产生的负债净额和获得的资产净额。为解决三维的问题，即哪些部门通过使用特定的金融资产为其他特定部门进行融资，它就必须编制更复杂的详细的资金流量矩阵。

编制详细的资金流量矩阵时，我们可以将 SNA 的金融账户扩展成三维矩阵，以反映来源部门和使用部门之间的金融交易以及在交易中所使用的金融资产。由于金融资产和负债的对称性，只要一个机构的资产是另一个机构的负债，就可以只建立一个单一的矩阵，但这种矩阵会非常庞大。因此，国际货币基金组织建议为金融资产和金融负债分别建立矩阵，并提供了样表（见表 13 - 8 和表 13 - 9），并称之为"详细的资金流量账户"的矩阵。每一个矩阵代表一段时期。资产矩阵（见表 13 - 8）在竖列中列出了每一类金融资产的债权部门，横行是债务部门；负债矩阵（见表 13 - 9）在竖列中列出了每一类金融资产的债务部门，横行是债权部门。

表 13 - 8 　　　　　　　　　　　　　详细的资金流量表（左侧部分）

金融资产	金融性公司									
	中央银行	其他存款性公司	其他金融性公司	中央政府	地方政府	公共非金融性公司	其他非金融性公司	其他居民部门	非居民	合计
债权和债务人的类别	(1)	(2)	(3)	(4)	(5)	(6)	(7)	(8)	(9)	(10)
1. 货币黄金和特别提款权										
2. 通货和存款										
a. 通货										
i. 本币										
ii. 外币										

续表

金融资产	金融性公司									
	中央银行	其他存款性公司	其他金融性公司	中央政府	地方政府	公共非金融性公司	其他非金融性公司	其他居民部门	非居民	合计
b. 可转让存款										
i. 以本币计										
– 中央银行										
– 其他存款性公司										
– 其他金融性公司										
– 中央政府										
– 地方政府										
– 公共非金融性公司										
– 其他非金融性公司										
– 其他居民部门										
– 非居民										
ii. 以外币计										
……										
c. 其他存款										
i. 以本币计										
……										
ii. 以外币计										
……										
3. 非股票证券										
……										
4. 贷款										
……										
5. 股票和其他股权										
……										
6. 保险技术准备金										
a. 住户在人寿保险准备金和养老基金中的净股权										
b. 对债权余额预付的保险费和准备金										
……										
7. 金融衍生工具										

续表

金融资产	金融性公司									
	中央银行	其他存款性公司	其他金融性公司	中央政府	地方政府	公共非金融性公司	其他非金融性公司	其他居民部门	非居民	合计
......										
8. 其他应收/应付账款										
a. 商业信贷和预付款										
......										
b. 其他										
i. 居民部门										
ii. 非居民										
金融资产	金融性公司									
	中央银行	其他存款性公司	其他金融性公司	中央政府	地方政府	公共非金融性公司	其他非金融性公司	其他居民部门	非居民	合计
	（1）	（2）	（3）	（4）	（5）	（6）	（7）	（8）	（9）	（10）

注：其中，"……"表示中央银行、其他存款性公司、其他金融性公司、中央政府、地方政府、公共非金融性公司、其他非金融性公司、其他居民部门、非居民共9行内容。

表13-9　　　　　　　　　　详细的资金流量表（右侧部分）

负债									金融性公司	
合计	非居民	其他居民部门	其他非金融性公司	公共非金融性公司	地方政府	中央政府	其他金融性公司	其他存款性公司	中央银行	
（10）	（9）	（8）	（7）	（6）	（5）	（4）	（3）	（2）	（1）	
										债权和债务人的类别
										1. 货币黄金和特别提款权
										2. 通货和存款
										a. 通货
										i. 本币
										ii. 外币
										b. 可转让存款
										i. 以本币计
										- 中央银行
										- 其他存款性公司

续表

负债								金融性公司		
合计	非居民	其他居民部门	其他非金融性公司	公共非金融性公司	地方政府	中央政府	其他金融性公司	其他存款性公司	中央银行	
(10)	(9)	(8)	(7)	(6)	(5)	(4)	(3)	(2)	(1)	
										－其他金融性公司
										－中央政府
										－地方政府
										－公共非金融性公司
										－其他非金融性公司
										－其他居民部门
										－非居民
										ii. 以外币计
										……
										c. 其他存款
										i. 以本币计
										……
										ii. 以外币计
										……
										3. 非股票证券
										……
										4. 贷款
										……
										5. 股票和其他股权
										……
										6. 保险技术准备金
										a. 住户在人寿保险准备金和养老基金中的净股权
										b. 对债权余额预付的保险费和准备金
										……
										7. 金融衍生工具
										……
										8. 其他应收/应付账款
										a. 商业信贷和预付款

续表

负债								金融性公司		
合计	非居民	其他居民部门	其他非金融性公司	公共非金融性公司	地方政府	中央政府	其他金融性公司	其他存款性公司	中央银行	
(10)	(9)	(8)	(7)	(6)	(5)	(4)	(3)	(2)	(1)	
										……
									b. 其他	
									i. 居民部门	
									ii. 非居民	
负债							金融性公司		负债	
合计	非居民	其他居民部门	其他非金融性公司	公共非金融性公司	地方政府	中央政府	其他金融性公司	其他存款性公司	合计	非居民

注：其中，"……"表示中央银行、其他存款性公司、其他金融性公司、中央政府、地方政府、公共非金融性公司、其他非金融性公司、其他居民部门、非居民共9行内容。

因分析需要，我们还可以将资本账户包括在详细的资金流量矩阵中。资金流量矩阵的竖行与横行的联结限制为数据编制的一致性提供了重要的核对依据，并使详细的资金流量矩阵具有相当的分析价值。根据金融资产类别将债权人和债务人联系起来，这反映了到底是哪些部门在为其他部门提供融资，以及应用了哪些资产。例如，中央政府新发了一笔债券，该债券被存款性公司获得。在资产的详细资金流量表中计入如下项目：首先，在存款性公司的竖列和中央政府的非股票证券横行相交之处记一项（存款性公司的资产增加，中央政府产生负债）；其次，在中央政府竖列和居民的可转让本币存款横行相交之处记一项（中央银行存款增加，居民存款性公司的可转让存款负债增加）。

2. 全部积累交易的资金流量账户

全部积累交易的资金流量账户的核算范围从金融交易扩展到了资本交易的领域，实际上涉及全部的金融和非金融的积累交易。这种模式的资金流量表可以通过合并 SNA 资本账户和金融账户编制形成，因此，也被称为合并的资本和金融账户。在合并的资本和金融账户中，我们可以用净金融投资（金融账户的平衡项目）来直接衡量资本和金融交易，而不必根据经常账户的平衡项目来衡量每个部门的储蓄。从金融角度观察，净金融投资是一个部门获取的金融资产净额与发生的负债净额的差额，也就是该部门在金融市场上的净借入（或净借出）；而从实体经济角度观察，净金融投资就是储蓄投资差额的对应项。因而，在概念上净金融投资总是等于净贷款（或借款）。国际货币基金组织给出了一个合并的资本和金融账户的范例，见表 13 - 10。

表 13 – 10　　　　　　　　　合并的资本和金融账户形式的资金流量表

项目	非金融性公司		金融性公司		广义政府		住户		为住户服务的非营利公司		整个经济体		国外		合计	
交易	U	R	U	R	U	R	U	R	U	R	U	R	U	R	U	R
储蓄和资本转移		65		4		-38		178		21		230		-38		192
储蓄净额		48		11		-10		160		24		233		-41		192
资本转移净额		17		-7		-28		18				-3		3		
净投资总额	65		4		-38		178		21		230		-38		192	
资本积累	134		-1		12		30		17		192				192	
固定资本形成净额	113		-1		7		19		16		154				154	
库存变化	26						2				28				28	
贵重物品的获取减去处置	2				3		5				10				10	
非生产非金融资产的获取减去处置	-7				2		4		1							
净贷款/借款	-69		5		-50		148		4		38		-38			
获取的金融资产净额/产生的负债净额	71	140	237	232	120	170	181	33	32	28	641	603	50	88	691	691
货币黄金和特别提款权				-1								-1	1			
通货和存款	17		15	130	7	2	68			12	119	132	11	-2	130	130
非股票证券	18	6	53	53	26	64	29			12	138	123	5	20	143	143
金融衍生证券																
贷款	27	71	167		45	94	5	28		24	244	217	10	37	254	254
股票和其他股权	2	26	3	13	36			3		4	44	43	2	3	46	46
保险技术准备金				36			36				36	36				36
其他应收/应付账款	7	37			6	10	40	5	8		61	52	21	30	82	82
误差（储蓄和资本转移减去净投资总额）																
来源和运用总额	205	205	236	236	132	132	211	211	49	49	833	833	50	50	883	883

注：阴影部分是不适用的区间，U 表示资产的变化（使用），R 表示负债和净值的变化（资源）。

$$净金融投资额 = 资本累积 + 金融投资净额 \qquad (13 - 3)$$

$$净贷款/借款 = 净金融投资额 = 金融资产的获取 - 产生的负债 \qquad (13 - 4)$$

$$来源 = 储蓄和资本转移 + 产生的负债净额 \qquad (13 - 5)$$

$$运用 = 资本累积 + 获取的金融资产净额 + 统计误差 \qquad (13 - 6)$$

表 13 – 10 是以矩阵形式表示的，它说明了每一机构部门、经济体总体和国外的资产的

变化（运用）和负债的变化（来源）。第一行表示可用于投资的资源总额，包括储蓄净额和资本转移净额。第二行是净投资总额，它是资本累积和金融投资净额之和。表 13 – 10 还可被看做单独的资本和金融账户。其中，在资本账户中，储蓄净额是作为资源处理的，资本转移净额也做同样的处理；资本积累是使用，净贷款/借款是平衡项目。净贷款/借款还作为资源结转到金融账户中，且在这一框架内，产生的金融负债净额作为资金的来源处理，净贷款/借款与产生的负债净额之和作为资金使用处理，并由此获取金融资产净额。表 13 – 10 中最后一行和最后一列还分别对每一部门和每一金融资产类别的资源总额和使用总额做了概述，每一部门和每一金融类别的资源和使用总额满足平衡关系。

合并的资本和金融账户形式的资金流量账户可以对储蓄作出单独的估计，还可以将之与从经常账户作出的储蓄的估计相比较。利用其金融账户部分还可以对净贷款/借款作出单独的估计，而这些估计可以增强人们对储蓄和投资估计的信心。

相对于第一种模式而言，其编表所需的资料较多，时间较长，难度也稍大，所采用的部门分类和其他统计分类也要与国民经济核算的有关标准保持一致，因此，这种模式的资金流量账户一般由各国货币当局（中央银行）与国家统计部门共同编制；但这种账户可以较好地反映非金融投资所需资金的来源与运用情况，以及金融交易与资本交易之间的互补关系，这无疑增强了资金流量账户的宏观分析功能。

3. 积累交易和经常交易的综合资金流量账户

这种模式通常以国民经济各部门的增加值作为核算的初始值，既考虑金融交易和非金融交易等积累交易，又考虑收入分配和消费支出等经常交易，将金融交易与资本交易、积累交易和经常交易结合起来，更为完整地反映了各部门投资资金的来源和形成过程以及运用和调剂情况。这种模式的资金流量账户具有很强的分析功能，但相应地，其编表所需的资料更多、时间更长、难度也更大，通常需要以非常完备的国民经济核算体系为基础。在实践中，我国和加拿大等国都采用这种模式编制资金流量账户。

上面的全部积累交易的资金流量账户、积累交易和经常交易的综合资金流量账户模式都属于综合性的资金流量账户模式，只是综合的程度略有不同而已。

三、资金流量账户的基本性质和使用

（1）资金流量账户体系是"平衡"的。资金流量账户作为一种严谨的核算形式，既受制于各部门内部的平衡关系，又受制于各部门之间的平衡关系。

具体而言，对于任何一个机构部门、总体经济或国外而言，只要有资金来源就必有其运用，有资金运用也必有其来源，因此，它们各自的资金来源总额和运用总额应该是总量平衡的，这一关系反映出各经济部门都通过金融交易实现了自身资金差额的调剂，其非金融赤字（盈余）已被全部弥补（运用）。不仅如此，如果我们对全部交易划分类型或层次，并引入相应的平衡项，还可以进一步考察其内部平衡结构（不同核算层次之间的衔接平衡关系），最终表现为非金融交易差额与金融交易差额的对等关系。在资金流量账户中，每一跨部门交易的总和必定为零，每一部门资金缺口的总和也为零。这主要是因为资金流量账户采用复式记账法，每一笔交易在资金流量账户中都被记录了两次，在收入分配部分中，一个部门的分配和转移支出必定形成另一个部门的收入来源；在金融交易中，一个部门的金融资产也同时形成另一个部门的负债。

（2）将资本账户和金融账户结合起来的资金流量账户全面反映了非金融和金融累积的情况。用这种合并的账户可以分析整个经济体和每个机构部门的储蓄、资本形成和金融流量之间的关系。

（3）当中央银行、金融性公司和其他部门的数据分开表示时，还可以利用资金流量账户对金融政策的执行效果进行有效分析。例如，为了分析货币政策措施对各部门财务状况以及支出等经济行为的影响，我们可以通过资金流量账户对中央银行、金融性公司和非金融部门的资金流量变动状况及其之间的关系进行分析，在资金流量账户中可检验的关系比在货币统计中更多。

（4）资金流量账户有助于金融预测。由于资金流量账户存在严谨的核算约束，各部门内及之间又存在着平衡关系，它确保了资金流量数据和实际流量数据的一致性。因此，基于资金流量数据的金融预测与基于实际流量数据的国民账户预测之间也具有一致性。我们可以根据预测需要，将相应的经济模型纳入资金流量账户内的核算约束中，并通过模型对各项变量进行同时预测，而这些核算约束又可以用来对分别预测出来的各种变量进行一致性核对。

第三节　资金流量核算分析

资金流量账户结构综合、严谨，全面、系统地描述了社会资金的运动状况，它提供了一个全面的框架来说明各个经济部门的融资状况和经济活动对金融系统的影响以及各种金融市场在产生收入、储蓄和支出中的作用。资金流量账户明确说明了宏观经济的主要恒等式，通过其中的相互关系，我们可以便利地对非金融和金融领域的互动关系进行分析。资金流量核算账户的连锁性质还为分析一个经济部门的起因和对其他部门的潜在影响提供了基础。下面，我们利用资金流量核算账户对资金在各部门间的流动和各部门的失衡情况进行分析。

一、资金在部门间流动的分析

（一）资金运动及其平衡关系

资金流量核算描述社会资金的运动状况，系统研究国民经济各部门的资金来源和运用、部门间资金的流量与流向和资金余缺调剂情况，我们可以将资金流量的内在运动规律解剖、归纳如下。

一定时期各部门形成的国民可支配收入首先用于消费，余额为储蓄，储蓄用于投资。在储蓄用于投资后，一些部门资金有盈余，形成资金供给；一些部门依靠自有储蓄投资不足，资金有缺口，出现赤字，形成资金需求。这就导致部门间资金流动的必然性。金融交易引起资本流动，借此调剂资金余缺，盈余得以借出，形成金融资产；赤字得以弥补，承担金融债务。因此，赤字或盈余又称为部门的净金融投资。

上述关系可用公式表示为

$$Y = C + I + D \qquad (13-7)$$

式中，Y 为国民可支配总收入；C 为消费；I 为投资，具体指资本形成总额；D 为净金融投资，也即赤字或盈余。

上式可变形为

$$Y - C = I + D \qquad (13-8)$$

再记储蓄为 S，则有：$S = I + D$ 或 $S - I = D$。$S = I + D$ 揭示了一个部门资金运动的基本规律：储蓄必然等于资本形成总额加净金融投资。

从各部门看，资金流量核算账户对机构部门、交易主体的划分，不仅反映了各部门收入、消费和投资之间的关系，而且描述了各部门之间分配和再分配的资金流动关系，以及以何种金融工具进行资金融通及其数量关系。如某一部门的某种交易项目的使用必然构成其他部门与之等值的来源，也就是说某个部门的赤字融资必然来源于其他部门的资金盈余，因而所有部门的净金融投资的总和为零，即所有部门的资金盈余和赤字都得到运用和弥补，且其总和为零。

以上是资金流量核算账户的核心理论依据。

（二）各主要经济部门储蓄—投资差额及其融资的分析

资金流量账户还为分析各部门资金余缺和资金筹措情况提供了科学的依据。其中，储蓄—投资差额是分析赤字、盈余的关键。

储蓄—投资差额 >0：表明资金有盈余，该部门为资金净供应部门。

储蓄—投资差额 =0：为资金平衡部门。

储蓄—投资差额 <0：表明资金有缺口，为赤字部门，即资金净需求部门。

下面，我们将给出一个示意性的资金流量账户，并在此基础上对各个部门的储蓄—投资差额及其融资情况进行分析。通过表13－11给出的示意性资金流量账户，我们可以很容易得到总体经济以及各个部门的储蓄—投资差额及其融资关系。

1. 国内经济的储蓄—投资差额及其融资关系的分析

在国内经济中，可支配的国民总收入被定义为：$GNDI = C + I + X - M + Y_f + TR_f$。总储蓄（$S$）是可支配的国民总收入（$GNDI$）减去最终消费额（$C$）后的剩余部分，即 $S = GNDI - C$，而总储蓄又将被用于投资。在开放经济条件下，一个部门的赤字或盈余可以通过国际金融交易向国外融资。这表明国内总储蓄和总投资不一定会相等，其差额由国际资本流动来消除。储蓄—投资差额（$S-I$）也称作资金缺口，因为它表示如果该国没有足够的资金来弥补其支出，对外经常项目账户就会产生逆差；如果收入超过支出，就会产生顺差。记 CAB 为经常账户顺差，则整个经济的储蓄—投资差额的恒等式为：$S-I=CAB$。具体而言，这一缺口向国外融资的方式分为非货币融资和货币融资两种。其中，非货币融资包括直接投资（FDI）和国外借款净额（NFB）两类；货币融资指外汇资产的净额变动 $-\Delta NFA$。国内经济的储蓄—投资缺口融资可用公式表示为：$F_d = FDI + NFB - \Delta NFA$。

通过向国外融资，国内经济的储蓄—投资缺口将会被弥补。所以，存在恒等式：$(S-I)+F_d = 0$。

表 13-11 　　　　　　　　　　　　示意性资金流量账户

部门 / 交易	经济总量指标	国内经济部门			国外	横向核查
		广义政府	私人部门	银行体系		
可支配的国民总收入（GNDI）	$-GNDI$	$+GNDI$	$GNDI_g$	$GNDI_p$		0
最后消费	C	$-C$	$-C_g$	$-C_p$		0
投资总额	I	$-I$	$-I_g$	$-I_p$		0
商品和非要素服务出口	X				$-X$	0
商品和非要素服务进口	$-M$				M	0
要素收入净额	Y_f				$-Y_f$	0
转移净额	TR_f				$-TR_f$	0
非金融差额	0	$(S-I)$	(S_g-I_g)	(S_p-I_p)	0	$-CAB$	0
国外融资						
非货币：直接投资	0	FDI		FDI		$-FDI$	0
国外借款净额	0	NFB	NFB_g	NFB_p		$-NFB$	0
货　币：外汇资产净额变动	0	$-\Delta NFA$			$-\Delta NFA$	$+\Delta NFA$	0
国内融资						
货　币：国内信贷	0	0	$+\Delta NDC_g$	$+\Delta NDC_p$	$-\Delta NDC$		0
广义货币	0	0		$-\Delta M_2$	ΔM_2		0
非货币：非银行	0	0	NB	$-NB$			0
误差与遗漏净额	0	$-\Delta OIN_d$	ΔOIN_g	ΔOIN_p	ΔOIN_b	ΔOIN_t	0
纵向核查	0	0	0	0	0	0	0

2. 政府部门的储蓄—投资差额及其融资关系的分析

政府是参与国民经济的重要部门，政府由于为企业和住户提供公共服务而获得财政收入，同时政府为完成其管理职能和为企业和住户提供服务而产生财政支出。财政手段是政府参与国民经济分配的主要手段，也是其进行宏观经济管理的重要手段。就政府业务的现金流而言，总收入总是与总支出相等，因此，政府的财政账户在此意义上总是平衡的。然而，出于分析和政策的目的，我们必须将注意力集中于政府的收入和赠款，以及包括净贷款的政府支出。传统的财政赤字概念严格遵守了这一原理，将财政赤字定义为总收入和总支出之差。

总财政赤字大致与政府部门的储蓄—投资差额相等，即

总财政差额＝政府储蓄—政府投资

如果将政府总支出（E_g）定义为政府的经常性支出（C_g）和政府投资（I_g）的总和，则政府储蓄 $S_g = GNDI_g - C_g$。我们可将政府部门的储蓄—投资差额写为

$$S_g - I_g = GNDI_g - C_g - I_g$$

政府只能通过有限的几种途径为这一缺口融资。政府可以获得净国外借款（NFB_g），也可从国内银行系统借款（ΔNDC_g），或从国内非银行私人部门借款（NB）。因此，如果我们将 F_g 定义为政府部门可获得的净融资总额，则

$$F_g = NFB_g + \Delta NDC_g + NB$$

因为政府的融资缺口将被完全弥补，所以存在恒等式：$(S_g - I_g) + F_g = 0$。

3. 私人部门的储蓄—投资差额及其融资关系的分析

在国民收入账户的部门框架中，私人部门是住户和企业之和，即非政府部门、非银行部门。与其他部门一样，预算限制将该部门的收入—支出差异与融资联系起来。

从表 13 - 11 中可看出，私人部门的储蓄（S_p）是该部门的可支配收入（$GNDI_p$）与消费之差，即 $S_p = GNDI_p - C_p$。同时，I_p 是私人部门的总投资。因此，私人部门的储蓄—投资差额为 $S_p - I_p = GNDI_p - C_p - I_p$ 或 $F_p = -(S_p - I_p)$。私人部门的资金缺口反映了超收入过度吸收。这个缺口必须由经济的其他部门来填补，包括国外。具体来说，可以通过外国直接投资（FDI）、私人部门国外净借贷（NFB_p）、私人部门向银行系统借贷填补资金缺口。后者恒等于银行系统向私人部门的净贷款（ΔNDC_p）。这些资金流入被私人部门的资金流出抵冲，即私人部门借给银行系统的资金，其形式为现金持有和存款（ΔM_2）的增加；私人部门借给政府的资金即政府从私人部门获得的非银行借款（NB）。因此，私人部门的储蓄—投资缺口融资 $F_p = FDI + NFB_p + \Delta NDC_p + \Delta M_2 + NB$。因为政府的融资缺口将被完全弥补，所以也存在类似的恒等式：$(S_p - I_p) + F_p = 0$。

4. 银行部门的储蓄—投资差额及其融资关系的分析

为便利资金流量账户的分析，一般假定银行部门没有任何非金融交易，其储蓄投资缺口恒等于零，即 $S_b - I_b = 0$。根据前文我们可以得到银行部门资金缺口融资的公式：$\Delta M_2 - \Delta NFA - \Delta NDC \equiv 0$。经过变形，我们还可以得到货币概览的恒等式：$\Delta M_2 = \Delta NFA + \Delta NDC$。

5. 国外部门的储蓄—投资差额及其融资关系的分析

从国外部门角度观察储蓄—投资差额及其融资关系可以发现，它是一个国家经常项目差额及其融资的镜像。一个经常项目逆差（ + CAB ）即国外部门经常项目顺差（ - CAB ）。因此，我们可分别得出国外部门的储蓄—投资缺口及其融资的公式：

储蓄—投资缺口： $- CAB = - X + M - Y_f - TR_f$

缺口的融资： $- F_d = - FDI - NFB + \Delta NFA$

由此，我们还可以得到国际收支恒等式： $CAB + F_d \equiv 0$ ，或者 $- CAB - FDI - NFB + \Delta NFA \equiv 0$ 。

二、对外失衡的分析

在上面的分析中，我们已经得出，在一个特定时期内，国内经济中政府和非政府部门的储蓄—投资差额的和等于经常账户的差额。这种关系使我们能够洞察国际收支差额问题的起源。经常账户逆差的增加可以追溯到私人部门或政府部门储蓄—投资赤字增加（或盈余减少）。哪一个部门引起失衡，赤字增加（或盈余减少）是因为储蓄下降，投资增加，或者两种皆有，政策处理方法不同。分析者必须调查引起这种变化的原因，使用经济分析和政策判断来确定某一变化是否需要扭转，如果需要，如何办最好。另外，资金流量账户还有助于追踪经常账户逆差增加是如何通过融资弥补的，使分析者能够衡量各经济部门融资状况的任何变化。这种融资可来自政府部门或私人部门的国外借款净额上升、外国直接投资增加或外汇资产净额的变化（可能是动用官方储备）。

早期发展经济学双缺口模型认为，发展中国家通常面临两个缺口：一个是实现目标经济增长率所需投资与国内储蓄之间差距构成的储蓄缺口，另一个是经济增长所需进口和出口能力之间差距形成的贸易缺口。发展中国家需要通过资本流入利用外部储蓄，以弥补国内储蓄不足并为贸易缺口提供融资，因此国际收支结构应具有经常账户逆差与资本和金融账户顺差的"逆顺差组合"特点。

三、财政失衡的分析

财政平衡是一种国家收支预算在量上的对比关系。收支对比不外乎是三种结果：一是收大于支有结余；二是支大于收有逆差，即赤字；三是收支相等。国家预算作为一种平衡表，收与支是恒等的。因此，我们应当将注意力集中到收支的经济内容上，特别是收入要素的分析上。就经济内容分析而言，财政平衡是指收支正好相等的情况，但从实际经济运行来看，这几乎是不存在的。结余和赤字并不是绝对排斥的，略有结余和略有赤字都应视为基本平衡，因此，财政平衡追求的目标是基本平衡或大致平衡。财政失衡是指财政不平衡的状态，财政失衡可能是财政存在大量赤字，也可能是财政存在大量结余。一般而言，财政失衡是指财政赤字。

从表 13-11 可以看出，政府总支出由政府的经常性支出（C_g）和政府投资（I_g）构成；政府的可支配总收入（$GNDI_g$）则主要来源于政府因提供公共服务而强制征收的税收。当政府支出增加时，必须由增税来融资，否则政府赤字将增加，引起财政失衡。如果以增税来弥补支出增加，则政府的储蓄—投资缺口不变。但是私人部门要么减少储蓄，要么削减开支，或者两者皆有。如果私人部门减少开支，则其储蓄—投资缺口不变，其金融融资差额也不会发生变化；但如果私人部门减少储蓄，其储蓄—投资缺口就会扩大，则私人部门必须向经济其他部门进行融资，要么现金差额下降，要么从银行体系增借贷款，要么从国外借款。在可支配收入减少的情况下，维持私人开支会造成该国对外经常账户的恶化，而这种恶化是由私人开支而不是投资造成的，这种恶化还具有失控的危险。不过，如果政府的额外支出是由中央银行增加信贷融资造成的，赤字的增加会导致名义国内生产总值上升。一方面，这会增加政府的税收，从而部分冲销增加的开支；另一方面，如果开支的边际倾向不一致，这会使私人部门的储蓄—投资缺口有所改善。作为国内信贷增加的对应方，私人部门持有的货币差额增加（保持额外储蓄的形式）。需要指出的是，政府额外支出对经济的影响取决于补充资金流量的其他各经济部门的行为假设。

四、货币失衡的分析

为便利资金流量账户的分析，一般假定银行部门没有任何非金融交易，其储蓄投资缺口恒等于零。尽管如此，我们同样可以利用表 13-11 给出的示意性资金流量账户对货币失衡问题进行分析。

通过表 13-9 中银行体系栏对应的融资部分，我们可以得到银行部门资金缺口融资的公式：$\Delta M_2 - \Delta NFA - \Delta NDC \equiv 0$。经过变形，我们还可以得到货币概览的恒等式：$\Delta M_2 = \Delta NFA + \Delta NDC$。其中，$\Delta M_2$ 为存款性货币。通过货币概览恒等式我们可知，银行体系存款货币供给的主要构成是外汇占款和国内信贷。外汇占款和国内信贷的比例具有重要的内涵。因为货币核算属于金融账户范围之内，金融账户具有平衡账户的属性，可视作外生变量，仅从资金流量核算角度分析货币失衡与否是远远不够的，需要从总供给、总需求、物价、就业和金融稳定等多方面进行分析。

本章小结

1. 在一个开放经济体系中，各经济部门资金流动存在着密切的联系。从国内经济整体层面看，整个国内经济储蓄投资差额恰好等于国际收支中的经常账户差额；而从各部门层面看，国内私人部门和政府部门的储蓄投资差额之和也恰好等于经常账户差额。

2. 资金流量核算以全社会的资金运动和收入分配流量为对象，核算国民经济各部门的资金来源和运用、流量和流向、结构和余缺的情况，其核算环节包括收入初次分配核算、收入再分配核算、收入支配核算、资本交易核算和金融交易核算，它完整地描述了国民经济各部门的资金运动的整个过程。

3. 资金流量账户的模式大体可以划分为三种，依其范围由窄到宽依次为金融交易的资金流量账户、全部积累交易的资金流量账户以及积累交易和经常交易的综合资金流量账户。关于金融交易的资金流量，我们给出了三种主要版本。

4. 资金在部门间的流动存在着一定的内在规律。从单个部门来看，存在资金缺口的部门，可以通过金融交易向资金盈余部门融通资金，弥补资金缺口，因此，一个部门的储蓄必然等于资本形成总额加净金融投资；而从各部门来看，某一部门的赤字融资必然来源于另一部门的盈余，因此所有部门的资金盈余和赤字都得到运用和弥补，且净金融投资的总和为零。这些便是资金流量账户的核心理论依据。

5. 对外失衡、财政失衡和货币失衡的成因及对策分析都可以通过资金流量账户进行。

本章重要概念

非金融交易　经常性交易　投资性交易　金融交易　资金流量账户结构
合并资本账户和金融账户　金融资金流量账户　基本的资金流量账户
国民经济体系合并的金融账户　详细的资金流量矩阵　资金运动平衡关系
国内经济储蓄—投资差额及其融资　政府部门储蓄—投资差额及其融资
私人部门储蓄—投资差额及其融资　银行部门储蓄—投资差额及其融资
国外部门储蓄—投资差额及其融资　对外失衡　财政失衡　货币失衡

本章复习思考题

一、判断题

1. 总体经济储蓄与投资差额等于国际收支中的经常账户差额。　　　　（　　）

2. 私人部门储蓄—投资缺口与政府部门储蓄—投资缺口之和，不等于经常项目差额。

（　　）

3. 金融交易的差额最终平衡了所有非金融交易的差额。　　　　　　（　　）

4. 资金流量核算对象是金融交易的资金。　　　　　　　　　　　　（　　）

5. 资金流量表只有一种核算表式。　　　　　　　　　　　　　　　（　　）

6. 用合并的账户可以分析整个经济体和每个机构部门的储蓄、资本形成和金融流量之间的关系。　　　　　　　　　　　　　　　　　　　　　　　　　　（　　）

7. 所有部门的资金盈余和赤字都得到运用和弥补，且其总和为零，这就是资金流量核算的核心理论依据。　　　　　　　　　　　　　　　　　　　　　　（　　）

8. 国外部门的储蓄—投资差额是从国内的角度进行观察的。 （　　）

9. 资金流量账户中，经常账户逆差的增加可以追溯到私人部门或政府部门储蓄—投资赤字增加（或盈余减少），资金流量账户还有助于追踪经常账户逆差增加是如何通过融资弥补的。 （　　）

10. 利用资金流量表完全可以判断货币是否失衡。 （　　）

二、多选题

1. 资金流量核算环节主要包括（　　）。

A. 收入初次分配核算　　　　　　B. 收入再分配核算

C. 收入支配核算　　　　　　　　D. 资本交易核算

E. 金融交易核算

2. 资金流量核算分析可以大致分为（　　）。

A. 资金在部门间流动的分析　　　B. 对外失衡的分析

C. 财政失衡的分析　　　　　　　D. 货币失衡的分析

三、简答题

1. 简述国内储蓄—投资差额以及私人部门、政府部门储蓄—投资差额与国际收支经常账户的关系。

2. 简述资金流量账户编制的一般原则。

3. 什么是合并资本账户和金融账户？什么是基本的资金流量账户、国民经济体系合并的金融账户和详细的资金流量矩阵？

4. 试论述资金流量账户中各部门储蓄—投资差额及融资情况。

5. 根据资金流量账户分别对对外失衡、财政失衡和货币失衡进行分析。

四、思考题

1. 试论述 SNA 综合账户与资金流量账户的关系。

2. 如何根据资金流量账户判断货币是否失衡？

第十四章
价格核算分析

在第四章中，我们已经提及用一般价格水平度量通货膨胀水平。本章我们专门讨论一般价格水平的核算与分析。

为了测度一般价格水平，各个国家设有不同的价格指数。国际劳工组织发布了《消费者价格指数手册：理论与实践》，国际货币基金组织发布了《生产者价格指数》。这两份文件是编制一般价格指数的国际标准，本章主要介绍这两个价格指数的核算与分析。

第一节　价格核算的概念

我们在前文介绍了消费者价格指数和生产者价格指数，但要理解这两个指数，我们还要从一般价格核算的概念谈起。

一、价格核算的含义

物价是商品价值的货币表现，单个商品的价值即表现为价格。多种商品的价格即为多种商品的平均价格。为了对多种商品不同时期的价格进行比较，就需要核算价格水平的变动程度，也就是计算价格指数。价格核算就是计算价格指数。

二、计算价格指数的要素

价格指数是多种商品在不同时期的价格比较，计算价格指数的步骤包括：第一，确定价格核算的主体，即核算的范围及环节（是生产领域还是消费领域，是批发还是零售等）；第二，确定核算商品的范围（代表商品的范围）；第三，确定商品所占的权重；第四，商品质量变化的处理（商品的质量因时间不同而不同，要使其具有可比性）；第五，确定数据收集的方法；第六，确定价格指数的计算方法。

（一）价格核算主体的确定

在价格核算中，首先要明确核算的主体，即价格指数的类型。根据经济发展水平、经济结构特点的不同，价格指数可以划分为以下几类。

第一，按照商品生产流通环节不同，价格指数可以分为生产者价格指数、消费者价格指数、国内贸易价格指数和进出口价格指数。从实践来看，生产者价格指数依据生产环节曾经细化为出厂价格指数、批发价格指数和商品零售价格指数。目前，根据主流的国际经验，出厂价格指数由生产者价格指数取代，商品零售价格指数由消费者价格指数取代，批发价格指数相对应用较少。生产者价格指数、消费者价格指数是非常重要的价格指数，大多数国家都会编制这两个或和这两个非常近似的价格指数。

第二，按照价格指数描述的商品、劳务、生产要素所属门类划分，可以分为工业品价格指数、农产品价格指数、服务项目收费价格指数等。如果经济结构中农业的地位比较重要，要有关于农业生产及其成果的价格指数，如农业生产资料价格指数、农产品价格指数或农业生产者价格指数。房地产业比较重要，需要有房地产价格指数，包括土地价格指数、房屋销售价格指数、房屋租赁价格指数、物业费用价格指数等。资本市场发达，就需要有股票价格指数、债券价格指数、期货价格指数等。为了特定的统计和研究目的，还可以编制各种专门的价格指数，比如加拿大统计局编制的教育价格指数，主要用来核算教育方面价格的变化。

第三，按照价格指数代表地区范围的不同，可以分为全国性各种价格指数，省、自治区价格指数，城市价格指数，农村价格指数等。它们分别反映不同地区市场范围内商品与服务价格水平变化的不同情况和特点。

第四，按照编制价格指数所包括的范围划分，可以分为单项价格指数、类指数和总指数。单项指数又称个体指数，反映的是某个商品或某项劳务在两个不同时期价格水平变动的趋势和水平。在实践中，由于研究目的和原始资料的不同，计算单项指数可以用两个不同时点的价格水平对比，也可以用两个时期的平均价格水平对比，平均价格可以用简单平均法，也可以用加权平均法或混合平均法。类指数指各种类别商品或服务两个不同时期价格水平的相对数，反映的是相关类别商品或服务价格总水平的平均变动情况。总指数是各种商品或服务总体在两个不同时期价格水平平均变动的相对数，表明全部商品或服务价格总水平的平均变动趋势和程度。

第五，按照编制价格指数所选择的时间频率划分，可以分为日度指数、月度指数、季度指数和年度指数等。它们分别以一天、一月、一季和一年为报告期。这种分类价格指数的性质与名称依报告期所反映的时间长短而定。

第六，按照编制价格指数选择的基期不同，可以分为定基价格指数和环比价格指数。环比价格指数是以报告期前一时期为基期计算的价格指数，所反映的是商品价格逐期变动的情况，如以上月为基期计算的称为月环比价格指数。定基价格指数是以某一固定时期为基期计算的价格指数，所反映的是商品价格在较长时期内变动的趋势和程度。

（二）价格核算商品范围的确定

在明确价格核算主体后，就需要确定具体的核算内容，即商品的分类及代表品的选择，例如，大类的内容是什么、中类的内容是什么，小类和具体的代表性规格品都需要明确。

根据研究分析的目的，选择特定类商品作为样本，进行价格指数编制。样本是从整体中选出的具有代表性的一部分，假定这些样本的值近似地等同于整体，那么近似值接近总体有个精度问题。这就对样本的科学性有了要求，样本的选定应遵循以下三条原则：第一，代表性；第二，连续性；第三，可比性。对商品样本的基本要求包括标准统一、数量合适、商品品质相对稳定和能够进行适时调整。

（三）价格核算权重的确定

在价格核算中，商品的权重是非常重要的问题。在商品样本中，每个商品因其性质或交易量等因素的影响而具有不同的重要性。在计算价格指数时，应将每个商品的重要性适当地表达出来，这就需要权重数据发挥作用，它是衡量不同商品间重要程度的量化指标，也是权衡各项代表商品对总体影响作用的统计指标。权数在价格指数的计算中非常重要，权数是否准确与合理，直接影响价格指数的质量，关系到价格指数的代表性和准确性。

权重通常需要通过抽样调查的方式得到，多以物量数据或金额数据作为测算权数的依据。如果商品同种同质可比，则其销量、产量等物量指标数据可直接作为权数；如果商品不同种或同种不同质，则应使用销售额、产值等同度量的指标作为权数，将不能直接合并商品的指数关联在一起，进行汇总处理。

不同价格指数确定权重的依据不同。生产者价格指数权数可以根据产品产量来确定，消费者价格指数的权数可以根据消费支出份额来确定。在消费者价格指数中，权重的收集频率往往较长，有时甚至是四五年才收集一次新的权重。

（四）商品质量的处理

价格指数编制过程中最基本也是最核心的内容是样本的同质可比原则。同质可比是指商品在报告期和基期的各种特征、属性及销售条件均未发生变化。在同质可比的条件下，价格指数反映了商品随时间和供需关系变化的"纯价格变动"。对于同质可比，各个价格统计调查准则均在方法制度中进行了具体规定。但在具体统计调查中，这个基本原则并不能够完全实现，尤其进入互联网社会后，个性化产品层出不穷，产品的特异性愈发明显，如何在价格指数编制时进行质量调整，以得到反映纯粹价格变动的指数是一个非常现实且有重要意义的问题。

质量变化偏差是指由于各类消费品和服务的质量都在不断发生变化，若在编制价格指数时未对产品的质量变化进行调整，将会违背指数编制过程中"同质可比"的原则，从而导致价格指数产生偏差。为消除质量变化偏差，各国统计机构在编制价格指数时积极探索各类质量调整方法。目前最常用的是纯样本匹配法，具体做法是：在计算价格指数时，只选择那些在基期和报告期质量未发生任何变化的样本产品，将质量发生变化的样本产品剔除在外。该方法存在两方面的缺陷：一方面，在技术进步飞速发展的当今世界，纯样本匹配法在保证产品可比性的同时，很难满足代表性的要求；另一方面，纯样本匹配法在计算价格指数时，暗含着原先样本中被剔除的一部分产品以及未包含在样本中新出现的产品与样本中依然保留的产品的价格变化相同的假设，但很明显这一假设前提并不成立。因此严格来讲，纯样本匹配法并不是一种质量调整的方法，但目前仍有许多国家在使用这种方法编制某些产品的价格指数。

为了更好地解决价格指数编制中的质量调整问题，统计学家和各国统计机构提出了许多不同的质量调整方法。总体来看，质量调整方法可分为两类：一种是直接质量调整方法。这种方法直接估计新老产品之间的质量差别，并对新产品的价格或老产品的价格作出相应的调整，从而根据调整后的价格对纯价格变动作出估计。直接质量调整方法包括专家判断法、数量调整法、成本调整法、Hedonic 法等几类方法。另一种是间接质量调整方法。这种方法以类似产品的价格变动为依据，估计出新老产品间价格差别中的纯价格变动部分。所观察到的价格变化与估计出的纯价格变化之差，就是由质量差别引起的。间接质量调整方法包括均值插入法、可比替换法、交叠法等。

1. 直接质量调整方法

（1）专家判断法

专家判断法是由专家（如产品设计人员、销售人员、价格统计人员或价格收集人员）对替换项目和被替换项目的质量差别程度进行判断，由此对价格进行调整，得到质量调整的价格指数。专家判断法的最大缺点是主观性太强，不同专家得到的结论并不会完全相同，有可能存在较大的差异。但是，如果产品特别复杂且没有其他合适的质量调整方法，那么专家判断法也是进行质量调整的一种可行方法。

（2）数量调整法

当样本产品只是包装规格发生变化时，可以使用数量调整法。数量调整法也称为包装大小调整法，其具体做法是：确定一个标准的包装规格，将新产品和老产品的价格调整为标准包装的价格，二者之间的变化即为剔除质量变化后的价格变化。数量调整法暗含着产品价格与包装规格之间存在线性关系的假设。但在现实中，有些产品的价格与其包装规格之间呈现非线性关系，通常大包装产品的单位价格要低于小包装产品的单位价格，此时若使用上述方法对质量进行调整，则会对大包装价格进行过度调整，从而带来向下的偏误。

（3）成本调整法

成本调整法包括两类方法：生产成本差别法和部件价格法。其中，生产成本差别法是根据替换产品与被替换产品生产成本的差异对质量差别进行调整的方法。生产成本差别法假设产品生产成本的变化是其质量变化的反映：产品的生产成本越高，说明产品的质量越好；反之，产品的生产成本越低，说明产品的质量越低。多年以来，美国和加拿大一直采用该方法对汽车进行质量调整。部件价格法适用于现产品相比被替换产品仅多了新部件的情况。具体做法是：将替换产品的价格减去新部件的价格，得到质量调整后的价格，再将之与老产品的价格进行比较，就得到该产品质量调整后的价比。

（4）Hedonic 回归法

Hedonic 回归法近年来在很多国家得到重视，并被广泛采用。Hedonic 回归法的基本思想是通过建立以产品价格为因变量、产品特征为自变量的模型进行回归分析，以剔除产品特征变化对价格的影响，进而计算出考虑质量变化因素后的质量调整价格指数。Hedonic 回归法的优点是以回归方程为基础，对商品中影响其价格的特征进行量化，减少了主观因素。缺点是对数据要求过于严格，需要大量的产品价格及特征信息，且计算趋于复杂，对后台数据处理能力和操作人员素质提出更高要求。

2. 间接质量调整方法

（1）均值插补法

该方法是借助抽样调查中缺失数据的插补思想，将均值插补法应用于价格指数的质量调整，把同一组内价格的平均变化率作为该组缺失价格的质量调整系数。当一些老产品从市场上逐渐退出时，在一些采集点已经收集不到该产品的价格，但由于样本轮换期还未到，新的替代品还未进入样本，此时价格的缺失可以通过均值法进行插补，以消除质量变化偏差。

（2）可比替换法

可比替换法是指，如果新产品和老产品相比，某些质量特征只是发生了很小的变化，则可以将质量变化的因素忽略，直接用新产品替代旧产品，参与价格指数的编制。该质量调整方法只有在质量变化很小、可以在计算价格指数时忽略这些质量变化的情况下才能够使用。但是，若连续忽略产品的质量变化，则会导致价格指数出现质量变化偏差。

（3）交叠法

如果旧的产品淘汰出市场的速度较慢，新老产品至少有一个时期同时出现在市场上，且两者的价格差异以及交易量比较稳定，则可使用交叠法。在交叠期 t 期，可同时观测到新旧产品的价格，计算 t 期及之前的价格指数时用老产品的价格与 $t-1$ 期相比；在 $t+1$ 期及以后则用新产品的价格与 t 期的价格相比。

（五）　价格数据的收集

从价格数据收集的角度来看，要考虑三个方面的因素：一是科学合理的数据调查采样方法，二是数据收集的频率，三是对价格缺失值的处理。

价格数据调查采样是指从成千上万种商品和服务项目中按科学的抽样调查方法抽选出一部分用来进行调查，而不是使用全部商品和服务项目，这实际上就是统计术语中的抽样调查与重点调查的综合应用。调查的方法可以从理论和实践两方面来说。从理论上来看，价格调查采取的是抽样调查和重点调查相结合的方法。它既克服了重点调查确定调查对象受主观因素的影响，又吸收了抽样调查采取随机抽样的优势。从实际工作来看，价格调查的主要方法包括定人、定点、定时，直接对采价网点的代表规格品进行价格采集。在保证价格数据准确的前提下，也可以采取其他科学易行的方法来调查，如聘请商家辅助调查员或联络员，他们利用电脑采集价格直接上报或联网直报。

这里需要注意的是，为确保抽样调查的数据质量较高，我们在抽样时需做到以下三点：第一，设计好抽样框。第二，选择好的抽样方式。在需要概率抽样的时候就需要采用概率抽样，而在某些情况下可以采用主观抽样。第三，尽量减少一些可以避免的错误，如登记性误差等。抽样框应该尽量符合实际，避免过大或过小。在抽样方式的选取中，应结合实际确定采用哪种抽样方式。在没有抽样框或者抽样框很难得到的情况下，可以使用非概率抽样。在随机抽样中，比较常用的是按照规模等比例随机抽样方法。在抽样调查中还存在一个样本容量的问题，当然应主要避免样本容量过小导致误差较大的情形。适度样本容量还应该考虑产品价格变动程度及其对消费者的重要性程度。

为了及时跟踪和测量价格变化，编制价格指数需要定期收集相关商品和服务的价格数据。对于价格变化较快的产品，价格的收集频率较高；对于价格变化较小的产品，收集频率可以降低。

价格缺失是指某个商品或服务暂时短缺或永久消失致使其价格数据缺失，从而使价格指数的前后期数据难以对比。为了克服这一问题对指数编制工作造成的影响，编制者需要采取一些技术性措施。对于暂时短缺的商品，编制者通常采用略去缺失价格的项目、沿用上一期价格、根据基本分类中现有价格的平均价格变化或根据类似商品的价格变化来虚拟缺失价格等措施。对于永久性消失项目，计算时必须选取替代项目，替代项目通常是在销售中占有相当比例、会连续销售一段时间，并且可以代表原项目价格变化的产品。

（六）价格指数的计算方法

价格指数反映价格水平在不同时间的动态变化程度，比如生产者价格指数、消费者价格指数、投资价格指数等。假设物量因素记为 q，价格因素记为 p，根据指数的定义，价格指数的基本公式可以表述为

$$价格指数 = \frac{\sum p_1 q}{\sum p_0 q} \qquad (14-1)$$

式中，下角标 1 表示现期或报告期，下角标 0 表示基期。从式（14-1）来看，价格指数是将物量指标作为同度量因素，固定在同一个时期，以单纯反映价格的综合变化程度。那么，同度量因素应该固定在报告期还是基期？不同的选择结果形成了物量与价格指数的两种形式，即拉氏指数（Laspeyre Index）和帕氏指数（Paasche Index）形式，其中，拉氏指数的基本特点是把同度量因素固定在基期，而帕氏指数则将同度量因素固定在报告期，它们的一般公式如下：

$$拉氏价格指数 L_p = \frac{\sum p_1 q_0}{\sum p_0 q_0} \qquad (14-2)$$

$$帕氏价格指数 P_p = \frac{\sum p_1 q_1}{\sum p_0 q_1} \qquad (14-3)$$

上述公式中，拉氏价格指数与帕氏价格指数将同度量因素固定在不同时期，但不同时期的数据不同，因此，通过拉氏价格指数与帕氏价格指数计算出来的物量指数与价格指数就会出现不同的数值。

在现实应用中，哪一种指数形式能较好地反映国民经济价值总量的变化特征？对此有不同的看法。从计算式来看，由于拉氏价格指数将同度量因素固定在基期，在技术上使各期指数具有可比性，有利于反映长期连续性的价格和物量变动。但选择基期没有考虑新产品或新品种的出现，忽略了新产品对旧产品的替代作用，若计算期距离固定期的时间过长，同度量因素结构会发生较大的变化，由此可能影响到指数结果的表现力。帕氏价格指数将同度量因素固定在报告期，针对不同时期计算指数时，要不断改变同度量因素的数据值，因此各期指数间缺乏可比性。但帕氏价格指数始终按报告期同度量，有利于把新产品的影响考虑进来，同时把旧产品或淘汰的产品排除掉，比较符合客观实际，但在替代效应前提下，其计算结果常常会是一个偏低的物量指数。推广到价格指数也是如此，而且并不仅限于这里所说的新产品和老产品之间，其结果是，针对一组数据计算，拉氏价格指数总是大于帕氏价格指数。

一般认为，帕氏价格指数以变化后的物量为同度量因素反映价格水平的综合变化，具有更现实的经济意义。但从实际操作技术看，拉氏价格指数比帕氏价格指数更易于实现，因为它无须在每一次动态比较中将同度量因素更换到报告期水平。

除上述选择之外，统计学家还给出了另一种折中处理方法：不是二者必择其一，而是对称地使用基期和报告期的同度量因素，将二者的信息综合，以此克服单一指数形式带来的弊端，这就是所谓的理想价格指数，其中最典型的是费雪指数（以提出该指数的统计学家费雪的名字命名），它是拉氏价格指数和帕氏价格指数的几何平均值，计算式为

$$理想价格指数 F_p = \sqrt{L_p \times P_p} \qquad (14-4)$$

从理想价格指数的公式中可以看到，这样得到的指数值在很大程度上克服了单纯的拉氏价格指数或帕氏价格指数带来的弊端，对经济动态的揭示更加"理想"，在理论上比拉氏价格指数或帕氏价格指数更接近真实指数。但从构成公式也不难看出，要得到理想的价格指数，必须分别具备编制拉氏价格指数和帕氏价格指数的数据基础，这无疑会增加编制成本，包括费用和时间，而且理想价格指数在含义上也不如拉氏价格指数或帕氏价格指数那样易于理解，因此这种做法或多或少带有一点难以实现的"理想"成分。正是由于在应用上存在诸多难点，尽管国际上不乏编制理想价格指数的应用（主要是在统计基础比较完备的国家），但在目前统计实

践中，至少在中国，仍然广泛采用单独的拉氏价格指数或帕氏价格指数作为基本指数形式。

上面介绍了三种价格指数形式：拉氏价格指数、帕氏价格指数和理想价格指数，它们给出了价格指数的理论计算公式。但仅依据理论计算公式的内容还很不够，我们需要给出更加具体的价格指数计算方法。

价格指数的标准公式是帕氏价格指数，它的计算公式是

$$P_p = \frac{\sum p_1 q_1}{\sum p_0 q_1} \qquad (14-5)$$

该公式只是价格指数的理论表达式，实践中很难据此编制出一个价格指数，因为运用该公式的前提条件是，要掌握该指数内容覆盖范围内每一种商品的价格和数量，而且要分别以基期和报告期给出。实践中为使该公式变得可操作，通常的做法是选取一部分商品作为代表品，通过观测这些代表品的价格变化形成个体价格指数，进而合成为反映价格整体变化的总指数。这时总指数就是对各个个体指数予以平均的结果，因此，总指数应该以个体价格指数平均数的方式给出。要使这样的平均数指数符合帕氏价格指数要求，需要用以个体价格指数为变量的调和平均数方式构造总指数，即

$$\bar{P}_p = \frac{\sum p_1 q_1}{\sum \frac{1}{k} p_1 q_1} \qquad (14-6)$$

式中，$k = \frac{p_1}{p_0}$，为个体价格指数；$\frac{p_1 q_1}{\sum p_1 q_1}$ 为权数，是 k 所代表类别的销售额在总销售额中所占的比重。

可以看到，应用帕氏价格指数的前提要以报告期价值额加权，为此必须每年更换权数时期，这就给实际调查编制工作带来很大难度和工作量。考虑到实际工作的可操作性，同时考虑到拉氏价格指数和帕氏价格指数特征，也可以在价格指数编制中采用基于拉氏价格指数的算术平均数公式，即以基期销售额权数加权，这样就可以将该权重固定下来并在一个较长时期内使用。这时，总指数构造公式为

$$\bar{L}_p = \sum \frac{p_1}{p_0} \times \frac{w}{\sum w} \qquad (14-7)$$

式中，$\frac{p_1}{p_0}$ 为个体价格指数，$\frac{w}{\sum w}$ 为基期代表品所属类别的销售额在总销售额中所占的比重。

三、消费者价格指数和生产者价格指数在宏观经济中的作用

（一）消费者价格指数在宏观经济中的作用

消费者价格指数（CPI）是宏观经济分析和决策、价格总水平监测和调控以及国民经济

核算的重要指标，在经济社会生活中有以下主要作用。

1. 测度需求拉动型通货膨胀的程度

在第四章中介绍了通货膨胀的几种类型，包括需求拉动型、成本推进型、供求混合推动型和结构型通货膨胀。需求拉动型通货膨胀又叫超额需求拉动通货膨胀，又称菲利普斯曲线型通货膨胀。该理论认为总需求超过了总供给，造成物价水平普遍持续上涨，即以过多货币追求过少商品。需求拉动型通货膨胀主要表现为投资、消费、政府开支扩张过快，需求增长明显超过供给增长，这种需求大于供给的缺口导致价格总水平上升。

测度需求拉动型通货膨胀则应更多地关注 CPI。当 CPI 增速超过 PPI 增速时，我们通常认为此时通货膨胀是由需求拉动引起的。在产业链分析中，CPI 是能够代表下游消费领域的价格指数。其理论逻辑为：当产品需求上升时，劳动需求会随之上升，此时失业率就会下降，工资也会随之上升，从而导致产品成本上升，通货膨胀率就会升高。

严格地说，CPI 并不等于通货膨胀率，因为 CPI 只反映了它们调查对象的价格变化，而不能代表全社会所有商品的价格变化，但从这个指标的变化中可以看出价格变动的大趋势。一般将 1%～3% 的年度 CPI 上涨率称为爬行的通货膨胀，将 3%～6% 的年度 CPI 上涨率称为温和的通货膨胀。超过 10% 的物价上涨率应引起重视。

通过 CPI 来反映通货膨胀程度，优点是资料容易收集，且公布次数频繁，能迅速和直接地反映通货膨胀的程度；但同时也有其局限性，CPI 并未反映全部商品和服务的价格变化，且不能反映各种中间品和资本品的价格变化趋势。

鉴于 CPI 衡量通货膨胀程度的不足，我们还可以通过 GDP 平减指数及核心通货膨胀率来进行补充。

GDP 平减指数是一个综合反映物价水平变动情况的指标。它是将国内生产总值指标的名义值转化为实际值所使用的价格指数，是衡量通货膨胀率的基本指标之一。GDP 平减指数一般不直接编制，而是先计算不变价格的国内生产总值，然后用现价计算的国内生产总值除以不变价格的国内生产总值，即可得到 GDP 平减指数。该指数的优点是覆盖范围广，能度量各种商品价格变动对价格总水平的影响，但其容易受到价格因素的影响。例如，在与公众生活密切相关的消费品价格上涨幅度已经很高但其他产品的价格变动幅度不大时，就会出现平减指数虽然不高但公众的日常消费支出已明显增加的状况。

除了 CPI 和 GDP 平减指数外，核心 CPI 也可以衡量通货膨胀的程度。在所有商品和服务的价格中，一般认为能源和食品价格的波动是最大的，而这两者价格的变化往往与社会总供求对比、货币供给量增减之间并无紧密的直接联系。比如国家对能源产品限产、限价，以及由于人们消费结构的变化导致的食品价格波动或食品季节性波动等因素，都不是直接由社会总供求对比以及货币供给量增减所引起的。所以，人们把剔除了能源价格和食品价格之后的价格指数视为核心价格指数，并用这种经过处理的指数来度量物价变动和通货膨胀的程度。

2. 用于国民经济核算

在 GDP 核算中，通常使用居民消费价格总指数及分类指数对相关现价总量指标进行缩减，剔除价格变动因素的影响，实现不同时期经济指标之间的可比，从而计算不变价格增长速度。

3. 用于计算货币购买力

CPI 的倒数通常被视为货币购买力指数，即货币购买力的变化与 CPI 的变化成反比关系。

（二）生产者价格指数在宏观经济中的作用

生产者价格指数（PPI）既可以反映成本推进型通货膨胀的程度，又是反映经济景气的重要指数。

1. 度量成本推进型通货膨胀程度

成本推进型通货膨胀又称成本通货膨胀或供给通货膨胀，是指在没有超额需求的情况下由于供给方面成本的提高所引起的一般价格水平持续和显著的上涨。

PPI 能够反映成本推进型通货膨胀的程度，作为 CPI 的先行指标，PPI 代表上游生产领域的价格指数，体现产业链上游和中游的产品价格波动，上游价格推动下游价格变化，表现为 PPI 推动 CPI 变化，称为成本推动型传导；在测算通货膨胀程度时，PPI 比 CPI 更具前瞻性。CPI 代表下游消费领域的价格指数。

测度成本推进型通货膨胀应更多关注 PPI。当 PPI 增速超过 CPI 增速时，我们通常认为此时通货膨胀是由成本推动引起的。在产业链分析中，PPI 是能够代表上游和中游生产领域的价格指数。PPI 上涨，也就是意味着生产成本提高了，这就会增加企业的负担，缩减企业的利润，甚至可能导致通货膨胀，使产品价格上涨，将价格波动从生产端传递到消费端，如果持续时间较长的话则可能会影响国家社会经济的发展。

2. 反映经济景气程度

经济景气是指总体经济呈上升发展趋势，呈现市场繁荣、经济总量增长速度加快的景气状态。PPI 能够反映生产领域的景气程度，PPI 持续低迷，可能意味着市场需求不振，导致生产领域不得不降低产量，从而引起生产资料的价格下降。PPI 上行意味着市场需求旺盛，企业生产扩大。PPI 还常用于企业经济效益分析，企业产品出厂、购进价格的变化会对工业企业的经济效益产生重要影响，一些上市公司及大型企业都非常重视该指数，利用工业生产者价格指数来分析企业经济效益变动情况。

3. 用于国民经济核算

国民经济核算需要各种价格指数，如 CPI、PPI 以及 GDP 平减指数等，从而剔除价格因素的影响。从 2004 年 1 月起，国家统计局开始在全国范围内采用价格指数缩减法计算工业发展速度，工业生产者价格指数的高低直接影响工业发展速度。

4. 监测工业产品价格变动情况

PPI 反映了国民经济活动处于生产环节和上游领域的产品价格情况，对监测宏观经济运行情况、分析预测下游产品价格变化趋势具有重要作用。

5. 用于企业谈判和企业经济效益分析

在企业商业谈判中，双方可以约定依据 PPI 的涨跌对供销合同结算额进行调整，以避免通货膨胀（紧缩）给合同执行带来风险。PPI 的变化会对工业企业的经济效益产生重要影响，在企业经济效益分析中，利用 PPI 可以分析企业经济效益变动情况。

（三）消费者价格指数与生产者价格指数的关系

从生产链角度来看，由于 PPI 代表的是上游生产领域的价格，而 CPI 代表的是下游消费领域的价格，当原材料等投入品价格发生变动后，中间产品价格也会发生相应的变动，进而影响最终产品价格的变动，直至影响消费者价格的变动。

从引致需求的角度出发，消费者对最终商品的需求也会决定对中间产品的需求。因此，最终商品价格上涨也会拉动中间产品价格上涨，表现为 CPI 向 PPI 的传导。

第二节 消费者价格指数的核算与分析

消费者价格指数（CPI）是最重要的价格指数之一，下面我们从 CPI 的概念与理论框架、具体的核算方法以及技术分析三个方面进行详细介绍。

一、消费者价格指数的概念与理论框架

（一）概念

根据 2003 年国际劳工组织理事会第十七届国际劳动统计学家大会上确定的定义，消费者价格指数用于衡量家庭为消费目的所获取、使用或支付的商品和服务的总体价格水平的变化，其目的是衡量消费价格随时间而发生的变动情况。这可通过衡量一个质量保持不变和特征相同的固定的商品和服务篮子的购买成本来实现。篮子中所选取的商品和服务能够代表家庭在一年内或其他特定时期中的支出水平。

概括来说，消费者价格指数就是通过度量一组代表性商品和服务（又称固定篮子商品和服务）价格水平随时间变动的相对数。它反映居民家庭购买的消费品及服务价格水平的变动情况，往往被视为观察通货膨胀水平的重要指标。

（二）理论框架

CPI 是使用最广泛的宏观经济指标之一。固定篮子指数和生活费用指数是编制 CPI 的两

个理论框架。在国际上，美国、荷兰、瑞典等少数国家使用生活费用指数框架，包括我国在内的绝大部分国家使用固定篮子指数框架。

1. 固定篮子指数

固定篮子指数也称为产品费用指数（Cost of Product Index, COPI），其测度思路是选择一个具有代表性的产品篮子，在不同的时点和不同的价格结构下，购买该产品篮子的费用变化程度就代表了价格变化。假设所选的代表性产品篮子为 $q^b = (q_1^b, q_2^b, \cdots, q_n^b)$，对应的价格向量为 $p^t = (p_1^t, p_2^t, \cdots, p_n^t)$，$t = 0, 1$，固定篮子指数可以表示为

$$P_L = \frac{\sum\limits_{i=1}^{n} p_i^1 q_i^b}{\sum\limits_{i=1}^{n} p_i^0 q_i^b} \qquad (14-8)$$

通常选择基期的产品篮子作为比较的基础，就得到上一节介绍的拉氏价格指数，拉氏价格指数测度的是在报告期购买与基期相同的一篮子产品，其支出的变化程度。

2. 生活费用指数

生活费用指数（Cost of Living Index, COLI）是指在不同时点消费者为达到某一给定效用水平（或者福利水平、生活标准）所需的最小支出之比，又称不变效用指数。生活费用指数是建立在经济学基础之上的指数理论，经济学中效用一般表示为消费品（包括货物与服务）数量的函数，消费者支出函数由效用水平与价格决定，若用 $e(p,u)$ 表示在价格水平为 p 的条件下消费者达到效用水平 u 所需要的最小支出，则 $COLI$ 可表示为

$$COLI = \frac{e(p^1, u)}{e(p^0, u)} \qquad (14-9)$$

真实 $COLI$ 的计算需要知道消费者的效用函数和偏好，但现实中效用函数很难确定，故生活费用指数不能直接计算，统计机构只能通过计算篮子指数来达到这一目标。因此，不管一国统计机构选择何种理论框架，实践中一般都选择固定篮子价格指数。

二、消费者价格指数的核算

（一）消费者价格指数中商品范围及分类

在 CPI 中，消费者所消费的内容五花八门，国际劳工组织、国际货币基金组织、经济合作与发展组织、欧盟统计局、联合国和世界银行等机构联合编写的《消费者价格指数手册：理论与实践》为编制消费者价格指数提供了一个框架。在对商品和服务进行分类时，该手册推荐使用联合国统计委员会《按目的划分的个人消费支出分类标准》（COICOP），在编制相关指数时可以参照这一框架来确定哪些内容应该纳入指数核算范围。该分类包括 12 个大类（Divisions），47 个中类（Groups），117 个小类（Classes）。这是一个总体框架，各国在实践中可以根据实际情况进行调整。

其中，12 个大类和 47 个中类分别是：（1）食品及非酒精性饮料（食品、非酒精性饮料）；（2）酒精性饮料及烟草、麻醉品（酒精性饮料、烟草、麻醉品）；（3）服装及鞋类（服装类、鞋类）；（4）住房、水、电、气及其他燃料（实际房租、虚拟房租、住房的保养修理支出、水供应及与住房相关的其他多种支出、电、气及其他燃料）；（5）家具、家庭设备及其他维修保养（家具、地毯及其他地面覆盖物、家庭纺织物、家庭用品、玻璃器具和家庭用具、家庭和花园用的工具、家庭保养方面的货物和服务）；（6）保健（医疗产品、用具和设备、门诊服务、住院服务）；（7）交通（交通工具的购买、个人交通设备的支出、交通服务）；（8）通信（邮局服务、电话及传真设备、电话及传真服务）；（9）娱乐及文化（视听、图像及信息处理设备、其他用于娱乐及文化的耐用品、其他娱乐项目、设备、花园、宠物、娱乐及文化服务、报纸、书及文具、一揽子旅游）；（10）教育（学期教育及小学、中学、中学后及专科教育、高等教育、非学历教育）；（11）饭店及酒店（饮食服务、住宿服务）；（12）其他各种货物及服务（个人照料、享乐、个人效用、社会安全、保险、金融服务、其他服务）。

CPI 的商品范围只包含居民购买的用于消费的商品和服务。从根本上说，用于消费的商品和服务是指消费者能够从对它的使用中直接获得满足的商品和服务，任何与商业经营相关的商品和服务都要从 CPI 中排除，也要剔除一些具有储蓄和投资成分的物品，如土地或资本品。同时，也并非所有用于消费的商品和服务都会进入 CPI 的篮子。一般来说，各国都将赌博、吸毒等非法消费排除在外。

从 CPI 的组成可以看出，CPI 中也包含一些无形的服务，这是因为诸如娱乐、教育等也是普通居民消费篮子的重要组成部分；CPI 不包含用于生产使用的原料及半成品等，这是因为普通居民并不消费这些物品，因此生产性物品的价格变化并不能直接导致通常所说的物价上涨，但它可以通过一些间接渠道传导到最终消费品的价格上。

（二）权重的确定

在考虑权重因素时，权数的确定可以采用支出比例，也可以采用消费数量；权数可以采用基期数据，也可以采用报告期的数据，或者采用基期和报告期平均的数据。采用基期数据就是拉氏价格指数，采用基期和报告期的平均数据作为权重就是 Tornqvist 指数。从另一个角度看，加权可以分为对称加权和非对称加权。Fisher 指数、Walsh 指数和 Tornqvist 指数都是对称加权指数，拉氏价格指数和帕氏价格指数是常见的非对称加权指数。具体的指数公式如下：

加权 Jevons 指数：

$$P_{wj} = \prod_{i=1}^{n} \left(\frac{p_i^0}{p_i^0}\right)^{s_i^0} \tag{14-10}$$

$$P_L^{0:t} = \frac{\sum_{i=1}^{n} p_i^t q_i^o}{\sum_{i=1}^{n} p_i^0 q_i^0} = \sum_{i=1}^{n} \omega_i^0 \left(\frac{p_i^t}{p_i^0} \right), \text{其中 } \omega_i^0 = \frac{p_i^0 q_i^0}{\sum_{i=1}^{n} p_i^0 q_i^0} \qquad (14-11)$$

$$P_P^{0:t} = \frac{\sum_{i=1}^{n} p_i^t q_i^t}{\sum_{i=1}^{n} p_i^0 q_i^t} = \left(\sum_{i=1}^{n} \omega_i^t \left(\frac{p_i^t}{p_i^0} \right) \right)^{-1}, \text{其中 } \omega_i^t = \frac{p_i^t q_i^t}{\sum_{i=1}^{n} p_i^t q_i^t} \qquad (14-12)$$

$$P_F^{0:t} = \sqrt{P_L^{0:t} P_P^{0:t}} \qquad (14-13)$$

Tornqvist 指数：

$$P_T^{0:t} = \prod_{i=1}^{n} \left(\frac{p_i^t}{p_i^0} \right)^{\sigma_i}, \text{其中 } \sigma_i = \frac{s_i^t + s_i^0}{2} \qquad (14-14)$$

Walsh 指数也是一种常见的指数形式，是取两个篮子的几何平均来计算：

$$P_W^{0:t} = \frac{\sum p_i^t \sqrt{q_i^t q_i^0}}{\sum p_{i0} \sqrt{q_i^t q_i^0}} \qquad (14-15)$$

为了使 CPI 能够反映市场的变化，及时捕捉消费者的消费结构信息，实践中权重资料需要经常更新。2003 年国际劳工统计学家大会指出："CPI 权重应经常更新，至少每五年更新一次。"目前，很多国家都根据自身情况确定了权重的更新与调整周期，尤其是经济发展较快、消费结构变化较大的国家的调整周期相对更短，如美国、英国、加拿大和法国的权重调整周期分别为 2 年、1 年、4 年和 2 年，很多经合组织（OECD）国家将调整周期缩短为 1~2 年。

当新权重引入时，新指数的基期是旧指数的最后一个时期，新旧指数可以在这个时期链接起来，形成一个链指数或桥指数。新权重的引入往往还伴随新产品的引入、新的基本指数的出现、新的高层指数的出现等，这可以解决 CPI 中的一些偏差问题。新权重引入后的链指数用公式表示为

$$P^{0:t} = P^{0:k} \sum W_j^k P_j^{k:t-1} P_j^{t-1:t} \qquad (14-16)$$

式中，在 k 期引入新的权重，0 为价格基期。这样得到的链指数有如下特点：允许权重更新，引入新产品和新的基本指数；引入的 k 期实现了新旧指数的连接；是一个链指数，可有两个或多个链接期；该指数不具有可加性，即较低层的链指数不能相加得到上一层的指数。

（三）质量的处理

CPI 核算的质量调整是指对观察到的某个产品价格进行某种调整，以排除该产品在一段时间内质量变化的影响，识别纯价格变动。从来源上分析，在下列三种情形发生时易于产生

质量变化偏差：一是市场上有新产品流入，二是流通中的产品发生了质量改进，三是过时产品退出了市场。CPI 价格核算的质量调整同样应根据前文介绍的质量调整的具体方法来进行。

这里需要注意的是，当产品价格缺失需要找替代品时，若替代产品的质量与原产品不可比，则需要对替代产品进行质量调整，质量调整的方法分为显性质量调整和隐性质量调整。如果替代产品与原产品之间存在可识别、可量化的质量差异，则可以通过直接质量调整方法估计两者质量差异对价格的影响，虽然显性质量调整方法对数据质量要求较高，但通常被认为更可靠。如果缺少可用于衡量产品质量的信息或资源，导致无法采用直接质量调整方法时，则需要考虑隐性质量调整方法。

（四）数据的收集

CPI 数据的收集首先要满足上一节所提到的价格指数收集的总体原则和方法。在此基础上，具体的编制操作需要两个方面的数据：一是代表性规格品的价格数据，二是反映消费者支出结构的权重信息。这两方面的数据一般都需要通过抽样调查得到。

在价格数据的收集过程中，要在多个阶段采用抽样方式。

首先，居民日常消费的产品或服务多种多样，在这些产品或服务中，需要抽取部分代表性规格品。所抽取的规格品对消费者的消费篮子代表程度的高低，会影响实际计算的 CPI 对真实 CPI 的代表性。哪些应该作为代表性规格品，哪些不应该作为代表性规格品，应该通过广泛的调查研究来判断。在 CPI 编制实践中，绝大部分代表性规格品的价格主要是通过价格调查员实地采集价格得到，当然有一小部分是通过对消费者的调查得到，如美国房租的数据则是通过对消费者的访问调查得到。

其次，在哪里收集价格也涉及对地区或零售点的抽样调查。为了得到全国性的 CPI，也需要进行地区的抽样。在抽中的地区内调查则需要对调查点或零售商进行抽样调查。

最后，为了得到 CPI 权重而对住户的支出调查也涉及抽样，需要抽取部分住户来推断所有消费者消费结构的信息。

国际劳工组织（ILO）曾在《消费者价格指数手册：理论与实践》中提出，在价格调查中可能会产生抽样误差和非抽样误差。抽样误差包括估计性误差和选择性误差，非抽样性误差包括观察性误差、反馈性误差、处理过程中的误差、抽样框不足导致的误差、无反馈导致的误差等。抽样误差与抽样有关，非抽样误差则不完全与抽样相关，即使在全面调查中也可能产生。

（五）指数的计算方法

1. 基本指数的编制

CPI 的编制需要先编制基本指数，在基本指数的基础上再逐层汇总。基本指数又称基层指数，是最低层次汇总得到的指数，是针对类似或同质的商品和服务编制的指数。基本指数就如同一幢建筑物的砖石等基础材料，其质量在很大程度上会影响 CPI 的质量。

由于在基本指数层面很难得到消费数量或支出权重的信息，在基本指数编制过程中基本不考虑数量因素，其只与两期的价格有关。在指数文献中有很多种基本指数的编制方法，最常用的主要有以下三种：

$$P_D^{0:t} = \frac{\frac{1}{n}\sum_{i=1}^{n}P_i^t}{\frac{1}{n}\sum_{i=1}^{n}P_i^0} = \frac{\frac{1}{n}\sum_{i=1}^{n}P_i^0\left(\frac{P_i^t}{P_i^0}\right)}{\frac{1}{n}\sum_{i=1}^{n}P_i^0} \qquad (14-17)$$

$$P_C^{0:t} = \frac{1}{n}\sum_{i=1}^{n}\left(\frac{P_i^t}{P_i^0}\right) \qquad (14-18)$$

$$P_J^{0:t} = \prod_{i=1}^{n}\left(\frac{P_i^t}{P_i^0}\right)^{\frac{1}{n}} = \frac{\prod_{i=1}^{n}(P_i^t)^{\frac{1}{n}}}{\prod_{i=1}^{n}(P_i^0)^{\frac{1}{n}}} \qquad (14-19)$$

上面三个公式依次为 Dutot 指数、Carli 指数和 Jevons 指数。Dutot 指数最早由 Dutot 于 1738 年提出，表示两期平均价格的比较，也可以看做价比的加权平均；Carli 指数最早由 Carli 于 1764 年提出，表示两期价比的算术平均数；Jevons 指数最早由 Jevons 于 1863 年提出，表示两期价比的几何平均数。其中，Carli 指数和 Dutot 指数都是加权平均指数，不同的是 Carli 指数是等权平均，而 Dutot 指数是不等权平均。

在实践中，基本指数的编制需要兼顾简洁和可操作性，因为多数国家 CPI 是月度数据，而 Dutot 指数、Carli 指数和 Jevons 指数计算较为简单，故成为常用的指数。

三种指数公式的计算结果经常不一致，甚至可能出现很大的差异。一般的结论是 Carli 指数≥Jevons 指数，Dutot 指数可能大于也可能小于 Jevons 指数，但通常小于 Carli 指数。不同国家在实践中所采用的指数也不同。根据国际货币基金组织的统计，在比较详细地提交了其统计方法的 37 个国家中，有 14 个国家使用 Jevons 指数，13 个国家使用 Dutot 指数，4 个国家使用 Carli 指数，剩余 6 个国家则主要使用 Jevons 指数，同时混合使用 Dutot 指数和 Carli 指数。

2. 指数的汇总

在基本指数编制阶段，主要涉及商品和服务的原始价格。但是在基本指数编制结束后，则需要利用权数进行汇总。在实践中，高层汇总阶段通常又包含很多个阶段。高层汇总的任何阶段都不再涉及原始价格，而是在基本指数或上一级指数的基础上利用权重信息进行平均。权重信息一般都是根据对消费者支出的调查得到。

那么如何进行指数的汇总呢？可供选择的公式包括拉氏价格指数、帕氏价格指数、Fisher 指数等，这些指数在上一节中有所介绍。在政府统计实践中，CPI 的编制往往强调可操作性且时效性强的原则，因此实践中更广泛采用的是拉氏价格指数，主要原因是：一方面，拉氏价格指数采用基期加权方式，与报告期加权的方式相比，基期的信息更易于得到；另一方面，拉氏价格指数更易于解释和理解，因为它直观地反映了消费者固定篮子的价格变化情况。

三、消费者价格指数的分析

通常 CPI 的综合指标是由多个因素构成的。不同因素的变化都会对总体指数的结果产生影响。我们从两个角度阐述 CPI 的影响因素：第一，基于历史经验，采用因素分析法，寻找食品项和非食品项中对 CPI 有明显拉动作用的分项，对 CPI 及其分项进行分析；第二，从宏观经济的角度对影响 CPI 的因素进行分析，包括货币政策、反映内外需的经济增速以及生产资料价格的传导等。各个国家影响 CPI 的重点因素各不相同，因此具体的分析内容将结合我国实际情况在本书第二十一章进行详细介绍。

（一）分项因素分析

首先看对 CPI 分项的分析。由于 CPI 分项较多且产业分散，我们需要找出影响 CPI 的核心因素进行着重分析。筛选这些因素需要综合考虑两点：一是波动，二是权重。波动越高的分项越容易对 CPI 整体走势造成影响，而权重大的分项即使波动较低，也足以拉动 CPI。目前常用的 CPI 因素分解方法将 CPI 分解为食品项因素和非食品项因素。

1. 食品项因素

在各国 CPI 的构成中，食品项因素都是 CPI 最重要的组成部分，基本构成包括肉类、蛋类、水产、粮食、鲜菜鲜果等。其中需要重点关注的是粮食、肉类和鲜菜分项。根据各国的饮食结构和生产特点，食品项的重要影响因素各不相同，比如我国食品项 CPI 中猪肉占比最大，对总 CPI 波动的影响也最大，相关分析在本书第二十一章会进行详细介绍。美国则是牛肉占比较大，而日本的水产品对本国 CPI 波动影响较大。食品项的主要组成是农产品，排除瘟疫、干旱和洪涝等这类突发性事件的影响，人们对这类农产品的需求长期保持稳定，其价格变动主要来源于供给端以及季节性因素。

从传统的成本推进型和需求拉动型分析范式看，食品与非食品通常会同向变动，只是波动幅度有所差异，食品项的波动通常大于非食品项，这也符合过去很多年 CPI 的实际走势。而这种变化会根据经济发展程度有所不同，一般而言，经济发展水平越高，食品支出占居民消费支出的比重（恩格尔系数）越低，CPI 中的食品项占比就越低。从纵向对比可以看出，绝大多数经济体的食品项占比都呈下降趋势。从各经济体之间的横向对比可以看出，经济发展程度更高的美国、德国、英国、加拿大等国家食品项占比较低，其中美国最低。

2. 非食品项因素

非食品项因素主要包括衣着、居住、生活用品、交通和通信、教育娱乐、医疗保健的相关内容核算。其中对 CPI 波动影响最重要的是能源价格波动。

非食品项中能源价格非常重要。原油价格的上涨与价格指数的攀升通常呈现一定的正相关性，其主要原因为：如果是需求推动的原油价格上升，往往意味着国际经济形势向好，经济增长与价格指数抬升。不过，在某些阶段也存在背离，主要原因是：第一，原油价格对价格指数的影响，只能是影响部分分项，其他项目如食品烟酒、教育、医疗等有自己独立的影响因素，这就导致原油与价格指数并不总是同步的走势；第二，供给收缩带来的原油价格上涨，并不预示着经济基本面的好转。

（二）宏观经济因素分析

1. 货币政策因素

价格水平的变动本质上属于货币行为，当货币政策保持宽松，流动性合理充裕时，CPI 也会随之上涨，如果采取紧缩的货币政策，则 CPI 会下降。

2. 经济发展因素

当经济发展稳定，GDP 保持较高水平时，除去输入型通货膨胀的影响，说明经济景气度较高，需求旺盛带动大部分产品价格上涨，从而传导到消费端使 CPI 走高。

除了上述两个主要因素外，影响 CPI 的宏观经济因素还有很多，涉及经济活动的方方面面，包括外汇储备情况、市场供求关系等，要根据具体原因进行针对性的分析。

第三节　生产者价格指数的核算与分析

生产者价格指数与消费者价格指数类似，也是我们讨论价格指数时需要重点关注的指数之一，同样地，下面从 PPI 的概念与理论框架、具体的核算方法和技术分析三个方面展开。

一、生产者价格指数的概念与理论框架

生产者价格指数用来测量进入或者离开生产领域的商品和服务的价格变动幅度与水平。按照国际货币基金组织的标准，广义上 PPI 应涵盖所有产业生产者，包括三个部分：农业生产者价格指数、工业生产者价格指数、服务业生产者价格指数。其中，工业生产者价格指数包括工业品第一次出售时出厂价格指数（工业生产者出厂价格指数）和作为中间投入原材料、燃料购进价格指数（工业生产者购进价格指数）。

实践中，不是每个国家都能完整、系统地编制 PPI 结构体系中的所有价格指数，而是根据本国经济结构、实际需要和编制条件，有选择地编制其中部分价格指数。专门编制企业服务价格指数的国家并不多见，在 PPI 中涵盖企业服务价格的理论研究也多于实践。

二、生产者价格指数的核算

（一）生产者价格指数中商品范围及分类

尽管 PPI 的调查范围广义上包括所有国内企业购进和产出的商品和服务，但狭义上，PPI 反映国内经济体中农林牧渔业、采矿业、制造业和公用事业部门等商品制造部门的价格变化。

许多国家的 PPI 分类系统参照国际标准分类系统或者和该标准保持一致，并且增加或减少一些条目来反映当地的情况。PPI 的汇总结构采用了商业产品分类、中间产品分类（CPC）和行为产品分类（CPA）。目前主要的分类方式是按照 GDP 的分类来编制 PPI 分类指数。

PPI 分类中涵盖的整个产品和服务分为不同的大类、中类、小类和细类。每一个基本分类对应一个产品代码，这使统计机构可以从低层级的初级指数向高层级指数汇总。另外，每一个基本分类对应从标准工业分类如 ISIC（国际标准产业代码）或者 NACE 中提取出的产业代码。

选择调查企业应遵循按行业选择调查企业、优先选择大型企业作为调查对象、选择生产稳定的企业作为调查对象的原则。

此外，在不同国家，PPI 对传统制造业部门的分类基本一致，而所涉及服务部门的范围各不相同。例如，日本编制的企业服务价格指数（CSPI），相对狭义的范畴是商业服务，包括专业性服务、金融、保险、房地产、住宿餐饮、信息通信和货物运输；进一步拓宽，则要包括中间需求的所有服务型交易，包含批发贸易和中间需求的零售贸易、人口的运输和教育服务；再进一步，可将最终需求和中间需求的所有非商品制造部门都包含在单个 PPI 指数的范畴里。

（二）权重的确定

PPI 是根据各种代表产品的价格指数加权平均计算得出的，在计算 PPI 时，要科学、合理地确定权重数据。在一般情况下，该权重每五年进行一次调整，基本分类以下不计算权数，在五年期间内，若出现产品结构变动较大，以致影响商品篮子代表性的情况时，可及时进行合理修正。

在 PPI 的权重编制方法上，采用间接权数分摊方法，把未被选中的产品（或行业）的权数合理分摊到选中的代表产品（或行业）上去。即首先按行业大类确定权数，然后分到行业中类，再由行业中类分到行业小类，最后计算代表产品的权数。权数分摊方法消除了行业间代表产品分布不均衡的问题，但由于中类以下的产品权数资料缺乏准确的数据来源，可能会一定程度上影响 PPI 的准确性。

（三） 质量的处理

理论上关于 PPI 质量调整方法的研究较少，我们认为 PPI 的质量调整可按照本章第一节的方法进行。实践中发现在 PPI 的调查中，主要有以下情况会导致质量产生偏差。第一，基期价格缺失导致的质量偏差。有部分企业突然转型导致新产品基期价格缺失，如受疫情影响部分企业突然转型生产防疫物资，导致当月采价时缺少上月价格。第二，特殊商品服务的必然质量偏差。如模具、变压器、泵、机床等定制生产行业，报告期和基期价格天然无法同质可比。第三，特殊交易导致质量偏差。如氯气、盐酸等工业品，其作为副产品储存难度大，将会在不符合市场行情下进行销售，导致价格严重不符合市场规律。另外，关联企业交易，如集团公司内部交易价格，其不能代表本地区本行业价格变动实际。第四，要素变化引起的质量偏差。要素变化导致价格变动在 PPI 调查中较为常见。一是产品变动，如商品生产工艺调整、性能变化、原料不同等；二是交易变动，如客户不同、交易量变化、付款方式不同等。企业在生产销售过程中不能保证每期都有同一客户同一需求同一销售水平的成交，导致出现不同质可比的质量偏差。第五，错月报价造成的质量偏差。这在 PPI 调查中较为普遍，部分企业采取月底或下月结算模式，因此无法取得当月价格而按上月成交价报送，或者按当月挂牌价报送，并不符合当月市场价格走势，造成质量偏差。

PPI 价格核算的质量调整同样应根据本章第一节介绍的质量调整的具体方法进行。

（四） 数据的收集

PPI 的数据收集方法依然遵照本章第一节价格数据收集所介绍的方法进行。其中的重点是数据采集抽样的方法，主要指的是选择调查企业或规格品时所采用的抽样方法。实践中确定样本的基本方法有概率抽样和非概率抽样。概率抽样是指在从经济活动中选择企业或代表规格品时，每个企业或代表规格被选中的概率是相同的；而非概率抽样是主观判断抽样或有目的抽样，调查者根据研究目的或主观判断抽取样本，不严格遵守随机抽样原则。

（五） 指数的计算方法

PPI 的计算方法同 CPI 类似，需要先计算基本分类中的基本价格指数。基本价格指数是基本分类的价格指数，可以用多种方法和公式计算初级价格指数，如上一节介绍的实践中广泛使用的 Carli 指数、Dutot 指数和 Jevons 指数。基本分类包括的各类货物或服务应该尽可能类似，最好具有较高程度的同质性；基本分类还应该包括那些预计可能具有类似价格变动的项目，应尽量减少分类中价格变动的离散程度。

在计算出基本指数后，就需要汇总成综合指数。许多国家的 PPI 分类系统是参照国际标准分类系统或者与该标准保持一致，并且增加或减少一些条目来反映当地的情况。PPI 的汇总结构采用了商业产品分类、中间产品分类（CPC）和行为产品分类（CPA）。可将 PPI 分类中涵盖的整个产品和服务分为不同的大类、中类、小类和细类。每一个基本分类对应一个产品代码，这使统计机构可以从低层级的初级指数向高层级指数汇总。另外，每一个基本分类对应从标准工业分类如 ISIC（国际标准产业代码）或者 NACE 中提取出的产业代码。

基本分类及其价格指数是计算生产者价格指数的基石。在基本分类以上的所有指数都属于较高层级的指数，这些指数可采用基本收入分类作为权数，根据初级价格指数进行计算。

基本分类以上的每个层级的权数总是等于其组成部分的和。每个较高层级分类的指数可以根据其组成部分的权数和价格指数，即较低层级的指数或初级指数进行计算。

三、生产者价格指数的分析

生产者价格指数的相关分析方法与消费者价格指数的分析方法类似，同样可以划分为分项因素分析和宏观经济因素分析两部分内容。

（一）分项因素分析

对历史数据的分析主要采用因素分析法，分析分项因素对综合指数的影响以及宏观经济因素对综合指数的影响，影响包括指数波动和权重占比两个方面。这里常用的方法是两因素法，即将 PPI 分解成生产资料和生活资料两个分项进行分析，通常来讲，生产资料所占比重以及对 PPI 综合指数的影响要显著高于生活资料。

对于 PPI 的分析要明确产业链的基本流程。生产资料分项可划分为采掘（油、煤、钢铁、有色金属开采）、原材料加工（化学原料及中间品）、加工工业（石油、钢铁、有色金属加工）；生活资料分项可划分为食品、衣着、日用品、消费品，这部分与 CPI 的划分有部分重叠。产业链上中下游有不同的产品，一般来说，上下游的涨价节奏基本是一致的，但是行业在产业链的位置会影响其利润的分配。

（二）宏观经济因素分析

在宏观经济因素方面，PPI 与经济景气密切相关。经济景气则生产繁荣，产品需求旺盛，产品成本会上升，因此 PPI 上涨；当经济不景气时，PPI 则会下行。

此外，PPI 还受到大宗商品价格的影响。油类、煤炭类、钢铁类、有色金属类、化工类大宗商品价格对 PPI 影响较大。

还需要注意 PPI 衡量的是企业生产价格变动情况，按照价格传导规律，产品和服务的价格最终通过消费传导给消费者，所以 PPI 变动对 CPI 具有一定的先导性，CPI 具有一定的滞后性。因此，PPI 可以作为 CPI 的预测因素。

本章小结

1. 物价是商品价值的货币表现，单个商品的价值即表现为价格。多种商品的价格即为多种商品的平均价格。为了对多种商品不同时期的价格进行比较，就需要核算价格水平的变动程度，也就是计算价格指数。价格核算就是计算价格指数。

2. 价格指数反映价格水平在不同时间的动态变化程度。

3. 价格指数可以按照商品生产流通环节、要素所属门类、代表地区范围、商品范围、时间频率以及基期的不同进行分类。

4. 价格核算六要素包括确定核算的主体、确定核算商品的范围、确定商品所占的权重、商品质量变化的处理、确定数据收集的方法、确定价格指数的计算方法。

5. 价格指数编制过程中最基本也是最核心的内容是样本的同质可比原则。

6. 质量调整方法分为两类：一种是直接质量调整方法。这种方法直接估计新老产品之间的质量差别，并对新产品的价格或老产品的价格作出相应的调整，从而根据调整后的价格对纯价格变动作出估计，包括专家判断法、生产成本法、数量调整法、Hedonic 法等。另一种是间接质量调整方法。这种方法以类似产品的价格变动为依据，估计出新老产品间价格差别中的纯价格变动部分。所观察到的价格变化与估计出的纯价格变化之差，就是由质量差别引起的变化。间接质量调整方法包括均值插入法、可比替换法、交叠法等。

7. 价格指数的计算基础包括拉氏价格指数和帕氏价格指数两类。拉氏价格指数将同度量因素固定在基期，使各期指数具有可比性，有利于反映长期连续性的价格和物量变动；而帕氏价格指数将同度量因素固定在报告期，针对不同时期计算指数时，要不断改变同度量因素的数据值，因此各期指数间缺乏可比性。

8. 在实际操作中，拉氏价格指数比帕氏价格指数更易于实现，拉氏价格指数总是大于帕氏价格指数。

9. 在宏观经济中，CPI 是反映通货膨胀程度的重要指标，PPI 对 CPI 具有预测作用，因此也是预测通货膨胀的先行潜在指标，同时能够反映经济景气情况。

10. CPI 编制的理论框架包括固定篮子指数和生活费用指数两种。核算方法在实践中更广泛采用的是拉氏价格指数，国际劳工组织将 CPI 核算内容划分为 12 个大类。CPI 的分析主要以因素分析为主，其中食品分项分析是重点。

11. 广义 PPI 应涵盖所有产业生产者，包括三个部分：农业生产者价格指数、工业生产者价格指数、服务业生产者价格指数。PPI 对 CPI 具有传导作用。

本章重要概念

价格核算　价格指数　权重　质量调整　核算主体　固定篮子指数　生活费用指数
拉氏价格指数　帕氏价格指数　消费者价格指数　生产者价格指数

本章复习思考题

一、判断题

1. 不同产品的价值不能相加。　　　　　　　　　　　　　　　　　　（　　）

2. 价格指数编制过程中最核心的内容是样本的同质可比原则。　　　　（　　）

3. 不同产品或服务价格的平均数是没有经济意义的，也不能用来度量随时间推移的价格变化。 　　　　　　　　　　　　　　　　　　　　　　　　　（　　）

4. 在 CPI 的计算上，多数国家选择固定篮子指数方法。 　　　　　　　　（　　）

5. 在价格指数的计算中，帕氏价格指数将同度量因素固定在基期。 　　　（　　）

6. 拉氏价格指数的计算结果总是小于帕氏价格指数的计算结果。 　　　　（　　）

7. 拉氏价格指数相对于帕氏价格指数更具有经济意义。 　　　　　　　　（　　）

8. 理想指数能够克服单一指数形式带来的弊端，因此应用非常广泛。 　　（　　）

9. 国际劳工组织将 CPI 核算内容划分为 8 个大类。 　　　　　　　　　　（　　）

10. 在实践中 CPI 的编制更广泛采用的是拉氏价格指数。 　　　　　　　（　　）

11. PPI 对 CPI 具有传导作用。 　　　　　　　　　　　　　　　　　　　（　　）

二、单选题

1. 在价格指数的计算方法中，拉氏价格指数的计算公式是（　　　）。

A. $\dfrac{\sum p_0 q_1}{\sum p_0 q_0}$ 　　B. $\dfrac{\sum p_1 q_0}{\sum p_0 q_0}$ 　　C. $\dfrac{\sum p_1 q_1}{\sum p_1 q_0}$ 　　D. $\dfrac{\sum p_1 q_1}{\sum p_0 q_1}$

2. 下列有利于反映长期连续的价格和物量变动的指数是（　　　）。

A. 拉氏价格指数　B. 帕氏价格指数　C. 理想价格指数　D. Fisher 指数

3. 下列有利于考量新产品对旧产品的替代作用的指数是（　　　）。

A. 拉氏价格指数　B. 帕氏价格指数　C. 理想价格指数　D. Fisher 指数

4. 在价格指数中，相对应用较少的指数是（　　　）。

A. 生产者价格指数　　　　　　　　B. 消费者价格指数

C. 批发价格指数　　　　　　　　　D. 进出口价格指数

5. 在质量调整方法中，不属于直接质量调整法的是（　　　）。

A. 专家判断法　　B. 生产成本法　　C. Hedonic 法　　D. 交叠法

三、简答题

1. 简述价格核算的指标和内容。

2. 简述价格指数的编制方法和步骤。

3. 简述国际准则中的 CPI 衡量对象有哪些。

4. 简述拉氏价格指数、帕氏价格指数和理想价格指数的优缺点。

四、思考题

1. 试论述价格核算体系中存在的主要问题。

2. 试分析通货膨胀与 CPI 和 PPI 的关系。

第十五章
就业与失业核算分析

就业与失业相联系。充分就业是宏观经济管理目标之一。就业与失业核算分析的国际标准主要指国际劳工组织（ILO）发布的《关于工作、就业和不充分就业统计的决议》。就业与失业核算分析的逻辑关系是：就业是从事了一种工作，需要明确工作分类即工作形式（核算客体）；就业是劳动力的就业，而劳动力只是人口的一部分，需要对人口进行分类（核算主体）；就业与失业是对劳动力工作的测量（核算分析）。本章按上述逻辑关系进行介绍。

第一节　工作及其分类

要明确工作形式，就需要明确工作的概念及其分类。

一、工作的概念

（一）工作的定义

工作是在一定时期内包括任何年龄和性别的人员为生产或提供他用或自用产品和服务而从事的任何活动，但不包括以下活动，如乞讨和偷窃、自我护理（如个人梳洗和卫生）和不能由他人代表自己进行的活动（如睡觉、学习和自娱自乐活动）。对工作的界定，既不考虑其正规或非正规的特点，也不考虑其合法性如何，还不能对工作人员的年龄有任何限制。

（二）与工作相关的概念

工作是人的活动，在对工作进行统计时，有三种基本概念：人、职业或工作活动、工作的时间单位（分为在短参照期和长观察期工作时间的最低要求及计量单位）。除此之外，在统计时还涉及对人员工作年龄的分类等。这些我们将在第二节和第三节详细介绍。

二、工作的分类

工作是为了实现不同的目标而进行的活动。这些工作可以按生产的预期目标（为自己最终使用、为他人或单位使用）和交易的性质（货币或非货币交易）为基础划分为五种互不兼容的工作形式：（1）主要从事自给性工作；（2）主要从事雇用性工作（就业）；（3）主要从事无酬受训工作；（4）主要从事志愿性工作；（5）主要从事其他形式工作。

人们可以同时或连续地从事一种或多种形式的工作，即可从事就业工作、志愿性工作、无酬受训工作和（或）自给性工作，或多种形式相组合的工作。

（一）自给性工作

自给性工作包括为自身最终使用而进行的生产（产品）和服务。

自给性工作生产的"产品"应在《国民账户体系 2008》（SNA 2008）的生产范围内，包括：（1）为储存农业、渔业、狩猎和采摘产品而进行的生产和（或）加工；（2）为存储矿业和林业产品，包括木材和其他燃料而进行的收集和（或）处理；（3）从自然界和其他来源取水；（4）制作家用物品（如家具、纺织品、服装、鞋类、陶瓷或其他耐用消费品，包括小船和独木舟）；（5）建造，或大修自己的住宅、农场建筑物等。

自给性工作提供的"服务"应在《国民账户体系 2008》的生产范围之外，但在一般生产范围以内，具体包括：（1）住户记账和管理、采购和（或）运送货物；（2）制作和（或）提供膳食、家居废品处理和回收；（3）清扫、装饰和维护自己的住所或房屋、耐用消费品和其他物品、花园；（4）照顾儿童和指导、照顾与运送老人、被赡养人或其他住户成员以及家畜或宠物等。

自给性工作的"为自己最终使用"是指生产产品的预期目的主要是供生产者以资本生成的方式最终使用，或供本户成员或非本户的家庭成员最终消费。

自给性工作生产的"产品"的工作纳入了 GDP 的核算范围之内，自给性工作提供的"服务"的工作没有纳入 GDP 的核算范围之内。

（二）就业工作

就业工作包括为获得报酬或收益而为他人进行的工作。

1. 就业人员

就业人员是指那些在某一短参照期内，为获取报酬或收益而从事任何生产产品或提供服务活动的工作年龄人员。他们包括：（1）"正在工作"的就业人员，即在某一职位上工作至少一小时的人；（2）"不在工作"的就业人员，即由于暂时缺勤或工作时间的安排（如轮班工作、弹性工作时间和加班补休）而暂未工作的人。

就业工作的"为获得报酬或收益"，按最新的与就业相关的收入的国际统计标准规定，是指作为交易的一部分根据工作时间或工作完成情况以工资或薪金的形式获取报酬，或通过市场交易从所提供的商品和服务中以获取收益的形式获得报酬。值得注意的是，它包括现金或实物类的报酬，不管实际上收到还是没收到，也可能包括额外的现金或实物收入。此外，这种报酬可以直接支付给从事工作的人，也可以间接地支付给本户或家庭成员。

不在工作的就业人员中"暂时缺勤"人员是指那些在现有工作职位上已经工作,只是暂时"不在工作",但在缺勤期间仍保留工作职位的人员。是否"保留工作职位"应依据缺勤的原因,是否继续领取报酬和(或)按本人申报或报告的本次总缺勤时间,并根据统计来源确定。"保留工作职位"的缺勤通常是短期的,其原因包括:因自己生病或受伤(包括职业伤害)的病假,公休假、假期或年假,以及法定的产假或陪产假。

因以下原因缺勤的,"保留工作职位"需要进一步检验:育儿假、教育假、照顾他人假、其他事假、罢工或停工、经济活动减少(如暂时裁员、工作淡季),工作组织解体或工作暂停(如由于恶劣天气,机械、电子或通信瘫痪,信息通信技术故障,原材料或燃料短缺等)。上述原因的缺勤,应对领取报酬和(或)缺勤期限进行进一步检验。一般来说,考虑到国家立法或传统习惯确立的法定假期期限和(或)就业季节的长短,这种期限不应超过三个月,以便对季节模式进行监测。如果能确保返回同一个经济单位就业,期限也可以超过三个月。在实际操作中,如对这种缺勤的整个持续时间不清楚,可采用已经持续的时间。

2. 其他类型就业人员

其他类型就业人员还包括以下人员:(1)为获得报酬和收益,在同一经济单位中,因本职位或其他职位需要而接受培训或参与技能提升活动的人,按照有关工作时间的国际统计标准,这类人员应属于就业中的"正在工作";(2)为获取现金或实物报酬而工作的学徒、实习生或受训学员;(3)为获取报酬或收益,因参加就业促进项目而工作的人;(4)在自己拥有的经济单位工作、以生产主要用于出售或交换的产品,即使其产品的一部分用于住户或家庭成员消费的人;(5)在休业季节继续执行某些任务和履行工作职责(不包括履行法律或行政义务,如缴税)的季节性工人,无论他们有没有领取报酬;(6)为获取报酬、本户或家庭收益而工作的人:(7)在本户或非本户的家庭成员经营的市场单位工作;或(8)完成本户或非本户的家庭成员所拥有的雇员职位的任务或职责的;(9)为获得现金或实物报酬的军队正式成员和军事或替代性民事服务人员。

3. 就业不包括的人员

就业不包括的人员:(1)无现金或实物报酬收入的学徒、实习生或受训学员;(2)参加就业促进项目中的技能培训或再培训计划,但还没有参与某一个经济单位的生产过程的人;(3)为继续领取如失业保险金等政府社会福利而按要求工作的人;(4)接受与就业无关的现金或实物的人;(5)在淡季停止执行工作任务和职责的季节性工人;(6)保留返回同一经济单位的权利,符合所规定的缺勤原因,但总缺勤时间超过规定范围和(或)不再领取报酬的人;(7)未得到返回同一经济单位的就业保证的无限期离岗人员。

(三)无酬受训工作

无酬受训工作包括为获得工作经验或技能而为他人从事的无酬工作。

1. 无酬受训学员

无酬受训学员的定义是：在短参照期内为获得工作经验或专业技能，从事任何为他人生产产品和提供服务的无偿活动的工作年龄人口。这里有几点值得注意：（1）"短参照期"取决于信息来源；（2）"任何活动"是指工作至少一小时；（3）"无酬"是指对所完成的工作量或工作时间不支付现金或实物报酬；不过这些工人可能会接受某种形式的支持，如教育津贴或补助金的转移支付，或偶尔的现金或实物支持（如餐食、饮料）；（4）"为他人"生产是指在非本户或非家庭成员拥有的市场和非市场单位工作；（5）获得"工作经验或技能"是指通过传统的、正式或非正式的方式，无论是否颁发专业资格证书或认证证书。

2. 包括在无酬受训工作中

包括在无酬受训工作中的人：（1）无酬参与一个经济单位的生产过程受训学员、学徒、实习生或根据各国国情确定的其他人员；（2）在无酬的就业促进项目的技能培训和再培训计划中，参与一个经济单位的生产过程的人。

3. 不包括在无酬受训工作中

不包括在无酬受训工作中的是：（1）与工作开始有关的试用期；（2）在就业中的在职和终身学习，包括在本户或家庭成员拥有的市场和非市场单位的在职和终身学习；（3）从事志愿性工作时的任职培训和学习；（4）从事自给性工作时的学习。

（四）志愿性工作

志愿性工作包括为他人从事的无酬的非强制性工作。

1. 志愿工作者

志愿工作者的定义是在某一短参照期内所有从事无酬的、非强制性的为他人生产产品或提供服务活动的工作年龄人口。有以下几点需要注意：（1）需至少工作一小时。（2）"无酬的"是指对所完成的工作或工作时间不支付现金或实物报酬；志愿工作者可能会得到某种形式的少量现金补贴（如自付费用或报销因从事相关活动而引起的生活费用）或少量实物资助（如餐食、交通券和象征性礼品）。这种现金补贴应低于当地市场工资的三分之一。（3）"非强制性的"是指所从事的工作不附带有民事的、法律的或行政的义务；这与履行带有某种社区的、文化的或宗教特点的社会责任有所不同。（4）"为他人"生产是指所进行的工作是通过市场或非市场单位在内的组织（基于组织的志愿活动），包括通过或者为自助、互助和社区性的志愿者组织所开展的工作；或者为志愿者家庭以外的住户及其家庭成员开展的工作（直接的志愿活动）。

2. 不包括在志愿性工作中

不包括在志愿性工作中的是：（1）义务兵役或替代性民事服务，以及法院或类似机构命令犯人从事的社区服务或工作；（2）作为教育或培训计划组成部分的无酬工作（无酬受训学员）；（3）在与就业有关的工作时间，或在雇主给予的带薪休假期间为他人进行的工作。

（五） 其他形式工作

其他形式的工作包括囚犯按照法院或类似权力机关命令所从事的无酬社区服务和工作，以及无酬的军事或替代性民事服务等。这些活动可能被当成一种特殊的工作形式来测量（如为他人从事无偿的强制性工作）。

第二节　人口及其分类

就业与失业是针对劳动力而言的，而劳动力只是人口的一部分。要想清晰界定劳动力的范围，我们还需从人口及其分类谈起。我们在前面介绍工作形式时已经对人口的工作形式及其分类做了一些铺垫，这一节重点介绍人口的核算范围、人口的工作年龄标准和工作年龄人口的分类。

一、人口的核算范围

一般情况下，对工作的统计包括定居人口，即一个国家的常住居民的所有人口，无论他们的性别、民族、公民身份或工作地点的地理位置如何；同时也包括在本国以外的常住人口，如跨国工作的工人、季节工人、其他短期移民工人、志愿工人、游牧民等。在短期或临时移民大量流入国内的国家，应在尽可能的范围内对就业统计补充有关本国领土上工作的非常住居民就业特点的信息，以便分析他们的现状和对劳动力市场的影响。

各国在解释常住居民和定居地生产单位的概念时，应同国际人口统计标准和国民账户体系保持一致。原则上，统计范围应包括生活在个人家庭和集体宿舍的平民和武装部队人员。

二、人口工作年龄标准

原则上国家体系应涵盖所有年龄组人口的全部工作活动，为满足制定不同政策关注点的需要，应按国际统计标准对工作年龄人口分别进行确定，包括对从事生产活动的儿童进行确定。在确定工作年龄人口标准时，工作年龄下限应考虑到国家法律或条例规定的最低就业年龄，或完成义务教育的年龄；但不应该设置年龄上限，以便全面覆盖成年人口的工作活动，并分析就业人口与退休人口之间的转换。

需要指出的是，这里确定的是"工作年龄人口标准"，而不是"劳动力年龄标准"。从逻辑关系来说，工作年龄人口标准已经包含了劳动力年龄标准，但二者并不相等。

三、工作年龄人口的分类

工作年龄人口可按不同的政策关注点进行不同的分类。例如，根据人们对劳动力市场和不同的工作参与情况对工作年龄人口进行分类，根据人口的工作形式对工作年龄人口进行分类，根据人口的劳动力状态对工作年龄人口进行分类。

（一）根据人们对劳动力市场和不同的工作参与情况对工作年龄人口的分类

前面我们在介绍人口年龄标准时，已经介绍了可以从最低工作年龄段起，根据各国的实际情况划分为不同的工作年龄段的人口，与其参与的工作形式以及劳动力的状态比较，可以发现重点关注哪个年龄段的人口的工作情况。

（二）根据人口工作形式对工作年龄人口的分类

为了支持更深入的社会研究，也可以根据人们在短期或长期参照期内自行申报的主要形式划分为：（1）主要从事自给性工作；（2）主要从事就业工作；（3）主要从事志愿性工作；（4）主要从事无酬受训工作；（5）主要从事其他工作。

（三）根据人口的劳动力状态对工作年龄人口的分类

根据人口的劳动力状态可以将工作年龄人口分为就业人员、失业人员和非劳动力三类。判断劳动力状态时，就业优先于其他两类，失业先于非劳动力。

1. 就业人员

就业人员是指那些在某一短参照期内，为获取报酬或收益而从事任何生产产品或提供服务活动的工作年龄人员，包括"正在工作"的就业人员和"不在工作"的就业人员。这些我们在第一节已经做了介绍。

2. 失业人员

失业人员是指所有在特定的最近时期没有就业，正在寻找就业，一旦得到就业机会马上能够开始工作的工作年龄人口。这里的"没有就业"是依据对短参照期内的测量作出的评估。这里的"寻找就业"是指在最近一段时间内，即最近四周或一个月内，为求职或做生意或创建农业企业所进行的任何活动。这些活动也包括在国内外寻求全职的、非正规的、临时的、季节性的或零散的就业，包括以下这些活动：（1）安排资金，申请许可证、营业证；（2）寻找土地、厂房、机械、物资、农业投入；（3）寻求朋友、亲戚或其他中间人的帮助；（4）在公共或私营就业服务机构进行注册或与其联系；（5）直接向雇主提交求职申请，到工作场所、农场、工厂门口、市场或其他聚集地查看信息；（6）在报纸或网上刊载或回复求职广告；（7）在职业或社交网站上登载或更新个人简历。

这里的"马上能够开始"是指包括用于测量就业的短参照期在内的特定的最近一段时间，就可以就业。依各国的不同情况，参照期可以往后延长，但总的期限不超过两周，以便确保不同群体的失业情况都能得到充分的反映。

失业人员包括：（1）未开始工作人员，指"没有就业""马上能够开始"和"寻求就业"的人员。开始一项新工作等待的时间的长度可根据国情设定，但一般不超过三个月。（2）参与就业促进项目的技能培训或再培训计划的人员，即使他们已经获得了在随后一般不超过三个月的时间就开始工作的承诺，只要他们"没有就业"，就应包括在内。（3）那些没有就业，为从事有报酬或收益的工作而采取海外行动，但仍然在等待出国机会的人员。

3. 非劳动力

非劳动力是指那些在短参照期内既没有就业也没有失业的工作年龄人口，包括潜在劳动力（新进入劳动力市场者）和有意愿的未求职者。

（1）潜在劳动力。潜在劳动力是指所有那些处于工作年龄，在短参照期内既没就业也没失业，并且：①已经开始找工作但不能"马上能够开始"。也就是在短时间内可以开始就业的人员（不能马上就业的求职者）；或②没有进行过"寻求就业"活动，但想就业，而且"马上能够开始"就业的人员（马上能就业的潜在求职者）。

（2）有意愿的未求职者。有意愿的未求职者是指那些没有就业而想就业，但未"寻求就业"和无法"马上能够开始"的人员。无论如何划分，单独统计丧失信心或基于性别、经济或社会因素阻碍其就业群体是必要的。

4. 工作年龄人口劳动力状态分类之间的关系

工作年龄人口分为劳动力和非劳动力。劳动力分为就业人口（人员）和失业人口（人员）；非劳动者分为潜在劳动力和有意愿的未求职者。换句话说，就业人员＋失业人员＝劳动力；潜在的劳动力＋有意愿的未求职者＝非劳动力；劳动力＋非劳动力＝工作年龄人员。

第三节　就业与失业的核算分析

前面两节我们分别界定了工作和人员的核算范围，这一节我们讨论核算分析单位、数据的收集、数据的整理与分析。

一、核算分析单位

对不同工作形式的计量会使用不同的计量单位，基本上包括人、职业或工作活动、时间单位。

（一）人

在计量从事各种工作形式的人时，计量单位为人，计量的是多少人从事各种工作。

（二）职业或工作活动

职业或工作活动是指由某一个人为某一个独立的经济单位执行或将要执行的一系列任务

和职责。"职务"一词一般与就业相联系。人们可以有一个或几个职位。自营就业者的职位可能与其拥有或共同拥有的经济单位一样多。在同时拥有多个职位的情况下，主要职务是指通常工作时间最长的那个职位，而通常工作时间应按国际标准统计。"工作活动"是在计量自给性工作、无酬受训工作和志愿性工作时所使用的计量单位。

（三）时间单位

对各种工作方式或任何混合工作方式的工作量进行计量时，要将时间单位作为计量单位。这种单位可以是分钟或小时、日、周、月、年。

在计量各种工作形式的工作量时，一是要确立计量的时间目标，分为短参照期（一个月）和长观察期（一年）；二是确立计量各种工作形式最低要达到的时间要求。

1. 确定各种工作形式适当的参照期

（1）七天或一个日历周，适合于就业和无酬受训工作；（2）四周或一个日历月，适合于生产自用产品工作、无酬受训工作和志愿性工作；（3）七天或一个日历周内按 24 小时计算的天或数天，适合于自享服务。

2. 确立计量各种工作形式应达到的最低工作量时间要求

应考虑把在有关的短参照期内从事给定形式的工作至少一小时的人员包括在内。运用一小时的标准，可以确保覆盖从事的各种活动，包括非全日、临时、零散或非固定活动，以及所有投入生产的劳动的测量。

二、数据的收集

数据收集要解决两个突出问题：数据收集的频率和来源。

（一）数据收集的频率

为满足监测劳动力市场和工作形式的需要，应制定国家数据收集策略，以便使不同频率的数据得到采集，主要分为季度、年度和频率较低三种情况。

季度：主要收集就业、劳动力、包括失业在内的劳动利用不充分的数据，以便监测短期趋势和季节性变化（如旺季、淡季、季度）。

年度：主要收集获取劳动力和包括失业在内的劳动力利用不充分的详细数据，以便对劳动力市场和工作时间进行结构分析，为编制国民经济账户提供总量。

频率较低：依据各国国情而定，主要是为了对有关专项情况进行深入分析而进行的特定数据收集，包括对专题进行的抽样调查，以便为综合性的宏观社会经济分析服务。

（二）数据的来源

工作统计可以采用单一的或多种渠道的数据收集。一般来说，住户调查是最合适的数据收集渠道。此外，还有劳动力市场调查、人口普查、经济普查、行政记录等。

三、数据的整理与分析

数据的整理与分析主要是指整理数据并确立测评分析指标。这些指标主要包括：劳动利用不充分的表现，劳动力市场表现的指标，自给性工作、无酬受训工作和志愿性工作的指标，其他有关测量指标。

（一）劳动利用不充分的表现

劳动利用不充分是指劳动供求不匹配，从而不能满足人们对就业的需求。劳动利用不充分的表现主要包括：

（1）与时间相关的不充分就业，是指那些工作时间不足，愿意并且能够工作更多时间的就业人员；

（2）失业，是指在积极寻找工作职位并能够从事这种工作的非就业人员；

（3）潜在劳动力，是指愿意从事某种形式的工作，但其现有的条件限制了他们积极寻找工作职位和（或）能够开始工作的非就业人员。

与时间相关的不充分就业人员是指在一个短参照期内，希望增加额外工作小时，所有工作的总工作时间低于特定的小时标准，如果有额外的工作机会能够工作更多小时的所有就业人员。其中，"工作时间"是实际工作小时数或通常工作小时数，它取决于测量的目标（短期或长期情况）并依据这方面的国际统计标准而定。"额外工作小时"，可以是在当前职位、额外的一个或多个职位，以及替代性的一个或多个职位中工作更多的小时。"小时标准"，根据全职和非全职就业之间的边界值、所有就业人员通常工作时间的中位数或众数，或有关法律或国家惯例规定的工作时间，以及为特定群体确定的工作时间标准确定。"能够"增加额外工作小时，应根据各国国情，设定一个能够反映在离开一项工作与开始另一项工作之间通常所需时间的短参照期。

（二）劳动力市场表现的指标

1. 常用指标

常用指标主要包括劳动力人数、非劳动力人数、就业人数、与时间相关的不充分就业人数、失业人数、潜在劳动力人数和生活必需食品生产者人数。

2. 与工作年龄人口有关的比率

与工作年龄人口有关的比率主要包括就业人口比、劳动力参与率、生活必需食品生产者比率。

3. 对劳动利用不充分的测量

对劳动利用不充分进行测量，以反映劳动利用不充分在经济周期的不同环境和阶段中的特性。测量时，需要使用以下核心指标中的两个以上的指标。

（1）失业率＝［失业人数/劳动力］×100

（2）与时间相关的不充分就业和失业结合率＝［（与时间相关的不充分就业人员＋失业人员）/扩展劳动力］×100

（3）失业和潜在劳动力结合率＝［（失业人员＋潜在劳动力）/（扩展劳动力）］×100

（4）劳动利用不充分综合测量率＝［（与时间相关的不充分就业人员＋失业人员＋潜在劳动力）/（扩展劳动力）］×100

4. 其他劳动利用不充分的测量

劳动利用不充分的测量还包括：（1）计算与劳动力有关的长期失业率；（2）按照有关国际统计标准，计算出与时间相关的不充分就业率。

（三）自给性工作、无酬受训工作和志愿性工作的指标

自给性工作、无酬受训工作和志愿性工作的指标包括：

（1）按照活动簇进行测量的自用产品生产总人数、参与率和工作量；

（2）按照活动簇进行测量的提供自享服务的总人数、参与率和工作量；

（3）按照无酬受训人员的项目类型进行测量的总人数、参与率和工作量；

（4）按照志愿者的经济单位类型（市场单位/非市场单位/住户）进行测量的总人数、参与率和工作量。

（四）其他有关测量指标

作为国家指标系列的一部分，各国应设置监测劳动力市场表现的其他有关测量指标，特别是：（1）有关国际统计标准规定的在非正规经济中的工作，尤其是非正规部门就业和非正规就业的指标；（2）就业人员的"寻求就业"活动，以反映劳动力市场压力的指标；（3）有关国际统计标准规定的由于技能、收入或工作时间过长而形成的不适当就业状况的指标；（4）自营就业中的生意清淡指标；（5）劳动力市场流动性的总量指标。

本章小结

1. 工作是在一定时期内包括任何年龄和性别的人员为生产或提供他用或自用产品和服务而从事的任何活动。

2. 工作形式主要包括：（1）主要从事自给性工作；（2）主要从事雇用性工作（就业）；（3）主要从事无酬受训工作；（4）主要从事志愿性工作；（5）主要从事其他形式工作。

3. 自给性工作包括为自身最终使用而进行的生产（产品）和服务；就业工作包括为获得报酬或收益而为他人进行的工作；无酬受训工作包括为获得工作经验或技能而为他人从事的无酬工作；志愿性工作包括为他人从事的无酬的非强制性工作；其他工作包括囚犯按照法院或类似权力机关命令所从事的无酬社区服务和工作，以及无酬的军事或替代性民事服务等。

4. 一般情况下，对工作的统计包括定居人口，即一个国家的常住居民的所有人口。

5. 在确定工作年龄人口标准时，工作年龄下限应考虑到国家法律或条例规定的最低就业年龄，或完成义务教育的年龄，但不应该设置年龄上限。

6. 根据人口的劳动力状态，将工作年龄人口分为就业人员、失业人员和非劳动力三类。

7. 对不同工作形式的计量会使用不同的计量单位，基本上包括人、职业或工作活动、时间单位。

8. 数据收集要解决两个突出问题：数据收集的频率和来源。

9. 数据整理与分析的内容主要是整理数据并确立测评分析指标。这些指标主要包括劳动利用不充分的表现，劳动力市场表现的指标，自给性工作、无酬受训工作和志愿性工作的指标，其他有关测量指标。

本章重要概念

工作　工作形式　自给性工作　就业性工作　无酬受训工作　志愿性工作
人口工作年龄标准　就业　失业　非劳动力　潜在劳动力　劳动利用不充分　失业率
与时间相关的不充分就业和失业结合率　失业和潜在劳动力结合率
劳动利用不充分综合测量率

本章复习思考题

一、判断题

1. 工作就是一般生产。　　　　　　　　　　　　　　　　　　　　　　（　　）

2. 自给性工作提供的产品和服务都纳入 GDP 的核算范围。　　　　　　（　　）

3. 股东在自己投资的公司从事工作不应视为就业。　　　　　　　　　（　　）

4. 在非营利组织从事工作，无论是否领取工资都不应视为就业。　　　（　　）

5. 得到受训后合格可以从事工作的承诺，签了合同但还没工作不应视为就业。（　　）

6. 有一份职业视为就业。　　　　　　　　　　　　　　　　　　　　　（　　）

7. 有一份工作不一定视为就业。　　　　　　　　　　　　　　　　　　（　　）

8. 符合工作年龄标准的都被视为劳动力。　　　　　　　　　　　　　　（　　）

9. 失业与就业是针对劳动力而言的。　　　　　　　　　　　　　　　　（　　）

10. 潜在的劳动力不属于劳动力。　　　　　　　　　　　　　　　　　　（　　）

二、单选题

1. 自给性工作提供的"服务"不包括（　　　　）。

A. 运送货物　　　　　　　　　　B. 制作和（或）提供膳食

C. 清扫自己的住所　　　　　　　D. 做义工

2. 对劳动利用不充分的测量包括（　　）。

A. 失业率　　　　　B. 劳动参与率　　　C. 失业人数　　　　D. 劳动量

3. 潜在劳动力包括（　　）。

A. 还未开始找工作且不能"马上能够开始"

B. 还未开始找工作但能"马上能够开始"

C. 已经开始找工作，且能"马上能够开始"

D. 已经找到工作的人

三、简答题

1. 简述工作的形式。

2. 简述确定工作年龄人口标准应考虑的因素。

3. 简述对工作进行测度的主要指标及其内容。

四、思考题

1. 工作、生产、职业三者之间是什么关系？

2. 农民是一种职业吗？为什么？

3. 如何看待我国规定了工作的年龄上限？

第十六章

国际收支核算分析

在经济金融全球化进程中，每当涉及宏观经济分析或讨论时，几乎总离不开"国际收支"这个话题。国际收支核算分析主要介绍国际收支核算、经常账户分析、资本和金融账户分析、国际储备和融资分析的原理和方法。

第一节　国际收支核算

本节主要介绍国际收支核算的概念、国际收支核算的内容、国际收支账户的基本平衡关系和国际投资头寸核算等，为国际收支分析打下基础。

一、国际收支核算的概念

一个国家或地区与其他国家或地区进行货物贸易、提供服务、进行借贷、从事直接投资等活动，就会发生国际收支。国际收支核算由国际收支平衡表（Balance of Payments，BOP）（见表 16 - 1）和国际投资头寸表（International Investment Position，IIP）（见表 16 - 2）组成。其中，国际收支平衡表是从流量的角度反映各项交易，又称国际收支账户；国际投资头寸表是从存量的角度反映国内与国外之间发生的金融资产与负债。国际投资头寸表没有包括实物资产的原因在于，一般来说，除个别情况外，存在于一国经济领土之内的多数实物资产是该国的经济资产，不具有跨经济国界的所有权。而金融交易体现的资产负债关系可跨经济国界存在。

表 16 - 1　　　　　　　　　　　　　国际收支平衡表　　　　　　　　　单位：百万美元

项目	差额	贷方	借方
一、经常项目			
A. 货物和服务			
a. 货物			
1. 出口差额			

续表

项目	差额	贷方	借方
2. 进口差额			
b. 服务			
1. 对他人拥有的实物投入的制造服务（加工服务）			
2. 维护和维修服务			
3. 运输			
4. 旅游			
5. 建筑服务			
6. 保险和养老金服务			
7. 金融服务			
8. 知识产权使用费			
9. 电信、计算机和信息服务			
10. 研究、开发、咨询、技术及商贸服务			
11. 个人、文化、娱乐服务			
12. 别处未提及的政府服务			
B. 初次收入			
1. 雇员报酬			
2. 投资收益			
2.1 直接投资			
2.2 证券投资			
2.3 其他投资			
2.4 储备资产			
3. 其他初次收入			
3.1 生产税和进口税			
3.2 补贴			
3.3 租金			
C. 二次收入			
1. 广义政府征收的所得税、资产税，收缴的社会保障款、社会福利款等，以及政府的其他经常转移			
2. 金融和非金融公司、住户和为住户服务的非营利机构缴纳的所得税、资产税、社会保障款、社会福利款、非寿险的保费和索赔，以及其他经常转移			
3. 养老金权益变化调整			
二、资本项目			
A. 非生产、非金融资产的取得/处置			
B. 资本转移			

项目	差额	贷方	借方
1. 广义政府			
1.1 债务减免			
1.2 其他转移			
2. 其他部门			
2.1 债务减免			
2.2 其他转移			
三、金融项目			
A. 直接投资			
1. 股权和投资基金份额			
1.1 除受益再投资外的股权			
1.1.1 直接投资者对直接投资企业			
1.1.2 直接投资企业对直接投资者（逆向投资）			
1.1.3 联属企业之间			
1.2 收益再投资			
2. 债务工具			
2.1.1 直接投资者对直接投资企业			
2.1.2 直接投资企业对直接投资者（逆向投资）			
2.1.3 联属企业之间			
B. 证券投资			
1. 股权和投资基金份额			
1.1 中央银行			
1.2 除中央银行以外的存款性公司			
1.3 广义政府			
1.4 其他部门			
2. 债务证券			
2.1 中央银行			
2.1.1 短期			
2.1.2 长期			
2.2 除中央银行以外的存款性公司			
2.2.1 短期			
2.2.2 长期			
2.3 广义政府			
2.3.1 短期			
2.3.2 长期			

项目	差额	贷方	借方
2.4　其他部门			
2.4.1　短期			
2.4.2　长期			
C. 金融衍生工具（储备除外）和雇员认购股权			
1. 中央银行			
2. 除中央银行以外的存款性公司			
3. 广义政府			
4. 其他部门			
D. 其他投资			
1. 其他股权			
2. 货币和存款			
2.1　中央银行			
2.2　除中央银行以外的存款性公司			
2.3　广义政府			
2.4　其他部门			
3. 贷款			
3.1 中央银行			
3.1.1　国际货币基金组织信贷和贷款（储备除外）			
3.1.2　短期			
3.1.3　长期			
3.2　除中央银行以外的存款性公司			
3.2.1　短期			
3.2.2　长期			
3.3　广义政府			
3.3.1　短期			
3.3.2　长期			
3.4　其他部门			
3.4.1　短期			
3.4.2　长期			
4. 保险、养老金和标准化担保计划			
4.1　中央银行			
4.2　除中央银行以外的存款性公司			
4.3　广义政府			
4.4　其他部门			

项目	差额	贷方	借方
5. 贸易信贷和预付款			
5.1 中央银行			
5.1.1 短期			
5.1.2 长期			
5.2 除中央银行以外的存款性公司			
5.2.1 短期			
5.2.2 长期			
5.3 广义政府			
5.3.1 短期			
5.3.2 长期			
5.4 其他部门			
5.4.1 短期			
5.4.2 长期			
6. 其他应收/应付款			
6.1 中央银行			
6.1.1 短期			
6.1.2 长期			
6.2 除中央银行以外的存款性公司			
6.2.1 短期			
6.2.2 长期			
6.3 广义政府			
6.3.1 短期			
6.3.2 长期			
6.4 其他部门			
6.4.1 短期			
6.4.2 长期			
E. 储备资产			
1. 货币黄金			
2. 特别提款权			
3. 在国际货币基金组织的储备头寸			
4. 其他储备资产			
4.1 货币和存款			
4.1.1 对货币当局的债权			
4.1.2 对其他实体的债权			

项目	差额	贷方	借方
4.2　证券			
4.2.1　债务证券			
4.2.1.1　短期			
4.2.1.2　长期			
4.2.2　股权和投资基金份额			
4.3　金融衍生工具			
4.4　其他债权			
四、误差与遗漏			

表 16－2　　　　　　　　　　　　　国际投资头寸表

项目	期初国际投资头寸	金融账户交易	金融资产和负债其他变化账户（其他数量变化及重新定值）			期末国际投资头寸
			数量的其他变化	汇率变化	其他价格变化	
资产						
按职能类别						
直接投资						
证券投资						
金融衍生产品和雇员认股权						
其他投资						
储备资产						
按金融工具						
股权和投资基金份额						
债务工具						
特别提款权						
货币和存款						
债务证券						
贷款						
保险、养老金和标准化担保计划						
其他应收/应付款						
其他金融资产和负债						
货币黄金						
金融衍生产品和雇员认股权						
资产总额						

续表

项目	期初国际投资头寸	金融账户交易	金融资产和负债其他变化账户（其他数量变化及重新定值）			期末国际投资头寸
			数量的其他变化	汇率变化	其他价格变化	
负债						
按职能类别						
直接投资						
证券投资						
金融衍生产品和雇员认股权						
其他投资						
按金融工具						
股权和投资基金份额						
债务工具						
特别提款权						
货币和存款						
债务证券						
贷款						
保险、养老金和标准化担保计划						
其他应收/应付款						
其他金融资产和负债						
金融衍生产品和雇员认股权						
负债总额						
净国际投资头寸						

二、国际收支核算的内容

一国国际收支账户记录的是该国对外国的支付和从外国获得收入情况的流量账户。任何导致对外国人进行支付的交易都记入国际收支账户的借方，并在前面加上一个负号（－）；任何导致从外国人那里获得收入的交易，都记入国际收支账户的贷方，并在前面加上一个正号（＋）。根据复式记账法规则，每一笔国际交易都会记入国际收支账户两次，一次作为贷方，一次作为借方。

国际收支账户一般分为经常账户、资本和金融账户两大类（见表 16－1），同时为了使国际收支平衡表达到平衡，往往增设误差与遗漏账户作为平衡项。

（一）经常账户

经常账户包括货物和服务、收入、经常性转移，反映了一国与外国之间实际资源的转移情况。货物一般包括居民向非居民出口或者从非居民那里进口的大多数可移动货物。除个别情况外（如来料加工、货物修理等），可移动货物的所有权都要发生变更。服务又称劳务贸易或无形贸易，主要包括运输、旅游和其他各类服务。收入又称收益，反映生产要素流动引起的生产要素报酬的收支，包括雇员报酬、投资收入两项内容。经常转移又称为无偿转移或单方面转移，属于不以获取收入或支出为目的的单方面交易行为，主要包括所有非资本转移的项目。

1. 货物

货物指居民和非居民出口之间的进出口交易。货物交易的主要内容包括一般货物、加工的货物、货物维修、非居民的各种运输工具在港口购买的货物（如燃料、给养、储备和物资）、非货币黄金。

货物的进出口一律按离岸价格（FOB）计算。但实际中，很多国家对出口货物按离岸价格计算，对进口货物却按到岸价格（CIF）计算，但这样会影响国际收支平衡表的精确性，甚至会引起国际贸易争端。

货物的出口记录在货物账户的贷方，进口记录在借方。贷方大于借方，差额用"＋"表示，表明货物出口大于进口；反之，差额用"－"表示，表示货物进口大于出口。

2. 服务

服务又称作劳务贸易或无形贸易，主要包括运输、旅游、通信服务、建筑服务、保险服务、金融服务、计算机和信息服务及其他服务。

向非居民提供的服务记录在服务账户的贷方，非居民向居民提供的服务记录在服务账户的借方。贷方大于借方，差额用"＋"表示，表明服务的出口大于进口；反之，差额用"－"表示，表示服务的进口大于出口。

3. 收入

收入反映生产要素流动引起的生产要素报酬的收支，包括雇员报酬、投资收入两项内容。

雇员报酬包括以现金或实物形式支付给非居民雇员的工资、薪金和其他福利。非居民雇员是指在本国短期（一年以下）工作的雇员。本国从非居民得到的雇员报酬，记在居民收入账户的贷方；本国向非居民支付的雇员报酬，记在居民收入账户的借方。贷方大于借方，差额用"＋"表示，表示本国居民得到他国支付的雇员报酬大于向非居民支付的雇员报酬；反之，差额用"－"表示，表示本国居民得到他国支付的雇员报酬小于向非居民支付的雇员报酬。

投资收入也称财产收入，是指由债权债务关系产生的居民与非居民之间的收入，主要有直接投资收入和证券收入。直接投资收入是由直接投资者对非居民企业拥有资本的所有权而获得的收入，具体包括得到的已分配收入、用于再投资的收益、未分配利润和长期债券利息收入。证券投资收入是居民和非居民之间由于相互持有股票、债券、货币市场工具和其他金融资产而产生的红利收入或支出、利息收入或支出。居民从非居民处得到红利、利息及其他财产收入记在居民收入账户的贷方；向非居民支付的红利、利息等记在居民收入账户的借方。若贷方大于借方，差额用"＋"表示，表示本国居民从他国获得的投资收入高于外国居民在本国获得的投资收入；反之，差额用"－"表示，表示本国居民从他国获得的投资收入低于外国居民在本国获得的投资收入。

将收入列为经常账户的一个独立组成部分，这种处理方法与国民账户体系保持一致，加强了收入与金融项目流量、收入与国际收支和国际投资头寸之间的联系，有利于提高国际账户的分析价值。

4. 经常转移

经常转移的主要内容有两部分。一是居民与非居民之间出于援助、馈赠等目的发生的现金和物品转移（主要是食品、衣物、医药等消费品）。这种转移不要求接受一方有所回报。经常转移只改变接受转移一方的可支配收入水平和消费水平，不改变接受转移一方的资产水平（如果某类现金和物品的转移成为接受转移一方的资产，则视为资本转移，资本转移在资本账户中介绍）。二是居民与非居民之间相互缴纳的各种税费和非人寿保险等。

在有些情况下，实物转移的价值不易确定，因为转移不是交易，没有交易价格。在通常情况下，提供和接受转移的双方会利用该物品的市场价值对其进行估价。

居民从非居民处得到的转移记录在居民经常转移账户的贷方，向非居民提供的转移记录在借方。若居民从非居民处得到的转移大于向非居民提供的转移，则贷方大于借方，差额用"＋"表示；反之，差额用"－"表示。

（二）资本和金融账户

资本和金融账户是指对资产所有权在国际间流动行为进行记录的账户，它由资本账户和金融账户两部分组成。

1. 资本账户

资本账户反映了资产在居民与非居民之间的转移，主要包括资本转移和非生产、非金融资产的收买或放弃。资本转移包括固定资产所有权转移、同固定资产的收买或放弃相联系的或以其为条件的资金转移、债权人不索取任何回报而取消的债务。非生产、非金融资产的收买或放弃主要包括不是由生产创造出来的有形资产（如土地或地下资产）与无形资产（专利、版权、商标、经销权等）的收买或放弃。

资本转移主要包括：（1）与资本形成相关的现金转移；（2）固定资产所有权的转移；（3）债权债务双方根据协定无偿减免债务人的债务；（4）对转移资产价值征收的税款，如继承税、遗产税和赠与税，以及向非居民提供的补偿资本损失的非保险赔偿等，如由于原油泄漏、战争等造成的损害支付；（5）土地及无形资产的无偿转让。

资本转移会发生在非居民与居民的各个机构部门之间。其中，与政府部门有关的资本转移是资本转移的重要内容，其意义比较突出；其他部门的资本转移则没有必要单独反映。因此，一般情况下，资本转移账户下只区分两个部门，一是政府部门，二是其他部门。其他部门包括住户、非金融企业、银行和货币当局。

与经常转移一样，由于不是市场交易，被转移资源的价格不易确定。一般来说，被转移资源的价值以捐赠国确定的价值为计价基础。

居民接受的非居民资本转移记录在贷方，居民向非居民的资本转移记录在借方。若居民接受的资本转移大于出让的资本转移，贷方大于借方，资本转移差额用"＋"表示；反之，用"－"表示。

2. 金融账户

金融账户反映的是居民与非居民之间的投资与借贷的增减变化，主要分为直接投资、证券投资、其他投资和储备资产。储备资产包括某一经济体的货币当局认为可以用来满足国际收支和在某些情况下满足其他目的的各类资产的交易，它涉及的项目包括货币化黄金、特别提款权、在国际货币基金组织的储备头寸、外汇资产以及其他债权。

（1）直接投资。直接投资反映某一经济体的居民单位（直接投资者）对另一经济体的居民单位（直接投资企业）的永久权益，它包括直接投资者和直接投资企业之间的所有交易。

直接投资包括居民和非居民之间的股本投资、再投资收益和其他资本投资。与其他投资不同的是，直接投资能给投资者带来持久性利益。所谓的持久性利益，不仅包括直接投资者和企业之间在利益方面存在着长期关系，而且直接投资者对企业的经营管理可以施加相当大的影响，即直接投资者对企业有相应的股权和投票权。国际上通行的反映这种影响的量化指标为：直接投资者对企业拥有10%及以上的普通股或投票权。

股本投资可采用现金形式，但更多的是以机器设备甚至无形资产作价进行的投资，形成直接投资者在直接投资企业的股份。再投资收益包括归直接投资者所有的未作为红利分配的收益和未汇回直接投资者的收益，这些收益是直接投资者权益的一部分，因此应记录在直接投资项下。永久性债务也能为投资者提供持久性收益，因此，直接投资项下还包括直接投资企业的永久性债务。对直接投资的核算还要特别关注直接投资企业股权的变化。例如，如果非居民通过证券投资购买一企业的股份不足10%，但随后又在市场上购进该企业更多的股票，并且购买的全部股份达到10%或以上，则随后购进的那部分股票要作为直接投资进行统计。

直接投资一般发生在居民与非居民的企业（包括金融企业）之间，因此，对直接投资的核算不再进行更多的部门划分。

非居民对居民发生的直接投资以及非居民对居民直接投资的撤资和资金汇出，分别记录在居民直接投资负债项下的贷方和借方，差额为非居民对居民直接投资净额。若非居民对居民发生的直接投资大于撤资和资金汇出，则净额记录在贷方，用"＋"反映；反之，则净额记录在借方，用"－"反映。居民对非居民发生的直接投资以及居民对非居民直接投资的撤资和资金汇回，分别记录在居民直接投资资产项下的借方和贷方，差额为居民对非居民直接投资净额。若居民对非居民发生的直接投资大于撤资和资金汇回，则净额记录在借方，用"－"反映；反之，则净额记录在贷方，用"＋"反映。

（2）证券投资。证券投资包括居民与非居民之间股本证券和债务证券的交易，股本证券交易包括股票、参股或其他类似文件，债务证券包括长期债券、无抵押品的公司债券、中期债券、货币市场工具和其他派生金融工具。

从居民的资产方角度出发，居民对非居民发生的证券投资以及居民对非居民减少的证券投资，分别记录在居民证券投资资产项下的借方和贷方，差额为居民对非居民证券投资净额。若居民对非居民发生的证券投资大于减少的证券投资，净额记录在借方，用"＋"反映；反之，净额记录在贷方，用"－"反映。从居民负债方角度出发，非居民对居民发生的证券投资以及非居民对居民证券投资的减少，分别记录在居民证券投资负债项下的贷方和借方，差额为非居民对居民证券投资净额。若非居民对居民发生的证券投资大于撤资，净额记录在贷方，用"＋"反映；反之，净额记录在借方，用"－"反映。

（3）其他投资。其他投资是指所有直接投资和证券投资未包括的金融交易，包括贸易信贷、贷款、预付款、金融租赁项下的货物、货币和存款等。

从居民的资产方角度出发，居民对非居民发生的其他投资以及居民对非居民减少的其他投资，分别记录在居民其他投资资产项下的借方和贷方，差额为居民对非居民其他投资净额。若居民对非居民发生的其他投资大于减少的其他投资，则净额记录在借方，用"－"反映；反之，则净额记录在贷方，用"＋"反映。从居民负债方角度出发，非居民对居民发生的其他投资以及非居民对居民其他投资的减少，分别记录在居民其他投资负债项下的贷方和借方，差额为非居民对居民其他投资净额。若非居民对居民发生的其他投资大于撤资，则净额记录在贷方，用"＋"反映；反之，则净额记录在借方，用"－"反映。

金融账户还包括储备资产账户，因其在国际收支账户分析中的作用比较特殊，其概念和核算分析在下面单独阐述。

（4）储备资产。储备资产是货币当局随时可以利用并直接控制的对外资产，主要包括货币黄金、特别提款权、在国际货币基金组织的储备头寸、外汇资产（包括货币、存款和有价证券）和其他对外债权。值得注意的是，国际收支平衡表中的储备资产变动情况反映的是官方部门的国际交易活动，而同交易无关的储备资产的变化则不包括在国际收支平衡表中，如储备资产的计价变化、特别提款权的分配与撤销、黄金的货币化或非货币化及抵消上述变化的对应项目。

对储备资产进行核算时，需要仔细甄别货币当局是否对某类资产拥有有效的控制权。一般情况下，根据该类资产的法律特征，确定货币当局对该类资产是否拥有所有权，但实际中并不是这样简单。一种情况是，某类金融资产法律上的所有权并不属于货币当局，而属于某个金融机构，但只有在货币当局明确批准后，这个金融机构才能对这笔金融资产按货币当局的具体要求进行交易。在这种情况下，该笔金融资产应视为置于货币当局的有效控制之下。另一种情况正相反，如果货币当局对某类对外金融资产只有临时权利，则不能认为货币当局对该类资产拥有有效控制权。因此，所有权不是货币当局对某类资产是否具有有效控制权的必要条件。货币当局对其没有有效控制权的对外资产不是储备资产。

储备资产的增加记在账户的借方，减少记在贷方。储备资产的增加大于减少，差额用"－"表示；反之，用"＋"表示。

（三）误差与遗漏账户

从理论上讲，采用复式记账法编制的国际收支平衡表，其借方总额与贷方总额相抵之后的总净值应该为零。但实际上，一国国际收支平衡表会不可避免地出现借贷双方数字金额不一致的现象。

一般认为这种差异是由于统计资料有误差或遗漏而形成的，主要原因包括：（1）一笔交易的借方和贷方的资料，可能通过不同的渠道获得，由于统计范围、精确度和计时等方面可能不同，存在统计数字重算、漏算的情况；（2）有的交易不可避免地存在当事人故意改变、伪造某些数字的做法，如走私、资本外逃等；（3）有的统计数字本身就是估算的，有的可能根本没有记录，如金融业务咨询等服务交易。

由于以上原因，官方统计所得到的经常账户、资本和金融账户两者之间实际上并不能真正达到平衡，国际收支平衡表的借方总额与贷方总额之间往往存在差距，这个差距被称为误差与遗漏项。误差与遗漏是一个平衡项，当贷方大于借方时，在借方记录一笔数目相同的误差与遗漏，用"－"反映；反之，记在贷方，用"＋"反映。根据经验，只要误差与遗漏的绝对值与贸易进出口总额的比值小于5%，误差与遗漏的水平就基本上被认为是合理的。

三、国际收支账户的基本平衡关系

国际收支平衡表是根据复式记账原理编制的，其贷方项目总和与借方项目总和是相等的，国际收支平衡表的借贷总体差额为零，但这种平衡只是账面的、会计意义上的平衡，不具有经济学意义。在国际收支平衡表中，每个具体账户和科目的借方额和贷方额往往是不相等的，这种差额被称为局部差额，如贸易差额、劳务收支差额、经常账户差额等。在运用国际收支平衡表进行经济分析时，人们往往很注重国际收支平衡表中某个账户或科目的交易所形成的局部差额，或者很注重某几个科目的交易加总在一起所形成的局部差额。通常，我们在国际收支平衡表的某个位置画一条水平线，在这条水平线之上的交易是我们所要研究的，被称为"线上交易"，而在此线以下的交易被称为"线下交易"。

在国际收支平衡表中，除了误差与遗漏账户外，其余所有账户都代表着实际的交易活动。在国际收支平衡表中"画线"实质上就是将国际收支中各种交易划分为自主性交易和调节性交易两类。其中自主性交易又叫事前交易，主要是各类微观主体（如进出口企业、金融机构或居民个人等）出于自身经济上的某种目的（如追求利润、减少风险、资产保值、逃税避税、逃避管制或投机等）而进行的交易活动。这种交易活动体现的是微观经济主体的个体利益，具有自发性和分散性的特点；而调节性或补偿性交易又叫事后交易，是指货币当局出于调节国际收支差额、维护国际收支平衡、维护本国货币汇率稳定等目的而进行的各种交易。这类交易活动由政府出面实现，体现了一国政府的意志，具有集中性和被动性的特点。尽管自主性交易和调节性交易在理论上十分容易界定，但在现实中并不存在一个统一的权威划分标准，不同研究者和政策当局往往根据研究需要的不同而选择不同的划分标准。在实践中，划定自主性交易范围的问题就变成了前面所说的"画线"问题。

线上交易所形成的差额是否为零，是判断一国国际收支是否平衡的标准。当线上交易差额为零时，我们称国际收支处于平衡状态；当线上交易差额不为零时，我们称国际收支处于失衡状态。如果线上交易的贷方总额大于借方总额，称为盈余；如果线上交易的贷方总额小于借方总额，称为赤字。线上交易的局部盈余或赤字，正好可被线下交易所形成的赤字或盈余予以弥补。表 16 – 3 列出了常见的几种国际收支局部差额及其线下弥补项目。

表 16 – 3　几个国际收支局部差额的内容及其关系

商品出口
– 商品进口
= 贸易差额
+ 无形收入
– 无形支付
+ 无偿转移支付
– 无偿转移支出
= 经常账户差额
+ 长期资本流入
– 长期资本流出
= 基本差额
+ 私人短期资本流入
– 私人短期资本流出
= 官方结算差额
+ 官方借款
– 官方贷款
= 综合差额
– 储备增加（ + 储备减少）
= 零

综合差额所包括的线上交易最为全面，仅仅将官方储备作为线下交易，它衡量一国官方通过变动官方储备来弥补的国际收支不平衡。当综合差额为盈余或赤字时，就要通过增加或减少官方储备来平衡。综合差额的状况直接影响该国的汇率是否稳定；而动用官方储备弥补国际收支不平衡、维持汇率稳定的措施又会影响一国的货币发行量。因此，综合差额是非常重要的。

官方结算差额是经常账户交易、长期资本流动和私人短期资本流动的结果。当官方结算差额为盈余时，可以通过增加官方储备，或者本国货币当局向外国贷款进行平衡；当官方结算差额为赤字时，可以通过减少官方储备，或者本国货币当局向外国借款进行平衡。因为一国官方除了动用官方储备外，还可以通过短期对外借款或贷款来弥补收支不平衡并稳定汇率。官方的短期对外借款或贷款可以缓冲收支不平衡对官方储备变动的压力。官方结算差额衡量了一国货币当局所愿意弥补的国际收支差额。

基本差额是经常账户交易、长期资本流动的结果。它反映了一国国际收支的长期趋势。如果一国国际收支的基本差额为盈余，那么即使其综合差额暂时为赤字，从长期看，该国仍有较强的国际经济实力。

经常账户差额反映了实际资源在该国与他国之间的转让净额，以及该国的实际经济发展水平。当经常账户为盈余时，就要通过资本的净流出或官方储备的增加来平衡；当经常账户为赤字时，就要通过资本的净流入或官方储备的减少来平衡。

贸易差额也是衡量一国实际资源转让、实际经济发展水平和国际收支状况的重要依据。

四、国际投资头寸核算

（一）国际投资头寸的概念

国际投资头寸是在特定日期编制的（如一年年底），以统计报表的形式反映该时点上一国居民对外金融资产和负债的状况。这个统计报表就是国际投资头寸表（见表16-2），一般包括两方面的内容：一是一国的金融资产或对世界其他地方的债权的价值和构成；二是一国对世界其他地方的负债存量的价值和构成。

（二）国际投资头寸的分类及核算

国际投资头寸的分类有两个层次（见表16-2）：一是反映资产和负债的区别，在国际投资头寸表的横栏中列出。资产和负债的差额反映了净头寸的规模。与国际收支中金融账户的标准分类和核算口径完全一致，进一步可将资产按功能划分为直接投资、证券投资、其他投资和储备资产；负债也以同样的方式划分（储备资产除外）。二是在国际投资头寸表的竖栏中，将资产和负债按照期初头寸、期末头寸、造成头寸变化的各种因素进行分类。造成头寸变化的各种因素包括：（1）本期内发生的引起资产或负债发生变化的各项交易（如国际收支中发生的直接投资和证券投资等）；（2）价格变化引起的头寸变化；（3）汇率变化引起的头寸变化；（4）其他调整引起的头寸变化，比如特别提款权分配/撤销引起的变化、异常融资/债务重组引起的变化等。

期初头寸等于上期末国际投资头寸表的期末头寸；交易引起的头寸变化可以直接从本期国际收支平衡表中得出；价格、汇率以及其他调整引起的头寸变化，原则上都应按现期市场价格在有关日期进行计算（期初或期末）。期末头寸等于期初头寸加上交易、价格变化、汇率变化、其他调整引起的头寸的变化。

（三）国际投资头寸与外债的区别

一国的国际投资净头寸，即对外金融资产减去对外负债，反映了一国债权和债务的对比情况，通常被用来分析一国相对其他国家的经济表现和走势。这里需要区分国际投资净头寸与外债总额的区别和联系。

外债总额一般是指一国居民所欠非居民的、已使用而尚未清偿的、具有契约性偿还义务的全部债务。具体来讲，外债总额等于国际投资头寸的负债项中扣除非居民在本国直接投资和股本证券后的所有债务，即国际投资头寸中非股本组成部分的债务。而国际投资净头寸是国际投资头寸的资产项和负债项的差额，包括股本证券和直接投资的内容。

第二节　经常账户分析

经常账户分析的主要内容包括经常账户差额与储蓄和投资的关系分析、贸易账户分析。

一、经常账户差额与储蓄和投资的关系分析

开放经济的国民收入是本国和外国花费在由本国生产要素生产的货物和服务上的总和，其恒等式为

$$GNP = C + I + G + EX - IM$$

式中，GNP 代表国民收入，C 代表消费，I 代表投资，G 代表政府购买，EX 代表出口，IM 代表进口。因此，$GNP - (C + I + G) = EX - IM = CAB$，其中 CAB 代表经常账户差额。而国民储蓄是国民收入中没有用于家庭消费或政府购买的部分，即 $S = GNP - C - G$，其中 S 代表国民储蓄，由此可得

$$S - I = GNP - C - G - I = GNP - (C + I + G) = EX - IM = CAB \qquad (16-1)$$

经常账户差额相当于一国经济的资源缺口，等于国民储蓄与投资的差额。经常账户差额是一个非常重要的指标，是一个很有用的警示信号，从一个角度反映了国际收支失衡的程度。但产生经常账户差额的原因是多方面的，有的是私人部门的原因，有的是政府财政的原因，所以经常账户失衡并不意味着需要采取某种政策。是否对经常账户失衡作出政策反应、

采取什么样的政策，这需要对经常账户失衡的来源做更深入的分析。

经常账户状况的变化（如顺差的增加或者赤字的减少）必然与国民储蓄相对于投资的增加相匹配，因此，在对经常账户差额采取调整政策时（如通过汇率、关税、配额或出口刺激），也必须懂得这些政策是如何影响储蓄和投资行为的。

二、贸易账户分析

这里贸易账户具体指经常账户中的货物进出口账户。对贸易账户进行分析是经常账户分析的重点，从中能够发现影响经常账户差额的一些重要原因。

（一）贸易结构分析

贸易结构分析就是按照进出口货物的种类、数量、价格、贸易伙伴（包括出口目的地和进口原产地）、贸易方式等信息，对一个经济体货物贸易的具体结构、变化进行对比分析。国际收支平衡表中一般只反映货物进出口的总额，没有按照货物种类、数量、价格和贸易伙伴、贸易方式进行具体分类。因此，对贸易结构进行分析一般需要从海关等部门得到货物进出口贸易的具体分类数据。按照贸易伙伴细分的货物贸易流量数据，也可以从国际货币基金组织（IMF）按季度出版的《贸易流向统计》（DOTS）中获得，该数据是国际认可的贸易统计数据来源，在分析贸易流量方面很有价值。对贸易结构进行分析一般从商品类别、贸易伙伴、贸易方式三个角度入手。

从商品类别角度分析，重点分析一国出口贸易的技术结构。出口贸易技术含量的高低，说明了一国的出口贸易是属于资源投入型还是技术附加型。如果出口贸易量的增加主要是建立在资源投入型的出口上，这种贸易模式就可能不是可持续的，不利于经济的长期发展；如果在出口贸易量增加的同时，出口产品的技术含量也得到相应的提高，那么贸易模式就是可持续的。一般分析一国出口贸易的技术结构采取两种方法：一种是简单考察进出口贸易产品分类，如果被认为具有较高的技术含量的产品类别占有较高出口份额时，就认为出口贸易具有较高的技术结构；另一种是根据产品的要素密集度和技术密集度进行分析，如果一国的劳动密集或资源密集产品占据较大份额，而资本密集或技术密集产品占据较小份额，则该国出口贸易技术结构比较低。产品的要素密集信息可从国民经济投入产出表获得，国民经济投入产出表中的研发支出数据一般只能在产业水平上得到，所以这种方法只能在产业水平上粗略测度一国出口贸易的技术机构。从商品角度分析，有时会根据本国宏观经济分析的需要，重点分析若干种本国处于比较优势或劣势的具体商品，比如石油、煤炭等能源类商品，或者钢材、纺织品、农产品等，这些商品进出口贸易差额的长期趋势和异常变动会对本国经济和相关产业产生较大影响。

从贸易方式角度分析，就是将商品进出口按照贸易方式进行分类，分析不同贸易方式的贸易总量、差额、发展趋势及其对全部贸易的影响。贸易方式可分为一般贸易、加工贸易、其他贸易。加工贸易包括来料加工装配贸易、进料加工贸易、出料加工贸易等贸易方式。随着近几十年来世界生产和贸易垂直专业化分工的发展，加工贸易成为全部贸易的最大增长来源，所占比重也越来越高。分析加工贸易在全部贸易中的比重、发展趋势，加工贸易产品在整个生产链条中的技术含量和附加增加值，以及对进出口差额的影响，是贸易结构分析的重要组成部分。

从贸易伙伴角度分析，就是按照贸易伙伴对进出口贸易进行分类，分析对比本国与各贸易伙伴之间进出口贸易的情况。贸易伙伴可以按照不同的经济体进行分类，如美国、日本、俄罗斯、英国、中国香港等；也可以根据分析需要，按照不同的经济区域进行划分，如欧盟、东盟等；或者更粗线条按照地理区域划分，如亚洲、南美洲等。在从贸易伙伴角度分析时，重点分析进出口贸易变化是否集中在某些贸易伙伴（或地区），并进一步分析本国与这些贸易伙伴（或地区）之间的贸易条件的变化。这里特别需要注意的是，由于中转贸易的存在（比如通过香港地区的贸易），有的进出口贸易难以准确辨别最终的出口国或进口国，这往往导致本国与贸易伙伴进出口贸易数据统计的差别；另外，由于国际间专业化分工和加工贸易的大量存在，很多国家都处在整个生产链条的某个环节，而在统计上往往按照最终产品生产国的出口进行统计，这也容易造成进出口贸易数据失真，需要具体问题具体分析。

（二）贸易条件分析

影响货物进出口贸易的因素比较多，各种影响贸易货物供给和需求的因素都将最终影响国际收支中的货物进出口贸易。但在宏观经济分析中，常常将分析的重点放在国内外的需求和贸易货物的相对价格上。从长期看，对进出口贸易的最重大影响来自价格竞争力。而汇率是影响相对价格水平的重要因素，价格竞争力一般用实际汇率或经过调整的名义汇率来衡量。评估一个国家汇率水平是否合适是一项非常复杂的任务，需要考虑很多因素。通常认为，实际汇率、平行市场汇率以及与汇率水平密切相关的经常账户差额、外汇储备水平是进行汇率水平评估的重要指标。

1. 实际汇率

实际汇率水平通常被视作确定汇率调整的必要指标。最适当的实际汇率指标是以国内单位劳动力成本（劳动生产率调整后的工资成本）与贸易伙伴国该项成本的比率为基础的实际汇率，在缺少单位劳动力成本指数的情况下，可以用相对消费者价格指数替代。通常，比较一下目前的实际汇率水平和以前经常账户大致平衡时的实际汇率水平，是非常具有参考意义的。

2. 平行市场汇率

很多国家都有外汇的平行市场或者黑市。这些市场通行的汇率通常能显示官方汇率的不均衡程度。但由于这类市场规模较小，容易受少数交易商影响，在解释指标时需要特别注意。一般情况下，平行市场上本币的大幅度贴水往往说明本币汇率的高估。

3. 经常账户差额

当前和预期经常账户差额是判断汇率水平是否适当的主要标准。在固定汇率体制下，如果预测的经常账户逆差无法通过外汇储备或者借款加以弥补，那么本币汇率水平已经高估，有必要进行贬值。这个标准说明，即使目前经常账户没有逆差，本币也可能需要贬值，但如果经常账户逆差是暂时的，本币就没有贬值的必要。由于经常账户差额对实际汇率的变化反映相对较慢，经常账户差额并不总是衡量汇率水平是否合理的良好指标。

4. 外汇储备水平

外汇储备水平的变动，如持续上升或下降，可能意味着汇率水平的不恰当。外汇储备的下降可能反映了经常账户逆差，或者资本和金融账户中将资金兑换成外币的行为，一定程度上说明居民和外国投资者对本国政策缺乏信心。但一国可以通过借款增加外汇储备，使外汇储备水平表面上看比实际水平高，因此外汇储备的变动可能不是表明汇率调整必要性的一个好的指标。

在贸易条件分析中，还需要考虑影响商品竞争力的非价格因素，如质量、包装和供货的及时性等因素。

（三）　贸易政策分析

除了汇率政策和国内外需求状况外，货物进出口贸易在很大程度上还受贸易政策偏向（包括关税、进出口配额、进出口补贴和其他贸易刺激或限制措施）的影响。贸易政策大体上分为两种，即外向型贸易政策和内向型贸易政策。外向型贸易政策对面向国内市场和国际市场的生产以及购买国内产品和国外产品都一视同仁，这是一种非歧视的贸易政策，有利于促进出口贸易的发展。内向型贸易政策则区别对待面向本国市场的生产和面向出口市场的生产，采取歧视性的贸易和产业刺激政策，给予面向本国市场的生产以更好的优惠措施。

衡量贸易政策体制偏向的程度是一项复杂的工程。这里介绍一种贸易体制偏向指标——基于有效保护概念的贸易偏向指标（t_b）。

$$t_b = 可进口商品的平均保护率 / 可出口商品的平均保护率 \qquad (16-2)$$

商品的有效保护率（ERP）是指给予生产中的增值而不是最终产品的保护，具体为

$$ERP = (V' - V)/V \qquad (16-3)$$

式中，V'代表以国内价格衡量的增值，包括关税或补贴；V代表以世界价格衡量的增值。当$t_b = 1$时，表明该贸易政策体制是中性的；当$t_b > 1$时，表明该贸易政策体制对可进口商品的平均保护大于对可出口商品的保护，有利于进口贸易；当$t_b < 1$时，表明该贸易政策体制对可进口商品的平均保护小于对可出口商品的保护，有利于出口贸易。

需要说明的是，在运用一些总量指标计算t_b来衡量整个经济的保护程度时，对不同产业加以平均，其有效保护率可能是零（没有保护），但这并不意味着该经济体的贸易体制完全中性。这是因为一个完全中性的贸易政策体制对各贸易商品产业的保护应该是中性的，但

实际上，由于不同产业的保护率不同，有的产业偏向外向型，有的产业偏向内向型，而综合平均计算的有效保护率则可能是零。

除对本国贸易政策进行分析外，主要贸易伙伴国的政策变化也会对进出口贸易产生明显影响。例如，贸易伙伴国取消贸易的数量限制或降低关税可以促进进出口；特殊的贸易协定，尤其是地区性贸易协定，可以促进本地区内的跨境贸易。

第三节　资本和金融账户分析

本书主要讨论国际收支中由于经常账户差额引起的、在资本和金融账户记录反映的对外负债、外汇储备变动的金融流量。

一、资本和金融账户与经常账户的关系

通过表 16 – 3 我们可以看到，经常账户差额可以且必须通过资本和金融账户项目交易的调节得到弥补，此时所得的局部差额为零。因此，经常账户逆差的融资来源实质上就是资本和金融账户所对应的交易，具体而言，包括资本账户的资本性转移及非生产、非金融资产的收买或放弃和金融账户的直接投资、证券投资、其他投资和储备资产。因此，资本和金融账户的两个科目的交易所形成的局部差额恰好与经常账户的交易所形成的局部差额对应。

考虑到误差与遗漏因素，资本和金融账户与经常账户的关系可用以下公式表示：

$$经常项目差额 = -（资本项目差额 + 金融项目差额 + 误差与遗漏差额）\qquad（16 – 4）$$

二、外债的分析

（一）外债的含义

人们对"外债"没有统一的定义，不同国家和机构使用的"外债"往往具有不同含义。目前，国际上比较认可的概念是：外债是在任何给定的时刻，一国居民所欠非居民的、已使用而尚未清偿的、具有契约性偿还义务的全部债务。其包含四个要素：（1）外债以居民和非居民为标准，是居民对非居民的债务；（2）必须是具有契约性偿还义务的外债，通过具有法律效力的文书明确偿还责任、偿还条件、偿还期限等，而不包括由口头协议或意向性协议所形成的债务；（3）必须是到一个时点的余额存量；（4）全部债务既包括以外币表示的债务、以本币表示的债务，也包括实物形态构成的债务。

（二）债务存量与产生债务的流量的关系

在资本和金融账户中，多数交易流量会产生外债，债务总额存量与资本和金融账户中记录的交易流量之间存在一定的联系：某一年期末的债务总额大致等于前一年期末债务总额加

上该年新产生的债务流量，减去该年偿还债务本金的流量。具体可用方程式表示为

$$D_t \approx D_{t-1} + B_t - A_t \qquad (16-5)$$

式中，D_t 表示第 t 期末的债务余额存量；B_t 表示第 t 年内新产生的债务流量；A_t 表示第 t 年内偿还债务本金的流量。

式（16-5）左右两侧是大致等于或者略等于，原因是多方面的：一是全部债务一般以不同的币种计价，由于汇率的变动，期末需要对债务存量进行调整；二是利息有时会本金化，即把未支付的利息（或者拖欠的利息）加到债务存量中；三是国际间存在豁免债务的情况。

（三）衡量外债可维持性的指标

如果预计一国在中长期内可以全面履行其对外义务，不必寻求债务重组、债务减免或拖欠债务，那么这个国家的对外债务状况是可维持的。衡量一国外债维持性的指标较多，下面重点介绍几种常用的指标。

1. 偿债率

偿债率是指一国的偿债额（年偿还外债本息额）占当年该国外汇总收入的比率。这是衡量一国外债偿还能力的最重要的指标，公式如下：

$$偿债率 = \frac{本年度应偿还外债本息额}{本年度商品和服务出口收汇额} \times 100\% \qquad (16-6)$$

国际上，一般认为偿债率指标在 20% 以下是安全的，即一个国家的外债本息偿还额不宜超过外汇总收入的 20%，超过这一警戒线就有发生债务危机的可能性。但这并不是绝对的，一国的偿债能力除了取决于外汇收入和外债的数额、期限、品种等因素外，还取决于一国的进口状况、外汇储备状况、经济和贸易的增长速度等多种因素。

2. 负债率

负债率指标可从两个角度衡量：一个是总债务余额与国民生产总值的比率，另一个是总债务余额与本年度外汇收入的比率，公式如下：

$$负债率 = \frac{本年末总债务余额}{本年度国民生产总值} \times 100\% \qquad (16-7)$$

该比率用于衡量一国对外资的依赖程度或总体债务风险度，一般参照系数为 8%。该指标是从静态考察生产对外债的承受能力。

$$负债率 = \frac{本年末总债务余额}{本年度商品和服务出口收汇额} \times 100\% \qquad (16-8)$$

国际上公认该指标的参考系数为 100%，但这不是绝对的，因为即使一国的外债余额很大，如果债务期限结构合理，当年的还本付息额也可以保持在适当水平。

世界银行的债务报告系统中引入了现值的概念，即测度偿债总额的现值与国民生产总值或出口总额的比率。如果偿债总额的现值与当年国民生产总值的比率超过 80%，或者偿债

总额的现值与当年商品和服务出口收汇额的比率超过 220%，那么该国就被认为是重债国。

3. 债务成本率

债务成本率是指一国支付的利息占当年该国外汇总收入的比率。这是衡量一国外债成本的最重要指标。公式如下：

$$债务成本率 = \frac{本年度支付的外债利息额}{本年度商品和服务出口额} \times 100\% \qquad (16-9)$$

4. 短期债务率

短期债务率是指当年外债余额中，1 年（含）以下短期债务所占的比重。公式如下：

$$短期债务率 = \frac{1\ 年（含）以下短期债务余额}{债务总额} \times 100\% \qquad (16-10)$$

一般参照系数为 25%。这是衡量一国外债期限结构是否安全合理的重要指标，它关系到一国当年还本付息额的大小。

另外，还有一些其他指标，比如外债总额与本国黄金外汇储备总额的比率，应控制在 3 倍以内；外债余额增长速度应小于外汇收入增长速度；等等。

在衡量一国的外债可维持性时，要注意综合考虑各项指标，因为每项指标只反映一方面的问题，存在一定的局限性，单纯考虑某项指标可能出现偏差。即便综合考虑各项指标，也要注意同长期经济形势结合起来分析，因为以上指标都反映的过去的情况，未来经济发展趋势对一国偿债能力也具有重要影响。

三、外国直接投资和国际资本流动分析

随着经济金融全球化的不断发展，外国直接投资和国际资本流动对一国经济的影响越来越大，与一国的国际收支有着密切的关系，直接反映在一个国家国际收支平衡表的资本和金融账户中。

（一）外国直接投资

外国直接投资是指一国企业或个人对另一国的企业等机构进行的投资，直接投资可以取得对方或东道国厂矿企业的全部或部分管理和控制权。外国直接投资主要有三种类型：（1）创办新企业，可以是单独投资或联合投资。这种投资往往不局限于货币形态资本的投资，诸如机器设备、存货甚至技术专利、商标权等都可以折价入股。（2）收购国外企业的股权达到一定比例以上。（3）利润再投资。投资者在国外企业投资所获得的利润并不汇回国内，而是作为保留利润对该企业进行再投资，但这种投资并不引起一国资本的流出入。

各国都十分重视外国直接投资，这不仅是因为它不构成本国的对外债务，更是因为它是从国外引进先进技术和管理技巧的重要手段，而这种技术转移的好处往往超过资本流入本身。然而，这并不意味着一国对外国直接投资采取放任自流的态度。多数国家通过制定一系列法律或法规来设置外资进入的门槛，规范外资企业的行为，保护本国的民族工业和特定的

经济利益。当然，各国对外国直接投资的态度并非是一成不变的。随着国内经济形势的发展变化，外国直接投资给本国带来的潜在收益和成本也会改变，在权衡成本收益的基础上，一国会采取相应的鼓励或限制措施。常见的鼓励或限制措施包括税收、土地和厂房租金、贷款、环保要求等。

应当注意的是，虽然外国直接投资在短期内难以发生较大的变化，对国际收支变动带来较大影响，但外国直接投资变动趋势影响国际收支的平衡：一是外国直接投资的发展趋势，这包括外国直接投资总额、净额、投资结构的变化趋势；二是外国直接投资利润和股息汇出国境时可能引起的短期资本流动；三是包括债务和股权证券在内的债务工具的种类、期限结构的变动和按照机构部门（政府、银行和企业）分类的负债的存量和流量趋势。

（二）国际资本流动

国际资本流动是指资本从一个国家或地区向另一个国家或地区转移（这里所讲的资本是指货币资本，不是实物资本），它包括资本流出和资本流入。资本流入包括外国企业在本国投资建厂、本国政府或企业在外国发行债券、本国企业抽回在外国的资本金和本国政府收取外国偿还的债款本息等。资本流出包括本国企业在国外投资建厂、购买外国发行的债券、外国企业在本国的资本金返回和本国政府支付外债的本息等。

从资本流动对一个国家的影响看，主要从以下几个角度进行分析：（1）资本流动方向，是指一个国家对外国资本的输入和本国资本的输出。（2）资本流动规模，是指一个国家资本输出入的总额（资本输出入额之和）和净额（资本输出入额之差）。（3）资本流动种类，分为长期资本流动和短期资本流动。长期资本流动是指期限在一年以上的资本流动，它包括直接投资、证券投资和国际贷款。短期资本流动是指期限在一年或一年以下的资本流动，它包括短期证券投资与贷款、保值性资本流动、投机性资本流动和贸易资金融通。（4）资本流动方式，是指投资和信贷两种。投资是指直接投资、证券投资，信贷是指资金的借贷行为。（5）资本流动的性质，是指进行投资和发放贷款的机构是官方机构还是民间机构，是官方还是民间进行的资本输出入活动，其目的和效果是不一样的。国际资本流动对各国经济及各方面都产生了深远的影响。

积极影响包括：

（1）促进了世界经济的长期发展。发展中国家引进外资促进国家资本的形成，拉动对本国人力资源和自然资源的需求，提高生产能力，实现国民收入增长。发达国家为闲置资金开辟了广阔的用武之地，取得较高的投资回报，进一步提高本国国民收入水平。

（2）平抑经济波动，弥补国际收支不平衡。国际资本流入可以使国内企业和消费者在本国经济衰退时继续从事投资和消费活动，在经济增长时再对外清偿，有利于平抑国内经济周期，稳定本国经济；短期的资本流入可以弥补国际收支不平衡，避免国际收支恶化，影响本国货币汇率水平。

（3）有助于国际金融市场的发展。国际资本流动加速了经济金融全球化的进程。特别是国际投机资本在世界各主要金融市场的套汇、套利活动使国际金融交易中的汇率和利率差异明显缩小，呈现价格一体化趋势。国际资本流动极大地增加了国际金融市场的流动性，满足国际金融市场的短期资金需求，降低国际金融交易成本，承担并分散国际金融市场上的价格风险，减少市场价格的波动程度，提高国际金融市场的效率和稳定性。

潜在威胁包括：

（1）对一国货币政策产生一定影响。特别是发展中国家开放国内资本市场，并放松对资本项目管制之后，国际资本可以自由流出入，对金融市场可能造成冲击。若政府进行干预，可能造成外汇占款增加，直接影响货币政策的独立性，货币供求失衡，国内通货膨胀上升。如果不进行干预，资本流入会引起本国货币汇率升值的压力。

（2）对一国特别是发展中国家的金融体系影响较大。一是可能危害并冲击银行体系。如果国际资本是以国内银行对外负债的形式流入，就会直接扩大国内商业银行的资产负债规模，改变银行的资产负债结构。当中央银行从这些商业银行购入外汇资产时，若不考虑采取冲销性货币政策，就会通过信贷扩张增加本国流通中的货币数量，提高通货膨胀压力。若中央银行采取冲销性货币政策，相当于把国际资本流入的风险从商业银行体系转移到中央银行，从而造成潜在的公共成本。国际资本的流入会直接或间接导致国内贷款、消费或投资的增加，银行的资产负债结构也发生较大变化，一旦银行贷款决策低劣或风险管理不当，银行体系将面临巨额的亏损。二是可能给资本市场带来危机。巨额的国际资本一方面可能带动股票市场以外的其他金融资产价格的波动，也可能通过证券价格波动影响到金融机构的收益和资本金，进而酿成整个金融体系的灾难。特别是国际投机资本的高流动性和高投机性，意味着只要一国经济走势有了些许不利的苗头，即使毫无事实依据的谣言或者预言，也会使巨额国际资本加速外逃，资本流入状况突然逆转会导致该国宏观经济迅速恶化，严重的会发生货币危机和金融危机。

潜在威胁的具体表现通常包括：（1）影响本国的外债清偿能力，降低国家信用等级；（2）导致市场信心崩溃，从而引起更多的资本撤出，使本国金融市场瘫痪；（3）造成国际收支失衡；（4）导致本国货币价值巨幅波动，面对极大的贬值压力。

第四节　国际储备和融资分析

本节主要讨论储备资产的作用、储备资产总额与净额、储备资产的适度性分析、异常融资分析等内容。

一、储备资产的作用

储备资产是一国货币当局为弥补国际收支逆差、维持本国货币汇率的稳定以及应对各种紧急支付而持有的、为世界各国所普遍接受的资产。储备资产包括货币黄金、特别提款权、在国际货币基金组织的储备头寸、外汇资产（包括货币、存款和有价证券）和其他债权。

一国持有储备资产的目的主要包括：（1）维持一国的国际支付能力，弥补国际收支逆差，调节临时性、季节性的国际收支不平衡。当一国国际收支发生结构性失衡而需要进行紧急的或长期的调整时，储备资产可以缓和调整过程的冲击，起到一定的缓冲作用，但长期看需要调整国内政策。（2）储备资产中的外汇储备资产可以用于干预外汇市场，维持本国汇率稳定。外汇干预只能在短期内对汇率水平产生有限的影响，无法从根本上改变汇率变动的趋势。（3）储备资产是一国政策和投资环境的指示器，是向外举债和偿债能力的保证，对增加投资者信心、吸引外国资金流入非常重要。

二、储备资产总额与净额

储备资产总额是一国在某一时点上所持有的储备资产的总值，它是一个存量值，等于各类储备资产额的加总。储备资产一直以来就是弥补国际收支逆差和支持盯住汇率制度的主要后盾。但在目前浮动汇率的世界中，除储备资产外，还有对外借款、调整国内经济政策等弥补失衡的其他手段。因此，储备规模总额并不一定能够很好地反映一国调节国际收支失衡的能力。而且货币当局往往也会出于其他动机而持有储备资产，如保持对国内货币和经济的信心，满足国内的法律要求，或为对外借款奠定基础。因此，人们在衡量一国调节国际收支失衡的能力时，通常也会同时考虑储备资产净额，储备资产净额是指一国在某一时点上所持有的储备资产总额减去所有对外负债后的净值。

三、储备资产的适度性分析

一个国家究竟应该持有多少对外储备资产？这不仅对该国的对外贸易、国内经济发展有重大影响，而且对国际金融秩序的稳定和世界经济的发展也有一定的影响。如果一个国家的储备资产过低，不能满足其对外贸易及其他经济往来的需要，而且该国又不能及时地以可以接受的成本从国外获取所需数额的资金，势必会引起国际支付危机，甚至导致国内经济失衡。过多的储备资产虽然有较强的平衡国际收支的能力和抑制外汇市场波动的能力，但获取和持有对外储备是有机会成本的，这些储备资产代表着财富和购买力，没有用于生产活动，不能促进经济发展。从另一个角度讲，储备资产尤其是外汇储备数额的多少，与本国货币的投放量有着密切的关系。外汇储备增加时，意味着本国货币投放增加，会加大流通中的货币量，引起国内通货膨胀。

因此，一个国家的储备资产不能太少，也不能过多，最好维持在一个合理的水平上，这一合理的储备资产水平被称为储备资产的适度规模。

（一）影响储备资产适度规模的因素

一国的国际储备主要取决于该国的经济发展水平。储备规模的下限是保证该国最低限度进口贸易总量所必需的储备资产数量，被称为经常储备量。它的上限是在该国经济发展最快时可能出现的外贸量与其他国际金融支付所需要的储备资产数量，被称为保险储备量。下限是保证国民经济正常运行的临界点，下限得不到保证，维持现行正常生产所需的进口就得不到保证。国际储备规模的上限表明该国具有充分的国际清偿力，足以应付最高经济发展水平和任何突发事件对国际储备的需要，超过上限的储备则是完全没有必要的。适度规模的国际储备位于上下限之间，影响这一规模的经济因素有以下几个：

1. 一国国际储备的范围及其在国际货币体系中的作用

如果一国是国际货币基金组织的成员并参加特别提款权的分配，则该国的国际储备中除了黄金和外汇储备外，还包括在国际货币基金组织中的储备头寸和特别提款权，从而增加了其国际储备的形式，也增加了国家清偿能力，可以缓解对外汇储备的需求，使外汇储备的持有量不必过多。如果一国货币是国际储备货币，则该国就可以用本国货币来进行国际支付，从而无需保持过大的国际储备。

2. 国家收支流量的大小及稳定程度

一是其贸易收支的稳定程度。如果一国出口商品的供给弹性和市场的需求弹性均大于1，进口商品的需求弹性小于1，则表明其外贸收支相对稳定。在这种情况下，如果进出口基本保持平衡或略有出超，则不需要持有过高的国际储备。反之，如果出口商品的供给弹性小于1，而进口商品的需求弹性大于1，则表明该国外贸条件较差，需要保持比较充足的外汇储备。二是其国际收支的差额状况及稳定程度。一般来说，如果一国持续国际收支顺差，则对国际储备的需求很小；如果一国国际收支经常出现逆差，则对国际储备的需求较大，该国必须保持较高的国际储备。

3. 其他调节国际收支手段的运用及其有效性

如果一国通过实行严格的外汇管制或贸易管制，能有效地控制进口和外汇资金的流动，则对外汇储备的需求相对较低。

4. 一国国际融资能力的大小及所处的国际环境

如果一国具有较高的债信等级，能迅速、方便地获得外国政府和金融机构的贷款，且该贷款来源稳定，或者该国在国际市场上筹资能力很强，则该国无需持有过多的国际储备资产。反之，则应该保持较充分的国际储备。

5. 一国对汇率制度和汇率政策的选择

通常实行钉住汇率制，严格维持固定汇率，比实行浮动汇率制、允许汇率经常或大幅度波动的做法需要更多的外汇储备。

6. 一国的对外开放程度

如果一国实行自由贸易政策，且其国际收支在国民生产总值中的比重较大，则其外汇收支较多，对储备资产的需求也较大；反之，对外开放程度低、经济封闭的国家对国际储备的需求比较小。

7. 持有国际储备的机会成本

一国持有国际储备就意味着牺牲其一部分的投资或消费。因而，储备的需求量取决于持有储备的机会成本和收益两者之间的均衡。对实行市场经济的国家来说，如果国家资本市场利率上升，持有国际储备的机会成本就会增加。同时，通过吸引本国的外汇持有者进行各种形式的投资，外汇储备的水平会因此而下降。

8. 一国在特定时期的经济发展目标

一般来说，一国在经济起飞和高速发展时期对资金的需求比较旺盛，因此，当一国的经济目标取向为维持经济高速增长时，该国应当保持较少的国际储备，将一部分资产用于投资或消费；当一国的经济目标取向为维持经济的稳定增长时，则可适当增加国际储备的持有量。

（二）储备资产适度规模的衡量

确定储备资产的适度规模有许多方法和途径，比较常用的是根据其进口额来确定。随着国际经济金融的发展，合适的储备资产规模对于维护一国的金融安全也愈显重要，相应地需要通过一些指标来评估储备资产的适度性。下面简要介绍四种方法。

1. 储备资产/进口比例法

该指标衡量一个国家储备资产总额与月度进口总额（年度进口总额的1/12）的关系。

储备资产总额可支付进口的月数 ＝ 期末储备资产总额／平均月度进口

$$(16-11)$$

一般的判断规则是，储备资产总额应至少等于3个月的进口额，当储备资产总额可支付进口的月数超过6个月后，该国的储备资产比较充足。这个规则是在资本流动控制较多的年代形成的经验指标，其也存在明显的缺陷。储备资产不但与进口有关，而且受出口、非贸易往来及资本流动等因素的影响，仅将进口作为唯一变量，难免有失偏颇。因此，在使用该指标评估储备资产的适度规模时，还要兼顾考虑其他因素，比如资本和金融账户的开放度、高度流动负债的存量、借入短期资金的能力、进出口的季节性等。

2. 储备资产/外债比例法

这是衡量一国资信和对外清偿能力的重要指标，这项指标是从满足国际社会对国内经济要求角度设计的，一般以储备资产占外债总额的50%这一经验数据为宜。

3. 储备资产/货币供应量比例法

这是衡量一国出现信心危机时，储备资产被用来支持国内货币的能力。非常有用的指标是储备资产与基础货币的比率，使用该指标判断储备资产是否足以为基础货币提供保证，是否有足够的储备资产来捍卫汇率。

4. 适度储备区间

储备资产最适规模在理论上可分为四个层次：第一种是最低储备量。当一国面临国际收支逆差时，如果完全用调整政策和国外融资政策，则最低储备量可以为零。第二种是最高储备量。当一国国际收支逆差而汇率发生剧烈波动时，放弃调节政策和国外融资政策，完全依靠储备资产来调节国际收支和维持汇率稳定所需的储备量。第三种是保险储备量。这是既能满足国际收支逆差的对外支付，又能保证国内经济增长所需的实际资源投入的储备量。第四种是经常储备量。这是指保证正常经济增长所需的进口不致因储备不足而受到影响的储备量。

由此可将最适度储备量视作一区间值或目标区，即以保证该国最低限度进口贸易总量所需的储备资产量（经常储备量）为下限，以该国经济发展最快时可能出现的进出口贸易总量与其他国际支付所需的储备资产总量（保险储备量）为上限，由此构成一国适度储备区间（如图 16 - 1 所示）。

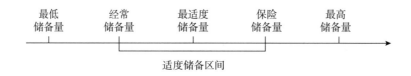

图 16 - 1　适度储备资产区间

要使一国储备资产恰好等于最适度储备量，不仅概率极低，而且实际操作十分困难。因此，实践中只要一国的储备持有额保持在适度储备区间以内，就可以认为储备资产规模适度。

储备资产适度规模的确定相当复杂和困难，在测算方面还没有一种十分科学准确、令人信服的一致方法。上面讨论的储备资产适度性指标为我们提供了有用的参考，但实践中还需要对一国宏观经济形势、金融市场的信心等情况进行谨慎评估。

四、异常融资分析

从概念上讲，国际收支的借方总额和贷方总额总是相等的，即总体差额事后总是平衡的，即国际收支的任何不平衡必定都会通过某种方法弥补。除了动用储备资产外，一国还可以通过异常融资安排弥补一定时期内的国际收支不平衡。

异常融资的主要形式有债务重组、偿债拖欠、债务免除和债权—股权转换等。异常融资并不是自主性的，它通常由政府通过谈判获得，而且融资数额还具有不确定性，因此异常融资一般放在线下交易中。需要指出的是，异常融资对国际收支失衡的调节作用是有限的。国际债务危机爆发的事实也充分说明，用借款来平衡国际收支失衡只能是暂时的，而且必须有足够的储备资产支持和稳固的偿债能力保障。

本章小结

1. 国际收支核算分析主要介绍国际收支核算、经常账户分析、资本和金融账户分析、储备和融资分析等有关原理和方法。

2. 国际收支核算由国际收支平衡表和国际投资头寸表组成。

3. 国际收支账户一般分为经常账户、资本和金融账户两大类，同时为了使国际收支平衡表达到平衡，往往增设误差与遗漏账户作为平衡项。经常账户包括货物和服务、收入、经常性转移，反映了一国与外国之间实际资源的转移情况。资本和金融账户是指对资产所有权在国际间流动行为进行记录的账户，它由资本账户和金融账户两部分组成。储备资产是货币当局随时可以利用并直接控制的对外资产，主要包括货币黄金、特别提款权、在国际货币基金组织的储备头寸、外汇资产（包括货币、存款和有价证券）和其他对外债权。

4. 线上交易所形成的差额是否为零，是判断一国国际收支是否平衡的标准。当线上交易差额为零时，我们称国际收支处于平衡状态；当线上交易差额不为零时，我们称国际收支处于失衡状态。如果线上交易的贷方总额大于借方总额，称为盈余；如果线上交易的贷方总额小于借方总额，称为赤字。线上交易的局部盈余或赤字，正好可被线下交易所形成的赤字或盈余弥补。常见的国际收支局部差额有综合差额、官方结算差额、基本差额、经常账户差额、贸易差额。

5. 国际收支是从流量的角度反映一定时期内一国居民与非居民之间发生的交易，与之紧密相联系的是从存量角度入手的国际投资头寸。国际投资头寸是在特定日期编制的（如一年年底），以统计报表的形式反映该时点上一国居民对外金融资产和负债的状况。

6. 经常账户差额相当于一国经济的资源缺口，等于国民储蓄与投资的差额。经常账户差额是一个非常重要的指标，是一个很有用的警示信号，从一个角度反映了国际收支失衡的程度。对贸易账户进行分析是经常账户分析的重点，从中能够发现影响经常账户差额的一些重要原因。贸易账户分析一般从贸易结构、贸易条件、贸易政策等方面进行。

7. 经常账户逆差的融资来源实质上就是资本和金融账户所对应的交易，考虑误差与遗漏因素，资本和金融账户与经常账户的关系可以表示为：经常项目差额 = -（资本项目差额 + 金融项目差额 + 误差与遗漏差额）。

8. 外债是在任何给定的时刻，一国居民所欠非居民的、已使用而尚未清偿的、具有契约性偿还义务的全部债务。其包含四个要素：（1）外债是以居民和非居民为标准，是居民对非居民的债务；（2）必须是具有契约性偿还义务的外债，通过具有法律效力的文书明确偿还责任、偿还条件、偿还期限等，而不包括由口头协议或意向性协议形成的债务；（3）必须是到一个时点的余额存量；（4）所谓全部债务，既包括以外币表示的债务、以本币表示的债务，也包括实物形态构成的债务。衡量一国外债维持性的指标较多，经常用的有偿债率、负债率、债务成本率、短期债务率等。

9. 外国直接投资是指一国企业或个人对另一国的企业等机构进行的投资，直接投资可以取得对方或东道国厂矿企业的全部或部分管理和控制权。国际资本流动是指资本从一个国家或地区向另一个国家或地区转移，它包括资本流出和资本流入。

10. 储备资产是一国货币当局为弥补国际收支逆差、维持本国货币汇率稳定以及应对各种紧急支付而持有的、为世界各国普遍接受的资产，包括货币黄金、特别提款权、在国际货币基金组织的储备头寸、外汇资产（包括货币、存款和有价证券）和其他债权。一个国家的储备资产不能太少，也不能过多，最好维持在一个适度规模。确定储备资产的适度规模比较常用的方法包括储备资产/进口比例法、储备资产/外债比例法、储备资产/货币供应量比例法、适度储备区间。

本章重要概念

国际收支　国际收支平衡表　国际投资头寸表　国际收支账户　经常账户
资本和金融账户　资本转移　直接投资　证券投资　储备资产　误差与遗漏
自主性交易　调节性或补偿性交易　综合差额　官方结算差额　基本差额
经常账户差额　贸易差额　贸易结构　名义汇率　实际汇率　平行市场汇率　外债
外国直接投资　国际资本流动　储备资产总额　储备资产净额　储备资产适度规模
异常融资

本章复习思考题

一、判断题

1. 国际收支核算就是编制国际收支平衡表。　　　　　　　　　　　　（　　）

2. 国际收支账户一般分为经常账户、资本账户、金融账户和误差与遗漏账户。（　　）

3. 经常账户包括货物和服务、收入、经常性转移，反映了一国与外国之间实际资源的转移情况。　　　　　　　　　　　　　　　　　　　　　　　　　　　（　　）

4. 资本账户和金融账户是指对资产所有权在国际间流动行为进行记录的账户。（　　）

5. 金融账户不包括储备资产的核算。　　　　　　　　　　　　　　　（　　）

6. 人们所说的国际收支盈余或赤字，通常指的是经常账户差额盈余或赤字。（　　）

7. 经常账户逆差的融资来源实质上就是资本和金融账户所对应的交易。（　　）

8. 全部债务既包括以外币表示的债务、以本币表示的债务，也包括实物形态构成的债务。　　　　　　　　　　　　　　　　　　　　　　　　　　　　　　（　　）

9. 储备资产包括货币黄金、特别提款权、在国际货币基金组织的储备头寸、外汇资产（包括货币、存款和有价证券）和其他债权。　　　　　　　　　　　（　　）

10. 储备规模总额能够很好地反映一国调节国际收支失衡的能力。　　　　（　　）

二、多选题

1. 国际收支核算由（　　　）组成。

A. 国际收支平衡表　　　B. 国际投资头寸表　　　C. 经常账户　　　D. 资本和金融账户

2. 确定储备资产的适度规模，比较经常用的方法有（　　　）。

A. 储备资产/进口比例法　　　　　　　　　B. 储备资产/外债比例法

C. 储备资产/货币供应量比例法　　　　　　D. 适度储备区间

三、简答题

1. 简述国际收支核算的主要内容。

2. 如何对经常账户进行分析？

3. 如何对资本和金融账户进行分析？

4. 如何对储备资产和融资进行分析？

四、思考题

1. 你认为储备资产多大规模为适度规模？

2. 谈谈人民币升值/贬值将如何影响国民收入？

第十七章

金融稳定核算分析

本书第七章介绍了金融稳定的定义、内涵和外延等概念界定，概述了影响金融稳定的因素及其理论解释，并就维护金融稳定的主要抓手——宏观审慎的理论和政策进行了重点分析，本章着重从实践层面介绍与金融稳定有关的核算，后面章节还将从实践层面介绍中国在金融稳定核算方面的具体做法。

金融稳定核算就是运用各种定性和定量的方法去衡量和测度某个经济体金融稳定的水平。无论是理论还是实践层面，它都尚未成为一个有明确界定并得到各界普遍接受的概念。从各种研究来看，金融稳定核算一般包括金融稳定评估（报告）、金融稳健统计、金融稳定指数等几个相互关联又各有一定独立性的方法。其中，金融稳定评估（报告）侧重于定性衡量；金融稳健统计侧重于定量分析；它们都有一套互有交集的、描述金融稳定状态的指标体系，金融稳定指数就是在这些指标体系的基础上，运用计量分析方法拟合得出的可以综合反映金融稳定状态的单一指标（指标组）。鉴于无论在国际上还是在某一经济体中，金融稳定指数的计量尚未被普遍认同，本章在简单论述金融稳定概念及其分析框架的基础上，着重介绍金融稳健统计和金融稳定评估（报告）这两种理论上较为成熟、实践中也得到普遍应用的方法。

第一节　金融稳定的概念及其分析框架

金融稳定是指一种状态，即一个国家的整个金融体系不出现大的波动，金融作为资金媒介的功能得以有效发挥，金融业本身也能保持稳定、有序、协调发展，但并不是说任何金融机构都不会倒闭。"金融稳定"一词在各国理论、实务界尚无统一的定义，大多是从"金融不稳定""金融脆弱"等方面展开对金融稳定的研究与分析。

一、金融稳定的概念

（一）金融稳定的含义

世界银行的研究表明，自 20 世纪 70 年代以来，共有 93 个国家先后爆发 117 起系统性银行危机，还有45个国家发生了51起局部性银行危机。促进金融稳定日益成为各国中央银行的核心职能。而我国在加入世界贸易组织以后，金融体系面临巨大的挑战和新的风险，维护金融稳定已经成为促进经济增长的关键因素，是国民经济健康稳定发展和社会长治久安的保障。

欧洲中央银行有关金融稳定的定义具有一定的代表性，其表述为：金融稳定是指金融机构、金融市场和市场基础设施运行良好，抵御各种冲击而不会降低储蓄向投资转化效率的一种状态。美国经济学家弗雷德里克·S.米什金认为，金融稳定源于建立在稳固的基础上、能有效提供储蓄向投资转化的机会而不会产生大的动荡的金融体系。

国际清算银行前任总经理安德鲁·克罗克特认为，金融稳定可包括：（1）金融体系中关键性的金融机构保持稳定，因为公众有充分的信心认为这些机构能履行合同义务而无需干预或外部支持；（2）关键性的市场保持稳定，因为经济主体能以反映市场基本因素的价格进行交易，并且该价格在基本面没有变化时短期内不会大幅波动。

综上所述，金融稳定是一个具有丰富内涵、动态的概念，它反映的是一种金融运行的状态，体现了资源配置不断优化的要求，服务于金融发展的根本目标。

（二）金融稳定的性质

1. 金融稳定具有全局性

作为金融机构的"最后贷款人"和支付清算体系的提供者和维护者，中央银行应立足于维护整个宏观金融体系的稳定，在密切关注银行业运行态势的同时，将证券、保险等领域的动态及风险纳入视野，重视关键性金融机构及市场的运营状况，注意监测和防范金融风险的跨市场、跨机构乃至跨国境的传递，及时采取有力措施处置可能酿成全局性、系统性风险的不良金融机构，保持金融系统的整体稳定。

2. 金融稳定具有动态性

金融稳定是一个动态的、不断发展的概念，其标准和内涵随着经济金融的发展而发生相应的改变，并非是一成不变的。健康的金融机构、稳定的金融市场、充分的监管框架和高效的支付清算体系的内部及其相互之间会进行策略、结构和机制等方面的调整及互动博弈，从而形成一种调节和控制系统性金融风险的整体的流动性制度架构，以适应不断发展变化的金融形势。

3. 金融稳定具有效益性

金融稳定不是静止的、欠缺福利改进的运行状态，而是增进效益下的稳定。一国金融体系的稳定，要着眼于促进储蓄向投资转化效率的提升，改进和完善资源在全社会范围内的优化配置。建立在效率不断提升、资源优化配置和抵御风险能力增强等基础上的金融稳定，有助于构建具有可持续性、较强竞争力和良好经济效益的金融体系。

4. 金融稳定具有综合性

金融稳定作为金融运行的一种状态，需要采取不同的政策措施及方式（包括货币政策和金融监管的手段等）作用于或影响金融机构、市场和实体经济才能实现，从而客观上要求金融稳定实施的手段或政策工具兼具综合性的整体考量。

二、金融稳定的分析框架

（一）金融稳定的判断依据

1. 价格稳定是金融稳定的重要条件

相对较低且稳定的通货膨胀率可以给市场主体以稳定的预期，保持实体经济的正常运转，为经济的持续增长创造良好的条件。在欠缺价格稳定的经济环境下，市场主体面临的不确定性增加，金融交易及金融制度运行的成本升高，储蓄转化为投资的机制易遭遇"梗阻"，从而增加金融体系的脆弱性，难以保持金融稳定。

当然，价格稳定未必能实现金融稳定，金融失衡或不稳定的情形在稳定的价格环境下有时也会累积和发生。例如，20 世纪 80 年代后期日本的物价水平相当稳定，但其后不久资产市场崩溃，金融机构积累了巨额不良资产乃至倒闭，进入长达 10 年的衰退期。

2. 银行稳定是金融稳定的核心

商业银行是经营货币的金融企业，银行业是以货币和信用为基础的行业。银行业的重要金融媒介功能、在金融业的规模和分量、与支付清算系统的"天然联系"及其防范金融风险的作用，决定了银行业在一国金融体系中占有举足轻重的地位。现代博弈论和信息经济学的分析表明，较之于证券业、保险业，银行业在信息不对称、风险分担和校正纠错机制方面具有更高的风险性和脆弱性，其发生不稳定的情形进而危及金融体系的概率也大大高于证券和保险行业。

3. 金融稳定是金融安全的基础

金融安全是一国经济安全的核心，金融稳定是确保一国金融安全的重要基础。在一国出现金融市场大幅动荡、支付清算体系运行受阻、不少金融机构倒闭破产等金融不稳定的情形下，是不可能有任何金融安全可言的。当然，金融稳定并不必然带来绝对的金融安全。运行稳健、效率良好和结构合理状态下的金融稳定可以为金融安全奠定坚实的基础；过度管制、效率低下和结构失衡状态下的稳定状况则会损害金融体系的中介功能，增加其脆弱性，并酝酿金融风险。

（二）金融稳定的主要支柱

中央银行履行金融稳定的职责能否顺利实施和充分发挥，在很大程度上取决于一整套较为完善的制度框架的确立及良好执行。西方观点认为，一国的金融体系要较好地发挥功能，适宜的宏观经济环境、有效的监督和管理体制与健全的金融市场基础设施是必不可少的。上述三项因素已被西方学界视为构成金融稳定的"三根支柱"。

1. 宏观经济环境

金融是经济活动的一部分，宏观经济环境必然会对金融稳定产生影响。适宜的宏观经济环境有助于实现金融稳定，反之则相反。其中，主要的影响因素包括跨境资本流动、财政收支状况和政府经济行为等。

跨境资本流动带来的金融风险一直是棘手的难题。经验表明，跨境资本大幅流入或流出都会对经济体的金融稳定产生巨大冲击，在内外部各种因素的作用下，还可能演化为经济危机，甚至社会危机、政治危机。以更广阔的视角来看，不仅跨境资本流动对金融稳定有影响，整个国际收支的状况对金融稳定也有影响。长期持续的国际收支失衡，无论是顺差或逆差，都会带来持续且大额的跨境资本流入或流出，使外部失衡逐步传导到内部，最终影响金融稳定。

财政收支状况对金融稳定的影响是复杂的。当有效需求不足时，政府采取扩张性财政政策，以减税降费并扩大支出来拉动总需求，可能使产出增加，经济韧性增强，有利于金融稳定。但如果赤字财政过度，则可能增加经济和金融的脆弱性，甚至引发债务危机，乃至经济危机，不利于金融稳定。

政府既是金融交易的主体，更是金融体系的监管者，政府的经济行为与金融稳定密切相关。这里所说政府经济行为主要指对金融的监管。一方面，政府加强对金融的监管，如建立健全宏观审慎监管体系、加强微观审慎监管等，都有利于保障金融体系正常运作，维护金融稳定。另一方面，政府对金融的过度干预，则可能影响金融稳定。如在很多新兴市场经济体中都曾出现过的"信贷配给"现象，政府"强制性"地将信贷资金配给特定产业，而忽视了信贷集中度过高带来的金融风险，不利于金融稳定。

2. 金融结构与金融监管

金融机构是金融活动的主体，金融机构的发展和稳健经营直接关系金融稳定。在以间接融资为主的金融格局下，银行业金融机构的发展和稳健经营对金融稳定至关重要。在银行通过资产负债管理创造流动性的过程中，其资产负债的期限错配、币种错配等风险敞口都蕴含着可能导致金融不稳定的因素。在以直接融资为主的金融格局下，投资银行、证券公司等证券业金融机构的发展和稳健经营对金融稳定至关重要。证券业金融机构经营过程需要克服市场信息的不对称性，避免投机者频繁投机操作导致证券价格剧烈波动，从而对金融稳定带来冲击。

金融结构的变化和调整也是影响金融稳定的重要因素。金融结构决定了金融体系的稳定和效率。金融结构发生变化，金融体系的稳定性和功能发挥效率往往也随之而变。一个经济体金融结构失衡不仅会导致其金融体系不稳定，甚至还会成为金融危机的罪魁祸首。

金融监管一方面解决了金融市场发展自身存在的失灵和缺陷等问题；另一方面，监管中的特殊利益与多元利益、寻租等也使原本就具有天生脆弱性的金融体系变得更加复杂和多元化，可能影响金融稳定。

3. 金融基础设施

金融基础设施主要包括支付清算体系、金融法律法规体系、会计准则和标准、信用体系等方面。金融基础设施建设和运行情况是影响金融稳定的重要因素。支付清算体系是金融机构之间的桥梁，自然成为金融风险传染的重要渠道。国内金融机构、金融市场的风险暴露，都可能通过支付清算体系传染给其他金融机构；一个国家的金融风险暴露也会通过国际支付清算体系传染给其他国家。一个国家的金融法律法规体系是否健全，在很大程度上决定了该国金融市场运行是否稳健。健全的金融法律法规体系可以保障金融市场运行稳健，在应对冲击时更具韧性。完善的社会信用体系有利于交易双方获取完全、有效的信息，减少信息不对称带来的交易风险，有利于促进金融稳定。

（三）维护金融稳定的政策工具

如前所述，金融稳定是涉及方方面面的全局性的概念。因此，维护金融稳定的政策工具也涉及金融管理乃至宏观经济调控的方方面面。通常认为，维护金融稳定的主要政策工具可以分为四类：一是借助货币政策工具来稳定金融体系，包括货币信贷政策、短期利率、公开市场操作和信息交流与窗口指导。二是运用金融监管手段来维护金融体系稳定，包括微观审慎监管和宏观审慎监管等。三是相对独立的政策工具，包括支付结算系统建设、紧急流动性援助、危机预警与处置等。四是运用风险补偿制度来维护金融体系稳定，如存款保险制度等。

第二节　金融稳健统计

一、金融稳健统计概述

金融稳健统计是指通过一系列统计指标，反映一个经济体金融市场的健康状况以及金融机构、非金融企业乃至住户部门金融活动的稳健状况。金融稳健统计的目的是帮助中央银行、监管当局、其他决策机构和社会公众评价、监测宏观经济环境和金融体系自身的系统性风险，评估金融体系对抗这些风险的能力，以提高金融体系稳定性，防范金融体系崩溃。

（一）金融稳健统计的产生和发展

金融稳健统计是在 20 世纪 90 年代后全球多次爆发金融危机的背景下产生和发展起来的。20 世纪 90 年代以来，国际性金融危机频繁爆发：先是在 1992 年爆发了英镑危机，然后是 1994 年爆发的墨西哥金融危机，接着是 1997—1998 年爆发了亚洲金融危机以及 2002 年的阿根廷金融危机，最近的是 2007—2009 年由美国次贷危机引起的国际金融危机以及

2010 年不断发酵的欧洲国家主权债务危机。这些金融危机不仅表现为货币危机，最为突出的是银行业普遍发生了挤兑。脆弱的银行部门往往是危机产生的突破口。金融体系是否稳健、能否防御宏观经济条件恶化和国际资本流动带来的冲击，成为各国政府和国际金融机构关注的重要问题。

1997 年亚洲金融危机之后，国际货币基金组织（IMF）开始着手构建金融稳健的指标体系。2003 年，IMF 推出《金融稳健指标编制指南》，并于 2006 年进行了修订，成为各成员国开展金融稳健统计的指导。

2008 年国际金融危机之后，国际社会在推动金融稳健统计和系统性风险监测方面做了更多工作。2009 年 10 月，金融稳定理事会（FSB）和 IMF 发布了《金融危机与数据缺口》报告，从完善对金融部门的风险监测、改进对金融机构往来的监测和推进部门账户统计等方面提出了 20 条改善数据缺口的建议，其中多数内容都和金融稳健统计有关。2010 年 11 月，二十国集团（G20）会议批准实施《巴塞尔协议Ⅲ》以来，IMF 跟踪《巴塞尔协议Ⅲ》的实施情况，对金融稳健指标做一步调整。2012 年，IMF 将核心资本充足率、不良贷款率等七项金融稳健指标纳入数据公布特殊标准（SDDS），要求加入这一体系的国家按季度报送数据。2015 年 9 月，FSB 启动数据缺口倡议（DGI）第二阶段工作，主要目标定位于为政策制定提供准确而及时的统计数据。DGI 第二阶段提出的 20 条数据缺口建议主要包括三个部分：（1）金融体系风险监测；（2）脆弱性、关联性和传染性监测；（3）数据共享和交流。此后，FSB 还受二十国集团委托，制定影子银行监测框架，在成员国范围内按年度进行影子银行统计并发布监测报告。目前，IMF 网站上披露并更新各国金融稳健指标信息，并在定期发布的《全球金融稳定报告》中使用这些指标。

从国别发展来看，许多国家的中央银行都从维护本国金融稳定的角度出发，建立了金融稳定统计体系，监测本国金融机构的系统性风险。例如，设立于 2011 年的欧洲系统性风险理事会（ESRB），在欧洲中央银行的协助下，着手完善欧盟地区的金融稳健统计工作。近年来，中国在推进金融业综合统计工作时，也充分考虑了金融稳健统计工作的需要，通过构建协调、可比的统计体系，强化金融稳健统计监测工作。

（二）金融稳健统计与金融监管统计的关系

一个稳健的金融体系应该通过对社会资金的有效配置和向社会提供高效的支付服务来保证国民经济的有效运行。衡量金融体系是否稳健有微观和宏观两个角度。微观的角度是对个体金融机构风险的审慎分析，反映在金融统计上即为金融监管统计；宏观的角度是监控和分析各种个体机构的集体行为对国民金融体系稳定性造成的影响，反映在金融统计上即为金融稳健统计。金融监管统计是金融稳健统计重要的微观基础，但不能替代金融稳健统计，因为金融稳健统计是站在宏观全局而非个体金融机构的角度反映整个金融体系的风险。两者之间的区别与联系主要体现在以下四个方面。

1. 统计原则

在统计原则方面，金融稳健统计与金融监管统计对机构部门的划分、流量和存量的定义、交易记录的时间、估价方法、部门财务报表编制等遵循《国民经济核算》《国际会计准则》《巴塞尔协议》的标准。《国民经济核算》《国际会计准则》《巴塞尔协议》在这些基本核算概念上相互协调，因此，金融稳健统计与金融监管统计的核算基础也是协调一致的。

需要指出的是，《国民经济核算》《国际会计准则》《巴塞尔协议》在核算单位确定的原则方面有根本性的不同。《国民经济核算》的核算单位为一国常住的机构单位，《国际会计准则》《巴塞尔协议》的核算单位以常住集团为基础。两者的区别在于，按照《国民经济核算》的核算单位确定原则，一个常住母公司在国外的分公司和附属公司不属于核算对象；按照《国际会计准则》《巴塞尔协议》的核算单位确定原则，一个常住母公司在国外的分公司和附属公司则包括在核算对象之中。

金融稳健统计规定，金融部门和非金融企业部门核算单位的确定遵循《国际会计准则》《巴塞尔协议》以常住集团为基础的原则，其他部门核算单位的确定遵循《国民经济核算》常住单位的原则。金融监管统计遵循的是《国际会计准则》《巴塞尔协议》常住集团原则。因此，金融稳健统计和金融监管统计在对金融部门的核算原则上是相互协调的。

2. 统计对象

金融稳健统计的统计对象比较广泛，它在以存款吸收机构部门为核心的同时，还强调对其他部门，如非银行金融机构部门、企业部门、住户部门以及金融市场部门、房地产市场部门的统计，而金融监管统计的统计对象仅限于金融机构，尤其是存款吸收机构。

3. 应用范围

金融稳健统计在个体机构统计的基础上，根据分析需要，对个体机构进行相关分类。在分析应用时，关注的是各类机构、整个部门乃至这个经济体的金融健康状况。金融监管统计以个体机构统计为主，分析应用的重点是单个金融机构的健康状况。因此，金融稳健统计中的指标是相关机构分类汇总后计算出来的统计指标，金融监管统计中的指标主要是单个金融机构的统计指标。

4. 衡量存款吸收机构健康稳定的标准一致

尽管金融稳健统计服务于宏观上对金融风险的管理与监测，而金融监管统计服务于微观上对金融风险的管理和监测，但二者都坚持审慎的原则，在对存款机构部门风险的监测方面，二者都遵循《巴塞尔协议》中提倡的 CAMELS 标准，即从资本充足、资产质量、盈利能力、流动性和市场风险敏感度五个方面判断风险状况。对个别重要指标的具体判断标准，二者也都一致遵循《巴塞尔协议》中的标准，最有代表性的就是要求银行的资本充足率必须达到8%，核心资本充足率必须达到4%，以及金融机构对单个机构贷款与其监管资本的比率不应超过 10% 等。

（三）　金融稳健统计核算的部门范围

1. 存款吸收机构部门

在金融稳健统计中，存款吸收机构部门是统计监测的核心，其指标设置和核算服从银行监管的 CAMELS 原则。即从资本充足、资产质量、盈利能力、流动性和市场风险敏感度五个方面核算存款吸收机构部门的稳健运行情况。针对存款吸收机构部门的统计指标可以分为核心指标和鼓励类指标两部分。核心指标不仅在重要性上更加突出，而且各国普遍编制这些指标，统计可得性较强；鼓励类指标的应用不如核心指标广泛，有些国家甚至不具备编制某些指标的统计基础。

2. 其他金融公司部门

随着新型金融机构、金融工具不断涌现，以保险公司、养老基金和对冲基金为代表的其他金融公司在金融体系中的作用不断增强，对存款吸收机构经营活动的影响力日益提高。因此，在金融稳健统计中统计监测这一部门，有助于决策者和社会公众及时了解这一领域的潜在风险。目前，对其他金融公司部门的统计监测还处于比较初级的阶段，主要是通过监测这一部门的相对规模来反映它在金融体系中的重要性和影响。

3. 非金融公司部门

非金融公司的财务状况直接影响该部门的总体偿债能力，进而影响金融机构的资产质量。例如，非金融公司的债务水平过高或现金流不足，都意味着这一部门在遇到宏观经济衰退或银根紧缩等冲击时，其债务违约概率高。因此，金融稳健统计也从负债水平和偿债能力等角度对这一部门进行统计监测。

4. 住户部门

住户部门是金融机构的重要客户，也是重要的消费主体。这一部门财务状况的变化，既会影响到当前的偿债能力，也会影响到其未来消费各种产品和服务的能力。因此，金融稳健统计也对这一部门的负债水平和债务负担进行统计监测。

5. 金融市场部门

金融市场部门是金融机构获得流动性、交易风险的重要场所。金融市场部门的深度、密度和弹性都会影响到金融机构的流动性，因此也成为金融稳健统计核算的重要部门之一。金融市场包括货币市场、证券市场、外汇市场、衍生工具市场，每类市场又由若干个子市场组成（见表 17-1），这些市场对金融稳健运行的影响程度有所不同。根据市场规模和各国经验，对金融稳健运行影响最为重要的是银行间同业拆借市场和外汇现货市场，短期国债市场、大额存单市场、证券回购市场、长期国债市场、股票市场、外汇的期货和掉期市场也比较重要。目前，对这一部门的统计监测主要是针对证券市场的流动性进行统计监测。

表 17 – 1 金融市场对金融稳健运行的影响

金融市场分类	金融市场对金融稳健运行的影响程度
货币市场	
银行间同业拆借	重要
短期国债	比较重要
大额存单	比较重要
商业票据	一般
银行承兑汇票	一般
证券回购	比较重要
证券市场	
长期国债	比较重要
企业债	一般
资产担保证券	一般
股权	比较重要
外汇市场	
现货	重要
期货	比较重要
掉期	比较重要
其他衍生产品市场（外汇衍生产品除外）	
期货	一般
期权	一般
掉期	一般

6. 房地产市场部门

房地产价格迅速上升往往是由扩张性货币政策或大规模资金流入带动的。如果随后发生急剧的经济衰退，会影响金融部门的贷款质量和抵押物的价值。因此，金融稳健统计从房地产价格和房地产贷款的相对规模这两方面去监测这一部门的稳健性。

二、金融稳健统计的指标体系

目前，金融稳健统计的指标体系包含 40 项指标（见表 17 – 2）。这 40 项指标可以依据针对性和重要性两个维度进行分类。从针对性看，如前所述，金融稳健统计要反映整个宏观经济运行对金融体系产生的系统性风险，因此其指标不仅涉及存款吸收机构部门，而且涉及其他金融公司部门、非金融公司部门、住户部门、金融市场部门和房地产市场部门。其中，针对存款吸收机构部门的指标最多，达 26 项；针对其他金融公司部门、非金融公司部门、住户部门、金融市场、房地产市场的指标分别为 2 项、5 项、2 项、1 项、4 项。从重要性看，40 个指标可分为核心指标和鼓励类指标两大类。其中，核心指标 12 项，都针对存款吸收机构部门，分别考察其资本充足、资产质量、盈利能力、流动性和市场风险敏感度五个方面，它们不仅在重要性上更加突出，而且各国普遍编制这些指标，统计可得性较强；鼓励类指标 28 项，针对存款吸收机构、其他金融公司、非金融公司、住户、金融市场和房地产市场六个部门，它们的应用不如核心指标广泛，有些国家甚至不具备编制某些指标的统计基础。下文我们按照重要性分类，从核心指标和鼓励类指标两个方面对这些指标进行详细介绍。

表 17 - 2 金融稳健统计的指标体系

核心指标	
存款吸收机构 资本充足	监管资本/风险加权资产 核心资本/风险加权资产
资产质量	不良贷款/全部贷款总额 （不良贷款——准备金）/资本金 部门贷款/全部贷款总额
盈利能力	净收入/平均总资产（资产收益率） 净收入/平均资本金（资本收益率） 净利息收入/总收入 非利息支出/总收入
流动性	流动资产/总资产（流动资产比率） 流动资产/短期负债
市场风险敏感度	外汇净敞口头寸/资本金
鼓励类指标	
存款吸收机构	资本金/全部资产（杠杆比率） 大额风险暴露/资本金 地区贷款/全部贷款 金融衍生工具资产方总头寸/资本金 金融衍生工具负债方总头寸/资本金 交易收入（包括外汇资产损益）/总收入 人力支出/非利息支出 存贷款参考利差 银行间拆借最高与最低利差 客户存款/全部贷款（不包括银行间借款） 外汇贷款/全部贷款 外汇负债/全部负债 股权净敞口头寸/资本金
其他金融公司	非银行金融机构资产/金融体系总资产 非银行金融机构资产/GDP

续表

鼓励类指标	
非金融公司	全部债务/资本金 利润/资本金（资本收益率） 利润/利息和本金支出（偿还债务能力） 外汇风险暴露净额/资本金 进入破产流程的企业数量
金融市场	证券市场平均买卖价差（证券市场平均换手率）
住户	住户部门的债务/GDP 住户部门还本付息支出/住户部门可支配收入
房地产市场	住宅房地产价格 商用房地产价格 住宅房地产贷款/全部贷款 商用房地产贷款/全部贷款

（一）核心指标

如前所述，核心指标均针对存款吸收机构部门，共12项，其设置符合CAMELS监管原则，分别体现了对资本充足、资产质量、盈利能力、流动性和市场风险敏感度五个方面的统计监测。

1. 统计监测资本充足水平的核心指标

（1）监管资本与风险资产的比率

该指标以报告单位的监管资本的汇总数据为分子，以报告单位的风险加权资产的汇总数据为分母。在《巴塞尔协议Ⅲ》正式生效前，国际上对该指标的判断标准是不能低于8%。

（2）核心资本与风险资产的比率

该指标以报告单位的核心资本的汇总数据为分子，以报告单位的风险加权资产的汇总数据为分母。在《巴塞尔协议Ⅲ》正式生效前，国际上对该指标的判断标准是不能低于4%。

值得注意的是，在金融稳健统计中，对监管资本与风险资产的比率、核心资本与风险资产的比率的统计监测不能单纯关注整个部门的平均水平，因为部门的平均水平可能掩盖某类或某些金融机构资本充足率低的事实。因此，对这两个指标的分析必须深入到存款吸收机构部门的子分类以及具有系统重要性的单家存款机构中去。

2. 统计监测资产质量的核心指标

（1）不良贷款率

该指标以报告单位在报告期内不良贷款的汇总数据为分子，以报告单位在报告期内总贷款的汇总数据为分母。其中，不良贷款和总贷款数没有扣除准备金。

（2）扣除准备金后的不良贷款净额与资本的比率

该指标以报告单位在报告期内扣除了准备金后的不良贷款净额的汇总数据为分子，以报告单位在报告期内核心资本的汇总数据为分母。该指标能够反映银行资本吸收由不良贷款引起的相关损失的能力，从而比较扣除准备金后不良贷款对资本的潜在影响。

（3）各部门贷款占总贷款的比重

该指标以报告单位在报告期内按部门汇总的贷款数据为分子，以报告单位在报告期内总贷款的汇总数据为分母。该指标反映贷款的部门分布，可用于分析部门经济活动对贷款质量的影响。

3. 统计监测盈利能力的核心指标

（1）资产收益率

该指标以报告单位在报告期内净收入的汇总数据为分子，以报告单位在报告期内平均总资产的汇总数据为分母，反映存款吸收机构资产使用的效率。其中，报告期内总资产的平均值一般用期初和期末两个时点值进行算术平均。

（2）资本收益率

该指标以报告单位在报告期内净收入的汇总数据为分子，以报告单位在报告期内平均核心资本的汇总数据为分母。其中，报告期内核心资本的平均值一般用期初和期末两个时点值进行算术平均。该指标反映存款吸收机构资本使用的效率以及资本对该机构盈利的支持作用，在具体分析中应与资本充足率一起分析。因为资本收益率高可能是资本水平低造成的，资本水平低意味着资本充足率低，这时较高的资本收益率反而表明存款机构有经营风险；反之，资本收益率低有可能是资本水平较高造成的，这时银行盈利能力相对较低，但不说明银行抵御风险的能力低。

（3）利息收入占总收入的比重

该指标以报告单位在报告期内净利息收入的汇总数据为分子，以报告单位在报告期内总收入的汇总数据为分母。指标反映利息收入的相对规模，在具体分析中要注意与报告单位的杠杆比率结合考察。如果报告单位资本金水平较高，资产的规模会降低，因此利息收入也会下降；反之，较高的利息收入也可能意味着较低的资本金水平。

（4）非利息支出与总收入的比率

该指标以报告单位在报告期内营业支出的汇总数据为分子，以报告单位在报告期内总收入的汇总数据为分母。指标反映报告单位管理支出的相对规模。

4. 统计监测流动性的核心指标

（1）流动资产比率

该指标以报告单位在报告期内狭义流动资产的汇总数据为分子，以报告单位在报告期内总资产的汇总数据为分母。指标反映报告单位为满足可预见和不可预见的现金需求而准备的流动性的大小。该比率越高，表明存款吸收机构的流动性越强。

（2）流动资产与短期负债的比率

该指标以报告单位在报告期内狭义流动资产的汇总数据为分子，以报告单位在报告期内短期负债的汇总数据为分母。指标反映资产和负债在流动性方面的匹配状况，说明当报告单位遭遇流动性问题时，用于满足短期资金提取的能力。

5. 统计监测市场风险敏感度的核心指标

外汇净敞口头寸与资本的比率。该指标以报告单位在报告期内按一种外币折算后的外汇净开放头寸汇总数据为分子，以报告单位在报告期内资本的汇总数据为分母（成员国可根据本国情况选择使用财务上的资本作分母还是使用监管资本作分母）。指标反映报告单位的外汇风险，并衡量报告单位的资本金对抗外汇风险的能力。值得注意的是，在使用和分析这个指标时，要考察存款吸收机构各子类甚至单家机构的情况，因为即使整个存款吸收机构部门的该比率较低，也不说明外汇风险小，只有外汇资产和负债规模较大的存款吸收机构的该指标才能反映外汇风险的真正状况。

（二）鼓励类指标

与核心指标只针对存款吸收机构部门不同，鼓励类指标涉及存款吸收机构、其他金融公司、非金融公司、住户、金融市场和房地产市场多个部门，共28项。

1. 针对存款吸收机构部门的鼓励类指标

针对存款吸收机构的鼓励类指标共13项。与核心指标一样，这些鼓励类指标也是按照CAMELS监管评价框架设计的，其中1项考察资本是否充足，6项考察资产质量，3项考察盈利能力，2项考察流动性，1项考察市场风险敏感度。

（1）杠杆比率

该指标以报告单位在报告期内狭义流动资产的汇总数据为分子，以报告单位在报告期内短期负债的汇总数据为分母。指标反映企业财务杠杆效应，即资产中利用自有资金以外的资金取得资产的比例有多高，同时也能从资本支持资产扩张的能力方面衡量资本充足状况。

（2）大额风险暴露与资本比率

该指标以最大的五家或十家存款吸收机构在报告期内对其最大的五家或十家客户贷款的汇总数据为分子，以这些存款机构在报告期内核心资本的汇总数据为分母。指标反映由于信贷集中而产生的风险。如果该比率超过监管部门规定的标准，则这些大额信贷存在风险。

（3）各地区贷款占总贷款的比重

该指标以报告单位在报告期内按地区汇总的贷款数据为分子，以报告单位在报告期总贷款的汇总数据为分母。指标反映贷款总额按国家的地区分组的分布情况，可以监测在某组国家的风险暴露可能带来的信用风险，并评估发生在这些国家的负面事件对国内金融体系的影响。如果发现带给某些国家或特定地区的贷款量特别大，最好按照国家或地区进一步细分，

IMF 建议以《世界经济展望》的地区分组为分组依据。

（4）金融衍生工具的资产方/负债方总头寸与资本的比率

该指标以报告单位在报告期内按市场价计算的金融衍生工具资产方/负债方头寸的汇总数据为分子，以报告单位在报告期内核心资本的汇总数或资产负债表中资本的汇总数为分母。这两个指标反映资本金对抗存款吸收机构金融衍生工具风险暴露的能力。其中，分子使用总头寸而不是资产方和负债方轧差后的净头寸，是为了充分体现交易对手方风险的规模。

（5）外汇贷款占总贷款的比重

该指标以报告单位在报告期内外汇贷款的汇总数据为分子，其中外汇贷款包括用外币计算本金和利息后折合成本币、用本币归还的贷款；以报告单位在报告期内总贷款的汇总数据为分母。指标反映全部贷款中外汇贷款的相对规模，有助于分析汇率波动对本地借款人偿还外汇债务的能力的影响。

（6）外汇负债占全部负债的比重

该指标以报告单位在报告期内外汇负债的汇总数据为分子，以报告单位在报告期内总负债的汇总数据为分母。指标反映存款吸收机构的外汇资金来源在全部资金来源中的相对规模，汇率波动，特别是本币贬值，会导致存款机构暴露在汇率风险之下。

（7）交易收入占比

该指标以报告单位在报告期内金融工具损益的汇总数据为分子，以报告单位在报告期内总收入的汇总数据为分母。其中，交易收入包括资产负债表中按照市值或公允价值估值的金融工具的损益，但不包括关联企业、子公司及任何反向投资的股权。指标反映存款吸收机构通过参与金融市场取得收入的相对规模，可以用来分析该机构收入的稳定性。

（8）人力费用支出占非利息支出的比重

该指标以报告单位在报告期内人力费用支出汇总数据为分子，以报告单位在报告期内营业支出的汇总数据为分母。指标反映存款机构的人力成本占管理成本的比重，并以此衡量其经营效率。

（9）存款吸收机构部门的存贷款参考利差

该指标是报告单位在报告期内贷款参考利率与存款参考利率的差。参考利率是报告期内存（贷）款的加权利率，其中，权重是报告期内各利率的存（贷）款余额占当期全部存（贷）款余额的比重。该指标能用于分析存款吸收机构净利息的变化，这与其盈利能力息息相关。需要注意的是，金融稳健统计关注的是存款吸收机构这一部门的整体，因此该指标中的存贷款不包括同业之间的存贷款。

（10）银行间拆借的最高最低利差

该指标选择原始期限和到期日都相同的同一交易品种（如隔夜或 7 天）的最高和最低拆借利率计算利差。银行间拆借是一种短期行为，拆借利息是存款机构在国内拆借市场上的融资成本。一般来说，经营状况好的、资本雄厚的大银行，拆借资金的价格较低，而经营状况差、资本薄弱的小银行拆借资金价格高。利差越大，说明拆借的风险收入越高，这可能会导致弱小银行难以在拆借市场上融通资金，甚至影响部分存款吸收机构的流动性。该指标也有一定的局限性，比如，拆借市场流动性短缺时，所有机构的融资成本都会提高，但最高最低利差不一定会相应扩大，因此在展开分析时，要把该指标和拆借市场上相应交易品种的最高最低利率水平结合起来看。

（11）客户存款与总贷款的比率

该指标以报告单位在报告期内客户存款（不含同业存款）的汇总数据为分子，以报告单位在报告期内总贷款（不含同业贷款）的汇总数据为分母。指标反映存款吸收机构的流动性，因为客户存款是存款吸收机构稳定、重要的资金来源，是支持其发放贷款的基础。如果存款吸收机构的客户存款相对其贷款来说水平较低，那么部分贷款的增加是建立在一些不稳定的资金来源基础之上的，这时如果发生流动性压力，存款吸收机构出现流动性不足的可能性就比较大。

（12）股权净敞口头寸与资本的比率

该指标以报告单位在报告期内股权类资产净敞口头寸的汇总数据为分子，以报告单位在报告期内核心资本或监管资本的汇总数据为分母。指标衡量资本吸收存款机构股权类资产风险暴露的能力。该指标大于零，说明报告单位在报告期内持有多头头寸，报告单位在股权类资产价格下降时会损失资本；该指标小于零，说明报告单位在报告期内持有空头头寸，报告单位在股权类资产价格上涨时会损失资本。与核心指标中的"外汇净敞口头寸与资本的比率"一样，对该指标的分类或个体分析非常重要，在有些情况下，从存款吸收机构部门整体的角度看，尽管该指标的水平并不高，但部门整体数据有可能掩盖某类或某些存款吸收机构股权类资产风险暴露较高的情况。

2. 针对其他金融公司部门的鼓励类指标

在金融机构多元化发展较快的今天，非银行的其他金融公司部门对一国金融稳定的影响虽然不像银行部门那么大，但其影响也不能低估。监测非银行金融机构对金融稳健性的影响，主要从非银行金融公司发展的规模进行判断。因此，关于其他金融公司部门金融稳健的指标主要涉及其规模的发展情况，一是其他金融公司部门资产与金融体系总资产的比率，二是其他金融公司部门资产与 GDP 的比率。

（1）其他金融公司部门资产与金融体系总资产的比率

该指标以报告单位在报告期内金融资产的汇总数据为分子，以全部金融机构在报告期内金融资产的汇总数据为分母，用于衡量其他金融公司部门在国内金融体系中的重要性。

（2）其他金融公司部门资产与 GDP 的比率

该指标以报告单位在报告期内金融资产的汇总数据为分子，以报告期内一国的 GDP 数据为分母，用于衡量其他金融公司部门在一国经济体系中的重要性。

3. 针对非金融公司部门的鼓励类指标

作为全社会的主要生产和实物投资部门，非金融公司部门是实物经济运行中最重要的部门，同时也是对金融机构稳健运行影响最大的部门。一般来说，一个社会中对存款吸收机构负债规模最大的部门是非金融公司部门，其财务状况的好坏直接影响存款吸收机构部门资产的质量。非金融公司部门金融稳健的鼓励类指标有 5 项，分别是全部债务与资本金的比率、资本收益率、偿还债务能力、外汇风险暴露净额与资本金的比率以及进入破产流程的企业数量。

（1）全部债务与资本金的比率

该指标以报告单位在报告期末全部债务的汇总数据为分子，以报告单位在报告期末资本金的汇总数据为分母。指标反映企业的经营活动在多大程度上是依靠负债来支持，数值越大，表示企业部门在面对经济冲击或金融市场震荡带来的负面影响时应对能力越有限，出现债务危机的可能性也就越大。

（2）资本收益率

该指标以报告单位在报告期内息税前利润的汇总数据为分子，以报告单位在报告期内资本金的平均值的汇总数据为分母。其中，报告期资本金的平均值为期初和期末两个时点上资本金的算术平均值。指标可以衡量公司使用资本的效率，以此衡量公司发展的可持续性。

（3）偿还债务能力

该指标以报告单位在报告期内息税前利润和应向其他非金融公司收取的利息的汇总数据为分子，以报告单位在报告期内应偿还的本金和利息的汇总数据为分母，用于反映企业的违约风险。

（4）外汇风险暴露净额与资本金的比率

该指标以报告单位在报告期内表内项目外汇风险暴露净额的汇总数据或全部外汇风险暴露净额的汇总数据为分子，以报告单位在报告期内资本金的平均值的汇总数据为分母，用于衡量公司的资本相对其外汇风险的规模。

（5）进入破产流程的企业数量

该指标反映非金融公司部门破产的总体状况。

4. 针对住户部门的鼓励类指标

住户部门是全社会主要消费部门和住房投资部门。进入 20 世纪 80 年代以来，不少发达国家住户部门的消费信贷和住房抵押贷款发展很快。在美国，有些年份住户部门甚至成为一个赤字部门。在我国，住户部门负债的增长速度也很快。住户部门的债务状况是其影响金融稳健最直接和最重要的方面，因此，住户部门的鼓励类金融稳健指标主要有两个：住户部门债务与 GDP 的比率、住户部门还本付息额与可支配收入的比率。

（1）住户部门债务与 GDP 的比率

该指标以报告期内住户部门的债务为分子，以报告期内经济体的 GDP 为分母，用于反映住户部门债务相对于国民经济总量的水平。其中，住户部门的债务主要是向金融机构的借款，如住房抵押贷款、个人消费贷款等。住户部门债务水平过高，一方面不利于其偿还债务，另一方面也会抑制未来消费支出，两者都不利于金融稳健运行。

（2）住户部门还本付息额与可支配收入的比率

该指标以报告期内住户部门的应偿还的债务本金和利息之和为分子，以报告期内住户部门的可支配收入为分母，反映住户部门偿还债务的能力。

5. 针对金融市场的鼓励类指标

目前，针对金融市场的鼓励类指标着重考察证券市场的流动性对金融稳健运行的影响。

（1）日均换手率

日均换手率是每日证券的成交数量与当日流通证券的平均数量的比率。日均换手率高通常表明交易活跃，市场流动性好。

（2）买卖价差

该指标以报告期内证券平均卖价和平均买价的差额为分子，以报告期内证券平均卖价和平均买价的中间价为分母。一般来说，买卖价差越大，市场上的风险收入越高，市场交易成本也越高，市场的流动性下降；反之，市场流动性提高。

6. 针对房地产市场的鼓励类指标

与其他行业相比，银行业对房地产行业的信贷暴露规模较大，加之房地产价格存在较大的波动性，因此，房地产行业对金融稳健运行的影响特别突出。目前，房地产市场对金融稳健运行的影响主要用两类指标来反映，即房地产价格及其波动的指标和房地产贷款规模及其变动的指标。每类指标又针对住宅和商用房做进一步细分，一共有 4 项指标。

（1）住宅/商用房地产价格指数

房地产市场流动性低，不同地区、同一地区不同地段甚至同一地段不同小区的房地产价格差异很大，缺乏交易公允价值，这使房地产价格指数的编制成为难题。目前较实用的做法是对房地产开发有代表性的城市的重点地区，分别编制房地产价格指数和商用房地产价格指数。指数一般采用拉氏价格指数公式编制，称为拉斯贝尔斯房地产指数。这一指数是对基期一揽子房地产计算加权平均价格指数，即基期一揽子房地产在报告期购买的总成本与在基期购买的总成本之比。

（2）住宅/商用房地产贷款占总贷款的比重

该指标以报告单位在报告期内住宅/商用房地产贷款的汇总数据为分子，以报告单位在报告期总贷款的汇总数据为分母，用于反映存款吸收机构在住宅/商用房地产市场中的风险暴露状况。

三、金融稳健统计的基本编制方法

（一）数据来源

针对存款吸收机构部门的金融稳健统计指标最多，包括核心指标 12 项和鼓励类指标 13 项，共 25 项。这些指标数据主要来源于该部门的资产负债表、损益表和备忘序列。资产负债表和损益表是常用财务报表，数据可得性强。此外，还有一些数据不能直接从资产负债表和损益表中获得，这些数据被统一称作备忘项目。存款吸收机构的备忘序列分为两类：第一类是监管数据，这类数据可以从监管信息中获得，各项指标定义与监管要求一致；第二类是分析资产负债表和损益表后可以间接获得的数据（如表 17-3 所示）。

表 17-3　　　　　　　　　　存款吸收机构的备忘序列

监管数据	其他数据
1. 一级资本	8. 流动性资产（狭义）
2. 二级资本	9. 流动性资产（广义）
3. 三级资本	10. 短期负债
4. 监管允许的扣除额	11. 不良贷款
5. 监管资本总额（5 = 1 + 2 + 3 - 4）	12. 住宅房地产贷款
6. 风险加权资产	13. 商用房地产贷款
7. 大额风险暴露的数目	14. 贷款的地理分布
	15. 外汇贷款
	16. 外汇负债
	17. 股本的净敞口头寸
	18. 表内科目的外汇净敞口头寸

针对其他金融公司部门的金融稳健统计指标共 2 项，其数据主要来源于其他金融公司资产负债表中的金融资产，包括货币和存款、贷款、债券、股票、其他股权、保险技术准备金、金融衍生工具和其他金融资产等。

针对非金融公司部门的金融稳健统计指标共 5 项，反映非金融公司部门的财务状况、债务负担和偿债能力，数据主要来源于该部门的资产负债表、损益表及其他辅助性指标。

针对住户部门的金融稳健统计指标共 2 项，集中反映住户部门的债务负担。其数据来源主要是住户部门的资产负债表和国民经济账户的相关统计数据（如居民可支配收入）。

针对金融市场部门的金融稳健统计指标共 2 项，集中反映证券市场的流动性，其数据可从证券市场日常统计数据中获得。

针对房地产市场部门的金融稳健统计指标共 4 项。房地产价格指数编制的基础数据可以从房地产普查数据、房地产交易市场统计数据中获得，房地产贷款占总贷款的比重可以从存款吸收机构的资产负债表及其相关监管数据中获得。

（二） 数据的汇总与合并

金融稳健统计需要使用部门或机构分类组的数据计算各项指标，不同的汇总、合并方法可能得到不同的结果。其中，汇总是把存量和流量数据相加。在汇总的方法下，任何报送机构的存量和流量数据之和都应该等于该机构所有成员单位数据的简单相加，各成员单位的债权、债务数据能够保留。合并是对报送机构之间的往来头寸进行轧差处理后得到的存量或流量数据，可以避免重复计算。合并可以发生在同一报送机构内部的成员单位之间，也可以发生在不同报送机构之间。金融稳健统计可以将汇总和合并这两种方法结合起来处理数据，如报告单位可以向开展金融稳健统计的机构报送经合并的数据，金融稳健统计机构再对这些数据进行汇总，以获得部门或同类组的数据。

汇总是成员单位数据的简单相加，这里不再赘述。合并按地域和控制权两个维度来划分，可以分为两类共四种方法。

1. 国内控制的跨境合并法

该方法将国内控制、在国内注册的存款吸收机构与其分支机构（在国内或国外）及从事存款吸收业务的子公司（在国内或国外）的存量和流量数据进行合并。其中，"国内控制"与"国外控制"的定义是：国外控制的存款吸收机构指国外母存款吸收机构的子公司或分支机构，其他各种存款吸收机构都归类为国内控制。

2. 国内控制的跨部门合并法

在国内控制的跨境合并数据的基础上，如果把国内控制的存款吸收机构从事非存款吸收业务的分支机构和子公司的数据都合并起来，就可以得到国内控制的跨部门合并数据。需要注意的是，在这样的合并处理过程中，从事保险活动的子公司的数据不在合并范围内。

跨部门合并数据可以将所有业务种类考虑在内，与只考虑存款吸收机构的合并方法相比，这种方法能更全面地反映金融部门的系统性风险，但也可能导致存款吸收部门的系统性风险不能被尽早识别。

3. 国外控制的跨境合并法

该方法将分支机构（在国内或国外）及从事存款吸收业务的子公司（在国内或国外）与其在国外注册的国外控制的母公司的数据合并处理。这种方法适用于由外国金融机构主导本国金融体系的国家。在这样的国家，外国金融机构母公司的经营决策有可能影响到东道国的经济环境，因而东道国监管当局认为有必要按照不同的国籍来监管国外控制的存款吸收机构及其吸收存款的母公司。

4. 国内合并法

该方法把常住单位存款吸收机构和其作为国内经济体常住单位的分支机构以及其从事存款吸收业务的子公司的存量和流量数据合并处理。这种合并方法以地域为基础，使用了常住单位的概念，与国民账户统计和货币金融统计使用的合并方法一致，便于直接和经济增速、信贷增速、国际资本流动等宏观数据进行比较。这种方法的缺点在于国内合并数据没有涵盖在境外的分支机构和子公司，不能反映这些机构对系统性风险的影响。

第三节　金融稳定评估

顾名思义，金融稳定评估就是综合运用定量和定性分析方法对一个经济体金融稳定的状态进行评估。金融稳定评估的载体即金融稳定报告，自英国于 1996 年发布全球第一份以"金融稳定"为标题的报告起，至今已有近百个经济体定期发布本经济体的金融稳定报告；IMF 于 2002 年开始每半年定期发布《全球金融稳定报告》。本节首先对国际上金融稳定评估的发展历程进行简要回顾，然后重点介绍金融部门评估规划（Financial Sector Assessment Program，FSAP），它是被各国广泛接受的金融稳定评估框架，集中了目前金融稳定评估的主要内容。

一、金融稳定评估的产生和发展

（一）金融稳定报告的编制与发布

频发的金融危机引起各界对金融稳定的关注和研究。20 世纪 70 年代，随着布雷顿森林体系崩溃，很多国家采用了浮动汇率制，并逐步放开对资本流动的管制，拉开了金融全球化和自由化的大幕。汇率波动、跨境资本流动、金融创新、金融自由化等导致金融体系的不稳定性不断增加，突出表现在 20 世纪 90 年代以来金融危机频繁爆发，且危机的广度和深度不断加大，给各国经济和社会发展带来严重损害。

在这样的背景下，学界对金融稳定理论的研究不断深化，各国政府也陆续把维护金融稳定工作上升到国家安全与发展的战略高度。1996 年，英格兰银行发布了全球第一份以"金融稳定"为标题的报告，虽然其主要目的是为了在 1997 年英国大选前扩大英格兰银行的金融监管范围，但客观上对各国金融稳定的研究起到了推动作用。瑞典银行紧随其后，发布了第一份真正意义上的《金融稳定报告》，并在其中将"金融稳定"明确定义为"支付体系的安全和高效运转"。之后，法国、挪威、西班牙、日本、澳大利亚等也纷纷推出本国的金融稳定报告并定期发布。根据沈军、谭晓微的研究[①]（2014），1996—2012 年，发布金融稳定报告的国家和地区数量迅速增长，从 1996 年的 1 个增长到 2012 年的 57 个。国际组织方面，IMF 从 2002 年开始在每年的春季年会和秋季年会上分别发布上半年和下半年的《全球金融

---

① 沈军、谭晓微. 金融稳定评估：国际比较与中国案例 [J]. 亚太经济，2014（6）.

稳定报告》，评估全球金融体系和金融市场的稳定状况，探讨新出现的全球范围的金融稳定问题，特别是关注当前市场条件下可能给金融稳定带来风险的系统性议题。

（二）金融稳定评估统一框架的推出与发展

尽管发布金融稳定报告的经济体数量快速增长，但在相当长一段时间内，由于缺乏一个被各国广泛接受的金融稳定评估的明确框架，早期各国发布的金融稳定报告存在较大差异，缺乏可比性。为增加各国金融稳定报告的可比性，推动全球金融稳定监管与合作，IMF和世界银行在总结亚洲金融危机教训的基础上，于1999年联合推出金融部门评估规划（FSAP）项目，旨在加强对IMF成员金融脆弱性的评估与监测，减少金融危机发生的可能性，同时推动成员的金融稳定和发展。IMF和世界银行首先在12个国家中进行FSAP评估的试点，然后于2001年正式向成员推广这一项目。截至中国正式接受IMF和世界银行进行首次FSAP评估的2009年末，已有125个国家完成了首次FSAP评估，其中约50个国家进行了更新评估。

FSAP评估在全球推广的同时，自身也在不断调整和完善。IMF和世界银行先后于2003年、2005年、2009年、2014年多次对FSAP进行评价，并根据评价结果予以调整和完善。其中，2009年的评价形成了《FSAP十年：背景材料》《FSAP——十年回顾和改革建议》《FSAP更新报告中金融监管标准评估的新方法》《金融部门与双边监督的进一步融合》四份报告，这些报告总结了FSAP推出十年来的经验，并结合2008年国际金融危机的教训提出下一步工作重点和方向。具体而言，2009年的评价指出了当时FSAP存在的不足，并提出了四个方面的改进建议。

1. 存在的不足

FSAP评估主题明确，并能根据形势发展变化适时作出调整。但其对非金融部门状况、全球宏观经济状况、潜在的系统流动性风险涉及不多，同时对资产证券化、危机管理、问题银行处置、资本市场状况等问题的分析不够深入。此外，由于遵循自愿参加原则，在2008年国际金融危机爆发前，FSAP评估未能覆盖所有具有系统重要性的国家。具体到参评国，FSAP评估指出了金融体系的薄弱环节，但给出的建议不够具体、清晰和直接，加上不同国家对FSAP评估过程参与程度各异，影响了建议的有效落实。

2. 改进建议

（1）调整总体目标

一是增加FSAP评估的灵活性，使其更好地与各国需求保持一致。二是提高评估的质量、公正性和可比性。这需要开发更多的工具和方法来评估金融部门的稳定性和发展需求及其与经济的联系，加强金融稳定性分析、宏观审慎分析和跨境联系分析。三是将FSAP评估分析及其结果与IMF、世界银行的核心工作结合起来。IMF的目标是将FSAP评估与第四条款监督更紧密地整合起来，世界银行的目标是将FSAP评估的分析和建议融入其国别援助战略和其他金融部门工作之中。

（2）突出重点，分清职责

FSAP 评估通常包括金融部门稳定性和发展需求两个方面的评估，两者互为补充，但界限难以明确划分。应进一步分清职责，IMF 负责稳定性评估，侧重于短期；世界银行负责发展需求评估，围绕中期问题展开。

（3）增强灵活性和连续性

由于资源限制等因素的影响，FSAP 更新评估的平均间隔约为 6 年。2008 年国际金融危机表明，较长的评估间隔削弱了评估的有效性。未来将考虑在初次评估的基础上，根据各国具体情况在 FSAP 更新评估中采用"模块式评估"（Modular Assessments），IMF 聚焦于金融稳定问题，世界银行聚焦于发展需求问题。两者均可独立进行，以提高评估的灵活性和连续性。

（4）改进分析方法，强化分析内容

除了改进宏观压力测试、构建指标体系、建立风险模型、提高风险监测频率、开发或有债权工具等措施外，还需加强宏观审慎风险评估工作。重点关注具有系统重要性的金融机构，开发跨部门、跨市场风险监测工具，加强系统性风险监测和管理，明确中央银行和其他监管机构的职责划分。

2014 年 IMF 和世界银行对 FSAP 的评价检查显示，2009 年评价所提出的改进建议均得到积极落实，特别是在压力测试覆盖更广泛的风险、加强对溢出效应和宏观审慎框架的分析方面取得了显著进步。各国对 FSAP 更加重视，IMF 对各国金融体系稳定评估报告（Financial System Stability Assessment，FSSA）的公布率也越来越高。经过多年的发展和完善，FSAP 评估已成为国际上广泛接受的金融稳定评估框架，具有很高的权威性。

二、FSAP 评估的框架、内容和方法

（一）评估框架

FSAP 评估框架以宏观审慎监测为核心，以金融市场监测、宏观金融联系分析、宏观经济监测为补充。

1. 宏观审慎监测

宏观审慎监测是 FSAP 评估的核心。它旨在识别影响金融体系整体稳定性的风险，评估金融体系健康状况及其脆弱性。其定量分析方法主要是金融稳健统计指标分析和压力测试（Stress Testing），同时也运用一些定性分析方法，如对监管质量和金融基础设施健全性的评估等。

2. 金融市场监测

金融市场监测用来评估金融部门受某一特定冲击或一组冲击时的风险，通常采用早期预

警系统（Early Warning Systems，EWSs）模型，分析指标包括金融市场指标、宏观指标和其他变量。

3. 宏观金融联系分析

宏观金融联系分析力图研究引发冲击的风险是如何通过金融体系传递到宏观经济的。宏观金融联系源于非金融部门对金融部门中介作用的依赖，包括非金融部门的融资、居民存款、银行体系对货币政策的传导等。

4. 宏观经济监测

宏观经济监测旨在监测金融体系对宏观经济的总体影响，特别是对债务可持续性的影响。金融不稳定将使一国付出巨大的经济成本，降低经济增长率和偿债能力并可能导致国家违约。

（二）评估内容

FSAP评估内容包括金融结构和金融发展评估、金融部门评估、金融监管评估以及基础设施评估四个方面内容。

1. 金融结构和金融发展评估

金融结构和金融发展评估旨在评估金融服务提供情况，分析导致金融服务和金融市场缺失或欠发达的原因，识别那些阻碍高效提供金融服务的因素，侧重分析金融服务的客户以及金融体系满足客户需求的效率。考察金融服务的角度包括经济体系中金融服务的范围、规模、涉及面、成本和质量。

2. 金融部门评估

金融部门评估的对象主要包括银行业及准银行机构、证券市场、保险业等。银行业评估的内容主要包括市场深度（以总资产等指标衡量）、市场宽度（以客户基础和产品范围衡量）、市场竞争和效率以及市场分割等。证券市场评估主要考察证券市场是否有深度和流动性，交易和发行的成本是否合理，是否有充足的债权、股权工具。对保险业的评估主要关注保险机构是否提供了投资和降低风险的工具，是否对长期基金提供了专业化管理，产品范围及定价是否存在缺陷等。

3. 金融监管评估

金融监管评估主要对银行监管、证券监管和保险监管进行评估。通过将参评国（地区）的监管实践与巴塞尔委员会的《有效银行监管核心原则》、国际证监会组织的《证券监管目标与原则》和国际保险监督官协会的《保险监管核心原则与方法》进行对比，逐条评估参评国（地区）对国际监管标准与准则的遵守情况，评价监管效力，识别监管领域存在的风险和脆弱性，提出改革建议。

4. 基础设施评估

基础设施评估主要包括法律、信息和交易技术等内容。法律基础设施的核心内容包括债权人保护和破产法及其实施，评估指标包括合同的执行、破产程序的速度和效率、债权人和小股东的权利等。信息基础设施评估涉及会计和审计的规则与实践，以及对于公有或私营信贷登记和产权登记机构的法律和组织要求。对交易技术基础设施的评估主要关注大额、小额支付系统，包括评估以时间和成本来衡量的货币转移体系的有效性，以及这些服务的可获得性。

（三）评估方法

FSAP 评估的主要方法有金融稳健统计指标分析、压力测试以及国际标准与准则评估。

1. 金融稳健统计指标分析

金融稳健统计指标是 IMF 为监测金融机构和市场的稳健程度，以及金融机构客户的稳健程度而编制的一系列指标，用来分析和评价金融体系的稳健性。通过分析金融稳健统计指标，可以系统评估金融部门面对冲击时的脆弱程度，分析金融部门在受到冲击后可能对宏观经济造成的影响。

2. 压力测试

压力测试旨在分析宏观经济变量的变动对金融体系稳健性可能产生的影响，评估因宏观经济金融联系而产生的风险和脆弱性。压力测试可用于单个机构和整个金融体系，风险因素主要包括利率、汇率、信贷、流动性以及资产价格等，研究方法包括敏感性分析、情景分析和传染性分析等。

3. 国际标准与准则评估

国际标准与准则评估旨在从宏观经济政策的稳健性和透明度、审慎监管对金融机构稳健运行的影响、金融基础设施（包括公司治理、会计和审计标准等）的有效性等方面评估金融体系的稳定性，其评估结果体现为《标准与准则遵守情况报告》（Reports on Observance of Standards and Codes，ROSCs）。金融稳定理事会确认了 12 项国际标准与准则，FSAP 评估下的标准与准则评估涵盖其中的 9 项，分别是《货币与金融政策透明度良好行为准则》《有效银行监管核心原则》《重要支付系统核心原则》《反洗钱与打击恐怖主义融资 40 + 9 条建议》《证券监管目标与原则》《保险监管核心原则和方法》《公司治理原则》《国际会计标准》《国际审计标准》。

三、FSAP 评估的基本程序和结果运用

FSAP 评估遵循自愿参加的原则。发达国家的 FSAP 评估由 IMF 独立进行，发展中国家和新兴市场国家的 FSAP 评估由 IMF 和世界银行联合执行。评估人员以 IMF 和世界银行工作人员为主，并视具体情况邀请外部专家参加。

一般来说，参加 FSAP 评估的国家（地区）与 IMF 和世界银行达成实施评估的意向后，IMF 和世界银行会派遣专家组与参评国的工作组进行对接，就 FSAP 评估的范围和评估工作

进程等基本要素达成共识，签订《金融部门评估规划评估范围备忘录》，作为未来开展评估工作的指引。

之后，评估团会按照《金融部门评估规划评估范围备忘录》的要求，开展几轮现场评估和非现场分析。其中，IMF关注的焦点是金融体系的稳定性和脆弱性，世界银行关注的焦点是金融部门发展。现场评估和非现场分析之后，评估团会根据分析研究的结果编制相当于审计工作底稿的《FSAP备忘录》。

基于《FSAP备忘录》，IMF针对金融部门的稳定性撰写《金融体系稳定评估报告》（FSSA），纳入其对参评国的第四条款磋商报告并提交IMF执董会讨论，最终与IMF对参评国的第四条款监督工作紧密结合起来；世界银行则针对金融部门发展需求撰写《金融部门评估报告》（Financial Sector Assessment，FSA），提交世界银行执董会讨论，并将结果融入世界银行国别援助战略和其他金融部门工作之中。参评国完成初次评估后，每隔几年要进行一次更新评估，其中对系统重要性国家，更新评估的间隔一般为5年。初次评估通常需要2~3年时间，更新评估通常需要1~2年时间。

本章小结

1. 金融稳定的核算是指运用各种定性和定量的方法去衡量和测度某个经济体金融稳定的水平。目前，金融稳定的核算一般包括金融稳定评估（报告）、金融稳健统计、金融稳定指数（指标框架）等几个相互关联又各有一定独立性的方法。

2. 金融稳定是一个具有丰富内涵的、动态的概念，它反映的是一种金融运行的状态，具有全局性、动态性、效益性和综合性。

3. 价格稳定是金融稳定的重要条件，银行稳定是金融稳定的核心，金融稳定是金融安全的基础。

4. 适宜的宏观经济环境、有效的监督和管理体制与健全的金融市场基础设施被西方学界视为构成金融稳定的"三根支柱"。

5. 金融稳健统计指通过一系列统计指标，反映一个经济体金融市场的健康状况以及金融机构、非金融企业乃至住户部门金融活动的稳健状况。

6. 在金融稳健统计中，存款吸收机构部门是统计监测的核心。此外，金融稳健统计还包括其他金融公司部门、非金融公司部门、住户部门、金融市场部门和房地产市场部门。

7. 金融稳健统计的指标体系包含40项指标，其中，核心指标12项，都针对存款吸收机构部门，分别考察其资本充足、资产质量、盈利能力、流动性和市场风险敏感度五个方面；鼓励类指标28项，针对存款吸收机构部门、其他金融公司部门、非金融公司部门、住户部门、金融市场部门和房地产市场部门。

8. 针对存款吸收机构部门的金融稳健统计指标数据主要来源于该部门的资产负债表、损益表和备忘序列。

9. 针对其他金融公司部门的金融稳健统计指标数据主要来源于其他金融公司资产负债表中的金融资产。

10. 针对非金融公司部门的金融稳健统计指标数据主要来源于该部门的资产负债表、损益表和其他辅助性指标。

11. 针对住户部门的金融稳健统计指标数据主要来源于住户部门的资产负债表和国民经济账户的相关统计数据。

12. 针对金融市场部门的金融稳健统计指标数据可从证券市场日常统计数据中获得。

13. 针对房地产市场部门的金融稳健统计指标的基础数据可以从房地产普查数据、房地产交易市场统计数据中获得；房地产贷款占总贷款的比重可以从存款吸收机构的资产负债表及其相关监管数据中获得。

14. 汇总是把存量和流量数据相加；合并是对报送机构之间的往来头寸进行轧差处理后得到的存量或流量数据，可以避免重复计算。

15. 合并按地域和控制权两个维度来划分，可以分为两类共四种方法：国内控制的跨境合并法、国内控制的跨部门合并法、国外控制的跨境合并法、国内合并法。

16. 金融稳定评估就是综合运用定量和定性分析方法对一个经济体金融稳定的状态进行评估。

17. 金融部门评估规划（FSAP）评估框架以宏观审慎监测为核心，以金融市场监测、宏观金融联系分析、宏观经济监测为补充。

18. FSAP 评估内容包括金融结构和金融发展评估、金融部门评估、金融监管评估以及基础设施评估四个方面内容。

19. FSAP 评估的主要方法有金融稳健统计指标分析、压力测试以及国际标准与准则评估。

20. FSAP 评估遵循自愿参加的原则。发达国家的 FSAP 评估由 IMF 独立进行，发展中国家和新兴市场国家的 FSAP 评估由 IMF 和世界银行联合执行。

本章重要概念

金融稳定　金融稳定核算　金融稳健统计　金融稳定评估　金融稳定指数
存款吸收机构　其他金融公司部门　非金融公司部门　住户部门　金融市场部门
房地产市场部门　监管资本与风险资产的比率　核心资本与风险资产的比率
不良贷款率　扣除准备金后的不良贷款净额与资本的比率　各部门贷款占总贷款的比重
资产收益率　资本收益率　利息收入占总收入的比重　非利息支出与总收入的比率

流动资产比率　流动资产与短期负债的比率　杠杆比率　大额风险暴露与资本比率

各地区贷款占总贷款的比重　金融衍生工具的资产方/负债方总头寸与资本的比率

外汇贷款占总贷款的比重　外汇负债占全部负债的比重　交易收入占比

人力费用支出占非利息支出的比重　存款吸收机构部门的存贷款参考利差

银行间拆借的最高最低利差　客户存款与总贷款的比率　股权净敞口头寸与资本的比率

其他金融公司部门资产与金融体系总资产的比率　其他金融公司部门资产与 GDP 的比率

全部债务与资本金的比率　偿还债务能力　外汇风险暴露净额与资本金的比率

进入破产流程的企业数量　住户部门债务与 GDP 的比率

住户部门债务负担与可支配收入的比率　日均换手率　买卖价差

住宅/商用房地产价格指数　住宅/商用房地产贷款占总贷款的比重

国内控制的跨境合并法　国内控制的跨部门合并法　国外控制的跨境合并法

国内合并法

本章复习思考题

一、判断题

1. 金融稳定是一个具有丰富内涵的、动态的概念，它反映的是一种金融运行的状态。

（　　）

2. 金融稳定具有全局性、静态性和绝对性。　　　　　　　　　　　　　　（　　）

3. 价格稳定未必能实现金融稳定，金融失衡或不稳定的情形在稳定的价格环境下有时也会累积和发生。　　　　　　　　　　　　　　　　　　　　　　　　　　　（　　）

4. 适宜的宏观经济环境、有效的监督和管理体制与健全的金融市场基础设施被西方学界视为构成金融稳定的"三根支柱"。　　　　　　　　　　　　　　　　　　（　　）

5. 针对金融市场部门的金融稳健统计指标数据可从证券市场日常统计数据中获得。

（　　）

6. 汇总是对报送机构之间的往来头寸进行轧差处理后得到的存量或流量数据，可以避免重复计算。　　　　　　　　　　　　　　　　　　　　　　　　　　　　（　　）

7. 金融部门评估规划（FSAP）评估框架以宏观审慎监测为核心，以金融市场监测、宏观金融联系分析、宏观经济监测为补充。　　　　　　　　　　　　　　　　（　　）

8. 针对存款吸收机构部门的金融稳健统计指标数据主要来源于该部门的资产负债表、损益表和备忘序列。　　　　　　　　　　　　　　　　　　　　　　　　　（　　）

9. 合并按地域和控制权两个维度来划分，可以分为两类共四种方法：国内控制的跨境合并法、国内控制的跨部门合并法、国外控制的跨境合并法、国内合并法。　（　　）

10. IMF 要求所有成员都参加 FSAP 评估。　　　　　　　　　　　　　　（　　）

二、多选题

1. 金融稳健统计核算的部门范围是（　　）。

A. 存款吸收机构部门　　　　　　B. 其他金融公司部门

C. 非金融公司部门　　　　　　　D. 住户部门

E. 金融市场部门

2. 针对住户部门的金融稳健统计指标数据主要来源于（　　）。

A. 住户部门的资产负债表　　　　B. 国民经济账户的相关统计数据

C. 证券市场日常统计数据　　　　C. 房地产交易市场统计数据

3. FSAP 评估内容包括（　　）。

A. 金融结构和金融发展评估　　　B. 金融部门评估

C. 金融监管评估　　　　　　　　D. 基础设施评估

三、简答题

1. 简述金融稳定的主要支柱。

2. 简述金融稳健统计的发展历程。

3. 简述金融监管统计与金融稳健统计的区别和联系。

4. 简述金融稳健统计核心指标的计算方法和数据来源。

5. 简述 FSAP 评估的框架、内容和主要方法。

四、思考题

1. 尝试通过公开渠道搜索并阅读相关研究报告，谈谈通过现有的金融稳健统计指标体系构建金融稳定综合指数在理论和实践层面都有哪些难点？为什么金融稳定状态需要用一系列指标而难以用单一指标刻画？

2. 尝试在国际货币基金组织和世界银行官方网站分别搜索阅读同一经济体相同时期的《金融体系稳定评估报告》和《金融部门评估报告》，比较在同一工作底稿下两份报告的异同，思考金融稳定与金融发展之间的关系。

第三篇

中国宏观经济运行分析

第十八章
宏观经济运行分析概述

在前面的章节中，我们详细介绍了宏观经济分析中有关理论分析与核算分析的内容。从本章开始我们介绍如何将理论分析和核算分析具体运用于实践中，即进行宏观经济运行分析。

第一节 宏观经济运行分析的概念

要把握宏观经济运行分析的概念，需要从宏观经济运行、宏观经济运行分析以及宏观经济运行分析的主要内容三个方面来理解。

一、宏观经济运行

宏观经济是指一国或地区的整体经济，宏观经济运行是指一国或地区整体经济活动的表现。宏观经济活动包括经济活动的主体即各部门及其活动，也包括经济活动的客体即活动的内容，还包括各构成市场的活动。下文从上述三个方面解释宏观经济的运行。

（一）经济部门与市场的运行

宏观经济的构成在不同的学科中有不同的分类。宏观经济学侧重从市场的角度对宏观经济的构成进行解释。而国民经济核算学则强调从经济活动的主体即机构部门的角度解释宏观经济的构成。两者实质上是一致的，我们先从经济部门的角度进行阐述。

经济单位林林总总，要对经济单位的活动进行研究，需要对它们进行分类，即把经济目标、功能和行为相同的机构单位归入一个部门，即机构部门。机构部门可分为住户部门（这里包括为住户服务的非营利机构）、非金融企业部门、金融企业部门、政府部门和国外部门。从机构部门的角度看，宏观经济的运行即为各机构部门经济活动的总和。这些我们在第九章已经做了介绍（如图 9 – 3 所示）。

从宏观经济学理论来看，宏观经济的构成中还加入了各种市场，即通常所说的"三市场四部门"。① 家庭（住户部门）与企业（非金融企业部门）在要素市场和产品市场中发生收支联系。家庭在要素市场上提供生产要素，以此来换取收入；进而在产品市场上购买企业生产的商品；而企业则在要素市场上购入生产要素进行生产，在产品市场上出售商品获得利润。一般情况下，家庭的收支并不正好相等，家庭收入与支出的差额即为储蓄，储蓄通过金融市场转化为企业扩大再生产所需要的投资。政府部门作为宏观经济构成的第三个部门，从家庭和企业部门获得税收等收入，并通过转移支付或补贴为家庭或企业提供支持。现代宏观经济必然是开放经济，因此，国外部门通过进出口以及投融资与国内的产品市场和金融市场建立联系。

（二）社会再生产环节的运行

由于研究问题的角度不同，对社会再生产环节运行的描述会有不同。一般宏观经济的循环流程是从产品（货物和服务）的生产开始，产品经过流通交换环节，最终用于消费或投资。生产者出售产品取得收入分别用于人工成本支出、物质资料支出、资本的利息支出和交税等支出的剩余，形成利润。我们把这个环节称为分配环节。这些价值分配后，最终还是止于使用。这四个环节之间的关系如图 9-6 所示。生产是利用劳动、资本、货物和服务作为投入生产货物和服务的活动，是创造价值的过程，也是宏观经济运行的首要环节；分配是将生产创造的价值以各种收入形式分配给有关的参与者；消费是满足人民需要的使用；积累则是用于增加资产的使用。这四个阶段周而复始，形成宏观经济循环过程。

从运行形态上区分，我们把"生产—流通—使用"这一过程称为宏观经济的"实物运行"。在这一过程中，社会产品的使用价值与价值运行相伴而行，方向相反。我们把"生产—分配—使用"这一过程称为宏观经济的"价值运行"。在这一过程中，社会产品和价值已经与使用价值分离。两种运行在脱离生产过程之时相分离，又在使用环节相汇合。

我们在描述宏观经济运行的分配环节时已经指出，分配环节将生产过程中形成的价值在劳动力、资本所有者、政府等部门之间进行分配。为了更详细地描述宏观经济运行情况，我们还可以细化分配环节，如政府及金融部门在社会再生产分配环节的作用。这里我们仅列举金融部门在社会再生产分配环节中的作用。在描述三部经济运行时指出，当经济主体的收入并未完全用于消费时，就出现了融资这一环节。虽然融资仍然属于社会再生产的分配环节，但为了更详细地描述宏观经济运行情况，我们把它作为分配环节的补充环节而独立出来。

综上所述，宏观经济运行既可表现为各经济部门在产品市场、要素市场、金融市场上的相互联系，也表现为社会再生产环节的循环往复的过程。对宏观经济运行各部门、各市场、

---

① 宏观经济理论的构成中，三市场是指产品市场、要素市场、金融市场，四部门是指代表性家庭、代表性厂商、政府部门、国外部门。

各环节当期状态以及未来状态的分析就构成了宏观经济运行分析。

二、宏观经济运行分析

在明确了宏观经济运行后，我们很容易理解宏观经济运行分析。宏观经济运行分析是指对宏观经济各构成部分的经济活动状态进行的分析，包括宏观经济运行结果的分析和宏观经济预测的分析两个部分。

宏观经济运行结果的分析主要是对形成经济运行结果的原因或变量的分析，宏观经济预测的分析主要是根据宏观经济运行结果的影响因素或变量间的关系推测未来宏观经济变量的走势。

（一）宏观经济运行分析主要是短期经济的分析

在微观经济学中，根据生产要素投入是否可调整，可以将经济分析划分为长期分析和短期分析。长期是指经济运行中所有的生产要素投入均是可调整的，短期则是指至少有一种生产要素投入是不变的时期。而在宏观经济学中，对长期和短期的划分更倾向于根据时间的长短，通常来说，一年以内的称为短期，一年以上的称为长期。

根据上述长短期的划分标准，宏观经济运行分析更为关注的是短期分析。我们关注在短期内，具体来说关注月度、季度和年度宏观经济中各经济部门的运行状况，如政府部门的收入支出情况，住户部门的收入与消费情况等，同时也关注宏观经济中各个市场的出清情况，如产品市场的供给与需求的对比，金融市场中货币供给与需求的对比等。对宏观经济短期情况的监测，有助于我们及时发现宏观经济运行中存在的问题，及时采取相应的措施调控宏观经济运行，以使经济运行在合理区间。

需要指出的是，宏观经济运行分析更关注短期分析并不是说我们不需要长期分析，而是因为长期也是由短期构成的，只有能够明确短期经济运行中存在的问题以及可能的结果，才能更好地对经济运行的长期情况有所把握。

（二）宏观经济运行分析是经济形势的分析

宏观经济运行分析的目的是，通过对各部门和各市场的分析明确当期宏观经济运行所处的状态。经济形势分析又称经济态势分析，是指对当期经济运行所处的状态、存在的问题和产生的原因以及可能导致的经济结果的分析。

在宏观经济运行分析中，我们需要借助核算和统计的实时资料，根据发展战略以及现实情况确定宏观经济变量运行的合理区间，并对宏观经济的运行过程进行监测，判断宏观经济变量是否运行在合理区间，以及预测宏观经济变量的趋势。若主要经济变量的运行出现了滑出合理区间的趋势，要迅速分析造成这一现象的原因，以及可能导致的经济结果。例如，分析判断某季度的经济增长率是否过慢或过快，是什么原因造成的经济增速过慢或过快，这一现象是否是趋势性的，会导致哪些经济结果，等等。

只有明确了宏观经济运行的状态即对宏观经济的运行形势进行分析，才能为后续进行宏观经济调控、制定宏观经济政策提供依据。

（三） 宏观经济运行分析是经济政策的分析

我们对宏观经济运行进行分析的目的是保持宏观经济整体运行在合理区间，以实现经济目标。我们对宏观经济运行进行分析，在明确主要经济变量的运行状态和存在的问题后，需要对宏观经济运行进行调控，而调控的过程就是宏观经济政策的实施。

宏观经济政策从总需求管理的角度可以分为财政政策和金融政策，从总供给的角度可以分为收入政策和产业政策。由于宏观经济运行分析主要关注短期分析，我们在宏观经济运行分析中对经济政策的关注主要还是总需求管理政策，即财政政策和金融政策。

对经济政策的分析，我们不仅要在经济形势分析的基础上明确采取何种政策或政策组合来保证经济运行在合理区间，而且要对各项政策实施的后果进行分析。例如，当判断经济运行过热时，我们常常采取紧缩的财政政策和紧缩的货币政策；在判断经济运行较冷时，我们往往采取扩张的财政政策和扩张的货币政策。当然在实践中，财政政策与货币政策的配合，即两项总需求管理的政策各自采取到什么程度以形成合力也是需要探讨的问题。

鉴于经济政策的讨论具有一定的专门性以及篇幅所限，后续我们将不涉及经济政策的讨论。但需要明确的是，宏观经济运行分析的落脚点是宏观经济政策的制定与实施。

总之，宏观经济运行分析是观察、研究宏观经济运行中各种总量及其相互关系，掌握宏观经济运行的特点、影响因素，找出运行中存在的问题，揭示其发展变化的规律性，以便更好地把握宏观经济运行的走势，为进行宏观经济调控提供科学的依据。

三、宏观经济运行分析的主要内容

宏观经济运行涉及宏观经济构成的各经济部门、各市场、各环节。结合宏观经济调控的目标，我们认为中国宏观经济运行分析涉及六个方面的内容：经济增长分析、财政和金融运行分析、物价分析、就业与失业分析、国际收支分析、金融稳定分析。

中国经济增长分析的主要内容包括中国 GDP 的核算方法、中国生产法和收入法 GDP 指标的构成、中国支出法 GDP 指标的构成、中国季度 GDP 的核算方法、其他反映总需求与总供给的宏观经济统计指标、中国总供给规模和结构的年度与季度分析、中国总需求规模和结构的年度与季度分析等。相关内容在第十九章中详细介绍。

中国财政和金融运行分析的主要内容包括中国财政统计的框架、中国财政收入统计、中国财政支出统计、中国财政平衡统计、中国货币统计、中国金融统计，以及有关财政金融统计指标在宏观经济运行分析中的应用。相关内容将在第二十章中详细介绍。

中国物价分析的主要内容包括中国价格统计的主要指标、中国 CPI 的统计方法、中国 PPI 的统计方法、中国 GDP 平减指数的统计方法，以及应用物价统计指标分析中国的物价运行情况，分析影响价格变动的主要因素，判断价格变动的趋势，为稳定价格提出政策主张。相关内容将在第二十一章中介绍。

中国就业和失业分析的主要内容包括中国就业和失业的界定、中国就业率与失业率的统计方法，结合其他宏观经济变量的分析，分析影响就业与失业的主要因素；分析就业与失业率对整个宏观经济变量的影响，为实现充分就业提出政策主张。相关内容将在第二十二章中介绍。

中国国际收支分析的主要内容包括中国国际收支统计的方法，分析判断国际收支平衡情况；进行结构分析（分析经常项目和资本项目的变化及其影响因素）；结合其他宏观经济核算分析，分析影响国际收支平衡的主要因素及国际收支平衡情况对宏观经济的影响，为保持国际收支平衡提出政策主张。相关内容将在第二十三章中介绍。

中国金融稳定分析的主要内容包括中国金融稳健指标体系的构成、中国金融稳健相关指标的统计方法、利用金融稳健指标体系对中国的金融稳定情况作出判断。相关内容将在第二十四章中介绍。

第二节　宏观经济运行分析的程序与方法

对宏观经济运行进行正确分析需要按照一定的程序和使用一定的方法，以便得出正确的结论并指导宏观经济的调控。

一、宏观经济运行分析的程序

宏观经济运行分析涉及面广、具有极强的综合性，因此，对其进行分析需要采取一定的程序。按照"指标—数据—分析"的流程，可以将宏观经济运行分析划分为三个步骤：首先对经济运行进行核算，其次对经济运行的结果进行分析，最后对未来经济的走势进行预测。

（一）宏观经济运行的核算与统计

对宏观经济运行进行分析主要是对宏观经济变量进行分析。然而，宏观经济变量的数据并不能像自然科学一样采取测量的方式获得，因此，必须借助于宏观经济核算和宏观经济统计来获得宏观经济变量的数据。[①] 宏观经济核算体系作为一个全面反映宏观经济运行过程的指标体系，提供了具有相互勾稽关系的众多分析指标。这些指标能够有效地运用于宏观经济运行分析。另外，宏观经济运行分析中对时效性强以及专门领域的分析还需要借助于宏观经

---

① 宏观经济核算是宏观经济统计的主体部分，但不是宏观经济统计的全部。

济统计来获得有关指标的数据。在进行宏观经济运行的核算与统计时，我们通过统计报表、普查、抽样调查、重点调查等方式获得有关经济运行的微观信息，并在一定的统计规则之下将其汇总成宏观经济数据。可以说，宏观经济运行的核算与统计是对宏观经济运行分析至关重要的一步，它实现了将理论分析中界定的各宏观经济变量转化为现实数据的功能。

（二）宏观经济运行结果分析

在收集和整理主要宏观经济变量的数据后，我们将在理论分析中确定的宏观经济变量之间函数关系的指导下，分析宏观经济变量的运行状态。由于统计数据的获得具有一定的滞后性，对宏观经济变量数据的分析实质上是对宏观经济运行结果的分析。

对宏观经济运行的结果进行分析的重点在于找到宏观经济变量当期状态的原因，并据此给出宏观调控的政策建议。宏观经济变量均具有综合性，反映的是经济整体的运行情况，其所处的运行状态往往由多种原因导致。我们对其进行分析关键在于运用适当的方法找到一定时期内宏观经济变量状态背后的主要原因。如经济增长率的状态，涉及总供给和总需求两个方面，我们对其进行分析就是要找到在分析期内，到底是总供给的因素还是总需求的因素是当前经济增长率波动的主要原因。当然，确定总供给和总需求后，还要进一步剖析总供给或总需求的结构。只有在明确宏观经济变量当前状态的主要原因后，才能针对主要原因提出具有针对性的宏观调控政策。

对宏观经济运行结果进行分析关键在于选择适当的分析方法。选择方法应根据分析项目的性质、数列的类型、变量的多少和分析研究的要求进行。非量化资料采用定性分析方法，应根据变量的多少和数列类型选定分析的具体方法和统计模型。数据资料的分析通常需要把定量分析与定性分析结合起来，用定性分析解释定量分析的结果，以便归纳出正确的结论。

（三）宏观经济预测分析

对宏观经济运行进行分析还需要对宏观经济变量的走势进行预测。首先，由于宏观经济数据和宏观经济政策的制定均具有滞后性，我们在对宏观经济变量进行分析时本质上是利用宏观经济数据对经济运行的历史进行原因的分析。但问题的关键在于确定宏观经济变量的走势。一方面，我们需要利用预测分析对观察到的经济变量未来走势作出判断，以确定经济系统运行能否自动调节以及当前的不利影响因素是短期因素还是长期因素，只有在经济运行不能自动调节以及当前负向因素短期不会消失的情况下，我们才会采取宏观调控的措施。另一方面，当采取宏观调控措施后，我们仍然需要对政策措施的影响作出预测判断，以便科学地确定措施的力度和方向。

可以说，科学的宏观经济运行分析必然要对宏观经济运行作出科学的预测。科学的预测来自对宏观经济变量理论关系的正确把握以及采用适当的预测方法。有关预测方法的内容我们在后续介绍宏观经济运行分析方法时一并介绍。

二、宏观经济运行分析的方法

从宏观经济运行分析的程序中可以看到，不论是对宏观经济运行进行核算还是核算后的分析以及预测分析，采用科学的方法都是得到正确结论的关键。

宏观经济运行分析方法涵盖的内容广泛，既有针对经济问题的经济学分析方法，也有纯粹的统计描述方法、统计推断方法等统计学分析方法，还有统计学与经济学、数学等交叉发展的方法。总之，宏观经济运行分析对所有学科的分析方法是开放的。宏观经济运行分析中应用的方法并没有专属性，本书仅对运用的方法作出概述，方法本身的具体内容可以参考其他专门教材。

（一）经济学分析方法

宏观经济运行分析要发挥定量研究的优势，需要在实际分析研究中科学运用经济学理论。宏观经济理论分析中的静态经济分析、比较静态经济分析、动态经济分析、比较动态经济分析等方法反映了经济学的系统分析的基本思想，因此对宏观经济运行分析具有指导作用。另外，在宏观经济运行分析中对宏观经济变量进行理论分析，把握宏观经济变量之间的函数关系也是题中应有之义。因此，经济学的分析方法在宏观经济运行分析中有着重要应用。

（二）统计学分析方法

统计学分析方法是宏观经济运行分析方法的主角，包括描述性统计方法和推断性统计方法。如何运用科学的变量体系描述分析一国经济运行整体的数量特征，需要指标体系的选定方法，也需要对所选定的变量进行准确的估计，还需要变量数据的可比性处理方法。这些方法需要经验，也需要理论，还需要统计技术。描述性统计方法是统计分析应用的一个非常重要的基础，探索性统计分析有助于我们构建系统分析的基本逻辑框架，从而根据客观存在与相互关系构建描述经济系统运行的指标体系。推断性统计方法中的应用回归分析、多元统计分析、时间序列分析是宏观经济运行分析中运用比较广泛的分析方法。

另外，如指数分析、因素分析、弹性分析等经济统计专题分析方法在宏观经济运行分析中不仅经常用到，而且有时候还要组合运用。宏观经济运行分析本身要求对经济作出总体综合评价，而复杂的宏观经济系统中不同个体的差异性和不同方法的应用差别决定了单一样本和单一分析方法难以形成总体判断，不同的人选择不同的样本和分析方法就有不同的结论，很难统一认识。使用综合分析指标体系或综合评价指标方法就成为宏观经济运行分析中一种非常有效的手段。

（三）多学科交叉分析方法

在宏观经济运行分析中，统计分析方法是经济问题研究的主要工具，但不是工具的全部。研究中应根据需要应用其他数量分析方法，如规划方法、博弈方法、控制论方法、投入产出分析方法等。在综合性数量分析方法中应用最为广泛的是宏观计量经济分析方法。

宏观计量经济分析方法中的自回归移动平均模型（ARIMA）、向量自回归模型（VAR）、结构向量自回归模型（SVAR）、RBC 模型、DSGE 模型等都在宏观经济运行分析中有着广泛的应用。

典型化事实分析方法是另一种在宏观经济运行分析中常用的方法。典型化事实分析是一种建立在逻辑分析基础上并兼顾历史分析的方法。典型化事实从本义上讲，是指具有一定典型性和代表性的客观事实的表述。经济运行的典型化事实，即经济运行中经过大量统计验证后普遍存在的能够反映经济运行的真实性和基本特征的具有代表性的关键性事实。经济运行的典型化事实是经济变量数据经过统计分析、推断、检验后得出的统计结论，基本上与经济理论无关。宏观经济运行的典型化事实主要与短期经济波动和长期经济增长有关，如卡尔多提出的有关经济增长过程的典型事实等。

第三节　经济预测概述

宏观经济运行分析在程序上的最后一步是经济预测分析。鉴于经济预测的专业性，在本章最后简要介绍有关经济预测的内容。

一、经济预测的概念

预测即根据过去与现在推测未来，由已知预计未知。经济预测是预测的一个分支，它是在经济理论的指导下，以准确的统计资料和经济信息为依据，从经济现象的历史、现状和规律性出发，运用科学的方法，对经济现象未来发展的前景作出测定。经济预测不能凭空想象，它只能根据经济现象在其发展过程中表现出的规律性来认识和分析，用此规律指导未来，作出预测。这进一步说明宏观经济运行分析必然包括经济预测分析。

经济现象的发展变化对过去和现在产生的影响，在将来一定时期内仍会继续发生作用，从而使经济现象的发生和发展具有客观规律性。在掌握准确的统计资料、经济信息和认识经济现象发展变化规律的基础上，将这种客观规律性延伸到未来，运用科学的方法进行经济预测，可以得到满意的预测结果，并能满足国民经济管理的需要。但经济现象的发展变化，除了受人们已经认识的事前可以掌握的因素影响外，还受到人们尚未认识的事前无法掌握的因素影响。因此，经济现象的未来发展又具有不确定性，对不确定的未来进行预测必然存在误差。加之有时掌握的统计资料和经济信息不完全或不够准确，选用的预测方法不恰当或判断不正确，也会造成预测失误。从这个角度讲，经济预测的准确程度具有相对性和局限性。然而，我们不能因此怀疑经济预测和经济预测方法的科学性，因为经济现象的发展变化既有偶然性又有必然性，二者是相互联系的。在保证必需的统计资料和经济信息的准确和完整的基础上，在不断研究和改进预测方法的前提下，可以透过偶然性认识必然性，掌握经济现象发展变化的规律性，把误差控制在一定的范围内，这样就能提高经济预测的准确性和科学性。

二、经济预测的原则

经济预测的研究在于透过经济活动的事实，认识经济发展变化的规律。前人的大量研究指出，经济的发展和变化普遍遵循以下几个基本原则，这些原则是我们对经济作出科学预测的基础。

（一）连贯性原则

连贯性原则是指某个经济现象过去和现在发展变化的规律性，在没有发生质变的情况下，可以延伸到未来。连贯性有两层含义：一是时间的连贯性，是指经济系统中，如果停止执行过去一直沿用的某项政策或措施后，并不能立即消除因此而产生的影响，它仍要按原有的惯性运行一段时间；二是结构的连贯性，是指经济系统的结构在短期内可以认为是不变的，具有相对的稳定性。时间连贯性是运用时间序列分析方法进行趋势外推预测的基本假设，而结构连贯性是利用因果关系建立结构模型进行预测的主要依据。

（二）类推性原则

类推性原则是指利用预测对象与其他事物的发展变化在时间上有先后不同，但在表现形式上有相似之处的特点，把先发展事物的表现过程类推到预测对象上，从而对预测对象的前景作出预测。

（三）相关性原则

相关性原则是指经济现象之间往往存在一定的相互联系和相互影响，即存在一定的相关性。这种相关性有多种表现形式，其中最重要的就是因果关系。在经济预测中，通过对一组经济变量进行分析研究并确定原因和结果后，我们就可以利用这些变量的实际统计资料建立数学模型，进行预测。回归分析预测法利用了相关性原则。

（四）概率性原则

概率性原则是指任何事物的发展都有一定的必然性和偶然性，而且在偶然性中隐藏着必然性。因此，预测者必须通过对事物偶然性的分析，揭露事物内部隐藏着的必然的规律性。为了预测某时期经济的发展趋势，常常需要对某时期的实际经济过程进行模拟，这种模拟的经济过程与实际的经济过程相比，无疑会存在一定的偏差，且这种偏差带有随机性。

三、经济预测的方法

科学的经济预测离不开选择合适的经济预测方法。经济预测方法总体上可以分为定性预测法和定量预测法。需要指出的是，定性预测法和定量预测法在实际使用中并不会截然的分开，现实的经济预测往往是将两种方法有机结合进行的。

（一）定性预测法

定性预测法是预测者凭借自己的直觉、知识和经验，对经济发展的未来状况进行判断的方法。其特点是简单易行，所需数据较少，能考虑无法定量的因素，因而适用于重大问题或缺乏原始数据的预测。定性预测的准确程度主要取决于预测者的经验、理论、业务水平和分析判断能力。它是经济预测中重要的、不可或缺的一类预测方法。在宏观经济运行分析中使用的定性预测方法主要是专家预测法。

专家预测法是运用专家的知识和经验，并结合有关的背景统计资料进行预测的一类定性预测方法。在这种预测法中，对预测对象的调查研究是由专家完成的，而非预测者本身。预测者只是起到一个组织作用，其任务是综合整理归纳专家的意见，最后作出预测。专家预测法最大的优点是在缺乏历史数据和没有先例可以借鉴时，也能有效地推测预测对象的未来状态。它有三个特点：一是具有一套选择和组织专家、充分利用专家创造性思维的基本理论和方法；二是主要依靠专家做预测；三是预测结果可以量化。专家预测法的预测准确度主要取决于专家的知识广度、深度和经验。因此，如何选择参加预测的专家尤为重要。专家人选的产生通常采用如下途径：从组织者熟悉的专家中挑选，专家之间互相推荐，通过有关组织推荐等。专家人数可多可少，经验表明，预测小组的专家人数一般为 10 ~ 15 人为宜，具体要根据预测问题的规模而定。

专家预测法中最常用的是头脑风暴法和德尔菲法。头脑风暴法是通过一组专家共同开会讨论，进行信息交流和互相启发，从而激发出专家的创造性思维，以达到互相补充，并产生组合效应的预测方法。它既可以获取所要预测事件的未来信息，也可以分析清楚一些问题和影响，特别是一些交叉事件的相互影响。德尔菲法是头脑风暴法的发展和完善。它是以匿名方式，通过多轮函询专家对预测事件的意见，并由组织者进行集中汇总，最终得出较为一致的专家预测意见的一种经验判断法。

（二）定量预测法

定量预测法即我们通常所说的使用数学模型的预测方法。根据不同的标准，定量预测法有不同的分类。如根据预测对象的特征，可以分为时间序列预测法和非时间序列预测法；根据变量的个数分为单变量预测法和多变量预测法；根据预测的领域可以分为微观经济预测法和宏观经济预测。在宏观经济运行分析中的经济变量常常是时间序列数据，所以，我们将结合是否考虑随机因素，将宏观经济运行预测分析中常见的定量预测法分为确定型时间序列预测法、随机型时间序列预测法、回归分析预测法。

1. 确定型时间序列预测法

确定型时间序列预测法不考虑经济变量变化过程中的随机因素，仅将经济变量视为一个确定性过程建立模型进行预测。确定型时间序列预测法又可以进一步分为时间序列平滑预测法和曲线趋势预测法。

时间序列平滑预测法主要研究经济变量的自身发展规律，并通过将这一变化规律外推至未来。这种方法的预测期限主要为短期和中期，不适用于有拐点的长期预测。利用这些方法进行经济预测所依据的基本假设是：在未发生质变的情况下，经济变量过去的发展变化规律可以被延伸到未来时期。在预测期与观测期的经济环境基本相同时，这一假定可以被接受。常见的确定型时间序列预测法有移动平均法、指数平滑法、自适应过滤法、灰色预测法等。曲线趋势预测法与时间序列平滑预测法类似，差别在于曲线趋势预测法是通过研究经济变量的自身发展规律，利用与其变化相似的以时间 t 为自变量的数学曲线来模拟经济变量发展规律从而进行预测。常见的曲线趋势预测法有直线趋势模型、多项式曲线模型、指数曲线模型、幂函数曲线模型、逻辑曲线模型等。曲线趋势预测法主要用于长期预测。

2. 随机型时间序列预测法

随机型时间序列预测法在预测时考虑随机性因素，即将经济变量的时间序列数据视为随机过程的一次实现来建立模型进行预测。广义上说，这类预测方法属于宏观计量经济学的主体内容。在宏观经济运行分析中常用到的模型包括 ARIMA 模型、VAR 模型、SVAR 模型等。

3. 回归分析预测法

前述的时间序列预测法仅考虑了经济变量随时间变化的过程，但通过理论分析我们知道经济变量之间存在着相互关系，我们可以通过建立经济变量之间的函数关系式进行预测。回归分析预测法就是从各种经济现象之间的相互关系出发，通过对与预测对象有联系的现象变动趋势的分析，推算预测对象未来状态数量表现的一种预测方法。回归分析预测法的具体内容在统计学和计量经济学中均有详细说明，这里不再赘述。

本章小结

1. 宏观经济活动包括经济活动的主体即各部门及其活动，也包括经济活动的客体即活动的内容，还包括各构成市场的活动。

2. 宏观经济运行分析主要是短期经济的分析、经济形势的分析、经济政策的分析。

3. 中国宏观经济运行分析包括经济增长分析、财政和金融运行分析、物价分析、就业和失业分析、国际收支分析、金融稳定分析六个方面的内容。

4. 宏观经济运行分析的程序分为三步：宏观经济运行的核算与统计、宏观经济运行结果分析、宏观经济预测分析。

5. 宏观经济运行分析的方法具有开放性，总体上可概括为经济学分析方法、统计学分析方法和多学科交叉方法。

6. 宏观经济预测是对经济运行未来走势的判断，宏观经济运行预测分析中常见的定量预测法包括确定型时间序列预测法、随机型时间序列预测法和回归分析预测法。

本章重要概念

宏观经济运行　宏观经济运行分析程序　宏观经济运行分析的方法　经济预测的原则　经济预测的方法

本章复习思考题

一、判断题

1. 宏观经济学侧重从经济活动的主体即机构部门的角度对宏观经济的构成进行解释。

（　　）

2. 宏观经济学与国民经济核算学对宏观经济构成的解释本质上是一致的。　　（　　）

3. 宏观经济的循环流程是从产品（货物和服务）的生产开始，产品经过流通交换环节，最终用于消费或投资。　　（　　）

4. 宏观经济运行分析包括短期分析和长期分析。　　（　　）

5. 中国宏观经济运行分析就是遵循国际核算准则，结合我国宏观经济运行实际情况进行的形势与政策分析。　　（　　）

二、单选题

1. 下列关于宏观经济运行分析说法正确的是（　　）。

A. 宏观经济运行分析包括理论分析、核算分析

B 宏观经济运行分析主要是短期分析、形势分析、政策分析

C. 宏观经济运行分析中使用的方法主要是统计学与计量经济学方法

D. 宏观经济运行分析中采用的指标全部由国民经济核算体系提供

2. 下列关于经济预测的说法错误的是（　　）。

A. 经济预测是根据过去预测未来

B. 经济预测中并没有固定的方法，所有学科的方法都能使用

C. 经济预测需要经济理论的指导

D. 经济预测正确与否主要取决于采用的预测方法

三、简答题

1. 阐述宏观经济理论分析、核算分析、运行分析三者之间的区别和联系。

2. 宏观经济运行分析中常使用的方法有哪些？查找有关资料，简述这些方法具体是怎么应用的？

四、思考题

谈谈你对中国宏观经济运行的认识，对中国宏观经济运行进行分析需要注意什么？

第十九章
中国经济增长分析

在前面的章节中我们已经介绍了有关经济增长核算的国际准则（SNA2008）的有关内容。在本章中我们将根据我国国民经济核算标准《中国国民经济核算体系 2016》（CSNA2016）[①] 详细介绍有关我国经济增长核算的内容，并利用具体数据对我国的经济增长作出分析。

第一节　中国年度 GDP 核算的方法

一、基本概念与原则

在介绍我国 GDP 核算的内容前，需要先明确以下几个主要的概念和原则。

（一）生产范围

生产是在机构单位负责、控制和管理下，利用劳动和资本等要素，将某些货物和服务投入转化为另一些货物和服务产出的过程。与 SNA2008 相同，中国国民经济核算的生产范围包括：第一，生产者提供或准备提供给其他单位的货物和服务的生产；第二，生产者用于自身最终消费或固定资本形成的货物的自给性生产；第三，生产者为了自身最终消费或固定资本形成而进行的知识载体产品的自给性生产，但不包括住户部门所从事的类似的活动；第四，自有住房提供的住房服务，以及雇用有酬家庭服务人员提供的家庭和个人服务的自给性生产。总结起来，生产范围中包括所有货物的生产，无论是对外提供的货物还是自己消耗的货物；而服务的生产则基本只限于对外提供的部分，除了自有住房服务和雇用有酬家庭服务人员提供的服务。

（二）消费范围

消费即最终消费，是为了满足个人和公共需要而使用货物和服务的行为。生产的范围决定了消费的范围，用于最终消费的货物和服务只能是生产范围内所包括的货物和服务。

---

① 中国国民经济核算体系由基本核算和扩展核算组成，其中基本核算包括国内生产总值核算、投入产出核算、资金流量核算、资产负债核算、国际收支核算。

（三） 资产范围

资产是根据经济所有权原则界定的经济资产，即资产必须为经济单位所拥有，其所有者因持有或使用它们而获得经济利益。资产包括非金融资产和金融资产。需注意的是，资产范围中不包括无法有效确认所有权的大气等自然资源与环境，以及尚未发现或在现有条件下难以开发利用，短期内不能为其所有者带来任何经济利益的矿藏等。

（四） 基本分类

1. 机构单位和机构部门分类

机构单位是指能够以自己的名义拥有资产和承担负债，能够独立地从事经济活动并与其他主体进行交易的经济主体。机构单位具有四个特点：第一，独立拥有货物和资产，能够与其他机构单位交换货物或资产的所有权；第二，能够直接作出经济决策，从事经济活动，并能以自己的名义承担法律责任；第三，能够以自己的名义签订合同，承担负债；第四，能够编制包括资产负债表在内的在经济和法律上有意义的完整的会计报表。

机构部门由同类机构单位构成。CSNA2016 与 SNA2008 相同，将常住机构单位划分为五个机构部门，即非金融企业部门、金融机构部门、广义政府部门、住户部门、为住户服务的非营利组织部门。

上述五个机构部门构成了我国的经济总体。与我国常住单位发生交易的所有非常住单位称为国外。对国外来说，既无可能也无必要核算其发生的所有经济活动，只需要核算它与我国常住单位间发生的交易活动以及积累形成的资产负债关系。本质上国外不是一个机构部门，但为表述方便，CSNA2016 中将其作为机构部门处理。我国国民经济核算体系中的资金流量表和资产负债表采用的就是机构部门分类法。

2. 产业活动单位和产业部门分类

产业活动单位是指位于一个地点，从事一种或主要从事一种类型的生产活动，并具有收入和支出会计核算资料的生产单位。产业活动单位是为生产核算设立的，其目的在于比较准确地反映各种类型产业活动的生产规模、结构等。

产业部门分类是按照主产品同质性原则对产业活动单位进行的部门分类。中国国民经济核算体系根据《国民经济行业分类》标准和统计基础情况确定具体的产业部门分类。我国目前采用的是第四版的《国民经济行业分类》（GB/T 4754—2017）。新版国民经济分类标准采用四级分类法，即门类 20 个、大类 97 个、中类 473 个、小类 1381 个。

3. 产品及产品分类

产品即货物和服务，是生产活动的成果。产品可以作为其他货物和服务生产的投入，也可以作为最终消费品或投资品。产品从理论上又可以分为市场货物和服务、为自身最终使用的货物和服务、非市场货物和服务。

产品分类是按照同质性原则对货物和服务的细分。中国国民经济核算体系根据《统计用品分类目录》和统计基础情况确定具体的产品分类。

（五）核算的基本原则

1. 权责发生制原则

在中国国民经济核算中，各种交易的记录时间按照权责发生制原则确定，即交易在经济价值被创造、转移、交换或取消时记录。这一原则适用于各种交易，包括同一机构部门内部的交易。权责发生制原则意味着交易在其实际发生时记录，无论相应的货币收支是否与交易同时发生。

2. 市场价格原则

在国民经济核算中，记录各种交易和资产负债总量时，按核算期市场价格估价。对于在市场上发生的货币支付交易，按市场价格估价；对于没有发生货币支付的交易，免费或以不具有显著经济意义的价格提供的货物和服务，按市场上相同或相近的货物或服务的市场价格估价，或按所发生的实际成本估价。

3. 四式记账原则

四式记账原则来源于会计中的复式记账原则。复式记账原则是指每笔交易同时在至少两个对应的项目中记录。将交易双方各自的复式记账联合起来，就是四式记账。

二、国内生产总值表

国内生产总值是我国所有常住单位在一定时期内生产活动的最终成果。通过国内生产总值核算，可以综合描述经济活动从产品生产到收入形成、最终使用的整个过程。中国国内生产总值的核算，从核算原理来看包括生产法、收入法、支出法；从数据公布来看包括年度GDP和季度GDP两种。我国GDP核算的结果采用的是统计报表的形式，而非采用账户的形式。对应于SNA2008的账户体系，国内生产总值核算涉及生产账户、收入形成和使用账户、积累账户。

（一）基本结构

我国国内生产总值核算包括国内生产总值总表、生产法国内生产总值表、收入法国内生产总值表和支出法国内生产总值表。

1. 国内生产总值总表

国内生产总值总表是按照总供给等于总需求的原理，将国内生产总值的三种计算方法有机结合，能够从不同角度反映国内生产总值及其构成（如表19–1所示）。表的左半部分是生产方，反映生产活动的成果，即总供给；表的右半部分是使用方，反映生产成果的最终使用，即总需求。生产方是按照生产法计算的国内生产总值，以及按照收入法计算的国内生产总值；使用方是按照支出法计算的国内生产总值。考虑到实际核算中基础资料不充分等因素，在表的右端设置了统计误差，作为生产方和使用方的平衡项。

表 19 – 1   国内生产总值总表

生产	金额	使用	金额
1. 生产法国内生产总值 　总产出 　中间投入（－） 2. 收入法国内生产总值 　劳动者报酬 　生产税净额 　　生产税 　　生产补贴（－） 　固定资产折旧 　营业盈余		1. 支出法国内生产总值 　最终消费支出 　　居民消费支出 　　为住房服务的非营利机构消费支出 　　政府消费支出 　资本形成总额 　　固定资本形成总额 　　存货变动 　　贵重物品获得减处置 　货物和服务净出口 　　货物和服务出口 　　货物和服务的进口（－） 2. 统计误差	

资料来源：国家统计局. 中国国民经济核算体系 2016［M］. 北京：中国统计出版社，2017.

表 19 – 1 中存在如下平衡关系：

生产方：

生产法国内生产总值 = 总产出 – 中间投入   （19 – 1）

收入法国内生产总值 = 劳动者报酬 + 生产税净额 + 固定资产折旧 + 营业盈余   （19 – 2）

生产法国内生产总值 = 收入法国内生产总值   （19 – 3）

使用方

支出法国内生产总值 = 最终消费 + 资本形成总额 + 货物和服务的净出口   （19 – 4）

统计误差 = 生产法国内生产总值 – 支出法国内生产总值   （19 – 5）

2. 生产法国内生产总值表

生产法国内生产总值表是按产业分类的核算表，具体描绘各个产业的增加值、总产出和中间投入。目前我国生产法国内生产总值表采用两种分类方式：一是三次产业分类，二是国民经济行业分类（如表 19 – 2 所示）。

表 19 – 2   生产法国内生产总值表

项目	增加值	总产出	中间投入
合计			
1. 第一产业			
2. 第二产业			
3. 第三产业			
1. 农、林、牧、渔业			
2. 采矿业			

续表

项目	增加值	总产出	中间投入
3. 制造业			
4. 电力、热力、燃气及水的生产和供应业			
5. 建筑业			
6. 批发零售业			
7. 交通运输、仓储和邮政业			
8. 住宿和餐饮业			
9. 信息传输、软件和信息技术服务业			
10. 金融业			
11. 房地产业			
12. 租赁和商务服务业			
13. 科学研究和技术服务业			
14. 水利、环境和公共设施管理业			
15. 居民服务、修理和其他服务业			
16. 教育			
17. 卫生和社会工作			
18. 文化、体育和娱乐业			
19. 公共管理、社会保障和社会组织			

资料来源：国家统计局 . 中国国民经济核算体系 2016［M］. 北京：中国统计出版社，2017.

表 19 - 2 中存在如下平衡关系：

产业部门增加值 = 总产出 – 中间投入 (19 - 6)

国内生产总值 = ∑各产业部门生产法增加值 (19 - 7)

3. 收入法国内生产总值表

收入法国内生产总值表是按产业分类的核算表，描述了各产业的增加值、劳动者报酬、生产税净额、固定资产折旧和营业盈余，反映国内生产总值的收入构成（如表 19 - 3 所示）。

表 19 - 3　　　　　　　　　　　收入法国内生产总值表

项目	增加值	劳动者报酬	生产税净额	固定资产折旧	营业盈余
合计					
1. 第一产业					
2. 第二产业					
3. 第三产业					
1. 农、林、牧、渔业					
2. 采矿业					
3. 制造业					

项目	增加值	劳动者报酬	生产税净额	固定资产折旧	营业盈余
4. 电力、热力、燃气及水的生产和供应业					
5. 建筑业					
6. 批发零售业					
7. 交通运输、仓储和邮政业					
8. 住宿和餐饮业					
9. 信息传输、软件和信息技术服务业					
10. 金融业					
11. 房地产业					
12. 租赁和商务服务业					
13. 科学研究和技术服务业					
14. 水利、环境和公共设施管理业					
15. 居民服务、修理和其他服务业					
16. 教育					
17. 卫生和社会工作					
18. 文化、体育和娱乐业					
19. 公共管理、社会保障和社会组织					

资料来源：国家统计局. 中国国民经济核算体系 2016 ［M］. 北京：中国统计出版社，2017.

表 19 - 3 中存在如下平衡关系：

产业部门增加值 = 劳动者报酬 + 生产税净额 + 固定资产折旧 + 营业盈余　　　　(19 - 8)

国内生产总值 = ∑ 各产业部门收入法增加值　　　　　　　　　　　　　　　　(19 - 9)

4. 支出法国内生产总值表

支出法国内生产总值表是从货物和服务最终使用的角度计算的国内生产总值，具体描述各类最终支出项目的规模及其构成情况，反映了总需求的构成以及各类支出项目的规模（如表 19 - 4 所示）。

表 19 - 4　　　　　　　　　　　支出法国内生产总值表

项目	金额
国内生产总值	
1. 最终消费支出	
居民消费支出	
食品烟酒	
衣着	
居住	
生活用品及服务	

续表

项目	金额
交通和通信	
教育、文化和娱乐	
医疗保健	
金融中介服务	
保险服务	
其他商品及服务	
为住户服务的非营利机构消费支出	
政府消费支出	
2. 资本形成总额	
固定资本形成总额	
住宅	
其他建筑和构筑物	
机器和设备	
培育性生物资源	
知识产权产品	
非生产资产所有权转移费用	
其他	
存货变动	
贵重物品获得减处置	
3. 货物和服务净出口	
货物和服务的出口	
货物出口	
服务出口	
货物和服务的进口	
货物进口	
服务进口	

资料来源：国家统计局. 中国国民经济核算体系 2016〔M〕. 北京：中国统计出版社，2017.

表 19 - 4 中存在如下平衡关系：

支出法国内生产总值 = 最终消费支出 + 资本形成总额 + 货物和服务净出口

　　　　　　　　 = 实际最终消费 + 资本形成总额 + 货物和服务净出口　　　（19 - 10）

（二）核算的基本方法

我国国内生产总值既按现价核算，又按不变价核算。按现价核算的国内生产总值就是按核算期的市场价格计算 GDP，由于它包含价格变动的因素，现价 GDP 又称为名义 GDP。不变价核算的国内生产总值是采用固定基期的价格计算 GDP。本部分主要介绍现价 GDP 的核

算，不变价 GDP 的核算将在价格分析部分再介绍。

1. 生产法

生产法是指从生产过程中创造的货物和服务价值入手，扣除生产过程中投入的中间货物和服务价值，从而得到增加值的一种方法。国民经济各产业部门生产法增加值的计算公式为：增加值 = 总产出 – 中间投入。

（1）总产出的核算

总产出反映常住单位生产活动的总规模，是指常住单位在一定时期内生产的所有货物和服务的价值，但不包括其中用于自身生产过程中的固定资产以外的货物和服务。总产出一般按生产价格计算。总产出的计算主要有以下方法：一是通过产品产量和单位价格计算。对于没有市场价格的产品，单位价格用单位产品的生产成本代替。二是根据货物和服务的销售收入及存货变动的价值计算。其中销售收入既包括生产单位销售货物和服务的价值，又包括本单位把生产出来的货物和服务直接支付给雇员的实物报酬。存货增加不包括由于价格变动带来的持有收益。三是由于生产活动的特殊性，少数产业部门采用一些特定的计算方法。由于不同产业的经济技术特点不同，核算总产出时所采用的具体方法和指标有所不同（如表 19 – 5 所示）。

表 19 – 5　　　　　　　　　　　不同产业部门总产出计算方法表

产业	方法
农林牧渔业	产品法，各种产品的价格乘以产量
工业	工厂法，以各企业的工业总产值加总计算
建筑业	等于建筑业总产值
批发和零售业	等于其商业毛利额加上进口税净额
交通运输、仓储和邮政业 住宿和餐饮业 信息传输、软件和信息计算服务业	等于其营业收入
金融业—货币金融服务业企业（包括中央银行从事的市场性货币金融服务）	总产出等于间接计算的金融中介服务（FISIM）产出加上直接收费的金融服务产出
金融业—资本市场服务业企业	总产出等于营业收入扣除投资收益和公允价值变动收益，再加上证券交易印花税
金融业—保险服务业企业（寿险服务）	寿险服务总产出等于实收保费加上追加保费（投资收益），加上寿险准备金的变动，再减去赔付支出
金融业—保险服务业企业（非寿险服务）	非寿险服务总产出等于实收保费加上追加保费，再减去调整后已生赔付。调整后已生赔付可按"期望法"或"会计法"等方法计算
房地产开发经营业中的房屋销售活动	总产出按房屋销售差价收入计算
居民自有住房服务	城镇居民自有住房服务总产出采用市场租金法计算；农村居民自有住房服务总产出采用成本法计算
公共管理、社会保障和社会组织业	总产出等于经常性支出加上固定资产折旧

资料来源：本书编写组. 中国国民经济核算体系（2016）基础知识 ［M］. 北京：中国统计出版社，2018.

（2）中间投入的核算

中间投入又称为中间消耗，是指常住单位在生产过程中消耗和使用的货物和服务的价值，但不包括消耗的固定资产价值。中间投入反映用于生产过程中的一次性转移价值，一般按购买者价格计算。核算中间投入时应注意以下两个原则：第一，中间投入的核算范围应与总产出的核算范围保持一致，是总产出中包含的中间投入；第二，中间投入应属于本期一次性使用的货物和服务，不包括购置的固定资产，也不包括固定资产折旧。

在核算总产出和中间投入后，代入增加值计算公式即可求出产业部门的增加值。将各产业部门生产法增加值相加，即可得到生产法国内生产总值。但在不能直接计算中间投入的情况下，增加值一般利用投入产出调查和经济普查等资料确定的增加值率[①]进行推算，计算公式为：增加值＝总产出×增加值率。

2. 收入法

收入法是从生产过程形成收入的角度反映生产活动最终成果的方法。收入法核算的任务就是编制收入法国内生产总值表。收入法国内生产总值表反映了国民经济各产业部门收入法增加值和收入要素构成情况。增加值的收入构成有四项：劳动者报酬、生产税净额、固定资产折旧、营业盈余。

（1）劳动者报酬的核算

劳动者报酬是指劳动者从事生产活动应得的全部报酬，包括货币形式的工薪收入，非货币形式的实物报酬以及生产单位为劳动者支付的社会福利缴款、雇员股票期权和其他各种形式的报酬和福利等。SNA2008 改变了 SNA1993 的设定，确认雇员股票期权本质上属于雇员报酬。CSNA2016 遵循这一规定，扩展了劳动者报酬的概念，将雇员股票期权视作劳动者报酬的一部分。

需要注意的是，对个体生产者来说，劳动者报酬和经营利润常常混在一起，不易区分，这两部分统一作为劳动者报酬处理。另外，就劳动者范围而言，劳动者报酬还包括离退休人员的工资。尽管离退休人员已不在核算期从事生产活动，但在我国的工资制度下，离退休人员的工资可以看做离退休人员在离退休前工作时期劳动所得的延期支付。为了便于核算，现行的处理方法是将当期支付的离退休工资计入当期的劳动者报酬中。

（2）生产税净额的核算

生产税净额是生产税减去生产补贴后的差额。生产税是指政府对生产单位从事生产、销售和经营活动，以及因从事生产活动使用某些生产要素而对其征收的各种税收、附加费和其他规费。在具体核算过程中，生产税又分为产品税和其他生产税。其中产品税主要包括增值税、消费税、进口关税、出口税等，其他生产税主要包括房产税、车船使用税、城镇土地使

---

① 增加值率等于增加值占总产出的比重。

用税等。

生产补贴是指政府为影响生产单位的生产、销售及定价等生产活动而对其提供的无偿转移支出，视为负生产税处理。生产补贴一般包括农业生产补贴、政策亏损补贴、价格补贴、进口补贴等。

（3）固定资产折旧的核算

固定资产折旧是指由于自然退化、正常淘汰或损耗而导致的固定资产价值下降，用以代表固定资产通过生产过程被逐期转移到其产出中的价值。固定资产折旧原则上应按照固定资产的重置价值计算，但实践中不能严格满足这一要求。各类企业和执行企业会计准则的事业单位的固定资产折旧，一般按当期计提的折旧费核算；对于政府机关、不执行企业会计准则的事业单位和居民住房不计提固定资产折旧，需按照统一的折旧率并利用固定资产管理原则计算虚拟折旧。

（4）营业盈余的核算

营业盈余是指常住单位创造的增加值扣除劳动者报酬、生产税净额和固定资产折旧后的余额。营业盈余可以看做一种经过调整的营业利润。从现实可操作性出发，营业盈余一般根据会计上的营业利润近似计算，即在营业利润的基础上，加上生产过程中发生的属于营业盈余的支出，减去由利润中开支的劳动报酬。

总结起来，收入法国内生产总值表也是按照产业部门计算的。对于能够获得会计资料的部门，如规模以上工业、资质等级以上建筑业、限额以上批发零售业企业等，通过会计核算中的成本费用资料和损益收支情况，分别计算出四项收入，进而得到增加值。对于不能获得会计资料的单位，如农林牧渔业、规模以下工业、资质等级以下建筑业等，可以根据收入、劳动者人数和税收等资料进行推算，也可以利用普查资料进行推算。

3. 支出法

支出法是从货物和服务最终使用的角度，根据货物和服务的最终使用去向计算生产活动最终成果的方法。支出法国内生产总值表反映了各类支出项目的规模及其构成情况，与生产法和收入法核算表最大的区别就是支出法核算没有按照产业部门分类。

（1）最终消费支出的核算

最终消费支出是指为满足个人的生活需要和社会成员的公共需要而对货物和服务的支出总额，既包括常住单位在本国经济领土内用于货物和服务的消费支出，也包括常住单位在本国经济领土外用于货物和服务的消费支出，但不包括非常住单位在本国经济领土内的消费支出。最终消费支出按消费主体分为三部分。

第一，居民消费支出。居民消费支出是指常住住户用于个人消费的货物和服务的支出，既包括直接以货币形式购买的货物和服务的消费支出，也包括以其他方式获得货物和服务的消费支出，后者称为虚拟支出。虚拟消费支出主要包括四类支出：一是员工以实物报酬形式从单位获得的货物和服务；二是住户生产用于自身消费的货物（如自产自用的农产品），以及纳入生产核算范围并用于自身消费的服务（如住户的自有住房服务）；三是金融机构提供的、隐含在利息中的金融中介服务费；四是保险机构提供的、隐含在保费中的保险服务费。另外，居民消费支出也可按城乡划分，分为农村居民消费支出和城镇居民消费支出。居民消费支出按购买者价格计算。

第二，政府消费支出。政府消费支出是指广义政府部门承担公共服务支出、个人消费货物和服务支出。公共服务支出主要包括国家安全和国防、行政管理、维护社会秩序和环境保护等方面的支出，它等于政府服务的产出价值减去政府机构有偿提供服务所获得收入的差额。政府承担的个人消费货物和服务支出主要包括政府在医疗卫生、养老、教育、文化娱乐和社会保障等方面的支出，等于政府部门免费或以没有显著经济意义的价格向居民提供的货物和服务的市场价值减去向居民收取的费用。

第三，为住户服务的非营利机构消费支出。这一支出是指为住户服务的非营利机构承担的个人消费性货物和服务的支出以及可能的公共消费性服务支出，如为住户提供的医疗卫生、教育、文化娱乐、体育等货物和服务。在我国的实践中，非营利机构如果难以与广义政府区分，也可以将非营利机构消费支出纳入政府消费支出进行计算。

（2）资本形成总额的核算

资本形成总额是通过交易形成的生产资料积累。从理论上看，资本形成总额是投资的计量。资本形成总额按资本属性可分为：

第一，固定资本形成总额。固定资产是指生产活动生产的，在生产活动中使用一年以上、单位价值在规定标准以上的资产，不包括自然资产、耐用消费品、小型工器具。固定资本形成总额是指生产者获得减处置的固定资产价值。固定资本形成总额按购买者价格计算。

第二，存货变动。存货变动是指常住单位存货实物量变动的市场价值，即期末价值减期初价值的差额，但不包括核算期内由于价格变动而产生的持有损益。存货变动可以是正值也可以是负值，正值表示存货增加，负值表示存货减少。

第三，贵重物品获得减处置。贵重物品应按市场交易价格估价，同时也要计入交易活动所产生的所有权转移费用。需要注意的是，目前在我国的统计实践中，贵重物品获得减处置尚未能够单列计算。

（3）货物和服务净出口的核算

货物和服务净出口是指货物和服务出口减去货物和服务进口的差额。出口指常住单位向非常住单位出售或无偿转让的货物和服务的价值，进口指常住单位从非常住单位购买或无偿得到的货物和服务的价值。货物的出口和进口按离岸价格计算。

第二节　我国经济增长分析的季度与月度指标

前一节介绍了有关我国年度 GDP 核算的相关知识。但在宏观经济运行分析中，我们不仅要关注年度经济运行情况，而且要关注更短时间内的经济形势的变化。因此，在年度 GDP 核算资料的基础上，还需要应用其他频率的数据来分析经济增长的情况。本节介绍与经济增长分析相关的季度指标、月度指标。

一、经济增长分析季度指标

（一）季度国内生产总值

根据数据发布的频次，GDP 可以分为季度 GDP 和年度 GDP。季度 GDP 与年度 GDP 在基本概念、口径范围上是一致的。需要强调的是，我国季度 GDP 与年度 GDP 在核算上有以下较大的不同之处。

第一，我国的季度 GDP 采用的是生产法和收入法进行核算，支出法的季度 GDP 核算还处于研究阶段。

第二，我国季度 GDP 的产业部门分类较年度 GDP 的产业部门分类要少。目前我国季度 GDP 的产业部门分类仅包括 11 个产业，分别为农林牧渔业、工业、建筑业、交通运输仓储邮政业、批发零售业、住宿餐饮业、金融业、房地产业、信息传输软件和信息技术服务业、租赁和商务服务业、其他服务业①。

第三，与年度 GDP 相比，季度核算的资料来源和计算方法有所不同，季度 GDP 核算资料远不如年度 GDP 核算资料翔实，所以它更多地依赖相关指标进行推算。总的来说，在能够得到会计和财务资料的情况下，季度 GDP 通过增加值构成项目直接计算得出。其基本方法为增加值率法和相关价值量指标速度推算法。

（1）增加值率法。增加值率法是先计算现价总产出，再根据上年年报资料和当期有关生产情况确定现价增加值率，然后将二者相乘得出增加值。用公式表示为

$$现价增加值 = 现价总产出 \times 现价增加值率 \qquad (19-11)$$

增加值率法适用于农林牧渔业、工业、建筑业 3 个行业的季度增加值核算。

---

① 2015 年之前各个季度，其他行业包含信息传输、软件和信息技术服务业，租赁和商务服务业，科学研究和技术服务业，水利、环境和公共设施管理业，居民服务、修理和其他服务业，教育、卫生和社会工作，文化、体育和娱乐业，公共管理、社会保障和社会组织共 9 个门类行业；2015 年及之后各个季度，其他行业包含科学研究和技术服务业，水利、环境和公共设施管理业，居民服务、修理和其他服务业，教育、卫生和社会工作，文化、体育和娱乐业，公共管理、社会保障和社会组织共 7 个门类行业。

（2）相关价值量指标速度推算法。相关价值量指标速度推算法是利用相关价值量指标的现价增长速度推算现价增加值的增长速度，然后用上年同期现价增加值乘以推算出的现价增加值增长速度得出当期现价增加值。用公式表示为

$$现价增加值 = 上年同期现价增加值 \times (1 + 现价增加值增长速度) \qquad (19-12)$$

式中，现价增加值增长速度根据本期相关价值量指标现价增长速度，以及以前年度现价增加值增长速度和相关价值量指标的现价增长速度之间的数量关系确定。除去使用增加值率法的3个行业，季度GDP核算中的剩余8个行业均采用速度推算法，差别在于相关价值量指标的选择不同。

（二）居民人均消费支出

居民人均消费支出是一个微观调查指标，是指城乡居民家庭用于日常生活消费需要的全部支出，反映城乡居民实际消费水平的变化。它既包括城乡居民购买商品的支出，也包括用于文化生活、服务等非商品性支出，还包括用于赠送的商品或服务的支出。居民消费支出按用途可以分为食品、衣着、居住、家庭设备用品及服务、医疗保健、交通和通信、教育文化娱乐服务、其他商品和服务8大类。需要特别指出的是，这一指标是一个"人均"的概念，即居民家庭成员平均每人的消费支出，而没有考虑人口数量的增加和结构的变化。按城乡划分，这一指标进一步分为城镇居民人均支出和农村居民人均支出。

国民经济核算中的居民消费支出与住户调查中的居民人均消费支出有密切的联系。两者在概念上非常相近，在数据趋势上高度相关。同时，住户调查中的居民人均消费支出还是国民经济核算中测算居民消费支出的重要基础资料。

二、经济增长分析月度指标

（一）规模以上工业增加值

有关经济增长供给面的分析除了前述的各产业的年度GDP和季度GDP外，在实践中由于时效性的要求，还需要关注月度的规模以上工业增加值数据。

规模以上工业增加值是指年主营业务收入在2000万元及以上的采矿业、制造业、电力燃气及水的生产和供应业的工业法人单位，以货币形式表现的当期工业生产活动的最终成果，是企业生产过程中新增加的价值。用公式表示为

$$工业增加值 = 工业总产值 - 工业中间投入 + 应交增值税 \qquad (19-13)$$

实际操作中年度和月度工业增加值采用了不同的计算方法。年度工业增加值按照年度GDP的核算方法，采用"收入法"进行计算，通过对"工业企业成本费用"年度报表中的基础数据的计算得到四个部分的数据。月度规模以上工业增加值由于统计时效性要求较高，难以取得详细的财务核算资料，无法直接计算。因此，采用推算的方法，由各调查单位上报的当月工业总产值乘以增加值率得到，用公式表示为

$$月度工业增加值 = 月度工业总产值 \times 上年度工业增加值率 \qquad (19-14)$$

式中，增加值率由国家统计局根据年度成本费用调查数据统一测算，每年 5 月底左右反馈各省更换使用。

为了反映行业结构差异，尽可能提高推算的准确性，推算是从国民经济行业分类的中类进行的。具体步骤为：

首先，通过国家"工业产销总值及主要产品产量"调查表，由企业按月填报当月和 1 月至本月累计的工业总产值，各级统计局汇总得到本辖区的规模以上分行业小类、中类、大类和总的工业总产值。工业总产值包括生产的成品价值、对外加工费收入、自制半成品在制品期末期初差额价值三部分。

其次，用中类行业的工业总产值乘以该中类上年度工业增加值率得到中类的工业增加值。

最后，将各中类工业增加值汇总得到行业大类和全国工业增加值。

工业增加值增速指标不仅能够反映工业部门的变动趋势，而且对于总体经济的周期与波动而言也是一个敏感的指示性指标。实际上，在发达国家，工业生产指标由于具有领先周期性的特点，常被当做比季度 GDP 更及时的经济指标。

（二）社会消费品零售总额

社会消费品零售总额是指国民经济各行业直接出售给城乡居民和社会集团的实物消费品的金额，以及提供餐饮服务取得的收入金额。该指标涉及的商品包括销售给个人用于生活消费的商品，也包括销售给社会集团用于非生产、非经营的商品。其中，个人包括城乡居民和入境人员，社会集团包括机关、社团、部队、学校、企事业单位、居委会或村委会等。需要注意的是，社会消费品零售总额统计的商品中不包括企业和个人用于生产经营和固定资产投资所使用的商品的价值量，也不包括居民用于购房支出和农民用于购买农业生产资料的支出费用。

社会消费品零售总额从商品流通的最终环节入手，观察进入城乡居民生活消费和社会集团公共消费的商品销售变化情况。它能够在一定程度上反映社会消费总需求。其用途主要包括：第一，反映国内消费品市场的总规模和地域分布情况，为判断国内消费品市场运行总体状况、地域特点、商品类别供给及未来市场走势提供依据；第二，反映城乡居民和社会集团对实物商品消费需求的总量和变化趋势，可以用来分析判断消费需求对经济运行的影响程度；第三，反映经济景气状况，作为判断经济运行情况的重要参考。另外，社会消费品零售总额的增长变化也可以在一定程度上反映国家扩大内需、拉动消费的政策效应。

社会消费品零售总额的统计分为三类：一是对主营业务收入 2000 万元以上的批发企业、主营业务收入 500 万元以上的零售企业、主营业务收入 200 万元以上的住宿和餐饮企业实施全面调查，经地方统计部门采集数据后上报；二是对低于上述标准的中小企业和个体户实施抽样调查，样本单位有十万多家；三是对行业分类不属于批发和零售业、住宿和餐饮业的产业活动单位发生的消费品零售活动，采用重点调查或行政记录科学推算的方法取得数据。

社会消费品零售总额与最终消费支出在口径上存在区别：第一，最终消费支出包括服务消费，而社会消费品零售总额不包括服务消费；第二，最终消费支出包括虚拟消费，如农民自产农产品的自我消费、自有住房的消费等，而社会消费品零售总额不包括这部分内容；第三，社会消费品零售总额包括出售给临时来华的外国人、华侨、台湾同胞和外国驻华使领馆人员的消费品，最终消费支出不包括这些消费品，在 GDP 核算中，它们包括在货物和服务的出口中；第四，最终消费支出包括中国临时离境人员和中国驻外使领馆人员在国外购买的消费品，社会消费品零售总额不包括这部分消费品；第五，社会消费品零售总额包括出售给居民用于建造房屋的建筑材料，但最终消费支出不包括这部分内容；第六，社会消费品零售总额包括对企业、企业化管理的事业单位等非政府单位的商品零售额，最终消费支出不包括这部分内容；第七，社会消费品零售总额包括出售给政府单位的交通工具和电信产品，最终消费支出则不包括这些内容。因此，最终消费支出更接近理论上所讲的消费概念，社会消费品零售总额则是不完全消费的概念。但社会消费品零售总额有月度数据，时效性强，能够更及时地反映消费需求的变动，因此，在中国的宏观经济分析中，社会消费品零售总额这一指标使用更为普遍。最终消费支出作为核算指标，虽然时效性差一些，但它能够更全面准确地描述消费需求，对于更深入、更准确地进行宏观经济分析起到更大的作用。

（三）全社会固定资产投资完成额

全社会固定资产投资完成额是指以货币形式表现的在一定时期内全社会建造和购置固定资产的工作量和与此有关的费用的总称。该指标是反映全国固定资产规模、结构和发展速度的综合性指标，也是观察工程进度和考核投资效果的重要依据，是反映社会投资总需求的重要指标。

全社会固定资产投资指标具有重要的作用。第一，全社会固定资产投资是判断经济发展形势的重要依据。全社会固定资产投资有关统计数据是判断经济发展周期的重要依据，为国家宏观调控提供重要信息支撑，为社会公众开展科学研究和进行扩大再生产决策提供重要参考。第二，全社会固定资产投资是进行国民经济核算的重要基础。在国民经济核算中，固定资本形成总额是支出法 GDP 的重要构成部分。全社会固定资产投资的有关数据为核算固定资本形成总额提供重要的基础资料。

2011 年，国家统计局对全社会固定资产投资的核算范围进行了修改，区分了固定资产投资（不含农户）① 以及农户投资两个大项，前者数据通过全面调查取得，每月公布一次；后者数据通过抽样调查取得，每年公布一次。目前，国家统计局的固定资产投资统计主要围

---

① 固定资产投资（不含农户）等于城镇固定资产投资加上农村企事业组织项目投资（农村非农户投资）。

绕固定资产投资（不含农户）进行。

固定资产投资（不含农户）包括 500 万元及以上建设项目投资和房地产开发项目投资两个分项。（1）500 万元及以上建设项目投资是指一定时期内城镇和农村各种登记注册类型的企业、事业、行政单位、个体户等进行的计划总投资 500 万元及以上的固定资产投资活动；（2）房地产开发投资是指一定时期内，各种登记注册类型的房地产开发企业及其所属产业活动单位实际从事房地产开发和经营活动完成的投资，包括商品住宅投资和办公楼、写字楼、工厂厂房等非住宅类房屋及土地开发投资，不包括单纯的土地交易活动。

全社会固定资产投资完成额是 GDP 核算中的固定资本形成总额的重要基础资料，但两者在口径上存在以下区别：第一，范围不同。一方面，有些固定资本形成总额并未纳入全社会固定资产投资完成额的统计范围。例如，总投资 500 万元以下的建设项目完成的投资、未经过正式立项的土地改良支出、知识产权产品固定资本形成、非生产资产的所有权转移费用等都没有计入全社会固定资产投资完成额的统计中。另一方面，全社会固定资产投资完成额中还包括购买旧建筑、旧设备的价值和土地购置费，这些内容不是核算期内增加的固定资产，因此核算固定资本形成总额时需要剔除。第二，指标的性质不同。固定资本形成总额是一个核算指标，在核算全国固定资本形成总额时，除了按照上述口径差异对全社会固定资产投资完成额进行调整外，还要利用建筑业总产值、钢材生产量、水泥生产量、大型机器设备生产量、机器设备增值税抵扣额等相关资料，对全社会固定资产投资完成额进行评估和调整。而全社会固定资产投资完成额是一个统计指标，是根据统计调查资料进行汇总得到的，一般不进行调整。

（四）海关进出口

海关进出口是月度统计指标，是指实际进出我国关境的货物的总金额。按照贸易方式可划分为一般贸易、国家间或国际组织无偿援助和赠送的物资、其他捐赠物资、来料加工装配贸易、进料加工贸易、边境小额贸易、加工贸易进口设备、租赁贸易、外商投资企业作为投资进口的设备和物品、出料加工贸易、免税外汇商品、免税品、保税监管场所进出境货物、海关特殊监管区域物流货物、海关特殊监管区域进口设备以及其他进出口货物。

海关进出口是计算支出法 GDP 中货物和服务净出口的重要依据，但两者不相等，其差异主要体现在以下方面：一是口径范围不同。支出法 GDP 中的进出口既包括货物的进出口，也包括服务的进出口。而海关进出口只包括货物的进出口。二是计算价格不同。支出法 GDP 中货物进出口均按离岸价格计算；而海关进口贸易额按到岸价格计算，出口贸易额按离岸价格计算。三是确认标准不同。支出法 GDP 中进出口以经济所有权的转移为衡量标准，海关进出口统计以货物进出关境为依据。支出法 GDP 中的出口包括非常住单位在我国境内直接购买的货物和服务，进口包括我国常住单位在国外直接购买的货物和服务。而海关的进出口贸易额则不包括上述相关货物和服务。

我国经济增长分析中的月度指标是目前最高频率的宏观经济统计数据。这些数据不仅能够为年度和季度 GDP 的核算提供相应的基础资料，而且能够为我们分析月度宏观经济运行形势提供信息。

总结起来，我国经济增长分析中的季度和月度指标为提高宏观经济运行分析的时效性提供了基础性条件。需要指出的是，以上介绍的是宏观经济分析中最为重要的常用季度和月度指标，在实践中还需要关注其他指标，以便对宏观经济运行的态势作出合乎逻辑和实际的判断。

第三节　中国经济增长的总供求分析

由于时效要求不同，对经济增长的分析往往需要采用不同的分析指标。本节将采用总供给与总需求的分析框架，从年度分析和季度分析两个方面对不同时间维度的经济增长进行分析。

一、总供给年度分析

总供给年度分析主要涉及经济增长率、三次产业增长率以及三次产业结构等方面。总供给的年度分析主要使用的数据资料为生产法 GDP 及其分项数据。

（一）经济增长率分析

中国 1978—2020 年的年度经济增长速度如图 19 - 1 所示。

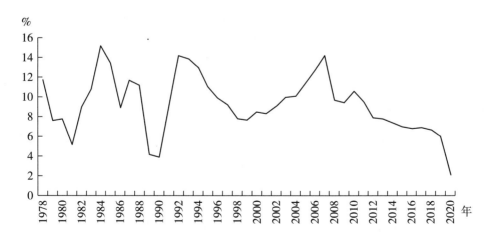

图 19 - 1　中国历年 GDP 增速（1978—2020 年）

（资料来源：国家统计局网站）

如图 19-1 所示,我国经济增长呈现出以下特点:首先,我国的经济增长率在年度间也明显地呈现出周期性变化的特征。从 1978 年起,除 2020 年由于新冠疫情影响的极端年份,我国宏观经济共经历了 1978—1984 年、1984—1992 年、1992—2007 年三次周期性变动。目前处于第四次周期变化中。其次,我国宏观经济在每次的周期变化中周期的长度不同、震荡的幅度不同。随着经济体制改革的推进以及政府国民经济管理能力的提升,宏观经济周期变化的时间有所延长,波动的幅度明显有所减弱。再次,我国宏观经济运行从明确建立市场经济体制开始,就受到国际市场的影响。例如 1998 年和 2008 年的经济增速波谷均是由于受到外来危机的冲击所致。最后,2010 年以来,我国经济发展方式转变,从高速增长转向高质量增长。经济增速虽然处于下降通道,但从后续的分析(增长结构方面)中会看到我国经济增长的质量是在提升的。

(二) 三次产业增长率的分析

如图 19-2 所示,改革开放以来,三次产业的增长率变化大致与经济增长保持相同的趋势。1978—1984 年,三次产业增速整体震荡上行,从 20 世纪 80 年代中期开始,第一产业增速明显放缓,第二产业、第三产业增长迅速,但波动明显。1985—1990 年,第二产业、第三产业增速由 1985 年的 18.6% 和 18.3% 分别下降到 1990 年的 3.2% 和 2.3%,到 1992 年又上升到 21.2% 和 12.4%,之后走势相对平稳。伴随着我国宏观经济整体运行状态的变化,三次产业的增长率总体上也呈现出增速下降的趋势。但这种增速的下降是由于经济结构调整,从高速增长转向高质量增长导致的。到 2019 年,我国三次产业的增速分别调整为3.1%、4.9%、7.2%。

总体上看,1978—2020 年间,第二产业增速最高,平均达到 10.4%;第三产业增速与第二产业增速几乎持平,平均达到 10%;第一产业增速最低,平均为 4.4%。从经济理论出发,可以预见在未来第三产业的增速将是最高的。

(三) 三次产业结构的分析

三次产业结构的分析是指通过计算第一产业、第二产业、第三产业增加值占 GDP 的比重来考察产业结构及各产业的贡献率或拉动率。各产业发展的贡献程度可以在可比价国内生产总值的基础上,通过计算各产业可比价增加值增量占可比价 GDP 增量的比重得到。相关的计算方法为:

$$某产业增长贡献率 = \frac{当期某产业可比价增加值增量}{当期可比价 GDP 增量} \times 100\% \qquad (19-15)$$

$$某产业增长拉动率 = 该产业增长贡献率 \times GDP 增长率 \qquad (19-16)$$

1. 三次产业占比分析

从现代市场经济的宏观结构来看,经济增长与产业结构变动相互联系、相互依存。美国经济学家库兹涅茨研究发现,随着经济发展,第一产业在整个国民收入中的比重处于不断下

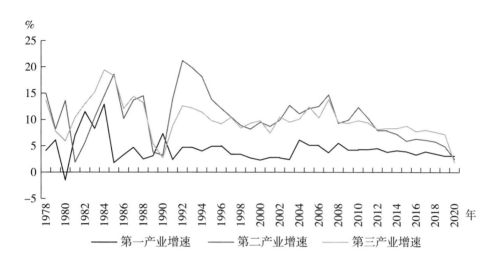

图 19 - 2　中国三次产业增速（1978—2020 年）

（资料来源：国家统计局网站）

降的趋势中；第二产业在整个国民收入中的比重大体来看是上升的，其劳动力所占比重则总体不变或略有上升；第三产业的劳动力所占比重差不多在所有国家都是上升的，而其在国民收入中的相对比重大体不变或略有上升。钱纳里等的分析则表明，在实现工业化和经济高速增长阶段（人均 GDP 一般在 300 ~ 2000 美元），第二产业高速增长，在 GDP 中占比最大，第一产业比重迅速下降，农业劳动力向第二产业、第三产业转移；第二产业内部结构变动也加快，重工业占比较大；产业结构逐步实现高度化，具有出口竞争力的主导产业（制造业）形成并带动整个经济高速增长。

从我国经济增长的实践来看，产业结构变动也经历了类似的发展阶段（如图 19 - 3 所示）。1978 年，我国的三次产业占 GDP 的比重分别为 27.7%、47.7%、24.6%，到 2012 年这一占比分别为 9.1%、45.4%、45.5%，第三产业占比首次超过第二产业占比，成为中国经济中比重最大的产业类别。从时间轴来看，我国的产业结构的变化也与理论相一致，第一产业整体上呈现出下降趋势，到 2020 年占比已经只有 7.7%；第二产业整体上一直在40% ~ 50% 的区间波动，但从 2016 年开始占比已低于 40%，并且逐步下降，到 2020 年第二产业占 GDP 的比重已经只有 37.8%；第三产业占比整体上升趋势明显，到 2020 年第三产业占 GDP 的比重达到 54.5%。

2. 三次产业贡献率和拉动率分析

与三次产业的增长率变动相对应，三次产业对 GDP 增长的贡献率呈现出相同的趋势（如图 19 - 4 所示）。1978—2020 年间，第二产业对我国 GDP 的增长贡献率最大，平均达到了 51%；其次是第三产业，平均贡献率为 39.6%；第一产业的贡献率最小，平均为 9.4%。可以说，我国目前仍处于工业化阶段。

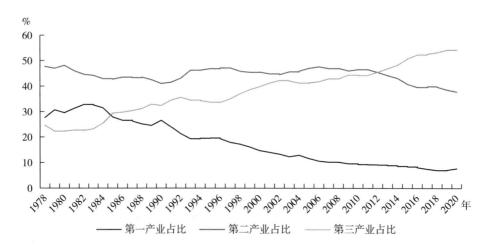

图 19 - 3　中国三次产业占比（1978—2020 年）

（资料来源：国家统计局网站）

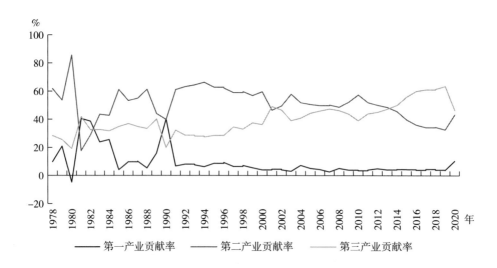

图 19 - 4　中国三次产业贡献率（1978—2020 年）

（资料来源：国家统计局网站）

相应地，如图 19 - 5 所示，1978—2020 年间，第二产业对 GDP 增长的拉动率最高，平均值为 4.9%；第二产业次之，平均拉动率为 3.6%；第一产业的拉动率最小，平均值为 0.8%。

综上所述，无论从三次产业占比的角度还是从三次产业贡献率和拉动率的角度看，我国目前仍处于工业化后期阶段。相较于美国 2003 年三次产业分别占比 2%、23%、75%，以及近年来美国第一产业占比不足 1%、第二产业占比约为 18%、第三产业占比超过 80% 来说，我国的经济结构还有调整的空间。

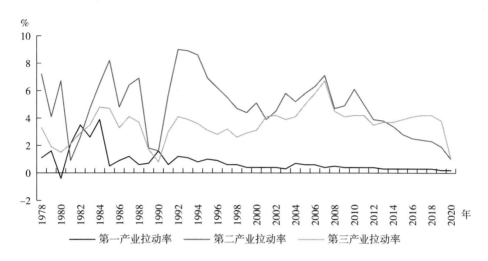

图 19－5　中国三次产业拉动率（1978—2020 年）

（资料来源：国家统计局网站）

二、总需求年度分析

从总需求的角度看，资本形成需求与最终消费需求构成经济增长的国内需求，货物和服务的净出口是经济增长的外部需求。总需求年度分析主要使用的数据资料为支出法 GDP 及其分项数据。

与总供给分析类似，在进行总需求构成分析时，通常也需要计算资本形成总额或最终消费需求占 GDP 的比重，以及资本形成总额或最终消费需求对 GDP 增长的贡献率和拉动率。相关的计算方法为

$$最终消费率（消费率）= \frac{当年最终消费支出}{支出法\,GDP} \tag{19-17}$$

$$资本形成率（投资率）= \frac{当年资本形成总额}{支出法\,GDP} \tag{19-18}$$

$$某项需求增长贡献率 = \frac{当期某项需求增量}{当期\,GDP\,增量} \times 100\% \tag{19-19}$$

$$某项需求增长拉动率 = 该项需求增长贡献率 \times GDP\,增长率 \tag{19-20}$$

中国 1978—2020 年投资率与消费率的变化情况如图 19－6 所示。

总体上看，截至目前我国经济增长中消费占据了最大的份额，但这一占比有持续走低的趋势。我国的消费率从 1978 年的 61.9% 下降为 2020 年的 54.7%；而投资率却在缓慢走高，由 1978 年的 38.4% 上升到 2020 年的 42.9%。我国货物和服务净出口所代表的外部需求占 GDP 的比重一直不高，这一比例一直在 1% 附近浮动。2020 年的净出口率仅为 2.5%。

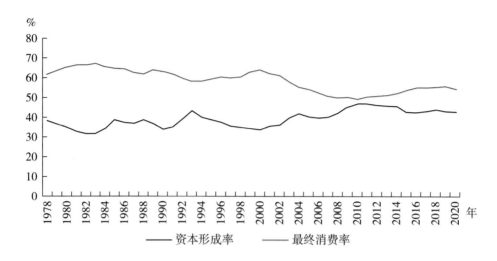

图 19 - 6　中国投资率与消费率（1978—2020 年）

（资料来源：国家统计局网站）

（一）投资分析

中国资本形成需求对 GDP 增长的贡献率和拉动率如图 19 - 7 所示。

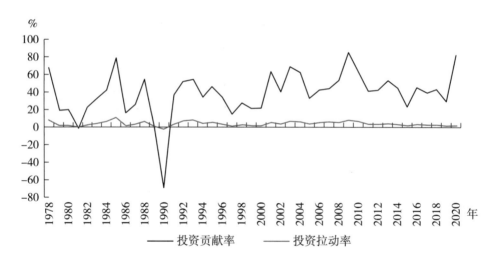

图 19 - 7　中国资本形成需求的贡献率与拉动率（1978—2020 年）

（资料来源：国家统计局网站）

1. 中国的投资水平分析

首先，我国投资需求对经济增长的贡献份额呈现较大的波动状态，这是经济波动的主要因素，并且在经济增长较快的时期，投资对经济增长的贡献率通常较高。比如 1985 年资本形成总额对经济增长的贡献率达到 79.6%，拉动 GDP 增长 10.7 个百分点；2009 年资本形成总额对经济增长的贡献率达到 85.3%，拉动 GDP 增长 8 个百分点。从目前的情况看，

2020 年资本形成总额对经济增长的贡献率为 81.5%，拉动 GDP 增长 1.8 个百分点。

其次，我国投资需求的波动体现了政府国民经济管理的思路主要在于稳投资。如上面已经提及的 2009 年和 2020 年。2008 年下半年国际金融危机对我国的经济增长造成了外部冲击，为了应对这一冲击，政府推出了四万亿元的经济刺激计划，这些计划资金主要流向了基础设施建设等投资领域，使 2009 年投资贡献率一度超过 80%；2020 年的情况也类似，由于新冠疫情的冲击，政府利用投资来托底经济增长，使当年投资贡献率也超过了 80%。

最后，与其他国家相比，我国目前的投资率较高。我国的投资率在 2003 年达到 39.7%，2004 年达到 42%，其后一直在 40% 以上的区间运行。国际货币基金组织的数据显示，2003 年美国的投资率为 18.4%，日本的投资率为 26.0%，巴西的投资率为 19.8%，印度尼西亚的投资率为 16.0%。从国际横向对比的角度看，我国的投资率处于较高的水平。需要特别指出的是，由于各国发展阶段、收入水平、发展模式、储蓄偏好等多种因素存在差异，很难为投资率和消费率的变动找到一个绝对的变动规律和统一的、合适的标准。横向对比的意义仅在于发现国家间经济结构上的差异。

2. 中国投资水平较高的原因分析

从 1978 年改革开放以来，我国出现持续的高投资率的原因有以下几个。

一是中国处于历史上少有的黄金发展期，为持续的投资增长提供了良好预期。随着我国人均 GDP 在 2001 年突破 1000 美元，消费结构开始新一轮升级，产业结构也发生相应变化，工业产业链加长，重工业占工业增加值的比重提高，同时，我国城镇化进程加速，参与国际分工的程度逐步加速，这些都为投资提供了稳定的预期。

二是持续的高储蓄率成为高投资最重要的物质基础。支持高投资率及增长需要很多条件，但在中国，很多项目投资效率不高，而投资能持续增长又不至于出现系统性的金融风险，最根本的原因是中国能在较低的甚至负的收益率下，仍然有较高的国内储蓄率和持续大量的国外资本流入。中国较高的储蓄率之所以能够持续，除了有传统上较为节俭、未来支出预期较大、社会保障体系不健全等原因外，最根本的是因为过去的四十年我国适龄劳动人口较多。

三是资本边际收益递减现象在过去的四十年间不明显，以及我国处于工业化阶段，使投资持续较高成为可能。

四是一些制度性因素造成我国投资容易过热，无效投资现象比较普遍。首先，作为储蓄向投资转化的媒介，中国的银行体系和金融市场还难以承担起有效的投资项目筛选者和执行监督者的角色；其次，市场诚信环境建设明显滞后，作为融资方，很多企业资金成本意识、还款意识、股权回报意识淡薄；再次，投资体制不够完善，政府对投资项目有较大的审批权，土地等关键要素还控制在政府手中，地方政府出于政绩等考虑对投资的正向和负向的干预较多；最后，要素市场化程度不高，企业在决定投资项目时，也较少考虑能源、基本要素消耗和环境成本，这也推高了一部分无效投资。

（二）消费分析

中国最终消费需求对 GDP 增长的贡献率和拉动率如图 19 - 8 所示。

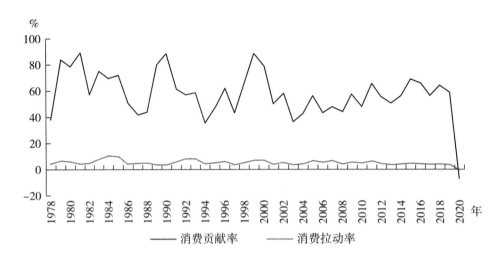

图 19 - 8　中国最终消费需求的贡献率与拉动率（1978—2020 年）

（资料来源：国家统计局网站）

我国的最终消费需求呈现以下特点：

首先，最终消费需求对推动经济增长起着主导作用。对比图 19 - 6 和图 19 - 8 可以发现，改革开放以来，消费增长对我国经济增长始终起着主导作用。除去个别特殊年份（2010 年消费率为 49.3%），我国的消费率始终保持在 50% 以上。但近年来，消费率总体呈下降趋势，2020 年我国的消费率为 54.7%，比 1978 年的 61.9% 下降了 7.2 个百分点。相应地，消费对经济增长的贡献率总体上也呈现出一定的下降趋势，2019 年我国的最终消费贡献率为 58.6%，拉动经济增长 3.5 个百分点。

其次，政府消费比例偏高，居民消费比例偏低。近几年来，我国政府消费占最终消费的比例呈上升趋势，居民消费占最终消费的比例呈下降趋势。以 2019 年为例，我国政府消费占最终消费的比例为 29.9%，从世界范围来看，低收入国家这一比例平均为 16% 左右，中等收入国家平均为 18% 左右，高收入国家平均为 22% 左右。

再次，城镇居民消费率攀升，农村居民消费率下降。在我国居民消费中，作为低收入人群代表的农村居民消费率持续下降。2019 年，城镇居民消费占居民消费的比例为 78.8%。农村居民消费支出占居民消费支出的比例为 21.2%，比 2005 年的 26.8% 下降了 5.6 个百分点，比 1978 年的 62.1% 下降了 40.9 个百分点。

最后，食品消费在居民消费支出中的占比持续下降。随着居民收入的提高和消费结构的升级，居民食品消费比重逐年下降。以恩格尔系数为例，1978 年，城镇居民恩格尔系数为

57.5%，农村居民恩格尔系数为 67.7%；到 2019 年，城镇居民恩格尔系数为 27.6%，农村居民恩格尔系数为 30.0%，降幅明显。

（三）净出口分析

中国净出口对 GDP 增长的贡献率和拉动率如图 19 - 9 所示。

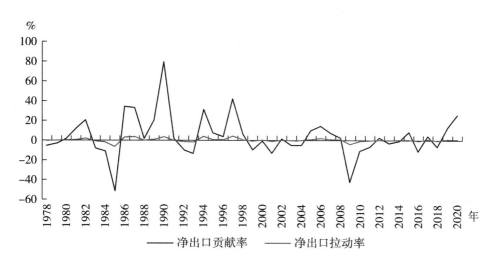

图 19 - 9　中国净出口的贡献率与拉动率（1978—2020 年）

（资料来源：国家统计局网站）

从图 19 - 9 的统计数据来看，我国货物和服务的净出口增加值在国内生产总值中所占比重较小，而且有正有负。如图 19 - 9 所示，货物和服务的净出口对经济增长的贡献份额在不同的增长阶段有所不同。总体上看，在经济不景气时期，净出口对经济增长的作用增强。例如 1981—1982 年、1986—1987 年、1990—1991 年、1994—1998 年、2019—2020 年，这些年份的经济增长都没有处于较高的水平，但净出口对经济增长的贡献份额则相对较高。相应地，净出口贡献率在 1982 年为 20.7%，拉动经济增长 1.9 个百分点；1986 年贡献率为34.2%，拉动经济增长 3.1 个百分点；1990 年贡献率为 80.5%，拉动经济增长 3.2 个百分点；1994 年贡献率为 31.2%，拉动经济增长 4.1 个百分点；2020 年贡献率为 25.3%，拉动经济增长 0.6 个百分点。

需要指出的是，虽然仅从净出口相对于经济增长的有关数据来看，净出口对于我国的经济增长的贡献并不大，但我们应该从产业链的角度来认识这一问题。与出口相关的产业发展能够带动相应的上游产业的发展以及从业人员收入水平的提高，这反过来能够促进国内投资和消费的增长。有关的数量分析可以利用中国投入产出表进行，限于篇幅，这里不再赘述。

三、总供求季度分析

上文我们利用国内生产总值表的有关数据对中国经济的年度增长情况、总供给和总需求情况进行了分析。但宏观经济分析不仅涉及年度的分析,在时效性要求越来越高的现实中,还需要对经济增长在季度和月度层面展开分析。需要注意的是,季度和月度分析时效性较高,特别是月度分析,现有 GDP 并没有月度数据,因此,我们需要借助于其他有关的统计指标。从总供给与总需求的框架来看,本章第二节中介绍的各季度和月度指标分别提供了相应的基础信息,我们整理成表 19 – 6。

表 19 – 6   经济增长分析季度和月度指标

宏观经济运行	经济指标
总供给	季度国内生产总值(季度) 规模以上工业增加值(月度、季度)
总需求	居民人均消费支出(季度) 全社会消费品零售总额(月度、季度) 全社会固定资产投资完成额(月度、季度) 海关进出口(月度、季度)

我们以 2021 年前两个季度为例,对总供求框架下的季度和月度分析进行阐述。

1. 生产供给持续恢复,工业生产高于疫情前水平

2021 年第二季度 GDP 同比增长 7.9%,两年平均增长 5.5%,同比增速由于基数抬高的影响,较第一季度有所回落(2021 年第一季度 GDP 同比增长 18.3%),但两年平均增速上升 0.5 个百分点。第二季度 GDP 环比增速为 1.3%,略低于疫情前的 2019 年第二季度的环比增速 1.4%。

分三次产业来看,2021 年第二季度第一产业同比增长 7.6%,前值为 8.1%,拉动经济增长 0.5 个百分点,两年平均增长 5.4%;第二产业同比增长 7.5%,前值为 24.4%,拉动经济增长 2.9 个百分点,两年平均增长 6.1%;第三产业同比增长 8.3%,前值为 15.6%,拉动经济增长 4.5 个百分点,两年平均增长 5.1%。三次产业增加值占 GDP 的比重分别为 6.0%、40.5% 和 53.5%。与上年同期相比,第二产业比重提高 1.3 个百分点,第一产业、第三产业比重分别下降 0.4 个、0.9 个百分点。

2021 年上半年,GDP 同比增长 12.7%,两年平均增长 5.3%。其中,第一产业同比增长 7.8%,两年平均增长 4.3%;第二产业同比增长 14.8%,两年平均增长 6.1%;第三产业同比增长 11.8%,两年平均增长 4.9%。另外,从相关数据来看,上半年全社会货运量同比增长 24.6%,两年平均增长 7.2%;全社会用电量同比增长 16.2%,两年平均增长 7.1%。

工业增速方面,2021 年上半年,规模以上工业增加值同比增长 15.9%,增速较第一季度回落 8.6 个百分点;两年平均增速为 7.0%,较第一季度加快 0.2 个百分点,增速略高于疫情前水平。分门类看,采矿业增长 6.2%,两年平均增速为 2.5%;电力、热力、燃气及

水的生产和供应业增长 13.4%，两年平均增速为 6.0%；制造业增长 17.1%，两年平均增速为 7.5%，高于疫情前水平。2021 年 1—6 月，工业 41 个大类行业中，39 个行业实现了增长，其中 29 个行业实现了两位数增长，两年平均看行业增长面达到了 85.4%。

工业产能利用率方面，实现了近年来的较高水平。2021 年上半年，工业产能利用率为 77.9%，较 2019 年同期提高 1.7 个百分点。采矿业、制造业以及电力、热力、燃气及水的生产和供应业产能利用率分别为 75.8%、78.2%、74.6%，较上年同期均提高 5 个百分点以上。分行业看，纺织、化纤、造纸等消费品行业产能利用率回升明显，较上年同期提高 9 个百分点以上；石油加工、有色金属冶炼、电气机械、通用设备等原材料和装备行业产能利用率达到 80% 以上，处于近年来较高水平。

工业出口交货值方面，2021 年上半年，我国工业出口交货值同比增长 22.9%，两年平均增速为 8.1%。十大主要出口行业均实现 15% 以上的较快增长，其中汽车、专用设备、电气机械、电子行业出口分别增长 46.4%、33.7%、29.9%、17.6%，两年平均增速均在 10% 以上。

进一步地，从生产效益上可以看到，工业企业利润以及营业收入利润率提升较大。2021 年 1—5 月，规模以上工业企业利润同比增长 83.4%，两年平均增长 21.7%。其中，受价格因素的影响，采矿业、原材料行业利润大幅增长，增速分别为 135.5%、253.2%，两年平均分别增长 15.2%、36.3%；装备制造业和高技术制造业分别增长 53.4%、63.3%，两年平均增速均在 20% 以上。2021 年 1—5 月营业收入利润率为 7.11%，同比提高 2.05 个百分点。企业亏损面持续缩小，亏损企业亏损额同比减少 29.6%。

从以上数据可以看出，上半年我国经济增长率实现了较快增长，国民经济处于持续恢复状态中，第二产业较快增长，但第三产业贡献率更高。季度数据方面，GDP 以及各次产业增加值由于基数的提高等因素影响，第二季度同比增速虽较第一季度有所回落，但两年平均增长率较第一季度有所上升，整体上略低于 2019 年同期水平。由于新冠疫情的反复以及我国生产的率先恢复，我国工业出口较快增长，促使我国工业增长方面实现了突破。此外，由于大宗商品价格快速上涨，迫使我国工业产能利用率提升，特别是制造业的增长已高于疫情前水平，为工业持续增长奠定了基础。但也需要注意到上述因素对工业内部不同行业有不同的影响，主要表现是出口工业以及采矿和原材料工业快速增长。受新建投产、价格上涨、国产化替代效应拉动，工业生产中新动能领域实现较快增长，有助于我国国民经济结构的转型升级。总体数据显示，我国经济发展形势已基本恢复到疫情之前的水平，这主要得益于第二产业的恢复。但第三产业的恢复在不同子行业的状况不一致，受疫情影响后续的不确定性仍然较大。自然灾害频发也为第一产业的增产增收带来了极大的不利影响。

2. 消费逐步恢复，增长趋势有所放缓

从需求端来看，在同期基数较低以及居民可支配收入增长的情况下，消费需求持续复苏。

首先，从全国居民人均消费支出季度数据来看，2021年上半年，全国居民人均消费支出名义增长18.0%，实际增长17.4%。两年平均名义增长5.4%，比第一季度提高1.5个百分点；两年平均实际增长3.2%，比第一季度提高1.8个百分点，但低于2019年上半年实际增速2.0个百分点。其中，城镇居民人均消费支出名义增长16.7%，实际增长16.0%；农村居民人均消费支出名义增长20.2%，实际增长19.7%。从结构来看，2021年上半年人均教育文化娱乐支出增长68.5%，两年平均增长4.1%；人均其他用品及服务支出增长33.0%，两年平均增长1.4%；人均食品烟酒支出增长14.2%；人均衣着支出增长21.4%；人均居住支出增长7.5%；人均生活用品及服务支出增长15.1%；人均医疗保健支出增长19.7%，人均交通和通信支出增长17.5%。八大类消费支出两年平均名义增速全部实现正增长，消费需求复苏明显。

疫情的影响虽然减弱但持续存在，服务性消费虽然实现了恢复性增长，但目前服务型消费支出占居民消费支出的比重为43.8%，仍比2019年同期低了0.5个百分点。2021年上半年，全国居民人均服务性消费支出同比增长29.7%，增速高于居民人均消费支出11.7个百分点；两年平均增长4.8%，两年平均增速低于居民人均消费支出0.6个百分点。其中，人均饮食服务支出由于低基数的影响，同比增长72.3%。

其次，2021年上半年社会消费品零售总额同比增长23%，两年平均增长4.4%。从季度数据来看，第二季度，在假期消费回升等因素的带动下社会消费品零售总额季度同比增长13.9%；两年平均增长4.6%，比第一季度提高0.4个百分点；第二季度环比增长1.98%，比第一季度提高0.12个百分点。从月度数据来看，2021年6月，社会消费品零售总额月度同比增长12.1%，两年平均增长4.9%；6月实际增长9.8%，5月名义增长12.4%，实际增长10.1%，4月名义增长17.7%，实际增长15.8%；从环比数据看，6月环比增长0.7%。消费结构方面：（1）消费升级类商品增长有所加快，第二季度化妆品、金银珠宝和体育娱乐用品类商品零售额两年平均增速比第一季度分别提高3.2个、1.7个和2.9个百分点。（2）餐饮消费规模基本恢复到疫情前2019年同期水平。上半年，餐饮收入同比增长48.6%，基本恢复至2019年同期水平。第二季度餐饮收入同比增长29.5%，两年平均增长0.9%，而第一季度两年平均下降1%。（3）线上消费持续快速增长。上半年，全国实物商品网上零售额同比增长18.7%，增速比上年同期提高4.4个百分点；两年平均增长16.5%，比第一季度提高1.1个百分点。（4）线下消费有所改善。上半年，限额以上的便利店、超市和专业店商品零售额同比分别增长17.4%、6.2%和24.6%，两年平均分别增长6.3%、5.0%和3.5%，比第一季度分别提高1.0个、0.5个和0.9个百分点。

3. 投资增速放缓明显，高技术制造业投资加速

2021年1—6月，全国固定资产投资累计同比增长12.6%，两年平均增速为4.4%，比

1—2 月、1—3 月、1—4 月、1—5 月分别提高 2.7 个、1.5 个、0.5 个、0.2 个百分点。从环比来看，6 月环比增长 0.35%。固定资产投资逐步放缓趋势明显。

民间投资恢复性增长，1—6 月同比增长 15.4%，两年平均增速为 3.8%，比第一季度提高 2.1 个百分点。其中，农林牧渔业民间投资增长 25.1%，制造业民间投资增长 21.1%，基础设施民间投资增长 17.2%，房地产开发民间投资增长 14.7%，社会领域民间投资增长 11.0%。

第一产业投资同比增长 21.3%，两年平均增速为 13.2%，比第一季度回落 1.6 个百分点。农林牧渔业投资同比增长 19.9%，两年平均增速为 18.4%，比第一季度回落 2.1 个百分点。其中，畜牧业投资增长 67.3%，农林牧渔服务业投资增长 10.8%。

第二产业投资增长 16.3%，两年平均增速为 2.9%，第一季度为下降 0.3%。（1）工业投资同比增长 16.2%。其中，采矿业投资增长 11.5%；电力、热力、燃气及水的生产和供应业投资增长 3.4%；制造业投资增长 19.2%，高于全部投资 6.6 个百分点。上半年制造业投资两年平均增速为 2.0%，比 1—5 月提高 1.4 个百分点，第一季度为下降 2.0%。其中，原材料制造业投资增长 21.8%，装备制造业投资增长 19.7%，消费品制造业投资增长 16.9%。可见原材料制造业和装备制造业投资的增长拉动了整个制造业投资以及第二产业投资的增长，这与前述的第二产业具体行业增加值增速是一致的。（2）电力、热力、燃气及水的生产和供应业投资同比增长 3.4%，两年平均增速为 10.6%，与第一季度持平。其中，电力、热力生产和供应业投资增长 6.0%，水的生产和供应业投资增长 0.7%。

第三产业投资增长 10.7%，两年平均增速为 4.8%，比第一季度提高 0.8 个百分点。（1）基础设施投资（不含电力、热力、燃气及水的生产和供应业）同比增长 7.8%，两年平均增速为 2.4%，比第一季度提高 0.1 个百分点。其中，生态保护和环境治理业投资增长 16.9%，水利管理业投资增长 10.7%，信息传输业投资增长 9.9%，道路运输业投资增长 6.5%，公共设施管理业投资增长 6.2%，铁路运输业投资增长 0.4%。（2）社会领域投资同比增长 16.4%，两年平均增速为 10.7%，比第一季度提高 1.1 个百分点。其中，卫生投资增长 35.5%，教育投资增长 14.2%。

2021 年上半年，房地产开发投资同比增长 15.0%，两年平均增速为 8.2%，比第一季度提高 0.6 个百分点。其中，住宅投资增长 17.0%。

4. 进出口实现历史同期最好水平

2021 年上半年，以美元计，我国累计出口额为 15184 亿美元，同比增长 38.6%，较 2019 年同期提高 38.5 个百分点；累计进口额为 12668 亿美元，同比增长 36.0%，较 2019 年同期提高 40.3 个百分点。以当月值来看，4—6 月出口额依次同比增长 32.3%、27.9%、32.2%；环比依次增长 9.45%、0、6.63%。进口额同比依次增长 43.1%、51.1%、36.7%，环比依次增长 -2.76%、-1.21%、5.27%。

从海关数据来看，2021 年上半年我国货物贸易进出口总值同比增长 27.1%，较 2019 年同期增长 22.8%。其中，出口同比增长 28.1%，较 2019 年同期增长 23.8%；进口同比增长 25.9%，较 2019 年同期增长 21.7%。一般贸易进出口同比增长 30.7%，占我国外贸总值的 61.9%，较上年同期提升 1.7 个百分点；其中，出口同比增长 32.1%，进口同比增长 29.2%。同期，加工贸易进出口同比增长 15.8%，占比为 21.5%。从地区结构看，我国对前三大贸易伙伴东盟、欧盟、美国进出口分别增长 27.8%、26.7%、34.6%；对日本进出口增长 14.5%；对"一带一路"沿线国家、RCEP 贸易伙伴进出口分别增长 27.5%、22.7%。

整体上看，我国上半年进出口一直维持高位运行的态势。但进出口呈现出不同的形势。（1）出口方面，维持较高速度增长的同时保持着增长趋势的稳定，出口韧性较强。主要国家经济的恢复会对我国的出口造成一定的负向影响，但受新冠疫情的影响，各国经济恢复面临极大的不确定性。从 6 月数据可以看到，美国 PMI 终值为 62.1，欧元区为 63.4，均处于高位；但 6 月失业率达到 5.9%，环比上升 0.1 个百分点，就业形势将拖累供应链的恢复。而 6 月中国出口综合运价指数均值为 2483，环比上涨 13.9%。可以预见第三季度我国出口形势仍能保持高位运行。（2）进口方面，受大宗商品价格快速上涨挤压利润空间的影响，进口有所放缓，从中国进口集装箱综合运价指数来看，6 月均值为 1428，环比上涨 8.5%，说明进口运价仍处于上升中。

本章小结

1. 中国国民经济核算体系由基本核算和扩展核算组成。其中基本核算包括国内生产总值核算、投入产出核算、资金流量核算、资产负债核算、国际收支核算。

2. 中国国民经济核算的生产范围、消费范围与 SNA2008 相同。

3. 国内生产总值是我国所有常住单位在一定时期内生产活动的最终成果。通过国内生产总值核算，可以综合描述经济活动从产品生产到收入形成、最终使用的整个过程。

4. 中国国内生产总值的核算，从核算原理来看包括生产法、收入法、支出法；从数据公布来看包括年度 GDP 和季度 GDP 两种。

5. 生产法是从生产过程中创造的货物和服务价值入手，扣除生产过程中投入的中间货物和服务价值，从而得到增加值的一种方法。

6. 收入法是从生产过程形成收入的角度反映生产活动最终成果的方法。收入法核算的任务就是编制收入法国内生产总值表。收入法国内生产总值表反映了国民经济各产业部门收入法增加值和收入要素构成情况。

7. 支出法是从货物和服务最终使用的角度，根据货物和服务的最终使用去向计算生产活动最终成果的方法。支出法国内生产总值表反映了各类支出项目的规模及其构成情况。

8. 在能够得到会计和财务资料的情况下，季度 GDP 通过增加值构成项目直接计算得出，其基本方法为增加值率法和速度推算法。

9. 经济增长分析的季度和月度指标包括季度 GDP、居民人均消费支出、规模以上工业增加值、社会消费品零售总额、全社会固定资产投资完成额、海关进出口等。

10. 经济增长分析可采用总供给总需求的分析框架。经济增长的年度分析与季度和月度分析所采用的指标有所不同。

本章重要概念

机构单位　机构部门　产业活动单位　产业部门分类　总产出　中间投入　劳动者报酬
生产税净额　固定资产折旧和营业盈余　最终消费支出　资本形成总额
居民人均消费支出　贡献率　拉动率

本章复习思考题

一、判断题

1. 中国 GDP 的核算既遵循了国际准则，又兼顾了我国的实际。　　　　　　（　　）

2. 最终消费的核算中，只要是本年消费的产品和服务都应计算在内。　　　（　　）

3. 资产必须是具有法定所有权的才能进行核算。　　　　　　　　　　　（　　）

4. 原始森林的自然生长应该包括在经济生产的范围之内，因为具有造纸等经济用途。

（　　）

5. 金融业总产出是指直接收取的佣金、手续费等服务收入。　　　　　　　（　　）

6. 在中国，城市居民购买的住房按固定资本形成计入当期住户部门的增加值。（　　）

7. 用支出法计算 GDP 时，不需要计算营业盈余，因为后者只是 GDP 收入项目中的一个剩余项。　　　　　　　　　　　　　　　　　　　　　　　　　　　　　（　　）

8. 消费和投资代表对 GDP 的主要需求因素，因此，刺激消费和投资的措施，其结果必然拉动本国 GDP，从而带动当地经济增长。　　　　　　　　　　　　　（　　）

9. 在国民经济核算中的固定资本消耗与企业的固定资产折旧是相同的含义，因此核算方法相同。　　　　　　　　　　　　　　　　　　　　　　　　　　　（　　）

10. 规模以上工业增加值的统计是按照生产法计算的。　　　　　　　　　（　　）

二、单选题

1. 中国机构部门的分类包括（　　　）。

A. 政府部门、企业部门、家庭部门、国外部门

B. 非金融企业、金融企业、非营利组织、政府部门、家庭、国外部门

C. 非金融企业、金融企业、为住户服务的非营利组织、政府部门、住户部门

D. 非金融企业、金融企业、为住户服务的非营利组织、政府部门、住户部门、国外部门

2. 计算国内生产总值的三种方法，其结果应该是（　　）。

A. 完全相等

B. 不必相等

C. 理论上相等，但实际上不一定相等

D. 实际上相等，但理论上没有意义

3. 工业企业自建厂房的生产活动及其产出应该计入（　　）。

A. 工业总产出　　B. 工业增加值　　C. 建筑业总产出　　D. 房地产业总产出

4. 下列关于增加值率的说法正确的是（　　）。

A. 0 < 增加值率 < 1

B. 一般情况下，第二产业的增加值率会比第一产业、第三产业的增加值率低

C. 长期来看，增加值率会随着社会分工的加速细化而不断升高

D. 两个产业比较，增加值率越低越好

5. 下列说法正确的是（　　）。

A. 中国经济增长的分析就是利用国民经济核算提供的数据进行的分析

B. 消费与投资运行分析中主要利用的指标是最终消费支出和固定资本形成总额

C. 年度进出口形势的分析采用的是海关提供的进出口数据

D. 宏观经济运行分析中因分析时效的不同，所采取的指标往往是不同的

三、简答题

1. 对比中国 GDP 的核算与国际准则的差异。

2. 简述我国生产法 GDP 是如何核算的。

3. 简述我国支出法 GDP 是如何核算的。

4. 对比我国年度 GDP 与季度 GDP 核算方法的异同。

四、思考题

1. 结合学过的其他课程，整理有关季度和月度经济增长分析时采用的指标。

2. 将所有数据更新到最新时间，并利用学过的知识对中国最新的经济增长情况进行分析。

第二十章
中国财政与金融运行分析

本章在前文有关财政与金融账户核算的基础上，详细介绍中国目前的财政与金融统计的相关内容，以及如何在现有的财政与金融统计数据的基础上进行财政与金融运行的分析。

第一节　中国的财政核算

一、中国财政统计概述

在第十一章中，我们已经看到根据国际货币基金组织《2014 年政府财政统计手册》中的有关建议，政府财政统计主要是通过核算四张统计表展开的。这四张表分别是政府运营情况表、其他经济流量表、资产负债表、现金来源和使用表。

国际标准中政府财政统计的核算主体是广义政府部门或公共部门。核算的客体是存量和流量。其中，政府部门的流量包括收入、费用、非金融资产交易、金融资产交易以及其他经济流量。前四种流量也称为交易流量，在政府运营情况表中记录，而其他经济流量在其他经济流量表中记录。政府部门的存量按照非金融资产和金融资产的分类在资产负债表中记录。现金来源和使用表是按照收付实现制原则记录的有关收入、费用等四种交易流量的统计表。

与国际货币基金组织的政府财政统计国际准则相比，中国的财政统计在整体上与国际准则保持一致，但也兼顾了本国的统计基础。两者之间的差别主要体现在以下方面：

第一，核算主体分类方面。根据国际货币基金组织的定义，纳入政府财政统计对象的是广义政府和公共公司，广义政府包含所有政府单位和所有由政府单位控制的非市场、非营利机构。中国财政统计的对象包括各级党政机关及其部门、事业单位、政府控制的非营利机构、社会保障基金和国有企业。总体上看，中国财政统计的对象符合国际准则的要求，差别主要体现在事业单位和政府控制的非营利组织上。广义上讲，政府控制的非营利机构包括事业单位、政府控制的社会服务机构、社会团体、基金会、其他服务机构、宗教机构等。事业单位在我国的行政体制框架内是一类重要的经济主体,因此,在中国的财政统计中常常将其单列出来统计。

第二,财政统计的基本内容。中国财政统计的基本内容主要是财政资金收支和资产负债。相较于国际标准中对流量按照交易流量和其他流量的分类进行核算,我国的财政统计中对流量的核算主要集中在对财政资金的收入和支出的核算上。同时,财政收支的划分也与国际准则有所不同。例如,现阶段中国的财政收入主要分为税收收入、社会保险基金收入、非税收入、债务收入、转移性收入。相较于国际准则中的税收、赠与、社会缴款、其他收入的分类,最明显的差别在于,中国财政收入中将国际准则中属于金融交易的债务作为收入的一种进行统计。又如,中国财政支出分类总体上仍按照国际准则分为功能分类、经济分类等,但在具体的项目上仍存在差别。

第三,财政统计的组织形式。国际准则中政府财政统计是按照前述四张统计表进行组织的,而中国的财政统计的组织形式主要是核算三张表,即预算收支统计表、国库收支统计表、政府资产负债表。其中,预算收支统计表是中国财政统计的重点,具体又可以分为一般公共预算收支表、政府性基金收支统计表、国有资本经营收支统计表、社会保险基金收支统计表等。

总结起来,中国的财政统计的主要部分以核算财政资金收入和支出为基础,并将财政收入与支出编入四张预算收支表中。后续我们将详细介绍中国的财政收入统计和财政支出统计。

二、中国财政收入的统计

(一) 财政收入的内容

现阶段中国的财政收入主要包括税收收入、社会保险基金收入、非税收入、债务收入、转移性收入。

1. 税收收入

税收收入是政府依税法取得的稳定的、无偿的收入。税收收入有多种分类形式。其中,按照征税对象,中国税收可分为五类:(1)对流转额的征税,如增值税、消费税、关税,流转税是政府财政收入的重要来源;(2)对所得额的征税,如企业所得税、个人所得税;(3)对财产的征税,如房产税、土地增值税、车船税等;(4)对资源的征税,如资源税、城镇土地使用税;(5)对行为的征税,如印花税、车辆购置税、环境保护税等。具体税种见表20-1。

2. 社会保险基金收入

社会保险基金是国家为实施各项社会保险计划而建立起来的,用以保障受保人在年老、疾病、失业、伤残、生育等情况下基本生活和基本医疗康复所需的资金。

表 20 – 1 中国五大类十八种税收

税类	税种	特征
流转税类	01 增值税	间接税、中央地方共享税（除海关代征）
	02 消费税	间接税、中央税
	17 关税	间接税、中央税
所得税类	04 企业所得税	直接税、中央地方共享税
	06 个人所得税	直接税、中央地方共享税
财产税类	10 房产税	直接税、地方税
	13 土地增值税	直接税、地方税
	14 车船税	直接税、地方税
	15 船舶吨税	直接税、中央税（由海关征收）
	19 契税	直接税、地方税
资源税类	07 资源税	间接税、中央地方共享税
	12 城镇土地使用税	间接税、地方税
行为税类	09 城市维护建设税	间接税、地方税
	11 印花税	直接税、地方税（除证券交易印花税）
	16 车辆购置税	直接税、中央税
	18 耕地占用税	间接税、地方税
	20 烟叶税	间接税、地方税
	21 环境保护税	间接税、地方税

　　我国社会保险基金采用统筹的方式进行管理。统筹就是在社会范围内对社会保险基金的来源和用途作出统一的规定、计划和安排，以发挥社会保险的功能，促进保险基金保值和增值的一种基金管理制度或基金管理方式。社会保险基金有三种统筹方式：一是现收现付式，又称统筹分摊式或年度评估式。先对近期（一年或几年）社会保险基金需求量进行预测，按照以收定支的原则，将基金按比例分摊给企业和劳动者。按照这种方式，所筹集的基金与同期的保险金支出基本平衡。二是半积累式，又称部分基金式或混合式，是指在现收现付式的基础上，按照收大于支、略有节余的原则，按比例征收企业的投保费用。其收大于支的部分用于转投经营，进行保值和增值。这是目前采用较多的一种筹资方式。三是完全积累式，又称全基金式，是指对被保险群体的生命过程和劳动风险及其影响因素进行远期预测，在此基础上计算出被保险人在保险期内所需保险金开支总和，然后按一定比率分摊到就业期的每一个年度，投保人按比率逐月缴纳保险费，同时将积累的保险基金有计划地转投经营，使其保值增值。

　　社会保险基金收入主要来源于企业和投保人依法缴纳的社会保险费和社会滞纳金、社会保险基金的增值性收入、政府投入资金以及各种捐赠收入等。

3. 非税收入

非税收入是指各级政府及所属部门和单位依法利用行政权力、政府信誉、国家资源、国有资产或提供特定公共服务征收、收取、提取、募集的除税收以外的财政收入。非税收入的适用性比较广泛。按照现行《预算法》，一般公共预算收入、政府性基金收入和国有资本经营收入中均包含非税收入。

一般公共预算收入中的非税收入包括八款，分别为专项收入、行政事业性收费收入、罚没收入、国有资本经营收入、国有资源（资产）有偿使用收入、捐赠收入、政府住房基金收入、其他收入。

政府性基金中非税收入包括两款，分别为政府性基金收入和专项债券对应项目专项收入。政府性基金收入是指各级政府及其所属部门根据法律、行政法规规定并经国务院或财政部批准，向公民、法人和其他组织征收的政府性基金，以及参照政府性基金管理或纳入基金预算、具有特定用途的财政资金，包括农网还贷资金收入、铁路建设基金收入、民航发展基金收入等项目。专项债券对应项目专项收入反映的是地方政府专项债券对应项目形成、可用于偿付专项债券本息的经营收入，包括港口建设费专项债务对应项目专项收入、国家电影事业发展专项资金专项债务对应项目专项收入、国有土地使用权出让金专项债务对应项目专项收入等项目。

国有资本经营收入中的非税收入是指经营、使用国有财产等取得的非税收入，其与一般公共预算非税收入中的国有资本经营收入既相互联系又存在一定的差异。从定义上看，两者均反映各级人民政府及其部门、机构履行出资人职责的企业（一级企业）上缴的国有资本收益，体现了国家以国有资本所有者身份取得的收益，包括利润收入、股利股息收入、产权转让收入、清算收入和其他国有资本经营预算收入等内容。从功能上看，国有资本经营收入是衔接一般公共预算收入与国有资本经营预算收入之间的桥梁，方便根据实际需要在两类预算中调节资金。从用途上看，一般公共预算非税收入中的国有资本经营收入用于满足一般公共预算支出的需要，而国有资本经营收入中的非税收入用于国有资本的再投入、扩大投资，包括对新建项目的资本金投入、向不同所有制企业参股控股、对国家鼓励发展的建设项目予以贴息等。

4. 债务收入

债务收入是指政府通过举债形成的收入，在我国主要包括国债、特别国债、地方政府一般债券、地方政府专项债券、国外发债或借款等。按照现行《预算法》，一般公共预算收入和政府性基金收入中均包含债务收入。

一般公共预算中的债务收入包括中央政府债务收入和地方政府一般债务收入。2014 年修订的《预算法》允许地方政府适度举债，并实行限额管理。同年，《国务院关于加强地方政府性债务管理的意见》进一步明确，没有收益的公益性事业发展确需政府举借一般债务的，由地方政府发行一般债券融资，主要以一般公共预算收入偿还。

政府性基金中的债务收入包括中央政府债务收入和地方政府专项债务收入。目前，前者分为国内债务收入和国外债务收入，其中国外债务收入又分为境外发行主权债券收入、向外国政府借款收入、向国际组织借款收入和其他国外借款收入；后者是指地方政府通过发行专项债券筹措的收入，如地方政府专项债券。2014 年《国务院关于加强地方政府性债务管理的意见》指出，"有一定收益的公益性事业发展确需政府举借专项债务的，由地方政府通过发行专项债券融资，以对应的政府性基金或专项收入偿还。"专项债务收入被纳入政府性基金预算收入管理，其收入应当用于公益性资本支出，不得用于经常性支出。专项债券的发行主体为省级政府，这项收入一般只存在于省级财政政府性基金预算平衡表。对地方政府专项债务实行限额管理，新增限额与地区财力直接挂钩。现有的政府性基金中的地方政府专项债务收入包括国有土地使用权出让金债务收入、城市基础设施配套费债务收入、污水处理费债务收入、政府收费公路专项债券收入、棚户区改造专项债券收入、车辆通行费债务收入等共16 项。

5. 转移性收入

转移性收入是指政府间的转移支付以及不同性质资金之间的调拨收入，适用性最为广泛。按照现行《预算法》，四类预算收入中均包含转移性收入。

一般公共预算收入中，转移性收入分为 9 类：返还性收入、一般性转移支付收入、专项转移支付收入、上解收入、上年结余收入、调入资金、债务转贷收入、接受其他地区援助收入、动用预算稳定调节基金。其中，返还性收入、一般性转移支付收入和专项转移支付收入反映的都是上级政府对下级政府的资金支持。其中，一般性转移支付和专项转移支付收入主要是为弥补财政实力薄弱地区的财力缺口，均衡地区间财力差距，实现地区间基本公共服务均等化，由上级政府安排给下级政府的补助资金。经济相对落后的地区对转移性收入的依赖性相对较强。

政府性基金中的转移性收入包括政府性基金转移收入、上年结余收入、调入资金和债务转贷收入四类内容。其中，政府性基金转移收入是政府性基金预算收入的特有项目，可进一步分为政府性基金补助收入和政府性基金上解收入。政府性基金补助收入反映下级政府收到的上级政府性基金补助收入。政府性基金上解收入反映上级政府收到的下级政府性基金上解收入。

国有资本经营收入中的转移性收入包括国有资本经营预算转移支付收入和国有资本经营预算上解收入。国有资本经营预算转移支付收入反映下级政府收到上级政府的国有资本经营预算转移支付收入。国有资本经营预算上解收入反映上级政府收到的下级政府国有资本经营预算上解收入，包括由国库在本级预算收入中直线划解给上级财政的款项、结算补解给上级财政的款项和各种专项上解款项。

社会保险基金收入中的转移性收入包括上年结余收入、社会保险基金上解下拨收入和社会保险基金转移收入。社会保险基金上解下拨收入包括社会保险基金上级补助收入和下级上解收入，前者反映下级政府收到的上级政府拨付的社会保险基金收入，后者反映上级政府收到的下级政府上解的社会保险基金收入。社会保险基金转移收入反映社会保险参保对象跨统筹地区或跨制度流动而划入的社会保险基金，是中央与地方共用科目。

综上所述，中国财政收入统计就是在一般公共预算、政府性基金预算、国有资本经营预算、社会保险基金预算中分门别类地将税收收入、社会保险基金收入、非税收入、债务收入、转移性收入从规模和结构两个方面核算清楚。

（二）财政收入的规模分析

财政收入规模分析主要包括两个方面：一是我国财政预算的执行一向坚持以收定支的原则，因此有必要分析财政收入规模的大小及其变化特点和趋势。二是相对于经济发展的规模和速度，分析财政收入的规模和增长速度是否适度。财政收入反映了国民经济各个主体对政府活动经费的负担水平。但财政收入规模大小和增长速度的快慢还不能全面反映财政对国民经济的负担，还要结合国民经济的发展规模和增长速度，分析财政收入增长是否适度，主要的相对指标如下：

1. 财政收入与 GDP 的比率

这一指标反映了在财政年度内国民生产总值当中由政府以财政方式筹集和支配使用的份额，综合体现了政府与微观经济主体之间占有和支配社会资源的关系，体现了政府介入社会再生产分配环节调控国内生产总值分配结构，进而影响经济运行和资源配置的力度、方式和地位等。从另一个角度看，也反映了国民经济对财政的负担。

2. 税收收入占 GDP 的比例

税收已成为现代财政收入中的最主要、最稳定和最可靠的来源，税收收入通常占财政总收入的 90% 左右。因此，财政收入的相对规模在很大程度上可由税收收入占 GDP 的比例体现出来。税收收入占 GDP 的比例又称为宏观税负率，它是衡量一国（地区）宏观税负水平高低的基本指标。

3. 财政收入增长弹性系数

财政收入增长弹性系数即财政收入增长速度与 GDP 名义增长速度的比值。财政收入增长弹性系数的大小说明财政收入增长与 GDP 同比的相对变化。比值大于 1、等于 1 和小于 1 分别表明财政收入的增长快于、等于和低于 GDP 的增长。

（三）财政收入的结构分析

前面在讨论财政收入统计时，已经讨论过分类问题。财政收入可以按项目构成进行结构分析，也可以按所有制构成、部门构成等进行结构分析，计算各类收入占全部财政收入的比重。同时，根据政府收入权限的不同，可以对中央财政收入和地方财政收入在总收入中的结构进行分析。

三、中国财政支出的统计

（一）财政支出统计的内容

中国财政支出的分类包括支出的功能分类和支出的经济分类，同时也将功能分类与经济分类结合进行交叉分类。

1. 财政支出的功能分类

支出功能分类也称为政府支出费用类别的分类。这里的"类"是指政府职能的分类，所以，支出功能分类又可称为按政府职能活动分类。我国政府支出功能分类设置一般公共服务、外交、国防、公共安全等大类，与原财政支出科目相比，新支出功能分类能够更加清晰地反映政府各项职能活动支出的总量、结构与方向。需要说明的是，在现行预算管理方式不变的情况下，除一般公共预算需要单独按支出功能分类编制预算外，政府性基金预算支出、国有资本经营预算支出、社会保险基金预算支出也要单独进行编制。但由于新的政府支出功能分类具有统一性，可以对上述分别编制的预算进行并表汇总，从而形成全部政府支出按功能分类的财政统计。

支出功能分类主要反映政府各项职能活动及其政策目标。根据政府职能活动情况及国际通行做法，我国政府支出功能分类按照由大到小、由粗到细分层次设置类、款、项三级，分别为27类、250多款和1200多项。其中，类级科目综合反映政府职能活动，款级科目反映为完成某项政府职能所进行的某一方面的工作，项级科目反映为完成某一方面的工作所发生的具体支出事项。

相较于国际货币基金组织将财政支出按照功能分为10大类，我国支出的功能分类更加细致，但是两种分类方法的总体框架和分类原则是基本一致的。与国际货币基金组织的做法相比，我国的分类体现出五方面的特点：一是将"外交"和"援助其他地区"从"一般公共服务"中独立出来，设为专门的类别。二是将"科学技术"从"经济事务"和"教育"中分离出来，设为一类。三是将"经济事务"分解成"农林水""交通运输""商业服务业""金融"4类。四是为年初预留设置了"其他"，"预备费"单独设置科目，以对应"未划分的支出"。五是单设"转移性支出"（见表20-2）。

2. 财政支出的经济分类

支出经济分类是按照支出的经济性质和具体用途所做的一种分类，主要反映政府支出经济性质概念下的具体用途。在支出功能分类明确反映政府职能活动的基础上，支出经济分类则反映了政府的钱究竟是怎么花出去的，是付了人员工资、会议费还是买了办公设备等。支出经济分类与支出功能分类从不同侧面、以不同方式反映政府支出活动，它们既是两个相对独立的体系，又相互联系。

表 20 - 2   **支出功能分类：类科目表**

中国分类		国际货币基金组织分类	
科目编码	科目名称	科目编码	科目名称
类		类	
201	一般公共服务	701	一般公共服务
202	外交	702	国防
203	国防	703	公共秩序和安全
204	公共安全	704	经济事务
205	教育	705	环境保护
206	科学技术	706	住房和社区服务设施
207	文化旅游体育与传媒	707	医疗卫生
208	社会保障和就业	708	娱乐、文化和宗教
210	卫生健康	709	教育
211	节能环保	710	社会保护
212	城乡社区		
213	农林水		
214	交通运输		
215	资源勘探工业信息等		
216	商业服务业等		
217	金融		
219	援助其他地区		
220	自然资源海洋气象等		
221	住房保障		
222	粮油物资储备		
224	灾害防治及应急管理		
227	预备费		
229	其他		
230	转移性		
231	债务还本		
232	债务付息		
233	债务发行费用		

　　需要说明的是，在政府财政统计的国际标准中，只有费用的经济分类而没有支出的经济分类。这是因为从概念上来说，我国将资金从政府部门流出均视为财政支出，并没有区分费用和非金融资产交易。另外，值得注意的是，支出经济分类科目的细化虽为管理的细化创造了有利条件，但我们仍应根据各项管理的实际需要合理选用科目，不宜一味强调越细越好。

　　按照构成划分，政府交易包括两部分：一是外部交易，二是内部交易。外部交易表现为货币流出政府，流入家庭、企业和社会非营利机构。内部交易表现为政府与政府、政府单位与单位之间货币的流进流出。

政府与家庭的交易中，一种为有偿的交易，即政府支付货币，家庭提供劳务，如政府工作人员的工资、津贴补贴，这部分构成政府的工资福利支出；另一种为无偿的交易，仅政府货币单方面转移，如政府支付给居民的各类抚恤金、救济费、生活补助、各类补贴。这部分支出构成政府对个人和家庭的补助。

与政府和家庭的交易类似，政府与企业、社会非营利机构的交易中，一种是有偿的，即政府支付货币，企业与社会非营利机构提供商品、劳务。但与政府和家庭的交易不同，政府与企业、社会非营利机构的有偿交易，通常按交易对象划分为两部分：一部分为经常性支出，如购置低值易耗的办公用品、支付邮电费，这类支出形成政府的商品和服务支出；另一部分是购置资本性资产，如房屋建筑物、办公设备、专用设备，这类构成政府的资本性支出。另一种是无偿的，也是政府货币的单方面转移，如对企业的政策性补贴、对事业单位的补贴，这类支出构成政府对企事业单位的补贴。还有一种与资产有关的交易，如贷款、产权参股，这构成政府贷款与产权参股的交易分类。

政府的内部交易，有些涉及货币、商品和服务的流转，如政府单位与单位之间商品和服务的购买，有些仅涉及货币资金的单方面转移，如上级政府对下级政府的转移支付，下级政府对上级政府的上解支出。对后一种情况，新科目对政府间的转移设置了同级政府间转移支出、不同级政府间转移支出两个科目。对前一种情况，则适用政府与家庭、企业交易的相关分类。

采用上述方法对整个政府交易进行分类后，2020 年支出经济分类设置类、款两级科目。类级科目包括工资福利支出、商品和服务支出、对个人和家庭的补助、债务利息及费用支出、资本性支出（基本建设）、资本性支出、对企业补助（基本建设）、对企业补助、对社会保障基金补助和其他支出共计 10 类；款级科目设置了基本工资、津贴补贴、住房公积金、办公费、印刷费、离休费、房屋建筑物构建、基础设施建设等 97 个科目。与国际货币基金组织的 8 大类相比，我国的大类设置更细一些，主要是依据我国国情对"固定资本消耗""补贴"和"社会福利"的经济分类进行了细化，突出了我国财政支出在这些领域的针对性支持，以适应经济高质量发展的财政统计要求。

3. 财政支出的交叉分类

支出的经济分类和功能分类可以进行交叉。交叉分类可以从投入端显示政府如何行使其职能，也可以从产出端显示政府正在开展的工作。按照财政支出功能分类与经济分类的设计思路，交叉分类能够有效克服原政府预算收支分类的弊端，基本实现"体系完整、反映全面、分类明细、口径可比、便于操作"等具体改革要求，清晰地显示政府如何行使其公共支出政策职能以实现各项社会目标。以人大机关的预算为例，由行政运行反映的基本支出，可在经济分类的机关工资福利支出的工资奖金津补贴、机关商品和服务支出的办公经费中反映；人大各专门活动的支出，如人大会议、代表培训的支出，也应在商品和服务支出的会议费、培训费中反映。功能分类的人大事务各项支出，等于经济分类各款支出的合计。人大事务功能科目的支出，等于经济分类支出的合计。

表 20 - 3 　　　　　　　　　　　　支出经济分类：类科目表

中国分类		国际货币基金组织分类	
科目编码	科目名称	科目编码	科目名称
类		类	
301	工资福利支出	21	雇员报酬
302	商品和服务支出	22	商品和服务的使用
303	对个人和家庭的补助	23	固定资本消耗
307	债务利息及费用支出	24	利息
309	资本性支出（基本建设）	25	补贴
310	资本性支出	26	赠与
311	对企业补助（基本建设）	27	社会福利
312	对企业补助	28	其他费用
313	对社会保障基金补助		
399	其他支出		

我国的政府财政支出交叉分类统计表编制方法及原则和国际货币基金组织一致，但经济分类和功能分类科目按我国财政统计分类进行设置（见表 20 - 4）。

表 20 - 4 　　　　　　　我国政府财政支出功能分类与经济分类交叉表

经济分类 功能分类	工资福利支出	商品和服务支出	对个人和家庭的补助	对企业补助	资本性支出	……	合计
一般公共服务							
外交							
国防							
公共安全							
教育							
科学技术							
卫生健康							
……							
合计							

从表 20 - 4 中可以看出，由于支出经济分类是按具体支出元素设计的，任何一个功能分类科目支出都能通过经济分类的相关科目进行分解；任何一项经济分类科目支出也可以通过有关功能分类科目分解。两种支出分类反映的政府支出总量是一样的。

综上所述，我国的财政支出统计在原则上与国际准则保持一致，将财政支出划分为支出的功能分类与支出的经济分类，但在进一步细项中充分地考虑了我国财政支出的实际。

（二）财政支出的规模分析

财政支出的规模分析主要包括两个方面：

第一，财政支出是政府为整个经济社会有序运行提供必要的公共产品和服务而进行的财政资金的支付，财政支出的绝对量和增长速度反映了政府公共产品提供的数量和增长变化。

第二，考察政府提供的公共产品和服务数量是否满足社会要求，还必须在国民经济发展的水平和速度的前提背景下分析，因此还要用相对指标反映财政支出与国民经济发展的关系。

一是随着人均收入水平的提高，政府在经济、文化、社会发展方面的作为越来越大，财政支出与 GDP 的比率也应提高。在财政学中将此规律称为"瓦格纳法则"。在统计上，可比较人均 GDP 与"财政支出占 GDP 的比重"之间的关系。

二是计算财政支出增长的弹性系数，即财政支出增长速度与 GDP 名义增长速度的比值。弹性系数大于 1、等于 1、小于 1，分别表示财政支出快于、等于和小于 GDP 的增长速度。

三是计算财政支出增长的边际倾向，即财政支出比上年多增的数量与 GDP 比上年多增的数量的比值，反映 GDP 每多增一单位，财政支出增加多少。

（三）财政支出的结构分析

从结构上分析财政支出，主要说明政府履职的基本情况和重点。

前面在讨论财政支出统计时，已经讨论过分类问题。财政支出可以按政府职能、支出的经济性质等进行分类，计算各类构成占全部财政收入的比重。同时，根据支出的政府级次，可划分为中央财政支出和地方财政支出。政府可通过调整财政支出结构对产业结构优化升级进行正向引导。比如，转型经济时期，政府消费性支出对经济增长有显著的正向作用；通过投资性支出，保持基础设施资本存量的增长率是我国经济增长的重要保障；教育支出、科技支出和社会保障支出与经济发展存在正相关关系。另外，通过对具体支出项目的资源合理配置能够改变财政支出比重增大对经济带来的不利影响。

四、中国财政平衡统计

在上述财政收入与支出统计的基础上，我们可以进一步讨论财政平衡问题以及由此产生的政府债务问题。

（一）财政平衡的概念

财政收支平衡是财政运行最重要的特征之一。收支是否平衡表面上反映的是政府收支关系，实际上反映了政府和企业、居民的关系，反映各阶层之间的利益关系，反映中央与地方以及政府各部门之间的关系。财政收支平衡是制定财政政策的轴心。财政围绕这个轴心，合理安排支出规模和结构，提高资金使用效率，制定合理的税收和收费制度，保证收入及时、足额入库，发挥国债的积极作用，防止赤字和国债发行失控，完善财政管理体制，合理调节中央与地方关系，依据经济形势发展及时调整财政政策。

从数量角度看，财政收支平衡是指预算年度预算收支在量上的对比关系。一是收大于支有结余，二是支大于收有逆差，三是收支相等。但是财政收支平衡要远比数量对比关系复杂。

首先要理解财政收支平衡是相对平衡、动态平衡，通常情况下都是不平衡的。财政收支平衡是在收与支这对矛盾不断产生又不断解决的过程中实现的。例如，某些年份有赤字，但如果将某些有结余的年份结合起来，从动态上看，财政收支仍可能是平衡的，在一个财政年度内也是如此。实行年度滚动预算，建立跨年度预算平衡机制，就是从动态平衡观出发的。

其次要理解财政收支平衡有不同的层次，比如有局部平衡和全局平衡之分。财政状况是国民经济运行的综合反映。财政收支作为国民经济运行中货币收支体系的一部分，同住户、企业以及对外部门的货币收支存在密切联系，是相互交织、相互转化、互补余缺的。只有从国民经济全局出发研究财政收支平衡，才能全面、深入地分析财政平衡的原因和后果，探讨改善财政状况的对策，也才能运用财政政策工具有效调节经济运行，实现优化资源配置、公平分配以及稳定和发展等目标。财政收支平衡还有中央预算平衡和地方预算平衡之分。我国实行分税制改革以后，地方财政已经成为一级相对独立的财政主体，在中央预算与地方预算分立的情况下，有必要分别考察中央预算的平衡与地方预算的平衡。

再次要理解预算赤字、决算赤字和赤字政策的不同含义。预算赤字是指在编制预算时在收支安排上就有赤字；但预算列有赤字，并不意味着预算执行的结果也一定有赤字，因为在预算执行的过程中可以通过采取增收节支的措施，实现收支平衡。决算赤字是指预算执行结果支大于收，出现赤字。决算有赤字可能是因为预算编制时就有赤字，也可能是预算执行过程中出现新的减收增支的因素而导致赤字。预算赤字或决算赤字不一定是指财政政策指导思想上要刻意安排赤字，而是经济运行中各类复杂情况和突出矛盾难以解决而导致的赤字。赤字政策则是国家有意识地运用赤字来调节经济的政策，也就是通过财政赤字扩大政府支出，实行扩张性财政政策，刺激社会有效需求增长。

最后要认识到有真实平衡和虚假平衡之分。虚假平衡主要表现为由隐性债务和虚假债务引起的"财政性挂账"。这些隐性债务、或有债务实际上构成隐性财政赤字，减少当年的显性财政赤字，不利于正确认识财政运行状况。

（二）财政平衡的计量

目前，国际上有以下两种常用的计算财政赤字的方法：

$$财政赤字 =（经常收入 + 债务收入）-（经常支出 + 债务支出） \qquad (20-1)$$

$$财政赤字 = 经常收入 - 经常支出 \qquad (20-2)$$

两种口径的差别在于，债务收入是否计入经常收入、债务支出是否计入经常支出。第一种方法将债务收支纳入财政收支，由此得到的赤字称为"硬赤字"；第二种方法不考虑债务收入和偿还债务本金的支出，但是将偿债支出中的利息支出列入正常的财政支出，由此得到的赤字称为"软赤字"。

随着实践的发展，我国计算财政赤字的方法也在不断完善。目前我国计算财政赤字的方法为：

财政赤字 =（一般公共预算收入 + 从预算稳定调节基金调入收入 + 其他预算资金）

－（一般公共预算支出 + 补充预算稳定调节基金支出 + 其他预算支出）

$$(20-3)$$

预算稳定调节基金设立于 2006 年。将预算稳定调节基金等内容纳入赤字统计，有助于保持预算的稳定性、财政政策的连续性、建立健全跨年度预算平衡机制。

五、中国财政融资的统计

财政通常情况下是不平衡的，更进一步地说，财政通常是赤字的。那么，在发生财政赤字时就需要通过财政融资来弥补收支缺口。

财政融资通常有债务融资和货币融资两种常规形式。债务融资是指发行国债为财政赤字融资。货币融资又可以分为两种方式：一是财政部直接向中央银行借款或透支；二是财政部向公众出售国债，随后中央银行在公开市场上购入国债。1995 年之前，我国的一部分财政赤字是通过向中央银行直接借款或透支弥补的。1995 年《中国人民银行法》规定，中央银行不得向财政提供借款和透支，也不得直接购买政府债券。目前我国的赤字主要依靠发行政府债券弥补。政府债券包括国债和地方政府一般债务。中央银行可以通过公开市场业务购买国债，间接地为财政赤字融资。[①]

（一）政府债务计量的总量指标

政府债务计量的总量指标可以分为流量指标和存量指标。主要流量指标包括国内债务发行额、国内债务新增额、国家外债新增额，主要存量指标包括国债余额、国家外债余额。指标的具体含义见表 20 - 5。

表 20 - 5　　政府债务总量指标

指标	含义
国内债务发行额	当期国内债务发行的数量。在法律不允许银行向财政透支后，国内债务发行额主要指当期国库券发行额
国内债务新增额	当期国内债务发行的数量扣除兑付的数量
国家外债新增额	当期政府发生的对外主权债务扣除偿还的对外主权债务
国债余额	期初国债余额加上当期国内债务新增额
国家外债余额	期初国家外债余额加上当期国外债务新增额

① 中央银行通过公开市场业务间接购买国债与货币化财政赤字融资没有直接联系。

（二） 政府债务计量的相对指标

对政府债务的计量除了上述的总量指标外，还有相对指标。常用的政府债务计量的相对指标包括以下三个：

第一，债务依存度。国债的基本功能是弥补财政收入不足以安排支出的部分，所以当期国债发行额占财政支出（或中央政府财政支出）的比重，反映了财政或中央财政支出对债务的依赖程度，称为债务依存度（或国债依存度）。用公式表示为

$$债务依存度 = 国债发行额 ÷ 财政支出 \qquad (20-4)$$

国际上关于国债依存度公认的警戒线是 20%。国债发行规模过大，债务依存度过高，表明财政支出过多依赖债务收入，财政状况脆弱。

第二，偿债率。政府债务的偿还应以政府的财政收入为来源，因此，偿债率是指当年债务的还本付息额与当年财政收入的比值。用公式表示为

$$偿债率 = 当年还本付息额 ÷ 财政收入 \qquad (20-5)$$

当主要讨论的是外债的偿还问题时，偿债率这一指标也可以扩展为外债的偿债率。外债偿债率是指当年外债还本付息额占当年出口收入的比重。这是衡量一国外债水平的一个中心指标，它反映了年度内在对外债务上还本付息的支出与当年商品劳务出口收汇的收入之间的关系。这个比率是判断债务国清偿能力高低和对它贷款风险大小的标志。用公式表示为

$$外债偿债率 = 当年外债还本付息额 ÷ 出口收入 \qquad (20-6)$$

按照国际惯例，偿债率的安全线一般为 20%，发展中国家的安全线为 25%，危险线为 30%。

第三，负担率（负债率）。GDP 是政府债务最广泛的应债来源。债务负担率是政府债务余额（或国债发行额）占 GDP 的比重，是我国和国际上常用的衡量政府债务规模的指标。国际上公认的政府债务负担率警戒线为 60%。负债率用公式表示为

$$债务负担率 = 国债余额 ÷ GDP \qquad (20-7)$$

此外，还可以从住户部门的应债能力考察政府债务的规模，即将政府债务发行规模与同期居民新增金融资产规模进行比较。

第二节　中国的金融统计

一、中国金融统计概述

根据国际货币基金组织发布的《货币与金融统计手册 2016》，严格来说，有关中国金融统计的内容也应该包括货币统计和金融统计两个方面的内容。其中，货币统计是指对金融性

公司部门①的资产和负债的统计；金融统计是指对经济中所有部门②的金融资产和负债的统计。货币统计是金融统计的基础，是部分金融统计数据推断的依据；同时，通过金融统计可以发现货币计量范围准确与否，指导货币统计不断完善。二者相辅相成，相互支持。

从金融统计与国民经济核算的关系来看，金融统计实质上就是国民经济核算中有关经济循环价值运动的统计。因此，金融统计在内容上包括货币统计，同时也包括国民经济核算中的资金流量和存量核算以及国际收支核算。资金流量以及国际收支有关的内容在其他章节中已经有所介绍，故本节只介绍中国货币统计的有关内容。货币统计是对金融性公司部门资产和负债的统计，并按照统计基本准则采取编制部门资产负债表和概览的形式。金融性公司的负债构成广义货币，而广义货币量的统计是货币统计的主要内容。

另外，金融作为资金的融通，从宏观上反映了储蓄向投资的转变。这一宏观上的转变过程，可以通过金融机构间接转移，亦可以通过金融市场直接转移。因此，为了反映储蓄向投资转变的程度，需要有相应的统计指标进行度量，这就涉及信贷收支统计、金融市场统计以及综合反映实体经济从金融体系中融资规模的社会融资规模统计。

所以，本节余下部分将从中国货币供应量统计、货币供求的分析、中国信贷收支统计与中国金融市场统计以及中国社会融资规模统计几个方面展开。

二、中国货币供应量统计

（一）中国货币供应量统计原则与实践

1. 中国货币供应量统计原则

从中国金融市场实际出发，货币供应量统计需坚持以下原则：（1）流动性原则。纳入货币供应量的金融资产应具有充分的流动性，也就是具有充分的变现能力。（2）相关性原则。确定并统计货币供应量的目的是提高货币反映经济变化的敏感性，增强与经济产出、物价等经济变量的相关程度。确定作为货币供应量的金融资产应当与经济变量高度相关。（3）可测性原则。确定作为货币供应量的金融资产应是可以统计和计量的。（4）成本效益比较原则。作为货币供应量的金融资产数量较大，可以对经济构成明显的影响。数额较小，统计成本较大的金融资产，即使应当纳入货币供应量，也可暂时不统计。（5）连续性原则。在货币供应量与经济变量相关的前提下，尽可能采用变动幅度小的调整。或虽扩大货币供应量的范围，但监测的重点维持原来货币与经济相关度的范围。（6）与国际接轨原则。国际货币基金组织的《货币与金融统计手册2016》中确定的货币统计框架具有国际普遍性，中国在确定货币供应量时，应当遵守这个框架的原则。

---

① 金融性公司包括中央银行、商业银行、非银行金融机构。
② 所有部门可以划分为金融公司部门、非金融公司部门、广义政府部门、住户部门、为住户服务的非营利机构部门、国外部门。

2. 中国货币供应量统计实践

中国人民银行于 1994 年 10 月首次正式编制并向社会公布货币供应量统计表，首次将货币供应量分为三个层次。

M_0 = 流通中的货币

M_1 = M_0 + 单位活期存款

M_2 = M_1 + 单位定期存款 + 储蓄存款

2001 年 6 月第一次修订货币供应量，将证券公司客户保证金计入 M_2。2002 年初，第二次修订货币供应量，将在中国的外资、合资金融机构的人民币存款业务分别计入到不同层次的货币供应量。自 2011 年 10 月起，货币供应量已包括住房公积金中心存款和非存款类金融机构在存款类金融机构的存款。2018 年 1 月，中国人民银行完善货币供应量中货币市场基金部分的统计方法，用非存款机构部门持有的货币市场基金取代货币市场基金存款（含存单）。表 20 - 6 为目前中国各层次货币供应量统计表。

表 20 - 6　　　　　　　　　中国各层次货币供应量统计表

货币供应量（M_2）	
货币（M_1）	流通中的货币（M_0） 单位活期存款
准货币	单位定期存款 个人存款 其他存款

3. 中国基础货币统计

中国基础货币由金融机构库存现金、流通中的货币、金融机构存放在中央银行的特种存款、金融机构缴存准备金和非金融机构存款构成。其中，非金融机构存款主要是非银行支付机构按一定比例缴存人民银行的备付金。表 20 - 7 为基础货币统计表。

表 20 - 7　　　　　　　　　　基础货币统计表

基础货币	
货币发行	流通中的货币 库存现金
金融机构存款	金融机构缴存准备金 金融机构特种存款
非金融机构存款	

（二）中国货币供应量基础数据的搜集

一般通过两个层次的统计来搜集中国货币供应量基础数据：第一个层次是以货币统计"全科目"指标的数据为基础，汇总各相关机构的数据，编制资产负债表，主要包括货币当局资产负债表、其他存款性公司资产负债表；第二个层次是编制概览表，将货币当局资产负债表和其他存款性公司资产负债表进行合并编制存款性公司概览。存款性公司概览中的货币与准货币即是货币供应量的数据。

1. 货币当局资产负债表

货币当局资产负债表主要以货币统计"全科目"指标为基础，汇总中国人民银行和国家外汇管理局的部分数据编制而成。货币当局资产负债表显示了中国人民银行的国外资产、国内信贷以及储备货币构成等数据，不仅反映了中国人民银行与国外、政府、非金融机构的债权债务关系，而且反映了与其他存款性公司的债权债务关系。表20-8为货币当局资产负债表。

表 20-8　　　　　　　　　　　货币当局资产负债表

序号	资产	序号	负债
1	国外资产	12	储备货币
2	外汇	13	货币发行
3	货币黄金	14	金融性公司存款
4	其他国外资产	15	其他存款性公司
5	对政府债权	16	其他金融性公司
6	其中：中央政府	17	非金融公司存款
7	对其他存款性公司债权	18	活期存款
8	对其他金融性公司债权	19	发行债券
9	对非金融性公司债权	20	国外负债
10	其他资产	21	政府存款
		22	自有资金
		23	其他负债
11	总资产	24	总负债

2. 其他存款性公司资产负债表

其他存款性公司资产负债表是根据主要金融机构①、城市商业银行、农村商业银行、外资商业银行、村镇银行、合作金融机构②、财务公司的资产负债表数据编制而成。其他存款性公司资产负债表显示了其他存款性公司的国外资产、国外债权构成以及国外负债、国内负债构成等数据，反映了其他存款性公司与国外、政府、金融机构、实体部门的债权债务关系。表20-9为其他存款性公司资产负债表。

---

① 主要金融机构包括国家开发银行、中国农业发展银行、中国进出口银行、中国工商银行、中国农业银行、中国银行、中国建设银行、交通银行、中国邮政储蓄银行、招商银行、浦发银行、中信银行、兴业银行、民生银行、光大银行、华夏银行、平安银行、广发银行、恒丰银行、浙商银行、渤海银行等。

② 合作金融机构是指城市信用社、农村信用社、农村合作银行。

表 20 – 9　　　　　　　　　　　其他存款性公司资产负债表

序号	资产	序号	负债
1	国外资产	14	对非金融机构及住户负债
2	储备资产	15	纳入广义货币的存款
3	准备金存款	16	企业活期存款
4	库存现金	17	企业定期存款
5	对政府债权	18	居民储蓄存款
6	其中：中央政府	19	不纳入广义货币的存款
7	中央银行债权	20	可转让存款
8	对其他存款性公司债权	21	其他存款
9	对其他金融性公司债权	22	其他负债
10	对非金融性公司债权	23	对中央银行负债
11	对其他居民部门债权	24	对其他存款性公司负债
12	其他资产	25	对其他金融性公司负债
		26	其中：计入广义货币的存款
		27	国外负债
		28	债券发行
		29	实收资本
		30	其他负债
13	总资产	31	总负债

3. 存款性公司概览

存款性公司概览是货币当局资产负债表与其他存款性公司资产负债表的合并，反映的是货币当局和其他存款性公司作为一个整体对外的资产负债情况，包括对国外、政府、非金融机构以及金融机构中除货币当局和其他存款性公司之外的其他金融机构的资产负债。表 20 – 10 为存款性公司资产负债表。

表 20 – 10　　　　　　　　　　　存款性公司资产负债表

序号	资产	序号	负债
1	国外净资产	6	货币和准货币
2	国内信贷	7	货币
3	对政府债权（净）	8	流通中现金
4	对非金融部门债权	9	活期存款
5	对其他金融部门债权	10	准货币
		11	定期存款
		12	储蓄存款
		13	其他存款
		14	不纳入广义货币的存款
		15	债券
		16	实收资本
		17	其他（净）

存款性公司概览的编制过程包括：（1）将货币当局和其他存款性公司的国外资产与国外负债分别轧差后相加，得到国外净资产；（2）将货币当局的对政府债权与政府存款轧差后与其他存款性公司对政府债权相加，得到对政府债权（净）；（3）将货币当局和其他存款性公司之间的资产、负债冲销，冲销之后的余数计入存款性公司概览的其他（净）；（4）将货币当局的货币发行与其他存款性公司的库存现金轧差，得到存款性公司概览的流通中现金；（5）将货币当局和其他存款性公司对它们以外机构的资产、负债项目加总，分别按项目列示于存款性公司概览；（6）将不在存款性公司概览中单独列示的货币当局和其他存款性公司的项目计入其他（净）。

4. 广义货币供应量

经过上述三个步骤，我们就可以得到货币供应量。货币供应量的数据来源于存款性公司概览的货币与准货币，即

M_0 = 存款性公司概览中的流通中现金

M_1 = 存款性公司概览中的货币

M_2 = 存款性公司概览中的货币 + 存款性公司概览中的准货币

在得到广义货币供应量数据以及货币当局资产负债表、其他存款性公司概览、存款性公司概览的基础上，我们便可以对货币供应量与宏观经济的关系、货币供应量自身情况进行分析。

三、货币供求的分析

在得到广义货币供应量指标以及货币当局资产负债表、其他存款性公司概览、存款性公司概览的基础上，我们就能够应用这些基础资料对金融的运行进行分析。

（一）货币供应总量及形成分析

1. 货币供应量流动性分析

中国货币供应量按其流动性强弱分为三个层次，即 M_0、狭义 M_1 和广义 M_2。

M_0 与消费物价变动密切相关，是最活跃的货币。狭义货币供应量 M_1 反映居民和企业资金松紧变化，是经济周期波动的先行指标，流动性仅次于 M_0。广义货币供应量 M_2 流动性偏弱，但反映的是社会总需求的变化和未来通货膨胀的压力状况。三个层次的货币所占比重的大小反映出货币流动性的强弱，通常用 $\dfrac{M_0}{M_1}$ 表示居民的即期需求，用 $\dfrac{M_1}{M_2}$ 表示货币的流动性。

2. 货币供应量形成因素分析

我们通常所说的货币供应量主要指广义货币供应量 M_2。M_2 的形成因素可以通过存款性公司概览（货币概览）反映出来。在表 20−10 中，货币和准货币的和即为广义供应量 M_2。此概览的资产与负债移项可得

M_2 = 国外资产 + 国内信贷 - 债券 - 不纳入广义货币的存款 - 实收资本 - 其他（净）

上式描述了货币供应量与外汇占款、对政府净债权、对非金融部门和其他金融部门债权以及其他等因素对货币供应量形成的影响。

3. 货币供应量与宏观经济关系分析

这里主要分析货币供应量的增长速度与经济增长速度、物价上涨率之间的关系。货币供应量与经济增长的关系实际上是社会总需求与总供给的关系。在实际分析中，通常把货币供应量与经济增长速度和物价进行比较，即

货币供应量增长率 = GDP 增长率 + 物价上涨率

若货币供应量增长率大于 GDP 增长率和物价上涨率，则说明货币供应充足；反之，则表示货币供应不足。

（二）储备货币分析

在现代金融体系中，储备货币也称为高能货币或基础货币，作为中央银行的负债，处于货币创造的底层，通过货币乘数直接决定货币供应量，也间接影响货币价格——利率水平，因此它是各国货币统计和货币政策操作的一个重要指标。对储备货币的分析主要包括储备货币形成渠道和结构分析。

1. 储备货币形成渠道分析

储备货币形成的渠道可以从货币当局资产负债表中反映出来（如表 20 - 8 所示）。货币当局资产负债表中的储备货币即为基础货币。对货币当局资产负债表移项可得

$$储备货币 = 国外资产 + 对存款性金融公司债权 + 对非存款性金融公司债权$$
$$+ 对非金融公司债权 + 对政府债权 - 发行债券 - 国外负债$$
$$- 政府存款 - 自有资金 - 其他负债 \qquad (20 - 8)$$

通过计算上式等号右边的各项（如国外资产、对政府债权等）占储备货币的比例，即可以得到储备货币形成的渠道。

2. 储备货币结构分析

通过观察表 20 - 8 可以发现，储备货币结构不同，其货币扩张或收缩也不同。通常发行的货币和金融机构在中央银行的存款是构成储备货币的主要部分，相对于这两者，非金融机构在中央银行的存款占储备货币的比重较小。

储备货币中的现金和非金融机构在中央银行的存款不仅本身是储备货币，而且是货币供应量的一部分，它们本身的扩张和收缩会直接导致货币供应量的扩张和收缩，但它们只有在转化为商业银行的存款后，才具有派生存款的能力。金融机构在中央银行存款则不同，它是通过货币乘数扩张或收缩后派生的货币，是派生存款的一部分。

因此，在储备货币总量既定时，现金和非金融机构在中央银行的存款比重下降，金融机构在中央银行的存款比重上升，货币供应量则扩张；反之，货币供应量则收缩。

（三）货币乘数分析

货币乘数又称基础货币扩张乘数，是基础货币与货币供应量相应关系的数量表现。货币乘数的计算公式为

$$k = \frac{M}{B} \qquad (20-9)$$

式中，k 为货币乘数，M 为货币供应量，B 为基础货币。

货币乘数也有广义和狭义之分。广义货币乘数（k_2）是基础货币与广义货币供应量（M_2）之间的倍数关系，其计算公式为

$$k_2 = \frac{M_2}{B} \qquad (20-10)$$

狭义货币乘数（k_1）是基础货币与狭义货币供应量（M_1）之间的倍数关系，其计算公式为

$$k_1 = \frac{M_1}{B} \qquad (20-11)$$

具体计算时，可用"存款性公司概览"中的广义货币（M_2）、"货币当局资产负债表"中的基础货币或者"其他存款性公司资产负债表"中的储备货币，根据上述公式进行测算。

（四）货币需求分析

货币需求分析主要探讨货币需求动机和国民经济各因素变动对货币需求量的决定，研究货币数量变动后经济部门的各种调整适应活动对国民经济运行可能产生的实际影响，从而找出规律性，指导和评价货币政策的制定和操作，为货币当局运用货币政策进行宏观调控提供决策依据。

货币需求分析的最终目的是解决货币政策的量度问题。它研究特定经济条件下的货币需求量是多少，用以事前指导货币供给的计划决策；它研究货币数量的变动实际影响经济过程的方向和程度，指导货币政策工具的选择和具体操作；它研究每一时点的货币需求量，并与实际货币存量比较，以识别经济过程的异常变动并及时采取对策。

1. 利用交易方程式分析货币需求

由费雪的现金交易方程式：$MV = PT$（M 为货币需求量，V 为货币流通速度，P 为物价水平，T 为产出水平）可知，一国的货币需求量等于产出水平和物价水平的乘积与货币流通速度的商。对这一方程式取对数求导后可得

$$\Delta M = \Delta P + \Delta T - \Delta V \qquad (20-12)$$

上式表明，产出的增长水平和物价水平的变动率与货币需求成正比，与货币流通速度成反比。也就是说，产出水平和物价水平越高，对货币的需求量越多，较低的产出水平和物价水平对货币的需求量也相应较少。较低的货币流通速度对应较多的货币需求量，较高的货币流通速度则对应较少的货币需求量。

2. 从货币创造角度分析货币需求

从货币创造角度看，货币供应量等于储备货币与货币乘数之积，因此，我们可以根据货币供应量与储备货币和货币乘数之间的关系来分析中国的货币需求量：一是可以分析储备货币和货币乘数对我国货币供应量的影响情况，二是可以通过对储备货币和货币乘数的估计来确定货币需求量。

3. 用计量方法分析货币需求

分析货币需求的另一种方法是利用计量模型分析货币需求的各个因素，进而构建货币需求函数。使用这一方法的关键是建立货币需求函数中的变量选择。实践中，有许多学者研究和构建过多种货币需求函数，变量的选择各有不同，但最终的函数形式大体可以表示为

$$\frac{M_d}{P} = f(Y, R, H) \tag{20-13}$$

式中，M_d 为名义货币需求量；P 为价格水平；Y 为规模变量，常常取为收入或财富变量，在实际建模中通常取为实际的 GNP 或实际的 GDP。R 为利率向量，包括其他可选择资产的收益率及货币自身的收益率，其他金融资产关于货币的相对收益率作为持有货币的机会成本。实际中，由于利率常常是同时变动的，因而可选择一种代表性的利率进入函数。H 为其他变量，在一个不完全发达的资本市场情况下，名义利率并不能完全随着预期通胀率的变化而变化，这里预期的通胀率应作为机会成本变量进入函数中。函数是规模变量的增函数，是机会成本变量的减函数。

四、中国信贷收支统计与中国金融市场统计

(一) 中国信贷收支统计

在中国，信贷收支统计与货币统计是并行的。虽然信贷收支统计中的各金融机构信贷收支表的编制与货币统计中的资产负债表和概览的编制存在一定程度的重叠问题，但二者的侧重点不同。信贷收支统计侧重于反映金融机构信贷资金来源和运用的规模、结构及渠道，货币统计侧重于反映货币供应量的规模、结构及形成过程。中国信贷收支统计与货币统计并行的现状是在经济体制改革的过程中逐渐形成的。目前，信贷收支统计依然是中国货币与金融统计最重要的统计报表之一。

1. 信贷收支统计的概念

历史上，信贷收支统计是对信贷收支计划执行情况的统计。现在沿用该名称，实际上是指对金融机构资产负债的简要统计。信贷收支统计的任务由过去考核和检查信贷计划执行情况转为反映金融机构资金来源与运用情况，为制定和实施货币政策服务。

信贷收支统计又与金融机构的资产负债统计不完全相同。金融机构资产负债统计分为金融机构监管统计中的资产负债统计与货币统计中的资产负债统计。监管统计中的资产负债统计是围绕金融机构经营的安全性、流动性和盈利性而设计的，其资产负债统计要计算出如下

指标：资本充足率、不良贷款比例等。货币统计中的资产负债统计是围绕广义货币的构成而设计的，计入广义货币与不计入广义货币的金融工具在资产负债表的统计中可明确区分。而信贷收支统计只反映信贷资金来源与运用情况，计入广义货币与不计入广义货币的金融工具不能清楚区分。例如，中央财政存款在信贷收支统计表中是负债的一个重要项目，要单独反映，而在货币统计中的存款性公司概览中并不单独反映。另外，信贷收支统计与货币统计均以居民为原则，即对境内常住机构单位的统计。

2. 信贷收支统计中报表的结构

信贷收支表的平衡建立在会计平衡表的基础上，只是对会计平衡的资产负债项目进行移项与轧差，并未破坏会计的基本平衡关系。

在信贷收支表的左侧即资金来源方，主要是金融机构的负债与所有者权益类项目；而在信贷收支表的右侧即资金运用方，则是金融机构的资产类项目；此外，在信贷收支表的资金来源方设置了"其他"项目，主要是用于反映信贷收支表中未能列示的会计项目，此项目是负债及所有者权益科目减去资产类科目的平衡项目。

3. 信贷收支统计中报表的分类

从中国现行的信贷收支统计来看，按照信贷收支统计所反映的主体，可以将信贷收支统计分为三类：中央银行信贷收支统计、单家金融机构信贷收支统计、汇总类或合并类金融机构信贷收支统计。按信贷收支表所反映的币种可分为人民币信贷收支表、外汇信贷收支表、本外币信贷收支表。

（1）中央银行信贷收支统计

中央银行信贷收支统计是中央银行进行货币政策管理的基础，在货币政策操作以间接调控为主的情况下，中央银行居于核心地位，通过其自身资产负债结构的调整，引起的商业银行资产负债结构的调整，最终使社会资产结构得到调整，影响社会最终支出与供给，进而调节经济活动，实现资金供求平衡。

（2）单家金融机构信贷收支统计

单家金融机构信贷收支统计包括单家银行业存款类金融机构和银行业非存款类金融机构的信贷收支统计。银行及非银行是货币政策的操作对象，货币政策经由银行及非银行的逐级推进，影响货币供应量与贷款总量，最终调节社会总需求与总供给。它是货币政策的重要传导途径。因此，单家金融机构的统计在信贷收支统计中占据重要地位。

（3）汇总类或合并类金融机构信贷收支统计

汇总类[①]或合并类[②]金融机构信贷收支统计包括同类型银行业金融机构的汇总信贷收支

[①]　汇总类报表是表内机构对外债权债务关系的简单加总，不剔除表内机构之间的交易。

[②]　合并类报表将表内机构之间的交易剔除，仅反映信贷收支统计表内机构与其他部门和表外金融机构之间的交易与债权债务情况。

统计、中央银行及所有银行业金融机构的合并信贷收支统计。其中，最受关注的是中央银行及所有银行业金融机构合并的信贷收支统计，即全金融机构信贷收支统计（见表 20 – 11）。据此，可以了解某一时期金融机构以信用方式集中和调剂的资金总量，可以全面、综合地反映信贷资金的来源渠道、资金的性质和分布。它是宏观经济运行的缩影，也是货币政策实施效果的综合反映。

表 20 – 11　　　　　　　　　　　　　　**全金融机构信贷收支表**

一、各项存款	一、各项贷款
（一）境内存款	（一）境内贷款
1. 住户存款	1. 住户贷款
（1）活期存款	（1）短期贷款
（2）定期及其他存款	消费贷款
2. 非金融企业存款	经营贷款
（1）活期存款	（2）中长期贷款
（2）定期及其他存款	消费贷款
3. 政府存款	经营贷款
（1）财政性存款	2. 非金融企业及机关团体贷款
（2）机关团体存款	（1）短期贷款
4. 非银行业金融机构存款	（2）中长期贷款
（二）境外存款	（3）票据融资
二、金融债券	（4）融资租赁
其中：境外发行	（5）各项垫款
三、卖出回购资产	3. 非银行业金融机构贷款
四、借款及非银行业金融机构拆入	（二）境外贷款
五、流通中的货币	二、债券投资
六、应付及暂存款	其中：境外债券
七、各项准备	三、股权及其他投资
八、所有者权益	四、买入返售资产
其中：实收资本	五、存放非银行业金融机构款项
九、其他	六、金银占款
	七、中央银行外汇占款
	八、应收及预付款
	九、投资性房地产
	十、固定资产
资金来源总计	资金运用总计

（二）　中国金融市场统计

从广义上说，金融市场就是资金融通的领域。它可以分为广义金融市场和狭义金融市场。广义金融市场包括协议贷款市场和公开金融市场（狭义金融市场）。协议贷款市场统计的有关内容已经反映在了信贷收支统计中，这里介绍的金融市场统计仅指狭义金融市场的统计，即有关公开金融市场的统计。

1. 金融市场的统计分类

金融市场按照金融活动的不同，可以进行以下多种形式的分类：（1）根据融资期限的长短，金融市场可以分为融资期限在一年以内的货币市场和融资期限在一年以上的资本市场；（2）根据交易工具的不同，金融市场可以分为同业拆借市场、票据市场、债券市场、股票市场、外汇市场、基金市场、保险市场、衍生品市场等；（3）根据交易层次的不同，金融市场可以分为一级市场（初级市场）和二级市场（次级市场）；（4）根据交割方式的不同，金融市场可以分为现货市场和衍生品市场；（5）根据交易机构的不同，金融市场可以分为公开市场、议价市场、店头市场、第四市场；（6）根据组织形式的不同，金融市场可以分为场内市场和场外市场；（7）按交易双方在地理上的距离，金融市场可以分为地方性、全国性、区域性金融市场和国际金融市场。

2. 金融市场统计的主要内容

金融市场统计主要反映金融市场上的交易主体在不同市场上的交易对象、交易方式、交易价格及其交易规模等情况。

一是反映金融市场主体的买卖情况，即参加金融市场的不同买卖者的有关情况。比如在货币市场上，参加同业拆借的各种金融机构拆借的有关情况，这就需要分别统计大型银行、中小银行、城市商业银行、保险业金融（含企业年金）、证券业机构、外资金融机构等参加交易的有关情况。反映主体买卖情况是统计中的首要分类。

二是反映金融市场上不同分类的交易情况。比如股票一级市场的发行情况、二级市场的交易情况，债券市场上企业债券、政府债券、金融债券的有关交易情况；银行间市场上同业拆借及债券买卖情况；国债市场上的发行与兑付情况；外汇市场上不同币种的交易情况等。对金融市场进行分类统计，不仅能够反映金融市场总的交易情况，而且能够展示金融市场上的交易结构情况。

三是反映金融工具的交易情况。通过对各金融工具交易情况的统计，能够反映金融市场上金融工具的结构变化情况。

四是反映金融市场的交易方式。这就要反映金融工具的交易形式，比如货币市场上的同业拆借资金拆入、拆出情况，票据的发行、承兑、贴现和再贴现情况，现券买卖与回购及逆回购情况，股票市场一级市场发行情况、二级市场交易情况，有价证券的期货、期权交易情况等。

五是反映金融工具的价格。金融工具价格是金融资产收益市场化的表现，也反映一定时期金融工具的供求情况。金融工具的种类不同，其价格表现形式也不一样。票据的价格和债券的价格可能是货币的数额，比如 100 元等值的票据，可能在市场上卖出 90 元，其价格实质是利率，这个票据的贴现率是 10%。股票的价格统计除了反映个别股票的价格升降外，还要反映股票价格变化的总体情况，还有外汇市场上的汇率情况等。

六是反映金融工具的交易规模。这既要反映金融工具的流量，即成交总额，又要反映金融工具的存量，即一定时点的结余额，还要反映金融工具交易净额，即买卖的轧差额。

3. 金融市场统计的组织和方法

不同类型的金融市场，其统计的组织和方法不同，并且一级市场与二级市场统计数据源一般来自不同的部门。

（1）同业拆借市场、银行间债券市场、银行间外汇市场的交易统计，由中国外汇交易中心暨全国银行间同业拆借中心根据交易软件系统提供的数据源，按照市场统计要求，在软件系统自动生成统计报表，报中国人民银行和向市场提供信息。

（2）票据市场统计，由各办理票据业务的金融机构和发行票据的企业将票据的发行、承兑、转让、贴现等数据报当地中国人民银行分支机构，各中国人民银行分支机构逐级汇总，编制票据市场统计报表。

（3）债券市场统计，主要由债券登记结算机构、银行间市场交易商协会以及各类债券管理部门提供。例如，债券中的金融债券的发行与兑付统计由债券登记结算机构如中央国债登记结算有限公司和上海清算所提供。

（4）股票和债券在证券交易所交易的数据，分别由上海证券交易所和深圳证券交易所统计。股票发行的数据由中国证券监督管理委员会统计。

（5）外汇零售市场统计，在我国外汇管理体制下，表现为银行结售汇统计。银行结售汇统计是由外汇指定银行将其办理的结售汇数据报当地国家外汇管理部门，国家外汇管理部门逐级汇总编制统计报表。

（6）黄金市场统计，我国黄金市场包括交易所市场和场外市场（商业银行柜台市场、零售市场等）。交易所市场数据由上海黄金交易所（黄金现货及衍生品）和上海期货交易所（黄金期货）统计。

（7）保险市场统计，由监管部门根据各办理保险业务的保险总公司报送的保险业保费收入、赔款与给付、资产负债等数据编制保险市场统计表，并向社会提供。

（8）金融衍生品市场的统计较为分散，主要由各类衍生品工具或交易场所统计。例如，利率互换、债券远期、远期利率、外汇掉期、外汇远期、外汇期权等衍生工具交易由中国外汇交易中心暨全国银行间同业拆借中心根据交易软件系统提供的数据源，按照市场统计要求，在软件系统自动生成统计报表，向市场提供信息。商品期货和股指期货的交易信息主要由各期货交易所和上海证券交易所报中国证监会和向市场提供。

（三）总结

从金融与宏观经济关系的角度看，信贷收支统计与金融市场统计分别从两个侧面提供了金融对实体经济影响的信息。

一方面，在宏观经济分析中，我们可以从信贷收支统计中了解实体经济从金融机构获得间接融资的规模与结构的信息。金融市场统计则可以为我们提供实体经济在金融市场上获得直接融资的规模与结构的信息。另一方面，信贷收支统计与金融市场统计也为社会融资规模这一综合性指标的统计提供了统计资料。社会融资规模是我们在分析宏观经济运行时更为常用的一个指标。

五、中国社会融资规模统计

实体经济从金融体系中获得资金可以以间接的方式从金融机构的信贷过程中获取，也可以以直接的方式从金融市场获得。因此，需要有一个综合反映实体经济融资规模和结构的统计指标。

（一）社会融资规模的概念

社会融资规模是全面反映金融与经济关系以及金融对实体经济提供资金支持的全口径指标。社会融资规模是一个较新的概念。2010年中央经济工作会议第一次提出"社会融资总规模"的概念。从2011年4月开始，中国人民银行正式编制并公布社会融资规模数据。这一指标已为社会各界广泛接受，使用频率不断提高。

社会融资规模具体分为社会融资规模增量和社会融资规模存量。社会融资规模增量是指一定时期内（每月、每季或每年）实体经济从金融体系获得的全部资金总额。社会融资规模存量是指一定时期末（月末、季末或年末）实体经济从金融体系获得的资金余额。这里的金融体系为整体金融的概念，从机构看，包括银行、证券、保险等金融机构；从市场看，包括债券市场、股票市场、保险市场等。

社会融资规模的统计内容包括四个部分：一是金融机构表内业务，包括人民币各项贷款、外币各项贷款；二是金融机构的表外业务，包括信托贷款、委托贷款、银行承兑汇票；三是在正规的金融市场、通过金融机构服务获得的直接融资，包括非金融企业股票筹资、企业债券融资；四是其他融资项目，包括小额贷款公司贷款、贷款公司贷款、产业基金投资等。

社会融资规模的内涵体现在三个方面：一是金融机构通过资金运用对实体经济提供的全部资金支持，即金融机构资产的综合运用，主要包括人民币各项贷款、外币各项贷款、信托贷款、委托贷款等；二是实体经济利用规范的金融工具、在正规的金融市场、通过金融机构服务获得的直接融资，主要包括银行承兑汇票、非金融企业股票筹资、企业债净发行等；三是其他融资，包括小额贷款公司贷款、贷款公司贷款、保险公司赔偿、投资性房地产、产业基金投资等。

显然，社会融资规模的统计口径覆盖了各类金融机构和金融工具，因此能够全面反映金融与经济的关系，以及金融对实体经济的资金支持。实证研究表明，社会融资规模会对经济增长、物价水平、投资、消费等实体经济指标产生较大影响，因此社会融资规模是反映金融与经济关系的良好指标。

目前，中国人民银行按月公布的社会融资规模数据具体包括10项分指标：（1）人民币贷款；（2）外币贷款（折合人民币）；（3）委托贷款；（4）信托贷款；（5）未贴现银行承兑汇票；（6）企业债券；（7）政府债券；（8）非金融企业境内股票融资；（9）存款类金融机构资产支持证券；（10）贷款核销。

（二）社会融资规模的统计意义

社会融资规模概念的提出是我国金融实践的重大创新，对提高金融宏观调控的有效性和推动金融市场的健康发展具有重要意义。

一是有利于促进我国直接融资的发展，改善企业融资结构。我国金融改革的目标之一是要"提高直接融资比重，发挥好股票、债券、产业基金等融资工具的作用，更好地满足多样化投融资需求"[①]，因此，货币政策提出调控包含贷款、股票及债券等金融资产在内的社会融资规模是十分必要的。

二是使金融宏观调控更具有针对性和有效性。金融机构表外业务发展较快，表外业务资金最终都会通过信托贷款、委托贷款、银行承兑汇票等金融工具投放于实体经济，而这些金融工具都包含在社会融资规模中。因此，社会融资规模有助于央行提高调控的有效性和针对性。

三是有利于促进金融宏观调控机制的市场化改革。我国已经形成市场利率、央行基准利率并存的双轨利率体系，对于票据贴现、债券、股票融资等按市场化方式定价的融资，主要使用价格型工具进行调控；对于贷款等市场化定价程度相对较低的融资，则使用公开市场操作、存款准备金等数量型工具和价格型工具进行调控。将社会融资规模作为货币政策监测的中间变量，是我国金融宏观调控市场化的有益探索和创新。

（三）社会融资规模的统计原则

社会融资规模的统计遵循四项原则，即居民原则、金融原则、合并原则、可得性原则。

（1）居民原则。社会融资规模的持有部门和发行部门均为居民部门。社会融资规模的持有部门（借款人或债务人）是指通过自身的负债活动获得资金的实体经济部门，即住户和非金融性公司；社会融资规模的发行部门（贷款人或债权人）是指实体经济所获资金的

---

① 2011年3月5日《政府工作报告》。

境内提供者，除境内金融性公司外，还包括住户和非金融性公司。按照居民原则，外商直接投资、外债和外汇占款均不计入社会融资规模。

（2）金融原则。按照金融原则，国债发行不计入社会融资规模。因为国债发行的主体是政府，国债的发行与兑付属于财政政策的范畴。

（3）合并原则。社会融资规模包括各种金融机构、金融市场通过直接或间接方式向实体经济提供的资金支持，因此，在统计社会融资规模时，不仅要将金融机构相互间的债权和债务关系合并处理，而且要避免金融机构通过金融市场对实体经济的资产支持与金融市场直接融资重复统计。例如，金融机构之间相互持有的股权、相互持有的债券等不计入社会融资规模。

（4）可得性原则。计入社会融资规模的指标应是可统计和可计量的，并且其数量较大，对经济有较明显的影响。

（四）社会融资规模的统计指标

社会融资规模的统计指标主要包括以下内容：

（1）人民币贷款，是指金融机构向非金融企业、机关团体、个人以贷款合同、票据贴现、垫款、贸易融资等形式提供的人民币贷款。

（2）外币贷款，是指金融机构向非金融企业、机关团体、个人以贷款合同、票据贴现、垫款、贸易融资等形式提供的外汇贷款。

（3）委托贷款，是指企事业单位、个人、政府等委托人提供资金，由金融机构（贷款人或受托人）根据委托人确定的贷款对象、用途、金额、期限、利率等代为发放、监督使用并协助收回的贷款。

（4）信托贷款，是指信托机构通过资金信托计划募集资金后向境内非金融性公司或个人发放的贷款。

（5）未贴现的银行承兑汇票，是指企业签发的全部银行承兑汇票（金融机构表内表外并表后的银行承兑汇票）中扣减已在银行表内贴现的部分。

（6）企业债券融资，是指非金融企业发行的各类债券，包括企业债、中期票据、短期融资券、中小企业集合债、公司债、可转债、可分离债等。

（7）非金融企业境内股票融资，是指非金融企业通过境内正规金融市场进行的股票融资，包括 A 股股票首发、公开增发、现金型定向增发、配股、行权筹资以及 B 股筹资（不含金融企业的相关融资）。

（8）其他，是指小额贷款公司、贷款公司向非金融企业、机关团体、个人以贷款合同、票据贴现、垫款、贸易融资等形式提供的人民币贷款。

（五）社会融资规模与货币供应量的关系

社会融资规模与货币供应量是金融统计中的两个核心总量指标，两者的区别表现在以下方面：

第一，二者统计的出发点不同。社会融资规模反映了金融体系对实体经济提供的融资，因此是立足于社会融资发行方的资产进行统计，而货币供应量是立足于金融机构的负债进行统计。

第二，二者统计的金融工具不同。社会融资规模统计除国债以外的所有金融性工具，而货币供应量则仅仅统计通货和存款。

第三，二者统计的金融工具的发行方与持有方不同。社会融资规模的发行方既有金融机构，也有通过金融市场提供资金的住户及非金融公司，持有方则是住户和非金融公司；货币供应量统计的发行方是货币金融机构，持有方则是除货币金融机构以外的所有机构。

第四，二者都遵循常住性原则，但是社会融资规模统计要求发行方和持有方都是常住单位，而货币供应量统计中持有方则有可能是非常住单位。

第三节　中国财政与金融运行分析

前文已经从理论上介绍了有关中国财政与金融运行分析中涉及的统计知识。本节将从统计数据出发，运用前文介绍的有关知识，对中国财政金融的运行作出分析。

一、中国财政运行分析

财政运行分析主要包括财政收入分析、财政支出分析和财政平衡分析。

（一）财政收入分析

1. 财政收入规模分析

中国 2011—2019 年财政收入情况如表 20 – 12 所示。

表 20 – 12　　　　　中国 2011—2019 年财政预算收入及其变化表

年份	GDP（亿元）	GDP 名义增长率（%）	一般公共预算收入（亿元）	一般公共预算收入/GDP（%）	一般公共预算收入增速（%）	一般公共预算收入增长弹性（%）	ΔGDP（亿元）	Δ一般公共预算收入（亿元）	一般公共预算收入边际倾向（%）
	(1)	(2)	(3)	(4) ＝ (3) / (1)	(5)	(6) ＝ (5) / (2)	(7)	(8)	(9) ＝ (8) / (7)
2011	487940	18.4	103874	21.3	25.0	1.4	75821	20773	27.4
2012	538580	10.4	117254	21.8	12.9	1.2	50640	13379	26.4
2013	592963	10.1	129210	21.8	10.2	1.0	54383	11956	22.0

续表

年份	GDP（亿元）	GDP 名义增长率（%）	一般公共预算收入（亿元）	一般公共预算收入/GDP（%）	一般公共预算收入增速（%）	一般公共预算收入增长弹性（%）	ΔGDP（亿元）	Δ一般公共预算收入（亿元）	一般公共预算收入边际倾向（%）
	（1）	（2）	（3）	（4）=（3）/（1）	（5）	（6）=（5）/（2）	（7）	（8）	（9）=（8）/（7）
2014	641281	8.1	140370	21.9	8.6	1.1	48317	11160	23.1
2015	685993	7.0	152269	22.2	8.5	1.2	44712	11899	26.6
2016	740061	7.9	159605	21.6	4.8	0.6	54068	7336	13.6
2017	820754	10.9	172593	21.0	8.1	0.7	80694	12988	16.1
2018	900310	9.7	183360	20.4	6.2	0.6	79555	10767	13.5
2019	990865	10.1	190382	19.2	3.8	0.4	90556	7022	7.8

资料来源：《中国统计年鉴》《关于2019年中央和地方预算执行情况与2020年中央和地方预算草案的报告》。

如表20－12所示，2011—2015年，一般公共预算收入占国内生产总值的比重继续上升，并于2015年达到峰值22.2%。2016—2019年，在全面实施"营改增"和减税降费等诸项政策的作用下，一般公共预算收入占国内生产总值的比重逐年下降，2019年比重下降至19.2%。2016—2019年，财政预算收入的增长弹性低于1，一般公共预算收入增长速度持续低于GDP的增长速度。

2. 财政收入结构分析

在我国一般公共预算收入中，80%以上来源于各项税收（见表20－13）。因此，分析一般公共预算收入项目结构的关键是分析税收收入的结构。

表20－13   中国1997—2019年税收收入与非税收入

年份	预算收入（亿元）	税收收入（亿元）	税收收入占比（%）	非税收入（亿元）	非税收入占比（%）
1997	8651	8234	95.2	417	4.8
1998	9876	9263	93.8	613	6.2
1999	11444	10683	93.3	762	6.7
2000	13395	12582	93.9	814	6.1
2001	16386	15301	93.4	1085	6.6
2002	18904	17636	93.3	1267	6.7
2003	21715	20017	92.2	1698	7.8
2004	26396	24166	91.5	2231	8.5
2005	31649	28779	90.9	2871	9.1
2006	38760	34804	89.8	3956	10.2

年份	预算收入（亿元）	税收收入（亿元）	税收收入占比（%）	非税收入（亿元）	非税收入占比（%）
2007	51322	45622	88.9	5700	11.1
2008	61330	54224	88.4	7107	11.6
2009	68518	59522	86.9	8997	13.1
2010	83102	73211	88.1	9891	11.9
2011	103874	89738	86.4	14136	13.6
2012	117254	100614	85.8	16639	14.2
2013	129210	110531	85.5	18679	14.5
2014	140370	119175	84.9	21195	15.1
2015	152269	124922	82.0	27347	18.0
2016	159605	130361	81.7	29244	18.3
2017	172593	144370	83.6	28223	16.4
2018	183360	156403	85.3	26957	14.7
2019	190382	157992	83.0	32390	17.0

资料来源：《中国统计年鉴》《关于2019年中央和地方预算执行情况与2020年中央和地方预算草案的报告》。

具体到税收的结构，当前我国税收的主体是流转税和所得税，其中流转税主要包括增值税、消费税和关税。2019年国内增值税、消费税和关税共完成7.8万亿元，占全部税收的49.2%。企业所得税和个人所得税共完成4.8万亿元，占全部税收的30.2%。从变化趋势看，1997—2019年，企业所得税占比和关税占比呈现出较为清晰的走势，前者上升，后者下降，如表20-14所示。

表20-14　　　　　　　　　中国1997—2019年各项税收

年份	税收合计（亿元）	增值税（亿元）	增值税占比（%）	消费税（亿元）	消费税占比（%）	营业税（亿元）	营业税占比（%）
1997	8234	3284	39.9	679	8.2	1324	16.1
1998	9263	3628	39.2	815	8.8	1575	17.0
1999	10683	3882	36.3	821	7.7	1669	15.6
2000	12582	4553	36.2	858	6.8	1869	14.9
2001	15301	5357	35.0	930	6.1	2064	13.5
2002	17636	6178	35.0	1046	5.9	2450	13.9
2003	20017	7237	36.2	1182	5.9	2844	14.2
2004	24166	9018	37.3	1502	6.2	3582	14.8
2005	28779	10792	37.5	1634	5.7	4232	14.7
2006	34804	12785	36.7	1886	5.4	5129	14.7

续表

年份	税收合计（亿元）	增值税（亿元）	增值税占比（%）	消费税（亿元）	消费税占比（%）	营业税（亿元）	营业税占比（%）
2007	45622	15470	33.9	2207	4.8	6582	14.4
2008	54224	17997	33.2	2568	4.7	7626	14.1
2009	59522	18481	31.0	4761	8.0	9014	15.1
2010	73211	21093	28.8	6072	8.3	11158	15.2
2011	89738	24267	27.0	6936	7.7	13679	15.2
2012	100614	26416	26.3	7876	7.8	15748	15.7
2013	110531	28810	26.1	8231	7.4	17233	15.6
2014	119175	30855	25.9	8907	7.5	17782	14.9
2015	124922	31109	24.9	10542	8.4	19313	15.5
2016	130361	40712	31.2	10217	7.8	11502	8.8
2017	144370	56378	39.1	10225	7.1	—	—
2018	156403	61531	39.3	10632	6.8	—	—
2019	157992	62346	39.5	12562	8.0	—	—

年份	企业所得税（亿元）	企业所得税占比（%）	个人所得税（亿元）	个人所得税占比（%）	关税（亿元）	关税占比（%）	其他税收（亿元）	其他税收占比（%）
1997	963	11.7	—	—	319	3.9	1664	20.2
1998	926	10.0	—	—	313	3.4	2006	21.7
1999	811	7.6	414	3.9	562	5.3	2524	23.6
2000	1000	7.9	660	5.2	750	6.0	2892	23.0
2001	2631	17.2	995	6.5	841	5.5	2484	16.2
2002	3083	17.5	1212	6.9	704	4.0	2963	16.8
2003	2920	14.6	1418	7.1	923	4.6	3493	17.5
2004	3957	16.4	1737	7.2	1044	4.3	3326	13.8
2005	5344	18.6	2095	7.3	1066	3.7	3615	12.6
2006	7040	20.2	2454	7.1	1142	3.3	4370	12.6
2007	8779	19.2	3186	7.0	1433	3.1	7965	17.5
2008	11176	20.6	3722	6.9	1770	3.3	9364	17.3
2009	11537	19.4	3949	6.6	1484	2.5	10295	17.3
2010	12844	17.5	4837	6.6	2028	2.8	15179	20.7
2011	16770	18.7	6054	6.7	2559	2.9	19474	21.7
2012	19655	19.5	5820	5.8	2784	2.8	22317	22.2
2013	22427	20.3	6532	5.9	2631	2.4	24667	22.3

续表

年份	企业所得税（亿元）	企业所得税占比（%）	个人所得税（亿元）	个人所得税占比（%）	关税（亿元）	关税占比（%）	其他税收（亿元）	其他税收占比（%）
2014	24642	20.7	7377	6.2	2843	2.4	26769	22.5
2015	27134	21.7	8617	6.9	2561	2.0	25646	20.5
2016	28851	22.1	10089	7.7	2604	2.0	26385	20.2
2017	32117	22.2	11966	8.3	2998	2.1	30685	21.3
2018	35324	22.6	13872	8.9	2848	1.8	32197	20.6
2019	37300	23.6	10389	6.6	2889	1.8	32507	20.6

资料来源：《中国统计年鉴》。

（二）财政支出分析

1. 财政支出规模分析

西方发达国家200多年经济发展的实践证明了瓦格纳法则所显示的财政支出规律。但是我国改革开放以来的1978—1995年间，人均GDP明显提高，财政支出占GDP的比例却持续下降。这体现了我国当时经济体制转轨初期的重要特征。转轨初期，为调动微观经济主体的积极性，财政必须实行放权让利，财政收入增长放缓，财政支出势必受到限制，占GDP的比例下滑。1978—1995年，财政支出占GDP的比例共下降近20个百分点（见图20-1）。

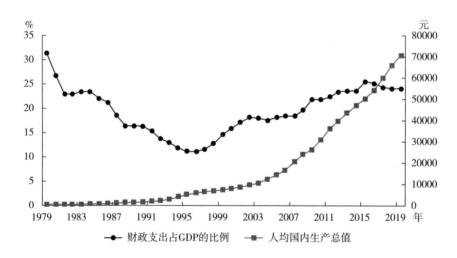

图20-1　1979—2019年我国财政支出占GDP的比例与人均GDP

如图20-1所示，1996年后财政支出占GDP的比例开始逐渐回升。尤其在实行积极财政政策的1998—2002年间和2009—2015年间，财政支出占GDP的比例明显提高。积极财政政策后期的2003—2004年和2016—2019年以及实行稳健财政政策的2005—2008年上半年，该比例上升的势头明显减缓。

表 20－15　　　　　　　　　　2010—2019 年中国财政支出及其变化

年份	GDP（亿元）	GDP 名义增长率（%）	财政支出（亿元）	财政支出/GDP（%）	财政支出增速（%）	财政支出增长弹性	ΔGDP（亿元）	Δ财政支出（亿元）	财政支出边际倾向（%）
	(1)	(2)	(3)	(4)＝(3)／(1)	(5)	(6)＝(5)／(2)	(7)	(8)	(9)＝(8)／(7)
1997	79715	9.2	9234	11.6	16.3	1.77	7901	1296	16.4
1998	85196	7.8	10798	12.7	16.9	2.17	5481	1564	28.5
1999	90564	7.7	13188	14.6	22.1	2.87	5369	2390	44.5
2000	100280	8.5	15887	15.8	20.5	2.41	9716	2699	27.8
2001	110863	8.3	18903	17.1	19	2.29	10583	3016	28.5
2002	121717	9.1	22053	18.1	16.7	1.84	10854	3150	29.0
2003	137422	10	24650	17.9	11.8	1.18	15705	2597	16.5
2004	161840	10.1	28487	17.6	15.6	1.54	24418	3837	15.7
2005	187319	11.4	33930	18.1	19.1	1.68	25479	5443	21.4
2006	219439	12.7	40423	18.4	19.1	1.50	32120	6492	20.2
2007	270092	14.2	49781	18.4	23.2	1.63	50654	9359	18.5
2008	319245	9.7	62593	19.6	25.7	2.65	49152	12811	26.1
2009	348518	9.4	76300	21.9	21.9	2.33	29273	13707	46.8
2010	412119	10.6	89874	21.8	17.8	1.68	63602	13574	21.3
2011	487940	9.6	109248	22.4	21.6	2.25	75821	19374	25.6
2012	538580	7.9	125953	23.4	15.3	1.94	50640	16705	33.0
2013	592963	7.8	140212	23.6	11.3	1.45	54383	14259	26.2
2014	643563	7.4	151786	23.6	8.3	1.12	50600	11573	22.9
2015	688858	7	175878	25.5	13.2	1.89	45295	24092	53.2
2016	746395	6.8	187755	25.2	6.3	0.93	57537	11877	20.6
2017	832036	6.9	203085	24.4	7.6	1.10	85641	15330	17.9
2018	919281	6.7	220904	24.0	8.7	1.30	87245	17819	20.4
2019	990865	6.1	238874	24.1	8.1	1.33	71584	17970	25.1

注：表中 2010 年之前财政支出为预算内支出口径，2010 年之后为一般公共预算支出口径。

表 20－15 反映了积极财政政策和稳健财政政策转化过程中主要财政支出分析指标的变化。积极财政政策前期，财政支出占 GDP 的比例持续上升；财政支出增长快于 GDP 的增长，弹性系数大于 1，其中，1999 年预算内财政支出增长弹性系数高达 2.87；预算内财政支出的边际倾向也急剧上升，1999 年每增加 100 元 GDP，就增加 44.5 元的预算内财政支出。由此可以判断积极财政政策在当时的影响和力度。到了积极财政政策后期（2003—2004年），财政支出的弹性系数开始下降，增长的边际倾向也明显减弱，显示出财政淡出的决

心。2005—2008年上半年实行稳健财政政策期间，预算内外财政支出增长弹性系数保持稳定。2008年第四季度开始实施4万亿元刺激经济计划，并从2009年起重新实行积极财政政策，2008年和2009年预算内财政支出增长弹性系数升高至2.65和2.33。随后，财政支出增长弹性逐步下降，最低降至2016年的0.93，2019年财政支出增长弹性为1.33。

2. 财政支出结构分析

财政支出结构的形成和发展变化，应以国民经济长期发展战略和政策目标为依据。调整和优化财政支出的职能结构和用途结构，有利于进一步推动全社会劳动生产率和人民生活水平的提高，有利于建设和谐社会。

表 20-16　　　**"五五"时期至 2006 年财政预算支出按功能分类的占比**　　　单位：%

时期	经济建设费	社会文教费	国防费	行政管理费	其他支出	支出合计
"五五"时期	59.9	14.4	16.4	5.3	4	100
"六五"时期	56.1	19.7	11.9	7.8	4.4	100
"七五"时期	48.4	23.1	9.1	11.8	7.5	100
"八五"时期	41.5	25.7	9.5	13.8	9.5	100
"九五"时期	38.3	27.2	8.3	15.7	10.5	100
"十五"时期	29.1	26.6	7.6	19	17.6	100
2006 年	26.6	26.8	7.4	18.7	20.5	100

表20-16反映了"五五"时期至2006年我国财政预算支出按功能分类占比变化的情况。与过去相比，经济建设费、国防费支出明显下降，社会文教费、行政管理费和其他支出则明显上升。财政经济建设支出占比下降，从更为具体的项目看，财政用于经济建设支出费用占比的下降主要是基本建设支出占比下降。这主要是因为改革开放以来我国投资政策发生了由国家单一投资到投资主体多元化的根本性转变。2006年经济建设支出占比为26.6%，比"五五"时期低33.3个百分点。与此同时，社会文教费和行政管理费的占比大幅上升。2006年社会文教支出占比为26.8%，比"五五"时期高12.4个百分点；行政管理支出占比为18.7%，比"五五"时期高13.4个百分点。这表明国家不断加大对科学、教育、文化等方面的投入，同时，社会活动日趋复杂，管理成本也不断提高。另外，随着改革措施的逐渐到位以及社会主义市场经济体系的不断健全，财政的各类政策性补贴明显下降，2006年政策性补贴占比为3.4%，比"六五"时期低11.1个百分点（见表20-17）。

2007—2019年间，我国支出结构继续优化。在全国财政支出中，民生类支出占比不断提高。其中，社保和就业支出提升1.5个百分点，占比达12.4%；医疗卫生支出提升3个百分点，占比达7%；教育支出提高0.3个百分点，占比达14.6%。财政支出结构更好地支持了经济高质量发展。城乡社区事务支出提高4.3个百分点，占比达10.8%；农林水事务支出提升2.6个百分点，占比达9.4%；环境保护支出提升1.1个百分点，占比达3.1%。体现出支持城乡区域协调发展，提升人居环境质量的支出结构转变趋势。同时，政府一般性支出不断压缩。一般性支出主要是政府为了维持自身运转所需要的支出。严格压缩"三公经费"已经取得实效，一般公共服务支出 12 年间下降 8.4 个百分点，2019 年占比降至 8.7%。

表 20 - 17　　　　　　　　"五五"时期至 2006 年财政预算支出经济分类占比　　　　　　单位：%

时期	基本建设支出	增拨企业流动资金	挖潜改造资金和科技三项费用	地质勘探费	工业、交通、商业部门事业费	支援农村生产支出和各项农业事业费	文教、科学、卫生事业费	抚恤和社会福利救济费	国防支出	行政管理费	政策性补贴支出
"五五"时期	35.1	5	5.5	1.8	1.7	6.5	10.9	2	16.4	4.9	3.9
"六五"时期	25.1	3.6	5.7	1.7	1.9	5.8	15.7	1.7	11.9	6.8	13.5
"七五"时期	20.5	0.6	5.5	1.3	1.6	6.5	19	1.7	9.1	8.8	12.6
"八五"时期	12.9	0.2	7.1	1.1	1.6	6.8	21.3	1.7	9.5	11.9	3
"九五"时期	13.2	0.2	6	0.7	1.2	5.5	19.1	1.5	8.3	12	6.1
"十五"时期	12.9	0.2	4.5	0.4	1.2	5.2	18	1.9	7.6	13.7	3
2006 年	10.9	0	4.3	0.4	1.4	5.3	18.4	10.8	7.4	14	3.4

注：2006 年以后，财政支出统计指标有变化。

表 20 - 18　　　　　　　　　　　2007—2019 年财政支出主要项目占比　　　　　　　　单位：%

年份	一般公共服务支出	国防支出	公共安全支出	教育支出	科学技术支出	文化体育与传媒支出	社会保障和就业支出	医疗卫生支出	环境保护支出	城乡社区事务支出	农林水事务支出	交通运输支出
2007	17.1	7.1	7	14.3	4.3	1.8	10.9	4	2	6.5	6.8	3.8
2008	15.7	6.7	6.5	14.4	4.2	1.8	10.9	4.4	2.3	6.7	7.3	3.8
2009	12	6.5	6.2	13.7	4.3	1.8	10	5.2	2.5	6.7	8.8	6.1
2010	10.4	5.9	6.1	14	4.7	1.7	10.2	5.3	2.7	6.7	9	6.1
2011	10.1	5.5	5.8	15.1	3.5	1.7	10.2	5.9	2.4	7	9.1	6.9
2012	10.1	5.3	5.6	16.9	3.5	1.8	10	5.8	2.4	7.2	9.5	6.5
2013	9.8	5.3	5.6	15.7	3.6	1.8	10.3	5.9	2.4	8	9.5	6.7
2014	8.7	5.5	5.5	15.2	3.5	1.8	10.5	6.7	2.5	8.5	9.3	6.9
2015	7.7	5.2	5.3	14.9	3.3	1.7	10.8	6.8	2.7	9	9.9	7
2016	7.9	5.2	5.9	15	3.5	1.7	11.5	7	2.5	9.8	9.9	5.6
2017	8.1	5.1	6.1	14.8	3.6	1.7	12.1	7.1	2.8	10.1	9.4	5.3
2018	8.3	5.1	6.2	14.6	3.8	1.6	12.2	7.1	2.9	10	9.5	5.1
2019	8.7	5.1	5.8	14.6	4.0	1.7	12.4	7.0	3.1	10.8	9.4	4.8

(三) 财政平衡分析

对于工业化市场经济高度发达的国家而言，将财政赤字区分为周期性赤字和结构性赤字基本可以满足对财政平衡问题分析的需要。但我国财政赤字的产生及其政策含义的复杂性与经济发展和经济体制改革密切相关。例如，在"八五"时期（1991—1995 年）几乎每项改革措施的出台对财政的影响不是减收就是增支，"九五"时期由于经济面临需求不足的压力，为了促进经济持续增长，开始实行积极的财政政策，财政赤字继续加大。"十五"时期，尤其是"十五"后期随着经济稳定快速增长和社会主义市场经济体制改革的深化，根据国民经济和社会发展面临的新形势，以及宏观调控的新要求，财政政策的取向由扩张逐步转变为稳健，财政赤字的相对规模缩小。"十一五"时期，面对 2008 年国际金融危机的挑战，为扩大内需、促进经济平稳较快发展，实行积极的财政政策，财政支出大幅增加，2009年、2010 年的财政赤字率激增至 2.7%、2.4%。党的十八大以来，积极财政政策在收入侧、支出侧同时发力，财政赤字规模持续增大，2015 年《预算法》重新修订后，允许地方政府自主发行债券，地方政府债券快速增长，赤字率明显上升，2019 年为 2.8%（见表 20 – 19）。因此，改革和发展中的赤字是我国财政赤字的主要特征。我国财政赤字在很大程度上属于经济改革和社会发展的代价。

表 20 – 19　　　　　　　　　1991—2019 年我国财政赤字的情况

年份	财政收入 （亿元）	财政支出 （亿元）	收支差额 （亿元）	财政收入增长 速度（%）	财政支出增长 速度（%）	财政赤字占 GDP 的比重（%）
1991	3149	3387	– 237	7.2	9.8	– 1.1
1992	3483	3742	– 259	10.6	10.5	– 1.0
1993	4349	4642	– 293	24.8	24.1	– 0.8
1994	5218	5793	– 575	20.0	24.8	– 1.2
1995	6242	6824	– 582	19.6	17.8	– 0.9
1996	7408	7938	– 530	18.7	16.3	– 0.7
1997	8651	9234	– 582	16.8	16.3	– 0.7
1998	9876	10798	– 922	14.2	16.9	– 1.1
1999	11444	13188	– 1744	15.9	22.1	– 1.9
2000	13395	15887	– 2491	17.0	20.5	– 2.5
2001	16386	18903	– 2517	22.3	19.0	– 2.3
2002	18904	22053	– 3150	15.4	16.7	– 2.6
2003	21715	24650	– 2935	14.9	11.8	– 2.1
2004	26396	28487	– 2090	21.6	15.6	– 1.3
2005	31649	33930	– 2281	19.9	19.1	– 1.2
2006	38760	40423	– 2163	22.5	19.1	– 1.0

续表

年份	财政收入 （亿元）	财政支出 （亿元）	收支差额 （亿元）	财政收入增长 速度（%）	财政支出增长 速度（%）	财政赤字占 GDP的比重（%）
2007	51322	49781	-508	32.4	23.2	-0.2
2008	61330	62593	-354	19.5	25.7	-0.1
2009	68518	76300	-9500	11.7	21.9	-2.7
2010	83102	89874	-10000	21.3	17.8	-2.4
2011	103874	109248	-8500	25.0	21.6	-1.7
2012	117254	125953	-8000	12.9	15.3	-1.5
2013	129210	140212	-12000	10.2	11.3	-2.0
2014	140370	151786	-13500	8.6	8.3	-2.1
2015	152269	175878	-16200	5.8	13.2	-2.4
2016	159605	187755	-21800	4.5	6.3	-2.9
2017	172593	203085	-23800	7.4	7.6	-2.9
2018	183360	220904	-23800	6.2	8.7	-2.6
2019	190382	238874	-27600	3.8	8.1	-2.8

注：（1）财政收入中不包括国内外债务收入。

（2）从2000年起，财政支出中包括国内外债务付息支出。

（3）从2006年起，收支差额含预算稳定调节基金。

二、中国金融运行分析

在宏观经济分析中，金融运行的分析反映的是货币当局执行货币政策的效果以及金融对实体经济的融资需求的满足情况。限于篇幅，我们仅对最为核心的货币供应量和社会融资规模作出分析。

（一）货币供应量分析

首先，分析货币供应量的绝对增长情况。我国2000—2021年货币供应量增速如图20－2所示。总体上，我国货币供应量的增速伴随着经济增长率的降低有所下降。2010年以前，货币供应量的平均增速达到了17.8%，而2010年后随着经济增长率的放缓，货币供应量的平均增速也相应放缓到11.4%。具体到年份来看，在21世纪初，我国加入世界贸易组织，经济增长速度空前加快，与此相应，2002年M_2的增速一度超过20%，达到了24.5%；M_1的增速也达到了25.3%。2008年第三季度为应对国际金融危机的冲击，中央政府推出了一揽子经济刺激计划，货币增长速度明显再次加快，2009年M_2的增速一度达到了20年来的最大值28.4%，M_1的增速更是达到了33.2%的高峰。2015年左右，我国经济结构深度调整，以及房地产领域去库存因素的影响，货币供应量增速再次加快，2016年M_1的增速达到21.4%。过快的货币供应量的增长，反映了经济发展过程中货币化速度的加快，也反映出金融市场相对单一、货币吸纳途径较少的情况。

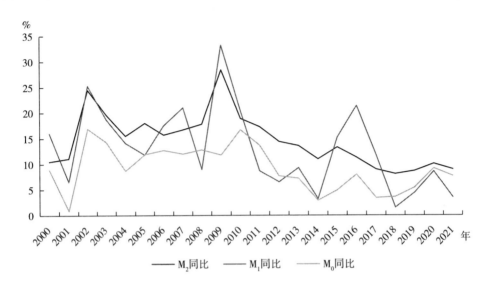

图 20 – 2　我国 2000—2021 年货币供应量增速

（资料来源：中国人民银行网站）

其次，分析货币增长量的相对增长情况。具体情况见图 20 – 3。

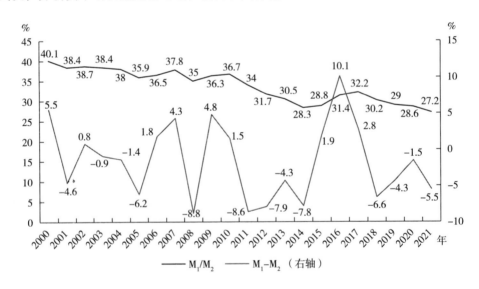

图 20 – 3　我国 2000—2021 年货币增长相对变化

根据 M_1 和 M_2 各自的含义可知，M_1/M_2 代表货币流动性。从总体上看，一方面，随着货币供应量的扩大，货币的流动性在趋势上是有所降低的。另一方面，M_1 和 M_2 增速之差，一定程度上代表了经济中需求量的大小。若 $M_1 - M_2$ 为负值，表示经济中的需求不足，扩张性货币政策释放的货币较多转化成了银行体系中的定期存款。如图 20 - 3 所示，从 2018 年开始，我国宏观经济层面主要面临的就是有效需求不足的问题。

最后，分析货币供应量相对于 GDP 的变化情况。广义货币增长是否与经济增长相适应，可以通过经济货币化比率M₂/GDP 反映出来。从 20 世纪 90 年代中期开始，伴随着货币化进程加速，中国广义货币M₂增速快于经济增长速度直接反映为M₂/GDP 的值上升比较快。1996 年该比率为 106.9%，到 2021 年增长到 208.1%。2000—2021 年中国经济货币化趋势如图 20 - 4 所示。经济货币化程度过高与中国的高储蓄率、金融投资品的供给不足均有关系。不过，最主要的因素还是货币供给增长过快，核心因素是信贷扩张。

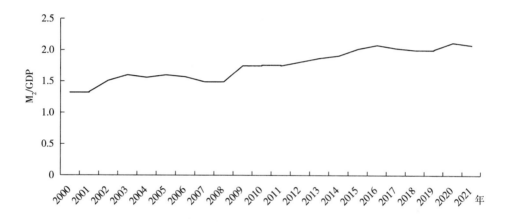

图 20 - 4　2000—2021 年中国经济货币化趋势

（二）社会融资规模分析

从宏观经济分析的角度看，应用社会融资规模这一指标主要是分析社会融资规模的增量，以此反映一段时间内实体经济从金融体系中获得的资金总量。

首先，从规模上看，伴随着我国经济体制从计划经济向市场经济的转型过程，我国的社会融资主要可以分为以下三个阶段：第一阶段是财政主导资金分配阶段（1956—1978 年）。在计划经济体制下，财政统筹资金分配，财政投融资在社会融资结构中占绝对的比例。第二阶段是银行主导的社会融资阶段（1979—1990 年初）。在这一阶段，公开金融市场并没有完全建立，因此，商业银行这一中介机构承担起了绝大部分资金融通职责。第三阶段是多元化融资方式共同发展的市场主导型阶段（20 世纪 90 年代至今）。这一时期，银行信贷仍占社会融资结构的主要地位，但自 21 世纪起，银行信贷占社会融资总量的比例开始下降，其他社会融资方式快速发展。

从中国人民银行公布的社会融资规模增量数据看（见图 20 - 5），2002—2013 年我国社会融资规模增量基本呈逐年上升的趋势，2013—2015 年，社会融资规模增量则逐年下降。从 2016 年开始我国社会融资规模增量再一次呈现出上升趋势。

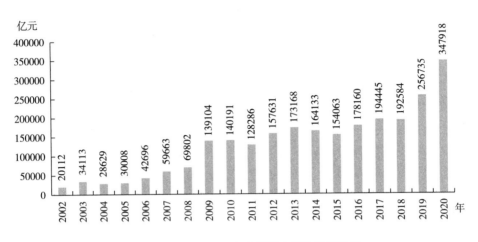

图 20-5 2002—2020 年中国社会融资规模增量

其次，从结构上看，社会融资规模增量的逐年变动呈现以下特点：

第一，银行传统信贷仍然是社会融资规模的最主要项目，但占比有所下降。2002—2013年，人民币贷款占社会融资增量的比例从 91.9% 下降到 51.4%，2014 年开始又再次波动性回升，2017 年人民币贷款占社会融资增量的比例达到了 71.2%，后经调整到 2020 年银行信贷融资占比仍达 57.6%。

第二，在社会融资规模增量中，表外融资业务经历了扩张到收缩的历程。这里的表外融资业务主要包括委托贷款、信托贷款和未贴现银行承兑汇票。2002 年表外融资占社会融资规模增量的比例为 -2.6%，之后逐年上升，到 2013 年表外融资占比达到 29.9%。之后随着我国金融监管加强，这一比例逐步下降，到 2020 年表外融资占比仅为 -3.8%。

第三，直接融资规模有所扩大。直接融资包括企业债券和非金融企业境内股票融资，其占比从 2002 年的 4.9% 提高到 2015 年的 24%，其后随着经济形势的变化，到 2020 年直接融资的占比下降为 15.1%。

综上所述，我国实体经济从金融体系中获得的资金量总体呈现扩大趋势。金融有效地支持了实体经济的发展。另外，虽然我国一直致力于调整融资结构，希望建成以直接融资为主的融资体系，有效化解金融风险过于集中在银行体系的状态，从目前来看，这一进程虽有所推进，但银行体系的融资仍然是占主体地位的融资方式。

本章小结

1. 政府财政统计的国际标准主要由政府运营情况表、其他经济流量表、资产负债表、现金来源和使用表构成。

2. 国际标准中政府财政统计的核算主体是广义政府部门或公共部门，核算的客体是存量和流量。

3. 中国政府财政统计框架由财政收入、财政支出、财政平衡构成。

4. 现阶段中国的财政收入主要分为税收收入、社会保险基金收入、非税收入、债务收入、转移性收入。

5. 财政收入分析的主要相对指标包括财政收入与 GDP 的比率、税收收入与 GDP 的比率、财政收入增长弹性系数。

6. 中国财政支出的分类包括支出的功能分类、支出的经济分类、支出的交叉分类。

7. 中国政府财政支出功能分类设置类（27 类）、款（250 多款）、项（1200 多项）三级科目，而政府财政支出经济分类设置类（10 类）、款（97 款）两级科目。

8. 财政支出分析的主要相对指标包括财政支出与 GDP 的比率、财政支出增长的弹性系数、财政支出增长的边际倾向。

9. 目前国际上有两种常用的计算财政赤字的方法：财政赤字 =（经常收入 + 债务收入）−（经常支出 + 债务支出），财政赤字 = 经常收入 − 经常支出。

10. 中国的货币供应量分为三个层次：M_0 = 流通中的货币、M_1 = M_0 + 单位活期存款、M_2 = M_1 + 单位定期存款 + 储蓄存款。

11. 中国基础货币由金融机构库存现金、流通中的货币、金融机构存放在中央银行的特种存款、金融机构缴存准备金和非金融机构存款构成。

12. 中国货币统计框架包括货币当局资产负债表、其他存款性公司资产负债表、存款性公司概览三个部分。

13. 存款性公司概览中的货币与准货币即是货币供应量的数据。

14. 信贷收支统计实际上是指对金融机构资产负债的简要统计。

15. 信贷收支统计主要分为三类：中央银行信贷收支统计、单家金融机构信贷收支统计、汇总类或合并类金融机构信贷收支统计。

16. 金融市场统计主要反映金融市场上的交易主体在不同市场上的交易对象、交易方式、交易价格及其交易规模等情况。

17. 社会融资规模增量是指一定时期内（每月、每季或每年）实体经济从金融体系获得的全部资金总额。社会融资规模存量是指一定时期末（月末、季末或年末）实体经济从金融体系获得的资金余额。

18. 社会融资规模的统计遵循四项原则，即居民原则、金融原则、合并原则、可得性原则。

本章重要概念

税收收入　非税收入　债务收入　一般公共预算收入　支出的功能分类
支出的经济分类　支出的交叉分类　国内债务发行额　国内债务新增额

国家外债新增额 国债余额 国家外债余额 债务依存度 偿债率 外债偿债率
负债率 货币供应量 M_0 M_1 M_2 基础货币 货币当局资产负债表
其他存款性公司资产负债表 存款性公司概览 信贷收支统计 金融市场统计
社会融资规模

本章复习思考题

一、判断题

1. 财政统计的主体是我们通常理解的狭义政府。 （　　）

2. 中国财政统计的组织形式与国际准则是一致的。 （　　）

3. 财政支出的分类包括功能分类、经济分类和交叉分类。 （　　）

4. 在进行财政运行的分析时重点要关注收支的规模和结构。 （　　）

5. 财政平衡是指财政收入与支出相等。 （　　）

6. 中国金融统计的内容也应该包括货币统计和金融统计两个方面的内容。 （　　）

7. 从广义上说，货币统计包括金融统计。 （　　）

8. 货币就是指流通中的现金。 （　　）

9. 货币供应量的统计需要汇总各类金融机构的资产负债表。 （　　）

10. 社会融资规模的统计主要是有关人民币贷款的统计。 （　　）

二、单选题

1. 下列不包括在中国非税收入统计中的是（　　）。

A. 专项收入　　　B. 罚没收入　　　C. 债务收入　　　D. 捐赠收入

2. 下列说法错误的是（　　）。

A. 国债依存度公认的警戒线是 20%　　B. 偿债率的安全线一般为 20%

C. 发展中国家偿债率的危险线为 30%　D. 政府债务负担率警戒线为 50%

3. 下列关于准货币的计算公式正确的是（　　）。

A. 准货币 = 流通中的现金

B. 准货币 = 流通中的现金 + 活期存款

C. 准货币 = 流通中的现金 + 定期存款

D. 准货币 = 货币 + 定期存款

4. 货币当局的资产统计不涉及的是（　　）。

A. 外汇　　　　B. 货币黄金　　　C. 货币发行　　　D. 对政府的债权

5. 下列说法错误的是（　　）。

A. 可以从信贷收支统计中了解实体经济从金融机构获得间接融资的规模与结构的信息

B. 可以从金融市场统计中了解实体经济在金融市场上获得直接融资的规模与结构的

信息

    C. 社会融资规模的统计包含信贷收支统计和金融市场统计的全部内容

    D. 社会融资规模这一统计指标是进行月度金融运行分析的主要指标

三、简答题

1. 简述中国财政统计与国际标准之间的差异。

2. 中国财政统计包括哪些内容?

3. 简述中国货币供应量的统计方法。

4. 简述社会融资规模与货币供应量之间的区别。

四、思考题

1. 查找有关数据资料,利用本章的原理对货币需求作出分析。

2. 将本章提及的数据更新到最新日期,并作出分析。

第二十一章
中国价格分析

价格指数的变动一直是新闻媒体关注的焦点。价格指数的高低不仅关系国计民生，而且直接影响投资、消费等生产活动的决策。本章主要介绍中国价格指数体系、中国 CPI 的核算与分析、中国 PPI 的核算与分析、一般价格的分析等内容。

第一节 中国价格指数体系

一、中国价格指数体系构成

目前，我国共编制 12 种重要的价格指数，编制部门以国家统计局为主，以人民银行、海关总署、中国物流信息中心等部门为辅，基本涵盖了投资、生产、流通、消费等经济生活的各个领域。

在政府编制、发布的官方价格指数之外，一些新闻媒体、行业主管部门、行业协会和商品交易集中地也纷纷编制符合自身行业需求的价格指数。比如，农业农村部编制"全国农产品批发价格指数"，商务部监测"国内农副产品价格"和"国内生产资料价格"，山西省联合新华社编制"煤炭交易价格指数"，中国钢铁工业协会正式发布"中国铁矿石价格指数"。其他价格指数可以按不同标准进行分类，例如，一些行业、专业价格指数，如义乌小商品价格指数、盛泽丝绸化纤指数、柯桥纺织价格指数、中关村电子信息产品价格指数、叠石桥家纺价格指数、成都中药材价格指数等，价格指数名目繁多，且处于不断增加的过程中。我国的价格指数体系可按照以下方式进行分类。

（一）按生产、消费、分配进行分类

生产、消费、分配是整个社会生产过程中的三个环节，它们互相联系、互相制约，共同构成国民经济的循环。因此，我国价格指数体系可按照生产、消费、分配的不同经济活动领域进行分类。

1. 生产领域

生产领域又称物质生产领域，是人们创造物质财富活动各部门、各工种的总和。反映生产领域的价格指数主要包括农业生产者价格指数、农业生产资料价格指数、生产资料价格指数、工业生产者出厂价格指数、工业生产者购进价格指数等。

2. 消费领域

消费是社会再生产过程中的一个重要环节，也是最终环节。它是指利用社会产品来满足人们各种需要的过程。反映消费领域的价格指数主要有居民消费价格指数、商品零售价格指数等。

3. 分配领域

分配领域是联结生产领域和消费领域的中间环节。分配和生产的关系是，生产决定分配，即决定分配的对象和方式。没有产品的生产，就没有可供分配的对象（产品）。社会成员以什么样的社会形式参与社会产品的分配，取决于他们以什么样的社会形式参与生产。反映分配领域的价格指数主要包括商品交易价格指数、进口价格指数、出口价格指数、各类服务项目收费价格指数等。

（二）按不同市场进行分类

我国经济活动按照不同交易对象可分为劳动力市场、生产要素市场和金融市场，不同的市场对应不同的价格指数。

1. 劳动力市场

劳动力是特殊的商品，具有使用价值和价值，劳动力价格是劳动力价值的货币表现。反映劳动力市场的价格指数主要是劳动力价格指数。这类价格指数还可以根据不同的行业、地区、职业企业性质进行进一步细分，其中有些指数还在研究与探索中。

2. 生产要素市场

生产要素市场是在生产经营活动中利用的各种经济资源的统称，一般包括土地、劳动力、资本、技术和信息等。我国反映生产要素市场的价格指数主要包括农业生产资料价格指数、土地价格指数、固定资产投资价格指数等。

3. 金融市场

金融交易是当今经济活动的重要组成部分。金融产品的价格化也从不同角度影响货币政策的传导和企业融资与生产决策。金融市场的价格指数众多，主要包括股票价格指数、债券价格指数、期货价格指数和外汇指数等。每一类特定金融市场的价格指数还可以根据行业、资本规模、信用等级等不同特征进行细分。

（三）按指数的编制频率分类

按照价格指数的编制频率可分为日度指数、月度指数、季度指数和年度指数，它们分别以一天、一月、一季和一年为报告期。

（四）按指数的表示范围分类

按照指数的表示范围可分为综合指数和分类指数，分类指数又可根据不同地域和行业进行细分。

二、中国价格指数体系与宏观经济运行分析

一般来说，宏观经济运行的政策目标包括经济增长、充分就业、国际收支平衡、物价稳定、金融稳定五个方面。本部分内容将从这五个角度来分析中国的价格体系。

（一）经济增长与价格指数

经济增长的含义是指，在一定时间内，一个经济体系生产内部成员生活所需要商品与劳务潜在生产力的扩大。生产力的成长主要取决于一个国家自然资源禀赋、实物资本累积与质量提升、人力资本累积、技术水准提升以及制度环境改善。

分析经济增长通常需要用到 GDP、CPI 指数、GDP 平减指数。一般以本年度的 GDP 总量对比往年的 GDP 总量得出经济增长的百分比。如果一个国家的国内生产总值增长为负数，即当年国内生产总值比往年减少，就叫做经济衰退。CPI 通常用来表征通货膨胀的情况。

经济增长与通货膨胀的关系存在以下四种情形：第一种是高增长低通胀。主要特征是 GDP 高速增长和 CPI 的低位稳定并存，表明宏观经济处于良性运行的轨道，这是一个社会追求的最重要的经济目标。我国 1997—2007 年间就是典型的高增长低通胀阶段，这段时间是经济的黄金增长期。第二种是高增长高通胀。主要特征是 GDP 的高速增长与 CPI 高位运行并存。由于经济高速增长，国民收入大幅增加，社会需求增长较快，在这种情况下，容易出现价格上涨从而引发通货膨胀。此时，由于经济高速运行，即使通胀压力较大，整个社会压力也不是很大。但如果分配不公，则容易出现穷人补贴富人的情况，从而会引发一系列社会问题。我国在 1992—1995 年间就处于这样的阶段。第三种是低增长低通胀。主要特征是在 GDP 增长较慢甚至出现负增长的同时 CPI 也处于低位运行状态。一般情况下，经济增长缓慢，则国民收入增长缓慢，社会需求减少，从而使产品价格下降，CPI 降低。这时促进经济增长成为整个社会的首要目标，可以采取适当的通货膨胀政策来刺激生产。政府会采取扩张性政策来刺激经济的增长。我国在 1988—1991 年间就处于这样的阶段。第四种是低增长高通胀。即经济停滞通货膨胀，俗称滞胀。主要特征就是 GDP 增长比较缓慢甚至出现负增长的情况，但同时物价上升加快，通货膨胀率一般超过 5% 甚至更高。滞胀要比单纯的通胀更可怕，对一个社会的破坏性更大。

GDP 平减指数是指没有剔除物价变动前的 GDP（现价 GDP）增长与剔除物价变动后的 GDP（不变价 GDP 或实质 GDP）增长之比（也可是名义 GDP 与真实 GDP 之比）。该指数也可用来计算 GDP 的组成部分，如个人消费开支。它的计算基础比 CPI 更广泛，涉及全部商品和服务，除消费外，还包括生产资料和资本、出口商品和劳务等。因此，这一指数能够更

加准确地反映一般价格水平走向，是对价格水平最宏观的测量。

（二）充分就业与价格指数

充分就业又称完全就业，是经济学中的一个假设，是指除了正常的暂时不就业外（如工作转换等），所有人都找到合适的工作。在充分就业的情况下，仍然会存在摩擦性失业和结构性失业。

这里主要考虑失业率与 CPI 的分析。失业率是指一定时期满足全部就业条件的就业人口中仍未工作的劳动力的比例，旨在衡量闲置中的劳动产能，是反映一个国家或地区失业状况的主要指标。

$$失业率 = 失业人数 /（在业人数 + 失业人数）\times 100\% \qquad (21-1)$$

在经济活动中，生产要素投入中的劳动力投入是不可或缺的，只是不同的生产方式下劳动力投入的数量和质量不同。劳动力市场的供需是一定失业率形成的基础，在通常情况下，供大于需，失业率增加；供小于需，失业率减少。同理，产品市场产品的供求是一定通货膨胀率形成的基础。

失业率与通货膨胀率反向变动。当实际就业率小于充分就业率时，失业率上升意味着人均收入降低，导致 CPI 下降。物价的下跌也会使企业的实际利润下降，甚至造成生产停滞和企业破产。投资和生产上的抑制也会影响就业，使就业率下降。

根据菲利普斯曲线，生产方式和生产效率不同，经济增长方式也不同，通常经济增长率高伴随高通货膨胀，CPI 也会升高，失业率会降低；但若经济增长是产业结构变动所致，生产要素市场和产品市场的结构性矛盾突出，则即使高经济增长导致高通货膨胀，也可能会出现高失业率。

从生产成本角度分析，货币工资率越高，生产成本越高，企业生产对劳动力的需求越小，失业率越高，如果此时存在成本推进型的通货膨胀，以货币工资成本上升为主导，其他生产要素成本不变或上升，则通货膨胀率较高；若不以货币工资成本上升为主导，其他生产要素成本下降，则通货膨胀率可能保持不变或下降。

（三）国际收支平衡与价格指数

国际收入等于国际支出时，称为国际收支平衡。国际收支状况主要取决于该国进出口贸易和资本流入流出状况。

分析国际收支情况要考虑的重要价格指数是汇率。当一国国际收支出现顺差时，本国外汇市场上外汇供给大于外汇需求，导致外币贬值，本币升值，本国出口商品以外币表示的国际市场价格上涨，进口商品价格下降，因此出口减少、进口增加，贸易顺差减少，国际收支趋向平衡。反之，当一国国际收支出现逆差时，本国外汇市场上外汇供给小于外汇需求，外币升值，本币贬值，出口商品的外币价格下降，进口商品价格上升，出口增加，进口减少，贸易逆差得到改善，国际收支状况趋向平衡。

（四）物价稳定与价格指数

物价稳定就是要抑制通货膨胀、避免通货紧缩、维持币值稳定。价格稳定是货币政策最为重要的目标。消费者价格指数（CPI）和生产者价格指数（PPI）作为直接反映物价水平及市场景气程度的经济指标，一直以来均是中央银行在制定宏观调控政策时的重要参考。当CPI与PPI同步变化时，货币政策选择较为简单，例如，CPI与PPI同时上升，表明物价上涨，采取适度紧缩的货币政策便可。反之，可以采取适度宽松的货币政策。但现实往往并非如此理想。2011年末至2016年，我国出现了CPI与PPI倒挂的现象，这一期间CPI为正，PPI为负，CPI与PPI的倒挂对货币政策提出了更高的要求，不仅要调控价格水平，而且要调控价格结构。

（五）金融稳定与价格指数

金融稳定是指一种状态，即是一个国家的整个金融体系不出现大的波动，金融作为资金媒介的功能得以有效发挥，金融业本身也能保持稳定、有序、协调发展，但并不是说任何金融机构都不会倒闭。考察金融体系是否会出现较大幅度的波动，需要结合利率、汇率、股票价格指数、债券价格指数等进行综合考量。而金融稳定与物价之间也存在着非常重要的相互影响。长期来看，价格稳定与金融稳定是相互促进的。但在短期，当中央银行为防止系统脆弱性引发系统性危机而向有问题金融机构提供流动性援助时，相应地扩大了基础货币投放，具有通货膨胀效应，将影响价格稳定和中央银行货币政策的独立性。

三、中国 CPI 和 PPI 在宏观经济运行分析中的作用

（一）CPI 在反映通货膨胀程度中的作用

CPI通常可用来衡量需求拉动型通货膨胀的程度。针对我国CPI的构成情况，可以重点关注食品项（包括粮食、禽肉、蛋奶、鲜菜、鲜果等）的价格波动。这是因为食品项是影响CPI波动的主要因素，食品项CPI可以通过两个渠道进入社会：一是直接作为消费品出售给消费者，二是出售给加工厂商并由后者再销售给最终消费者。前一途径形成的交易价格（零售价格）进入CPI核算，后一途径形成的交易价格（批发价格）进入PPI核算，但PPI核算中食品类原料所占比重非常小，因此通常认为食品类核算主要归于CPI中。其中，肉、蛋、禽、奶、鲜菜、鲜果子项价格受需求影响的波动性更强，是需求拉动型通货膨胀更加直观的反映，而粮食类子项的价格则比较稳定，不易受需求波动影响。

（二）PPI 在反映通货膨胀和经济景气中的作用

PPI可以反映成本推进型通货膨胀水平。分析成本推进型通货膨胀，应重点关注PPI核算中的燃料价格分项。包括石油、煤炭在内的工业燃料广泛应用于产业链的上中游，电力也由工业燃料转化而来。如果在一定时期内，燃料价格受到某种供给冲击或外来冲击出现上涨，那么这通常会首先表现为PPI的上升，尤其是表现为其中的采掘产品和原料产品价格指

数的上升。燃料的生产加工在各国经济中大多集中在数目不多的大型企业，这些企业很容易采取相似的价格调整政策将原料成本变化传递到产成品价格上。如果配送和销售环节没有限制因素，生产环节出现的价格变动也会传递到销售环节，从而使进入消费价格统计中的燃料价格发生相应变动。

PPI 对国内经济甚至全球经济的景气度变化十分敏感，对需求端的变化具有重要的信号作用。首先，PPI 能够敏锐地感知全球经济的冷暖，当全球经济向好时，全球定价的大宗商品需求得到提振，并拉动价格上行；其次，国内投资热度是国内定价工业品的关键决定因素，它们与房地产投资、基建投资均有较强的关联性。

（三）CPI 和 PPI 的局限性

根据我国 CPI 和 PPI 核算的理论框架，我国 CPI 和 PPI 均采用拉氏价格指数，该指数的主要缺点包括：（1）忽略了基期以后出现的新产品，这种新产品实际上已经加入了基期以后商品总支出的范围，这一缺陷会使拉氏价格指数测度的一般价格水平上涨率低于实际的价格上涨率；（2）拉氏价格指数忽视了需求的价格效应，它是以基期的各种商品需求量在报告期不会因价格水平上涨而减少为前提的，但实际上需求量是商品价格的函数，在其他条件不变时价格上升会引起需求量的下降，这一缺陷使拉氏价格指数可能会给那些价格已经上涨的商品所分配的权数过大，结果会使计算出来的价格指数较实际价格上涨率更高一些。

第二节　中国 CPI 的核算与分析

一、中国 CPI 的概念和理论分析框架

（一）中国 CPI 的概念

中国居民消费价格指数是反映一定时期内城乡居民所购买的生活消费品价格和服务项目价格变动趋势和程度的相对数，是对城市居民消费价格指数和农村居民消费价格指数进行综合汇总计算的结果。通过居民消费价格指数可以观察和分析消费品的零售价格和服务价格变动对城乡居民实际生活费支出的影响程度。其按年度计算的变动率通常被用来作为反映通货膨胀（或紧缩）程度的指标。

中国居民消费价格指数包括全国消费价格指数、城市居民消费价格指数和农村居民消费价格指数。

（二）理论分析框架

CPI 的理论分析框架有两种，分别是固定篮子指数理论和生活费用指数理论。由于生活费用指数中效用函数在现实中较难确定，中国 CPI 的理论分析框架与大多数国家保持一致，

选择固定篮子指数。其函数形式为

$$P_L = \frac{\sum_{i=1}^{n} p_i^1 q_i^b}{\sum_{i=1}^{n} p_i^0 q_i^b}$$

(21 - 2).

式中，假设所选的代表性产品篮子为 $q^b = (q_1^b, q_2^b, \cdots, q_n^b)$，对应的价格向量为 $p^t = (p_1^t, p_2^t, \cdots, p_n^t)$，$t = 0,1$。

二、中国 CPI 中商品和服务确定的范围及国际比较

（一）确定的范围

中国居民消费价格统计调查涵盖全国城乡居民生活消费的食品烟酒、衣着、居住、生活用品及服务、交通和通信、教育文化和娱乐、医疗保健、其他用品和服务 8 大类、262 个基本分类的商品与服务价格（见表 21 - 1）。

按照国家统计调查制度规定，全国各省（自治区、直辖市）CPI 调查的大、中、小类是统一的，但各省（自治区、直辖市）结合自身实际，选择商品和服务项目的代表规格品不尽相同，有所差异。

表 21 - 1　　　　　　　　　　　　　中国 CPI 分类

大类	子项		大类	子项
食品烟酒类	粮食		居住类	租赁房房租
	食用油			水电燃料
	鲜菜		生活用品及服务类	家用电器
	畜肉类	猪肉		家用服务
		牛肉	交通和通信类	交通工具
		羊肉		交通工具用燃料
	水产品			交通工具使用和维修
	蛋类			通信工具
	奶类			通信服务
	鲜果			邮政服务
	卷烟		教育文化和娱乐类	教育服务
	酒类			旅游
衣着类	服装		医疗保健类	中药
	鞋类			西药
其他用品和服务类				医疗服务

资料来源：国家统计局。

（二）国际比较

COICOP 将消费支出划分为 12 个大类，大类下分为 47 个中类、117 个小类、200 多个基本分类。理论上，商品篮子应当包括居民日常生活消费全部的商品和服务。ILO（2003）的决议即认为"CPI 应该涵盖所有各类商品和服务，不应当遗漏非法或从社会角度看不受欢迎的任何商品和服务类别。"但是，受人力、财力等限制，各国在实践中不可能采用普查的方式获取居民消费的全部商品和服务的价格，而是选取有代表性的商品和服务进入篮子。

目前，多数经济体商品和服务的分类都是以 COICOP 为基础的，只有美国、加拿大、墨西哥、俄罗斯和印度等采用自己的分类体系（见表 21-2）。

表 21-2 各国 CPI 分类

国家	分类体系	大类	基本分类	代表品数量
美国	自有分类	8	305	—
加拿大	自有分类	8	169	600
俄罗斯	自有分类	3	—	445
英国	COICOP	12	—	超过 650
法国	COICOP	12	161	超过 1000
意大利	COICOP	12	530	1143
德国	COICOP	12	150	约 700
澳大利亚	参照 COICOP	11	89	—
日本	参照 COICOP	10	—	588
中国	参照 COICOP	8	262	约 700

注："—"表示未获取到明确的数据。

资料来源：国家统计局网站；刘向耘，高宏. CPI 编制的国际比较 [R]. 2016.

三、中国 CPI 权重的确定及国际比较

（一）CPI 权重的确定

居民消费价格指数的权重根据城乡居民家庭消费支出构成确定。居民消费支出中大类、中类和基本分类的权重依次分层计算。大类权重为大类支出额占所有大类支出额之和的比重，中类权重为中类支出额占所在大类支出额的比重，基本分类权重为基本分类支出额占所在中类支出额的比重。

各省（自治区、直辖市）先根据本省（自治区、直辖市）城镇居民家庭生活消费支出调查资料和农村居民家庭生活消费现金支出资料分别整理计算本省（自治区、直辖市）城市 CPI 和农村 CPI 的权重；然后，以此为基础，以城乡人均消费支出金额和人口为权重，加

权计算本省（自治区、直辖市）CPI 的权重。

全国 CPI 权重则根据各省（自治区、直辖市）的权重，按各地人均消费支出金额和人口加权计算。

（二）国际比较

编制 CPI 权重系数是由各国依据本国的经济发展水平及其特点确定的。中国、美国、欧盟和日本 CPI 权重系数见表21－3。由表21－3 可以看出权重的三个特征：一是中国、美国、欧盟、日本权重系数排在前四位的虽有差别，但均包括食品类、居住类、娱乐教育文化用品服务类、交通和通信类。二是各国四类消费权重之和达 75% 左右，中国为 76.1%，美国为 81.9%，欧盟为 73.8%，日本为 81.6%。三是经济发展水平越高，居住类权重系数越大。美国、日本发达国家的居住类权重系数最大，分别达到 37.0%、27.2%。我国食品类权重系数最大，达到 35.3%，居住类权重虽然排在第二位（17.0%），但与美国、日本相比依旧偏低。

此外，在权重数据的更新方面，中国价格指数编制中的权重更新较慢。我国的权重一般每五年进行一次大调整。而很多国家的权重更新很快，如英国和法国每年更新一次，加拿大每四年更新一次。美国曾经是十年更新一次权重，在 1996 年收到《Boskin 委员会报告》之后认识到更新权重对降低 CPI 偏差的重要性，于 1998 年决定从 2002 年 1 月起每两年更新一次。

表 21－3 各国 CPI 权重系数表 单位：%

类目	中国	美国	欧盟	日本
食品烟酒类	35.3	14.8	19.3	25.9
服装类	8.6	3.6	6.7	4.6
家用设备及服务类	5.7	4.4	6.8	3.4
医疗保健类	9.6	6.6	4.2	4.5
交通和通信类	10.0	20.6	18.8	13.9
娱乐教育文化类	13.8	9.5	19.9	14.6
居住类	17.0	37.0	15.8	27.2
其他	0	3.5	8.5	5.9

资料来源：马敏娜，王志涛. 我国与发达国家 CPI 编制的差异性比较［J］. 价格理论与实践，2012（3）.

四、中国 CPI 商品质量的处理及国际比较

（一）CPI 商品质量的处理

目前，我国在 CPI 核算的质量处理中尚未使用直接质量调整方法进行调整，而是仅结合

我国实际情况，运用以下间接质量调整方法。

1. 科学选取法

为了避免因产品质量类型繁多或交易对象不同引起的规格品价格差异，一般要求企业在基期轮换的时候就选定企业最主要、最稳定产品型号和交易对象进行价格填报。若企业生产经营调整导致代表性缺失，则需要及时更换规格品，并直接采集新规格品的基期价格。该方法是同质可比原则的直接体现，完全符合规范和要求，但其缺点是假设调整的有代表性的新规格品有基期价格，这点有时难以实现。

2. 价格沿用法

针对规格品在报告期因阶段性停产或停售而无价格的情况，或者生产周期长且为长期合同的，继续沿用基期价格的方法。例如，在PPI调查中如果大型机械生产单价高、生产周期在数月甚至一年以上，则采用价格沿用法。该方法的优点是能在一定时期内保证规格品稳定，减少了统计员的主观影响，降低了人为干预风险。但价格的长期沿用将导致指数过于平稳，不符合市场实际，所以在具体实施中都有沿用时间限制。

3. 成本模拟法

成本模拟法是运用新旧规格品成本比例计算新规格品基期价格的方法。这个方法的优点是改变了只从最终价格采价的方式，而是选择从生产成本进行推算，给价格质量评估提供新思路。但缺点是该方法成本与价格成比例差异的假设有时过于勉强，还有多数产品成本构成复杂且难以取得，导致操作性较差。

4. 标准配置法

针对不同配置导致不同价格的产品，在效用等同（主要部件相同）的情况下，确定主要规格技术指标，采取排除不同配置、只采集标准配置产品价格进行上报的原则，保证数据的同质可比性。主要适用于大型机械、机床等设备价格调查。其优点是标准配件数据容易取得，且上下期价格容易同质。缺点也非常明显，一是大多数大型机械设备生产周期长，非标准配件占比大，标准配置法不能反映其实际价格变动；二是统计人员非专业技术人员，对于标准配置选择难度大，具体操作时人为因素比例高。

5. 相似产品替代法

找到市场上相似（如用途、外观、颜色、形状等）的产品，利用其价格指数推算出新产品的基期单价。如手机、部分家电等更新换代非常快，推出新产品周期越来越短。在这种情况下，如果只上报老产品，价格指数将严重失真，在更换主流产品时，可以采用相似产品替代法。但相似性是人为判断的，有较大的主观性，结果正确性有待商榷。

6. 专家评估法

访问业内专业人士，评估新产品的基期价格，有时与相似产品法结合使用。如在CPI调查中询问企业资深销售或采购员。该方法的优点是，业内专业人士多为一线销售人员，对市场变化敏感，其意见有较大的参考价值。但从实践中看，企业销售人员众多，对市场的把握参差不齐，他们的意见有时候也有一定的误导性。

（二）国际比较

目前绝大多数国家在编制价格指数时都会进行质量调整，但多局限于采用间接质量调整法。表21－4列出了国际上直接质量调整法的应用现状，从中可以看出：一是直接质量调整法在发达国家中应用更为广泛，如美国、澳大利亚、德国、日本等，其中澳大利亚质量调整的产品的覆盖率甚至达到30.9%。而在中国由于相关基础不完善等原因，均未采用直接质量调整法对质量变化偏差进行调整。二是汽车、计算机、电脑等更新换代迅速的产品成为各国应用直接质量调整方法的主要领域。三是 Hedonic 回归法在各类直接质量调整方法中应用最为广泛。由于相对于其他方法更加客观、透明，Hedonic 回归法越来越成为各国价格编制机构重视的质量调整方法，应用也越来越广泛。

表21－4　　　　　　　　　　　各国价格指数质量调整情况

国家	质量调整情况
美国	Hedonic 回归法：衣着、部分家用产品、电脑、音像视听设备、大学图书；成本调整法：新车及二手汽车（质量调整产品覆盖率达10.5%）
法国	Hedonic 回归法：汽车和图书等
德国	Hedonic 回归法：二手汽车、个人电脑以及部分家用电子产品
意大利	Hedonic 回归法：汽车和电话设备
日本	Hedonic 回归法：个人电脑和数码相机
荷兰	成本调整法：汽车、音像视听、影像及资料处理设备等； 专家调整法：家用产品、电话、网络服务和设备
西班牙	Hedonic 回归法：洗衣机和电视设备
澳大利亚	Hedonic 回归法：音像视听和计算机设备等； 专家调整法：加工食品、衣着、房租、家庭用品和汽车（质量调整产品覆盖率达30.9%）
比利时	成本调整法：个人电脑和汽车
中国	未调整

五、中国 CPI 数据的搜集方法及国际比较

（一）数据搜集方法

我国目前采用的是重点调查与典型调查相结合的主观抽样方法，兼顾各种类型地区的特点，考虑企业分布的情况，有重点地选择一定数量的调查单位，并根据销售情况，选择品种相对稳定、成交量大、价格变动趋势有代表性的调查商品。这种方法的优势在于可以根据对经济情况的分析以及采纳有关专家的意见，统筹兼顾、全面安排，选准选好样本。但由于在

很大程度上依赖主观判断能力，对样本规模、样本代表性、数值的准确度等无法定量计算，即不能在一定的置信度内保证结论的可靠性，指数的偏差难以把握。

中国 CPI 数据由国家统计局负责编制，具体是由地方调查总队展开统计调查工作，对价格变化频繁的商品每月最多采价 6 次。数据来源于全国 31 个省份约 500 个市县、近 10 万家价格调查点，包括商场（店）、超市、农贸市场、服务网点和互联网电商等。我国目前的统计管理体制是分级管理。国家统计局负责全国商品零售价格指数的编制及相关工作，并组织、指导省（自治区、直辖市）调查总队开展商品零售价格统计调查工作。各地通过手持数据采集器，采用定人、定点、定时的方法直接调查，或者由选中的调查对象协助填报。在保证价格准确的前提下，经国家统计局审定，各地可通过相关政府部门发布的通知、公告等文件，以及部分企业、单位公开发布的收费信息资料和被调查单位的电子数据进行采价，也可从互联网采集特定商品价格。每月 5 日、10 日、15 日、20 日、25 日、30 日为 CPI 采价日（2 月份最后一个采价日为当月最后一天）。价格变动频繁的规格品（如鲜活食品）每月采价 6 次，其他商品和服务的规格品每月采价 1~3 次。

国家统计局选择逢"5"和"0"结尾的年份为基期，选取一篮子商品和服务，并保持 5 年内不变。这一方面使这个篮子适应经济社会快速发展及生产、流通、消费领域商品和服务的交易结构新变化，使其更具代表性；另一方面不对篮子进行过高频率的调整，以使各年数据具有连续性和可比性。

（二）国际比较

在 CPI 数据的搜集方法上，美国、法国、日本等主要是利用随机原则，采用随机抽样的调查方法。德国、澳大利亚采用主观抽样，英国、加拿大采用概率与非概率抽样相结合的方法。

六、中国 CPI 的计算方法及国际比较

（一）CPI 的计算方法

1. 基本分类指数的计算

（1）月环比指数的计算

根据所属代表规格品价格变动相对数，采用几何平均法计算，计算公式为

$$k_t = \sqrt[n]{G_{t1} \times G_{t2} \times \cdots \times G_{tn}} \times 100\% \qquad (21-3)$$

式中，G_1，$\cdots$，G_n 为第 1 个至第 n 个规格品报告期（t）价格与上期（$t-1$）价格对比的相对数。

（2）定基指数的计算

$$I = k_1 \times k_2 \times \cdots \times k_n \qquad (21-4)$$

式中，k_1，$\cdots$，k_n 为基期至报告期间各期的月环比指数。

2. 类别及总指数逐级加权平均计算

$$L_t = \left(\sum w_{t-1} \frac{p_t}{p_{t-1}} \right) \times L_{t-1} \qquad (21-5)$$

式中，w 表示权数，p 表示价格，t 和 $t-1$ 分别表示报告期和报告期的上一时期，p_{t-1} 表示本期环比指数。

3. 省（自治区、直辖市）指数的计算

省（自治区、直辖市）指数根据全省（自治区、直辖市）城市和农村指数按城乡居民人均消费支出金额和人口数加权平均计算。

4. 全国指数的计算

国家统计局根据全国的价格调查数据，按照各种商品在全国的消费结构，计算全国 CPI 指数，而不是根据各省（自治区、直辖市）CPI 加权计算全国指数。

同样，全国城市（农村）指数也是从全国的价格调查数据中分离出城市价格调查数据和农村价格调查数据，再分别按照全国城市 CPI 权重和全国农村 CPI 权重计算全国城市（农村）CPI 指数。

中国在基层数据的计算方面，采用简单几何平均和加权算术平均两种方法，在对高层指数进行汇总时，我国以上年 = 100 为基期，以上年住户支出调查资料为权数（每年变动），采用变动权数拉氏价格指数公式编制年距环比价格指数，用年距环比指数连乘法推算定基价格指数。由于指数没有链接，推算的定基价格指数与直接计算的定基价格指数结果不一致，有一定的偏差。根据经验法则，在物价下跌时，其值小于直接计算结果；在物价上涨时其值大于直接计算结果。同时，我国还单独计算月环比价格指数，即以上月 = 100 为基期，以上年住户支出调查资料计算的权数为固定权数（年内各月相同），采用拉氏价格指数公式计算月环比价格指数。

（二）国际比较

在 CPI 基本指数的计算方面，美国、欧盟、日本等使用较多的是两层次计算法。美国使用 Jevons 指数和 Carli 指数相结合的方法，对第一层次的基本价格指数进行汇总计算，使用定基拉氏价格指数对第二层次的价格指数进行汇总；欧盟第一层次使用的是 Jevons 指数，第二层次使用的是年度链式拉氏价格指数；日本第一层次使用的是 Dutot 指数，第二层次使用的是定基拉氏价格指数。

七、中国 CPI 的分析

中国 CPI 的分析方法和流程按照本书第十四章 CPI 分析相关内容进行，并根据中国实际情况进行适当调整。本节内容仅介绍中国 CPI 分析的方法和原理，具体分析结果将在本章第四节一般分析部分展示。中国 CPI 的分析包括对构成分项因素的分析和对宏观经济因素的分析。

（一）分项因素分析

我国对 CPI 的构成要素有两种划分方式：一种是二分法，即将 CPI 分项划分为食品类和非食品类；另一种是八分法，也就是常规的 CPI 分类方式，对八种构成分项分别进行分析。根据我国的实际情况，食品项在 CPI 中的占比最大，是决定 CPI 走势的主要因素，因此二分法更加直观、适用。

1. 食品因素分析

在中国食品项 CPI 构成中，包括的分项有粮食、食用油、畜肉类（猪肉、牛肉、羊肉）、水产品、蛋类、奶类、鲜菜、鲜果、卷烟、酒类。食品价格主要受农产品供给变化影响，尤其是猪肉和鲜菜鲜果价格的波动对 CPI 食品项影响最大，需要重点关注。此外，粮食价格尽管相对平稳，但作为最基本的生活资料也需要重点关注。

（1）猪肉价格

猪肉是中国 CPI 中影响最大的细分项。我国是世界最大的猪肉消费国，占世界猪肉消费总量的一半以上。在需求方面，我国猪肉消费整体保持稳定，每年人均消费量约为 20 千克。但供给波动幅度较大，导致猪肉价格经常发生剧烈波动。当猪肉价格上涨时，养猪利润增加，养殖户积极性提高，便会补栏仔猪和母猪，扩大规模。随着生猪出栏越来越多，猪价逐步由涨转跌，养殖户减少生产规模，致使价格重新上升，并进入新一轮周期，我们称这种循环为猪周期，猪周期的本质是猪肉供求关系变化带来价格的周期性波动。

根据生猪养殖过程，从母猪怀孕到肉猪长成出栏的养殖过程需 10 个月。即当养殖户作出能繁母猪补栏的产能扩张决策后，最快也要 10 个月的时间才能传导至供给端（生猪出栏）。再加上从养殖到市场价格之间的传导也存在一定的时滞，一轮完整的猪周期一般在 3~5 年之间。

由以上分析可知，生猪出栏量是猪肉价格的同步指标，能繁母猪存栏是猪肉价格的领先指标。生猪出栏决定了猪肉的产量，因此猪肉出栏量和猪肉价格走势相反。能繁母猪存栏领先猪肉出栏约 10 个月，是猪肉产能的衡量指标，因此其与猪肉价格关系密切。

（2）鲜菜

鲜菜也是食品项中引起 CPI 波动的重要因素。鲜菜主要以最终产品的身份进入市场，菜价上涨推升 CPI 上升。排除自然灾害等不可预计因素的影响，菜价波动有明显的季节性规律，在中国，1 月往往是全年菜价的最高点，之后随着天气转暖、蔬菜上市增加，价格持续下降至 4 月、5 月年内最低点。暑期随着全国进入大范围高温多雨天气，菜价止跌反升，至 9 月、10 月再次回落。

（3）粮食

作为"百价之基"，粮食价格的重要性毋庸置疑，作为 CPI 构成要素的一部分，粮食价格与物价水平密切相关。粮食价格可以通过两条渠道影响 CPI 的波动。第一条是作为最终消费品直接流入市场进行交易，粮食价格上涨直接推升食品价格上涨，导致 CPI 上升；第二条是粮食作为生产资料进入生产加工环节，粮价的上涨使得生产成本升高，为了维持原有利润和获得更大利润，企业就用提高商品价格的办法把成本的增加转嫁出去，这进一步推升 CPI 上涨。

粮食价格波动主要受两方面因素的影响，一是国际粮价的影响，二是国内供给与需求的影响。首先，在国际市场方面，随着国际石油价格持续攀升，一些国家不断推动粮食能源化步伐（美国将玉米用于制作燃料乙醇），加上世界粮食消费增长、产量降低、美元贬值、流动性资金涌向农产品市场、投机炒作等多种因素影响，国际粮食市场供求关系日趋紧张。同时，许多国家纷纷出台扩大进口、限制出口的政策，加剧了世界粮食贸易紧张的局面。截至 2022 年 5 月末，全球已有 20 多个国家实施农产品出口禁令，部分主产国的政策性禁令会对农产品价格产生较大影响。国际市场粮价上涨，必然会引发粮油进出口数量的变化，从而影响国内市场价格。

中国粮价受国际粮价影响较小，中国粮食自给率较高，玉米、小麦、稻谷自给率基本保持在 90% 以上。2021 年我国对大米、玉米、小麦的进口配额分别为 532 万吨、720 万吨和 963.6 万吨，占国内消费量的 2.4%、2.5% 和 6.8%。因此，我国粮价受国际粮价波动影响较小。

中国粮价主要受国内供需市场以及国家政策调控的影响。中国农田相对分散，机械化水平较低，故农作物种植成本偏高，导致主粮价格长期高于国外。此外，粮食可以作为饲料、油脂原料、生物质燃料进入生产环节，粮价上升会带动生产成本增加，导致 CPI 上升。

2. 非食品项因素分析

非食品项因素中我们重点关注能源价格的波动。能源价格是非食品项中影响中国 CPI 波动的重要因素。从历史角度来看，原油价格的上涨会推动物价指数的攀升，在我国现行石油定价机制下，国际油价变动对我国通货膨胀的影响主要通过两条途径传导：

一是原油—成品油—运输费用链条。国际油价的变动首先引起国内原油价格的变动，进而对成品油、天然气等能源性油气产品的价格产生直接影响，从而影响到我国航空、海运、铁路、公路等交通运输业服务价格，以及玻璃、钢铁、电厂等用油工业品出厂价格及居民燃气价格，最终这些影响都会反映到居民消费品价格的变化上。该条传导路径有一定时滞性，这也是由我国现行石油定价机制决定的，主要通过分项"CPI：交通和通信：交通工具用燃料""CPI：居住：水电燃料"对 CPI 产生影响。

二是原油—石油化工产品—生活用品链条。国际原油价格变动首先引起国内原油价格变动，然后从原油中提炼出来的初级有机产品价格也随之变化，比如原油产业链条会形成合成树脂、橡胶、纤维等产品，并最终形成塑料制品、服装、家电、建材等终端消费品。不过终端消费品原材料众多，加之供求对其影响更直接，因此，这一链条对应的相关性较低。

（二）宏观经济因素分析

1. 货币政策因素

中国影响 CPI 波动的主要宏观经济因素之一是货币政策是否保持宽松。价格水平的变动本质上属于货币行为，一般情况下（除了输入性通胀），只有在流动性保持充裕的状况下，CPI 的水平才会实现大幅的抬升，这也是需求驱动的通胀的常见表现形式。

2. 经济发展因素

影响我国 CPI 波动的另一个宏观经济因素是经济发展情况。CPI 走高的另一个前提条件是经济景气度回暖。除去特殊的输入性通胀之外，典型的 CPI 高企的成因是需求旺盛。从历史经验也可以看出，CPI 高企的四个时间段中大部分时间都伴随着 GDP 处于相对较高的水平，需求回暖带动大部分产品价格回升，因此判断 CPI 是否可以回升的第二个条件是观测经济是否景气，GDP 是否高企。

第三节　中国 PPI 的核算与分析

一、中国 PPI 的概念和理论分析框架

我国生产者价格指数由国家统计局统一编制，其结构体系广义上包括农业生产者价格指数和工业生产者价格指数，尚未编制企业服务价格指数。农业生产者价格指数由农业生产资料价格指数和农产品生产价格指数组成，工业生产者价格指数由工业生产者出厂价格指数和工业生产者购进价格指数组成。其狭义的定义，在我国专指工业生产者出厂价格指数。本节内容选择狭义定义进行分析。

工业生产者出厂价格指数反映全部工业产品出厂价格总水平的变动趋势和程度。其中除包括工业企业销售给商业、外贸、物资部门的产品外，还包括销售给工业和其他部门的生产资料以及直接销售给居民的生活消费品。通过工业生产者价格指数能观察出厂价格变动对工业总产值的影响。

原材料、燃料和动力购进价格指数是反映工业企业从物资交易市场和能源、原材料生产企业购买原材料、燃料和动力产品作为生产投入时所付的价格水平变动趋势和程度的统计指标，是扣除工业企业物质消耗成本中价格变动影响的重要依据。

二、中国 PPI 中商品和服务确定的范围及国际比较

（一）确定的范围

首先是确定调查目录，中国 PPI 调查目录五年修订一次，2020 年确定了新基期的调查

目录。该目录按照国民经济行业分类和产品分类标准，制定基本分类以上的分类，尽可能覆盖全部工业行业的主导产品，不仅包括工业产品，而且包含一些重要的生产性服务。

中国 PPI 调查目录包含 40 个工业行业大类、1300 多个基本分类的工业产品价格。价格调查实行月报方式，调查日期为调查月的 5 日和 20 日。

其次是选择代表品。PPI 是以代表产品的价格变动来反映全部产品的价格变化。代表产品的选择，即制定科学的、完善的价格调查目录，对工业生者价格指数能否正确反映工业生产成本和工业品价格变动的实际情况影响极大。如果代表产品过少，会造成代表性不足、价格指数不准确，而过多又会增加调查成本与工作量，造成不必要的浪费。我国编制工业品出厂价格指数选用了 4000 多种产品（9500 多个规格品），编制原材料、燃料动力购进价格指数选用了近 1800 种产品（3500 多个规格品）。上述代表产品所代表的行业销售额（购进额）超过当年全国工业品销售总额（购进额）的 70%，具有足够的代表性。

代表产品选择的基本原则：一是选择对国计民生影响大的产品。一般来说，销售额大的产品对国计民生影响大，应选择为代表产品。那些销售额并不大但属于人民生活的必需品，且人们对其价格变动反应敏感的产品，也应选择一些作为代表产品。二是选择生产较为稳定的产品。一旦选为代表产品，就要连续调查较长一段时间，因此选择代表产品时一定要考虑其生产的稳定性，试生产、市场寿命较短的产品不应被选为代表产品。三是选择有发展前景的产品。部分产品如电子产品、生物制品、新材料等，尽管当期销售额较小，但它销售前景好，随着时间推移，会逐步占有市场，代表性逐步增强，所以要将这样的产品选上。而部分产品尽管一时销售额较大，但已是国家明令淘汰或很快将被市场淘汰的产品，则不应选为代表产品。四是可以选择有地方特色的产品。一些产品尽管产量不大，但具有地方特色，其生产和价格波动对该地区经济和人民生活影响较大，也应被选为代表产品。

最后是代表企业的选择。代表企业，即填报产品价格的调查企业，是工业生产者价格资料的基层填报单位，准确选择填报企业是保证价格指数代表性和准确性的重要前提。工业生产者出厂价格调查采用重点调查与典型调查相结合的方法。重点调查是将全部年主营业务收入 2000 万元及以上的企业列为调查对象，采用主观选样的方法选择调查企业；典型调查是把年主营业务收入 2000 万元以下的企业作为抽样对象，采用随机抽样的调查方法。全国有 400 多个城市的 5 万余家工业企业作为代表企业参与调查。对于每个代表产品，每个地区要尽可能选择多个企业进行填报。

选择开展价格调查的代表企业时遵循以下原则：一是按工业行业选择调查企业。有销售产值的中类行业一般都要有调查企业。调查企业要合理分布，不能遗漏，也不能过于集中。二是大型企业应尽量入选。同时，也应采用抽样方法适当选择一些中小企业，使 PPI 数据更加准确、全面地反映客观实际。三是选择生产稳定、正常的企业作为调查对象。

（二）　国际比较

大多数国家的 PPI 仅涉及与工业生产活动相关的采矿业、制造业以及天然气、电力和水的供应业，而有些国家也包括农业以及运输和通信服务业。比如，英国和法国经济活动分类采用统一的欧盟工业分类标准；美国和加拿大依据北美分类标准。所有分类标准都包含制造业，只有日本把农业活动也包含在内，而我国是单独编制农业 PPI；另外，日本和欧盟的标准均包含废物处理活动；美国包含大部分的服务业。通过比较可见，我国的国民经济行业分类标准应该与国际接轨，在计算 PPI 时应尽可能涵盖所有的产业，把农业、服务业以及废物处理行业等包含在内，提高 PPI 的编制质量和适用范围。

我国编制的产出 PPI 主要是针对企业生产的工业品出厂价格数据，调查产品达到 4000多种（近 7500 个规格品），调查企业近 50000 家。从调查的产品种类数目来看，我国仅高于日本，与英美等发达国家相比差距还很大。但我国调查的企业数目高达 50000 家，远远超过其他国家，比如，英国的调查企业仅有 7000 家。

三、中国 PPI 权重的确定及国际比较

（一）　PPI 权重的确定

工业品出厂价格指数所用的权重用工业品销售额计算；编制原材料、燃料、动力购进价格指数的权数用工业部门各种物资消耗额计算。

权数计算资料来源于工业普查数据。若近期没有工业普查数据，可以用工业统计资料和部门统计资料推算。

在权数编制方法上，工业品出厂价格指数采用间接权数分摊方法，把未被选中的产品（或行业）的权数合理分摊到选中的代表产品（或行业）上去。即首先按行业大类确定权数，然后分到行业中类，再由行业中类分到行业小类，最后计算代表产品的权数。权数分摊方法消除了行业间代表产品分布不均衡的问题，但中类以下的产品权数资料缺乏准确的数据来源，因而可能会在一定程度上影响 PPI 的准确性。此外，原材料、燃料、动力购进价格指数采用直接权数法。

（二）　国际比较

我国在小类产品代表规格品的权重获取方面存在困难，规格品的销售情况经常发生变化，其权重无法确定，中类以下的产品权数资料缺乏准确来源。然而，一些发达国家如美国、法国、日本、加拿大已能够获取较为完善的相关权重数据。

在对权重的更新频率方面，我国同英国、法国和加拿大一样，均采用五年一次的更新频率。

经过计算分析，我们发现我国的能源类（石油煤炭天然气开采和加工、电热生产供应）、电子设备、汽车制造、黑色金属加工、电器机械及器材、化工品、非金属矿物、有色

金属加工、食品制造和加工等行业权重较大，均在 5% 以上。美国 PPI 权重从品类划分来看，商品端的运输设备、机械设备、加工食品和饲料、燃料能源权重超过 5%；服务端的医疗保健、批发贸易、零售贸易权重更高，分别达 17.7%、10.1%、9.6%；建筑业权重为1.7%。不考虑美国服务业、建筑业，仅从两国商品端权重异同来看，虽然品类划分方式有所不同，但可以看出能源、化工类权重均比较高，金属、非金属矿物类在我国权重明显偏高，这与我国建设规模巨大息息相关，而运输设备类在美国权重更大。

四、中国 PPI 商品质量的处理及国际比较

（一）PPI 商品质量的处理

我国在 PPI 的数据质量调整方面还处于起步阶段，与 CPI 的编制相同，我国在 PPI 编制中尚未使用直接质量调整方法，国家统计局正在尝试对少数商品进行间接质量调整，如对一些高新技术产品（手机、部分家电）和大型机械设备根据具体情况采用成本模拟法、专家评估法或类似替代法进行数据质量调整。

（二）国际比较

相较中国而言，多个国家在 PPI 的质量调整方面的研究和应用已较为深入和成熟。加拿大根据不同的产品采用不同的质量调整方法。在美国，当规格品的变化很小以至于没有成本差异时，采用直接比较法；而当规格品改变引起成本较大变化时，采用直接质量调整法，主要适用于汽车、机械以及一些具有周期性变化的产品；当新旧规格品的成本无法直接估计和比较时，就采用重叠法。英国、法国和日本广泛使用 Hedonic 回归法，如日本和英国的计算机、法国的计算机和外围设备的制造产品。

五、中国 PPI 数据的搜集方法及国际比较

（一）数据搜集方法

从 2014 年 1 月开始，我国 PPI 实行"国家统计局一套表联网直报"调查，PPI 中所有具备直报条件的调查企业于当月月底前，通过国家统计局一套表联网直报平台上报数据，暂时不具备直报条件的企业由当地统计部门代报，各省、市、县调查队在直报平台上审核数据。省级调查总队超级汇总后，于次月月初上报国家统计局。国家统计局审核后，逐级汇总各省上报数据并进行全国 PPI 汇总，形成 PPI 价格指数。

我国在选择调查企业和规格品时采用非概率抽样技术，主要通过重点调查和典型调查相结合的方法进行主观判断抽样或有目的抽样。在确定调查产品上，要充分考虑其代表性，要对国计民生影响较大、生产较为稳定、有发展前景以及具有地方特色等。代表企业的选择方法是：先利用重点调查将全部国有企业和年主营业务销售收入 500 万元以上的非国有企业列为调查对象，再采用主观抽样和概率抽样相结合的方法选择调查企业，之后，利用典型调查

把主营业务收入 500 万元以下的非国有企业作为抽样对象，采用随机抽样的调查方法。重点调查和典型调查的优点是考虑了经济的整体状况和调查的时效性，缺点是主观因素较大，影响样本的代表性。

（二）国际比较

美国和加拿大均采用概率抽样，这一方法的优点是排除了主观因素的影响，符合统计抽样的随机性特征，能很好地反映总体水平；缺点是由于等规模概率抽样费用通常比非概率抽样高，且需要更多时间策划和实施，经济成本较高，对统计者的素质要求也比较高。日本采用非概率抽样来确定调查产品和企业；英国则采用概率抽样和非概率抽样相结合的方法来选择调查样本，这种方式结合了概率抽样的客观性、总体代表性和非概率抽样的主观性和目的性，使数据的采集抽样更好地代表总体特征，能提高 PPI 的编制质量。

六、中国 PPI 的计算方法及国际比较

（一）PPI 的计算方法

1. 工业品出厂价格指数的计算方法

（1）计算代表规格品的价格指数 K_i（几何平均法）。

$$K_i = \sqrt[n]{k_1 \times k_2 \times \cdots \times k_n} \tag{21-6}$$

式中，k_n 为第 n 个企业的规格品价格指数，是用其报告期的单价除以基期单价得出的。

（2）计算代表产品的价格指数 K_j（简单算术平均法）。

代表产品的价格指数是其不同规格品价格指数的简单平均值。采用简单平均方法是因为：一是代表规格品的权数资料几乎无法取得；二是代表规格品的生产经常发生变化，其权重无法确定。

$$K_j = \frac{\sum k_i}{n} \tag{21-7}$$

式中，K_j 为代表产品的价格指数；k_i 为第 i 个代表规格品价格指数；n 为代表规格品数。

（3）计算工业品出厂价格总指数 K（加权算术平均法）。

工业品出厂价格总指数是用代表产品出厂价格指数与其权数乘积之和除以权数之和得出的。

$$K = \frac{\sum k_j w_j}{w_j} \tag{21-8}$$

式中，K 为工业品出厂价格总指数；k_j 为第 j 个代表产品价格指数；w_j 为第 j 个代表产品的权数。

用上述方法同样可计算各小类行业、中类行业、大类行业及某些特定行业的价格指数。

2. 原材料、燃料、动力购进价格指数的计算方法

（1）计算代表规格品的价格指数 K_i（几何平均法）。

$$K_i = \sqrt[n]{k_1 \times k_2 \times \cdots \times k_n} \qquad (21-9)$$

式中，k_n 为第 n 个企业的规格品价格指数，是用其报告期的单价除以基期单价得出的。

（2）计算代表产品的价格指数 K_j（简单算术平均法）。

$$K_j = \frac{\sum k_i}{n} \qquad (21-10)$$

式中，K_j 为代表产品的价格指数；k_i 为第 i 个代表规格品价格指数；n 为代表规格品数。

（3）计算原材料、燃料、动力购进价格总指数 K（加权算术平均法）。

原材料、燃料、动力购进价格总指数是用各产品购进价格指数与其权数乘积之和除以权数之和得出的。

$$K = \frac{\sum k_j w_j}{w_j} \qquad (21-11)$$

式中，K 为原材料、燃料、动力购进价格总指数；k_j 为第 j 个代表产品购进价格指数；w_j 为第 j 个代表产品的权数。

（二）国际比较

PPI 指数计算包含两个阶段，即基本指数的汇总和高级指数的汇总。由于资料获得的难易程度不同，大部分国家在进行基本指数的汇总时采用非加权的方法。我国在 PPI 基本指数汇总时采用几何平均法和简单算术平均法，这是因为代表规格品的权重资料几乎无法取得，而规格品的销售情况经常发生变化，其权重无法确定，中类以下的产品权数资料缺乏准确来源。然而，一些发达国家如美国、法国、日本、加拿大等均已采用加权汇总基本指数的方法，这种方法能够使价格指数的计算从一开始就真实地反映工业产品的结构，使价格指数更贴近于市场的真实情况。

高级指数汇总主要利用拉氏指数，分为有标准的拉氏指数和修正的拉氏指数。根据权重更新的频率，有标准的拉氏指数被区分为固定基期指数和链指数。加权的固定基期指数的权数更新频率为五年，而加权的链指数的权数更新频率为一年。法国、加拿大和英国采用固定基期的拉氏指数，日本采用链式拉氏指数，美国则采用修正的拉氏指数。我国在对 PPI 高级指数汇总时采用固定基期的拉氏指数，其假设前提是在观察期商品的组合（权数）是固定的，但采用这种方法存在一定的缺陷：在一般情况下，价格变得昂贵的产品其需求量会下降，而价格变得相对便宜的商品需求量会上升，这种变化在拉氏指数中没有体现出来。由于给予价格变得昂贵的商品权重过大，给予价格变得相对便宜的商品的权重过小，相对于实际价格变动来说，使用拉氏公式计算的价格指数存在高估的可能；另外，在计算方法上，我国没有采用以固定基期为基础的指数计算方法，而采用不同基期价格分别计算年环比（同比）和月度环比价格指数，致使两者之间存在逻辑上的矛盾。

七、中国 PPI 的分析

中国 PPI 分析与 CPI 分析类似，原理和方法以第十四章生产者价格指数的分析为基础，结合中国具体情况进行调整。PPI 的分析方法主要采用因素分析法，从分项因素和宏观经济因素两个方面对指数的波动进行分析。

通过对 1993—2020 年间中国 PPI 的总体走势进行分析发现，不同于 CPI 走势，中国 PPI 走势总体呈现由高点降低后长期波动，且波动幅度较大的整体特征。其中重要的历史阶段有以下几个：

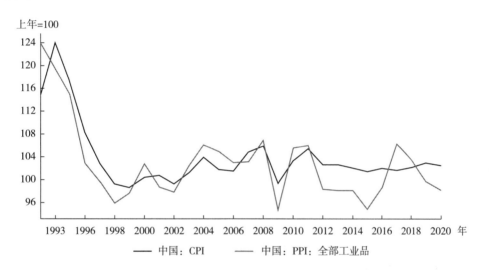

图 21-1 1993—2020 年中国 CPI 与 PPI 走势

（资料来源：国家统计局网站、Wind 数据库）

第一阶段，1994—1996 年，不同于 CPI 大幅上行，本阶段 PPI 同比下行，当年宏观经济政策持续收紧，PPI 作为与企业营业收入以及利润关联度最高的宏观经济指标，出现下行。

第二阶段，2007 年和 2010 年，这两个时期欧债危机加剧，使国际原油价格下降，导致 PPI 下行。

第三阶段，2015 年，国际原油价格下降导致 PPI 出现明显下行。2015 年原油价格大跌源于全球原油产能过剩，当时欧佩克（OPEC）没有下调配额，同时，美国页岩油革命导致原油大幅增产，另外，全球经济走弱也在一定程度上压制原油价格。综上所述，该阶段国内经济下行和国际原油价格下行共同导致 PPI 回落。

第四阶段，2017 年，国内工业品价格同比下降带动 PPI 下行。该阶段虽然 PPI 下行，但主要由国内工业品价格带动，而非原油。此时国内经济没有明显恶化，国内工业品价格同比下行主要是因为之前供给侧结构性改革带来的高基数。

第五阶段，2019 年，国内经济环境和国际原油价格带动 PPI 下行。PPI 下行虽然也受到国际原油价格下行的拖累，但 2019 年国际原油并没有出现过剩，PPI 和国际原油价格同比下行一定程度上受到基数效应的影响，所以虽然存在工业品通缩压力，但力度上明显不及2015 年。

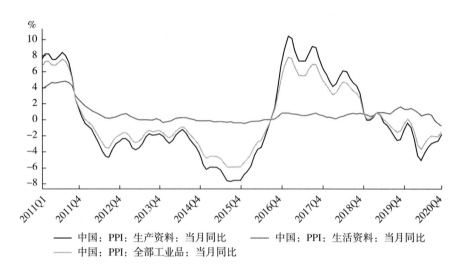

图 21 – 2　中国 PPI 分项情况

（资料来源：国家统计局网站、Wind 数据库）

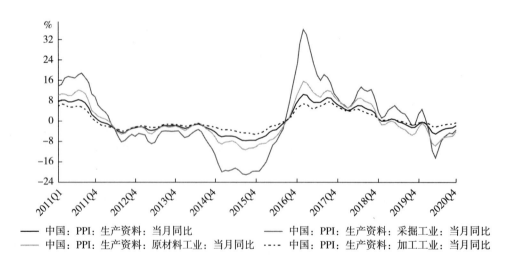

图 21 – 3　中国 PPI 中生产资料的构成

（资料来源：国家统计局网站、Wind 数据库）

（一）分项因素分析

中国 PPI 依据二分法可以分为生产资料和生活资料两类。生产资料是指出售给其他生产

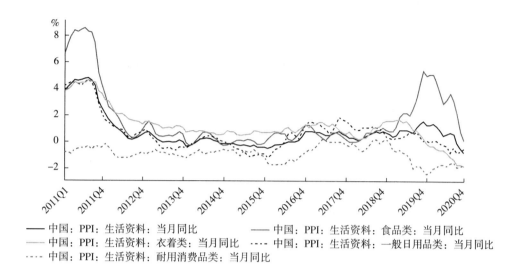

图 21 - 4 中国 PPI 中生活资料的构成

（资料来源：国家统计局网站、Wind 数据库）

企业并用于生产的原材料和中间品，包括采掘、原材料及加工工业，生活资料是出售给居民用于消费的产成品，包括食品、衣着、一般日用品和耐用消费品。

生产资料占 PPI 的权重约为 70%，是 PPI 波动的主要贡献项。具体来看，在生产资料大类下的二级分项变动方向一致性高。采掘、原材料和加工工业价格变动方向基本一致，从价格变动幅度来看，采掘工业 > 原材料工业 > 总类 > 加工工业。一般来说，认为价格变动幅度大于 PPI 变动幅度的行业传导能力强，比如采掘业多数具备垄断优势，产品定价一般紧随外部大宗商品价格，且价格基本能够顺畅地向加工业传导。而在中国，越接近零售端的中下游企业的市场集中度越低，定价能力较差，买方市场特征突出。

生活资料占 PPI 的权重约为 30%，其二分项包括一般日用品、耐用消费品、食品和衣着类，变动幅度明显小于生产资料，且随着时间的推移波动呈收窄态势。其变动方向大体一致，但食品类别会有不同方向的变动。而生活资料变动主要受食品类别变动的影响。如2019 年末至 2020 年初 PPI 生活资料同比数值在食品类的带动下达到最近 9 年最高，与此同时其他分项处于下降趋势。

（二）宏观经济因素分析

PPI 大约滞后于宏观经济景气一个季度。产品价格具有黏性，不容易发生变动，所以PPI 一般来说是宏观经济的滞后指标。宏观经济景气指数是依据经济运行规律而建立的监测宏观经济周期波动的景气动向指标体系，目前国家统计局发布的中国宏观经济指数包括先行指数、一致指数、滞后指数和预警指数。经过计算分析，我们发现 PPI 和滞后三期一致指数高度相关，这也意味着 PPI 大约滞后于宏观经济景气一个季度。

图 21 - 5　中国 PPI 与宏观经济景气指数

（资料来源：国家统计局网站、Wind 数据库）

　　进出口价格尤其是大宗商品的进口价格对我国 PPI 波动有重要影响。中国进口商品主要是大宗商品和原材料，出口的主要是中间品和产成品。而 PPI 主要反映大宗商品价格的变动，因此与进口价格指数的相关性更强。除了价格方面的影响外，PPI 本身与宏观经济景气度高度相关也是一个重要原因。我们认为对 PPI 有重要影响的大宗商品主要包括油类、煤炭类、钢铁类、有色金属类、化工类五大类。

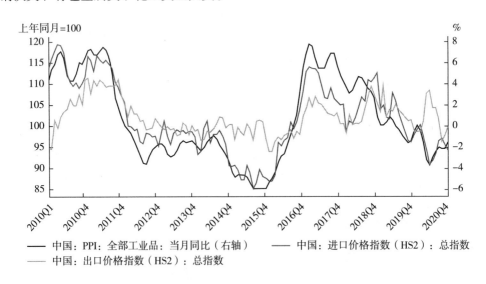

图 21 - 6　中国 PPI 与进出口指数

（资料来源：国家统计局网站、Wind 数据库）

第四节 一般价格的分析

本节主要对中国 CPI 进行分析。首先对 CPI 总体趋势进行分析，然后从结构上对 CPI 的影响因素进行逐项分析。

一、总体趋势分析

通过分析 1993—2020 年间中国 CPI 的走势可以发现，在近三十年的时间里，中国 CPI 总体呈现由高降低并长期维持稳定，在一定范围内上下波动的整体特征。其中重要的历史阶段有以下几个：

1994—1996 年。CPI 物价指数上涨到 24.1% 的极高水平。1993 年，中央为了进一步理顺价格，先后放开了粮食、钢铁及部分统配煤炭的价格，调整提高了原木、水泥的出厂价格，并对部分原油价格实行了议价。生产要素价格上升推动企业成本大幅上涨。随后，中央又出台了工资改革制度，进一步增加企业的成本负担，最终造成物价上涨。与此同时，1993—1994 年固定资产投资规模高速增长，1994 年固定资产投资增速达到 25.5%；而货币供给量在 1992 年已经开始上涨，影响滞后到 1994 年，加剧了总供给与总需求的不平衡，拉动市场物价上涨。1994 年 CPI 为什么出现如此高的涨幅？结合 1995 年的《政府工作报告》，我们发现原因如下：一是 1993—1994 年出台的调价项目和影响价格的改革措施比较多，包括大幅度提高粮食、棉花、原油等产品的价格，实行汇率并轨，等等。这些措施对于理顺价格关系，调动生产者特别是广大农民的积极性是必要的，由此推动价格总水平一定程度的上升，是改革难以避免的代价，问题在于我们对连带影响估计不够。二是农业投入不足，耕地面积减少，一些地方不同程度放松了粮食生产和"菜篮子"工程，加之又发生了比较严重的自然灾害，某些农产品供应偏紧；城乡人民生活改善和城市流动人口增加，又扩大了对农产品的需求；再加上农业生产资料价格上涨，农业生产成本提高，导致农产品价格大幅度上涨。三是连续几年固定资产投资和消费基金增长过快，货币投放过多，对此国家没有采取全面紧缩的办法，避免了经济的大起大落，但增加了抑制物价上涨的难度。在抑制通胀方面，政府采取紧缩的货币政策，提高银行存贷利率，减少货币供应量，在 1996 年通胀得到控制，历时三年。CPI 也随之逐步回落至正常水平。

2007 年和 2010 年。经济快速发展推动 CPI 上行。这两个时期 CPI 同比上行主要是源于国内经济走势保持强劲甚至出现过热：从 2006 年下半年开始经济增速快速上行，最高时曾达到 15%，经济明显过热；2010 年虽然实际 GDP 增速较此前高点有所下滑，但仍处于 10% 左右的较高水平，并且该阶段 CPI 同比走势明显滞后于经济基本面，因此事实上此时 CPI 同比上行是次贷危机后第一轮"稳增长"的滞后体现。

2015 年。猪肉价格上涨导致 CPI 上行，该时期猪肉价格上涨是推动 CPI 上行的主要因素，非食品因素基本维持平稳，CPI 为结构性上涨。

2017 年。经济环境总体改善推动 CPI 上行，2017 年实际 GDP 增速为 6.8%，是近些年年度经济增速出现反弹的唯一一年。

2019 年。猪肉价格史无前例地涨至高位，CPI 随猪价波动的现象十分明显，创连续 8 年来新高，达到 2.9%。

二、结构分析

（一）需求和供给方面的结构分析

1. 食品项

我们在食品项重点分析猪肉价格、鲜菜鲜果和粮食价格变动对 CPI 的影响。

（1）猪肉

从图 21-7 可以发现，我国猪肉价格与 CPI 波动趋势基本一致。分析发现，猪肉价格和 CPI 大幅波动发生在 2019 年。2019 年，猪肉价格史无前例地涨至高位，CPI 随猪价波动的现象十分明显，猪价带动 CPI 结构性大幅上行。2019 年 1 月，生猪价格受春节备货不佳影响，价格一度跌破 15 元/千克。春节后价格进一步季节性回落，到 3 月 21 日，已经跌至 11.78 元/千克。随后，国家开启冻猪肉收储，连续 13 轮，一直持续至 6 月，再加上养殖成本方面持续承压，猪价开始回升。到 7 月 10 日，生猪价格已经回升至 23.71 元/千克。此后，猪价继续保持震荡上行，到 10 月 20 日已经涨至 28.59 元/千克。随着猪价重回高位，

图 21-7 猪肉 CPI 和总 CPI 变化趋势

（资料来源：国家统计局网站、Wind 数据库）

国家启动冻猪肉放储，至 11 月连续 7 次放储，累计 13.71 万吨。进入第四季度，由于多地疫情持续反复，猪肉消费有所受限；再加上大猪出栏加快，进一步加快了猪价的回落，特别是 12 月中旬前后 2 周累计下跌近 20%，最终以 17.64 元/千克收官。2019 年 4 月以来，在非洲猪瘟、环保限产以及猪肉价格上涨的影响下，这次猪肉价格上涨大幅超过历史高值，并导致 CPI 大幅上行。

（2）鲜菜

由图 21－8 可知，鲜菜价格具有明显的季节性。鲜菜的价格主要受鲜菜供给的影响，而鲜菜的供给主要与天气有关。研究发现，2016 年冬季，中国经历近 20 年最暖的冬季，春节期间蔬菜供给明显超过往年，2017 年 2—3 月鲜菜价格环比出现负增长，同比增速分别为 －26% 和 －27%，分别将 2 月和 3 月 CPI 拉低 0.94 个和 0.95 个百分点。

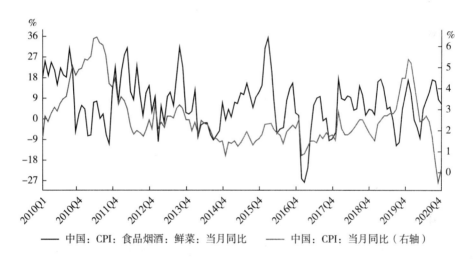

图 21－8　鲜菜 CPI 和总 CPI 变化趋势

（资料来源：国家统计局网站、Wind 数据库）

（3）粮食

从图 21－9 可知，我国粮食价格与 CPI 的变化趋势高度一致。据统计，2020 年全国粮食产量达 6695 亿公斤，连续多年超过 6500 亿公斤，粮食生产"十七连丰"为保持粮食价格基本稳定打下了良好的基础。2018—2020 年全国粮食消费价格分别比上年上涨 0.8%、0.5%、1.2%，总体上呈稳中有涨的趋势。这里需要说明的是，2020 年 3 月末至 4 月上旬，受新冠疫情影响，个别地方出现了粮食抢购现象，但在加强市场调控、预期引导和价格监管的情况下，抢购很快平息。但受全球玉米库存连续多个季度下降、玉米贸易需求显著增加等多方面因素影响，国际玉米价格呈大幅上涨态势。从国内情况来看，国家粮油信息中心数据显示：2020/2021 年度玉米产量将达 2.65 亿吨，比上年度增加 400 万吨，而需求量则达 2.93 亿吨，比上年度增加 1300 万吨，但消费量的预测值较上年度增加 1300 万吨，至 2.93

亿吨，预计 2020/2021 年度我国玉米需求缺口为 2800 万吨。尤其是生猪产能恢复带动玉米、豆粕等饲料需求明显上升和价格大幅上涨，在一定程度上影响养殖户收益，直至影响其积极性。国家发展改革委价格监测中心数据显示：2020 年末全国主要批发市场玉米价格达 2.66 元/千克，与此轮价格上涨前的当年 3 月末相比累计上涨 31.7%，而同期全国猪粮比价为 13.18∶1，比当年 3 月末下降 25.7%，由此导致养殖成本上升、收益下降。

图 21-9　粮食 CPI 与总 CPI 变化趋势

（资料来源：国家统计局网站、Wind 数据库）

2. 非食品项

在非食品各分项内部，各分项的价格变化也存在重大差异。例如，近五年医疗保健和居住价格持续上涨，成为非食品涨价的主要拉动力，但是衣着项增速自 2015 年下半年以来持续下行，是非食品的重要拖累因素之一。

这里以国际油价为例分析能源价格对 CPI 波动的影响。从图 21-11 可以看出，国际油价与我国交通和通信 CPI 变化趋势基本一致，且 CPI 对油价具有一定的滞后性。

交通和通信 CPI 的主要波动来源于交通工具用燃料项，而该项主要受到国际原油价格的影响。交通和通信 CPI 目前公布了六个基础分类数据：交通工具、交通工具用燃料、交通工具使用和维修、通信工具、通信服务、邮递服务。其中交通工具用燃料的波动率远高于其他分项，说明交通和通信 CPI 的主要波动来源于该项。而交通工具用燃料主要受原油价格的影响，历史数据显示布伦特原油现货价格与 CPI 交通工具用燃料走势一致性较强。至于权重，根据国家统计局公布的相关数据，可以判断交通工具用燃料分项约占 CPI 整体的 2.6%。通过回归计算，CPI 交通工具用燃料对布伦特油价的弹性为 0.13。即原油价格每上升 1%，会通过交通工具用燃料拉动 CPI 上升 0.0034 个百分点。

此外，油价对 CPI 的影响还体现在居住项中的水电燃料上。水电燃料在 CPI 中的占比为

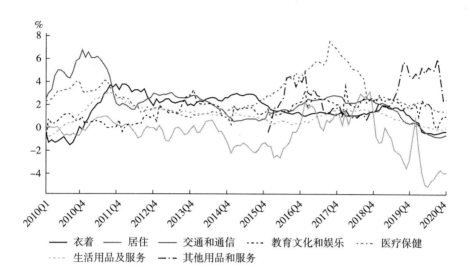

图 21 – 10　非食品项 CPI 变化趋势

（资料来源：国家统计局网站、Wind 数据库）

7.88%，对布伦特油价的弹性为 0.05，这意味着原油价格每上升 1 个百分点，拉动水电燃料项 0.0039 个百分点。

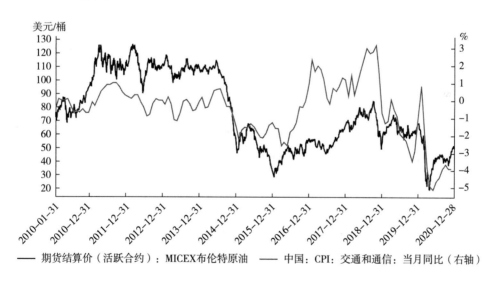

图 21 – 11　布伦特原油期货结算价与交通和通信 CPI 变化趋势

（资料来源：国家统计局网站、Wind 数据库）

（二）成本推动因素的结构分析

1. 工资上涨

工资的上升，尤其是初级劳动力薪酬的上涨，将提高产品成本，减少企业利润。如果企业要获取利润，企业就会按同等速度提高产品的价格，这种工资增长会通过产品价格波及其他企业产品上，最后导致总体 CPI 上涨。由图 21 - 12 可知，城镇非私营单位就业人员平均工资指数与城镇居民消费价格指数的波动极为相似，可以通过工资的变动预测城市 CPI 的变动。随着我国城镇化步伐不断加快，我国的人口结构发生了重大变化，劳动力供需结构出现问题，劳动力紧缺，近几年民工荒问题凸显，工资水平也随之提高，甚至涨幅一度超过同期 GDP 增长水平，从而推动产品和服务价格上涨。

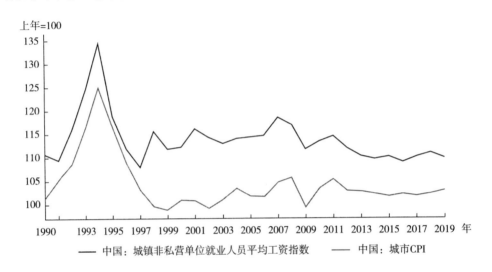

图 21 - 12　城镇非私营单位就业人员平均工资指数与城镇居民 CPI 变化趋势

（资料来源：国家统计局网站、Wind 数据库）

2. 利率上涨

利率能够对 CPI 起到一定的调节作用。一般来说，名义利率上升会导致货币供应量减少，市场流入的资金就会相应减少，企业融资成本上升，从成本端推动其产品价格上涨，进而推动 CPI 上升，拉升通货膨胀预期。研究表明，在 2015 年之前，我国的 CPI 波动与央行基准利率波动保持较高一致性，而在 2015 年之后，由于受到猪肉价格的影响较大，CPI 波动与利率波动的一致性下降，而扣除食品和能源的核心 CPI 与央行基准利率一致性依然较高。

3. 粮食价格上涨

由本章第二节的分析可知，粮食价格是百价之基，当其作为成本进入生产领域时，粮食价格的上涨将推升生产成本，进而推升 CPI 上涨。

4. 土地价格上涨

在中国房地产行业影响较大的环境下，土地成为资产价格重要的形成基础和定价的标杆之一，它的起伏波动可能会改变资产比价，从而通过资产链、产业链有规律地引导资金在不同资产、不同商品之间摊分。在 CPI 的构成中，土地价格上涨最直接的影响是对居住分项中建房及装修材料、住房租金、自有住房部分的影响。

5. 交通运输价格上涨

我国交通运输价格受国际原油价格影响较大，国际油价的变动首先引起国内原油价格的变动，进而对成品油、天然气等能源性油气产品价格产生直接影响，影响到我国航空、海运、铁路、公路等交通运输业服务价格，使生产成本增加，最终这些影响都会反映到居民消费品价格的变化上。国际油价与我国交通运输行业的 CPI 变化基本一致，且我国交通运输 CPI 对国际油价具有一定的滞后性。

三、其他因素

除上面提到的因素外，对价格的分析还会涉及其他影响因素，如人们对市场的预期、季节变动因素以及突发性事件等都会影响到综合 CPI 及其分项的波动。

本章小结

1. 中国价格指体系可以根据社会生产过程、经济活动的交易市场、编制频率和表示范围进行分类。

2. 分析中国宏观经济运行要关注经济增长、充分就业、物价稳定、国际收支平衡和金融稳定与价格指数的关系。

3. 上游价格推动下游价格变化，表现为 PPI 推动 CPI 变化，称为成本推进型传导；下游价格拉动上游价格变化，表现为 CPI 拉动 PPI 变化，称为需求拉动型传导。成本推进型通货膨胀的调控应从 PPI 入手，而需求拉动型通货膨胀的调控则应更多关注 CPI。

4. 长期来看，PPI 与 CPI 同涨跌。但只要 PPI 上涨速度快于 CPI 上涨速度，处于消费上游的企业就有能力以较高的销售价格出售企业产成品，从而带来企业利润的提升。

5. 货币工资率越高，生产成本越高，企业生产对劳动力的需求越小，失业率越高，如果此时存在成本推进型通货膨胀，以货币工资成本上升为主导，其他生产要素成本不变或上升，则通货膨胀率较高；若不以货币工资成本上升为主导，其他生产要素成本下降，则通货膨胀率可能保持不变或下降。

6. 经济增长与通货膨胀的关系存在四种情形：一是高增长低通胀。主要特征是 GDP 高速增长和 CPI 的低位稳定并存，表明宏观经济处于良性运行的轨道。二是高增长高通胀。主要特征是 GDP 的高速增长与 CPI 高位运行并存。容易出现价格上涨从而引发通货膨胀。三是低增长低通胀。主要特征是 GDP 增长较慢甚至出现负增长，同时 CPI 处于低位运行状态。经济增长缓慢。四是低增长高通胀。主要特征是 GDP 增长比较缓慢甚至出现负增长的情况，但同时物价上升加快，通货膨胀率一般超过 5% 甚至更高。滞胀要比单纯的通胀更可怕，对一个社会的破坏性更大。

7. 我国的 CPI 篮子共包含 8 个大类、262 个基本分类，权重更新频率为 5 年一次。食品分项占比最大，其中猪肉价格影响最大。质量调整方法采用间接调整法，并未采用国际流行的 Hedonic 回归法；采用拉氏指数法进行指数计算。

8. 中国 PPI 调查目录包含 41 个工业行业大类、1638 个基本分类、2 万多种代表产品，可分为生产资料（70%）和生活资料（30%）两类。在权数编制方法上，工业品出厂价格指数采用间接权数分摊方法，原材料、燃料、动力购进价格指数采用直接权数法。采用非概率抽样技术，权重更新频率为 5 年一次，质量调整采用间接调整法；采用拉氏指数法进行指数计算。

本章重要概念

价格体系　价格指数　生产者价格指数　工业生产者出厂价格指数　农业品价格指数
农业生产资料价格指数　居民消费价格指数　商品零售价格指数　通货膨胀　通货紧缩
充分就业　国际收支平衡　物价稳定

本章复习思考题

一、判断题

1. 失业率与通货膨胀率同向变动。　　　　　　　　　　　　　　　　　　　（　　）

2. 当一国国际收支逆差时，汇率升值。　　　　　　　　　　　　　　　　　（　　）

3. 成本推进型通货膨胀应从 PPI 入手进行调控。　　　　　　　　　　　　　（　　）

4. PPI 上行与 CPI 下行同步出现，表明经济陷入滞胀。　　　　　　　　　　（　　）

5. 我国工业品出厂价格指数采用间接权数法进行编制。　　　　　　　　　　（　　）

6. 我国 CPI 采用拉氏价格指数法进行编制。　　　　　　　　　　　　　　　（　　）

7. 我国 PPI 编制在选择调查企业和规格品时采用非概率抽样技术。　　　　　（　　）

8. 我国的 CPI 篮子遵循国际准则的分类，分为 12 大类。　　　　　　　　　（　　）

9. 我国 PPI 均按月编制。　　　　　　　　　　　　　　　　　　　　　　　（　　）

10. 我国 CPI 均按季度编制。　　　　　　　　　　　　　　　　　　　　　（　　）

11. 我国 CPI 指数采用拉氏指数公式编制。　　　　　　　　　　　　　　　（　　）

12. 我国 PPI 指数采用帕氏指数公式编制。　　　　　　　　　　　　　　　（　　）

二、单选题

1. 我国生产者价格指数不包括（　　　）。

A. 工业生产者出厂价格指数　　　　B. 工业生产者购进价格指数

C. 农业生产者价格指数　　　　　　D. 房地产价格指数

2. 我国 CPI 调查目录包括（　　）大类。

A. 8　　　　　　　　B. 12　　　　　　　　C. 15　　　　　　　　D. 6

3. 我国 CPI 分类中权重最高的是（　　）。

A. 交通和通信　　　B. 食品烟酒　　　　C. 服装　　　　　　D. 医疗保健

4. 我国 CPI 质量处理方法不包括（　　）。

A. 科学选取法　　　B. 专家评估法　　　C. 成本模拟法　　　D. Hedonic 回归法

5. 我国 PPI 调查目录包括（　　）大类。

A. 40　　　　　　　B. 41　　　　　　　C. 42　　　　　　　D. 37

三、简答题

1. 简述我国物价核算体系的分类。

2. 简述我国价格核算体系在宏观经济运行方面的作用。

3. 简述我国 CPI 与 PPI 核算的国际比较。

四、思考题

1. 试分析居民对物价的感受与 CPI 数据有差异的主要原因。

2. 试根据本章内容对我国物价最新数据进行分析。

第二十二章
中国就业与失业核算分析

中国是一个人口大国，就业与失业不仅关系经济发展，而且关系民生和社会稳定。这一基本国情决定了中国就业与失业核算工作的重要性和艰巨性。本章介绍中国就业与失业核算的具体实践。我们首先概述中国就业与失业核算的发展历程，其次说明中国就业与失业核算的基本概念和主要指标，最后从核算方式、核算制度、近年核算结果三个方面对中国就业与失业核算工作现状进行介绍。

第一节　中国就业与失业核算的发展历程

中国就业与失业核算经历了不断完善的过程。在计划经济体制下，中国实行的是"低工资、高就业"政策，基本实现了百分之百就业，因此政府和社会对就业与失业核算的要求不高。改革开放以来，随着改革开放的推进和社会主义市场经济的发展，市场化的劳动就业制度逐步建立，就业与失业核算成为促就业的重要基础工作，得到各界的高度重视。

一、改革开放前的就业与失业核算

新中国成立以来，党中央、国务院对包括就业、工资等在内的各项人口统计工作高度重视。1953 年，我国开展了第一次全国人口普查；1958 年我国颁布《户口登记条例》，这标志着我国以户口登记为基础的经常性人口统计制度的确立。1986 年，《国务院对今后全国人口普查工作安排意见的批复》规定今后每十年（逢 0 年份）进行一次全国人口普查，两次普查间（逢 5 年份）进行一次 1% 人口抽样调查，其他年份进行人口变动抽样调查。至此，中国形成了人口普查、人口抽样调查相结合的人口统计制度。

其中，劳动就业数据是最重要的统计数据之一，相关统计工作甚至早于 1953 年的第一次人口普查。1950 年，当时的中央财经委员会便组织了新中国成立后第一次有关劳动就业的调查。1952 年，国家统计局设立了专门的就业统计机构——劳动工资组；同年开展了城乡劳动力就业状况和失业无业状况调查，摸清了全国城乡劳动力就业和旧中国遗留下来的失业人员、无业人员的情况。1955—1958年，国家统计局先后组织了四次全国性工资和就业情况调查，为国家制定劳动工资政策、编制和检查国民经济计划执行情况提供了重要依据。1959年，国家统计局建立了集中统一的劳动统计报表制度，对主要指标解释、计算方法、统计分组等作出了统一规范。随着全国集中统一的劳动统计制度的建立，各省市统计局都成立了专门的劳动统计机构，国家各部委及地、市、县都设专人负责劳动统计工作，全国统一的就业统计制度正式建立。总体而言，在计划经济体制下，中国实行的是"低工资、高就业"政策，基本实现了百分之百就业，因此当时的就业与失业统计主要着眼于劳动工资统计，如1977—1983年间，国家统计局先后进行了5次工资调查。

二、改革开放后的就业与失业核算

1978年，随着大批知青返城，城镇就业矛盾开始突出，国家建立了城镇待业人员登记制度，并根据相关记录整理待业人员统计数据。

1993年，国家统计局开始进行从业人员统计，劳动工资统计报表开始使用"从业人员"指标，这是劳动工资统计从计划经济向市场经济转变的开始。同年，国家统计部门和人力资源社会保障部门开始联合发布《劳动和社会保障统计公报》，将一直未包括在职工统计中的离退休返聘人员、民办教师和中外合资合作以及外商投资企业中的外方人员纳入就业统计中，更好地反映了改革开放以来我国劳动就业状况的变化。1994年，国家将"待业登记"更名为"失业登记"，开始发布"城镇登记失业率"数据并将其作为国家宏观调控的重要指标；同年，国家统计局开始进行劳动力就业状况抽样调查试点。1996年，国家统计局初步建立城镇劳动力调查制度，规定每年第二季度在城镇范围调查、第四季度结合人口调查在全国范围进行。1998年，国家统计局将就业与失业核算中的"职工"指标分解为"在岗职工"和"离开本单位并仍保留劳动关系的职工"两个指标，更准确地反映了当时劳动就业情况。

2005年，国家统计局正式在全国范围建立劳动力调查制度，并开展调查失业率统计的试点工作。2007年，国家统计局发布《中国人口和就业统计年鉴》。2009年，开展大城市[4个直辖市和27个省会（首府）城市]月度劳动力调查；同年，第一次将城镇私营单位工资统计调查正式纳入国家劳动工资统计制度。2013年，将劳动力调查范围扩大到65个城市，进一步提高城镇调查失业率的代表性。2015年，国家统计局建立了全国范围的月度劳动力调查制度，并于2016年正式在全国范围开展月度劳动力调查，调查范围覆盖全国所有地级城市。基于全国劳动力调查情况，国家统计局从2018年4月开始定期公布城镇调查失业率数据。劳动力调查制度采用国际通行的指标定义和调查方法来收集全社会就业人员情况，标志着中国正式建立了与国际接轨的就业统计制度。

第二节　中国就业与失业核算的基本概念和主要指标

一、基本概念

（一）劳动力资源

劳动力资源是指可以从事社会劳动的那部分人口，即具有劳动能力的人。这个概念包含两层含义：一是作为劳动力资源的个人一般有年龄的限制。中国现行规定的年龄限制是男16～60岁、女16～55岁，凡在此年龄界限之内的人口称为劳动适龄人口。二是作为劳动力资源的个人客观上必须可以也能够参加社会劳动。因此，军人、在押劳改犯、劳动适龄人口中无劳动能力的残疾人等均不是劳动力资源。

劳动力资源的概念着重强调"劳动能力"，即所有人口中具有劳动能力的那一部分人口。在劳动力资源概念中，按照"是否实际参加劳动或是否具有参加劳动的意愿"的标准，劳动力资源可进一步区分为经济活动人口与非经济活动人口两部分。

（二）经济活动人口与非经济活动人口

经济活动人口是指在劳动力资源中，实际参与或者想要参加社会经济活动的那部分劳动力资源，一般又简称劳动力。根据《中国人口与就业统计年鉴（2021年）》相关注释，劳动力是指年满16周岁，有劳动能力，参加或要求参加社会经济活动的人员。劳动力是反映一个国家或地区劳动力市场总供给状况的重要指标。根据"是否实际参加劳动"的标准，劳动力又可进一步区分为就业人员和失业人员两部分。

非经济活动人口是指在劳动力资源中，未参加或不想参加社会经济活动的那部分劳动力资源，具体包括16岁及以上在校学生、离退休且不再要求就业的人员、家务劳动者、无就业愿望的其他人员等。

（三）就业与就业人员

就业是指参加社会劳动并获取报酬。

就业人员即实际参加了一定的社会劳动并取得劳动报酬或经营收入的那部分劳动力。根据《中国人口与就业统计年鉴（2021年）》相关注释，就业人员指年满16周岁，为取得报酬或经营利润，在调查周内从事了1小时以上（含1小时）劳动的人员；或由于在职学习、休假等原因在调查周内暂时未工作的人员；或由于停工、单位不景气等原因临时未工作的人员。从就业方式来看，就业人员包括被雇用就业人员和自营就业人员。

就业人员与其他相近概念的辨析如下：

1. 就业人员与从业人员

从业人员是劳动综合统计报表（企业调查）制度中的概念，指从事一定社会劳动并取得劳动报酬或经营收入的人员。具体包括：（1）职工（在岗职工）；（2）再就业的离退休人员；（3）私营业主；（4）个体户主；（5）私营企业和个体从业人员；（6）乡镇企业从业人员；（7）农村从业人员；（8）其他从业人员（包括现役军人）。

可以看到，就业人员与从业人员是两个不完全相同但彼此有交集的概念。比如，职工、私营业主、个体户主、私营企业和个体从业人员等既是就业人员，也是从业人员；但现役军人属于从业人员，但不属于就业人员。

2. 就业人员与职工（在岗职工）

职工也是劳动综合报表制度中的重要概念。20世纪90年代中后期，我国城镇很多国有中小企业的下岗职工大量增加，这部分人既然已不在原岗位、原单位工作，不再适合被原单位统计为职工，因此，国家统计局在1998年以后，新增了在岗职工的概念，用以区别于以前的职工，但其统计内涵是相同的，都是指在国有、城镇集体、联营、股份制、外商和港、澳、台投资、其他单位及其附属机构工作，并由其支付工资的各类人员。

职工（在岗职工）的概念不包括下列人员：（1）乡镇企业就业人员；（2）私营企业就业人员；（3）城镇个体劳动者；（4）离休、退休、退职人员；（5）再就业的离、退休人员；（6）民办教师；（7）在城镇单位中工作的外方及港、澳、台人员等。

可以看出，就业人员与职工（在岗职工）之间基本是"大概念"和"小概念"的关系。就业人员是"大概念"，有些就业人员不是职工，如私营企业就业人员、民办教师等；职工（在岗职工）是"小概念"，职工一般都属于就业人员。

（四）失业与失业人员

失业从经济学的意义上讲是劳动力与生产资料相分离的一种状态。

失业人员即在调查期间无工作，但以某种方式寻找工作并有可能就业的那部分劳动力。根据《中国人口与就业统计年鉴（2021年）》相关注释，失业人员是指年满16周岁，具有劳动能力并同时符合以下三项条件的人员：（1）在调查周内未从事为取得劳动报酬或经营利润的劳动，也没有处于就业定义中的暂时未工作状态；（2）在某一特定期间内采取了某种方式寻找工作；（3）当前如有工作机会，可以在一个特定期间内应聘就业或从事自营职业。由此可以看出，失业人员的概念必须同时具备以下条件：一是达到法定劳动年龄（16周岁），二是有劳动能力，三是有劳动意愿，四是有寻找工作的实际行动。

失业人员与其他相近概念的辨析如下：

1. 非经济活动人口与失业人员

非经济活动人口与失业人员是两个不同且相互没有交集的概念。两者都未实际参加劳动，其本质区别在于"是否具有劳动意愿"：非经济活动人口无劳动意愿，不想参加社会经济活动；失业人口有劳动意愿，但还未能实际参加社会经济活动。

2. 非就业人口与失业人口

非就业人口的核算口径比失业人口要大，它包括那些不想找工作和想找工作但暂时还没有去寻找工作的那部分群体。

二、主要核算指标

（一）就业核算指标

1. 就业人口总量和就业增长率

就业人口总量就是就业人员的总人数。和报告前一年的就业人口对比，可以计算就业增长率。这一指标反映了一定时期内，全部劳动力资源的实际利用情况，是研究中国基本国情国力的重要指标。

2. 人口就业率

人口就业率是指在 16 周岁及以上人口中就业人口所占的比重。人口就业率是经济景气的先行指标。这一指标反映了一定时间劳动年龄人口的就业水平。

3. 就业弹性

就业弹性又称就业弹性系数，是就业人数增长率与 GDP 增长率的比值。就业弹性是一定的时期内，总产出每变化一个百分点所引起的就业的平均变化情况。就业弹性为 1 意味着 GDP 每增长 1 个百分点，与之相关的就业就会增加 1 个百分点。在就业弹性系数一定的情况下，经济增长率越高，就业增长率就越高。从就业弹性系数可知经济增长带动就业的比率关系。

4. 灵活就业率

灵活就业率是指在就业人口中灵活就业人口所占的比重。灵活就业是指在正规部门中没有正式劳动关系的就业形式，以及非正规部门中处于不稳定状态的就业。

5. 工作时间相关指标

工作时间是劳动力市场的一项基础性指标。这项指标在分析工作条件、计算平均小时收入、小时劳动成本，分析非全日制就业和不充分就业，研究劳动生产率等许多工作中起着基础性作用。工作时间相关指标主要包括周工作时间和人均周工作时数等指标。

6. 就业结构相关指标

就业结构可以从多方面设置指标，主要包括：（1）按就业身份划分的就业比例；（2）按职业划分的就业比例；（3）按部门划分的就业比例；（4）按城乡划分的就业比例；（5）按行业划分的就业比例；（6）按企业规模划分的就业比例；（7）按单位经济类型划分的就业比例。

（二）失业核算主要指标

1. 失业人数

失业人员是指年满 16 周岁，具有劳动能力并同时符合以下三项条件的人员：（1）在调查周内未从事为取得劳动报酬或经营利润的劳动，也没有处于就业定义中的暂时未工作状态；（2）在某一特定期间内采取了某种方式寻找工作；（3）当前如有工作机会，可以在一个特定期间内应聘就业或从事自营职业。失业人数从绝对量上统计了经济活动人口中没有工作但正在积极寻找工作的人员规模。

2. 失业率

理论上，失业率指标就是失业人口占劳动力（就业人口与失业人口之和）的比重。实践中，中国发布并作为主要宏观经济指标的失业率有两个：一个是城镇登记失业率，另一个是城镇调查失业率。

（1）城镇登记失业率

城镇登记失业率来源于我国自 20 世纪 80 年代初建立的城镇失业登记制度，由人力资源和社会保障部门通过行政记录方式进行核算。

城镇登记失业率是报告期末城镇登记失业人数占期末城镇就业人员总数与期末实有城镇登记失业人数之和的比值。其中，作为分子的登记失业人员必须符合以下条件：①非农业户口；②在一定年龄内（男性为 16~50 岁，女性为 16~45 岁）；③有劳动能力；④无业而要求就业，并在当地就业服务机构进行求职登记。

根据这个核算口径，城镇登记失业率可能低估实际失业水平。一方面，城镇登记失业率按照身份核算而非属地核算，即仅包括城镇本地非农户口的失业人员，而未包括下岗失业人口、高校毕业生中失业人口、城镇外来人口中的失业人员等人员。另一方面，城镇登记失业率仅把那些到当地就业服务机构求职登记的无工作者视为失业人员，那些没有去登记的失业人员被排除在核算之外。两方面综合作用往往使城镇登记失业率低于真实失业水平。

（2）城镇调查失业率

城镇调查失业率源于 2005 年开始的劳动力抽样调查制度，并于 2018 年开始发布具体数据。城镇调查失业率是期末城镇失业人数占期末城镇就业人数与期末城镇失业人数之和的比值，其中对就业人员和失业人员的定义同上文所述。

城镇调查失业率对就业人员、失业人员的定义采用了国际劳工组织建议的国际通行标准，同时兼顾中国国情，一定程度上纠正了城镇登记失业率仅将进行了求职登记的无工作者视为失业人员的问题，更加符合客观实际。另外，城镇调查失业率打破了户籍身份的限定，以地域为核算属地，即只要是在城镇地域内的常住人口，包括外地来本地人员、农村人口进入本地城镇人员都在核算范围之内，这比城镇登记失业率仅包括城镇本地非农户口的失业人员更加全面。

3. 失业持续时间

反映失业持续时间的指标有三个：平均失业持续期、长期失业率和长期失业发生率。平均失业持续期是指失业者平均处于失业状态的时间，通常以周为单位。长期失业率是指处于失业状态产达一年或以上的失业人口数量占劳动力总数的比例。长期失业发生率是指处于失业状态长达一年或以上的失业人口数量占失业人口总数的比例。

在劳动力市场上，失业持续时间和失业率都反映失业程度。失业率反映劳动力市场的失业水平和供求状况，如果社会保障体系完善，劳动力流动性很强，失业持续时间较短，较高的失业率对个人、家庭乃至社会的影响不是很大。失业持续时间则可以反映出失业的深度和恶劣程度，因为失业时间延长会造成家庭生活困难，影响失业者的心态，甚至影响社会稳定。因此，从某种意义上说失业持续时间更为重要。

4. 失业结构相关指标

失业结构相关指标包括失业者未失业前的职业、产业部门、行业、就业单位所有制类型和失业原因，以及反映失业人口素质状况的相应指标。

（三）其他相关指标

1. 劳动力参与率

劳动力资源供给状况主要通过劳动力参与率来衡量。劳动力参与率是就业人口与失业人口之和与劳动力资源总量之比。劳动力参与率反映一定时期内劳动力资源可能参与社会经济活动的最大程度，也反映一国或地区经济的活跃程度和发展状况。同时，它可以作为制定就业政策和确定培训需要的依据。

2. 就业不足比例

就业不足比例是指非自愿的在调查周内工作时间不到标准工作时间的一半（20小时），但正在寻找并愿意从事更多补充性工作的人员占就业人口总数的比例。就业不足比例描述了非全日制就业或不充分就业的情况，是对就业和失业核算的有益补充，因为就业不足人员的处境在很多方面与失业人员相近，但失业的严格定义把这部分人员排除在外，仅通过失业率不能真实地了解劳动力市场的缺陷，有必要用就业不足比例指标对其进行补充说明。

3. 劳动力流动相关指标

（1）劳动力流动总量

劳动力流动总量是流入就业状态和流出就业状态的总和。流入就业状态的劳动力包括从失业劳动力中流入（再就业）的数量和从劳动力市场之外流入的数量（新增加的就业数）。流出就业状态人数则包括在调查期内新增失业人口数和退出劳动力市场的人数。退出劳动力市场的人数包括退休人数、丧失领导能力人数等。按照在调查期内劳动力资源在劳动力市场所经历的状态划分，分为就业流入率（从失业状态流入和劳动力市场之外流入）和就业流出率（进入失业状态和退出劳动力市场状况），从而进一步分析失业进入就业率和就业进入率等指标。

（2）劳动力流动结构

劳动力流动结构是指从劳动力空间位置、行业属性变化的角度来界定劳动力流动。在这里，劳动力流动也称为劳动力迁移。概括地说，劳动力流出指劳动者以寻找新的就业机会为主要动机而产生的移动。它主要包括区域间、产业间、城乡间等方面的流动，以上劳动力流动结构指标能够反映出不同地区、行业以及城乡间的劳动力流动的程度。劳动力流动指标可以用流入率、流出率、总流动率、净流动率指标反映。

（3）职业介绍指标

职业介绍指标描述了劳动力市场流动的另一个方面，即为就业、失业服务的情况及服务的效果。任何一个国家都有大量的失业和再就业人员的存在，那么政府及社会机构为改善就业状况所采取的一系列政策和所做的工作怎样，就是这一类指标所反映的内容。职业介绍评价指标主要包括职介机构数、求人倍率、职业最大匹配率、求职成功率和最大求职成功率。

4. 劳动力素质状况相关指标

劳动力素质直接关系到国家劳动力队伍的质量。劳动力素质状况从劳动力年平均培训时间、受教育程度、技术等级与职称等级情况三方面反映。

5. 工资与人工成本相关指标

（1）劳动生产率

劳动生产率是劳动者在单位时间内的生产效率，用劳动者的市场成果与相应的劳动消耗量之间的比率表示，它是反映一个国家或地区经济发展水平的重要标志。投入的劳动消耗量可以用"平均劳动人数"或"实际工时"来衡量。劳动生产率可用从业人员人均创造的增加值和每工时的增加值表示。

（2）单位劳动成本

单位劳动成本是指每一产出单位增加值的劳动补偿费。代表劳动生产率和产出所消耗的劳动成本之间的直接联系。单位劳动成本反映一个产业或国家的成本优势。单位劳动成本的高低对劳动力市场政策和贸易政策具有重要的影响：一方面，一个国家的单位劳动成本增加可以看作是对劳动力产出贡献的额外奖励；另一方面，如果劳动成本的增长高于生产率的增长，并且没有对其他成本要素进行调整，则可能威胁到该国在成本方面的竞争力。

6. 贫困相关指标

贫困的衡量指标是表明一国财富和生活水平的重要的指标。它与就业和失业没有直接关系，但跟劳动力市场的运行有一定的联系。比如，就业的扩大通常伴随着贫困状况的减轻，尤其是当实际工资和劳动生产率同时上升的时候。应将贫困同就业、失业和不充分就业、工资、教育水平的提高以及劳动生产率等变量联系起来加以研究，并以此作为制定政策的依据。

根据国际劳动力市场指标体系的经验以及中国衡量贫困程度时常用的指标，贫困指标应包括贫困发生率、工作穷人、基尼系数等。

（1）贫困发生率

贫困发生率又称为贫困人口比重指数，是人均纯收入或生活消费水平低于贫困线的人口占总人口的比率，通过它可以对贫困人口数量有一个直观的了解。贫困发生率有个标准：国际贫困线和国家贫困线。贫困线是在一定的时间、空间和社会发展阶段的条件下，维持人民基本生存所必须消费的物品和服务的最低费用，贫困线又称贫困标准。确定贫困标准或贫困线是准确界定贫困人口的首要条件。由于中国城镇与农村的贫困差距较大，国家贫困线又分为城镇、农村和全国三项。

（2）工作穷人

工作穷人是指生活在贫困线以下的就业人口。计算工作穷人的范围上限和下限的计算公式为

上限：工作穷人 = 贫困发生率 × 劳动力资源（16 周岁及以上人口）

下限：工作穷人 = 贫困发生率 × 经济活动人口（劳动力）

（3）基尼系数

基尼系数是指在全部居民收入中，用于进行不平均分配的那部分收入占总收入的百分比。基尼系数的实际数字介于 0 ~ 1 之间。基尼系数给出了反映居民之间贫富差异程度的数量界限，它能较客观、直观地反映和检测居民之间的贫富两极分化。目前，中国共有三种基尼系数，即农村居民基尼系数、城镇居民基尼系数和全国居民基尼系数。基尼系数 0.4 的国际警戒标准在中国基本适用。在衡量全国居民之间的收入分配差距时，可以将警戒线上限定为 0.5，实际中按 0.45 操作。

第三节　中国就业与失业核算的具体实践

一、主要核算方式

中国就业与失业核算的方式主要有三种，即综合统计、行政记录和抽样调查。

综合统计是自计划经济体制就延续下来的一种核算方式，即由国家统计局批准制定每年及年内各季度、月度的统计报表，由专业机构组织实施的核算方式，如劳动统计报表（企业调查）制度、农村劳动力基本情况等调查均采取这种核算方式。

行政记录核算方式起步较晚。首先采用行政记录核算方式的是城镇失业登记。由于历史的原因，20 世纪 70 年代后期城镇失业情况凸显，城镇失业登记工作便应时而生并延续至

今。此外，市场监督管理部门对私营和个体企业从业人员情况的登记工作也是行政记录核算方式的具体体现。

抽样调查是随着劳动力市场发展和完善而发展起来且运用日益广泛的核算方式。市场经济体制改革步伐加快，劳动力市场更加活跃，就业形式更趋灵活多样，综合统计、行政记录等核算方式已难以充分反映劳动力市场的真实情况，例如，城镇失业登记无法真实反映整个社会的就业和失业状况。于是，抽样调查核算方式便产生并快速发展起来。一般认为，对就业与失业的抽样调查实践起源于1994年，国家统计局连续两年在人口抽样调查中尝试增加反映经济活动人口的调查项目，得到社会各界广泛关注。1996年，抽样调查核算方式正式列入国家统计局的统计制度并延续至今。抽样调查核算收集了大量的有关就业和失业状况的资料，对国家掌握和分析劳动就业状况发挥了积极作用。

二、核算制度

中国就业与失业核算制度包括人口普查和抽样调查中的就业与失业核算制度、"三合一"统计、就业登记和失业登记制度、劳动统计报表（企业调查）制度、农村劳动力实名制登记入库及动态管理制度、劳动力抽样调查制度等。

（一）人口普查和抽样调查中的就业与失业核算制度

人口普查和抽样调查是全面系统了解就业和失业状况的重要信息来源。人口普查中关于就业与失业属性调查的问题设计基本遵循了国际劳工组织推荐的核算标准，它可以在收集人口信息的同时，对人口的就业相关属性进行核算。除了十年一次的人口普查（又称为"大普"），我国还有两次人口普查之间的"1%人口抽样调查"（又称为"小普"）和每年进行的人口变动情况抽样调查，在统计方法上有诸多相同之处且相互配合，以人口普查数据为基础并根据每年小样本调查结果进行调整后的数据，成为核算全国就业人员总数的重要来源。

由人口普查可以得到以下有关就业和失业的统计数据：劳动力资源数、经济活动人口数、就业人员数、失业人员数、就业人员工作小时数、未工作人口数、劳动参与率等，甚至可以进一步细分城乡、年龄、性别、文化程度的就业和失业情况。人口普查中获得的就业与失业核算数据较全面、准确，且有助于详细了解就业人员的自然特征、社会特征及经济特征，其在就业与失业核算中占据重要地位。

（二）"三合一"统计

"三合一"统计指三种不同的劳动统计结果经合并产生每年分行业就业人员数的核算制度。这三种"劳动统计"分别是：（1）由国家统计局以及人力资源和社会保障部负责的城镇单位劳动统计；（2）由市场监督管理部门负责的对城镇私营企业就业人员、个体劳动者的行政登记；（3）由农村社会经济调查总队负责的乡村就业人员统计。

"三合一"统计来源于它们在统计对象上的互补性。城镇单位劳动统计的对象是除私营企业和个体工商户以外的所有城镇企业、事业和行政单位的就业人员；而市场监督管理部门统计的对象恰恰是城镇私营企业就业人员和个体就业人员，在统计对象上补充了城镇单位劳动统计对私营企业和个体工商户的缺口。农村社会经济调查总队乡村就业人员统计的统计对象限定在农村就业人员上，在城乡划分上与以上两个城镇劳动统计形成了互补关系。三种统计合并的结果，形成了每年公布的分行业就业人员数。该数据序列是我国唯一每年可以利用的分行业数据，通常被用来反映就业人员行业结构的变化，或者被用于分行业劳动生产力的比较研究。

（三） 就业登记和失业登记

就业登记也称就业实名制管理，它是就业服务管理的基础性工作，也是人力资源和社会保障部门获得就业统计数据的主要来源。就业登记的范围包括城镇劳动者、农村进城务工人员、失地农民。办理就业登记时，由用人单位填写《用人单位就业登记基本情况表》和《用人单位就业登记（用工备案）表》，个人登记填写《就业登记个人登记表》，就业登记的内容主要包括劳动者个人基本情况、就业类型、就业时间、建立劳动关系等内容。

失业登记是改革开放以后产生并发展起来的。20 世纪 80 年代初，我国开始建立登记失业制度，所有城镇无业者都必须到政府劳动部门登记，当时称为待业登记。1994 年，党的十四大提出要从计划经济转向社会主义市场经济，中国劳动用工制度发生重大变化，政府不再统一分配和安排就业，企业和劳动者开始进行双向选择，此后，我国将待业登记更名为失业登记。失业登记由劳动者主动到就业服务机构填写《失业登记表》，失业登记的主要内容包括个人基本情况、失业时间、失业登记时间等。城镇登记失业率指标伴随失业登记工作的开展而产生。在 2018 年国家统计局开始发布调查失业率指标数据前，我国发布和使用的都是人力资源和社会保障部门核算的城镇登记失业率。

（四） 劳动工资统计报表 （企业调查） 制度

劳动统计的主要目的是了解城镇单位就业人数及劳动报酬的状况，反映就业、生产成本和经济运行情况；反映国民收入初次分配的基本情况和变化，为科学制定分配政策和社会保障相关政策提供重要依据；评估国家或地区的劳动力市场竞争力；企业参照本地区、本行业的平均水平制定工资标准。该项调查制度是以企业、事业、机关、民间非营利组织等单位为调查对象的统计调查，目前主要包括城镇非私营单位就业人员统计和城镇私营单位就业人员统计两个部分，工资和城镇单位就业人员数等数据就来自这项调查。

其中，城镇非私营单位劳动统计报表制度由国家、省、市、县各级统计部门组织实施。统计报表由市、县统计局布置到本区域的各类法人单位或组织机构，各单位填报后在规定时间内上报当地统计局，经逐级审核、汇总，上报国家统计局。经国家统计局审核、汇总后按有关规定予以公布。调查对象包括城镇地区全部非私营法人单位，具体包括国有单位、城镇集体单位以及联营经济、股份制经济、外商投资经济、港澳台投资经济等单位。调查的主要指标包括单位就业人数、工资总额等。

在城镇私营单位工资统计报表制度下，私营单位工资统计以多种调查方式相结合的形式进行，从业人员规模在100人及以上的单位采取全面调查；从业人员规模在20～99人的单位采取抽样调查，以省级为总体，分行业门类进行抽样，抽样比为10%；从业人员规模在19人及以下的单位不进行直接调查，根据相关资料并结合典型调查进行推算。

（五）　农村劳动力实名制登记入库及动态管理制度

在加快推进新型城镇化和统筹城乡就业的背景下，掌握农村劳动力资源及转移就业情况，建立覆盖城乡的人力资源数据库是实现公共就业服务精准化和抓好农村就业创业工作的切入点。目前，部分省市建立了农村劳动力实名制登记入库及动态管理制度，入库的对象是具有农村户籍的劳动适龄人员（年龄在16～60周岁），包括在家务农、异地转移就业、就地就近就业和自主创业的农村劳动力。登记内容包括个人信息、转移就业情况、培训及技能信息、转移就业意愿信息、社会保险参保情况及其他相关信息。农村劳动力实名制登记入库工作依托基层公共就业服务平台，采用的是跟踪调查形式，由村（社区）的专（兼）职信息采集员按季对本行政村农村劳动力相关信息和变动情况进行入户采集和登记，建立台账并将劳动力信息报送乡镇（街道）公共就业服务机构，再由乡镇（街道）基层平台工作人员对报送的数据进行审核并录入公共就业服务信息管理系统，根据转移就业人员变动和新成长劳动力情况实时动态更新。

（六）　劳动力抽样调查制度

劳动力抽样调查制度于2005年正式实施，当时每年进行两次全国劳动力抽样调查。后来劳动力抽样调查不再进行单独抽样，而是利用每年国家统计局人口变动情况抽样调查所抽中的样本。从2009年开始，为了更及时准确地反映劳动力市场变化情况，国家统计局建立了31个大城市的月度劳动力调查制度。2013年又将这一月度劳动力调查制度的实施范围扩大至65个城市。2015年，国家统计局建立了全国范围的月度劳动力调查制度并于2016年正式在全国范围开展月度劳动力调查，调查范围覆盖全国所有地级城市。城镇调查失业率、全国分城乡就业人数、三次产业就业人数等就业与失业数据均由劳动力调查数据核算得出。

1. 调查对象

我国劳动力调查以16周岁及以上的常住人口为统计对象，且不论其是否进行了失业登记，均按国际标准进行就业失业状态的认定，这使核算结果能够更全面地反映劳动力市场的实际状态。

2. 调查内容

我国劳动力调查内容包括两大部分：一是基本人口信息；二是劳动力市场状态信息，包括就业身份、工作单位、工作时间、工作报酬、未工作原因、未工作时间、是否寻找工作、寻找工作的方式等。这两部分内容涵盖了国际劳工组织劳动力市场关键指标所列的几乎所有项目。此外，我国劳动力调查还结合本国国情，设置了反映高校毕业生、农民工等重点人群就业创业情况的项目，满足了对重点人群就业情况进行监测的需要。

3. 抽样设计

我国劳动力调查以所有住户为总体，采用两阶段抽样方法：第一阶段采用分层、与住房单元（House Unit）数多少成比例的抽样方法（PPS 抽样）抽取居（村）委会，第二阶段采用随机等距抽样在抽中的居（村）委会中抽取住房单元，并对抽中住房单元内的所有人员进行调查。其抽样方式、样本量确定、加权调整、抽样误差计算等方面均科学合理，达到国际先进水平。

基于劳动力抽样调查获得的调查失业率覆盖范围更广，发布频率更快，指标定义符合国际标准，可以更全面、及时合理地反映我国劳动力市场变动情况。此外，劳动力抽样调查内容丰富，除失业率外，还涵盖劳动参与率、工作时间、就业质量、工作搜寻等方面的内容，是多维度研究劳动力市场运行的重要数据来源。

（七）劳动力市场监测

劳动力市场监测以劳动力市场综合月报制度和季报制度为主要数据采集方式，以各地公共就业服务机构的业务资源数据库为基础，借助现代信息技术与传统报表相结合的手段，按照全国统一的固定数据结构和报表格式进行数据采集，通过对数据的汇总和分析，对劳动力市场运行状况进行监测，为劳动力市场政策的制定提供依据，并通过发布相关的监测信息，引导劳动力市场健康运行。

三、近十年就业与失业核算的总体情况

（一）城镇就业规模持续扩大

尽管受人口老龄化程度加深、劳动年龄人口逐步下降的影响，就业人员总量于 2014 年达到 76349 万人的峰值后开始减少，但随着城镇化进程加快，大量农村劳动力向城镇转移，城镇就业人员保持增长态势。2013 年，城镇就业人员比重首次超越乡村，达到 50.5%。2021 年，中国就业人员为 76254 万人；其中，城镇就业人员总量达到 46773 万人，比 2012 年增加 9486 万人，年均增长 1054 万人；城镇就业占比进一步提高到 62.7%，比 2012 年增加 13.8 个百分点，年均提高 1.5 个百分点。

（二）失业率保持在合理区间

得益于经济发展与扩大就业的有效联动，我国劳动力市场供求平稳，实现了比较充分的就业。2018—2019 年，全国城镇调查失业率始终稳定在 5.0% 左右的较低水平。2020 年初，受新冠疫情突发影响，就业受到冲击，2 月全国城镇调查失业率升至 6.2%。面对严峻复杂的国内外形势，国家出台了一系列政策措施，从持续推动复工复产、大规模减负稳岗、稳定重点群体就业、促进多渠道灵活就业、完善职业技能培训、加强就业服务等方面全面发力，

就业形势得以改善，城镇调查失业率不断回落，2020年12月降至5.2%，与2019年同期持平，2021年12月进一步回落至5.1%。

（三）就业结构不断优化

1. 高校毕业生、农民工等重点群体就业保障有力

针对高校毕业生实施就业创业促进计划，支持引导企业吸纳就业，积极拓宽公共部门就业，鼓励创业创新，有力解决了高校毕业生就业难问题。针对农村劳动力，加强跨区域精准对接，有效促进富余劳动力外出就业，依托县域经济、乡村产业发展，鼓励就地就近就业和返乡创业。2012—2021年全国农民工总量由26261万人增至29251万人，农民工就业规模平稳增长。针对困难群体，不断加强就业帮扶。2012年以来，平均每年有超过550万失业人员实现再就业，超过170万困难人员实现就业，约5万户零就业家庭实现每户至少一人就业。

2. 第三产业吸纳就业能力增强

随着我国经济结构调整优化，发展新动能加速壮大，第三产业已成为带动经济增长、吸纳就业人员的主要力量。2021年，我国第一产业、第二产业、第三产业就业人员分别为17072万人、21712万人、35868万人，占比分别为22.9%、29.1%、48.0%；其中第一产业、第二产业占比比2012年分别下降10.6个和1.3个百分点，第三产业占比上升11.9个百分点。三次产业就业结构与产值结构的协调性明显提高。

3. 新经济带动就业效应显著

随着新一轮科技革命以及数字经济的蓬勃发展，新产业、新业态、新商业模式日新月异，大数据工程技术人员、无人机驾驶员、网约配送员、互联网营销师等新职业、新岗位不断涌现。新经济就业以其就业容量大、薪资水平高、灵活性和兼职性强等特点，成为吸纳就业的重要渠道。特别是在疫情冲击下，新经济发展提供了大量灵活就业岗位，在拓宽就业渠道、增强就业弹性、增加劳动者收入等方面发挥了积极作用。国家信息中心发布的《中国共享经济发展报告（2021）》显示，2020年，我国共享经济平台企业员工达到631万人，比2015年增加约131万人，平台带动的就业人数约8400万人，比2015年增加约3400万人。

4. 就业人员素质明显提升

教育事业的快速发展，带动我国就业人员学历结构持续优化，为劳动力市场提供了丰富的高素质人才。2020年，在就业人员中，小学及以下、初中受教育程度人员所占比重分别为18.7%、41.7%，比2012年分别下降2.3个、6.6个百分点；高中、大专及以上受教育程度人员所占比重分别为17.5%、22.2%，分别上升0.4个、8.5个百分点。就业人员平均受教育年限由2012年的9.7年提高到2020年的10.4年。人才队伍不断壮大，2021年末，全国享受政府特殊津贴人员累计18.7万人，比2012年增加2万人；百千万人才工程国家级人选6500多人，比2012年增加2400多人；全国累计共有3935万人取得各类专业技术人员

资格证书，比 2012 年增加 2360 万人。

本章小结

1. 新中国劳动就业统计源于 1950 年国家组织的第一次有关劳动就业的调查，早于 1953 年的第一次人口普查。

2. 在计划经济体制下，中国实行的是"低工资、高就业"政策，基本实现了百分之百的就业，因此当时的就业与失业统计主要着眼于劳动工资统计。

3. 1978 年，随着大批知青返城，城镇就业矛盾开始突出，国家建立了城镇待业人员登记制度。1994 年，国家将待业登记更名为失业登记，开始发布城镇登记失业率数据并将其作为国家宏观调控的重要指标。

4. 2005 年，国家统计局正式在全国范围建立劳动力调查制度，并开展调查失业率统计的试点工作。国家统计局从 2018 年 4 月开始定期公布城镇调查失业率数据。

5. 劳动力资源是指可从事社会劳动的那部分人口，即具有劳动能力的人口。按照"是否实际参加劳动或是否具有参加劳动的意愿"的标准，劳动力资源可进一步区分为经济活动人口与非经济活动人口两部分。

6. 经济活动人口是指在劳动力资源中，实际参与或者要求参加社会经济活动的那部分劳动力资源，一般又简称劳动力。非经济活动人口是指在劳动力资源中，未参加或不要求参加社会经济活动的那部分劳动力资源。

7. 就业人员是指年满 16 周岁，为取得报酬或经营利润，在调查周内从事了 1 小时以上（含 1 小时）劳动的人员；或由于在职学习、休假等原因在调查周内暂时未工作的人员；或由于停工、单位不景气等原因临时未工作的人员。

8. 失业人员是指年满 16 周岁，具有劳动能力并同时符合以下三项条件的人员：（1）在调查周内未从事为取得劳动报酬或经营利润的劳动，也没有处于"就业"定义中的暂时未工作状态；（2）在某一特定期间内采取了某种方式寻找工作；（3）当前如有工作机会可以在一个特定期间内应聘就业或从事自营职业。

9. 人口就业率是指在 16 周岁及以上人口中就业人口所占的比重，是经济景气的先行指标。

10. 失业率指标是指失业人口占劳动力（就业人口与失业人口之和）的比重。实践中，中国发布并作为主要宏观经济指标的失业率有两个，一个是城镇登记失业率，另一个是城镇调查失业率。

11. 城镇调查失业率较城镇登记失业率全面、客观，2018 年以来成为我国发布并作为反映劳动就业水平的主要宏观经济指标。

12. 劳动力参与率是就业人口与失业人口之和与劳动力资源总量之比。

13. 就业不足比例指标是指非自愿的在调查周内工作时间不到标准工作时间的一半（20小时），但正在寻找并愿意从事更多补充性工作的人员占就业人口总数的比例。它是失业率指标的重要补充。

14. 中国就业与失业核算的方式主要有三种，即综合统计、行政记录和抽样调查。综合统计是由国家统计局批准制定每年及年内各季度、月度的统计报表，由专业机构组织实施的核算方式。行政记录核算方式起步较晚。首先采用行政记录核算方式的是城镇失业登记。抽样调查是随着劳动力市场发展和完善而发展起来且运用日益广泛的核算方式。

15. 中国就业与失业核算制度包括人口普查和抽样调查中的就业与失业核算制度、"三合一"统计、就业登记和失业登记制度、劳动统计报表（企业调查）制度、农村劳动力实名制登记入库及动态管理制度、劳动力抽样调查制度等。

16. 2013—2021 年，中国就业与失业核算结果显示城镇就业规模持续扩大、失业率保持在合理区间、就业结构不断优化。

本章重要概念

待业登记　城镇登记失业率　城镇调查失业率　劳动力资源　经济活动人口　就业人员　失业人员　就业不足比例　劳动力抽样调查制度　"三合一"统计　劳动统计报表　就业结构　劳动力流动结构　劳动力流动总量　劳动生产率　单位劳动成本

本章复习思考题

一、判断题

1. 劳动力资源是指可从事社会劳动的那部分人口，即具有劳动能力的人口。　　（　　）

2. 2005 年，国家统计局正式在全国范围建立劳动力调查制度，并从 2018 年 4 月开始定期公布城镇调查失业率数据。　　（　　）

3. 经济活动人口是指在劳动力资源中，实际参与或者要求参加社会经济活动的那部分劳动力资源。　　（　　）

4. 现役军人既属于从业人员，又属于就业人员。　　（　　）

5. 就业人员与职工（在岗职工）之间基本是"大概念"和"小概念"的关系，职工一般都属于"就业人员"。　　（　　）

6. 非经济活动人口无劳动意愿，不要求参加社会经济活动；失业人口有劳动意愿，但还未能实际参加社会经济活动。　　（　　）

7. 非就业人口的统计口径比失业人口要大，它包括那些不想找工作和想找工作但暂时还没有去寻找工作的那部分群体。　　（　　）

8. 城镇登记失业率仅将进行了求职登记的无工作者视为失业人员。　　（　　）

9. 中国就业与失业核算的方式主要有三种，即综合统计、行政记录和抽样调查。

（　　）

10. 根据劳动力资源的定义，在押劳改犯是劳动力资源。　　　　　　　（　　）

二、单选题

1. 失业人员的必备条件不包括（　　）。

A. 达到法定劳动年龄　　　　　　　B. 有劳动能力

C. 有寻找工作的实际行动　　　　　D. 没有劳动意愿

2. 中国就业与失业核算的方式不包括（　　）。

A. 综合统计　　　B. 行政记录　　　C. 抽样调查　　　D. 就业登记和失业登记

3. 劳动力流量指标包括（　　）。

A. 职业介绍　　　　　　　　　　　B. 基尼系数

C. 技术等级与职称　　　　　　　　D. 就业弹性

4. 我国的就业人口是指年龄在（　　）以上，从事一定社会劳动并取得劳动报酬或经营收入的人员。

A. 14 周岁　　　B. 16 周岁　　　C. 18 周岁　　　D. 13 周岁

5. 以下对我国就业与失业的说法错误的是（　　）。

A. 我国只计算城镇地区的失业率

B. 在计算城镇失业率时，主要以是否具有城镇户口为标准

C. 我国的就业人口是指在 16 周岁以上，从事一定社会劳动并取得劳动报酬或经营收入的人员

D. 就业率 =（就业人口/民用成年人口总数）×100%

三、简答题

1. 简述中国就业与失业统计的发展历程。

2. 简述劳动力资源、劳动力、就业人员、失业人员这几个概念的定义及其相互关系。

3. 简述主要失业核算指标。

4. 简述中国就业与失业核算的主要制度。

5. 简述近十年中国就业与失业核算的结果。

四、思考题

1. 城镇登记失业率和城镇调查失业率这两个指标的核算范围有什么不同？都有哪些进一步改进或完善的空间？

2. 尝试搜索并阅读相关材料，结合国际标准和主要发达国家的核算体系，提出下一步中国就业与失业核算发展的建议。

第二十三章
中国国际收支分析

本章主要介绍中国国际收支的核算、中国国际收支平衡分析、中国国际储备与外债分析等内容。

第一节 中国国际收支的核算

国际收支的统计包括对经常交易、资本交易、金融交易、储备资产的统计以及对金融资产的重估价。我国国际收支核算由编制的国际收支平衡表（Balance of Payments，BOP）（见表 23 - 1）和国际投资头寸表（International Investment Position，IIP）（见表 23 - 2）组成，分别反映我国对外经济金融流量及对外金融资产负债存量状况，形成我国完整的对外账户。

表 23 - 1 　　　　　　　　　中国国际收支平衡表（2016—2021 年）　　　　　单位：亿元人民币

项目	2016 年	2017 年	2018 年	2019 年	2020 年	2021 年
1. 经常账户	12638	12685	1882	7116	16963	20445
贷方	163269	185304	195272	202232	207789	250060
借方	-150631	-172619	-193391	-195116	-190826	-229616
1. A 货物和服务	16976	14578	6053	9173	24508	29810
贷方	146177	163847	175694	181617	188383	229166
借方	-129201	-149268	-169641	-172444	-163875	-199355
1. A. a 货物	32490	32076	25359	27180	35055	36261
贷方	132324	149470	160237	164760	172637	207348
借方	-99834	-117393	-134878	-137579	-137582	-171087
1. A. b 服务	-15515	-17498	-19306	-18007	-10547	-6451
贷方	13853	14377	15457	16858	15746	21817
借方	-29368	-31875	-34763	-34864	-26293	-28268
1. A. b. 1 加工服务	1221	1208	1137	1059	876	869
贷方	1232	1220	1155	1085	911	915

项目	2016 年	2017 年	2018 年	2019 年	2020 年	2021 年
借方	− 11	− 12	− 18	− 26	− 34	− 46
1. A. b. 2 维护和维修服务	215	251	307	444	297	261
贷方	346	403	475	700	529	507
借方	− 131	− 152	− 168	− 256	− 231	− 246
1. A. b. 3 运输	− 3110	− 3777	− 4429	− 4072	− 2626	− 1335
贷方	2250	2515	2805	3186	3895	8201
借方	− 5360	− 6292	− 7234	− 7258	− 6521	− 9536
1. A. b. 4 旅行	− 13687	− 14824	− 15652	− 15080	− 8356	− 6083
贷方	2953	2603	2668	2473	683	731
借方	− 16640	− 17427	− 18319	− 17553	− 9039	− 6814
1. A. b. 5 建设	278	242	327	352	308	361
贷方	843	825	896	996	864	990
借方	− 565	− 583	− 569	− 643	− 556	− 628
1. A. b. 6 保险和养老金服务	− 587	− 499	− 441	− 429	− 658	− 929
贷方	270	274	325	332	206	316
借方	− 857	− 773	− 766	− 761	− 864	− 1245
1. A. b. 7 金融服务	76	122	82	104	57	28
贷方	211	231	221	270	334	332
借方	− 135	− 109	− 139	− 166	− 276	− 304
1. A. b. 8 知识产权使用费	− 1515	− 1617	− 1992	− 1914	− 2018	− 2262
贷方	78	324	368	455	591	758
借方	− 1593	− 1941	− 2360	− 2369	− 2609	− 3020
1. A. b. 9 电信、计算机和信息服务	841	507	428	553	440	685
贷方	1689	1814	1988	2413	2685	3271
借方	− 848	− 1307	− 1559	− 1860	− 2244	− 2586
1. A. b. 10 其他商业服务	978	1143	1266	1336	1340	2182
贷方	3851	4003	4377	4773	4807	5603
借方	− 2874	− 2860	− 3111	− 3437	− 3466	− 3421
1. A. b. 11 个人、文化和娱乐服务	− 93	− 134	− 161	− 216	− 137	− 119
贷方	49	52	63	66	70	93
借方	− 142	− 185	− 225	− 282	− 207	− 212
1. A. b. 12 别处未提及的政府服务	− 131	− 119	− 180	− 144	− 72	− 109
贷方	81	115	116	109	173	100
借方	− 211	− 234	− 295	− 254	− 245	− 209
1. B 初次收入	− 3701	− 1090	− 4038	− 2764	− 8116	− 10430
贷方	15042	19554	17745	18828	16931	17724

项目	2016 年	2017 年	2018 年	2019 年	2020 年	2021 年
借方	−18743	−20645	−21783	−21592	−25047	−28154
1．B．1 雇员报酬	1372	1011	535	214	15	−87
贷方	1785	1468	1193	983	1014	1104
借方	−413	−456	−657	−769	−999	−1190
1．B．2 投资收益	−5096	−2131	−4690	−3051	−8271	−10544
贷方	13220	18040	16416	17722	15720	16377
借方	−18316	−20171	−21106	−20773	−23992	−26921
1．B．3 其他初次收入	23	30	117	73	140	200
贷方	37	47	137	123	197	243
借方	−14	−17	−20	−50	−56	−42
1．C 二次收入	−637	−804	−133	706	571	1064
贷方	2050	1902	1833	1787	2474	3171
借方	−2687	−2706	−1966	−1080	−1903	−2107
1．C．1 个人转移	/	−173	−25	4	27	59
贷方	/	472	408	278	286	346
借方	/	−644	−433	−274	−259	−287
1．C．2 其他二次收入	/	−631	−108	702	544	1005
贷方	/	1431	1425	1508	2188	2824
借方	/	−2062	−1533	−806	−1644	−1819
2．资本和金融账户	1951	1212	9901	1800	−6181	−9732
2.1 资本账户	−23	−6	−38	−23	−5	6
贷方	21	15	20	15	11	17
借方	−44	−22	−58	−38	−17	−11
2.2 金融账户	1974	1218	9939	1823	−6176	−9738
资产	−15426	−28604	−23873	−18009	−46257	−52405
负债	17400	29822	33812	19831	40081	42667
2.2.1 非储备性质的金融账户	−27647	7354	10976	461	−4244	2417
资产	−45047	−22468	−22836	−19370	−44326	−40250
负债	17400	29822	33812	19831	40081	42667
2.2.1.1 直接投资	−2658	1825	5987	3457	6666	13296
2.2.1.1.1 资产	−14323	−9314	−9465	−9447	−10611	−8247
2.2.1.1.1.1 股权	−9732	−9185	−7480	−7506	−9295	−6393
2.2.1.1.1.2 关联企业债务	−4591	−129	−1985	−1942	−1315	−1854
2.2.1.1.1.a 金融部门	/	−1202	−1376	−1205	−1639	−2388
2.2.1.1.1.1.a 股权	/	−1191	−1326	−1318	−1653	−2180
2.2.1.1.1.2.a 关联企业债务	/	−10	−49	112	14	−208

项目	2016 年	2017 年	2018 年	2019 年	2020 年	2021 年
2.2.1.1.1.b 非金融部门	/	−8112	−8089	−8242	−8971	−5859
2.2.1.1.1.1.b 股权	/	−7993	−6154	−6188	−7642	−4213
2.2.1.1.1.2.b 关联企业债务	/	−119	−1935	−2054	−1330	−1646
2.2.1.1.2 负债	11664	11139	15452	12904	17277	21543
2.2.1.1.2.1 股权	11002	9440	12275	11184	15085	17881
2.2.1.1.2.2 关联企业债务	663	1699	3177	1720	2191	3662
2.2.1.1.2.a 金融部门	/	816	1161	1269	1168	1512
2.2.1.1.2.1.a 股权	/	605	989	1097	754	1192
2.2.1.1.2.2.a 关联企业债务	/	211	172	172	414	320
2.2.1.1.2.b 非金融部门	/	10323	14292	11635	16109	20031
2.2.1.1.2.1.b 股权	/	8835	11286	10087	14331	16689
2.2.1.1.2.2.b 关联企业债务	/	1487	3005	1548	1778	3342
2.2.1.2 证券投资	−3466	1951	6966	4003	6495	3242
2.2.1.2.1 资产	−6858	−6374	−3481	−6181	−10349	−8129
2.2.1.2.1.1 股权	−2532	−2203	−1138	−2049	−8959	−5523
2.2.1.2.1.2 债券	−4327	−4172	−2343	−4132	−1390	−2605
2.2.1.2.2 负债	3392	8326	10447	10184	16843	11371
2.2.1.2.2.1 股权	1559	2440	3997	3123	5445	5343
2.2.1.2.2.2 债券	1833	5886	6451	7061	11398	6027
2.2.1.3 金融衍生工具	−359	24	−415	−165	−761	715
2.2.1.3.1 资产	−433	104	−326	94	−365	1153
2.2.1.3.2 负债	75	−80	−89	−259	−395	−438
2.2.1.4 其他投资	−21164	3553	−1563	−6834	−16645	−14837
2.2.1.4.1 资产	−23433	−6884	−9565	−3836	−23001	−25028
2.2.1.4.1.1 其他股权	0	3	−95	−102	−33	−35
2.2.1.4.1.2 货币和存款	−4302	−3860	−986	−7012	−9902	−9840
2.2.1.4.1.3 贷款	−7352	−3051	−5355	1820	−9380	−7842
2.2.1.4.1.4 保险和养老金	−24	−4	−35	−80	−226	−281
2.2.1.4.1.5 贸易信贷	−6858	−1220	−4530	2424	−2473	−3966
2.2.1.4.1.6 其他	−4896	1250	1437	−887	−986	−3064
2.2.1.4.2 负债	2269	10437	8002	−2997	6356	10191
2.2.1.4.2.1 其他股权	0	0	0	0	0	0
2.2.1.4.2.2 货币和存款	552	7391	3416	−3826	6354	4247
2.2.1.4.2.3 贷款	−1094	3457	2056	2859	−1129	330
2.2.1.4.2.4 保险和养老金	−45	44	15	123	212	213
2.2.1.4.2.5 贸易信贷	1157	−155	2776	−1898	461	2160

续表

项目	2016 年	2017 年	2018 年	2019 年	2020 年	2021 年
2.2.1.4.2.6 其他	1699	－ 300	－ 261	－ 255	459	546
2.2.1.4.2.7 特别提款权	0	0	0	0	0	2695
2.2.2 储备资产	29621	－ 6136	－ 1037	1362	－ 1932	－ 12154
2.2.2.1 货币黄金	0	0	0	0	0	0
2.2.2.2 特别提款权	22	－ 49	2	－ 34	－ 25	－ 2693
2.2.2.3 在国际货币基金组织的储备头寸	－ 348	146	－ 47	－ 1	－ 159	5
2.2.2.4 外汇储备	29947	－ 6233	－ 992	1397	－ 1748	－ 9467
2.2.2.5 其他储备资产	0	0	0	0	0	0
3. 误差与遗漏	－ 14589	－ 13896	－ 11783	－ 8916	－ 10782	－ 10713

资料来源：国家外汇管理局。

表 23 – 2　　　　　　　　　　中国国际投资头寸表　　　　　　　　　单位：亿美元

项目	2016 年	2017 年	2018 年	2019 年	2020 年	2021 年
净头寸	19849	20652	21075	22996	22868	19833
资产	65788	71915	74327	78464	88791	93243
1 直接投资	14237	18450	20015	22366	25807	25819
1.1 股权	11938	15949	17023	19341	22638	22341
1.2 关联企业债务	2300	2501	2993	3026	3169	3477
1.a 金融部门	/	2371	2518	2839	3103	3722
1.1.a 股权	/	2276	2416	2739	3003	3570
1.2.a 关联企业债务	/	95	102	100	99	152
1.b 非金融部门	/	16079	17498	19528	22704	22097
1.1.b 股权	/	13673	14607	16602	19634	18771
1.2.b 关联企业债务	/	2405	2891	2926	3070	3325
2 证券投资	3724	4992	5065	6575	9030	9797
2.1 股权	2207	3044	2786	3853	6048	6484
2.2 债券	1518	1948	2279	2722	2982	3313
3 金融衍生工具	52	59	62	67	206	154
4 其他投资	16797	16055	17505	17226	20184	23205
4.1 其他股权	1	54	69	84	89	95
4.2 货币和存款	3653	3611	3896	3962	4839	5489
4.3 贷款	5768	6373	7097	6963	8432	9628
4.4 保险和养老金	123	101	106	135	167	216
4.5 贸易信贷	6145	5319	5972	5604	5972	6587
4.6 其他	1107	597	364	479	685	1191

续表

项目	2016 年	2017 年	2018 年	2019 年	2020 年	2021 年
5 储备资产	30978	32359	31680	32229	33565	34269
5.1 货币黄金	679	765	763	954	1182	1131
5.2 特别提款权	97	110	107	111	115	531
5.3 在国际货币基金组织的储备头寸	96	79	85	84	108	107
5.4 外汇储备	30105	31399	30727	31079	32165	32502
5.5 其他储备资产	2	5	−2	0	−5	−1
负债	45940	51263	53252	55468	65923	73410
1 直接投资	27551	27257	28271	27964	32312	36238
1.1 股权	25370	25150	25858	25296	29410	32992
1.2 关联企业债务	2181	2107	2413	2668	2903	3246
1.a 金融部门	/	1351	1422	1605	1828	2119
1.1.a 股权	/	1241	1277	1426	1609	1839
1.2.a 关联企业债务	/	110	145	179	218	281
1.b 非金融部门	/	25906	26849	26359	30485	34118
1.1.b 股权	/	23909	24581	23869	27801	31153
1.2.b 关联企业债务	/	1997	2268	2490	2684	2965
2 证券投资	8483	11775	11628	14526	19558	21554
2.1 股权	6168	8405	7506	9497	12607	13360
2.2 债券	2316	3370	4122	5029	6951	8194
3 金融衍生工具	60	34	60	65	129	103
4 其他投资	9844	12197	13294	12913	13923	15516
4.1 其他股权	0	0	0	0	0	0
4.2 货币和存款	3166	4365	4833	4245	5259	5971
4.3 贷款	3205	3922	4169	4605	4414	4447
4.4 保险和养老金	88	100	109	135	168	235
4.5 贸易信贷	2883	3523	3931	3644	3719	4053
4.6 其他	408	188	154	189	263	304
4.7 特别提款权	94	100	97	97	101	507

资料来源：国家外汇管理局。

一、我国国际收支平衡表的编制

我国国际收支平衡表根据《国际收支手册（第六版）》的标准分类，将我国的国际经济往来分为经常项目、资本和金融项目以及误差与遗漏三个部分（见表 23 - 1）。

（一）经常项目

经常项目包括货物和服务、初次收入和二次收入三项。

1. 货物和服务

货物指经济所有权在我国居民与非居民之间发生转移的货物交易。贷方记录货物出口，借方记录货物进口。货物账户数据主要来源于海关进出口统计，但与海关统计存在以下主要区别：一是国际收支中的货物只记录所有权发生了转移的货物（如一般贸易、进料加工贸易等贸易方式的货物），所有权未发生转移的货物（如来料加工或出料加工贸易）不纳入货物统计，而纳入服务贸易统计；二是计价方面，国际收支统计要求进出口货值均按离岸价格记录，海关出口货值为离岸价格，但进口货值为到岸价格，因此国际收支统计从海关进口货值中调出国际运保费支出，并纳入服务贸易统计；三是补充部分进出口退运等数据；四是补充了海关未统计的转手买卖下的货物净出口数据，出口记在贷方，进口记在借方。

服务所涉及的内容比较繁杂，涵盖了加工服务，维护和维修服务，运输，旅行，建设，保险和养老金服务，金融服务，知识产权使用费，电信、计算机和信息服务，其他商业服务，个人、文化和娱乐服务，别处未提及的政府服务等形式多样的商业服务以及部分政府服务。贷方记录提供的服务，借方记录接受的服务。具体项目及其含义如下。

（1）加工服务。加工服务又称对他人拥有的实物投入的制造服务，指货物的所有权没有在所有者和加工方之间发生转移，加工方仅提供加工、装配、包装等服务，并从货物所有者处收取加工服务费用。贷方记录我国居民为非居民拥有的实物提供的加工服务；借方记录我国居民接受非居民的加工服务。

（2）维护和维修服务。维护和维修服务是指居民或非居民向对方所拥有的货物和设备（如船舶、飞机及其他运输工具）提供的维修和保养服务。贷方记录我国居民向非居民提供的维护和维修服务；借方记录我国居民接受的非居民维护和维修服务。

（3）运输。这是指将人和物体从一地点运送至另一地点的过程以及相关辅助和附属服务，以及邮政和邮递服务。贷方记录居民向非居民提供的国际运输、邮政快递等服务；借方记录居民接受的非居民国际运输、邮政快递等服务。

（4）旅行。这是指旅行者在其作为非居民的经济体旅行期间消费的物品和购买的服务。贷方记录我国居民向在我国境内停留不足一年的非居民以及停留期限不限的非居民留学人员和就医人员提供的货物和服务；借方记录我国居民境外旅行、留学或就医期间购买的非居民货物和服务。

（5）建设。这是指建筑形式的固定资产的建立、翻修、维修或扩建，工程性质的土地改良、道路、桥梁和水坝等工程建筑，相关的安装、组装、油漆、管道施工、拆迁和工程管理等，以及场地准备、测量和爆破等专项服务。贷方记录我国居民在经济领土之外提供的建设服务；借方记录我国居民在我国经济领土内接受的非居民建设服务。

（6）保险和养老金服务。这是指各种保险服务，以及同保险交易有关的代理商的佣金。贷方记录我国居民向非居民提供的人寿保险和年金、非人寿保险、再保险、标准化担保服务以及相关辅助服务；借方记录我国居民接受非居民的人寿保险和年金、非人寿保险、再保险、标准化担保服务以及相关辅助服务。

（7）金融服务。金融服务是指金融中介和辅助服务，但不包括保险和养老金服务项目所涉及的服务。贷方记录我国居民向非居民提供的金融中介和辅助服务；借方记录我国居民接受非居民的金融中介和辅助服务。

（8）知识产权使用费。知识产权使用是指居民和非居民之间经许可使用无形的、非生产/非金融资产和专有权以及经特许安排使用已问世的原作或原型的行为。贷方记录我国居民向非居民提供的知识产权相关服务；借方记录我国居民使用的非居民知识产权服务。

（9）电信、计算机和信息服务。电信、计算机和信息服务是指居民和非居民之间的通信服务以及与计算机数据和新闻有关的服务交易，但不包括以电话、计算机和互联网为媒介交付的商业服务。贷方记录本国居民向非居民提供的电信服务、计算机服务和信息服务；借方记录本国居民接受非居民提供的电信服务、计算机服务和信息服务。

（10）其他商业服务。其他商业服务是指居民和非居民之间其他类型的服务，包括研发服务，专业和管理咨询服务，以及与技术、贸易相关的服务。贷方记录我国居民向非居民提供的其他商业服务；借方记录我国居民接受的非居民其他商业服务。

（11）个人、文化和娱乐服务。个人、文化和娱乐服务是指居民和非居民之间与个人、文化有关的服务交易，包括视听和相关服务（电影、收音机、电视节目和音乐录制品），其他个人、文化娱乐服务（健康、教育等）。贷方记录我国居民向非居民提供的相关服务；借方记录我国居民接受的非居民相关服务。

（12）别处未提及的政府服务。别处未提及的政府服务是指在其他货物和服务类别中未包括的政府和国际组织提供和购买的各项货物和服务。贷方记录我国居民向非居民提供的别处未涵盖的货物和服务；借方记录我国居民向非居民购买的别处未涵盖的货物和服务。

2. 初次收入

初次收入指由于提供劳务、金融资产和出租自然资源而获得的回报，包括雇员报酬、投资收益和其他初次收入三部分。

雇员报酬指根据企业与雇员的雇用关系，因雇员在生产过程中的劳务投入而获得的酬金回报。贷方记录我国居民个人从非居民雇主处获得的薪资、津贴、福利及社保缴款等；借方记录我国居民雇主向非居民雇员支付的薪资、津贴、福利及社保缴款等。

投资收益与资本和金融项目直接相关，指因金融资产投资而获得的利润、股息（红利）、再投资收益和利息，但金融资产投资的资本利得或损失不是投资收益，而是属于金融账户统计范畴。贷方记录我国居民因拥有对非居民的金融资产权益或债权而获得的利润、股息、再投资收益或利息；借方记录我国因对非居民投资者有金融负债而向非居民支付的利润、股息、再投资收益或利息。

其他初次收入指将自然资源让渡给另一主体使用而获得的租金收入，以及跨境产品和生产的征税和补贴。贷方记录我国居民从非居民获得的相关收入；借方记录我国居民向非居民进行的相关支付。

3. 二次收入

二次收入又称为经常转移，是不以收入或者支出为目的的单方面交易行为，包括侨汇、无偿捐赠和赔偿等项目，采用货物和现金形式。贷方记录我国居民从非居民获得的经常转移；借方记录我国向非居民提供的经常转移。

（二）资本和金融项目

1. 资本项目

资本项目指居民与非居民之间的资本转移，以及居民与非居民之间非生产非金融资产的取得和处置。贷方记录我国居民获得非居民提供的资本转移，以及处置非生产非金融资产获得的收入；借方记录我国居民向非居民提供的资本转移，以及取得非生产非金融资产支出的金额。

2. 金融项目

金融项目指发生在居民与非居民之间，涉及金融资产与负债的各类交易。根据会计记账原则，当期对外金融资产净增加记录为负值，净减少记录为正值；当期对外负债净增加记录为正值，净减少记录为负值。金融账户细分为非储备性质的金融账户和国际储备资产。非储备性质的金融账户包括直接投资、证券投资、金融衍生工具和其他投资。

（1）直接投资。以投资者寻求在本国以外运行企业获取有效发言权为目的的投资，包括直接投资资产和直接投资负债两部分。相关投资工具可划分为股权和关联企业债务。股权包括股权和投资基金份额，以及再投资收益；关联企业债务包括关联企业间可流通和不可流通的债权和债务。

直接投资资产指我国作为直接投资者对在外直接投资企业的净资产，作为直接投资企业对直接投资者的净资产，以及对境外联属企业的净资产。

直接投资负债指我国作为直接投资企业对外国直接投资者的净负债，作为直接投资企业对直接投资者的净负债，以及对境外联属企业的净负债。

（2）证券投资。证券投资包括证券投资资产和证券投资负债，相关投资工具可划分为股权和债券。股权全称为股权和投资基金份额，记录在证券投资项下的股权和投资基金份额均应可流通（可交易）。股权通常以股份、股票、参股、存托凭证或类似单据作为凭证。投资基金份额指投资者持有的共同基金等集合投资产品的份额。债券指可流通的债务工具，是证明其持有人（债权人）有权在未来某个（些）时点向其发行人（债务人）收回本金或收取利息的凭证，包括可转让存单、商业票据、公司债券、有资产担保的证券、货币市场工具以及通常在金融市场上交易的类似工具。

证券投资资产用于记录我国居民投资非居民发行或管理的股权、投资基金份额的当期净交易额。

证券投资负债用于记录非居民投资于我国居民发行或管理的股权、投资基金份额的当期净交易额。

（3）金融衍生工具。金融衍生工具全称为金融衍生工具和雇员认股权，用于记录我国居民与非居民金融衍生工具和雇员认股权交易情况。

金融衍生工具资产又称金融衍生工具和雇员认股权资产，用于记录我国居民作为金融衍生工具和雇员认股权资产方与非居民的交易。

金融衍生工具负债又称金融衍生工具和雇员认股权负债，用于记录我国居民作为金融衍生工具和雇员认股权负债方与非居民的交易。

（4）其他投资。其他投资指除直接投资、证券投资、金融衍生工具和储备资产外，居民与非居民之间的其他金融交易，包括其他股权、货币和存款、贷款、保险和养老金、贸易信贷和其他。

（5）储备资产。我国的储备资产指我国中央银行拥有的对外资产，包括外汇、货币黄金、特别提款权、在国际货币基金组织的储备头寸。

（三）误差与遗漏

从理论上讲，国际收支平衡表是用复式记账法来记录的，借方合计与贷方合计应该一致，总差额为零。但在各国的实践中，由于统计资料来源和时点不同，以及经济交易主体绕过贸易和外汇管理领域，在管理缝隙中运作灰色资金等原因，很难做到每一项经济交往都得到正确反映，借贷双方总量会有一定差额，导致经常账户与资本和金融账户不平衡，形成统计残差项，称为误差与遗漏。要减少误差与遗漏，一是要不断健全我国国际收支申报制度；二是要进一步加强与国内其他相关统计之间的补充，特别是验证关系；三是要密切关注国际组织的相关统计，特别是能够反映与中国有交易关系的对手国数据；四是需要进一步提高我国的贸易和外汇管理水平。

二、我国国际投资头寸表的编制

我国国际投资头寸表记录特定时点上我国（不含中国香港、澳门和台湾）对其他国家或地区金融资产和负债的存量状况，包括期间内分别由交易、价格变动、汇率变化和其他调整引起存量变化的具体构成情况。

我国现行的国际投资头寸表按照国际货币基金组织制定的《国际收支和国际投资头寸手册（第六版）》的标准编制。计价、记账单位和折算等核算原则均与我国现行的国际收支平衡表保持一致。即原则上采用现期市场价格，记账单位为美元，不同货币之间使用国家外汇管理局制定的《各种货币对美元折算率表》折算。

根据国际货币基金组织的标准，我国国际投资头寸表的项目按对外金融资产和对外负债设置。资产细分为直接投资、证券投资、金融衍生工具、其他投资、储备资产五个部分，负债细分为直接投资、证券投资、金融衍生工具、其他投资四个部分。净头寸是指对外金融资产减去对外负债的差额。

（一）　直接投资

以投资者寻求在本国以外运行企业获取有效发言权为目的的投资，包括直接投资资产和直接投资负债两部分。相关投资工具可划分为股权和关联企业债务。股权包括股权和投资基金份额，以及再投资收益；关联企业债务包括关联企业间可流通和不可流通的债权和债务。

（二）　证券投资

证券投资包括证券投资资产和证券投资负债，相关投资工具可划分为股权和债券。

（三）　金融衍生工具

该项全称为金融衍生工具和雇员认股权。金融衍生工具是一种金融工具，该金融工具与另一特定的金融工具、指标或商品相联系，可以独立在金融市场上针对特定金融风险（如利率风险、外汇风险、股权和商品价格风险、信用风险等）进行交易；雇员认股权指向公司雇员提供的一种购买公司股权的期权，通常作为公司对其雇员的一种报酬。

（四）　其他投资

其他投资指除直接投资、证券投资、金融衍生工具和储备资产之外的金融资产/负债，包括其他股权、货币和存款、贷款、贸易信贷、特别提款权等形式。长期指合同期为一年期以上的金融资产/负债，短期为一年期（含一年）以下的金融资产/负债。

（五）　储备资产

储备资产指我国中央银行可随时动用和有效控制的对外资产，包括货币黄金、特别提款权、在国际货币基金组织的储备头寸和外汇。

第二节　中国国际收支平衡分析

对中国国际收支平衡进行分析，首先要明确平衡的概念和计量，然后在此基础上对影响平衡的因素进行分析。

一、中国国际收支平衡的概念和计量

按照复式记账的原则，国际收支平衡表必然是平衡的。我们需要对国际收支项目的平衡情况进行分析，一般从贸易差额、经常账户差额、总体差额及各自占 GDP 的比重来考察国际收支的平衡状况。

（一）贸易差额

首先，要分析贸易差额占经常账户差额的比重。贸易差额是商品出口与进口之间的差额（国际收支口径，也称为货物差额）。贸易差额占经常账户差额的比重是反映经常账户差额趋势的及时性指标。此外，由于海关进出口贸易统计的频率较高，甚至可以提供旬度的进出口统计数据，滞后时间短，一般月度数据在下月 10 日前即可对社会公布。虽然由于进口计价原则不同，海关的进出口差额统计数据口径与国际收支的贸易差额并不完全相同，但由于海关数据时效性很强，海关统计的进出口差额也是使用最为普遍的一个指标。

其次，要按贸易方式分类分析其占贸易差额的比重，即分析一般贸易、加工贸易、其他差额各自占贸易差额的比重，由此可以看出形成贸易差额的主要贸易方式。

再次，要分析对各国、各地区贸易出口、进口及差额占我国贸易出口、进口及差额的比重，由此可以发现形成贸易差额的主要国家和地区。

最后，要分析贸易差额（顺差）、经常账户差额（顺差）占 GDP 的比重，分析我国对外贸易的依存度。

（二）经常账户差额

经常账户差额是商品、服务、收益和经常转移账户贷方和借方的差额，该指标是经常使用的考察国际收支平衡与否的指标。如果出现持续的经常账户逆差，特别是达到 GDP 的一定比例以上（如 5%），投资者对该国维护固定汇率的信心往往会发生动摇，从而引起货币危机和金融危机。

经常账户逆差的存在意味着该国借用他国的资源求得本国的经济发展。问题在于能否将经常账户逆差控制在一定幅度之内，借用别国的资源终究要受到本国偿债能力的制约，不顾本国的条件，无限制地借债是不可能长久维持下去的。

对于经常账户逆差占国内生产总值的比重国际上一般认为应控制在 5% 以下。1997 年亚洲金融危机的一个重要教训就是：高额的经常账户逆差在无法得到流入资本弥补的情况下，是很容易导致危机的，而且经常账户逆差占国内生产总值的比重越高，筹措资金弥补逆差越困难。因此，从这个意义上我们认为，高额的经常账户逆差是爆发金融危机的重要根源之一。

经常账户的平衡是国际收支平衡的基础。借用别国的资源发展本国的经济，如果可能也要适度。无限制地使用别国资源，伴随着大量资本流入的是经常账户逆差扩大、外债的增长以及外债结构的恶化。如果未能把握好使用外资的量、未能有效地使用这些资源（过早开放本国金融市场，外资在股票债券市场上逐利或大量涌入房地产市场，会形成泡沫经济）、未能扩大本国的出口竞争力，则依赖资本流入维持的国际收支平衡是脆弱的。在资本流动逆转之时，大量资本的外流会酿成严重的国际收支危机，损害本国的经济发展。

在开放经济条件下，一国的经济发展仍然要立足于利用本国的资源，求得本国储蓄和投资的基本平衡，绝不能形成对外资的依赖和损害本国的经济金融安全。

对于美国这样的储备货币国家而言，情况又不相同，由于在一定范围内美国可以用发行货币偿还其外债，经常账户逆差占 GDP 的比重高一些，不至于影响美国的偿债能力，只不过美元汇率的贬值压力加大。

对中国来说，国际收支面临另外一种不平衡，即经常账户的顺差。为维护汇率的稳定，避免人民币大幅升值对国内经济的冲击，央行需要持续干预外汇市场，货币政策的独立性明显削弱，流动性过剩压力不断加大，金融稳定的压力增大。

我国的经常账户差额由货物和服务差额（货物差额、服务差额）、收益差额和经常转移差额构成，分析这些差额占经常账户差额的比重，可以发现形成经常账户差额的主要项目。

（三）　总体差额

总体差额等于经常账户差额加上资本和金融账户差额，如果不考虑误差与遗漏，就是货币当局储备资产的变化。总体差额是对外支付状况的重要指标，该项目的逆差直接减少储备资产，反之则增加储备资产。

二、中国国际收支不平衡的原因分析

根据宏观经济恒等式

$$CAB = S - I$$

式中，S 为总储蓄；I 为总的国内投资；CAB 为国际收支经常账户差额。

上式表明，在短期内，国内投资的增长（相对储蓄而言）与储蓄的下降（相对国内投资而言）对经常账户的影响是一样的。公式还表明，旨在改变经常账户差额的任何政策措施（如改变关税、配额和汇率等）都将影响国内的储蓄和投资行为。储蓄投资缺口和经常账户差额是互为对偶的关系，在投资不变的情况下，经常账户顺差的增加直接导致储蓄的增加。根据我国的资金流量表（实物交易部分），储蓄可细分为政府部门、企业（非金融企业和金融企业，主要是非金融企业）部门和住户部门储蓄。例如，由于地方政府利用廉价土地招商引资，企业的竞争力增强，导致出口扩大，将直接增加企业部门的增加值和可支配收入，从而增加企业部门的储蓄。

我国国际收支不平衡来自经常账户、资本和金融账户的双顺差。经常账户顺差的原因是我国储蓄—投资不平衡，资本和金融账户顺差的主要原因是长期以来我国对外商直接投资的吸引力较强导致的顺差。

20 世纪 90 年代以来，我国的外商直接投资稳步发展，由于我国政治稳定、经济繁荣、劳动力成本低廉，逐步兑现加入世界贸易组织的承诺，我国对外商的吸引力不断增强。外商直接投资的稳定增长在保证我国稳定的长期资金流入的同时，也增加了我国国际收支平衡的压力。

我国贸易顺差快速增长的原因在于：

第一，我国资源环境等方面的成本没有充分体现在企业的成本中，加上劳动力价格低廉，导致我国企业的生产成本比较低，这增强了我国产品在国际市场上的竞争力。

第二，国际市场对我国生产的商品需求比较大。受整体经济发展水平的限制，劳动密集型仍是中国目前生产的基本特征，而与中国贸易量最大的欧盟、美国、日本等都是以技术含量较高的经济结构为特征，与中国经济有着较强的互补性，同时这三个地区和国家的经济总量占世界的45%左右①，这自然决定了国际市场对中国生产的商品和服务需求比较大。

第三，我国的供给能力比较强。近三十年来，我国经济快速增长，国内投资较快增长，以及国际分工带来的外国直接投资快速增长，中国的生产能力已经大大增强，而且形成了完整的产业链。更重要的是，形成这一生产能力的，正是国际上短缺的或者是不愿意经营的加工贸易，目前占中国出口的比重在50%左右，就足以说明这一点。

第四，国际产业分工调整、供应链重组的结果。全球化、跨国外包、供应链重组等加速发展导致的比较优势格局的重组出现时间差是中国贸易顺差扩大的原因之一，跨国外包产生的影响之一就是各国的比较优势格局发生重组，而且重组还出现了时间差，即劳动成本密集型生产和服务通常率先外包到劳动力成本较低的中国、印度等国。发达国家感受到压力，转而创造更高档次的产品或服务，以期创造新的就业机会和新的出口优势。但这一过程往往滞后一段时间，从而形成了时间差，在这一阶段贸易不平衡会扩大。

第五，外商直接投资（特别是跨国公司的直接投资）在中国的生产和销售大幅增加，替代了中国的进口。中国市场上外国品牌、外国设计的产品非常多，但其中相当一部分已转为由外商直接投资（特别是跨国公司投资）企业在中国生产。

第六，发达国家严格限制对中国的高技术产品出口。一些发达国家以国家安全等为借口，对本国企业向中国出口高技术设备施加种种限制。自20世纪90年代以来，发达国家有关出口管制部门在对中国高技术出口和项目合作方面实行严格的管制措施，这也是我国贸易顺差扩大的重要原因。

第三节　中国国际储备与外债分析

一、中国国际储备分析

我国国际储备包括黄金、特别提款权（SDRs）、在国际货币基金组织的储备头寸和外汇

---

① 根据世界银行2012—2021年十年GDP产值数据估算。

储备。由于我国外汇储备居于绝对主导地位，分析我国的国际储备主要分析外汇储备。我们可以从规模、适度性两个方面对我国的外汇储备进行分析。

（一）总规模分析

1990 年我国的外汇储备第一次突破 100 亿美元，达到 110.93 亿美元。1996 年我国的外汇储备突破 1000 亿美元，达到 1050.29 亿美元。亚洲金融危机期间我国的外汇储备变化不大，2001 年我国的外汇储备突破 2000 亿美元，从此以后，外汇储备规模快速增长，2003—2006 年我国的外汇储备分别增加 1168.4 亿美元、2066.8 亿美元、2089.4 亿美元、2474.7 亿美元。2006 年 2 月我国的外汇储备第一次超过日本，成为世界上外汇储备最多的国家。2021 年底我国的外汇储备为 32501.6 亿美元，近年来一直不断增长，可见我国的外汇储备相当充裕（见图 23 - 1）。

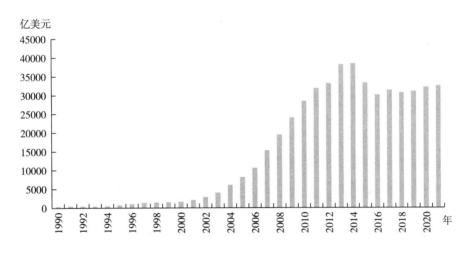

图 23 - 1　1990—2021 年我国外汇储备规模

（资料来源：根据国家外汇管理局网站数据整理）

（二）我国外汇储备适度规模分析

1. 国内学者对外汇储备规模的研究

陈卫华（2006）[①] 按照 30% 的进口、10% 的外债、10% 的年度利用外资总额以及外汇平准基金及特殊需要（10% 的储备）来确定我国外汇储备的适度规模。

姜延书和马瑞（2006）[②] 综合考虑进口、外商投资企业利润汇回、外债本息偿还、干预外汇市场的外汇需求，以及经济发展速度、经济开放和对外依赖程度、国内通货膨胀水平、持有外汇储备的机会成本、国内外实际利差水平等因素，考虑进口对外汇需求 20%～40% 的比例，8%～12% 的利润汇回比例，8%～12% 的外债偿还外汇需求，100 亿～200 亿美元

---

① 陈卫华. 我国外汇储备的适度规模分析 [J]. 技术经济，2006（2）：53 - 56.

② 姜延书，马瑞. 关于我国外汇储备适度规模的实证研究 [J]. 经济研究导刊，2006（2）：51 - 54.

的干预外汇市场需求，确定了适度外汇储备区间。

苗润雨（2006）[①]利用改进的 Agarwal 模型对我国的适度外汇储备规模进行了计算，他认为我国外汇储备量偏大。

赵庆明和肖岚（2005）[②]用结合储备/进口比例、储备与短期外债比例、储备与货币供应量的比例来确定我国外汇储备的适度规模。

2. 在宏观经济金融稳定的框架下确定外汇储备的适度规模

特里芬的比例分析法和储备需求模型可能已经失去了现实意义，而实证分析方法也不能确定适度外汇储备规模。开发一个包含各主要经济变量的宏观经济模型，在这个庞大的宏观经济模型中确定适度的外汇储备规模可能更有意义。这个模型涵盖主要的宏观经济变量，包括经济增长、物价、就业率、国际收支平衡、外汇储备、基础货币、央行的对冲操作（掉期、央行票据）、货币供应量、利率水平以及主要的经济金融变量等。限于能力，没有建立这样的模型。可以想象，即使这样的模型建立起来，适度外汇储备规模也不会是一个确定的值，必然是一个区间。因为经济增长率、通货膨胀率、就业率等宏观经济目标都不是一个确定的值，而是一个区间，外汇储备适度规模会随着这些经济目标的变化而变化，从而呈现一个适度外汇储备规模区间。

我们在确定外汇储备的适度规模时，需要把握以下外汇储备的作用：（1）弥补国际收支逆差。在一国发生国际收支逆差时，如果这种逆差是暂时的、季节性的，该国可动用储备弥补国际收支的逆差，待暂时性因素发生变化后，该国的国际收支自然会恢复平衡。如果这种不平衡是根本性的，那就需要进行国内经济调整，储备的作用在于提供一种缓冲机制，将经济调整的速度保持在该国政府认为适当的水平上，避免剧烈的调整对本国经济的冲击。（2）干预外汇市场、维护本国货币汇率相对稳定。（3）维持本国对外信誉、作为偿债的准备。一个国家对外信誉的高低，不仅与本国的经济力量、国际收支状况直接相关，而且在一定程度上取决于该国储备的多寡。储备多，有利于增强外国投资者的信心，有利于吸引外资的流入，抑制资本的外流。特别是在一国国际收支困难的时候，拥有充足的储备可以缓解国际游资对本国经济的剧烈冲击，维持国内经济的相对稳定。

需要指出，一国的储备无论多么充足，终究是有限的。一国面临国际收支的根本性不平衡时，其财政金融政策的调整是不可避免的。储备的作用只在于选择恰当的时机，将不得不进行的国内经济调整分散在几年进行，避免对国内经济的剧烈冲击。储备可用于干预外汇市场、稳定本国的汇率，但干预只能改变外汇市场的短期供求关系，无法改变决定汇率的基本因素。

---

① 苗润雨. 中国外汇储备规模研究 [D]. 天津：天津财经大学，2006.

② 赵庆明，肖岚. 我国外汇储备适度规模研究 [J]. 南方金融，2005（12）：27-29.

因此，外汇储备作为一国偿债的准备和国际收支平衡的缓冲手段，其规模（尤其是下限）的确定必须考虑以进口和外债偿还为主体的经常账户、资本和金融账户对外支付的需要。考虑到任何一个国家都不会在储备完全耗尽之后才进行调整，储备的下降和调整进程实际上是同时进行的，利用储备为国际收支调整提供缓冲的余地，避免剧烈的经济调整对国内经济的冲击。不同的国家储备的下限各不相同，一个国家储备的下限与其进出口规模、外债、货币自由兑换进程等因素息息相关，在不同的时期储备的下限也不相同。

适度外汇储备区间的下限可以用结合进口支付和外债偿还的扩展的比例分析法来说明。

不论居民（住户、企业）提取存款（货币供应量的主要组成部分）兑换外汇用于进口或者偿还外债，最终都要在国际收支平衡表的经常账户、资本和金融账户中体现出来。把货币供应量的一定比例与进口、外债的一定比例统一考虑，难免有重复计算之嫌，而且真到了投资者对一国货币丧失信心的时候，国民经济的调整是不可避免的。外汇储备只能发挥有限的作用，不可能解决所有的问题。

如果说进口支付反映了经常账户对外汇储备的需求，那么外债偿还则反映了资本和金融账户对外汇储备的需求。对发展中国家来说，适度外汇储备规模下限的确定不仅要考虑进口的需要，而且要考虑外债的偿还。发展中国家在国际金融市场融资的能力不高，非政府部门的外债在无力偿还时仍需政府出面解决，特别是在出现大规模的偿债危机时，政府更是责无旁贷。因此，发展中国家外汇储备适度规模下限的确定必然要考虑偿债因素。

基于安全的考虑，一些学者认为，适度外汇储备区间的下限可根据4个月的进口需求（3个月的进口准备，相当于1个月进口的用于经常账户中服务、收益和经常转移等对外支付的需要）、10%的中长期外债和30%的短期外债偿还准备来确定。这样的适度外汇储备区间下限的确定方法意味着：随着进口和外债的增长，适度外汇储备区间的下限随之提高。即使在外债总额不变时，外债期限结构的恶化（短期外债比例的上升）也会提高适度外汇储备区间的下限。

适度外汇储备区间的上限应从一国较长时期经济持续稳定发展的目标来考虑。一国的经济发展目标包括经济增长、物价稳定、充分就业和国际收支平衡。外汇储备的增长伴随着外汇占款、基础货币的增加，因此，外汇储备迅速增加可能首先影响物价稳定（也需要考虑资产价格）这个目标。一国适度外汇储备区间的上限取决于中央银行的成本以及物价稳定、经济增长和充分就业等政策目标。如果不计成本、不考虑经济增长和充分就业目标，适度外汇储备区间的上限可能很大，但这实际上是不可能的，也不是好的政策选择。

如果从中期来看，一国经济增长保持在潜在经济增长水平，通货膨胀得到有效控制，就业增长，国际收支基本平衡（尤其是总体差额），与此对应的外汇储备应在上限之内。因此，外汇储备适度规模的上限可以在宏观经济金融稳定的框架下综合确定。

二、中国外债分析

我国的外债是指中国境内的机关、团体、企业、事业单位、金融机构（包括境内外资、合资金融机构）或者其他机构对中国境外的国际金融组织、外国政府、金融机构、企业或者其他机构承担的以外币表示的全部债务。我们可以从规模、结构、风险三个方面对外债进行分析。

（一）规模分析

衡量外债规模的指标有存量指标和流量指标，外债余额是存量指标，是某一时点一国外债净流量的累积数，反映了一国的债务负担。外债流量是流量指标，是某一时间段内一国外债进出规模的累积量，它是外债余额构成的内因。我们通常说的外债规模总量是存量指标，即每年年末我国的外债余额。

1995 年末，我国外债（不包括中国香港、澳门和台湾对外负债）第一次突破了 1000 亿美元，达到 1065.9 亿美元。之后，我国外债增速放缓，2000 年甚至出现了外债的净下降。2003 年末我国外债突破 2000 亿美元，达到 2087.6 亿美元。2003 年以后我国外债一直保持 15% 左右的增长，2006 年末，我国外债余额突破了 3000 亿美元，达到 3229.88 亿美元，比上年末增加 419.43 亿美元，增长 14.92%。近年来，我国经济实力持续增强，开放程度不断提高，吸引境外资金流入，推动外债规模稳步增长。2022 年末，我国全口径外债余额 24528 亿美元，较 2016 年末增长 10370 亿美元，年均增幅约为 12%。2016 年以来，我国外债与国内生产总值（GDP）之比持续保持在 12% ~ 17% 区间，外债增长始终与实体经济发展相匹配。2022 年，受国际国内形势和汇率等多重因素影响，外债规模有所下降，但年末外债余额止跌趋稳（见图 23 - 2）。

（二）结构分析

我们主要从债务期限、债务人类型两个方面对外债的结构进行分析。2021 年，按期限划分，中长期外债余额为 13003.3 亿美元，占外债余额的 47.3%；短期外债余额为 14462.3 亿美元，占外债余额的 52.7%。按债务人类型划分，广义政府外债余额为 4970 亿美元，中央银行外债余额为 789 亿美元，其他接受存款公司外债余额为 11900 亿美元，其他部门外债余额为 6733 亿美元，直接投资（公司间接贷款）为 3074 亿美元，分别占外债余额的 18%、3%、43%、25% 和 11%[①]。

（三）风险分析

我国债务风险指标主要分为三类：偿债率、债务率、负债率。

从我国的债务风险指标来看：（1）我国偿债率指标良好，各年均未超过 25% 的国际公

---

① 资料来源：国家外汇管理局，http：//www.safe.gov.cn/。

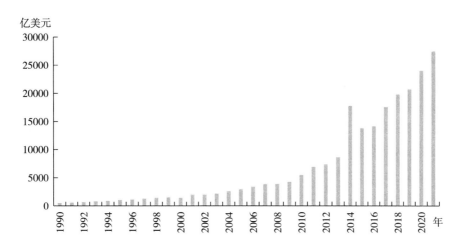

图 23 - 2　我国外债余额规模（1990—2021 年）

（资料来源：根据国家外汇管理局网站数据整理）

认的警戒线，在 1990—2021 年的 32 年间有 29 年我国的偿债率低于 10% 。1999 年以来由于货物和服务外汇收入的快速增长以及有效控制外债余额增长，我国的偿债率持续下降，2017—2021 年分别为 5.5% 、5.5% 、6.7% 、6.5% 、5.9% ，反映了我国偿债能力逐步增强。（2）从债务率指标看，1993 年我国债务率达到了 1990—2021 年间的最高点 96.5% ，但仍未超过 200% 的国际惯例。1993 年后我国债务率持续下降，2008 年仅为 24.7% ，后续又有所升高，2021 年为 77.3% ，但仍未超过 1993 年的峰值。（3）从负债率看，在 1990—2021 年间，我国的负债率从未超过 2014 年的 17% ，2021 年为 15.5% 。总的来看，我国偿债能力很强，外债风险不大（见图 23 -3）。

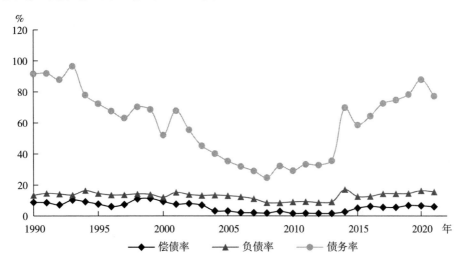

图 23 - 3　我国外债风险分析（1990—2021 年）

（资料来源：根据国家外汇管理局网站数据整理）

本章小结

1. 国际收支平衡表分为经常账户、资本和金融账户以及误差与遗漏账户。经常账户包括货物、服务、收益和经常转移四大项，资本和金融账户包括资本账户和金融账户，金融账户包括直接投资、证券投资、金融衍生工具、其他投资和储备资产。

2. 一般从贸易差额、经常账户差额、总体差额及各自占 GDP 的比重来考察国际收支的平衡状况。

3. 我国企业生产成本低、供给能力强、国际需求旺盛、进口替代增强、发达国家对我国高技术产品出口限制等因素导致我国贸易顺差持续扩大。

4. 可以从规模、适度性两个方面对我国的外汇储备进行分析。

5. 可以从规模、结构、风险三个方面对外债进行分析。可以从期限、币种、债务类型、债务人类型四个方面对外债的结构进行分析；可以从偿债率、债务率、负债率等方面对外债风险进行分析。

本章重要概念

货物　服务　收益　经常转移　资本和金融账户　直接投资　证券投资　其他投资
储备资产　贸易差额　经常账户差额　总体差额　外汇储备　偿债率　债务率　负债率

本章复习思考题

一、判断题

1. 从中国国际收支平衡表中可以看出我国的经常项目和资本项目大多都是处在顺差状态。　　　　　　　　　　　　　　　　　　　　　　（　　）

2. 使用非居民知识产权并支付使用费，该笔交易记录在中国国际收支平衡表服务账户下的借方。　　　　　　　　　　　　　　　　　　　　　（　　）

3. 我国国际收支核算由编制的国际收支平衡表和国际投资头寸表组成。　（　　）

4. 我国国际收支平衡表分为经常项目、资本和金融项目、初次收入以及二次收入三个部分。　　　　　　　　　　　　　　　　　　　　　　　（　　）

5. 初次收入包括雇员报酬、投资收益和其他商业回报三部分。　　　　（　　）

6. 初次收入又称为经常转移，是不以收入或者支出为目的的单方面交易行为。（　　）

7. 金融账户包括直接投资、证券投资、金融衍生工具和其他投资。　　（　　）

8. 我们一般通过贸易差额、经常账户差额、总体差额以及三者占 GDP 的比重来考察国际收支的平衡状况。　　　　　　　　　　　　　　　　　　　（　　）

9. 我国国际投资头寸表的资产细分为直接投资、证券投资、金融衍生工具、其他投资、

储备资产五部分。　　　　　　　　　　　　　　　　　　　　　　　　　（　　）

10. 我国债务风险指标主要分为三类：偿债率、债务率、负债率。　　　　（　　）

二、单选题

1. 资本和金融项目不包括（　　）。

A. 直接投资　　　　B. 证券投资　　　C. 储备资产　　　D. 误差与遗漏项目

2. 关于我国的国际收支情况说法正确的是（　　）。

A. 经常项目和资本项目逆差　　　　B. 经常项目和资本项目顺差

C. 经常项目逆差，资本项目顺差　　D. 资本项目逆差，经常项目顺差

3. 目前我国外债存在的主要问题是（　　）。

A. 流动性偏高　　　　　　　　　　B. 短期债务率偏高

C. 长期债务率偏高　　　　　　　　D. 周转率偏高

4. 我国中央银行可随时动用和有效控制的对外资产不包括（　　）。

A. 货币黄金　　　　　　　　　　　B. 特别提款权

C. 在国际货币基金组织的储备头寸　D. 外债

5. 我国贸易顺差持续加大的主要原因不包括（　　）。

A. 企业生产成本低、供给力强　　　B. 国际需求旺盛

C. 进口替代增强　　　　　　　　　D. 发达国家对我国高技术产品出口放开

三、简答题

1. 简述我国国际收支的核算。

2. 简述我国国际收支的分析。

四、思考题

1. 我国国际收支平衡表的数据来源有哪些？

2. 可以从哪几个方面分析我国国际收支的平衡状况，如何分析？

3. 我国外债的风险状况如何？

第二十四章
中国金融稳定核算分析

第十七章从侧重定性分析的金融稳健统计和侧重定量研究的金融稳定评估两个方面，探讨了当前金融稳定核算的主要方法。本章将按照这一思路，介绍中国在金融稳定核算方面的具体做法。

2003 年修订的《中国人民银行法》明确和加强了中国人民银行在防范和化解金融风险、维护金融稳定方面的职能。科学进行金融稳定的核算分析，准确识别潜在系统性金融风险，这是有效维护金融稳定的前提。根据公开资料，自 2005 年以来，中国人民银行每年发布《中国金融稳定报告》，综合国内外宏观经济形势、金融业稳健性评估、相关政策举措及其效果等方面的情况，以综合研究加上专题报告的形式，全面反映本国当年金融稳定的状况。另外，中国接受国际货币基金组织（IMF）和世界银行开展的"金融部门评估规划"（FSAP）评估，从国际视角审视本国金融制度，评估潜在风险。本章依托《中国金融稳定报告》和中国 FSAP 评估的主要情况，重点介绍中国在构建金融稳定指标体系、开展压力测试、进行 FSAP 评估等方面的具体做法。

第一节　中国金融稳定指标体系的构建

国际货币基金组织一直致力于金融稳健指标（Financial Soundness Indicators，FSI）的数据编制和发布，于 2006 年正式发布《金融稳健指标编制指南》，提出由 12 项核心指标和 28 项鼓励类指标构成的金融稳健指标体系，为各国金融稳健统计提供了统一标准，也为在全球范围开展金融稳定评估提供了依据和工具。各国根据本国金融结构、金融发展水平以及金融统计工作实际，参照这一国际标准来进行本国金融稳定指标体系的构建和编制工作。

一、构建中国金融稳定指标体系的理论研究

中国学者对本国金融稳定指标体系的构建做了积极研究。根据所构建指标体系是由单一指标构成还是由多个指标构成，这些研究又分成两类：一是筛选指标并构建包含多个指标的

框架来反映整体金融稳定水平，二是运用计量分析方法将多个指标拟合成可综合反映金融稳定水平的单一指数。两类研究联系紧密，选取并构建指标框架往往是拟合单一指数的基础，拟合单一指数往往是构建指标框架后的进一步深入研究。

（一）关于金融稳定指标框架构建的研究

刘锡良（2004）等从金融功能观的视角界定了金融安全的内涵，并在此基础上构建宏观、中观、微观的金融安全指标框架。[①] 万晓莉（2009）以银行稳健指数作为金融稳定指标的代理变量，筛选出 5 个基础指标，以此构建了中国金融体系的脆弱性指标框架。[②] 王劲松和韩克勇（2015）从世界金融景气、金融发展、金融脆弱、宏观经济景气和银行业稳健五个方面出发，提出了涵盖世界金融景气指数、金融发展指数、金融脆弱指数、宏观经济景气指数、银行业稳健指数 5 个一级指标和泰德利差、非银行信贷占信贷总额的比重、证券化率等 21 个二级指标的金融稳定指标体系。[③] 王泳茹（2021）借鉴 FSAP 评估的指标体系，从宏观经济指标，银行业稳定指标，证券期货业稳定指标，保险业稳定指标，金融市场稳定指标，政府、企业和住户财务分析指标六个方面选取并构建中国金融稳定评估的指标体系。[④]

（二）关于拟合金融稳定指数的研究

霍德明和刘思甸（2009）在参考 IMF 提出的宏观审慎指标的基础上，筛选搜集 15 个基础指标，计量合成了中国宏观金融稳定指数。[⑤] 蒋海和苏立维（2009）在美国次贷危机引发的国际金融危机的背景下，结合中国实际，选择微观金融稳健经营、宏观经济和国际金融市场三类指标，合成了中国金融安全指数。[⑥] 何德旭和娄峰（2011）等选取了 11 个基础指标，通过计算各指标与长期均值的偏离程度，构建了中国金融稳定指数。[⑦] 陈守东和王淼运用 2003—2009 年的年度数据，通过算术平均合成法构建了中国银行体系稳健指数。[⑧] 万光彩等（2013）运用各变量缺口值对居民消费价格指数的向量自回归（VAR）模型的脉冲响应法估计指数权重，合成了金融稳定条件指数。[⑨] 刘晓星等（2014）从金融稳定、金融发展等的监管指标出发，运用主成分分析法构建了金融监管指数。[⑩] 中国人民银行沈阳分行青年课题组（2021）对之前文献缺乏从宏观层面衡量风险、过度简化以银行稳定代替金融稳定、指标选取不够深入等问题进行了修正，从部门杠杆风险、资产泡沫风险、不良资产风险、流动性风

① 刘锡良，等．中国经济转轨时期金融安全问题研究［M］．北京：中国金融出版社，2004．
② 万晓莉．中国1987—2006年金融体系脆弱性的判断与测度［J］．金融研究，2009（6）．
③ 王劲松，韩克勇．我国金融稳定指标体系构建［J］．中国流通经济，2015（3）．
④ 王泳茹．中国金融稳定性问题研究［M］．北京：中国经济出版社，2021．
⑤ 霍德明，刘思甸．中国宏观金融稳定性指标体系研究［J］．山西财经大学学报，2009（10）．
⑥ 蒋海，苏立维．中国金融安全指数的估算与实证分析：1998—2007［J］．当代财经，2009（10）．
⑦ 何德旭，娄峰．中国金融稳定指数的构建及测度分析［J］．中国社会科学院研究生院学报，2011（4）．
⑧ 陈守东，王淼．我国银行体系的稳健性研究——基于面板VAR的实证分析［J］．数量经济技术经济研究，2011（10）．
⑨ 万光彩，等．基于金融状况指数的货币政策目标研究［J］．经济问题探索，2013（2）．
⑩ 刘晓星，等．全球化条件下金融监管指数的构建及其国际比较［J］．江苏社会科学，2014（1）．

险、债券违约风险、金融深化风险、宏观经济风险、外部冲击风险等方面选取指标，运用主成分分析方法建立了金融稳定指数合成模型。[①]

二、推动构建中国金融稳定指标体系的主要工作

金融稳定涉及经济金融的方方面面，是一个全局性、动态性的概念，从这个角度来说，试图依托一个指标或指标体系去核算金融稳定水平，存在一定的局限性。正如 IMF 在《金融稳健指标编制指南》中所指出的那样，仅仅依靠其提出的由 12 项核心指标和 28 项鼓励类指标构成的金融稳健指标体系是不够的，需要从更宽广的角度去分析金融系统的健康和稳定。另外，随着经济金融的发展和金融新业态的出现，能够反映金融稳定状况的指标本身也是在发展变化的。因此，尽管学术界和实务界对构建中国金融稳健指标体系进行了积极研究和探索，但仍未形成被广泛认同和接受的指标体系。

《中国金融稳定报告 2021》阐述了近年中国在构建系统性金融风险防控体系方面的具体实践。其中，加强系统性风险监测评估、完善系统重要性金融机构监管、推进金融业综合统计等工作直接或间接地推动了中国金融稳定指标体系的构建。

（一）加强系统性风险监测评估

加强系统性风险监测评估包括：做好银行业、证券业、保险业、金融市场的风险监测；对全部 4000 余家银行业金融机构进行压力测试；按季度对全国 4000 多家金融机构开展央行金融机构评级；建立重点银行流动性风险监测报告机制；针对上市公司大股东股票质押风险、公募基金流动性风险等开展压力测试；运用金融市场压力指数监测股票、债券、货币和外汇等市场风险；开展保险公司稳健性现场评估和非现场监测；密切跟踪偿付能力不足的保险公司的风险状况；开展大型有问题企业风险监测；加强对宏观经济形势、区域金融风险及房地产等特定行业趋势的分析研判等。

（二）完善系统重要性金融机构监管

完善系统重要性金融机构监管包括：发布《系统重要性银行评估办法》，就本国系统重要性银行的评估方法、评估指标、评估流程和工作机制等作出规定，确立我国系统重要性银行评估规则体系；发布《系统重要性银行附加监管规定（试行）（征求意见稿）》，从附加资本、杠杆率、流动性、大额风险暴露、公司治理、恢复处置计划、数据报送等方面提出附加监管要求。同时，开展我国系统重要性银行的评估，组织实施《系统重要性银行附加监管规定（试行）》，抓紧制定本国系统重要性保险机构评估规则和监管要求等。

（三）推进金融业综合统计

推进金融业综合统计是前瞻性防范系统性金融风险、维护金融稳定的重要举措。人民银

[①] 中国人民银行沈阳分行青年课题组. 后疫情时期我国金融稳定指数构建与分析［J］. 金融市场研究，2021（9）.

行推动金融基础数据统计制度落地实施，涵盖存款、贷款、同业、债券、股权、SPV 等相关业务统计；进一步深化各项金融业综合统计业务，扎实推进对金融机构资管产品、系统重要性银行、金融控股公司、普惠金融和绿色贷款等业务的统计分析，逐步实现所有金融机构、金融基础设施和金融活动监测全覆盖，加强对宏观杠杆率、影子银行、社会融资成本和贷款到期等情况的监测分析；建立起金融机构资产管理产品统计、金融控股公司统计、系统重要性银行统计制度以及线上联合消费贷款统计和地方金融组织统计等金融新业态统计制度并全面实施，为防范化解系统性风险提供信息支持。

特别是，近年来金融业综合统计着力弥补对金融创新业务的统计短板，进一步服务金融风险防控工作。一是建立金融机构资管产品统计制度，全面有效监测银行业、证券业、保险业金融机构资产管理产品，反映产品之间的关联性、发现金融风险的传染性、实现资金链条的穿透性。二是建立系统重要性金融机构统计制度，重点统计系统重要性金融机构之间、内部机构之间、内部机构与外部机构之间的交易和风险，全方位统计监测系统重要性金融机构的金融活动。三是建立金融控股公司统计制度，全面统计金融控股公司等金融集团的股权关系。统计金融集团公司与子公司、各子公司之间的金融活动，以反映金融集团内部关联交易及风险。四是建立地方金融组织统计制度，会同相关管理部门制定小额贷款公司、融资担保公司、区域性股权市场、典当行、融资租赁公司、商业保理公司、地方资产管理公司、互联网金融机构等的统计制度，填补统计空白。

三、实践中反映中国金融稳定状况的指标

中国人民银行自 2005 年起每年编写并发布《中国金融稳定报告》。梳理和分析《中国金融稳定报告》中披露的指标，有助于我们了解和深入认识当前工作实践中关注和监测的金融稳定指标。

（一）实践中关注和监测的金融稳定指标体系

自《中国金融稳定报告（2008）》起，报告比较固定地从宏观经济形势和银行业、证券业、保险业、金融基础设施的稳健性方面去评估中国金融稳定水平。《中国金融稳定报告（2010）》在此基础上增加了"金融市场稳健性"与"政府、企业和住户财务分析"两方面内容，并持续至 2017 年。《中国金融稳定报告（2018）》在行文结构上做了较大调整，取消了此前作为章节单列的"金融基础设施稳健性"与"政府、企业和住户财务分析"两方面内容（其中部分内容改为以专题形式呈现），并将银行业、证券业、保险业和金融市场的稳健性合并为"金融业稳健性"章节来呈现，最终形成宏观经济形势、金融业稳健性评估以及相关政策举措三部分并立的行文结构，并延续至今。

因此，当前实践中关注和监测的中国金融稳定指标体系可以分为两个方面，一是宏观经济指标，二是金融业稳健指标。前者可进一步细分为国际经济金融指标和国内宏观经济指标；后

者可进一步细分为银行业、证券业、保险业、金融市场等稳健性指标。具体指标见表 24 - 1。

表 24 - 1　　　　　　　　　　　当前运用的中国金融稳定指标体系①

指标大类	指标类别	具体指标
宏观经济指标	国际经济金融指标	主要经济体 GDP 增长率 主要经济体失业率 主要经济体通胀率 国际贸易和投资增速 主要货币汇率波动情况 主要经济体国债收益率波动情况 全球主要股市波动情况 国际大宗商品价格波动情况 全球跨境资本流动规模与 GDP 的比率
	国内宏观经济指标	GDP 增长率 固定资产投资增速 社会消费品零售增速 货物进出口增速 国际收支情况 CPI（PPI） 财政收支情况 全国规模以上工业企业主营业务收入、利润和利润率 调查的 5000 户工业企业的存货周转率、总资产周转率、资产负债率、流动比率和利息保障倍数 失业率 居民可支配收入 全国商品房销售面积 全国 70 个大中城市新建商品住宅和二手住宅价格指数 房地产贷款增速 宏观杠杆率和分部门杠杆率 外汇储备量及其波动
金融业稳健指标	银行业稳健指标	资产负债规模和增速 存贷款增速 净利润、净息差、净利息收入 资产利润率、资本利润率 流动性比例、流动性缺口率、流动性覆盖率、净稳定资金比例 不良贷款余额、不良贷款率 拨备覆盖率、贷款拨备率
	保险业稳健指标	总资产 保险密度、保险深度 资金运用收益率

---

①　以《中国金融稳定报告（2021）》为例。

指标大类	指标类别	具体指标
金融业稳健指标	保险业稳健指标	综合费用率 综合赔付率 综合偿付能力充足率、核心偿付能力
金融业稳健指标	证券业稳健指标	资产总额、净资产总额、净资本总额 股票质押规模及其增速 融资融券余额及其增速 公募和私募基金公司数量、管理资产规模 货币基金资产净值 期货公司数量和资产总额
	金融市场稳健指标	上市公司数量、总市值、流通市值 上市公司营业总收入、净利润 上证综指、深证成指、创业板指数和科创板50指数的涨跌幅、市盈率 金融市场压力指数 股票市场压力指数 货币市场压力指数 债券市场压力指数 外汇市场压力指数

（二）数据来源和计算方法

与《金融稳健指标编制指南》中推出的包含12项核心指标和28项鼓励类指标的金融稳健指标体系相比，中国在维护自身金融稳定的实践中所关注和监测的指标既遵循了IMF提出的国际标准，又符合本国实际情况。其中，有些指标和IMF指南是一致的，如银行业的不良贷款率、流动性比例、住宅价格指数等；有些指标与IMF指引不完全一致，但体现了IMF指引的监管精神，如净息差、净利息收入、贷款拨备率等；有些指标则充分反映了本国特殊国情，如二手房住宅价格指数、股票质押规模及其增速、融资融券余额及其增速等。

尽管具体指标不完全相同，但数据来源基本相同。这些指标的基础数据都来自国民经济账户统计指标和相应部门的资产负债表、损益表、备忘序列和其他辅助指标，以及相关监管数据等。需要注意的是，这些指标是宏观指标数据而非微观个体数据，因此，同样需要进行数据的汇总与合并，其方法和前面介绍的一样。此外，上述指标基本为常用指标，具体计算公式不再赘述，这里仅重点介绍"股票市场压力指数"的计算方法。

中国人民银行从《中国金融稳定报告（2012）》开始运用"股票市场压力指数"来反映股票市场承压情况，并在当年金融稳定报告中以"专栏"形式介绍了该指数的计算方法。

从《中国金融稳定报告（2014）》起，中国人民银行在报告中增加了"货币市场压力指数""债券市场压力指数""外汇市场压力指数""金融市场压力指数"，分别评估货币市场、债券市场、外汇市场、整个金融市场的承压情况。

以股票市场压力指数为例，它是用于度量股票市场波动性的指标，股票市场波动越大，市场参与者面临的风险越大，股票市场压力指数也就越高。2008年，IMF开始运用金融压力指数监测分析各国与地区金融市场压力状况。2010年，瑞典中央银行和新加坡金融管理局开始在金融稳定报告中运用金融压力指数分析金融市场稳定状况。之后，越来越多的国际组织和中央银行开始利用股票市场压力指数对金融市场稳定状况进行监测。《中国金融稳定报告》运用的股票市场压力指数是基于2000年1月4日至报告年末最后一个交易日的上证综指收盘价数据，运用广义自回归条件异方差（GARCH族）波动率模型计算并做标准化处理后得到的指数数值。同时，为便于监测，按以下标准对该压力指数设置预警区间：（1）蓝色区域：压力指数小于等于1，代表股票市场相对波动水平不大，总体运行平稳；（2）橙色区域：压力指数大于1且小于2，代表股票市场有较大波动；（3）红色区域：压力指数大于等于2，代表股票市场处于波动剧烈时期。

第二节　中国金融稳定评估的重要工具：压力测试

自1995年被正式提出以来，因压力测试在银行风险管理中的重要前瞻作用，其在银行、证券、保险等金融部门的风险管理中得到广泛运用，并成为包括中国在内各国金融稳定评估的重要工具。自《中国金融稳定报告（2012）》开始，中国人民银行均以正文章节或专题报告的形式披露当年金融业压力测试结果，这说明压力测试在中国金融稳定评估中的重要地位。

一、银行业压力测试

（一）发展历程和特点

一般认为，中国银行业统一开展的压力测试始于IMF与世界银行于2009—2011年对我国进行的首次金融部门评估规划（FSAP）。在该评估中，银行业压力测试是整个评估工作的重要环节。为此，中国人民银行和原银监会联合成立了"FSAP压力测试工作小组"，组织国内17家商业银行（覆盖了2010年底约80%的商业银行体系资产）首次开展了统一情景、统一方案的压力测试。测试结果显示，多数商业银行能够承受单独的风险冲击，但多重风险同时发生可能对银行体系产生严重影响。

此后，为建立健全系统性金融风险防范和预警体系，及时识别评估金融体系的潜在风险，维护金融稳定，2012 年，中国人民银行成立了专门的压力测试小组，组织和指导主要商业银行定期开展压力测试，并在每年《中国金融稳定报告》中反映相关测试结果。由此，中国银行业压力测试开始统一化、定期化、制度化。2012 年至今，中国银行业压力测试的发展呈现以下特点：

1. 参试银行范围不断扩大

从 2012 年 17 家扩大到 2017 年的 33 家，增加了部分规模较大的城市商业银行和农村商业银行；2018 年以后，参试银行范围又逐步扩展至包括城市商业银行、农村商业银行、农村信用社、农村合作银行、村镇银行等在内的地方中小银行；2019 年的压力测试选取了1171 家银行，它们的资产规模合计占银行业金融机构资产规模的 70.3%；2021 年压力测试的参试银行更达到了 4015 家；最终将实现全国所有银行的全覆盖。

2. 测试内容不断丰富

从 2012 年主要关注市场风险、信用风险、流动性风险等到 2017 年开始开展偿付能力的宏观情景压力测试并覆盖信用风险和市场风险，同时将非银行金融机构的风险传染效应纳入测试范围；再到 2018 年以后逐步将资产规模超过 8000 亿元的大中型银行对宏观经济不利冲击的抵御能力以及其风险外溢性作为测试重点，同时兼顾地方中小银行的信用风险、流动性风险；2021 年同时进行了偿付能力宏观情景压力测试、偿付能力敏感性压力测试、流动性风险压力测试和传染性风险压力测试。

3. 测试技术不断提高

比如，在流动性风险压力测试方面，2017 年开始采用到期期限现金流缺口分析方法。在偿付能力的宏观情景压力测试方面，2018 年以来，测试方法从单一风险、静态压力测试逐步发展到风险叠加的动态压力测试；测试的时间跨度也从 1 年延长至 3 年，从而更好地反映宏观经济下行导致的金融风险积累和放大。

（二）2021 年压力测试结果

2021 年，中国人民银行继续对银行业金融机构开展压力测试，充分评估银行体系在多种"重度但可能"不利冲击下的稳健性状况。这次压力测试是对银行体系的全面"体检"，参试银行共 4015 家，包括 6 家大型国有商业银行、12 家股份制商业银行、133 家城市商业银行、1533 家农村商业银行、611 家农村信用社、27 家农村合作银行、1631 家村镇银行、19 家民营银行、42 家外资法人银行和 1 家直销银行。

压力测试包括偿付能力宏观情景压力测试、偿付能力敏感性压力测试、流动性风险压力测试和传染性风险压力测试四项。其中，偿付能力宏观情景压力测试仅对资产规模在 8000亿元以上的 30 家大中型商业银行开展，包含信用风险和市场风险，结合压力情景考察宏观经济不利冲击对 30 家银行 2021 年末、2022 年末、2023 年末资本充足水平的影响，中国人民银行根据 30 家银行的数据，构建宏观经济与银行信贷资产质量的传导模型，测算压力情景下信用减值损失、净利息收入损益、债券估值损益和外汇敞口损益等，进而评估对资本充足水平的影响。偿付能力敏感性压力测试考察整体及重点领域风险状况恶化对全部参试银行资本充足水平的瞬时不利影响。流动性风险压力测试考察政策因素、宏观经济因素、突发因素等多种流动性风险压力因素对全部参试银行各到期期限的现金流缺口的影响。传染性压力测试仅对资产规模在 3000 亿元以上的 60 家银行开展，考察银行之间以及银行与非银行金融机构之间的风险传染效应，并首次在《中国金融稳定报告（2021）》上披露了传染性压力测试的结果。综合测试结果如下：

1. 宏观情景压力测试结果

30 家大中型银行整体抗冲击能力较强，但个体风险抵御能力有所差异；信用风险是影响 30 家大中型银行资本充足水平的主要因素；市场风险对 30 家大中型银行资本充足水平影响有限；充足的拨备水平和稳定的盈利能力有效缓解了资本下降的压力。

2. 敏感性压力测试结果

中小银行对整体信贷资产质量恶化的抵御能力较弱，中小微企业及个人经营性贷款、客户集中度、同业交易对手、地方政府债务、房地产贷款等领域风险值得关注，理财回表资产信用风险、债券违约风险对参试银行影响较小。

3. 流动性风险压力测试结果

参试银行流动性承压能力整体较强，在 4015 家参试银行中，轻度情景通过率为 96.51%，重度情景通过率为 92.75%；其中 30 家大中型银行在轻度情景下全部通过测试，在重度情景下有 8 家未通过测试。同时，对同业依赖高的银行流动性承压能力较差，本次测试针对同业资金设置了高于一般性存款的流失率，未通过测试的银行对同业资金依赖较高，流动性压力较大，其资产负债结构、流动性风险管控等方面需重点关注。

4. 传染性风险压力测试结果

绝大多数银行具备面对单家银行违约的抵御能力，银行业中的非银行金融机构违约并未明显增强银行间的风险传染性；证券业、保险业金融机构违约一定程度上增强了银行间风险传染性。

二、证券和保险业压力测试

（一）证券业压力测试

2015 年，为加强证券行业系统性风险评估与防范，中国人民银行、证监会共同指导中国证券业协会，针对证券行业面临的主要风险因素，结合业务发展情况，对 10 家具有代表性的证券公司（这些公司 2014 年末的资产总额占证券业金融机构资产总额的比重接近 50%）开展了统一情景的综合压力测试，评估证券行业在不同 GDP 增长率、房价跌幅、M_2 增长率等对证券公司经营具有重大影响的宏观情景和直接影响证券公司经营状况的中观行业参数压力冲击下的风险状况和风险承受能力。测试结果表明，全部10家受测证券公司在各类压力情景下监管指标全部达标，但部分证券公司的"净资本/净资产""净资产/负债""自营权益类证券及证券衍生品/净资本"指标可能会触及预警标准；全部受测公司在轻度压力情景下均保持盈利，但部分受测证券公司在中度、重度压力情景下出现亏损，且证券公司自营业务收入波动性较大，需关注市场下跌风险。此外，本次测试还针对会对证券公司经营产生较大影响的市场风险和信用风险进行了反向压力测试，检验了在控制市场风险的条件下，证券公司能够承受的最大信用风险违约损失率，以及控制信用风险的条件下，证券公司为保持盈利需调整的自营业务头寸比例。中国人民银行在《中国金融稳定报告（2015）》中披露了压力测试结果。

2019年，鉴于资产管理行业规模日益增大，金融机构之间的联系变得越来越紧密，资管产品流动性风险外溢性增强，为加强公募基金行业风险防范，不断提高金融体系风险监测的科学性和前瞻性，中国人民银行开展了对公募基金流动性风险的压力测试。测试选取2018年末存续的4851只公募基金作为参试对象，通过考察不同压力情景下参试公募基金应对赎回需求的流动性缺口，评估公募基金在不同程度流动性冲击下的兑付能力。测试结果显示，参试公募基金流动性风险管理能力整体较强。在轻度压力情景下，全部参试公募基金均通过了压力测试。在重度压力情景下，未通过测试的公募基金为113只，仅占参试公募基金总数的2.33%。其中，债券型基金抗流动性冲击能力相对较弱。在重度压力情景下，中长期纯债型基金未通过压力测试的基金数最多，为73只，短期纯债型基金未通过压力测试的基金数占对应类型参试基金数的比例超过10%。

2020年和2021年，中国人民银行连续两年开展公募基金流动性风险压力测试，以评估我国公募基金应对极端赎回冲击的流动性管理能力。在2021年的压力测试中，中国人民银行选取2020年末存续的5926只公募基金，测试它们在不同压力情景下应对赎回需求的流动性缺口，评估它们在不同程度流动性冲击下的兑付能力。测试结果显示，参试公募基金流动性管理能力整体较强，在轻度压力情景下，参试公募基金全部通过压力测试，测试结果与上年相同。在重度压力情景下，未通过测试的公募基金71只，占比为1.2%，较上年增加19只和提升0.3个百分点，其中被动指数型债券基金未通过压力测试的比例较大，较2019年度上升16.9个百分点。

（二）保险业压力测试

中国保险业的压力测试随着保险监管特别是偿付能力监管制度的演变而变化，主要针对偿付能力开展压力测试。

从2006年起原保监会就对人寿保险公司（包括健康保险公司）、从2010年起对财产保险公司建立了动态偿付能力测试制度。动态偿付能力测试通过对基本情景和各种不利情景下保险公司未来一段时间（人寿保险公司为三年，财产保险公司为两年）的偿付能力进行预测和评价，对可能出现的偿付能力恶化的情况进行预警。其中，基本情景是指保险公司未来最有可能发生的情景，是在分析和研究保险公司经验数据、行业信息及对未来趋势合理预测的基础上建立的，对未来一段时间内新业务、投资收益率、死亡率、疾病率、其他承保事故发生率、费用和退保率等指标假设（人寿保险公司）或者保费增长率、保费自留比例、保费赚取比例、赔付率、赔付模式、费用率、投资收益率等指标假设（财产保险公司）的最优估计；不利情景是指未来有可能发生并且会对保险公司偿付能力产生严重不利影响的情景，不利情景分为必测和自测两类，原保监会规定了三种必测不利情景，保险公司还应当自行确定至少一种自测不利情景。

2016 年以后，中国保险业开始执行风险导向的偿付能力监管体系（以下简称"偿二代"，2016 年之前的监管体系相应简称"偿一代"）。为确保顺利过渡，2015 年 10 月，原保监会开展了财产险公司的偿付能力压力测试和人身险公司的现金流压力测试及部分保险公司的投资压力测试。其中，财产险公司偿付能力压力测试以全部 69 家财产险公司为测试对象，参试公司分别使用"偿一代"和"偿二代"的偿付能力计量方法，以 2014 年底实际数据为基本情景，计算压力情景下 2015 年底的偿付能力充足率，并报告相关预测方法和预测假设。其中，压力情景主要选取保费收入、赔付支出、综合费用率和权益类资产公允价值等变量。测试结果表明，在"偿一代"规则下，参与测试的 69 家公司偿付能力充足率均达到 100%以上，其中，100%～150%的有 4 家，市场份额占比为 2%；150%～200%的有 8 家，市场份额占比为 61%；200%以上的有 57 家，市场份额占比为 37%；在"偿二代"规则下，69家公司偿付能力充足率都达到 100%以上，其中，100%～150%的有 3 家，市场份额占比为 2%；150%～200%的有 6 家，市场份额占比为 6%；200%以上的有 60 家，市场份额占比为 92%。

在"偿二代"监管体系下，偿付能力压力测试的方法和目标没有本质变化，仍是通过对基本情景与各种压力情景下偿付能力充足率和流动性的测试，识别和预警偿付能力主要风险因素，及时采取相应的管理和监管措施，防范偿付能力风险。但"偿二代"下的偿付能力压力测试更加重视风险防范和管理，这给保险公司的管理层以更大的监管约束，具体体现在以下几个方面：

一是"偿二代"取消了"偿一代"关于"动态偿付能力测试结果不作为监管部门采取监管措施的直接依据"的规定，明确对预测假设、测试方法、管理措施等进行不定期检查，对违规的保险公司和责任人员依法进行处罚；强化对风险管理措施和实施计划、拟采取的偿付能力改善措施的要求，对基本情景下综合偿付能力充足率低于 100%或核心偿付能力充足率低于 50%的，保险监管部门可以采取监管谈话、风险提示等措施。

二是"偿二代"对偿付能力压力测试中不同情景下的测试内容进行了明确规定，要求基本情景下保险公司应根据相关规则，预测未来两个会计年度的偿付能力充足率状况，预测假设应根据历史经验和对未来趋势的判断设定，并与董事会或管理层批准的经营规划一致；压力情景下需预测未来一个年度的偿付能力充足率状况。

三是"偿二代"对偿付能力压力测试中压力情景设置进行了规定，压力情景应包括必测压力情景测试、自测压力情景测试和反向压力测试三类。原保监会根据行业情况确定统一的必测压力情景；保险公司应根据自身风险状况确定至少一种自测压力情景，情景设置应选择至少两个重大风险因素；基本情景下报告年度后未来一年末综合偿付能力充足率处于100%～150%之间的保险公司，应开展反向压力测试，即选择一个最主要的风险因素，使综合偿付能力充足率降至100%的水平，保险公司可选择多个主要风险因素分别进行反向压力测试。

四是"偿二代"完善了对流动性风险的监管，细化了保险公司现金流压力测试的规定，规定财产保险公司和再保险公司应当至少每年年末进行一次现金流压力测试，对未来一年每个季度的现金流进行预测；人身保险公司（含健康险公司、养老险公司）应当至少每个季度进行一次现金流压力测试，测试区间为自报告年度末起未来三年，其中未来第一年按季度预测，未来第二年、第三年按年预测。保险公司应当在偿付能力季度报告中披露流动性风险监管指标、现金流压力测试等信息。

第三节　中国金融稳定评估的国际视角：FSAP 评估

1999 年，为加强对 IMF 成员金融脆弱性的评估与监测，降低金融危机发生的可能性，同时推动成员的金融稳定和发展，IMF 和世界银行在总结亚洲金融危机教训的基础上，联合推出金融部门评估规划（FSAP）项目，并在对 12 个国家进行试点评估的基础上，于 2001 年正式向成员推广这一项目。

2009—2011 年，中国接受了首次 FSAP 评估，2015 年 10 月至 2017 年底，中国接受了 FSAP 更新评估。作为国际上被广泛接受、具有较高权威性的金融稳定评估框架，FSAP 评估为中国金融稳定评估提供了重要的国际视角，本节介绍 IMF 和世界银行对中国进行 FSAP 评估的情况和主要结论。

一、首次 FSAP 评估的情况和主要结论

（一）评估概况

2009 年 8 月，中国正式接受 IMF 和世界银行的首次 FSAP 评估以后，中国人民银行会同相关部门成立 FSAP 部际领导小组，建立相应工作机制和工作原则。一方面，组织协调 IMF 和世界银行中国 FSAP 技术访问团来华，就拟评估内容进行磋商，并针对 FSAP 问卷、数据

和信息需求答复（以下简称 FSAP 问卷）进行培训，高质高效地完成 FSAP 问卷答复工作，为开展 FSAP 评估提供翔实的数据和信息支持；另一方面，与 IMF 和世界银行专家组成的中国 FSAP 先遣团签订《中国 FSAP 评估范围备忘录》，作为我国开展 FSAP 评估的工作指引，同时研究制定中国 FSAP 压力测试实施方案，对 17 家主要商业银行开展全面压力测试，对银行体系的抗风险能力和稳健性进行定量分析等，为现场评估做了大量准备工作。

2010 年以来，由 IMF 和世界银行的官员以及来自其他国家财政、中央银行、银行、证券、保险等部门和领域的专家组成的中国 FSAP 评估团（以下简称评估团）两次来华开展现场评估，评估团部分成员来华进行专项评估和后续磋商，先后与国务院相关部门、部分地方政府、大型金融机构、中介机构等举行 400 余场会谈，就中国宏观金融风险和金融体系脆弱性、金融监管环境、系统流动性和金融稳定、金融市场基础设施建设、金融发展和金融服务可获得性、应急预案和危机管理安排六方面内容展开深入交流和详细评估，为系统评估中国金融体系稳定状况打下了良好基础。

在 FSAP 问卷答复材料和现场评估的基础上，经过中国人民银行会同相关部门与评估团进行反复沟通和磋商，评估团撰写了一系列评估报告，主要包括《中国金融体系稳定评估报告》《中国金融部门评估报告》《关于中国执行金融领域国际标准与准则情况的详细评估报告》（以下简称《国际标准与准则执行报告》）以及一系列技术文本和背景文本。其中，《中国金融体系稳定评估报告》《中国金融部门评估报告》《国际标准与准则执行报告》已在 IMF 和世界银行网站上公布，展示了近年来中国金融改革发展取得的成就和金融体系总体稳健的形象，加深了世界对中国金融部门的了解。

（二）主要结论

总体来看，FSAP 评估报告从国际视角客观评价了中国金融体系，充分肯定了近年来中国金融改革和发展取得的巨大成就，对潜在风险及其对宏观金融稳定的影响进行了系统分析，并提出了有益建议，对中国提升金融体系稳健性具有一定的参考价值。

评估报告认为，中国金融改革取得显著成就，金融体系整体稳定，金融监管高度符合国际标准与准则。与此同时，中国金融体系尚存在融资结构不均衡、商业化程度不充分、金融产品和服务覆盖面不够广、养老金体系不完善、金融基础设施有待改善等问题，且面临四个方面的短期风险：一是信贷迅速扩张对银行资产质量的影响，二是表外风险敞口上升和银行部门之外贷款的增加，三是房地产价格水平相对较高，四是经济增长模式导致的失衡加剧。

对此，评估报告建议从五个方面继续促进中国金融体系健康稳定发展，有效应对金融风险：一是加快金融体系市场化进程，二是完善金融稳定和危机管理框架，三是继续加强金融监管，四是加强金融基础设施和完善法律框架，五是拓宽金融市场和服务。其中，在完善金融稳定和危机管理框架方面，评估报告建议中国借鉴国际经验，完善金融稳定框架和机制，在系统性风险监测与防范方面，应从系统关联性角度，加强对系统重要性金融机构的监管，明确金融控股公司的监管职责，开发早期预警系统；在危机管理方面，尽快建立存款保险制度，增加处置工具，从而使"有序关闭"问题机构成为可行的政策选择。此外，评估报告还强调应合理规划金融改革次序，在风险最小化的同时，促进金融体系健康发展并维护金融稳定。

二、FSAP 更新评估的情况和主要结论

根据中国在二十国集团（G20）系列峰会上的承诺，以及 IMF 对系统重要性经济体每五年开展一次 FSAP 更新评估的要求，2015 年 10 月中国接受了 FSAP 更新评估，并于 2017 年底顺利完成评估工作。2017 年 12 月 7 日，FSAP 更新评估的核心成果报告（《中国金融体系稳定评估报告》《中国金融部门评估报告》以及关于中国遵守《有效银行监管核心原则》《证券监管目标与原则》《保险核心原则》的三份详细评估报告）在 IMF 和世界银行网站上公布。

更新评估报告认为，自首次 FSAP 评估以来，金融体系为中国经济快速增长和降低贫困率提供了有力支持，金融业特别是资本市场不断深化发展，金融服务可得性和质量不断提升，普惠金融取得重大进展，管理部门持续推进金融改革，在升级货币政策和宏观审慎政策框架、建立存款保险体系、落实《巴塞尔协议Ⅲ》监管框架、加强投资者保护、建立保险业增长的稳健框架等方面取得显著成效。另外，更新评估报告认为，中国金融体系存在以下潜在风险尚待解决：一是在支持经济增长过程中，信贷过度扩张（尤其在影子银行部门）、债务存量过大，导致资源配置效率降低，金融体系风险加大；二是金融机构间关联度增加，金融体系日益复杂且不透明，给监管部门评估资产质量和防范风险带来巨大挑战；三是广泛的隐性担保助长了道德风险，并扭曲了风险定价，特定情形下容易导致金融体系发生周期性大调整。

为此，更新评估报告在防范风险、深化改革、加强监管等方面提出了诸多建议，主要包括：一是弱化对 GDP 的过高增长预期，减少过度信贷扩张和债务累积；二是完善宏观审慎框架，加强系统性风险监测；三是完善银行、证券、保险的规制与监管；四是逐步取消隐性担保，完善危机管理框架，改进金融市场基础设施监管，强化金融科技监管；五是谨慎规划改革次序，降低因道德风险和隐性担保产生的风险；六是进一步促进普惠金融和资本市场发展等。

本章小结

1. 科学进行金融稳定的核算分析，准确识别潜在系统性金融风险，是有效维护金融稳定的前提。

2. 各国根据本国金融结构、金融发展水平以及金融统计工作实际，参照 IMF 发布的金

融稳健指标体系，进行本国金融稳定指标体系的构建和编制工作。

3. 中国学者对本国金融稳定指标体系的构建做了积极研究。这些研究可以分成两类：一是筛选指标并构建包含多个指标的框架来反映整体金融稳定水平，二是运用计量分析方法将多个指标拟合成可综合反映金融稳定水平的单一指数。

4. 选取并构建金融稳定的指标框架往往是拟合得到金融稳定指数的基础，而拟合金融稳定指数往往是构建指标框架后的进一步深入研究。

5. 金融稳定涉及经济金融的方方面面，是一个全局性、动态性的概念，从这个角度来说，试图依托一个指标或指标体系去核算金融稳定水平存在一定的局限性。另外，随着经济金融的发展和金融新业态的出现，能够反映金融稳定状况的指标本身也在发展变化。因此，尽管学术界和实务界对构建中国金融稳健指标体系进行了积极研究和探索，但仍未取得被广泛认同和接受的指标体系。

6. 中国相关部门通过加强系统性风险监测评估、完善系统重要性金融机构监管、推进金融业综合统计等工作直接或间接地推动了中国金融稳定指标体系的构建。

7. 中国人民银行自 2005 年起每年编写并发布《中国金融稳定报告》。梳理和分析《中国金融稳定报告》中披露的指标，有助于我们了解和深入认识当前工作实践中关注和监测的金融稳定指标。

8. 当前实践中关注和监测的中国金融稳定指标体系可以分为两大类：一是宏观经济指标，二是金融业稳健指标。前者可进一步细分为国际经济金融指标和国内宏观经济指标，后者可进一步细分为银行业、证券业、保险业、金融市场等稳健性指标。这一指标体系既遵循 IMF 提出的国际标准，又符合本国实际情况。

9. 压力测试在银行、证券、保险等金融部门的风险管理中得到广泛运用，并成为包括中国在内各国金融稳定评估的重要工具。中国人民银行自《中国金融稳定报告（2012）》开始，各年份金融稳定报告均以正文章节或专题报告的形式披露当年金融业压力测试结果。

10. 中国银行业压力测试的发展呈现参试银行范围不断扩大、测试内容不断丰富、测试技术不断提高等特点。

11. 为加强证券行业系统性风险评估与防范，相关部门针对中国证券行业面临的主要风险因素，结合业务发展情况，对 10 家具有代表性的证券公司开展了统一情景的综合压力测试，评估证券行业在不同 GDP 增长率、房价跌幅、M_2 增长率等对证券公司经营具有重大影响的宏观情景和直接影响证券公司经营状况的中观行业参数压力冲击下的风险状况和风险承受能力。

12. 鉴于资产管理行业规模日益增大，金融机构之间的联系变得越来越紧密，资管产品流动性风险外溢性增强，为加强公募基金行业风险防范，不断提高金融体系风险监测的科学性和前瞻性，相关部门开展对公募基金流动性风险的压力测试。

13. 中国保险业的压力测试随着保险监管特别是偿付能力监管制度的演变而变化，主要针对偿付能力开展压力测试。2015 年，为确保保险业偿付能力监管体系顺利过渡，原保监会开展了财产险公司的偿付能力压力测试和人身险公司的现金流压力测试及部分保险公司的投资压力测试。

14. 2016 年以后，中国保险业开始执行风险导向的偿付能力监管体系，偿付能力压力测试的方法和目标没有本质变化，仍是通过对基本情景与各种压力情景下偿付能力充足率和流动性的测试，识别和预警偿付能力主要风险因素，及时采取相应的管理和监管措施，防范偿付能力风险。但"偿二代"下的偿付能力压力测试更加重视风险防范和管理，这给保险公司的管理层以更大的监管约束。

15. 2009—2011 年，中国接受了首次 FSAP 评估，2015 年 10 月至 2017 年底，中国接受了 FSAP 更新评估。作为国际上被广泛接受、具有较高权威性的金融稳定评估框架，FSAP 评估为中国金融稳定评估提供了重要的国际视角。

本章重要概念

金融稳定核算　金融稳健指标体系　金融稳定指数　系统性风险　金融业综合统计
股票市场压力指数　压力测试　敏感性测试　反向测试　市场风险压力测试
信用风险压力测试　流动性风险压力测试　传染性风险压力测试　FSAP 评估

本章复习思考题

一、判断题

1. 科学进行金融稳定的核算分析，准确识别潜在系统性金融风险，是有效维护金融稳定的前提。　　　　　　　　　　　　　　　　　　　　　　　　　　　（　）

2. 信用风险与宏观经济压力密切相关。　　　　　　　　　　　　　　　　（　）

3. 金融稳定指标框架和金融稳定指数是相互独立的。　　　　　　　　　　（　）

4. 金融稳定涉及经济金融的方方面面，是一个全局性、动态性的概念，因此难以构建一个固定的、放之四海而皆准的金融稳定指标体系。　　　　　　　　　　　（　）

5. 实践中关注和监测的中国金融稳定指标体系可以分为两大类，一是宏观经济指标，二是金融业稳健指标。　　　　　　　　　　　　　　　　　　　　　　　（　）

6. 压力测试在银行、证券、保险等金融部门的风险管理中得到广泛运用，并成为包括中国在内各国金融稳定评估的重要工具。　　　　　　　　　　　　　　　　（　）

7. 中国银行业压力测试的发展呈现参试银行范围不断扩大、测试内容不断丰富、测试技术不断提高等特点。　　　　　　　　　　　　　　　　　　　　　　　（　）

8. 保险行业的压力测试主要集中在偿付能力压力测试。　　　　　　　　　（　）

9. 中国保险业的压力测试随着保险监管特别是偿付能力监管制度的演变而变化，主要针对偿付能力开展压力测试。　　　　　　　　　　　　　　　　　　　　（　　）

10. 中国接受了首次 FSAP 评估和更新评估，FSAP 为中国金融稳定评估提供了国际视角。　　　　　　　　　　　　　　　　　　　　　　　　　　　　　　　　（　　）

二、单选题

1. 实践中反映中国金融稳定状况的指标体系是（　　）。

A. 宏观经济指标和金融业稳健指标

B. 国际经济金融指标和国内宏观经济指标

C. 银行业指标、保险业指标和证券业指标

D. 政府、企业和住户财务的稳健性指标

2. 中国金融稳定评估的重要工具是（　　）。

A. 中国金融稳定指标

B. 运用在银行、证券、保险等金融部门的风险管理中的压力测试

C. FSAP 评估

D. 敏感性测试

三、简答题

1. 中国相关部门为推动构建中国金融稳定指标体系开展了哪些主要工作？

2. 实践中关注和监测的中国金融稳定指标体系包括哪些指标？

3. 中国银行业压力测试的发展历程和主要特点是什么？

4. 简述中国进行首次 FSAP 评估和更新评估的主要结论，流动性风险压力测试的情景假设需要重点关注哪些因素？

5. 简述不同监管体系下中国保险业压力测试做法的异同。

四、思考题

1. 金融新业态的发展可能对金融稳定产生越来越大的影响。尝试搜集资料，思考需要筛选或构建哪个（些）指标来监测和评估金融新业态发展对金融稳定的影响。

2. 假设数据标准和统计口径完全一致，先将参加测试的多家银行的业务数据汇总成"一家银行"，然后对这"一家银行"进行微观压力测试，以代替对多家银行的宏观压力测试结果。这种做法可行吗？可能会存在什么问题？

参 考 文 献

[1] 杜金富. 宏观经济账户与分析通论 [M]. 北京：中国金融出版社, 2008.

[2] 杜金富. 货币与金融统计学（第四版）[M]. 北京：中国金融出版社, 2018.

[3] 杜金富. 国民经济核算教程 [M]. 北京：中国金融出版社, 2020.

[4] 杜金富. 政府财政统计学 [M]. 北京：中国金融出版社, 2021.

[5] 杜金富. 价格指数理论与实务 [M]. 北京：中国金融出版社, 2014.

[6] 向书坚, 等. 国民经济核算 [M]. 北京：北京大学出版社, 2019.

[7] 国家统计局. 2008 年国民账户体系 [M]. 北京：中国统计出版社, 2012.

[8] 沈军, 谭晓微. 金融稳定评估：国际比较与中国案例 [J]. 亚太经济, 2014 (6).

[9] 袁志刚. 失业经济学 [M]. 上海：格致出版社, 2014.

[10] 阿瑟·塞西尔·庇古. 论失业问题 [M]. 包玉香, 译. 北京：商务印书馆, 2014.

[11] 王志浩, 陆丰刚. 现代劳动经济学框架与方法 [M]. 北京：科学出版社, 2017.

[12] 黄安余. 就业失业论 [M]. 北京：中央编译出版社, 2015.

[13] 大卫·桑普斯福特, 泽弗里斯·桑纳托斯. 劳动力市场经济学 [M]. 王询, 译. 北京：中国税务出版社, 2005.

[14] 李泳. 高级宏观经济学十讲 [M]. 北京：中国政法大学出版社, 2018.

[15] 杨宜勇, 等. 就业理论与失业治理 [M]. 北京：中国经济出版社, 2000.

[16] 王德发, 等. 国民经济核算概论 [M]. 上海：上海财经大学出版社, 2006.

[17] 国际劳工组织. 关于工作、就业和劳动利用不充分统计的决议 [Z]. 2013.

[18] 龚曙明. 宏观经济统计分析——理论、方法与实务 [M]. 北京：中国水利水电出版社, 2010.

[19] 郑寿春. 宏观经济运行分析 [M]. 北京：石油工业出版社, 2014.

[20] 赵彦云. 宏观经济统计分析（第二版）[M]. 北京：中国人民大学出版社, 2014.

[21] 吕光明. 宏观经济统计分析 [M]. 北京：中国统计出版社, 2016.

[22] 王文举, 等. 经济预测、决策与对策（第二版）[M]. 北京：首都经济贸易大学出版社, 2013.

[23] 许宪春. 经济分析与统计解读 2014—2015 [M]. 北京：北京大学出版社, 2015.

[24] 许宪春, 等. 中国国内生产总值核算问题研究 [M]. 北京：北京大学出版社, 2019.

[25] 国家统计局. 中国主要统计指标诠释（第二版）[M]. 北京：中国统计出版社, 2013.

[26] 张原, 等. 宏观经济学 [M]. 北京：中国金融出版社, 2021.

[27] 李建军. 金融统计学 [M]. 北京：高等教育出版社, 2018.

[28] 李静萍, 等. 经济社会统计（第三版）[M]. 北京：中国人民大学出版社. 2015.

[29] 李萌. 中国经济增长与就业关系的时空差异研究 [D]. 长春：吉林大学, 2022.

［30］王广州．新时期劳动年龄人口就业状况——基于多状态就业生命表的分析［J］．中国人口科学，2022（2）：17－31．

［31］杨丽君．供给侧改革视角下我国经济增长与失业关系研究［J］．当代经济管理，2017，39（8）．

［32］王国梁，吕晨炜，徐舒琪．技术创新对就业的"双刃剑"效应孰强孰弱？——基于1980—2020年中国宏观数据的实证检验［J］．华东经济管理，2022，36（2）．

［33］魏熙晔，郭东杰．生产率提升对就业的影响——挤出效应还是溢出效应［J］．当代财经，2022（4）：15－27．

［34］郭东杰，周立宏，陈林．数字经济对产业升级与就业调整的影响［J］．中国人口科学，2022（3）：99－110．

［35］杨伟国，孙媛媛．中国劳动力市场测量：基于指标与方法的双重评估［J］．中国社会科学，2007（5）：104－113．

［36］赵锡斌，张扬，宣海林．就业、失业统计指标体系及其在我国的应用与改进［J］．市场与人口分析，2003（2）：26－30．

［37］王静．中国劳动力市场监测指标体系的构建［J］．首都经济贸易大学学报，2010（1）：29－39．

［38］唐青，王汉鹏．关于完善我国就业失业统计制度的研究［J］．中国劳动，2016（4）：26－31．

［39］人口规模持续扩大 就业形势保持稳定——党的十八大以来经济社会发展成就系列报告之十八［EB/OL］．（2022－10－10）国家统计局网站．

［40］冯帅章．调查失业率统计方法科学规范［EB/OL］．（2018－04－18）．国家统计局网站．

［41］奋进中的中国统计：人口、就业和工资统计工作成就斐然［EB/OL］．（2010－10－29）．中国信息报．

［42］李慧民．中国就业统计的现状及问题［EB/OL］．http：//renrendoc.com/paper/278394654.html.

［43］中国人民银行．中国金融稳定报告［M］．北京：中国金融出版社，2005—2021．

［44］刘锡良，等．中国经济转轨时期金融安全问题研究［M］．北京：中国金融出版社，2004．

［45］万晓莉．中国1987—2006年金融体系脆弱性的判断与测度［J］．金融研究，2009（6）．

［46］王劲松，韩克勇．我国金融稳定指标体系构建［J］．中国流通经济，2015（3）．

［47］王泳茹．中国金融稳定性问题研究［M］．北京：中国经济出版社，2021．

［48］霍德明，刘思甸．中国宏观金融稳定性指标体系研究［J］．山西财经大学学报，2009（10）．

［49］蒋海，苏立维．中国金融安全指数的估算与实证分析：1998—2007［J］．当代财经，2009（10）．

［50］何德旭，娄峰．中国金融稳定指数的构建及测度分析［J］．中国社会科学院研究生院学报，2011（4）．

［51］陈守东，王淼．我国银行体系的稳健性研究——基于面板VAR的实证分析［J］．数量经济技术经济研究，2011（10）．

［52］万光彩，等．基于金融状况指数的货币政策目标研究［J］．经济问题探索，2013（2）．

［53］刘晓星，等．全球化条件下金融监管指数的构建及其国际比较［J］．江苏社会科学，2014（1）．

［54］中国人民银行沈阳分行青年课题组．后疫情时期我国金融稳定指数构建与分析［J］．金融市场

研究，2021（9）.

［55］马勇．金融稳定与宏观审慎：理论框架及在中国的运用［M］.北京：中国金融出版社，2016.

［56］程恩富．用什么经济理论驾驭中国特色社会主义经济建设——与王东京教授商榷［J］.高校理论战线，2004（8）.

［57］高培勇．在"接地气"中实现中国经济学的创新［J］.经济研究，2015（12）.

［58］裴小革．马克思主义经济学中国化的意义［J］.学术月刊，2008（3）.

［59］简新华．中国经济改革是在什么经济学指导下取得巨大成就的——纪念中国改革开放40周年［J］.经济与管理研究，2018（10）.

［60］高丰，于永达．中国外汇储备对经济的影响及适度规模分析［J］.金融与经济，2003（6）.

［61］罗素梅，周光友．外汇储备功能动态演变与最优规模［J］.管理科学学报，2020（8）.

［62］杨君轩，阮青松．多目标需求视角下的外汇储备资产配置策略优化［J］.同济大学学报，2020（7）.

［63］郑黎黎．我国国际收支状况演变分析［J］.中国金融，2018（22）.

［64］岳柳汐．我国国际收支失衡的影响因素分析［J］.齐鲁学刊，2015（2）.

［65］余永定，覃东海．中国的双顺差：性质、根源和解决办法［J］.经济研究，2006（3）.

［66］张曙光，张斌．外汇储备持续积累的经济后果［J］.经济研究，2007（4）.

［67］林毅夫，等．"潮涌现象"与产能过剩的形成机制［J］.经济研究，2010（10）.

［68］张明．改革开放四十年中国国际收支演变历程、发展趋势与政策涵义［J］.国际经济评论，2018（6）.

［69］桑秀国．利用外资与经济增长——一个基于新经济增长理论的模型及对中国数据的验证［J］.管理世界，2002（9）.

［70］张帆，郑京平．跨国公司对中国经济结构和效率的影响．经济研究，1999（1）.

［71］江小涓．中国的外资经济对增长、结构升级和竞争力的贡献［J］.中国社会科学，2002（6）.

［72］王曦．论我国外商直接投资的规模管理［J］.经济研究，1998（5）.

［73］江小涓．利用外资与经济增长方式转变［J］.管理世界，1999（2）.

［74］毛燕琼．加入WTO十年国际对华贸易摩擦回顾与展望［J］.世界经济研究，2011（11）.

［75］蒋建平．社会主义中国引进外资与帝国主义对旧中国投资的本质区别［J］.东岳论丛，1982（5）.

［76］王受文．转变贸易发展方式，推动对外贸易稳定平衡发展［J］.国际贸易，2007（7）.

［77］张燕生．后危机时代：中国转变外贸增长方式最重要［J］.国际经济评论，2010（1）.

［78］裴长洪，彭磊，郑文．转变外贸发展方式的经验与理论分析：中国应对国际金融危机冲击的一种总结［J］.中国社会科学，2011（1）.

［79］江小涓．服务全球化的发展趋势和理论分析［J］.经济研究，2008（2）.

［80］赵景峰，陈策．中国服务贸易：总量和结构分析［J］.世界经济，2006（8）.

［81］盛斌，马盈盈．中国服务贸易出口结构和国际竞争力分析：基于贸易增加值的视角［J］.东南大学学报（哲学社会科学版），2018（1）.

［82］黄方毅．当前我国引进和对外经济贸易的制约因素和改进设想［J］．经济研究，1985（2）.

［83］魏雅卿．外贸战略演变的理论分析［J］．经济学动态，2001（7）.

［84］郑拓彬．我国对外贸易体制改革问题［J］．经济研究，1984（11）.

［85］简新华，张皓．论中国外贸增长方式的转变［J］．中国工业经济，2007（8）.

［86］袁文祺，王健民．重新认识和评价对外贸易在我国国民经济发展中的作用和地位［J］．国际贸易，1982（1）.

［87］何新浩．正确发挥对外贸易的作用，加速我国经济的发展［J］．国际贸易，1982（2）.

［88］刘昌黎．进口替代是我国赶超世界工业大国的长期战略［J］．经济研究，1987（8）.

［89］王诚，李鑫．中国特色社会主义经济理论的产生和发展——市场取向改革以来学术界相关理论探索［J］．经济研究，2014（6）.

［90］万海远，李实．户籍歧视对城乡收入差距的影响［J］．经济研究，2013（9）.

［91］孙三百，等．劳动力自由迁移为何如此重要？——基于代际收入流动的视角［J］．经济研究，2012（5）.

［92］蔡昉．避免"中等收入陷阱"：探寻中国未来的增长源泉［M］．北京：社会科学文献出版社，2012.

［93］黄宗智，彭玉生．三大历史性变迁的交汇与中国小规模农业的前景［J］．中国社会科学，2007（4）.

［94］程必定．中国的两类"三农"问题及新农村建设的一种思路［J］．中国农村经济，2011（8）.

［95］王震．新农村建设的收入再分配效应［J］．经济研究，2010（6）.

［96］都阳．制造业企业对劳动力市场变化的反应：基于微观数据的观察［J］．经济研究，2013（1）.

［97］张同权，高建丽．区域一体化人力资源跨区域流动研究——基于三大经济区产业结构与人力资源结构耦合视角［J］．经济问题探索，2013（2）.

［98］田晓青．劳动经济理论与应用研究的最新进展［J］．中国劳动关系学院学报，2014（10）.

［99］赵履宽．我国当前劳动就业的几个问题［N］．人民日报，1980 - 08 - 19.

［100］姚先国，焦晓钰，张海峰，乐君杰．工资集体协商制度的工资效应与员工异质性——对杭州市企业调查数据的分析［J］．中国人口科学，2013（2）.

［101］陈宗胜，黎德福．劳动力转移过程中的高储蓄、高投资和中国经济增长［J］．经济研究，2005（2）.

［102］陈继勇，盛杨怿．外商直接投资的知识溢出与中国区域经济增长［J］．经济研究，2008（12）.

［103］蔡昉，王德文．中国经济增长可持续性与劳动贡献［J］．经济研究，1999（10）.

［104］张明海．中国经济的增长和要素配置市场化：1978—1999［J］．世界经济文汇，2002（3）.

［105］王文举，范合君．我国市场化改革对经济增长贡献的实证分析［J］．中国工业经济，2007（9）.

［106］樊纲，王小鲁，马荣光．中国市场化进程对经济增长的贡献［J］．经济研究，2011（9）.

［107］武鹏．改革以来中国经济增长的动力转换［J］．中国工业经济，2013（2）.

［108］董敏杰，梁泳梅．1978—2010年中国经济增长来源：一个非参数分解框架［J］．经济研究，2013（5）.

［109］武剑．储蓄投资和经济增长——中国资金供求的动态分析［J］．经济研究，1999（11）．

［110］苗润雨．中国外汇储备规模研究［D］．天津：天津财经大学，2006．

［111］赵庆明，肖岚．我国外汇储备适度规模研究［J］．南方金融，2005（12）：27－29．

［112］陈卫华．我国外汇储备的适度规模分析［J］．技术经济，2006（2）：53－56．

［113］姜延书，马瑞．关于我国外汇储备适度规模的实证研究［J］．经济研究导刊，2006（2）：51－54．

［114］高艳云．价格指数理论与方法［M］．北京：中国财政经济出版社，2008．

［115］曹振良，等．价格指数概论［M］．天津：南开大学出版社，1998．

［116］徐国祥．统计指数理论及应用［M］．北京：中国统计出版社，2009．

［117］国际劳工组织．消费价格指数：理论与实践［M］．北京：中国财政经济出版社，2008．

［118］国际货币基金组织．生产者价格指数手册［EB/OL］．http：imf. org/external/np/sta/tegppi/co-no. pdf.

［119］徐强．CPI 的理论框架：固定篮子指数还是生活费用指数？［J］．财经问题研究，2006（4）．

［120］吴涧生，王凡．进一步建立健全我国现行的价格指数体系［J］．统计研究，1995（5）．

［121］郑丽琳．关于居民消费价格指数编制的研究［J］．价格理论与实践，2011（11）．

［122］朱国艳．我国 PPI 编制的特点及国际比较［J］．价格理论与实践，2014（8）．

［123］马敏娜，王志涛．我国与发达国家 CPI 编制的差异性比较［J］．市场经济与价格，2012（7）．

［124］徐强．国际视野下指数研究与实践的进展、动向与挑战［J］．统计研究，2017（2）．

［125］高艳云．CPI 编制中的质量调整：国外实践对中国之启示［J］．中国统计，2009（1）．

［126］高艳云．中美 CPI 数据质量的比较分析——基于国际货币基金组织的 DQAF 框架［J］．统计研究，2008（11）．

［127］高艳云．国外 CPI 偏差及其测度研究综述［J］．统计与信息论坛，2008（1）．

［128］陈晨，刘强，姜玉英．英国价格指数体系的编制与借鉴［J］．统计与决策，2017（4）．

［129］徐强．欧盟的通货膨胀测度指标及借鉴［J］．财经问题研究，2007（10）．

［130］许涤龙，谢敏．编制 CPI 的国际准则［J］．中国统计，2008（5）．

［131］曹丹，杨彩芳，韩淑颐．完善我国价格指数体系的思考与建议［J］．中国统计，2021（10）．

［132］林成功．价格指数体系内部关系及外在影响因素的统计研究［D］．北京：首都经济贸易大学，2012．

［133］萧松华，伍旭．PPI：当前我国通货膨胀的先行指标——基于 PPI 引导 CPI 变动的研究［J］．暨南学报（哲学社会科学版），2009（14）．

［134］章红．中国通货膨胀指标的度量及其变动成因［J］．统计与决策，2007（10）．

［135］丁慧，范从来，钱丽华．中国广义价格指数的构建及其货币政策含义［J］．中国经济问题，2014（5）．

［136］肖强．金融类指数的构建与货币政策非对称性效应分析［D］．长春：吉林大学，2015．

［137］王勇．我国分层消费价格指数的编制与应用研究［D］．南京：南京大学，2015．

［138］徐强，赵欣．数字经济背景下中国 CPI 质量调整研究［J］．调研世界，2022（11）．

［139］笪哲．中国广义价格指数：理论模型与实证分析［D］．南京：南京财经大学，2018.

［140］许光建．规范价格指数编制和发布合理引导市场价格形成［J］．中国经贸导刊，2021（14）.

［141］徐强．价格指数编制中的 Hedonic 质量调整方法研究［J］．财经问题研究，2009（8）.

［142］顾海兵，段琪斐．CPI 编制中的质量调整问题研究——基于国际比较视角［J］．学习与探索，2015（8）.

［143］陈梦根，胡雪梅．CPI 质量调整及方法改进问题新探［J］．统计与信息论坛，2016（7）.

［144］张海波，徐慧．我国 CPI 波动的影响因素分析［J］．统计与决策，2009（19）.

［145］陈立双，祝丹．中国 CPI 编制方法与国际《CPI 手册》及美国之比较分析［J］．统计研究，2013，30（11）.

［146］徐强．OECD 国家 CPI 编制的国际比较及借鉴［J］．统计研究，2013（6）.

［147］徐强．关于改进中国 CPI 编制和数据发布的思考［J］．财贸经济，2013（6）.